Kunst-Reiseführer in der Reihe DuMont Dokumente

Zur schnellen Orientierung – die wichtigsten Orte und Sehenswürdigkeiten am Main auf einen Blick:
(Auszug aus dem ausführlichen Ortsregister)

Aschaffenburg (F 5)	285	Maria Limbach (O 5)	155
Bamberg (P 4)	88	Marktbreit (L 2)	187
Banz (Q 6)	82	**Miltenberg** (G 3)	275
Bayreuth (S 5)	32	Ochsenfurt (L 2)	189
Burgkunstadt (R 6)	72	**Offenbach** (D 6)	302
Creußen (T 4)	31	Rothenfels (H 4)	267
Dettelbach (L 4)	179	Rüsselsheim (B 5)	348
Eibelstadt (L 3)	194	**Schweinfurt** (M 5)	163
Frankfurt (C/D 5)	305	Seligenstadt (E 5)	292
Hanau (E 6)	297	Sommerhausen (L 3)	193
Haßfurt (N 5)	159	Staffelstein (Q 6)	86
Himmelkron (T 5)	68	Veitshöchheim (K 4)	255
Karlstadt (J 5)	260	Vierzehnheiligen (Q 6)	77
Kitzingen (L 3)	182	Volkach (M 4)	173
Kulmbach (S 6)	58	Werneck (L 5)	169
Lichtenfels (Q 6)	75	**Wertheim** (H 3)	270
Lindenhardt (S 4)	27	**Würzburg** (K 3)	195
Lohr (H 5)	263	Zeil (O 5)	157

In der vorderen Umschlagklappe: Der Main, westlicher Teil

In der hinteren Umschlagklappe: Der Main, östlicher Teil

Andreas Rumler

Der Main

Bayreuth, Bamberg, Würzburg
Aschaffenburg, Frankfurt:
An der ›Straße der Kaiser und Könige‹

DuMont Buchverlag Köln

Umschlagvorderseite: Blick auf Miltenberg
Umschlagklappe vorn: Bamberg, Altes Rathaus
Umschlagklappe hinten: Wallfahrtskirche Vierzehnheiligen
Umschlagrückseite: Bayreuth, Eremitage
Frontispiz Seite 2: Würzburg, Alte Mainbrücke mit Rathaus und Dom

Andreas Rumler, geboren 1955 in Bremen, studierte Germanistik, Politik, Geschichte, Kunstgeschichte und Archäologie in München und Tübingen, Rundfunk-Ausbildung und –Redakteur, publizierte über Fragen der Literatur des 20. Jahrhunderts, inzwischen freier Kulturjournalist.

Die Deutsche Bibliothek – CIP-Einheitsaufnahme

Rumler, Andreas:
Der Main: Bayreuth, Bamberg, Würzburg, Aschaffenburg,
Frankfurt: an der ›Straße der Kaiser und Könige‹ / Andreas
Rumler. – Köln: DuMont, 1994
    (DuMont-Dokumente : DuMont-Kunst-Reiseführer)
    ISBN 3-7701-2595-9

© 1994 DuMont Buchverlag, Köln
Alle Rechte vorbehalten
Satz: Fotosatz Harten, Köln
Druck u. buchbinderische Verarbeitung: Boss-Druck, Kleve

Printed in Germany   ISBN 3-7701-2595-9

Inhalt

Vorwort 9
Charakteristika einer Landschaft 11
Der Fluß und seine Quellen 11
   Gestochen scharf: Städteansichten von Matthäus Merian 15
Menschen gestalten die Wasserstraße und ihren Wirtschaftsraum 16
Zeittafel 20

Reisen am Main

Der Oberlauf mit Bayreuth entlang dem Roten und Weißen Main ... 27
Lindenhardt 27
   Früher Vorläufer der Expressionisten: Mathias Gothart Nithart Grünewald 29
Creußen 31
Bayreuth 32
Markt 34
   Mythen in Musik: Richard Wagner 35
Altes Schloß 37
Markgräfliches Opernhaus 38
Neues Schloß 40
   Weltschmerz mit Tiefgang: Jean Paul 46
Stadtkirche 48
Eremitage 50
St. Georgen 54

Die Quellflüsse vereinen sich bei Kulmbach 58
Kulmbach 58
St. Petri 61
Plassenburg 62
Fichtelgebirge 65
Himmelkron 68
Altenkunstadt 70
Burgkunstadt 72
Lichtenfels 75

Wallfahrtskirche Vierzehnheiligen	77
Schloß und Kloster Banz	82
Staffelstein	86

Der schiffbare Fluß unterhalb Bambergs bis Schweinfurt … 88

Bamberg	88
Die Gedanken sind frei? Zum Teufel damit! Ketzer- und Hexenprozesse	94
Dom	99
Neue Residenz	106
Die Baumeisterfamilie Dientzenhofer	108
St. Michael	110
Obere Pfarre	116
Bürger- oder Inselstadt	119
St. Martin	121
Literat und Musiker mit Sinn für Zwischentöne: E. T. A. Hoffmann	122
Fürstbischöfliche Residenzen im Umkreis der Stadt	126
Altenburg	126
Schloß Seehof	126
Schloß Weißenstein	127
Maria Limbach	155
Zeil	157
Haßfurt	159
Schweinfurt	163
Lyriker und Orientalist: Friedrich Rückert	164

Rund um die Mainschleife von Volkach und das Mainknie bei Marktbreit und Ochsenfurt … 169

Schloß Werneck	169
Volkach und die Mainschleife	171
Dettelbach	179
Kitzingen	182
Sulzfeld	186
Marktbreit	187
Ochsenfurt	189
Sommerhausen	193
Eibelstadt	194

Würzburg: Bischöfliche Residenz und weltoffene mainfränkische Metropole … 195

Ein gelungener Wiederaufbau oder: Bürgersinn und Heimatliebe	195
Festung Marienberg	197

Kampf der ›Mühseligen und Beladenen‹ um Menschenrechte: Der Bauernkrieg 1525	200
Der ›Bildschnitzer von Würzburg‹: Tilman Riemenschneider	212
St. Burkard	214
Käppele	216
Alte Mainbrücke	217
Grafeneckart	218
Dom St. Kilian	220
Die Schönborns und ihr ›Bauwurmb‹	225
Neumünster	227
Die ›Frankenapostel‹ Kilian, Kolonat und Totnan	228
Marienkapelle	231
Augustinerkirche	234
Juliusspital	234
Stift Haug	236
Residenz	238
Artillerie-Obrist und Architekt: Balthasar Neumann	241
Kloster Oberzell	254
Schloß Veitshöchheim – die Sommerresidenz der Fürstbischöfe	255

Romantik ohne Nostalgie: Karlstadt, Lohr, Wertheim, Miltenberg ... 257

Im Bannkreis Würzburgs – auf Riemenschneiders Spuren	257
Würzburger Vorposten: die Karlsburg und Karlstadt	259
Lohr	263
Rothenfels	267
Wertheim	270
Miltenberg	275

Wirtschafts- und Kulturzentren am unteren Lauf:
Aschaffenburg, Seligenstadt, Hanau, Offenbach ... 285

Aschaffenburg	285
Schloß Johannisburg	286
St. Peter und Alexander	289
Seligenstadt	292
Hanau	297
Märchensammler und Begründer der Germanistik: Gebrüder Grimm	300
Schloß Philippsruhe	301
Offenbach	302

Fast eine Hauptstadt: Frankfurt ... 305

Höhepunkte einer Jugend: Goethe erlebt die Krönung Josephs II. in Frankfurt am 3. April 1764 ... 308

Römerberg ... 309
Kaiserdom ... 314
Saalhof ... 317
Paulskirche ... 319
Goethehaus ... 321
Frankfurter Genie und Weimarer Minister: Johann Wolfgang Goethe ... 322
Die Wandbilder von Jörg Ratgeb ... 322
Alte Nikolaikirche ... 325
St. Leonhard ... 326
St. Katharinen ... 327
Hauptwache ... 327
Vom Leben einer Minderheit ... 329
Ein Vater des modernen Journalismus: Ludwig Börne ... 332
Liebfrauenkirche ... 333
Anlagen und Befestigungen ... 334
›Mainhattan‹ oder ›Bankfurt‹ ... 336
›Dribbdebach‹ jenseits des Mains in Sachsenhausen ... 339
Bergen-Enkheim ... 340
Höchst ... 340
Frankfurts Museen ... 343

Die Mündung: Ein Tor zum Rheingau ... 347
Flörsheim ... 347
Hochheim ... 347
Rüsselsheim ... 348
Blick auf Mainz ... 351

Erläuterung der Fachbegriffe ... 353
Literaturverzeichnis (Auswahl) ... 362
Abbildungsnachweis ... 367

Praktische Reiseinformationen ... 369
Register ... 400

Stadtpläne: Aschaffenburg S. 288, Bamberg S. 97, Bayreuth S. 36, Frankfurt S. 310, Hanau S. 298, Karlstadt S. 260, Kitzingen S. 184, Kulmbach S. 59, Miltenberg S. 277, Ochsenfurt S. 190, Offenbach S. 303, Schweinfurt S. 166, Wertheim S. 271, Würzburg S. 198

Kunstgeschichtliche und andere **Fachbegriffe,** die im Text erscheinen, werden auf den Seiten 353–61 erläutert.
Vorschläge für **Kurzaufenthalte** befinden sich auf den Seiten 374–76.

Vorwort

Die Landschaften längs des Mains zählen zu den in kultureller Hinsicht reichsten und vielfältigsten hierzulande. Der Fluß war immer schon verbindender Handelsweg und markierte zugleich – im saloppen Sprachgebrauch vom ›Weißwurstäquator‹ kommt das zum Ausdruck – den Übergang vom steifen Norden zum lebensfrohen Süden Deutschlands; Weltoffenheit und Freundlichkeit zeichnen die Bürger aus, hilfsbereit zeigen sie dem Gast die Schätze ihrer Heimat. Von den Quellen im Fichtelgebirge und am Nordostrand der Fränkischen Alb bis zur Mündung in den Rhein durchmißt der Main in gewundenem Lauf Teile Bayerns und Hessens, in seinen Wellen spiegeln sich deren Kultur und Geschichte.

Zeugnisse keltischer, römischer und karolingisch-fränkischer Kultur haben sich an seinen Ufern erhalten, von Ringwällen und Legionslagern über mittelalterliche Burgen, Renaissance-, Barock- und Rokokoschlösser sowie mächtige Festungen wie die Plassenburg über Kulmbach bis hin zu den Kathedralen des modernen Geschäftslebens aus Glas, Beton und Stahl. Die Städte und Städtchen am Main sind von eigenem unverwechselbarem Reiz wie das fachwerk-verwinkelte Miltenberg mit seinem romantischen ›Schnatterloch‹ oder das mittelalterlich-trutzige Festungsviereck von Ochsenfurt. Neben Kleinodien wie der gotischen Haßfurter Ritterkapelle oder dem Rokokoschloß mit Garten in Veitshöchheim birgt das Land am Main mit seinen an Kunstschätzen reichen Zentren wie Bayreuth, Bamberg, Würzburg, Aschaffenburg und Frankfurt fürstliche Residenzen und freie Städte, die einander an Ehrgeiz nicht nachstanden, ihren Wohlstand und Einfluß auch mit Kunstwerken zu dokumentieren. Künstler wie Jörg Ratgeb, Tilman Riemenschneider, Mathias Nithart Grünewald oder Balthasar Neumann, von dem Frankfurter Johann Wolfgang Goethe ganz zu schweigen, schufen Werke von bleibender Schönheit. Ihre Kunst lebt: In sorgsam gehüteten Sammlungen kleinerer Städte, in Museen wie dem großartigen Ensemble am Mainufer in Frankfurt oder gepflegten Kirchen kann man die Schätze betrachten. Da der Main die Bistümer Bamberg, Würzburg und Mainz verbindet, wurde er mit liebevollem Spott auch ›Pfaffengasse des Reiches‹ genannt; der Kirche und ihren Klöstern sowie Domen, Wallfahrts- und kleineren Kirchen kommt eine besondere Bedeutung zu. Als ›Straße der Kaiser und Könige‹ gilt der Main, weil die hohen Herrschaften meist den Fluß entlang pilgerten, wollten sie nach Frankfurt gelangen, in die freie Reichsstadt. Dort wurden seit 1152 deutsche Könige gewählt und ab 1562 als ›erwählte römische Kaiser‹ feierlich gekrönt – bis 1792 immerhin. Goethe erlebte 1764 solch ein prächtiges Schauspiel und berichtete darüber in ›Dichtung und Wahrheit‹. In den bischöflichen Residenzen längs des Mains finden sich – Stationen auf dem Weg – auch sogenannte ›Kaiserzimmer‹ wie in Bamberg oder Würzburg.

VORWORT

Mit seiner Fülle an sakralen und profanen Schätzen meisterlicher Handwerksfertigkeit aus frühen Epochen bis zur Neuzeit, die harmonisch ineinander und nebeneinander entstanden sind, nimmt der Main innerhalb der deutschen Kulturlandschaften einen besonderen Rang ein; man kann den vielfältigen Bezügen und Korrespondenzen untereinander nachspüren – und wäre fast versucht, von einem ›Gesamtkunstwerk‹ zu sprechen. Das alles war nur möglich in einer Landschaft, deren Bewohner menschliche Wärme und Offenheit den Fremden gegenüber auszeichnet. Denn die Bürger dieser Region sind es, die all das hervorgebracht haben, was sie heute gern mit ihren Gästen genießen. Sowohl erlesene Kunstwerke als auch das andere, was ebenfalls den Reichtum einer Kultur ausmacht: Gaumenfreuden und geistige Anregung. Der Main und die Menschen seiner Gefilde – das ist eine Einheit, die unendlich viel zu bieten hat.

Weil ich den Main, seine Sehenswürdigkeiten und die aufgeschlossen-freundliche Wesensart der Menschen an seinen Ufern seit vielen Jahren schätze, hat mir die Arbeit an dem vorliegenden Buch viel Freude bereitet. Hilfsbereite junge Frauen, die Kirchen mit Blumen dekorierten, informierte Pfarrer und ambitionierte Heimatforscher, kundige Bürgermeister und belesene Stadtarchivare oder interessierte Museumswärter, die ›ihre‹ Schätze genau kannten: Sie alle haben mit ihren Erzählungen und Hinweisen, ihrem fundierten Wissen dazu beigetragen, daß ich ihre Heimat besser verstehen konnte – ihnen sei dies Buch gewidmet. Diesen freundlichen Main-Anrainern gilt mein Dank. Sie halfen mir, mich in ihren Städten heimisch zu fühlen. Mehr noch: Die Mainregion ist mir während der Arbeit zu einer zweiten Heimat geworden. Und ich hoffe, so wird es auch den Lesern gehen.

Andreas Rumler

Charakteristika einer Landschaft

Der Fluß und seine Quellen

*»Gastfreundlich nahmst du, Stolzer! bei dir mich auf
Und heitertest das Auge dem Fremdlinge,
Und still hingleitende Gesänge
Lehrtest du mich und geräuschlos Leben.*

*O ruhig mit den Sternen, du Glücklicher!
Wallst du von deinem Morgen zum Abend fort,
Dem Bruder zu, dem Rhein, und dann mit
Ihm in den Ozean freudig nieder!«*

So jubelte Friedrich Hölderlin in seiner Ode ›Der Main‹. Der Fluß ist ihm ein Partner, den er anruft und dem er sich anvertraut – bis zur Mündung in den Rhein. Ein ›stolzer‹ Partner, doch einer, der offen und einladend ist. Nicht ganz so spektakulär wie der Rhein mit seinem Wasserfall bei Schaffhausen, der Drosselgasse, der Loreley und den sagenumwobenen Ruinen des Mäuseturms oder der ›Feindlichen Brüder‹. Das 19. Jh. hatte mit der Romantik auch die verfallenden Burgen entlang des Rheins entdeckt; bis man sich für den Main interessierte, sollte es einige Jahre dauern. Beschaulicher fließt der Main, intimer fast durch Landschaften, die jedoch keinesfalls weniger reizvoll sind als die seines größeren Bruders.

Statt einer Quelle hat er deren zwei: Die des **Roten Mains** entspringt gut 580 m über dem Meeresspiegel am Ostrand der *Fränkischen Alb* oder – geologisch gesehen – des (braunroten – womit sich auch der Name erklärt!) *Fränkischen Jura* (Sandsteins) inmitten des *Lindenhardter Forsts* unweit des Städtchens Creußen. Der Wanderweg entlang dem Roten Main zählt zu den schönsten entlang des Flusses überhaupt – vielleicht auch deshalb, weil er (noch) recht unbekannt ist. Nach einem Höhenunterschied von 288 m und gut 73 km hat das Flüßchen einige Nebenbäche aufgenommen, Bayreuth passiert und vereint sein Wasser mit dem seines ›Weißen‹ Zwillings nahe Schloß Steinenhausen im Westen Kulmbachs zwischen Melkendorf und Katschenreuth.

Die *Weißmainquelle* liegt etwa 52 km entfernt am Osthang des *Ochsenkopfs* (1024 m) im *Fichtelgebirge* in 890 m Höhe inmitten heller Granittrümmer: daher der Name **Weißer Main**. Wasserreicher als diese Quelle ist der *Paschenbach*, der aus dem Schneebergsgebiet kommt und bei Karches in den Weißen Main mündet. Der leidigen Diskussion um die

CHARAKTERISTIKA EINER LANDSCHAFT

Weißmainquelle am Osthang des Ochsenkopfs im Fichtelgebirge

Frage, welcher der zunächst noch unbedeutenden Wasserläufe denn nun wirklich der Weiße Main sei, setzte der Bayreuther Markgraf Friedrich 1717 energisch ein Ende, indem er die Quelle fassen und mit dem Zollernwappen dekorieren ließ; ein herrscherliches Machtwort in Stein. Wie dem auch sei: der Weiße Main berührt in seinem Lauf Bischofsgrün, Bad Berneck, Himmelkron und Kulmbach.

Diese nüchterne Aufzählung von Fakten hätte der Romantiker Clemens von Brentano so wohl nicht akzeptiert. Den Main erlebte er anders:

>*»Aus dem alten Fichtelberge*   *Mit uns ziehen zu dir nieder*
>*Rauscht zu dir das Brüderpaar*   *Viele Nymphen, schön und klug.*
>*Im Gestein die klugen Zwerge*   *Und wieder bringen alte Lieder*
>*Machten uns manch Märchen klar.*   *Alte Märchen dir genug.«*

Wobei man hinzufügen sollte, daß die Legenden und Märchen von den klugen Zwergen durchaus ihren realen Ursprung haben. Im Mittelalter bauten im Fichtelgebirge in längst verfallenen Gruben neben einheimischen Bergleuten auch ›Gastarbeiter‹ aus dem Süden, im Volksmund ›Venedigermännlein‹ genannt, wertvolle Erze ab: Eisen, Blei, Zinn, Kupfer, Silber und Gold. Die Ausbeute war aber nicht erheblich, und die Zechen wurden geschlossen. Woran von Brentano bei den ›Nymphen‹ dachte, bleibt sein Geheimnis ...

Von dem Zusammenfluß unterhalb Kulmbachs schlängelt sich der Main annähernd entlang des 50. Breitengrades von Ost nach West. Dabei ändert das Flußtal wiederholt seinen Charakter. Nach der Vereinigung der Quellflüsse umrundet der Main nördlich die Fränkische Schweiz, durchquert zwischen Steigerwald und Haßbergen eine Engtalstrecke, fließt dann in das weite Schweinfurter Becken ein. Anschließend bildet er das ›Maindreieck‹, fruchtbare Böden aus Muschelkalk und Löß im Bereich des Fränkischen Gäulandes mit seinen Rebhängen und auch Obstplantagen reicher Winzerdörfer, und wendet sich vorbei an den laubwaldbestandenen, burgenbekrönten Höhen von Spessart und Odenwald dem Taunus zu, wo er nach dem Weg durch den Norden des Oberrheinischen Tieflandes gegenüber Mainz in den Rhein mündet: ein natürliches Entwässerungssystem von bemerkenswerten Dimensionen, insgesamt wasserwirtschaftlich gesehen mit den wichtigeren Nebenflüssen, vom Süden Regnitz und Tauber und aus dem Norden Rodach, Fränkische Saale, Kinzig und Nidda, ein Strom- oder Einzugsgebiet von rund 27 000 km². So schwillt der Main in seinem Lauf kontinuierlich an: Bei Hallstadt führt er in der Regel 42 m³/s, bei Schweinfurt bereits 100 m³/s und im Bereich seiner Mündung 170 m³/s. Gegen Ende des Winterhalbjahrs macht sich die Schneeschmelze mit besonders hohen Wassermengen bemerkbar. Der gewundene Lauf verlängert den Weg: rund 480 km mißt der Main von seinem Zusammenfluß bis zur Mündung, die Luftlinie beträgt nur etwa 240 km.

    Der Main folgte übrigens nicht immer seinem jetzigen Flußbett: Im Tertiär floß er südwärts durch die Rednitzfurche zur Altmühl und zur Donau. Dieser ›Ur-Main‹ der erdgeschichtlichen Epoche des Älteren Pliozän vor 11 Mill. Jahren änderte im Mittelpliozän vor rund 5 Mill. Jahren seinen Lauf, durchbrach beim heutigen Haßfurt die Keuperstufe zwischen Steigerwald und Haßbergen. In der Unterfränkischen Muschelkalkplatte zwischen Schweinfurt und Gemünden formt der Fluß das ›Maindreieck‹ und bricht im sich anschließenden ›Mainviereck‹ durch den im Tertiär aufgeworfenen Mittelgebirgsrand des

Der Main bei Randersacker

CHARAKTERISTIKA EINER LANDSCHAFT

Oberrheinischen Tieflands. Mit seinen bewaldeten Hängen gilt das in den Buntsandstein eingeschnittene tiefe Tal als Grenze zwischen Odenwald und Spessart. Interessant ist, daß der Main kaum ein Gefälle hat: auf dem schiffbaren Teil unterhalb Bambergs, einer Strecke von rund 390 km, beträgt der Höhenunterschied nur 150 m. Träge fließt der Main dahin, daher verbreitert er sich kontinuierlich: von etwa 52 m bei Bischberg, über rund 96 m bei Aschaffenburg bis hin zu mehr als 105 m an der Mündung – alles in allem also ein Fluß mittlerer Größe.

Es bietet sich an, zur Unterscheidung der einzelnen Flußabschnitte – einer letztlich willkürlichen Gliederung – auf den Dialekt zu hören: Die Oberfranken nennen ihn ›Moi‹, im Maindreieck spricht man vom ›Mee‹, und am Ende heißt er schließlich ›Maa‹. Auf der Landkarte könnte man Ober-, Mittel- und Unterlauf markieren durch die Einmündung der Regnitz: hier wird der Fluß schiffbar, und Aschaffenburg: hier fließt der Main in die Oberrheinische Tiefebene. Es hat freilich schon vor den modernen Dialekten verschiedene Namen für den Main und seine Landschaft gegeben. So erwähnte der griechische Naturforscher Ptolemäus eine stadtartige Siedlung der Kelten namens ›Menosgada‹: Die moderne Archäologie vermutet diese prähistorische Ortschaft vor gut 2000 Jahren mit ihren rund 5 m dicken und 4 m hohen Schutzmauern auf dem heutigen Staffelberg. Von den Kimbern, die aus der Gegend Jütlands gen Rom zogen und von dessen Legionen 101 v. Chr. besiegt wurden, überliefern Quellen, sie hätten von einem Fluß namens ›Moine‹ berichtet – in ihrer Sprache soviel wie ›gekrümmte Schlange‹ –, was auf den Main ja durchaus zutrifft. Römische Schriften dokumentieren, daß der ›Moenus‹ bei ›Moguntiacum‹ (auch: ›Mogontiacum‹, für Mainz) in den Rhein mündete. Vom ›Moin‹ sprachen die karolingischen Franken, im Nibelungenlied ist von der ›Meune‹ die Rede. Andere Überlieferungen nennen ihn ›Moyna‹, ›Mogus‹ oder ›Magon‹ – wie der Main auch immer geheißen haben mag: Ein gewisser Gleichklang läßt sich nicht leugnen.

Daß man heute so einfach den Fluß entlangradeln oder spazieren kann, ihn per Auto oder mit dem Schiff bereisen, war nicht immer so. Albrecht Dürer trat am 14. Juli 1520 gemeinsam mit seiner Frau in Bamberg eine Reise in die Niederlande an. Zu diesem Zweck hatte er beim Bamberger Fürstbischof einen ›Zollbrief‹ erworben, der ihm Zollfreiheit und freies Geleit verschaffte auf der siebentägigen Reise von Eltmann bis Mainz. Damals hatte der Reisende 17 Grenzübergänge und 27 Zollstätten zu passieren. Die Situation zu Dürers Zeit änderte sich – sieht man einmal davon ab, daß die Geschlechter oder die Zugehörigkeit zu einem geistlichen Fürstentum und damit die Besitzverhältnisse in den Territorien wechselten – grundlegend erst mit dem Frieden von Lunéville 1801, als mit dem Sieg Napoleons über Österreich der Anfang vom Ende der deutschen Kleinstaaterei eingeläutet wurde. Heute durchmißt der Main 475 km lang und damit in erster Linie (den Freistaat) Bayern, streift vorsichtig einen Zipfel Baden-Württembergs (bei Wertheim) und fließt dann breit und behäbig 65 km weit durch Hessen.

Gestochen scharf: Städteansichten von Matthäus Merian

Daß wir uns heute überhaupt noch vorstellen können, wie viele der schönsten städtebaulichen Perlen des Mains ausgesehen haben im Mittelalter und vor der verheerenden Zäsur des Dreißigjährigen Krieges, haben wir vor allem einem Mann zu verdanken: dem Kupferstecher und – auch – Verleger *Matthäus Merian (d. Ä.)*. Geboren in Basel am 22. 9. 1593, kam er etwa 1624 nach Frankfurt am Main, um sich dort bis an sein Lebensende (1650) niederzulassen. Wie kein zweiter hat er systematisch Stadtansichten mit dokumentarischer Genauigkeit festgehalten und, mehr noch, für die damalige Zeit revolutionär, aus der Vogelperspektive gezeichnet. Bei Dietrich Meyer in Zürich lernte er das Handwerk des Kupferstechers und reiste anschließend durch Frankreich, Deutschland und die Niederlande. In Frankfurt übernahm Merian 1626 die Kunsthandlung und den Verlag seines Schwiegervaters Johann Theodor de Bry. Doch diese sicher anstrengende Tätigkeit hielt ihn nicht davon ab, von 1642 an seine ›Topographia‹ zu Texten von Martin Zeiller herauszubringen: etwa 2 100 nach der Natur gezeichnete Stadtansichten in 30 Bänden von hohem kulturgeschichtlichem Wert, die der 1621 geborene Sohn *Matthäus* nach seines Vaters Tod bis 1688 vervollständigen sollte. Vor der ›Topographia‹ hatte Merian d. Ä bereits Illustrationen zur ›Biblia Sacra‹, zu einer ›Historia Chronica‹ und zum ›Theatrum Europaeum‹ herausgebracht. Auch eine der fünf Töchter, *Anna Maria Sybilla Merian* (1647–1717), trat in des Vaters Fußstapfen: Als Blumen- und Insektenmalerin machte sie sich einen Namen. Ihr wohl wichtigstes Werk, die 1705 in Amsterdam erschienene malerische Ausbeute ihrer Surinamreise 1699–1701, ›Metamorphosis insectorum surinamensium‹, gilt heute als bibliophile Rarität.

Ansicht von Frankfurt und Sachsenhausen. Stich von Matthäus Merian, 1646

CHARAKTERISTIKA EINER LANDSCHAFT

Menschen gestalten die Wasserstraße und ihren Wirtschaftsraum

Schon Karl der Große hatte erkannt, daß dem Main als Wasserstraße nicht nur regionale Bedeutung zukommt. Karl wollte mit seiner Hilfe einen schiffbaren Wasserweg zwischen der Nordsee und dem Schwarzen Meer schaffen. Mit dem Plan einer ›Fossa Carolina‹ im Jahre 793 war – recht besehen – die Idee des *Rhein-Main-Donau-Kanals* geboren. Mehr noch: Mit den damals primitiven technischen Mitteln, mit Eimer und Schaufel, setzte man das Vorhaben probeweise in die Tat um; Reste des 1 300 m langen *Karlsgrabens* (zwischen Altmühl und der schwäbischen Rezat in der Nähe Weißenburgs bei dem Dorf Graben) sind – wenn auch überwuchert – noch in der Landschaft zu finden. Bis man diese Überlegungen wieder aufnahm, sollte es Jahrhunderte dauern. Der Gedanke war – und ist – genial, nur bringt seine praktische Umsetzung handfeste ökologische wie ökonomische Probleme mit sich.

Traditionell wurde auf dem Main das Holz der angrenzenden Wälder geflößt; dafür brauchte man kaum Tiefgang. Anders verhielt es sich aber mit den Lastkähnen. Ob getreidelt von Menschenhand oder durch den ›Leinreiter‹ mit Pferdegespannen über ein Seil vom Leinpfad aus: Wenn die Boote häufig steckenblieben, Sandbänke abgegraben oder Untiefen zu Fuß umrundet werden mußten – dann behinderte das den Transport von Waren aller Art wie Wein, Tuche, Leder oder Erze aus den Gruben des Fichtelgebirges ungemein. Zunächst hob man den Wasserstand durch Buhnen, hinter denen der Fluß verlandete und so schmaler, sprich: der Pegel höher wurde, und beschränkte sich darauf, Hindernisse im Mainbett zu beseitigen. Noch 1858 störten felsige Riffe und ganze hochliegende Steinbänke an nicht weniger als 14 Stellen den Schiffsverkehr! Man sprengte diese Hindernisse in den folgenden Jahren. Ufer wurden begradigt, und andere die Schiffahrt fördernde Maßnahmen ergriff man, bis der unbändige Fluß, von dessen urwüchsiger Gewalt die Hochwassermarken überall künden, quasi domestiziert war als regulierte Wasserstraße. Kaum vorstellbar scheint heute, daß noch vor rund 200 Jahren der Main über weite Strecken eine seichte Lache von bis zu 350 m Breite war, bei einer Tiefe von mitunter nur einem Meter.

Nicht zuletzt der Fortschritt der Schiffstechnik nötigte den Wasserbauingenieuren immer wieder neue Problemlösungen ab. Wie auf anderen europäischen Flüssen experimentierte man auch hier mit einem Schleppkahn, der sich an einer auf dem Flußgrund liegenden Kette entlangzog. So kurios das klingen mag: Das System wurde 1883 am Untermain eingeführt, eroberte sich sukzessive den Lauf des Flusses und war bis 1936 in Betrieb, bis moderne Dieselschlepper und Kähne mit eigenem Antrieb das Ende der ›Meekuh‹ – so der Volksmund – besiegelten. Bereits Ende des 19. Jh. wurden die ersten Staustufen im Bereich des unteren Mains in Betrieb genommen. Sie erlaubten Schiffen mit einem Tiefgang von etwa 2,5 m und rund 1 500 t Tragfähigkeit, den Fluß zu befahren. Der Ausbau zur modernen Großschiffahrtsstraße erreichte mainaufwärts 1921 Aschaffen-

Kettenschlepper, sog. ›Meekuh‹, bis 1936 in Betrieb

burg und 1940 Würzburg. Bis 1962 waren die Arbeiten so weit gediehen, daß 1 500-Tonner auch Bamberg anlaufen konnten; für die 388 km Wegstrecke waren 37 Schleusen und Staustufen nötig.

Nur magerer Erfolg war zuvor dem im Juli 1846 eröffneten **Ludwigs-(Donau-Main-)-Kanal** beschieden. Die wenige Meter breite und einen Meter tiefe Wasserstraße von Kelheim nach Bamberg erlaubte nur kleineren Schiffen bis zu 120 t ein Durchkommen und war somit keine Konkurrenz für die neu eingerichteten Eisenbahnen, zumal nicht weniger als 101 Schleusen den Verkehr hemmten. Die Obstbäume an den Ufern und die Fischzucht seien gewinnbringender, spöttelten Kritiker. Doch 1921 schlossen das Deutsche Reich und der Freistaat Bayern einen Vertrag über den Bau eines Kanals zwischen Main und Donau, als dessen letzter Abschnitt von insgesamt 171 km zwischen Kelheim und Bamberg der Teil bei der oberbayerischen Stadt Beilngries am 25. September 1992 feierlich eröffnet wurde.

Technisch ist der **Main-Donau-Kanal** sicher eine Meisterleistung, mußten die Ingenieure doch für die 55 m breite und 4 m tiefe Wasserstraße beim mittelfränkischen Hilpoltstein eine europäische Wasserscheide in 406 m Höhe überwinden, was durch 16 Staustufen möglich wurde. Allein, der Streit darüber, ob der Kanal ökonomisch und ökologisch sinnvoll ist, erhitzt weiterhin die Gemüter. Als ›Weißblauer Panamakanal‹, als ›Jahrtausendbauwerk‹, ›Europäischer Traum‹ und ›Europas Transversale‹ wurde er gepriesen, aber auch als ›Denkmal der Gottlosigkeit‹ attackiert, als ›Katastrophenrinne‹ und ›tiefe

CHARAKTERISTIKA EINER LANDSCHAFT

Floß auf dem Main, um 1950

Wunde im Herzen Bayerns‹ verurteilt. Bundesweit am bekanntesten wurde wohl das Verdikt des früheren Bundesverkehrsministers Volker Hauff, der die Wirtschaftlichkeit zugleich mit der ökologischen Vertretbarkeit in Frage stellte und vom »dümmsten Projekt seit dem Turmbau zu Babel« sprach. Inzwischen ist viel Wasser den Kanal entlanggeflossen, es schien der Rhein-Main-Donau-AG nach einem halben Jahr an der Zeit, Bilanz zu ziehen, und die fiel – wer hätte es anders erwartet? – überaus positiv aus: Der Kanal überträfe alle Prognosen, ließen die Betreiber wissen. In den ersten sechs Monaten hätten 1 263 Schiffe mit einer Gesamtfracht von 472 000 t den Kanal passiert! Das klingt überwältigend, relativiert sich aber, rechnet man, wie die Kritiker des Projekts, die Schiffszahl um auf die Betriebstage. Danach wären pro Tag rund sieben Schiffe durch die Schleusen getuckert, argumentieren sie und fühlen sich bestätigt: Während Hamburger Fahrensleute gut hanseatisch im von Menschen und Waren überbordenden Hafen »Schiff ahoi!« riefen, werde die lauschige Stille am Kanal nur selten durch das überraschte »Hoi, a Schiff!« eines Bajuwaren unterbrochen ...

Mit Statistiken läßt sich eben trefflich argumentieren: pro und contra. Im Frankfurter Osthafen habe sich der Warenumschlag jedenfalls seit der Eröffnung des Kanals nicht nennenswert erhöht, ließ der Magistrat wissen. Auch die Betreibergesellschaft verdiente

1993 ihr Geld kaum durch das Transportgeschäft, sondern fast ausschließlich durch die insgesamt 57 eigenen Kraftwerke. Mit deren Überschüssen sollen die von Bund und Land vorfinanzierten Baukosten für den Kanal beglichen werden. Und dann gibt es da noch ein ganz kleines Problem, bevor Bayern wirklich ans Schwarze Meer Anschluß gefunden hat: die Donau. Zur Eröffnungsgala 1993 war es jedenfalls so. Zwischen Straubing und Vilshofen oder in Bereichen Ungarns weist die Donau Untiefen auf. Das bedeutet, daß diese Stellen zwar ganzjährig befahren werden können, nur an rund 210 Tagen im Jahr eben leider nicht mit voll beladenen Frachtkähnen. Die Bürger von Schilda lassen grüßen ... Ob sich letztendlich die Zerstörung idyllischer Flußtäler gelohnt habe oder ob sie überhaupt legitim war – darüber werden wohl noch künftige Generationen streiten.

Eines hat sich jedenfalls mit dem Beginn der 90er Jahre zum Besseren gewendet: Der Main wurde sauberer! Während der BUND – der ›Bund für Umwelt und Naturschutz Deutschlands‹ – noch Mitte der 80er dringend davon abriet, Fische aus dem Main zu essen, konnte inzwischen Entwarnung gegeben werden: Zander, Edelbarsche, Karpfen und Schleie aus dem Fluß sind wieder genießbar. Höhere Auflagen an die Industrie und die Kommunen, ihre Einleitungen besser zu überwachen, haben es möglich gemacht. Verändert haben sich aber auch die Lebensgewohnheiten am Fluß. Man kann es an den Berufen der Menschen erkennen: Flößer, Mainmüller, die mit Wasserkraft ihre Mühlen betrieben, und Leinreiter, die Schiffe treidelten, gehören längst der Vergangenheit an. Mainfischer gibt es höchstens noch als Exoten. Dabei waren die Fischerzünfte – etwa in Würzburg oder Seligenstadt – hier einst traditionell verankert. Mit der Entwicklung hin zu größeren Schiffen haben auch die Handwerksbetriebe, die Mainkähne und offene Nachen bauen konnten, ihre wirtschaftliche Grundlage verloren. Statt dessen säumen gigantische Industrieanlagen die Ufer: Dort produziert man Zellstoff, Zement, Zucker, Metallwaren, Düngemittel und Chemikalien oder Autos.

Und die Menschen dieser Region? Wenn man den Fluß entlanggereist ist, fällt es schwer, ihnen je nach Gebiet unterschiedliche Charaktereigenschaften zuzuschreiben. Offen und gastfreundlich haben wir sie immer angetroffen, Unterschiede mehr aus ihrem Dialekt herausgehört als in ihrem Wesen erlebt. Dazu mag beigetragen haben, daß durch die Zeit nach dem Krieg, insbesondere die Integration der Flüchtlinge, sich frühere Unterschiede verwischt haben. Und die Tatsache, daß in der modernen Zeit die Massenkommunikation ihr Teil dazu beiträgt, daß die deutschen Stämme zusammenwachsen. Wenn man entlang der Mündung des Mains dasselbe Fernsehprogramm empfangen kann wie in Bayreuth, die Disko in Frankfurt der in Bamberg ähnelt, wenn man mit dem Pkw die siebentägige Mainreise Dürers in einem Tag bewältigt, dann sollte man nicht enttäuscht sein, wenn auch das touristische Angebot sich langsam angleicht. Die Heimatliebe aller Mainanrainer sorgt dafür, daß das jeweilige Lokalkolorit sorgsam gepflegt wird, und auch kulinarisch ist der Fluß abwechslungsreich genug. Man denke nur an fränkisches ›Schlenkerla‹-Rauchbier in Bamberg oder den ›Ebbelwoi‹ in Frankfurts Sachsenhausen, an ›Schwammerl mit Klößen‹ und fränkische ›Zipfele im Blausud‹ oder die berühmte ›Grie Soß‹, für die schon Goethe schwärmte.

Zeittafel

Daten aus Politik, Wirtschaft, Wissenschaft und Kunst, die die kulturelle Entwicklung der Main-Region beeinflußt haben und kennzeichnen

Frühe Spuren menschlicher Kultur

8 000 v. Chr	Ältere Steinzeit – erste nachweisbare Siedlungen entlang des Mains
1 000 v. Chr.	Keltisches Heiligtum und Fliehburg auf dem Marienberg/Würzburg
6.–1. Jh. v. Chr.	Keltische Großsiedlung *Menosgada* auf dem Staffelberg

Römische Herrschaft

10 v. Chr.	Die Römer überschreiten bei *Mogontiacum* (Mainz) den Rhein und erobern chattischen (hessischen) Boden
um 83–85	Anlage römischer Kastelle unter Kaiser Domitian wie *Nemaninga* (Obernburg) am *Nassen Limes* (der Main-Linie) und
85–90	Gründung der römischen Provinz *Germania superior* mit Hauptstadt Mogontiacum
98–117	Während der Herrschaft Kaiser Trajans Gründung erster Civitates (mit Selbstverwaltung) wie *Civitas Taunensium* mit Hauptstadt *Nida* (Frankfurt)
233–260	Zurückweichen der Römer vor den Alemannen, Aufgabe des obergermanischen Limes
455	Ende der römischen Herrschaft in Mainz

Heiliges Römisches Reich Deutscher Nation

4.–6. Jh.	Völkerwanderungszeit: Sueben, Markomannen, Burgunder und Alemannen wechseln als Herren am Mainlauf
um 500	Eindringen der Bajuwaren in den bayerischen Raum
um 500	Franken erobern das linke Rheinufer und dringen an den Main vor, wo sie Alemannen (496) und Thüringer (531) unterwerfen, errichten in *Uburcisburc*
um 650	(Würzburg) einen Herzogssitz
um 689	Ermordung der ›Frankenapostel‹ Kilian, Kolonat und Totnan
704	Erste urkundliche Nennung Würzburgs als ›castellum Virteburch‹
706	Errichtung der Marienkirche in der Festung von Würzburg, der ältesten romanischen Rundkirche rechts des Rheins
742	Gründung des Bistums Würzburg
768–814	Regierungszeit Karls des Großen als König der Franken
794	Frankfurt anläßlich eines Aufenthaltes von Karl dem Großen erstmals genannt

Bamberg, Kaisergrab im Dom, Detail ›Tod Heinrichs II.‹

975	Baubeginn des romanischen Mainzer Doms
1007	Gründung des Bistums Bamberg durch Kaiser Heinrich II.
1039–56	Heinrich III. setzt als ›patricius Romanorum‹ deutsche Bischöfe als Päpste ein, größte Ausdehnung des deutschen Reichs
1152	Wahl Friedrich I. Barbarossa in Frankfurt. Er hebt die Mainzölle auf. Frankfurt wird Ort der Königswahlen
1194	Erste Erwähnung von *Baierrute* – Bayreuth
1211	Baubeginn des bestehenden Bamberger Doms: Romanik in Übergang zur frühen Gotik
um 1230	Walther von der Vogelweide stirbt zu Würzburg, Grab im Lusamgärtlein
1298	Verfolgung jüdischer Bürger in Bamberg

Friedrich I. Barbarossa (1122–90). Holzschnitt von T. Stimmer, 1575

1349	Pestepidemie; in Würzburg und anderen Orten werden Juden verfolgt, Synagogen zerstört und Marienkirchen an ihrer Stelle errichtet
1356	›Goldene Bulle‹ Kaiser Karl IV.

ZEITTAFEL

Älteste Darstellung Frankfurts: Einzug der Kurfürsten zu Pferd und zu Schiff. Holzschnitt aus der Goldenen Bulle, 1485

Glaubenskriege und Kämpfe um Sozialreformen

1400	Sieg des bischöflichen Heeres über die Würzburger Bürgerschaft bei Bergtheim
1415	Verbrennung des Sozialreformers und Kirchenkritikers Jan Hus als Ketzer, daraufhin Ausbruch der Hussitenkriege (Höhepunkt 1419–36), die zu schweren Zerstörungen am oberen Main führen
um 1433	Hans Memling in Seligenstadt geboren († 1494, Brügge)
1455	Spätgotische Ritterkapelle in Haßfurt vollendet
um 1475/80	Grünewald in Würzburg geboren
1476	Verbrennung des Sozialreformers und Kirchenkritikers Hans Böhm (›Pfeiferhans von Niklashausen‹) in Würzburg als Ketzer
1483	Riemenschneider in Würzburg († 1531)
1487	›Hexenhammer‹ (Institoris und Sprenger) veröffentlicht
1502	Der ›Bundschuh‹ fordert soziale Reformen
um 1504	Grünewald in Aschaffenburg († 1528, Halle)
1507	›Bambergische Halsgerichtsordnung‹: Legitimation der Folter und Straftatbestand der ›Zauberei‹
1514	Reformbewegung des ›Armen Konrad‹
1514–22	Jörg Ratgeb in Frankfurt
1525	Forderungen nach sozialer Befreiung in den ›Zwölf Artikeln‹ der Bauern; militärischer Sieg der geistlichen und weltlichen Fürsten über die Reformbewegung, blutige Strafgerichte (›Bauernkrieg‹)
um 1518	Beginn der Reformation
1546/47	›Schmalkaldischer Krieg‹ (Glaubenskämpfe)
1553	›Markgrafenkrieg‹ des Albrecht Alcibiades
1555	Augsburger Religionsfrieden und nach dem
1545–63	Konzil von Triest Beginn der Gegenreformation; ein Höhepunkt der Verfolgung von Ketzern und Hexen
ab 1562	(Maximilian II.) Kaiserkrönungen in Frankfurt (bis 1792)
1604	Verlegung der markgräflichen Residenz von Kulmbach nach Bayreuth

Schloß Johannisburg in Aschaffenburg. Stich von Matthäus Merian, 1646

1606–16	Bau des Renaissanceschlosses Johannisburg in Aschaffenburg
1618–48	Dreißigjähriger Krieg
1624	Matthäus Merian in Frankfurt († 1650)
1652	Gründung der ›Leopoldina‹ in Schweinfurt, der ersten Naturwissenschaftlichen Akademie Europas (heute mit Sitz in Halle/Saale)
um 1642– um 1750	›Schönbornzeit‹ in den Fürstbistümern Bamberg, Würzburg und Mainz
um 1660– um 1750	Wirken der Baumeisterfamilie Dientzenhofer in Franken
1710–18	Bau des Barockschlosses Weißenstein in Pommersfelden
1711–53	Balthasar Neumann Baumeister in Würzburg, Entwicklung des ›Würzburger Rokoko‹ mit
1720	Grundsteinlegung der Würzburger Residenz
1735–63	Ausbau Bayreuths unter dem Markgrafenpaar Friedrich und Wilhelmine
1749	Geburt Goethes in Frankfurt († 1832, Weimar)
1751	Rokokohaus Zum Falken, Würzburg
1786	Geburt Börnes in Frankfurt († 1837, Paris)

Streit um Menschenrechte

1776	Unabhängigkeitserklärung der Vereinigten Staaten, Formulierung der Menschenrechte
1789	Beginn der französischen Revolution
1792	Letzte Kaiserkrönung in Frankfurt
1803	Reichsdeputationshauptschluß und Säkularisation (Aufhebung fast aller geistlichen Herrschaften und Kirchengüter in Deutschland)
ab 1804	Jean Paul in Bayreuth († 1825)
1806	Rheinbund unter Napoleon, Einführung der Bürgerrechte in Deutschland
1808–13	E.T.A. Hoffmann in Bamberg
1814	Sieg über Napoleon und Beginn der Restauration

ZEITTAFEL

1830	Juli-Revolution in Paris
1833	Sturm auf die Frankfurter Wache
1840/41	Dampfschiffbetrieb auf dem Main von Aschaffenburg über Würzburg, Schweinfurt bis Hallstadt (Kreis Bamberg)
Februar 1848	Soziale Unruhen in Paris lösen
März 1848	Forderungen nach bürgerlichen Freiheitsrechten in Deutschland aus
18. Mai 1848	Eröffnung der Verfassunggebenden Nationalversammlung in der Frankfurter Paulskirche

Konstituierung des Zweiten Deutschen Kaiserreichs 1870/71

Deutsch-Französischer Krieg und Gründung des (zweiten) deutschen Kaiserreichs

ab 1872	Liszt (zu Besuchen, er starb 1886 in Bayreuth) und Wagner († 1883, Venedig) in Bayreuth, erste Festspiele 1876
1883	Erste Kugellagerfabrik in Schweinfurt
1888	Einweihung des Frankfurter Hauptbahnhofs
1899	Erster Opel-Pkw in Rüsselsheim produziert
1914	Eröffnung der Universität in Frankfurt
1914–18	Erster Weltkrieg

Demokratie und Diktatur in Deutschland

1918	Konstituierung der Republik in Deutschland
1919	Eröffnung der Nationalversammlung in Weimar
30. 1. 1993	Adolf Hitler deutscher Reichskanzler
1933	Konkordat Deutschlands mit dem Vatikan und zunehmende Isolierung Deutschlands nach dem Austritt aus dem Völkerbund
1935	Nürnberger Gesetze gegen die Deutschen jüdischen Glaubens
1936	Rhein-Main-Flughafen in Frankfurt eröffnet
9./10. 11. 1938	Reichspogromnacht
1. 9. 1939	Überfall der deutschen Wehrmacht auf Polen und Beginn des Zweiten Weltkriegs

Schweinfurt, Blick durch die zerstörte Wolfsgasse zum Roßmarkt, August 1943

20. 1. 1942	Wannseekonferenz
31. 1./2. 2. 1943	Kapitulation der Wehrmacht in Stalingrad
1943–45	Weitgehende Zerstörung der Industriestädte wie Frankfurt, Rüsselsheim, Schweinfurt durch Bombenangriffe
16. März 1945	Weitgehende Zerstörung Würzburgs mit Tausenden von Toten bei Bombardierung
9. Mai 1945	Inkrafttreten der ›bedingungslosen Kapitulation‹ der deutschen Wehrmacht
1947	Eröffnung des Mainfränkischen Museums auf der Würzburger Festung
1953	Einrichtung des Museums ›Römerhaus‹ in Obernburg
1970	Wiederaufbau Würzburgs weitgehend abgeschlossen, die Stadt erhält
1973	den ›Europapreis‹ als ›Europastadt‹
1979	Einrichtung des ›Fränkischen Brauereimuseums‹ in Bamberg
1979	Wiedereröffnung der Bamberger Universität
1980	Museumspreis des Europarats für das Museum der Stadt Rüsselsheim in der historischen Festung

Bamberg, Blick vom Turm des Schlößchens Geyerswörth auf Altes Rathaus und Regnitz, im Hintergrund St. Michael

1981	›Bamberger Modell‹ zur Sanierung der Altstadt mit ihren rund 1 400 geschützten Gebäuden als Stadtdenkmal
1982	Neuerrichtung der Römerbergostzeile in Frankfurt
80er Jahre	Ausbau der Museen am Schaumainkai zum ›Museumsufer‹ in Frankfurt
1991	Erstmalige Erwähnung: 1 200 Jahre Schweinfurt
	Einweihung des neuen Schiffahrts- und Schiffbaumuseums in Wörth
	Fertigstellung des ›Messeturms‹, Frankfurt – mit 256,5 m höchstes Haus Europas
1992	Eröffnung des ›Main-Donau-Kanals‹
1993	Bamberger Altstadt in UNESCO-Liste des Weltkulturerbes aufgenommen
1994	Feiern der erstmaligen Erwähnung: 1 200 Jahre Frankfurt, 800 Jahre Bayreuth
	Arbeitsbeginn des Europäischen Währungsinstituts in Frankfurt

Reisen am Main

Der Oberlauf mit Bayreuth entlang dem Roten und Weißen Main

Ein schmales Rinnsal ist er noch, der **Rote Main,** wenn er im Lindenhardter Forst inmitten hoher Fichten als einer der beiden Quellflüsse entspringt: Falls nicht gerade Schneeschmelze ist, plätschert das Wasser kaum armdick aus einem Holzrohr in ein aus Bruchsteinen gemauertes Becken. Ein schönes Zeugnis von Heimatverbundenheit geben die Verse von August Deppisch, die dort an einem Stamm angeschlagen sind (und wohl häufig erneuert werden müssen):

»Voll Jugendlust im Brautgewande
entsteigest du dem kühlen Born
und trägst in blühend schöne Lande
der Früchte reich gefülltes Horn.

O grüße mir die Rebgehänge,
grüß Dorf und Stadt auf deinem Gang
und rausch der Heimat Lobgesänge
von Well' zu Well' zeit lebenslang!«

Die Quelle erreicht man bequem von Lindenhardt aus, der Weg ist teilweise ausgeschildert und führt gut 3 km in Richtung Spänfleck, zunächst asphaltiert und dann über Schotterpisten in den Wald. Es lohnt sich, hier zu wandern: Nicht nur der Luft und Ruhe wegen, auch Pilze und Waldbeeren lassen sich zur geeigneten Jahreszeit finden. Der Ortsname Lindenhardt geht wohl auf den ausgedehnten Forst zurück: auf den Baum Linde und das Wort Hardt, das soviel wie ›Wald‹ bedeutet.

☐ Lindenhardt

In Lindenhardt hat sich aber auch, über Jahrhunderte kaum beachtet, ein Juwel mittelalterlicher Kunst erhalten: der *Choraltar* der **St. Michaelskirche.** Das Kirchlein ist in verschiedenen Phasen der späten Gotik entstanden. Zu den ältesten Teilen zählt der untere Teil des Westturms: Der mit seinen knapp 2 m mächtigen Mauern als Wacht- und Wehrturm konzipierte Bau entstand im 14. Jh., Langhaus und Vorchor erhielten ihre jetzige Gestalt im 15. Jh., Anfang des 16. Jh. fügte man das Chorhaupt mit Apsis an. So erklären sich auch die unterschiedlichen Gewölbe, das ältere Sterngewölbe und das jüngere Kreuzrippengewölbe im Chorschluß. Die Deckenfresken mit den vier Evangelistensymbolen stammen übrigens noch aus der Erbauungszeit. Am 10. April 1684 kam es in Lindenhardt zu einer Brandkatastrophe: bis auf ›fünf Häuslein‹ – wie eine Chronik meldet – wurde der Ort vernichtet. Auch die Kirche erlitt Schäden und mußte erneuert werden. Die reichere Gemeinde Bindlach (im Norden Bayreuths, deren Kirche St. Bartholomäus als geschlossenes Barock- und Rokokoensemble sehenswert ist) schenkte deshalb ihren ausrangierten gotischen Flügelaltar von 1503, der schon 1665 einem barocken Kanzelaltar

◁ *Blick über die Tauber zum Spitzen Turm und der Burgruine Wertheim*

Lindenhardt, St. Michaelskirche, Grünewaldaltar

hatte weichen müssen, den Bürgern von Lindenhardt – wo über Jahrhunderte seine kunsthistorische Bedeutung nicht erkannt wurde. Erst 1915 entdeckte Karl Sitzmann, daß die Gemälde außen an den Flügeln des Altars, die Werktagsseite, und an der Rückwand Mathias Nithart Grünewald zuzuschreiben seien. Als er diese inzwischen weitgehend anerkannte Auffassung 1926 publizierte, war das eine Sensation und löste heftige Diskussionen aus. Verschiedene Indizien sprechen für Grünewalds Urheberschaft, so die ausdrucksstarke Gestaltung der Hände. Daß die Farben verblaßt sind und so gar nicht in der bei Grünewald zu erwartenden Glut und Leuchtkraft prangen, hängt damit zusammen, daß der Altar in der Kirche jahrhundertelang ungeschützt der Sonneneinstrahlung ausgesetzt war; die – durch Sanierung der Mauern inzwischen behobene – Feuchtigkeit des Raums schadete den Bildern ebenfalls. An einer Stelle des Mantelsaums des hl. Dionysius war das Bild lange durch eine eiserne Stütze verdeckt: hier, rechts von seiner linken Hand, gewinnt man noch einen Eindruck von der ursprünglichen Intensität des roten Farbtons.

Grünewald wurde wohl um 1475/80 in Würzburg geboren, lebte um 1501 in Seligenstadt und ließ sich um 1504 in Aschaffenburg nieder. Diesen Altar – entstanden um 1503 – stiftete ein Geistlicher, der eine Pfründe zu St. Peter und Alexander in Aschaffenburg besaß und dort Grünewald begegnet sein könnte, für die Bindlacher Kirche. Der Altar ist das erste datierbare Werk von Grünewalds Hand und zeigt wesentliche Merkmale seiner Kunst: so den bewußt nuancierten Einsatz der Farben und die überlegte malerische Figurenkomposition, die die Heiligen individuell zeigt und nicht mehr einfach nebeneinanderreiht, wie es damals verbreitet war.

Früher Vorläufer der Expressionisten: Mathias Gothart Nithart Grünewald

Kaum bekannt sind wesentliche Daten des Lebens eines der bedeutendsten europäischen Maler: Mathias Gothart Nithart Grünewald. Genaugenommen stimmt nicht einmal der Name Grünewald. Erst die Forschung fügte ihn aus bislang unbekannten Gründen nach seinem Tod dem eigentlichen Namen Neithart oder Nithart hinzu. Man weiß, daß er um 1475/80 in Würzburg geboren wurde. Als Hofmaler holte ihn der Mainzer Erzbischof Ulrich vom Gemmingen nach Aschaffenburg, wo der vielseitige Grünewald gleich auch als Baumeister und Steinmetz den Umbau des Schlosses leitete. In seinem 1513 begonnenen Hauptwerk, dem *Isenheimer Altar* (Colmar, Museum Unterlinden), hat er sich – so vermutet die Forschung – in der Figur des hl. Sebastian selbst porträtiert. Ab 1516 wechselte er in den Dienst des Kardinals Albrecht von Brandenburg, damals Kurfürst und Erzbischof von Mainz. Offenbar rechnete man Grünewald zu den Großen seiner Zunft, darauf lassen die erheblichen Aufträge schließen. Doch es war eine Zeit der sozialen Auseinandersetzungen. Während des Bauernkrieges mußte er aus politischen Gründen sein Hofamt aufgeben. Deshalb wandte er sich 1527 nach Frankfurt als ›Seifenmacher‹ und als ›Wasserkunstmacher‹ zur Anlage von Mühlen und Brunnen nach Halle an der Saale, wo er 1528 starb.

Viele seiner Werke gingen verloren. Als frühestes erhaltenes Jugendwerk gilt der *Lindenhardter Altar*. Sensibler und exakter Farbeinsatz zeichnet seine Werke ebenso aus wie eine realistische Malweise, die menschliche Gesichter porträtiert, statt, wie damals durchaus üblich, biblische Motive und Legenden mit typisierten Menschen zu illustrieren, etwa bei der ›Verspottung Christi‹ (1503, München, Alte Pinakothek), dem ›Heller-Altar‹ (um 1510, die hll. Laurentius und Cyriakus in Grisaille, Frankfurt, Städelsches Kunstinstitut) oder der ›Beweinung Christi‹ (um 1525, Aschaffenburg, Stiftskirche). In ihrer Ausdruckskraft und Dynamik wirkt Grünewalds Malweise heute nach Jahrhunderten noch beeindruckend ›modern‹; nicht zuletzt deshalb will die Forschung in seinem Werk auch expressionistische Züge erkannt haben.

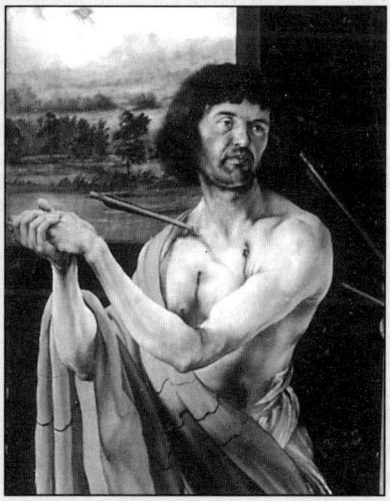

Mathias Gothart Nithart Grünewald, Selbstbildnis (?) als hl. Sebastian, Isenheimer Altar

Auf den Flügelbildern hat Grünewald die 14 Nothelfer dargestellt, auf der Rückwand Christus als Schmerzensmann. Grünewald hat die Bilder außergewöhnlich fein und sensibel gemalt. Zentrale Figuren sind die hll. Georg als Ritter und Dionysius, der nach der Legende als erster Bischof von Paris sein abgeschlagenes Haupt bis zu der Stelle getragen haben soll, an der er bestattet werden wollte. Der jugendliche Ritter ist in seinem Turnierharnisch dargestellt mit der wallenden Haartracht der Zeit: ein stolzer Adliger in einer Epoche, als das Rittertum sich historisch überlebt hatte. Man erkennt es an der Form des Schildes: Mit seinen spätgotisch geschwungenen Linien hat es eher symbolische oder Zierfunktion als eine wehrtechnische. Zu Füßen Georgs hockt der von ihm besiegte Drache, mehr ein liebenswertes Geschöpf denn ein furchtbares Ungeheuer, das den Heiligen wie ein Hund seinen Herren freudig anzubellen scheint. Durch seine kräftige Gesichtsfarbe und die individuellen Züge des Antlitzes mit Bart sticht aus der Gruppe der mehr bläßlich-vergeistigten Heiligen Christophorus hervor, das Jesuskind auf der Schulter: Deshalb vermuten einige Wissenschaftler, daß Grünewald sich hier selbst dargestellt habe – eine gewisse Ähnlichkeit mit der Darstellung des hl. Sebastian vom Isenheimer Altar, der ebenfalls als ein Selbstbildnis gedeutet wird, legt diesen Schluß jedenfalls nahe. Maßwerk, Ranken und Blumen schließen das Doppelbild nach oben ab, die Figuren scheinen auf einem Podest zu stehen. Leider fehlen dem Altar die originale Predella und das alte Gesprenge – das fehlende Schnitzwerk wurde 1897 neu geschaffen. Als Predella könnte Grünewalds Abendmahl und auf den Flügeln die Darstellung der hll. Agnes und Dorothea gedient haben, die als Kopie heute an der Chorwand angebracht sind.

Unbekannt ist, wer die Reliefs der Feiertagsseiten schuf. Die qualitätvolle Schnitzarbeit etwa der fein gestalteten Haare, der individuell modellierten Gesichter und der genau gefälteten Gewänder, die allerdings von der Farbfassung vergröbert wird, läßt Einflüsse Riemenschneiders vermuten – daß sich unter den Farbschichten allerdings eine eigene Arbeit des Würzburger Meisters verbergen möge, ist wohl leider nur ein frommer Wunsch. Dargestellt sind Maria, flankiert von den hll. Otto und Veit, und auf den Flügeln die hll. Wolfgang und Bartholomäus und die Stifter des Bamberger Doms mit dem Kirchenmodell, das hl. Kaiserpaar Heinrich und Kunigunde.

Die Kirche enthält noch eine Reihe weiterer Sehenswürdigkeiten: ein Vortragekreuz aus einer Kulmbacher Werkstatt von 1685 mit Engelsköpfchen an den Kreuzenden und drei Arbeiten des Bayreuther Hofbildhauers Elias Räntz: das barocke Taufbecken aus Holz und die Grabsteine für den Pfarrer Johann Nikolaus Degen und seine Frau Anna Maria († 1703, † 1723) und an der Außenwand der Sakristei den – leider verwitterten – Grabstein des Joseph Friedrich Glaßer († 1684). Bemerkenswert ist auch das vollplastisch gestaltete Epitaph des Albrecht Groß von Trockau (um 1490) in seiner Rüstung mit Turnierlanze, umgegürtetem Schwert und Helmbusch nebst Wappen auf einem Löwen (als Symbol seiner Stärke) sowie die beiden Denkmäler für ›Lorentz Gros von vnd zv Trockaw und Reitzendorf‹ († 1588) und seine Frau.

☐ Creußen

Während der Rote Main sich gemächlich durch baumbestandene Wiesen und Wäldchen schlängelt, mausert er sich zu einem richtigen Flüßlein und erreicht nach wenigen Kilometern das romantische Städtchen Creußen, dessen Burg und Herrschaft bereits für das 11. Jh. als ›castrum crusni‹ bezeugt sind. Seiner Anlage nach repräsentiert Creußen den Typ einer ottonischen Höhenstadt mit Burg (von der es allerdings keine sichtbaren Reste mehr gibt) und gut erhaltener Befestigung auf einem steil abfallenden Sandsteinfelsen. Stadtrecht erhielt Creußen 1358, es mußte im Lauf der Jahrhunderte manchen Sturm überstehen. Etwa die Hussitenkriege nach der Verbrennung des tschechischen Kirchenkritikers und Sozialreformers Jan Hus – genaugenommen ein mittelalterlicher Justizmord. König Sigismund selbst hatte Hus freies Geleit zugesichert, damit er ungehindert seine Ideen auf dem Konzil von Konstanz vortragen könne, doch dort wurde Hus verhaftet und 1415 als Ketzer verbrannt; seine Anhänger griffen später Teile des Reiches an. Auch im Markgrafenkrieg und rund hundert Jahre später im Dreißigjährigen Krieg wurde Creußen in Mitleidenschaft gezogen. Und obwohl auch noch ein Brand 1893 die historischen Gemäuer weitgehend zerstörte, hat die Stadt nicht zuletzt dank des Mauerrings, der Tore und Türme doch ihr mittelalterliches Ambiente bewahrt.

Blick auf Creußen

Den dreieckigen Marktplatz beherrscht das alte kommunale **Brauhaus**, eine Gemeinschaftseinrichtung der kleinen Creußener Wirtschaften, jetzt ist darin das Gemeindezentrum. Unterhalb davon in der Habergasse liegt das stattliche alte **Rathaus** von 1470 mit Uhr und Laterne sowie den spätgotischen Fleisch- und Brotbänken (offene Verkaufsstände) im Erdgeschoß. Am *Heziloplatz* erinnert nur noch der Name an die 1003 eroberte Burg des Hezilo (= Heinrich) von Schweinfurt. Hier befand sich sein Hauptquartier für den glücklosen Versuch eines Aufstands gegen Kaiser Heinrich II. Die Schloßbauten wurden 1633 zerstört, ihre Steine vermauerte man 1753–64 in das *Palais Schirnding* (Heziloplatz 1). Ein Teil der Burgbefestigung und Stadtmauer verlief zwischen Turm und Langhaus der Kirche – man kann die Flucht noch gut erkennen – hinüber zum Haus Heziloplatz 2, das an einen alten Rundturm der Mauer gebaut ist. Die **Pfarrkirche** (Schlüssel gegenüber bei Familie Springfeld, Brautgasse 5) wurde nach der Zerstörung im Hussitenkrieg 1474–77 wieder errichtet. Ein Unikum ist der niedrige, kreuzrippenüberwölbte Durchgang unter dem Chor: Er diente Verteidigungszwecken. Da das Langhaus außerhalb der Stadtmauer über dem Zwinger, der vorgelagerten Befestigung, erbaut war, mußte man im Bereich der äußeren Mauer einen Weg haben. Die Kirche wurde um 1700 barockisiert. Bernardo Quadri schuf den Stuck mit seinen Pflanzenmotiven, Elias Räntz steuerte die Figuren der ehemaligen Kanzel (jetzt an der Chorwand) und weiße Engelsköpfe an der ähnlich dem Stuck bemalten Doppelempore bei, und Heinrich Heubner gestaltete den wuchtigen Hochaltar nach Entwürfen von Elias Gedeler. Erhalten blieb das spätgotische Sakramentshäuschen von 1510.

Im **Hinteren Tor** (aus dem 17. Jh., Habergasse 23), direkt neben dem alten Eckturm der Stadtbefestigung, dem *Schuld-* oder *Hungerturm,* ist eines der kleinsten und doch interessantesten Museen entlang des Mains, das **Krügemuseum** (betreut von Alfred Merkel, Marktplatz 11, ☏ 0 92 70/84 85). Etwa von 1600 bis 1720 stellte man in Creußen spezielle Steinzeugkrüge her, wertvolle, weil rare, Kunstwerke en miniature – mit den verschiedensten Motiven als Jagd-, Planeten- oder Apostelkrüge und -flaschen. Die Muster wurden mit Modeln in den weichen Ton gedrückt und mit Emailfarben bunt ausgemalt. Rund 150 Krüge sind im winzigen Raum des Hinteren Tors zu besichtigen. Außerhalb der alten Stadt lohnt das **Eremitenhäuschen** (in der Theodor-Künneth-Str., gegenüber Nr. 1) einen Abstecher. Um 1760 ließ Theodor Künneth sich – als Imitation der markgräflichen Bayreuther Eremitage – ein bürgerliches Pendant errichten, ein Gartenhäuschen mit Resten gotischen Maßwerks. – Das nahe Creußen gelegene zweigeschossige **Bühler Schloß** mit Halbwalmdach und Fachwerkgiebel entstand Ende des 15. Jh. und wurde 1618 erneuert.

☐ Bayreuth

»Bayreuth ist ein wunderlich stiller Ort, man kann da alle Annehmlichkeiten eines Hofes ohne die Unbequemlichkeit der großen Welt genießen«: das sagte – einem Ondit zufolge – kein Geringerer als der französische Schriftsteller und Philosoph Voltaire, während er bei Markgräfin Wilhelmine zu Gast war – ein charmantes Kompliment. Und Voltaire mußte

Voltaire (François Marie Arouet), 1694–1778. Zeitgenössischer Kupferstich

es wissen, kannte er doch Paris und Potsdam wie Berlin, den Regierungssitz von Wilhelmines Bruder Friedrich II. Das Flair der (kleinen) Residenz von beschaulich-familiären Dimensionen hat Bayreuth bewahrt. Kulturell und politisch ist es das Zentrum des Roten Mains und seiner näheren Umgebung – zumindest seit die Markgrafen 1603 die Residenz von der Plassenburg über Kulmbach hierher verlegten; ab 1542 befand sich bereits die Kanzlei des markgräflichen Hofes in Bayreuth. Erstmals wurde die Stadt 1194 als Rodung – Reuth – der Bayern: ›Baierrute‹ erwähnt, wohl im Bereich der Stadtkirche und auf dem Areal des heutigen Marktplatzes/Alten Schlosses. Schon 1231 entwickelte sich die ›villa nova‹, damals bereits als ›civitas‹ bezeugt. Als Vorgängersiedlungen wurden 1035 in einer Urkunde des Salierkaisers Konrad II. der jetzige Stadtteil Seulbitz und 1142 der Stadtteil St. Johannis als ›Altentrebgast‹ genannt. Während der Hussiten- und Reformationskriege 1430 (als Folge der rechtswidrigen Verbrennung des tschechischen Sozialreformers und Kirchenkritikers Jan Hus als Ketzer 1415 auf dem Konstanzer Konzil), des von Markgraf Albrecht Alcibiades von Brandenburg-Kulmbach-Bayreuth entfesselten Markgrafenkrieges 1552 und besonders während des Dreißigjährigen Krieges in den Jahren 1632, 1633 und 1634 wurde die Stadt schwer beschädigt, trotzdem blühte sie wieder auf; all diese Kriege hatten neben wirtschaftlichen und machtpolitischen Zielen nicht zuletzt auch der Einführung eines jeweils ›rechten‹ Glaubens gedient, worüber die Parteien verschieden dachten. Mit einer neuen Kirchenordnung hatte Markgraf Georg schon 1533 die Reformation eingeführt. Nicht zuletzt die Ansiedlung der Hugenotten in der neu gegründeten (selbständigen) Vorstadt St. Georgen ab 1701 brachte einen wirtschaftlichen Aufschwung.

Einen Höhepunkt erlebte Bayreuth aber dann unter der Herrschaft des Markgrafen Friedrich (1735–63) und seiner Gemahlin Wilhelmine, der Tochter des preußischen Soldatenkönigs Friedrich Wilhelms I. und Schwester Friedrichs II. von Preußen, die Bayreuth mit dem Opernhaus, dem Ausbau des alten Schlosses und dem neuem Schloß in der Eremitage, wie auch dem Neuen Schloß in der Stadt und der Friedrichsstraße, weitgehend sein heutiges Aussehen im Stil des heiteren ›Bayreuther Rokoko‹ gaben, eine Kunstakademie ins Leben riefen und den Felsengarten ›Sanspareil‹ unterhalb der Burg Zwernitz auf dem Weg nach Bamberg anlegen ließen. Diese Blüte der markgräflichen Residenz verschlang beträchtliche Summen, Friedrich hinterließ seinem Nachfolger und vor allem den Bürgern deshalb nicht unerhebliche Schulden. Bei aller Vorsicht, die im Umgang mit historischen Wirtschaftsdaten geboten ist, dürfte der Betrag von 3 800 000 Gulden glaubwürdig sein, ein stattlicher Posten in einem agrarisch geprägten Land, in dem ein

DER OBERLAUF: BAYREUTH

Markgräfin Wilhelmine von Bayreuth (1709–1758). Gemälde von A. D. Lisiewska-Therbusch

Handwerker etwa 200 bis 500 Gulden pro Jahr verdiente. Dem versuchte Friedrichs Nachfolger mit einer rigorosen Sparpolitik gegenzusteuern, der auch die neugegründete Kunstakademie zum Opfer fiel. Doch Finanznöte waren für einen Landesvater von Gottes Gnaden letztlich kein Problem: Markgraf Karl Alexander entledigte sich der seinen, indem er 1791 vor seiner Abdankung Landeskinder an den englischen Königshof verkaufte, die als Soldaten gegen die amerikanische Befreiungsbewegung kämpfen mußten. Modern gesprochen: Ein Fall von Menschenhandel, wie er im Feudalismus durchaus üblich war und erst mit dem Einmarsch der französischen Truppen unter Napoleon, die mit ihren Bajonetten auch die Menschenrechte ins rückständige Deutschland brachten, überwunden wurde. Bayreuth gelangte schließlich 1810 unter bayrische Herrschaft. Den heutigen Weltruhm verdankt Bayreuth aber vor allem Richard Wagner. Er kam zusammen mit seiner Frau Cosima – der Tochter von Franz Liszt – 1872 hierher und eröffnete 1876 mit der Uraufführung des ›Ring des Nibelungen‹ das Festspielhaus auf dem grünen Hügel, heute eines der Wahrzeichen der Stadt. Von 1874 bis zu seinem Tod (in Venedig am 13. Februar 1883) lebte Wagner in der Villa Wahnfried neben dem Hofgarten in Bayreuth und wurde im Garten seines Hauses – wie später Cosima Wagner – beigesetzt. Bei Fliegerangriffen wurden 1945 fast 40 % der Wohnungen zerstört, mehr als 1 000 Einwohner kamen dabei ums Leben.

Markt

Ein Zentrum Bayreuths ist der **alte Markt,** die **Maximilianstraße.** Dank der weitgehenden Verkehrsberuhigung kann man auf dem traditionellen bayrischen Straßenmarkt mit nicht weniger als drei Brunnen, dem *Herkulesbrunnen* (1676 von Georg Wieshack), dem *Famabrunnen* (1708 von Elias Räntz) und dem *Neptunbrunnen* (1766 von Johann Gabriel Räntz), gemütlich flanieren und das Ensemble der Bürgerhäuser betrachten, die weitgehend dem 16. und 17. Jh. stammen und deren Anlage besonders auf der Südseite als Reihe zum Teil schmaler Giebel ihre mittelalterliche Struktur bewahrt hat. Aber auch stattlichere Bauten säumen den Markt. Ursprünglich stand ein älteres Magistratsgebäude in der Mitte des Platzes, erhalten hat sich das **Alte Rathaus** aus dem Ende des 17. Jh. mit seinen beiden Eckerkern und dem jüngeren Portal (1724), dessen Skulpturen aus der

Mythen in Musik: Richard Wagner

Geboren in Leipzig 1813, setzte Richard Wagner sich schon während seiner Schulzeit in Dresden und Leipzig intensiv mit der Musik C. M. von Webers, L. v. Beethovens und W. A. Mozarts auseinander. In Würzburg wurde er 1833 Chordirektor, um schon 1834 als Musikdirektor in die Theatergruppe H. Bethmanns zu wechseln. In Magdeburg wurde Wagners 1836 vollendete dritte Oper ›Das Liebesverbot‹ uraufgeführt, nach Shakespeares ›Maß für Maß‹ und mit Sympathiebekundungen für die Ideale des ›Jungen Deutschland‹. Der Bankrott des Bethmannschen Theaterunternehmens ließ jedoch Wagners Hoffnungen unerfüllt bleiben. In Königsberg heiratete er 1836 als Musikdirektor die Schauspielerin Wilhelmine Planer und ging 1837–39 als

Richard Wagner, Büste im Park am Festspielhaus

Musikdirektor nach Riga. Über London kam er 1840 nach Paris, wo ›Der Fliegende Holländer‹ nach Motiven H. Heines entstand. Nach der Uraufführung – einem großen Erfolg – von ›Rienzi‹ (1842) in Dresden übersiedelte das Ehepaar Wagner dorthin, er wurde Hofkapellmeister. Es folgten die Arbeiten zu ›Tannhäuser‹ und ›Lohengrin‹, den F. Liszt 1850 in Weimar uraufführte. Seit 1848 arbeitete Wagner am ›Ring des Nibelungen‹, mußte aber wegen seiner Teilnahme am Maiaufstand in Dresden (1849) in die Schweiz emigrieren. Dank der offiziellen Amnestie konnte Wagner nach Wien zurückkehren und trennte sich 1862 von seiner Frau. Wie in Riga Jahre zuvor, mußte Wagner wegen seiner Schulden auch Wien (1864) heimlich verlassen, wo er u. a. an den ›Meistersingern von Nürnberg‹ gearbeitet hatte. Der Ruf durch Ludwig II. aus München bot ihm die Perspektive sorgenfreien Komponierens. Am Münchner Hoftheater fand 1865 die Uraufführung von ›Tristan und Isolde‹ statt. Wegen eines Konflikts mit dem bayerischen Kabinett ging Wagner – weiterhin vom König unterstützt – nach Tribschen bei Luzern. Mit Cosima Liszt, die er 1870 geheiratet hatte, wandte Wagner sich 1872 nach Bayreuth, wo das Festspielhaus 1876 mit der ›Ring-Tetralogie‹ eingeweiht wurde. Ludwig II. übernahm das Defizit der Festspiele (als Darlehen), so konnte 1882 auch ›Parsifal‹ in Bayreuth aufgeführt werden. In Venedig, wo er zur Wiederherstellung seiner Gesundheit weilte, starb Wagner 1883.

DER OBERLAUF: BAYREUTH

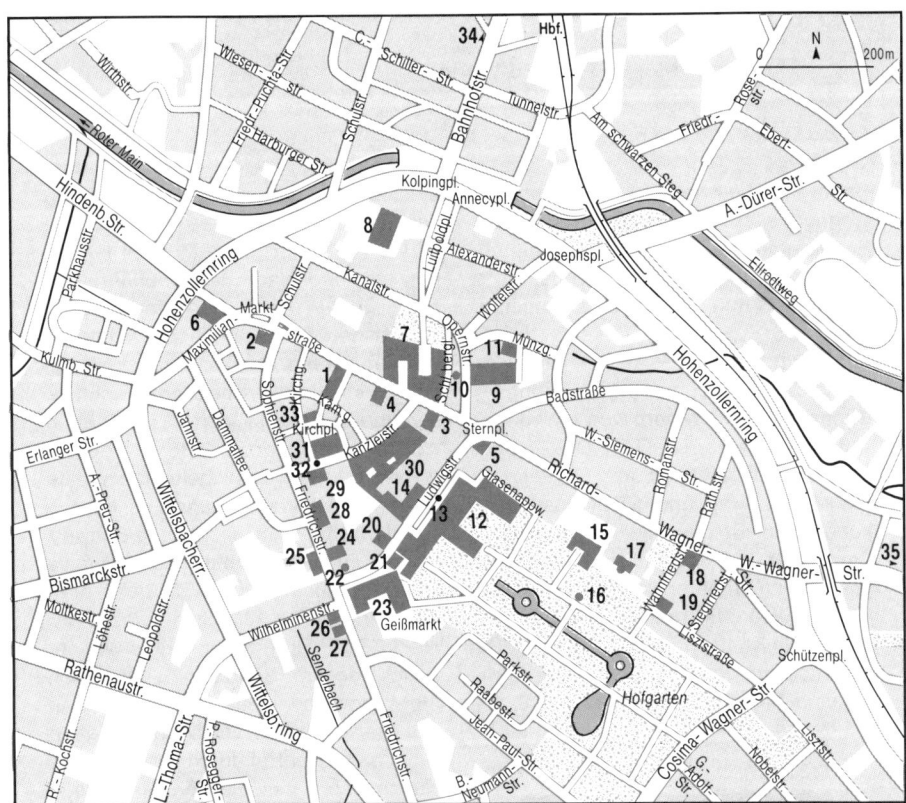

Bayreuth 1 Altes Rathaus 2 Mohrenapotheke 3 Haus Maximilianstraße 9 (Wohnung Jean Pauls) 4 Haus Maximilianstraße 17 (ehem. Gesandtenpalais) 5 Hofapotheke 6 Spitalkirche und ehem. Bürgerhospital 7 Altes Schloß mit Schloßkirche Mariae Himmelfahrt 8 Neues Rathaus 9 Markgräfliches Opernhaus 10 Wittelsbacherbrunnen 11 Synagoge 12 Neues Schloß 13 Markgrafenbrunnen 14 Palais der Regierung von Oberfranken 15 Deutsches Freimaurermuseum 16 Grabstätte Richard und Cosima Wagner 17 Villa Wahnfried (Richard-Wagner-Museum) 18 Jean-Paul-Museum 19 Liszt-Museum 20 Ellrodtsches Palais 21 Storchenhaus 22 Jean-Paul-Denkmal 23 Stadthalle (ehem. markgräfliches Reithaus) 24 Postei 25 Ehem. Waisenhaus 26 Ehem. Palais Künßberg 27 Ehem. Meyernsches Palais 28 Haus Ellrodt mit Gartenportikus 29 Braunbierhaus (Burggüter) 30 Ehem. Markgräfliche Kanzlei 31 Stadtkirche Heilige Dreifaltigkeit 32 Obeliskenbrunnen 33 Stadtmuseum (Alte Lateinschule) 34 Festspielhaus 35 Eremitage

Werkstatt des Elias Räntz stammen (Maximilianstr. 33). Den beeindruckenden Giebelbau der **Mohrenapotheke** (Nr. 57) mit seinem polygonalen, mit nachgotischem Maßwerk verzierten Eckerker errichtete Michael Melbart 1610. Barock gibt sich mit seinen mächtigen Pilastern und ionisierenden Volutenkapitellen das **Haus Nr. 9** von 1666, übrigens die erste Bayreuther Wohnung *Jean Pauls*. Ins Rokoko weisen die beiden staatlichen Bürgerhäuser **Nr. 17** (mit zwei doppelstöckigen Erkern ehemals als **Gesandtenpalais** erbaut) und *Nr. 41*, mit Ranken- und Vasenmotiven – beide jedoch mit zurückhaltendem Fassadenschmuck ausgestattet. Von strenger frühklassizistischer Eleganz ist schließlich die **Hofapotheke** (Richard-Wagner-Str. 2, Ecke Ludwigstraße) des Karl Philipp von Gontard aus dem Jahr 1756.

End- und Höhepunkte des Marktes bilden die Spitalkirche und das Alte Schloß. Bewußt als Abschluß vom Markt her entwarf Hofbaumeister Joseph Saint-Pierre die reichgegliederte Schaufassade mit Pilastern, Figuren, Giebelattika und Scheinkuppel für die **Spitalkirche**, die 1748–50 an der Stelle einer älteren Vorgängerin als fast quadratischer Saalbau errichtet wurde und mit dem ehemaligen *Bürgerhospital*, hervorgegangen aus einer Stiftung des 13. Jh., einen Komplex bildet. Die Bauplastik außen und der Aufbau des Kanzelalters stammen von Johann Gabriel Räntz (um 1750). Damals brachte auch Rudolf Albini den leicht beschwingten Rocaillestuck mit vegetabilen und Motiven aus dem Alten wie Neuen Testament an. Elias Brändel schuf bereits für die frühere Kirche um 1637 als ›Biblia pauperum‹ – eine Armenbibel für Analphabeten – die Emporenbilder, in der Gestaltung der Motive wohl angeregt durch Albrecht Dürers ›Kleine Passion‹ von 1509–11.

Altes Schloß

Das Alte Schloß liegt über den Grundmauern einer älteren Burg, gut zu verteidigen an der Nordostecke der Altstadt. Seit dem Umzug der Markgrafen aus Kulmbach 1603 diente es als Residenz. Trotz verschiedener Zerstörungen durch die Brände 1753 und 1945 dokumentiert der Komplex hervorragend die Entwicklung des deutschen Schloßbaus im 16. und 17. Jh. Typisch für die Renaissance ist die ursprünglich geschlossene Vierflügelanlage (aus der zweiten Hälfte des 16. Jh.) um den Innenhof mit Schloßturm. Man erweiterte sie im 17. Jh. um den zum Markt hin offenen Ehrenhof; eine Modernisierung im Geist des Repräsentationsdenkens des Barock. Erst 1860 entstand des *Denkmal* für *Maximilian II.* von Friedrich Brugger. Obwohl eine Reihe bedeutender Baumeister an der Gestaltung des Schlosses mitwirkte, unter ihnen Michael Mebart, Elias Gedeler,

Bayreuth, Spitalkirche von Joseph Saint-Pierre

DER OBERLAUF: BAYREUTH

Johann Moritz Richter, Charles Philipp Dieussart und schließlich Leonhard Dientzenhofer, wirkt der Bau recht einheitlich, als in sich geschlossenes Werk.

Überragt wird das Schloß durch den oktogonalen *Turm*, ein Wahrzeichen Bayreuths. Ab 1565 erbaute ihn mit Wendeltreppe und schneckenförmiger Rampe – für Pferde und (kleinere Salut-)Geschütze, von außen an den Fenstern zu erkennen – Caspar Vischer, ein Baumeister, dem wir auf der Plassenburg wieder begegnen. Nach dem Brand 1753 funktionierte man ihn zum Turm der katholischen *Pfarrkirche Unserer Lieben Frau* um (an der Stelle des zerstörten Ostflügels). Auf die ursprüngliche Zwiebelhaube und das oberste Geschoß verzichtete man damals ebenso wie auf die Wiedererrichtung des abgebrannten Nordflügels mit Zwerchhäusern und Prunkportal. An seiner Stelle auf der Mainterrasse stehen beiderseits des Treppenaufgangs das ehemalige *Palais d'Adhémar* und *Karl Philipp Gontards* eigenes *Wohnhaus*, beide von ihm 1759–61 errichtet. Den Ehrenhof und die Front zum Markt zieren vollplastisch gearbeitete Reliefmedaillons mit den Büsten antiker Kaiser, Götter und Göttinnen – wenn man so will, eine Art idealisierter Ahnengalerie, wie sie auch im Schönen Hof der Plassenburg bei Kulmbach zu finden ist. Weil man nach dem Brand Geld für die Neuerrichtung des Schlosses (und den Bau des Neuen Schlosses) brauchte und dazu die Untertanen per Kopfsteuer zur Kasse bitten wollte, entstand die Frage nach deren genauer Zahl: So kam es zur ersten Volkszählung im Fürstentum Bayreuth. Und aus der einmaligen Kopfsteuer wurde, man wollte schließlich standesgemäß weiterbauen, bald eine permanente Einrichtung: Die Biersteuer (ein Pfennig pro Maß) war erfunden.

Die **Schloßkirche Mariae Himmelfahrt** errichtete Joseph Saint-Pierres 1753–56. Von außen ist sie als Gotteshaus schwer zu erkennen. Die ursprüngliche Ausstattung (wie der Kanzelaltar und Teile des zierlichen und vorzüglich fein gearbeiteten Rokokostucks mit Rocaillen, Blumenranken und Engelchen von J. Baptiste Pedrozzi) fiel weitgehend einer Restaurierung des vergangenen Jahrhunderts zum Opfer. In einer Nürnberger Werkstatt entstand Mitte des 15. Jh. der spätgotische Kruzifixus. Um 1760 baute Karl Philipp von Gontard die markgräfliche *Fürstengruft* mit ihren klassizistischen Elementen; hier ruhen Friedrich, Wilhelmine und ihre Tochter.

Über die Freitreppe gelangt man zum Luitpoldplatz mit dem **Neuen Rathaus**, einem modernen Büroturm. Während der Sommermonate genießt man bei gutem Wetter von der Dachterrasse im 13. Stock einen beachtlichen Rundumblick bis zum Fichtelgebirge und in die Fränkische Schweiz, der zudem um 10, 12 und 16 Uhr von einem Glockenspiel akustisch untermalt wird. Im Bogen verlängert sich der Luitpoldplatz in die Opernstraße mit dem »Markgräflichen Opernhaus«, einer der interessantesten Sehenswürdigkeiten Bayreuths, auch wenn dort seit Jahren keine Aufführungen mehr stattfinden.

Markgräfliches Opernhaus

Hinter der konventionell im Stil fürstlicher Repräsentationsarchitektur gehaltenen Fassade gegenüber dem *Wittelsbacherbrunnen* verbirgt sich einer der wohl schönsten und bedeutendsten höfischen Theaterräume des Barock in Deutschland – wenn nicht gar

Bayreuth, Markgräfliches Opernhaus, Blick zur Bühne

Europas! Das Markgräfliche Opernhaus entstand 1745–48 nach Plänen von Joseph Saint-Pierre, an der überreichen Ausstattung beteiligten sich noch Giuseppe Galli-Bibiena und sein Sohn Carlo, damals europaweit gefragte Kapazitäten in Sachen Theaterbau. Johann Galbriel Räntz und Johann Schnegg besorgten die Schnitzarbeiten, für die Vergoldung zeichnete J. N. Grüner verantwortlich. Während der Regierungszeit des Markgrafen Friedrich (1735-63) entwickelte seine Gemahlin Wilhelmine die kleine Residenz Bayreuth nebst den verschiedenen Lustschlössern zu einem wahren Musenhof. Genaugenommen war das Bayreuther Opernhaus, zu seiner Zeit eines der prächtigsten und größten in Deutschland, eigentlich ein Mehrzweckbau: Man weihte es 1748 anläßlich der Vermählung der einzigen Tochter des Markgrafenpaares mit Herzog Karl II. Eugen von Württemberg mit zwei Opern und mehreren französischen Komödien ein, anschließend folgte eine Galatafel. Es war Ballsaal und festlicher Rahmen für fürstliche Diners zugleich. Das Theater hatte freilich einen entscheidenden Schönheitsfehler: Es ließ sich kaum heizen und konnte daher nur in den Sommermonaten benutzt werden. Nach dem Tod der Markgräfin Wilhelmine (1758) war seine kurze Glanzzeit beendet, und als nach dem Tod des letzten Bayreuther Markgrafen 1769 das Regiment an seinen Ansbacher Erben fiel und Bayreuth deshalb keine Residenz mehr war, erwies sich das stattliche Haus endgültig als überdimensioniert.

Nur einmal noch sollte es für Bayreuth eine wichtige Rolle spielen: Als Richard Wagner von der Existenz der gewaltigen Bühne erfuhr, auf der auch ›Tannhäuser‹ aufgeführt worden war, kam er inkognito von Tribschen bei Luzern nach Bayreuth, um zu prüfen, ob dieser Ort geeignet sei, hier seine seit langem geplanten Festspiele zu veranstalten. Wagner kam, sah – und mußte »beim Gewahrwerden seiner inneren Konstruktion« – wie er selbst formulierte – feststellen, daß das Bayreuther Haus für seine Zwecke nicht geeignet war. Die »freundliche Stadt« allerdings gefiel ihm – und so faßte er den Entschluß, hier das lange schon projektierte Festspielhaus zu errichten. Und zur Grundsteinlegung auf dem ›Grünen Hügel‹ dirigierte Wagner selbst am 22. Mai 1872 im Markgräflichen Opernhaus Ludwig van Beethovens Neunte Symphonie ... Erhalten blieb die prächtige Fassade mit loggienartigem Mittelrisalit, Pilastern nebst Säulen und der figurengeschmückten Balusterbekrönung. Und vor allem der überreich mit Vasen, Putten, Allegorien und üppigem Schnitzwerk entlang der drei Emporen und um die Fürstenloge dekorierte *Zuschauersaal*: ein Festraum im Stil des italienischen Barock zur höfischen Selbstrepräsentation, der den feudalen Theatern in Wien und Paris nicht nachstehen sollte (Farbabb. 1).

Auch die beiden Bauten links und rechts der markgräflichen Oper verdienen Beachtung: Johann David Räntz konzipierte das Eckhaus mit Mittelrisalit (Nr. 16) 1722 und um 1740 den Traufseitbau mit Risalitbildungen (Nr. 12). Sieht man die fast geschlossene Front, so kann man schwerlich vermuten, daß dieses Theater gut 70 m (!) tief reicht, bei etwa gleicher Länge von Bühne und Zuschauerraum.

Unweit des Opernhauses liegt um die Ecke in der Münzgasse das jüdische Gotteshaus, die **Synagoge**. Daß sie 1938 nicht völlig zerstört und verbrannt wurde, liegt mittelbar auch an ihrer Nachbarschaft zum Opernhaus: Man wollte nicht riskieren, daß eines der bedeutendsten Gebäude Bayreuths Raub der Flammen würde, und beschränkte sich deshalb darauf, die Synagoge nur im Inneren zu verwüsten.

Neues Schloß

Nicht weit ist es vom Alten zum Neuen Schloß. Am Sternplatz zweigt die Ludwigstraße rechts von der Maximilianstraße ab. Nach dem Schloßbrand 1753 erwog man zunächst, das Alte Schloß um- und wieder neu aufzubauen. Doch schon bald setzte sich der Gedanke durch, einen vollkommenen Neubau an anderer Stelle zu beginnen. Die frühklassizistisch-nüchterne Front nach den Plänen des Hofarchitekten Joseph Saint-Pierre liegt in der Ludwigstraße fast vornehm verborgen hinter gestutzten Linden und dem plätschernden Wasserstrahlen des (älteren) barocken **Markgrafenbrunnen** von 1699–1705 von Elias Räntz nach einem Entwurf von Leonhard Dientzenhofer. Markgraf Christian Ernst reitet als kaiserlicher Feldmarschall und Sieger im Kampf gegen die Türken vor Wien über einen osmanischen Krieger – die Szene entbehrt nicht drastischer Züge: Mit den Vorderhufen tritt das Pferd das schmerzverzerrte Gesicht des Türken und dessen Hand nieder! – und über seine Ländereien, die vier Flüsse seines Territoriums: Saale,

Eger, Naab und Main repräsentieren zugleich die vier (damals bekannten) Erdteile; insgesamt ein Symbol absoluten Machtanspruchs. Auf einem Band hält der Hofzwerg das Motto: »Pietas ad omnia utilis« – Frömmigkeit ist zu allem nützlich. Als man den Brunnen 1748 aus dem Hof des Alten Schlosses hierher versetzte, ordnete man die Himmelsrichtungen neu, doch das tut der Gesamtwirkung kaum Abbruch.

Bereits in den vierziger Jahren des 18. Jh. hatte man den späteren Schloßplatz mit der markgräflichen Renn- und Reitbahn durch mehrere Bauten in einen nahezu rechteckigen Platz umgestaltet. Das prächtige Gebäude dem Schloß gegenüber, das barockisierende **Palais** der *Regierung von Oberfranken* (Ludwigstraße 20), errichteten Martin Dülfer, Bruno Paul und Franz und Joseph Rank allerdings erst um 1905 mit bemerkenswerten Elementen des Jugendstils im Inneren (in den einzelnen Räumen und dem Treppenhaus) sowie an der Front (den überdimensionalen Gesichtern).

Genaugenommen war das Neue Schloß kein Neubau. Dazu bemerkte Markgraf Friedrich am 6. Juli 1753, knapp ein halbes Jahr nach dem – von ihm selbst mitverschuldeten – Brand vom 26. Januar: er sei durch »Einäscherung des Residenzschlosses in die Nothwendig-

Bayreuth, Markgrafenbrunnen und Neues Schloß

DER OBERLAUF: BAYREUTH

Bayreuth, Neues Schloß, Saal im Italienischen Bau

keit gesetzt, sein Unterkommen in anderen konvenablen Häusern zu suchen und solche zum Neuen Schloß einrichten zu lassen. Auch die vor einigen Jahren neu errichtete reformierte Kirche und Pfarrhaus müßte dazu verwendet werden.« Konkret bedeutete das, der Hofarchitekt hatte die undankbare Aufgabe, die am Bauplatz vorhandenen Gebäude, das Haagsche Haus, ein Pfarrhaus, eine Kirche, das Von-Meyernsche-Palais und Teile von Bürgerhäusern, zu einer einheitlichen Schloßfassade zusammenzufügen, ein von Geldmangel diktierter Auftrag – auch als Kompromiß zwischen ›Wollen und Dürfen‹ belächelt –, den Saint-Pierre allerdings souverän erfüllte und der den wohlhabenderen Friedrich II. von Preußen Schwager und Schwester gegenüber zu mildem Spott animierte.

So erklären sich auch die für ein Rokokoschloß untypischen Asymmetrien der Front, die sich allerdings mehr zur Gartenseite hin bemerkbar machen. Zum dreiachsigen Mittelrisalit der langgezogenen dreigeschossigen Front avancierte die *Reformierte Kirche*. Das Hauptgeschoß mit seinen hohen Rundbogenfenstern zwischen vier korinthischen Säulen über dem gebänderten Untergeschoß mit drei einst offenen Einfahrten (von denen zwei vermauert sind) wird von schwerem Gesims mit Balustrade und sechs barocken Figuren bekrönt – den vier Elementen sowie ›Prudentia‹ und ›Fortitudo‹, wohl von Johann David und Johann Lorenz Räntz. Fast verspielt nimmt sich dagegen die Gartenseite des *Italienischen Baus* am Südflügel aus, der durch den *Badetrakt* mit dem eigentlichen Schloß verbunden ist. Im Inneren kommt dann die heitere Stimmung des Rokoko voll zum Ausdruck, einige der Räume sind von außergewöhnlichem Rang.

Bei der Konzeption der Zimmerflucht drücken sich Formwille und Lust am Spiel mit phantastischen Einfällen der Markgräfin aus: Während der quadratische *Festsaal* (nach

Entwurf Saint-Pierres) mit seinen weißen Pilastern vor grauem Stuckmarmor und darüber in der Hohlkehle den beschwingten Rocaillestukkaturen in Gold von Jean Baptiste Pedrozzi mit ihren vier Elementen in den Eckkartuschen noch recht konventionell das dekorative Programm feudaler Prunksäle zitiert, konnte die Markgräfin bis zu ihrem Tod 1758 Räume nach ihrem Geschmack gestalten: etwa das *Japanische Zimmer*, die verschiedenen *Garten- und Spalierzimmer*, das *Pastellzimmer*, das *Teezimmer* – ehemals *Porzellankabinett* –, das *Musikzimmer* oder das *Pagodenkabinett* (in den Räumen des Markgrafen) und vor allem das *Spiegelscherbenkabinett* – wobei der Akzent auf ›Scherben‹ liegt.

Spiegelkabinette gehörten – wie etwa in der Würzburger Residenz – zum festen Bestandteil der Schlösser, mit denen die geistlichen und weltlichen Fürsten des Rokoko sich an Prunkliebe gegenseitig zu überbieten suchten und die der öffentlichen Zurschaustellung ihrer – vorgegebenen oder realen – Macht dienten. Eine besondere Spielart dieses Wettstreits auf Kosten der Landeskinder stellen die Bayreuther Spiegelscherbenkabinette – im Neuen Schloß und in der Eremitage – dar. Boten die Spiegel illusionäre Perspektiven unendlichen Einflusses in endlosen Scheinräumen und damit eben auch die Illusion grenzenloser Macht, so wird dieser Gedanke mittels der Scherben gebrochen und erinnert mit dem Eindruck des gewollt Ruinösen und Fragmentarischen an die Vergänglichkeit alles Irdischen, variiert den barocken Vanitasgedanken; mehr noch, das Spiegelkabinett nimmt mit architektonischen Mitteln den Niedergang dieser bis ins letzte getriebenen Verfeinerung feudal-höfischer Kultur vorweg, die inmitten künstlicher Ruinen den eigenen Untergang genüßlich inszenierte – wohl auch ein Ausdruck der Dekadenz dieser Lebensform. Deshalb fand denn die Ausgestaltung der Säle nicht nur ungeteilte Zustimmung. So mokierte sich ein späterer Bewohner, Ludwig von Württemberg, über die phantastischen Figuren, »die im Reiche der Natur nie gesehen und gehört worden sind ...« und klagte, »angeklebte Stücke von zerbrochenen Spiegeln geben der Sache ein groteskes Ansehen. Da sich das Spiegelglas ... bei der geringsten Bewegung ablöst, ist man solchergestalt für seinen Kopf nie ganz sicher.«

Bayreuth, Neues Schloß, Palmenzimmer

Man sollte sich die Zeit nehmen, die Ausstattung der Räume ausführlich zu betrachten. Im Spiegelscherbenkabinett etwa die Rokokokamine aus Neidecker Marmor oder den beachtlichen Eichenfußboden mit geometrischem Dreipaßmuster

DER OBERLAUF: BAYREUTH

von Johann Spindler (um 1755) – es sind zum Teil Zeugnisse hervorragenden Kunsthandwerks. Heitere Formenfreude und Lust am verspielten Detail atmen jedenfalls auch die anderen Festräume: der *Saal* im *Italienischen Bau*, die *Gobelinzimmer*, das *Japanische Zimmer*, das nußbaumvertäfelte *Palmenzimmer* und das *Spalierzimmer* mit seiner Laubendekoration. Und natürlich durfte auch eine *Grotte* nicht fehlen: mit Verkleidungen aus Muscheln, Glasfluß und Bergkristall die Illusion einer märchenhaften, von Feen und Elfen bevölkerten Kristallhöhle, wie der Markgraf, auch der ›Vielgeliebte‹ genannt, sie schätzte und wie man sie in der klassizistischen Reiseliteratur rühmte. Zur Grotte gehörten die *Grottenzimmer*, passend dekoriert mit Reihern, Blütenranken und einer ›Schlafenden Venus mit Schwänen‹ . . . Der Putto über dem Eingang zur Grotte legt zu allem den Finger auf den Mund, genießt und – schweigt.

Zur repräsentativ-standesgemäßen Residenz geistlicher und weltlicher Herrscher gehörte auch eine *Bildergalerie*. Einerseits diente sie der Erbauung, andererseits konnte

Bayreuth, Festspielhaus (1872–75)

Bayreuth, Wagners Villa Wahnfried mit der Büste seines Förderers Ludwig II. von Bayern

man mit dem Zeigen der Kunstwerke den eigenen Rang dokumentieren, und dann galt es, an Hand der Porträts die Bedeutung der Familie ins rechte Licht zu rücken. Die Markgräfin sorgte also dafür, daß die preußische Verwandtschaft angemessen zur Geltung kam. Darüber hinaus ist im Neuen Schloß eine *Filialgalerie* der *Bayerischen Staatsgemäldesammlungen* untergebracht.

Im Innern stimmen das *Blumenkabinett* und der *Gartensaal* ein auf den **Hofgarten**. Bereits im 16. Jh. begonnen, wurde er im Lauf der Jahrhunderte wiederholt umgestaltet, entwickelte sich vom Rokokopark mit geometrischen Formen zu einem englischen Landschaftsgarten, den Markgräfin Wilhelmine als ›Indianischen‹ oder ›Mohrengarten‹ anlegen ließ, rund eine Generation, bevor diese Form sich an Europas Höfen durchsetzte, und ist heute nicht zuletzt deshalb interessant, weil er – wenn auch freilich nur in Ansätzen – fast alle wichtigen Stadien der europäischen Gartenbaukunst vom 17. bis 19. Jh. dokumentiert. Den klassizistischen Sonnentempel entwarf Carl Christian Riedel 1805, über den Park sind Teile einer unvollendet gebliebenen *Figurengruppe ›Triumphzug Neptuns und Amphitrites‹* von Johann David und Lorenz Wilhelm Räntz verteilt (begonnen 1763).

Durch den Hofgarten, links am Kanal entlang, erreicht man vier der interessantesten Museen Bayreuths: zunächst das **Deutsche Freimaurermuseum** (Im Hofgarten 1), mit originalen Werkzeugen, Siegeln und Zunftsymbolen aus den Bauhütten des Mittelalters und einer umfangreichen Bibliothek zur Darstellung dieser humanistischen Bewegung, die sich gegen Fanatismus aller Art und religiösen Aberglauben richtete; dann, vorbei an den *Gräbern* von *Richard Wagner* und Frau *Cosima* nebst ›Wagners Russ‹ – einem vierbeinigen Freund –, die **Villa Wahnfried:** inzwischen nach Kriegsbeschädigung wiederhergestellt als **Richard-Wagner-Museum:** »Hier wo mein Wähnen Frieden fand – Wahnfried – sei dieses Haus von mir benannt«, mit seinen Sammlungen zu Leben und Werk des für Bayreuth wohl bedeutendsten Künstlers, nicht nur wegen der während der Festspiele jeweils boomenden Wirtschaft, salopp auch ›Nibelungen-Kult-Tourismus‹ genannt.

In der in Formen der Neorenaissance erbauten Villa Wahnfried – die Wagner, erbittert über den schleppenden Fortgang der Bauarbeiten, auch ›Ärgersheim‹ getauft haben soll – vollendete der Meister ab 1874 die ›Götterdämmerung‹ und bereitete die Festspiele vor. Noch zu Wagners Lebzeiten entstand 1872–75 auf dem ›Grünen Hügel‹ im Norden der Stadt das Ziel der alljährlichen Bayreuth-Pilger, sein **Festspielhaus,** das bis 1931 mehrfach erweitert wurde. Otto Brückwald orientierte sich als Architekt am Schema eines antiken Theaters mit verdecktem Orchester, ließ sich aber auch von Entwürfen Gottfried Sempers und Richard Wagners für das nicht ausgeführte Münchner Festspielhaus inspirieren. Als eines der Wahrzeichen Bayreuths prangt das Haus heute weithin sichtbar, nicht zuletzt dank seines gut-deutsch traditionell anmutenden Fachwerks, das allerdings ab 1961 in Beton erneuert werden mußte. – Und schließlich erreicht man, vorbei an der Büste Ludwigs II. von Bayern, über die Richard-Wagner-Straße das **Jean-Paul-Museum** (Wahnfriedstraße 1). Die private Sammlung des Bayreuther Arztes Philipp Hausser von Bildern, Handschriften, Erstausgaben und weiteren Dokumenten bildete den Grundstock zur Darstellung von Leben und Arbeit des Schriftstellers.

Weltschmerz mit Tiefgang: Jean Paul

In Wunsiedel (Fichtelgebirge) wurde Johann Paul Friedrich Richter 1763 als Sohn eines Hilfsgeistlichen geboren, mußte aus Geldmangel sein Theologiestudium abbrechen und schlug sich als Hauslehrer und Leiter einer Privatschule durch. Frühe Satiren nach dem Vorbild des Engländers Jonathan Swift blieben unbeachtet. Karl Philipp Moritz vermittelte aber das Romanmanuskript ›Die unsichtbare Loge‹ an einen Berliner Verleger. Es machte Richter rasch bekannt, zumal die Erzählung ›Leben des vergnügten Schulmeisterlein Maria Wuz in Auenthal. Eine Art Idylle‹ im Anhang mit ihrer witzigen Bildhaftigkeit auf große Resonanz stieß (1793). Aus Verehrung für Jean-Jacques Rousseau nannte er sich Jean Paul. Populär machte ihn der Roman ›Hesperus, oder 45 Hundsposttage. Eine Biographie‹ (1795). Das Buch spielt mit Elementen der Trivialliteratur in seinen lyrisch-empfindsamen Passagen und ist gleichzeitig als Entwicklungsroman von hohem Niveau angelegt, gesättigt mit fast enzyklopädisch ausgebreitetem Bildungsgut; eine Mixtur, die offenbar ein ideales Erfolgsrezept darstellte. Es wurde als ›Trostbuch für Weltschmerzler‹ bespöttelt und rief eine beinahe Goethes ›Werther‹ vergleichbare Begeisterung hervor, die übrigens auch – wenngleich moderater – von Schiller und Goethe selbst geteilt wurde. Der Lyriker Gleim befand: »Dieser Richter schreibt alle Romanschreiber nieder.«

Jedenfalls war seinen weiteren Arbeiten die Aufmerksamkeit des Publikums sicher, etwa dem Roman ›Blumen-,

Bayreuth, Jean-Paul-Denkmal

Frucht- und Dornenstücke oder Ehestand, Tod und Hochzeit des Armenadvokaten F. St. Siebenkäs im Reichsmarktflecken Kuhschnappel‹, ebenfalls wieder mit ›Beigaben‹ im Anhang wie der ›Rede des toten Christus vom Weltgebäude herab, daß kein Gott sei‹.

Naive Sonderlinge, skurrile Gelehrte und Idealisten bevölkern Jean Pauls Romane, wobei meist eine demokratisch bestimmte Kritik der damaligen Feudalgesellschaft mitschwingt. In seinen politischen Äußerungen verteidigte er die Französische Revolution und wandte sich gegen den aufkeimenden Nationalismus und franzosenfeindliche Ressentiments während der Befreiungskriege. Seit 1804 lebte Jean Paul bis zu seinem Tod 1825 in Bayreuth.

In der Wahnfriedstraße 9 (Ecke Franz-Liszt-Straße) eröffnete die Stadt am 22. Oktober 1993, dem 182. Geburtstag des Komponisten und weltberühmten Klaviervirtuosen, in dessen Sterbehaus († 1886) ein **Franz-Liszt-Museum**. Es informiert mit Bildern, Autographen und Erinnerungsstücken über Leben und Werk des Förderers und Schwiegervaters von Richard Wagner.

Zurückgekehrt in den Hofgarten, bietet es sich an, den Park durch den rechten Ausgang zu verlassen und der Ludwigstraße nach links zu folgen, vorbei am ehemaligen **Ellrodtschen Palais** (Nr. 26 von 1761/62), dem barocken **Storchenhaus** (Nr. 29 von 1758) und am *Trophäenbrunnen* des Johann Jeremias Martini von 1748. An der Ecke weitet sich die Straße zum ehemaligen Paradeplatz, inzwischen *Jean-Paul-Platz*. Eigentlich hieß er ja mit vollem Namen Johann Paul Friedrich Richter, als er im nahen Wunsiedel 1763 geboren wurde, lebte aber und veröffentlichte als *Jean Paul* seit 1804 in Bayreuth, unter anderem in der Friedrichstraße in den Häusern Nr. 10 und (bis zu seinem Tod 1825) in Nr. 5, und deshalb steht des Dichters *Denkmal* hier, von Ludwig Schwanthaler 1841 in Bronze gegossen. – Als *markgräfliches Reithaus* entwarf Joseph Saint-Pierre 1748 das Gebäude der jetzigen **Stadthalle**. Auf der Platzseite gegenüber liegt der repräsentative Bau der **Postei**, errichtet 1738 nach Plänen des Hofbaumeisters Friedrich Jakob Grael für den Postmeister A. Meyer. In diesem Gebäude war – wenn auch nur für knapp 500 Tage – die erste Bayreuther Universität untergebracht, die *Friedrichsakademie* 1742/43 (die erst 1975 eine Nachfolgerin finden sollte).

Noch heute fällt auf, daß die **Friedrichstraße** einheitlich konzipiert ist: einfachere Bürgerhäuser wechseln mit repräsentativen Adelspalais, überwiegend aus fränkischem Sandstein, mehr oder weniger ergraut von Alter und saurem Regen, aber doch erkennbar dank einheitlicher Proportionen als ›markgräfliche Prachtstraße‹ entworfen. Auf »allerhöchsten Wunsch« sollte sie schnurgerade, verlängert durch eine Allee vor der Stadt, zum markgräflichen *Jagdschloß Thiergarten* führen. Das plante 1715–20 Johann David Räntz in Kreuzform. Vollendet wurde es nie, man errichtete im wesentlichen nur ein zentrales Oktogon mit dem von Andrea Domenico Cadenazzi reich stuckierten Kuppelsaal. – Bleiben wir also vorerst in der Friedrichstraße. Einzelne Gebäude verdienen genauere Beachtung. So erhebt sich gegenüber der Ludwigstraße das alte **Waisenhaus** von Johann David Räntz (1732/33) mit seinen beiden Risaliten, Glockentürmchen und Uhr. Karl Philipp von Gontard entwarf und errichtete 1752–60 das ehemalige **Palais Künßberg** mit der pilasterbetonten Fassade (Nr. 18). Von Joseph Saint-Pierre stammt der Mansarddachbau des ehemals **Von Meyernschen Palais** (Nr. 16); von 1756–63 beherbergte es die Kunstakademie. Auch der markgräfliche Minister **von Ellrodt** residierte stattlich: seinem **Haus** (in Nr. 9–13) ließ er durch von Gontard den *Gartenportikus* anfügen (Nr. 7).

Unwillkürlich nähert man sich so der **Kanzleistraße**. Gegenüber der Stadtkirche fallen einige ältere Häuser auf. Zunächst die Nr. 15, das dreigeschossige **Braunbierhaus**, wohl das älteste Wohnhaus Bayreuths. Es wurde schon um 1250 urkundlich genannt. Links daneben steht, den polygonalen und mit kunstvollem Steinmetzwerk verzierten Erker (1686) unter dem geschweiften Giebel, ein weiteres stattliches Gebäude. Beide waren im

DER OBERLAUF: BAYREUTH

Mittelalter sogenannte ›Burggüter‹, ›Freihäuser‹ im Besitz von Adeligen, die nicht denselben Steuerverpflichtungen unterlagen wie die Bürger, dafür aber im Verteidigungsfall die Stadt zu schützen hatten. Elias Gedeler entwarf 1681 den benachbarten Walmdachbau (Nr. 11). Den Namen verdankt die Straße der langen Front der ehemaligen **Markgräflichen Kanzlei,** deren vier Risalite die Fassade in fünf Abschnitte unterteilen. Adam Schade begann den Bau 1621 mit einem Portal streng nach niederländischem Muster: Über freien toskanischen Säulen entfaltet sich der gesprengte Giebel mit allegorischen Figuren. Und seine Kollegen der folgenden Jahrhunderte übernahmen dieses Konzept – bis ins 19. Jh.!

Stadtkirche
Beherrscht wird die Kanzleistraße von einem der Wahrzeichen Bayreuths: der Stadtkirche Heilig Dreifaltigkeit. Ihre durch prächtig mit gotischem und Renaissancemaßwerk, oktogonalen Aufsätzen und laternenbekrönten Kuppeln geschmückten Türme erkennt man von weitem. Daß die Türme verbunden sind, hatte übrigens eine praktische Funktion. Der städtische Türmer, der bis 1934 auf dem Nordturm wohnte, sollte von beiden einen ungehinderten Rundumblick haben. Deshalb ersetzte man 1668 den hölzernen Verbindungsgang durch die markante steinerne Brücke, deren Maßwerk die Balustraden verbindet. Im Kern des nördlichen Stadtkirchenturms haben sich die Reste des ersten Baus aus dem 12. Jh. erhalten. Nach wiederholten Zerstörungen stellte Michael Mebart die Kirche 1611–14 wieder her und orientierte sich dabei im wesentlichen an ihrem gotischen Äußeren; daher präsentiert sich der Bau noch heute trotz der Hinzufügungen aus Renaissance und Barock, Nach- und Neogotik als eine der geschlossensten gotischen Anlagen in Oberfranken. Netzrippen überwölben die sechsjochige Basilika mit einschiffigem Chor in Höhe des Langhauses; dank der weiten Spitzbogenarkaden wirken die drei Schiffe fast

Bayreuth, Stadtkirche, Reliefs (1615) von Hans Werner am neogotischen Taufstein

als Halle. Im nördlichen Seitenschiff ist das Stutzrippengewölbe nicht mehr vollendet worden wie gegenüber im südlichen. Mehrere Renovierungen im 19. Jh. brachten Verluste der historischen und künstlerisch wertvollen Ausstattung. So ging 1816 der Charakter der Hofkirche verloren, 1871/72 zerstörte man die alten Steinemporen, den Taufstein und die Kanzel und ersetzte sie gegen neue Teile. So bewahrt das neogotische Taufbecken acht bedeutende Alabasterreliefs von Hans Werner (1615) nach Motiven des Alten und Neuen Testaments: Noahs Arche, Israels Zug durch das Rote Meer, Jesus im Tempel und daneben, die Kinder segnend, die Heilung eines Blinden, Christus in der Weinkelter, Christi Auferstehung. Das Motiv, Christus in der Kelter darzustellen, war durchaus verbreitet, nicht nur in Weingegenden wie in der Heilig-Kreuz-Kapelle oberhalb Ediger an der Mosel. Es wurde auch von Künstlern wie Albrecht Dürer aufgegriffen, da es sich auf die Bibel zurückführen läßt. Den Hochaltar mit seinem prachtvollen Schnitzwerk schuf 1615 ebenfalls Hans Werner, die ursprünglichen Altarblätter wurden 1820 ersetzt. Elias Räntz gestaltete das prunkvolle Grabmal mit der vorzüglichen Porträtbüste des Kanzlers Carl von Stein, die jetzt als Fragment den ersten Pfeiler der Südseite ziert. Einige hervorragende Grabmäler haben sich jedoch erhalten, so das Küffnersche Epitaph mit seinem geschnitzten Relief (um 1520 wohl von Adam Wagner, vielleicht der Rest eines bei einem der Kirchenbrände zerstörten Altars), das 1615 in einem neuen Aufbau mit den Gemälden der Stifterfiguren auf den Seitenflügeln, der Verkündigung im Aufsatz und der – ältesten bekannten – Stadtansicht von Bayreuth in der Predella 1615 von Heinrich Bollandt zu einem Altar komplettiert worden ist. Auch kostümhistorisch interessant sind die Denkmäler der Geschwister von Podewils im rechten Seitenschiff aus dem frühen 17. Jh. und das der Anna Maria Reiboldt in der westlichen Vorhalle. Dort, unter dem Sternnetzgewölbe des 15. Jh., sind jetzt, um sie vor weiteren Verwitterungen zu schützen, sieben Figuren des bauplastischen Schmucks von den Chorpfeilern aus dem Parler-Umkreis aufgestellt und eine Gesichtsmaske des 15. Jh. von einem der Zierfriese der Türme. Mit dem Rest eines Kruzifixus von 1680 gestaltete man die Gedenkstätte für die Kriegsopfer. Fünf Portale führen in das Innere: das neogotisch veränderte *Hauptportal* an der Turmfassade, das *Brunnen-* (Südseite) und das *Brauttor* (Nordseite) mit ihren überwölbten Vorhallen. Durch die *Schülertür* kamen die Knaben aus der benachbarten ehemaligen *Lateinschule* (Kirchplatz Nr. 6, *Stadtmuseum*). Am prächtigsten ist jedoch an der Nordseite die *Tür zur Sakristei* mit ihren seitlichen Pilastern, dem Löwenhaupt, dem gesprengten Dreiecksgiebeln und den Obelisken darüber aus der Renaissance. – Der **Obeliskenbrunnen** an der Kanzleistraße, 1789 von Franz Peter Schuh nach einem Entwurf von Johann Gottlieb Riedel geschaffen, erinnert an eine abgebrochene mittelalterliche Kapelle. Das wären die wesentlichen Sehenswürdigkeiten im Umkreis der Fußgängerzone, für weitere Erkundungen empfehlen sich Auto oder öffentliche Verkehrsmittel.

Als Verlängerung des Marktes führt – im Anschluß an die Richard- und Wieland-Wagner-Straße – die Königsallee vorbei an dem markgräflichen Rokokolandschlößchen **Colmdorf** (1754–59) zur **Rollwenzelei**. In dieses (ehemalige) Wirtshaus kehrte Jean Paul gern ein, stärkte sich und schrieb. Sein ›Dichterstübchen‹ kann heute noch besichtigt wer-

DER OBERLAUF: BAYREUTH

den (Königsallee 84, bitte nach vorheriger telefonischer Anmeldung bei Herrn Mädl, ✆ 09 21/9 24 13, da dieses ›Museum‹ ein Privathaus ist).

Eremitage

Sie ging aus einem 1666 angelegten markgräflichen Tierpark in einer Schleife des Roten Mains hervor, den man in eine höfische ›Eremitage‹ umwandelte. Bereits der Name läßt aufhorchen: Gemeint ist eine Einsiedelei oder Klause, doch diese deutschen Worte klangen den Fürstlichkeiten von Gottes Gnaden nicht fein genug; der Hof parlierte französisch. Schließlich wollte man sich von dem gemeinen Pöbel, der bloß deutsch sprach, distanzieren; diese Sprache sei »gut für Kutscher und Bediente«, soll Wilhelmines Bruder Friedrich der Große mit schöner Verachtung der Männer gesagt haben, die mit ihren Frondiensten und Steuern seinen Luxus möglich machten und die in seinen Schlachten

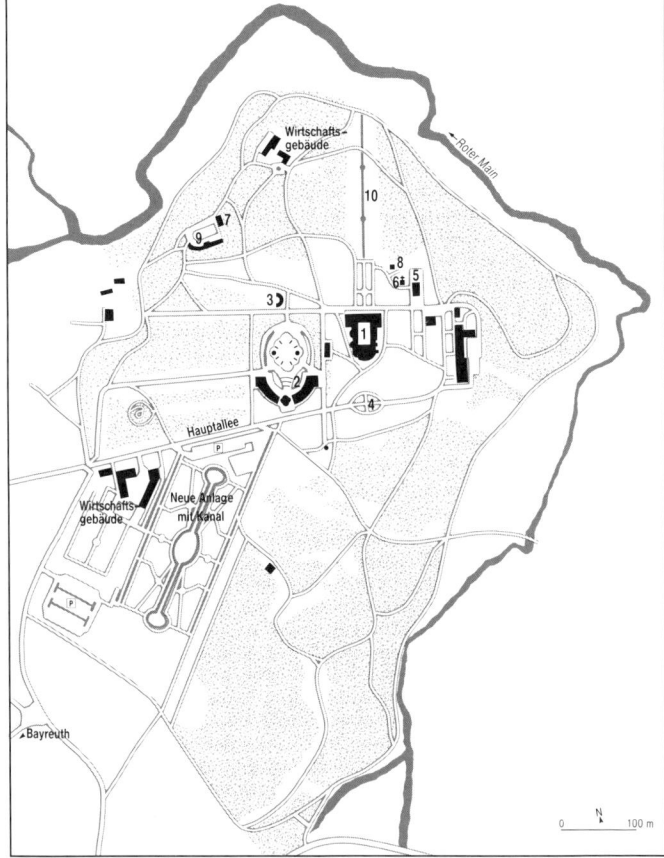

Eremitage, Lageplan
1 *Altes Schloß*
2 *Neues Schloß*
3 *Drachenhöhle*
4 *Parnaß*
5 *Ruinentheater*
6 *Einsiedelei-
   kapelle*
7 *Eremitage des
   Markgrafen*
8 *Grabmal
   ›Folichon‹*
9 *Untere Grotte mit
   Nymphäum*
10 *Kaskade*

Eremitage, Altes Schloß, 1715–18 von J. D. Räntz

verbluteten. Wohl des Kontrastes und des exotischen Reizes des Ungewohnten wegen liebten es die hohen Herrschaften – vorübergehend, versteht sich! –, dem Prunk des Hofes den Rücken zu kehren und so recht naturverbunden zu leben. Und was eignete sich dazu besser als die Kulisse einer Klause im Wald?

Zunächst zimmerte man, aus halbroh belassenen Materialien, Einsiedeleien und errichtete, damit dero Gnaden auf den gewohnten Komfort doch nicht ganz zu verzichten brauchten, 1715–18 den Vierflügelbau des **Alten Schlosses** mit einem Binnenhof und Brunnen nach Plänen von Johann David Räntz. Johann Friedrich Grael erweiterte die Anlage dann 1736–44 um Ecktrakte und stattete sie neu aus. So entstand ein beachtlicher Komplex. Dem *Marmorsaal* mit seinen Stukkaturen und Gemälden nach Motiven der antiken Mythologie als Entree schlossen sich symmetrisch links und rechts zwei Trakte an: der *Damen-* und der *Herrenflügel*. Die Gemächer der Markgräfin: *Vorzimmer, Audienzzimmer, Japanisches Kabinett, Musikzimmer, Chinesisches Spiegelscherbenkabinett, Schreibkabinett, Schlafzimmer, Toilettekammer*, eine *Arbeitskammer der Markgräfin, Garderobenkammer* und eine *Kammer* (die beiden letzten als ›Eremitenzellen‹ dekoriert) waren prunkvoll ausgestattet; besonders sehenswert sind das *Japanische Kabinett* mit seinen lackierten und vergoldeten Chinoiserien und originalen ostasiatischen Arbeiten, oder, schon wegen der vergoldeten Stukkaturen mit Putten und Darstellung verschiedener Instrumente von Carlo Daldini Bossi und Jean-Baptiste Pedrozzi, das *Musikzimmer der Markgräfin* und das *Spiegelscherbenkabinett* – von der Idee her dem Raum im Neuen Schloß in der Stadt verwandt. Auch der Markgraf verfügte über eine entsprechende Zimmerflucht. Kernstück der Schloßanlagen war aber die *Grotte* im rückwärtigen Querflügel: ein quadratischer Kuppelraum mit Ecknischen und oktogonaler Laterne über Balko-

nen, die Wände mit Glasschlacken und Muscheln verkleidet. Die Figuren gestaltete Elias Räntz. Neben der zentralen Fontäne konnte man in konzentrischen Kreisen Wasser aus dem Boden emporspritzen lassen und aus zahlreichen anderen Düsen versteckt in verschiedenen Fratzen und Figuren. Es muß ein wahrhaft fürstliches Vergnügen gewesen sein, wenn uneingeweihte Besucher oder solche, die diese Rolle spielten, zur Belustigung der hohen Herrschaften auf dem Balkon den Wasserstrahlen zu entkommen suchten. Äußerlich ist das Alte Schloß der Eremitage aus recht roh belassenen Steinen gemauert: Man wollte den Eindruck einer Ruine inmitten gewachsener Felsen schaffen.

Eremitage, Sonnentempel

Gar nicht ruinös wirkt das **Neue Schloß** (1749–53) gleich nebenan, auch wenn es gängigen Formen rokokohafter Repräsentationsbauten partiell zuwiderläuft. So ist der Grundriß nicht, wie üblich, in die Gartensymmetrie eingepaßt: Das Schloß steht schräg zu allen wichtigen Achsen des Parks, was sicher nicht nur auf die Unebenheiten des Geländes zurückzuführen wäre; Rokokoarchitekten hätten noch ganz andere ›Berge‹ versetzt. Verkürzt gesagt, mutet es an, als habe die Markgräfin das nur wenige Jahre zuvor errichtete ›Sanssouci‹ ihres königlichen Bruders zu Potsdam parodieren wollen: als ins Konkave gebogene Verkleinerung der architektonischen Struktur mit dem zentralen Rundtempel und den ausladenden Flügeln; sie wird den Bau des Georg Wenzeslaus von Knobelsdorff gekannt haben, auch war Friedrichs Baumeister mehrfach in Bayreuth. Aber das sind freilich nur assoziative Spekulationen. Joseph Saint-Pierre und Carl Philipp von Gontard entwarfen das Schloß auf der Grundlage der Pläne einer Orangerie eines sonst wenig in Erscheinung getretenen französischen Architekten namens Nicolas: halbkreisförmig umschließen ursprünglich offene Flügelbögen mit je zehn rundbogigen Arkaden und verzinnten Stuckbüsten römischer Herrscher über gekuppelten Säulen einen oktogonalen *Sonnentempel* (Umschlagrückseite) mit Doppelsäulen und Rundkuppel unter einem Sonnenwagen des Apoll, als allegorische Verkörperung des absoluten Fürsten. Einst ergänzt mit Treillagen, Bogengängen mit Spalieren, dürfte der glasbruchbesetzte und deshalb buntschillernde Komplex einen ganz eigenen Reiz ausgeübt haben, besonders, wenn sich das Licht in den Regenbögen der Wasserspiele brach.

Zahlreiche weitere Lusthäuschen sind über den Park verteilt: das *Schlößchen Monplaisir*, ein *Vogelhaus* und eine *Drachenhöhle,* ein runder *Pavillon*, ein *Parnaß* als Grottenberg

DER OBERLAUF: BAYREUTH

Eremitage, Untere Grotte mit der ›Einsiedelei‹ des Markgrafen

und Musenhügel aus Tuffstein, ein *Ruinentheater* als Freilichtbühne aus künstlich angelegten Trümmern, eine *Einsiedeleikapelle* und ein *Grabmal* für das Lieblingshündchen ›Folichon‹ der Markgräfin, angeblich als Nachbildung des Grabmals des Dichters Vergil, und als weitere Sehenswürdigkeit bei einem separaten ruinösen Tuffsteinbau, der eigenen *Eremitage des Markgrafen*, eine *Untere Grotte* mit *Nymphäum,* eine Reihe von kleinen, ruinenhaften Höhlen um ein Wasserbassin mit Skulpturen, deren Wasserspiele Fontänenarkaden bilden; darunter konnten die Gäste hindurchflanieren. Die drei Wasserspiele werden noch betrieben (im Alten Schloß im Rahmen der Führung, vor dem Neuen Schloß von 10 bis 17 Uhr jeweils zur vollen Stunde, und in der Unteren Grotte jeweils 15 Min. später vom 1. Mai bis 15. Oktober). Eine *Kaskade* führt direkt von der Fassade des Alten Schlosses den Hügel hinab zum Roten Main. – Die Eremitage liegt in Bayreuth am Rand des Stadtteils **St. Johannis,** dessen *Pfarrkirche* im 15. Jh. als Wehrkirche begonnen und später laufend modernisiert wurde. Die Wandmalereien im Turmuntergeschoß von etwa 1430 sind stark verblaßt.

Der Vollständigkeit halber sollte noch das markgräfliche **Landschloß Fantasie** oder ›Fantaisie‹ (1758–65) im westlich gelegenen **Donndorf** erwähnt werden. Die hufeisenförmige Anlage wurde mehrfach umgestaltet, zuletzt 1937. Die Gartenanlage mit Neptunbrunnen (um 1760, wohl von Johann David und Johann Lorenz Räntz) und Resten von Grotte, Katakombe, Alexanderkapelle und Kaskade erinnert an die Eremitage. In diesem Park ließ jedenfalls Jean Paul seine schriftstellerische Fantasie spielen, als er zwei Szenen des Romans ›Siebenkäs‹ hier ansiedelte.

St. Georgen

Bayreuths Stadtteil St. Georgen wurde ab 1702 im Anschluß an ein Markgräfliches Schloß am (künstlich geschaffenen und inzwischen weitgehend wieder trockengelegten) *Brandenburger See* (auf dem sich ab 1699 ›Kriegsschiffe‹ ›Seeschlachten‹ lieferten) planmäßig

Bayreuth, Ordenskirche im Stadtteil St. Georgen ▷

ausgebaut. In den einheitlich entworfenen Häusern sollten auch aus Frankreich vertriebene Hugenotten Aufnahme finden, die 1685 nach der Aufhebung des Toleranzedikts von Nantes (1598) massenhaft aus Frankreich flohen. Wegen gewisser Anklänge zur Berliner Architektur wird das Ensemble um das *Gravenreuther Stift* mit seiner vorspringenden *Stiftskirche* (1741/42) und die Ordenskirche in der Bevölkerung auch ›Klein-Potsdam‹ genannt. Die **Ordenskirche** entstand 1705–11 als rechteckiger Saalbau mit eingezogenem Chor, den Innenraum bestimmen die umlaufende Doppelempore, der Kanzelaltar aus der Werkstatt des Elias Räntz und die schweren barocken Stukkaturen des Bernardo Quadri. – Hier in St. Georgen lohnt ein Besuch im *Schreibmaschinenmuseum* (Bernecker Str. 11) und im *Kleinen Plakat-Museum* (Bernecker Str. 21).

An weiteren Museen Bayreuths bieten sich noch an: das *Stadtmuseum* (nach deren Umbau in der *Alten Lateinschule*, Kirchplatz 6), das *Franz-Liszt-Museum* (Wahnfriedstr. 9), das *Feuerwehrmuseum* (An der Feuerwache 4), die Sammlung zeitgenössischer Kunst aus Afrika und der Dritten Welt im *Iwalewa-Haus der Universität* (Münzgasse 9), das *Museum für bäuerliche Arbeitsgeräte* (Adolf-Wächter-Str. 17), das *Archäologische Museum* (im Italienischen Bau des *Neuen Schlosses*, Ludwigstraße), das *Brauerei- und Büttnerei-Museum der Brauerei Gebr. Maisel* (Kulmbacher Str. 40) und das *Spielzeugmuseum* (Brandenburger Str. 36).

Nicht in Bayreuth selbst, doch an der Straße nach Bamberg versteckt sich ein – wie der Schriftsteller Heinrich Zschokke formulierte – ›Wallfahrtsort der Franken‹. Unterhalb der 1163 erstmals erwähnten, im 16. und 17. Jh. zerstörten und 1746/47 als Staffage wiedererrichteten **Burg Zwernitz** mit ihrem hochragenden, im Kern romanischen Bergfried und der umfangreichen Anlage aus Vor-, Nieder- und Hochburg liegt der 1745–48 für Markgräfin Wilhelmine angelegte **Felsgarten Sanspareil**. Der Felsenhain wurde wegen seiner malerischen Naturschönheiten 1434 erstmals gerühmt, die Markgräfin ließ ihn, angeregt durch François de Salignac de la Mothe Fénélons Erziehungsroman ›Les Aventures de Télémaque‹, mit einer Reihe Hütten, Tempelchen, Grotten, Felsgruppen und gartenarchitektonischen Elementen ausbauen, mit Lusthäusern versehen, von denen noch der *Küchenbau*, ein *Morgenländischer Bau* mit Kunstruinencharakter und (natürlich!) das wohl unvermeidliche *Grotten- und Ruinentheater* erhalten sind. Dieser Park, einer der frühesten und bedeutendsten Landschaftsparks in Europa, gewinnt an Aktualität, bedenkt man, daß auch heute bei der sogenannten ›Rekultivierung‹ von Braunkohletagebauen oder den Ufern längs des Main-Donau-Kanals vorhandene ökologische Systeme gestört werden, um sie hinterher viel ›natürlicher‹ künstlich anzulegen; wenn auch heutzutage in größeren Dimensionen.

Wie der Bayreuther Stil auf das umliegende Land ausstrahlte, läßt sich auch gut an der *Pfarrkirche* in **Bindlach** nordöstlich von Bayreuth erkennen, die den Typus der ›Markgrafenkirche‹ in der Harmonie ihrer Proportionen und Dekorelemente künstlerisch wohl am reifsten wie auch ästhetisch am schönsten verkörpert. Mit der Doppelempore, dem Kanzelaltar und dem heiter-beschwingten Deckenstuck von Rudolf Albini entstand sie 1766–

Felsgarten Sanspareil bei Wonsees, Morgenländischer Bau von Joseph Saint-Pierre

69 nach Plänen von Karl Philipp von Gontard. – Etwa auf halbem Weg zwischen Bayreuth und Kulmbach liegt **Neudrossenfeld** mit seiner prächtigen, außen reich mit Portalrisaliten und Eckpilastern gegliederten *Pfarrkirche* von Johann Georg Hoffmann und Johann Matthäus Gräf von 1753-61, deren Bauplastik Johann Friedrich Fischer schuf. Jean Baptiste Pedrozzi stuckierte die Decke und ließ figürliche Elemente von Blumenranken und Rocaillen umspielen, bedeutend ist auch der Kanzelaltar – alles in allem ein typisches Beispiel für eine Markgrafenkirche. Das *Schloß* geht auf einen Bau zurück, der 1285 erstmals erwähnt, im 16. Jh. erneuert und nach 1763 von Karl Philipp von Gontard zur dreiflügeligen Anlage erweitert wurde. – Und im Nordwesten Bayreuths hat der altfränkische Markt **Thurnau** mit seinem stattlichen *Schloß* (1239 erstmals erwähnt, bestehende Teile aus dem 15.-18. Jh.) und der mit ihm über eine Brücke, dem ›Kirchgang‹, verbundenen *Pfarrkirche*, einer spätgotischen Chorturmkirche mit wuchtigem barockem Stuck und der Stuckkanzel von Bernardo Quadri, dem perspektivisch gestaffelten Altar und der mit reichem Schnitzwerk verzierten doppelstöckigen Fürstenloge (beides wohl von Elias Räntz um 1703) den Charakter einer kleineren ländlichen Residenz im Bannkreis des Bayreuther Hofs bewahrt, der mit seinem Glanz auch die Umgebung beeinflußte.

Zwischen *Katschenreuth* und *Melkendorf* nähert sich der ›Rote‹ Main dem Ende seines Laufs. Er vereinigt sich mit dem ›Weißen‹ Bruder schlicht zum ›Main‹, ganz unspektakulär, zwischen Wiesen und Feldern (Hinweis und Fußweg von Katschenreuth aus). Einzig das hübsche **Schloß Steinenhausen** aus dem frühen 18. Jh. über den Fundamenten einer soliden Vierflügelanlage des 13. Jh. lauscht hier dem Plätschern der Wellen. Steinenhausen gehört freilich zu Kulmbach, einer der Perlen am oberen Main und seinen Quellflüssen.

Die Quellflüsse vereinen sich bei Kulmbach

☐ Kulmbach

Weit über das Land schweift der Blick von der Plassenburg oberhalb Kulmbachs, einem der imposantesten Zeugnisse des Festungsbaus hierzulande und zugleich mit ihrem ›Schönen Hof‹ auch einem der bedeutendsten Werke der deutschen Renaissancearchitektur. Die Höhenburg war schließlich Landesfestung und Residenz der Markgrafen von Brandenburg-Kulmbach, die ihr im 16. Jh. die heutige Gestalt gaben. »Auf des schönen Weinberges Spitze pranget das trefflich-veste Haus Plassenburg, welches mit denen berühmtesten und unüberwindlichsten Vestungen in ganz Teutschland wettstreiten kann« jubelte Johann Wolfgang Rentsch in der 1682 erschienenen Schrift ›Brandenburgischer Ceder-Hain‹ – und in der Tat ist diese Festung wohl noch heute eine der interessantesten der Bundesrepublik. Der Ort selbst ist länger besiedelt: Erstmals wird in einer Schenkungsurkunde der Alkuin-Bibel ein Ort ›Kulma‹ um 1030 genannt, und zwar als Örtchen am Bach ›Culminaha‹ (= von einem Berg herab fließend, wohl der jetzige Kohlenbach); die Plassenburg fand 1135 Erwähnung, 1231 erhielt der Markt Stadtrecht. Um 1230 muß die Stadt, vor allem aber die sie beherrschende Burg, so wichtig erschienen sein, daß in der ›Ebstorfer Weltkarte‹, der umfassendsten Radkarte des Mittelalters mit Jerusalem als Zentrum der Welt, eine ›Blassenburc‹ aufgeführt wurde. Damals und in den folgenden Jahrhunderten entstand die **Stadtbefestigung,** von der weite Teile erhalten sind: ein *Weißer Turm* (mit benachbartem Rest des *Bürgerlochs,* eines Schuldturms), ein *Roter Turm* (einst Wohnung des Stadtpfeifers mit Resten des Prangers) und der *Heilingschwertturm.*

Stadt und Burg kamen 1340 in den Besitz der hohenzollernschen Burggrafen von Nürnberg, die hier ›auf dem Gebirg‹ 1397 ihre Residenz errichteten und sich ab 1415 Markgrafen von Brandenburg-Kulmbach nannten. Weil die Markgrafen 1528 die Reformation einführten, griffen die Bischöfe von Bamberg und Würzburg die Kulmbacher an, konnten aber den neuen Glauben nicht unterdrücken. Große Opfer erlitten die Bürger auch, als Albrecht Alcibiades versuchte, sich ein Hohenzollern-Herzogtum Franken zu erobern: 1553 nahmen seine Gegner die Stadt ein, plünderten und zerstörten sie:

Albrecht Alcibiades, Markgraf von Kulmbach-Bayreuth. Zeitgenössisches Gemälde

Kulmbach
1 Rathaus
2 Zinsfelderbrunnen
3 Spitalkirche
4 Weißer Turm und Bürgerloch
5 Roter Turm
6 Amtshof des Klosters Langheim
7 Markgräfliche Kanzlei
8 Stadtpfarrkirche St. Petri
9 Heilingschwertturm
10 Friedhofskirche St. Nikolai
11 Kasernenhof
12 Christiansturm
13 Westrondell
14 Schöner Hof

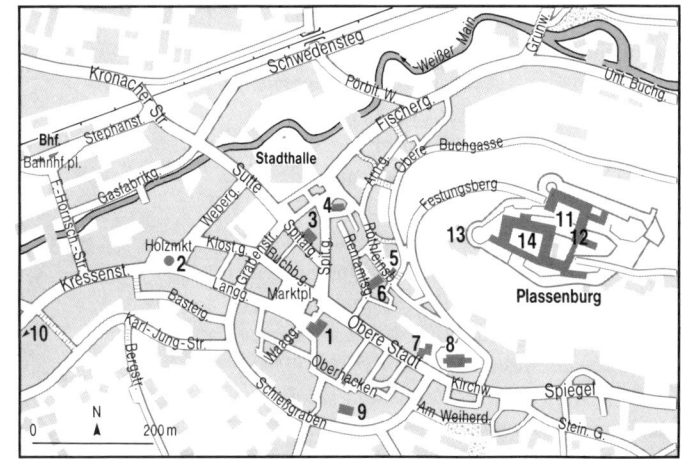

»Ein steinern hertz möcht es erbarmen!« beklagte ein zeitgenössisches Flugblatt die Opfer. Die Festung erwies sich als uneinnehmbar, doch es gelang, die Besatzung in sieben Monaten ›auszuhungern‹. Anschließend wurde auch die Burg systematisch verbrannt und zerstört. Doch diese Barbarei erregte reichsweit Aufsehen, und die siegreichen Bundesstände wurden gezwungen, Wiedergutmachung zu leisten, auch der Kaiser beteiligte sich daran. Das war für die Hohenzollern freilich der ideale Anlaß, ab 1559 mit dem Wiederaufbau der Burg zum Renaissanceschloß mit beachtlichen Fortifikationswerken zu beginnen, die freilich 1806 für Napoleons Rheinbundtruppen kein nennenswertes Hindernis mehr darstellen konnten. Mit der Residenzherrlichkeit war es damals schon längst vorbei, weil die Markgrafen 1603 ihren Hof nach Bayreuth verlegt hatten. Burg und Stadt kamen schließlich 1810 endgültig in bayrische Hand.

Kulmbach preist sich als ›Zwei-Main-Stadt‹, wenn auch der Zusammenfluß westlich des historischen Kerns liegt. Dort fließt aber, nicht nur aus zwei Quellen, sondern reichlich und überschäumend, zum Höhepunkt des traditionellen Kulmbacher Festjahres nach dem ›Büttnertanz‹ der Gerstensaft während der ›Bierwoche‹ (Ende Juli). ›Flüssiges Brot‹ braute man hier, erkannten Archäologen an Hand des Bodensatzes einer Grabamphore der Hallstattzeit, schon vor rund 2 500 Jahren. Inzwischen haben sich allerdings die Methoden verfeinert, für ihre Bierspezialitäten sind Kulmbachs Brauhäuser weithin bekannt: etwa für das stärkste Bier der Welt mit 28 Prozent Stammwürzegehalt, also rund 10 (!) Prozent Alkohol. Und für ganz Wissensdurstige bietet die Stadt die ›Kulmbacher Bierprobe‹ an, nach einer kräftig-deftigen Grundlage aus fränkischen Würsten oder Schweinsbraten mit Klößen.

An der Südostecke des Marktes liegt das **Rathaus**, ein Rokokobau von eigenem unverwechselbarem Reiz. Hans Georg Hoffmann gestaltete 1752 die Fassade mit dem kuppelförmig geschwungenen Giebel nach einem Entwurf von Joseph Saint-Pierre, der zuvor auch die Giebellinie der Bayreuther Spitalkirche ähnlich geführt hatte. Für den relativ kleinen Bau ist die Front reich gegliedert. Der Mittelrisalit, in dessen Achse Portal, Balkon, Wappen, Uhr und der oktogonale Dachreiter mit Glocke aufsteigen, wird von Allegorien ›Weisheit‹ (mit Buch) und ›Gerechtigkeit‹ (mit Waage) und Vasen bekrönt, Pilaster und gekuppelte Säulen akzentuieren die Fassade zusätzlich. Auf dem *Holzmarkt* am Ende der Langgasse hält der **Zinsfelderbrunnen** von Hans Georg Schlehendorn (1660) die Fahne der Marktfreiheit hoch; ursprünglich stand er auf dem Markt. Sein Nachfolger dort wird wieder errichtet. Von dem führt die Spitalgasse zur **Spitalkirche.** Johann Georg Hoffmann erbaute sie 1738/39 an der Stelle einer älteren Kapelle mit reizvoll gegliedertem Äußeren: Pilaster über der Sockelzone der Wände, ein oktogonaler Turmaufsatz mit Laterne über quadratischen Untergeschossen. Innen umlaufen doppelte Emporen das saalartige Langhaus mit seinen Pilastern, Mitte des 17. Jh. entstand der Kanzelkorpus des Kanzelaltars. – Im weiteren Verlauf der Spitalgasse erhebt sich rechts der **Weiße Turm** (frühes 14. Jh.) mit dem benachbarten **Bürgerloch.** Entlang des Bereichs der alten Stadtmauer unterhalb des Burgbergs kommt man zum **Roten Turm,** um 1300 mit balkonartigem Pranger und fünf Geschossen ausgestattet und einst Sitz des Stadtpfeifers. Daneben liegt der prächtige barocke **Amtshof des Klosters Langheim** mit seiner Schaufassade, den 1691–94 wohl Leonhard Dientzenhofer erbaute.

Kulmbach, Rathausgiebel

Kulmbach, Zinsfelderbrunnen

Den Burgberg herab stößt man beim 1980 erneuerten Brunnen auf den ältesten Markt Kulmbachs, die **Obere Stadt**. Zwischen dem älteren Korn- und Rathaus (einst mit Brotbänken wie in Creußen vor 1398 errichtet, nach dem Stadtbrand 1553 verändert erneuert und nach 1752 vom Rokokorathaus abgelöst, 1874 als ›Vereinshaus‹ neu erbaut) als Zentrum der Bürgerschaft und der ehemaligen markgräflichen Kanzlei wie der St.-Petri-Wehrkirche als Zentrum der geistlichen und weltlichen Herrschaft, befand sich der altbayrische Straßenmarkt mit seinen vielen Giebelhäusern, der durch die Jahrhunderte seinen Charakter bewahrt hat. – Die ehemalige **Markgräfliche Kanzlei** mit ihrem Volutengiebel (Obere Stadt 33) ist ein schlichter Renaissancebau aus dem Jahr 1561 von Caspar Fischer, den Siegmund Andreas Schwenter 1662 umgestaltete. Rechts daneben führt eine breite Freitreppe zur ›Kirchwehr‹ von St. Petri, der Stadtpfarrkirche, entlang an der alten *Lateinschule* mit ihrem Fachwerkobergeschoß, der alten *Liberei* (Schulbücherei) und dem *Dekanat* und *Pfarrhaus* von 1730.

St. Petri

Als spätgotische Hallenkirche wurde die Pfarrkirche ab 1439 neu erbaut, wie das in einer ›Geburtsurkunde‹ außen an einem Chorpfeiler drei Meter hoch in zeitgenössischen Minuskeln protokolliert ist, und behielt, trotz Zerstörung im Markgräflerkrieg und späteren ›Stilbereinigungen‹, diesen Charakter bis heute. Das Südportal birgt in der mittleren Kehlung – wenn auch beschädigt – interessante bauplastische Arbeiten: Figuren und Tiere. Vom (für den katholischen Bau geplanten) Figurenprogramm ist nach der Reformation nur noch der Kirchenpatron St. Petrus (um 1450) in der Turmvorhalle auf einer Blattkranzkonsole ausgeführt und erhalten. Das gotische Gewölbe des Schiffs stürzte übri-

Kulmbach, Kanzel der St. Petri-Kirche, heute im Museum der Plassenburg

gens 1555 als Spätfolge der Zerstörungen des Markgräflerkrieges ein, deshalb sind das Kreuzrippengewölbe, Pfeiler und Emporen vom Ende des vergangenen Jahrhunderts ›moderne‹ Zutaten, eingefügt, als die Kirche neogotisch restauriert wurde. Man ging dabei recht rigoros vor. Die bedeutende steinerne Renaissancekanzel von Wolf Keller (1576, heute im Museum auf der Plassenburg) wurde damals ersetzt. Auch der imposante Barockaltar von Johann Brenck und Hans Georg Schlehendorn (1650–53) sollte der Purifizierung zum Opfer fallen, doch das verhinderte die Gemeinde. Der Altarstifter und Markgraf, offenbar von gesundem Selbstbewußtsein, ließ sein Bildnis dem Jesu (als ›Vera Ikon‹, dem ›wahren Bild‹) im Schweißtuch der Veronika gegenübersetzen (rechts und links in der Predella) und sein Wappen in die Mitte rücken; immerhin duldete er noch den thronenden Gottvater über sich . . . In Grisaillemalerei sind auf der Rückseite nachösterliche Themen gestaltet. Beim neogotischen Taufstein einigte man sich auf einen Kompromiß. Erhalten blieben vier hervorragende barocke Alabasterreliefs von Brenck und Schlehendorn (1647), die auch das Kruzifix schufen (1649). Bemerkenswert ist noch das Reformationsbild vorn im linken Seitenschiff von 1607, als Kombination von Text und Malwerk eine Darstellung des lutherischen Glaubenslebens und darunter der Übergabe der Augsburger Konfession 1530 vor Karl V. auf dem Reichstag zu Augsburg. Ehemals zierte das dreiteilige Gemälde rechts im Chor mit drei alttestamentarischen Königen – und ihren herrscherlichen Tugenden als Vorbild! – die Front der markgräflichen Loge.

Beachtlich ist noch die **Friedhofskirche St. Nikolai.** An der Stelle einer Siechenkapelle weit westlich vor der Stadt erbaute man sie 1573–76 (1667 verlängert) als nachgotische Saalkirche mit spitzbogigen Maßwerkfenstern, nur der schwere barocke Dachreiter bildet einen (recht hübschen) Stilbruch. Die Wandmalereien (um 1580) sind leider verblaßt, den zierlichen Altar und die Kanzel schuf um 1670 Hans Georg Brenck, das Kruzifix entstand nach 1500 (Besichtigung nach Vereinbarung mit dem Dekanat, Kirchplatz 2).

Plassenburg

Daß »im Teutschland dergleichen Vestung nit zu finden sey« beteuerte Caspar Vischer 1573 jedem, der es hören mochte; Kunststück: schließlich war er als ›Fürstlicher Schloßbaumeister‹ ja auch von seinem Werk überzeugt. Doch die langgestreckte Anlage aus vierflügeligem Hochschloß mit dem ›Schönen (Binnen-)Hof‹ der Renaissance, Niederschloß mit Kasernenhof und den Resten der gewaltigen Bastionen und Beringe auf dem steilen Felsrücken über der Stadt ist in der Tat wohl einzigartig (Farbabb. 2). Erstmals 1135 genannt, war die Plassenburg seit 1397 Verwaltungszentrum und Sitz der Hofhaltung der Markgrafschaft, bis 1603 die Residenz nach Bayreuth verlegt wurde. Ihr heutiges Aussehen verdankt die Burg dem Ausbau ab 1562, nach den Zerstörungen infolge des Markgräflerkrieges, als Baumeister Caspar Vischer im wesentlichen Regie führte. Am militärischen Charakter der Anlage – trotz allen Zierats – läßt der Aufbau keinen Zweifel. Den *Kasernenhof* umgeben kolossale Zweckbauten des 16.–18. Jh., der recht schlichte *Arsenalbau* als ehemaliges Zeughaus, daneben stand das seinerzeit wohl stärkste, modernste und gigantischste Festungswerk im Reich, die *Hohe Bastei* (1808 weitgehend geschleift) mit

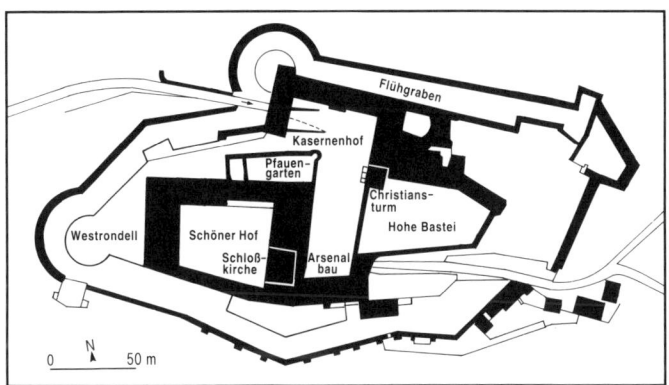

Kulmbach, Plassenburg, Lageplan

ihrem Aufgang *Christiansturm*. Dessen doppelgeschossiges Westportal entwarf wohl Hans Werner 1607. In der Mittelnische reitet Markgraf Christian, flankiert von Obelisken und römisch gewandeten Streitern, unter der sitzenden Pallas Athene im Sprenggiebel. Man gab sich antikisch, die Legionärsröcke hatten freilich mit der Landsknechtsuniform der Zeit wenig gemein: Ideologisch handelt es sich um die Verklärung des Kriegshandwerks mit seinen mörderischen Begleitumständen. Ecken mit Zangenrustika und die flache, geschweifte Haube auf massiven Pfeilern tragen dazu bei, dem fortifikatorischen Zweck einen schönen Schein zu geben. Die ganze Prunkliebe der Renaissance manifestiert sich so im militärischen Treppenturm, mit seinem Portal nimmt er Formen der frühbarocken Triumph- und Festarchitektur vorweg. In seinen unteren Bereichen wurde er übrigens in den gewachsenen Fels geschlagen. Nach links schließen sich der vergleichsweise wieder simple *Kasernenbau* (1782) und das *Kommandantenhaus* (1745) über der Durchfahrt des *Äußeren Tors* an.

Am *Pfauengarten* vorbei schreitet man über die breite Rampe zum *Westrondell* mit dem herrlichen Ausblick, vorbei an einem sandsteinernen römischen Krieger (um 1600/10 ebenfalls von Hans Werner), einem Wappenrest der 1808 abgetragenen Hohen Bastei, und durch das prächtige Portal mit Pilasterädikula und Allegorien des Kampfes an der Außenseite und innen Flora und Diana in den *Schönen Hof*. Schon der erste Blick in die Arkadengänge der Obergeschosse des *Westflügels* zeigt, daß hier Formen später Gotik, wie die Netzgewölbe, mit Elementen der Renaissance, wie dem plastischen Rankenwerk, den Brüstungen mit Porträtmedaillons (fiktiver Ahnen der Hohenzollern) bemerkenswert miteinander verschmolzen worden sind. Nach links fügt sich, als Schildmauer der Festung, der *Südflügel* an. Er ist von der Stadt aus wegen der wenigen Schießscharten statt Fenstern zu erkennen, im Hof ist er jedoch dem Westflügel angeglichen. Mit seinen Markgrafen- und Fürstenzimmern in den Obergeschossen besteht der *Ostflügel* aus dem südlichen Trakt (mit der netzrippenüberwölbten und einem Altar des 17. Jh. ausgestatteten *Schloßkirche* und ihrem reich mit Pilastern, Gottvater und Fabeltieren dekorierten Portal),

DIE QUELLFLÜSSE VEREINEN SICH BEI KULMBACH

der nördliche Teil entspricht über Rundbogenarkaden dem West- und Südflügel. Einzig der *Nordflügel* durchbricht die strenge Symmetrie: rechts ist der Portikus über sechs kolossalen Trommelsäulen jünger als die linke Seite mit Vorbau und Galerie. Einfacher gestaltet sind die in das unregelmäßige Viereck integrierten Ecktürme mit ihren Treppen und unterschiedlichen Hauben: *Kranz-, Wach-, Uhr-* und *Glockenturm*.

Die große Zeit der Plassenburg als Residenz war 1603 vorbei, trotzdem hat man an der Anlage weitergebaut, wohl wegen der militärischen Bedeutung. Ihr verdankt die Festung auch die schlimmsten Zerstörungen: im Markgrafenkrieg 1554 und unter Napoleon 1806; offenbar nahm man damals die überholten Festungswerke noch ernst, sprengte sie, während der Schöne Hof erhalten blieb. Ganz unrühmlich sah sich die Burg dann von 1813 bis 1928 verwendet, man degradierte sie zum Militärlazarett und später zum Zuchthaus! Heute birgt der Schloßkomplex das *Deutsche Zinnfigurenmuseum*. Mit rund 300 000 weitgehend bemalten Figürchen besitzt es die größte Sammlung der Welt, die gleichermaßen als Dokumentation der Welt- und Kulturgeschichte – bedeutende Ereignisse sind in Dioramen nachgestellt – wie auch als Präsentation der Kunst, in Zinnguß zu gestalten, den Besuch lohnt. Don Quichotte und Sancho Pansa sind (zu Pferde) ›auf Wanderschaft‹, oder Friedrich II. und ›Große‹, reitet, nach der bekannten Lithographie Daniel Chodowieckis graviert, und spielt Flöte, nach Adolf von Menzels Ölgemälde, Kleopatra gibt sich den Tod durch eine Schlange, Landsknechte würfeln und zechen bei einem Fäßchen unter einem Baum, und natürlich ist auch Hans Christian Andersens Märchen vom

Kulmbach, Plassenburg, Schöner Hof

›standhaften Zinnsoldaten‹ in Metallguß illustriert, beim ›Wintervergnügen‹ drehen Schlittschuhläufer Pirouetten, und Kavaliere schieben ihre Damen in Schlitten über das Eis. Von historischen Kutschen bis zu den an eben diese Vorbilder erinnernden Wagen des ersten Eisenbahnzuges ›Adler‹ von 1835 sind (fast) alle Formen historischen Reisens vertreten neben Jagd-, Kriegs- und Szenen des täglichen Lebens von gestern und heute, wie Brau- und Bauwesen, Alchimie und Bäckerei. – Daneben kann man die (wiederhergestellten) fürstlichen Repräsentationsräume mit ihren Prunkmöbeln, wie dem Bett der Markgräfin Maria, und die *Sammlungen der Bayrischen Museen* mit ihren Waffen und Gemälden besichtigen sowie eine *Filialgalerie der Bayerischen Staatsgemäldesammlungen*.

Plassenburg, Portal des Christiansturms

☐ Fichtelgebirge

Beide – der *Weiße* und der *Rote Main* – spiegeln gemeinsam in ihrem Lauf all das im kleinen, was später den Reiz der gesamten Mainstrecke ausmachen wird. Wollte man einen Wanderführer verfassen, würde man sich wohl für den Start am Ochsenkopf mit der Weißmainquelle im Fichtelgebirge entscheiden: ein Ausgangspunkt inmitten herrlicher Wälder und imposanter Felskulissen. Soll der Weg aber durch Kunstschätze markiert sein, bietet sich der Rote Main an: der Grünewaldaltar in Lindenhardt als furioser Auftakt, Adagio: das mittelalterlich-beschauliche Creußen und dann das Fortissimo rund ums Festspielhaus in Bayreuth.

Eher piano geht's zu im **Fichtelgebirge**, wenn auch die Schönheiten der Landschaft, etwa das gewaltige Felsenlabyrinth mit *Naturbühne Luisenburg* bei Wunsiedel, eine der größten Sehenswürdigkeiten der Gegend, glanzvolle Akzente setzen. Die *Weißmainquelle* liegt in einer der landschaftlich schönsten Gegenden Deutschlands, einem Paradies für Naturfreunde, die auch vor einer längeren Wanderung, weiter als vom Parkplatz zum Sessellift und aus dessen Sitz auf die Aussichtsterrasse, nicht zurückschrecken. Eine Möglichkeit, zur Quelle des Weißen Mains an der Ostflanke des *Ochsenkopfs* aufzusteigen, bietet sich von der Bundesstraße 303 aus, vom *Rasthaus Karches* nahe dem Karchessee. Südöstlich der Quelle des Weißen Mains entspringt übrigens auch die Naab als *Fichtelnaab* ebenfalls am Ochsenkopf. Bequem läßt sich der Gipfel erreichen, mit 1024 m Höhe der zweithöchste Berg des Fichtelgebirges, von *Fröbershammer* im Norden oder

DIE QUELLFLÜSSE VEREINEN SICH BEI KULMBACH

Weißer Main bei Bischofsgrün

Fleckl im Süden per – Sessellift. Nur der *Schneeberg* ist mit 1053 m höher. Von weitem schon erkennt man das Ziel, einen Fernsehturm und den Aussichtsturm *Asenturm* mit Restaurant. Man nannte übrigens im Mittelalter die gesamte Gegend rund um den Ochsenkopf ›Fichtelberg‹.

Erzgewinnung nach Methoden der jahrhundertealten Tradition können Besucher vor Ort erleben in den Museumsstollen des *Silbereisenbergwerks Gleißinger Fels* nahe dem Städtchen *Fichtelberg*. Urkundlich belegt ist, daß Kurfürst Friedrich von der Pfalz 1478 hier mit dem Bergbau beginnen ließ, zunächst über Tage, später in Gruben, bis man schließlich Schächte und Stollen ins Erdreich und in den Fels grub, meißelte und sprengte. Um 1600 begann die große Zeit des Bergbaus. Damals errichtete Hüttenmeister Johann Glaser einen Hochofen, Hammerwerke entstanden, in denen das Halbfertigprodukt Schmiedeeisen weiterverarbeitet wurde. Die fichtelgebirgischen Hütten arbeiteten jedoch mit Holzkohle und konnten deshalb mit den moderneren, rationelleren Kokshochöfen des Ruhrgebiets im 19. Jh. nicht mehr konkurrieren. Man schürfte aber nicht nur nach Eisen. In *Brandholz* und *Goldkronach* wurde um 1400 mehr Gold und Silber gewonnen, als in allen anderen Gruben der Deutschen Lande. Ortsnamen wie *Grenzhammer am Eisenberg* oder *Hütten* zeugen von dieser Zeit. Daneben fanden sich Zinn, Kupfer und Blei. Kein Geringerer als Alexander von Humboldt leitete übrigens ab 1792 als Oberbergmeister mit Sitz in Bayreuth den Bergbau im Fichtelgebirge.

Als ersten größeren Ort streift der Weiße Main **Fröbershammer**, ein altes Pochwerk, heute Teil des Luftkurorts **Bischofsgrün**, umgeben von sanft ansteigenden Hängen vor dem Ochsenkopf. **Goldmühl** und **Frankenhammer** am Weg künden wieder von der Bergbautradition. Der ehemalige Reichtum läßt sich im nahe gelegenen **Goldkronach** noch am *Schloß* erkennen, ursprünglich einer mittelalterlichen ›Veste Goldeck‹ von 1559, die später mehrfach umgebaut wurde. Als ›fränkisches Wörishofen‹ versteht sich **Bad Berneck**, kann man doch dort nach Kneippschen Regeln kuren. Flaniert man unter den Kolonnaden der Jahrhundertwende, so glaubt man kaum, daß dieser beschauliche Kurort mit seinen immerhin drei Burgruinen des 12. und 13. Jh., von denen noch ein (1818 um ein Geschoß erhöhter) Bergfried und stattliche Palas-, Turm- und Mauerreste zeugen, eine bewegte Geschichte hinter sich hat. Bereits 1357 als ›Veste und Stat zu Berneck‹ genannt, wurde das Städtchen mehrfach in Kriegen zerstört, durch die Hussiten 1430, im Markgräflerkrieg 1552–55 und vor allem im Dreißigjährigen Krieg. Aber auch kleine Ursachen können große Auswirkungen haben. Als ein – wie der Chronist versichert – betrunkener Schmied nächtens seine Pfeife rauchen wollte, brannte 1692 fast der gesamte mittelalterliche Ort ab, bis auf ›wenige Häuslein‹ und den unteren Teil des Kirchturms. Wiederhergestellt wurde die **Dreifaltigkeitskirche** 1715, das Langhaus 1796–1800 nach Plänen Carl Christian Riedels ausgebaut. Der stilvolle klassizistische Saal bewahrt noch die Doppelempore, den Deckenstuck, Kanzelaltar und Taufbecken der Erbauungszeit; den steinernen Moses schuf Elias Räntz um 1695 als Fuß der ehemaligen Kanzel. Nicht zufällig ist das Motiv gewählt: Auf der jüdischen Religion und den zehn Geboten, die den Isrealiten von ihrem Gott Jahve an Moses übergeben wurden, basiert das Christentum. Sehr eng ist das Tal des Weißen Main hier, direkt unter Felsüberhängen stehen manche Häuser; doch das hatte nicht nur Nachteile, im Mittelalter dienten die steilen Felswände zum Teil als Stadtmauern!

Bei Bad Berneck mündet die *Ölschnitz*. Folgt man 4 km weit ihrem Lauf, dann gelangt man zur Ruine der **Burg Stein** mit ihrer ländlich ausgestatteten Kapelle, wie sie 1686 im ehemaligen Palas mit einem älteren Altar eingerichtet wurde. Schon der Name *Falkenhaube* deutet an, daß das markgräfliche *Schloß* im Bernecker Ortsteil **Falkenhaus** der Jagd diente; spätere Umbauten veränderten die Struktur des um 1722 wohl von Johann David Räntz entworfenen Gebäudes. Die Anfänge der *Pfarrkirche* von **Lanzendorf** reichen ins 11. Jh. zurück; sie wurde 1750 unter Beibehaltung spätgotischer Mauern zur Markgrafenkirche umgebaut, den Kanzelaltar schuf wohl Johann Gabriel Räntz (um 1735).

☐ Himmelkron

Mit dem Rest eines spätgotischen *Kreuzgangs* der *Stiftskirche* des ehemaligen *Zisterzienserinnenklosters Himmelkron* hat sich eines der schönsten Zeugnisse mittelalterlicher Steinmetzkunst am Oberlauf des Mains erhalten. Als die Grafen von Orlamünde im Jahr 1279 dem Orden der Zisterzienser ihr ›castrum Pretzendorf‹ zur Gründung eines Frauenklosters übereigneten, abgeschieden in fruchtbarem Tal auf dem beherrschenden Hügel, begann man mit dem Bau der Anlage. Sie wurde um 1550 säkularisiert, im Dreißigjährigen Krieg stark beschädigt und 1699 von Paul Decker nach Plänen des Antonio della Porta zum markgräflichen **Jagdschloß** umgebaut; die **Kirche** barockisierte man und riß drei Flügel des Kreuzgangs ab. Im Chor haben sich die gotischen Maßwerkfenster und Rippengewölbe – wenn auch, wie die Tonne des Langhauses stuckiert – erhalten. Jetzt Pfarrkirche, war die östliche Hälfte des Raums den Laien vorbehalten, der Klausurbereich für die Nonnen lag in der Westhälfte über der alten Sepultur, dem Begräbnisraum, der heutigen *Ritterkapelle* (Zugang vom Kreuzgang aus, mit Fürstengruft der Bayreuther Markgrafen). Aus der Klosterzeit stammt noch der Kruzifixus (um 1470); dem barocken Umbau verdankt die Kirche ihre Doppelempore, den Taufstein von 1617, den viersäuligen Kanzelaltar (um 1720 wohl aus der Werkstatt des Elias Räntz) und den üppigen hochbarocken Stuck des Italieners Bernardo Quadri. Weil die Kirche ursprünglich Grablege der Grafen von Orlamünde war, birgt sie eine Reihe hervorragender Bildnissteine, so das Grabmal der Äbtissin Agnes von Orlamünde († 1354) neben dem linken Aufgang zur Empore, das – wegen der sensiblen Herausarbeitung der Gesichtszüge – dem ›Wolfskeelmeister‹ des Würzburger Doms zugeschrieben wird. Wie eine Chronik in Epitaphien lesen sich die weiteren Denkmäler der Familie, von der Tumba für den Klostergründer Otto IV. von Orlamünde († 1285, links im Chor) über Otto VI. mit seinem Löwenschild († 1318) bis zum Grabstein des Grafen Otto VII. von Orlamünde († 1340, an der rechten Seite), der fast als frei stehende Plastik den Ritter mit Schwert, Kettenhemd und Brustpanzer zeigt, Reste der alten Farbfassung haben sich erhalten. Doch auch die weiteren

Himmelkron, Kreuzgang des ehem. Zisterzienserinnenklosters, 15. Jh.

Grabsteine verdienen Beachtung. Aus dem 14. oder frühen 15. Jh. stammen die Glasmalereien des mittleren Chorfensters.

Bedeutendster Kunstschatz des Kirchleins ist aber der erhaltene Südflügel des spätgotischen **Kreuzgangs** im Oberen Klosterhof von 1473. Engmaschige Netzrippen auf gedrehten und glatten Säulen als halbrunde Dienste überwölben die sieben Joche und zwei Eckjoche, die durch einen Aststab verbunden sind. Herolde mit Ordenssymbolen sind über die Felder des Gewölbes verteilt und – als musikgeschichtliche Dokumentation weit bedeutender – Bildnisse 19 musizierender Engel. Die Reliefs entstanden ab 1473, bevor die Renaissance das Musikleben veränderte, und zeigen plastisch ausgeformt Instrumente, die es im Original aus der Zeit kaum mehr gibt, deren Größe aber dank der Engelsfiguren erschlossen werden kann: Handharfe, Sackpfeife, Hackbrett, Drehleier, Pauken, Krummes Horn, Schalmei, Zugtrompete, Rollschellen, Trumscheid, Triangel, Fidel, Psalterium, Portativ, Monochord, Handglocke, Laute, und – beidhändig – Pfeife zugleich mit der Trommel. Wohl nach Holzschnitten entstanden bereits um 1460 die hervorragenden Sandsteinreliefs an der Nordwand nach christlichen Motiven: Schmerzensmann mit Engeln, Schöpfung, Thronendes Kind, Verkündigung, Geburt, Geißelung, Kreuzigung, Grablegung, Höllenfahrt und Auferstehung. Der Kreuzgang zeige »spätgotische Dekorationskunst phantasievoll und glänzend, wie weit und breit nichts Ähnliches«, urteilte der Kunsthistoriker Georg Dehio; und es ist heute schwer verständlich, daß die übrigen drei Flügel 1750 abgerissen wurden, als sich die Anlage im Besitz des Markgrafen Friedrich befand und zur Sommerresidenz umgebaut wurde. Im ehemaligen Nonnensaal hat das *Stiftskirchenmuseum Himmelkron* Raum für seine Freskensteine, eine Kanzelsanduhr des 17. Jh., Reste einer Ölberggruppe und liturgischen Geräte gefunden. Inzwischen ist in den Gebäuden ein Heil- und Pflegeheim untergebracht.

Himmelkron, Klosterkirche, Grabstein Graf Otto VII. von Orlamünde

Daß die *Pfarrkirche* von **Trebgast** 1742–44 auf den Fundamenten einer spätgotischen Wehrkirche errichtet wurde, erkennt man noch an den Resten des Mauerberings der Kirchenburg wie am Torbau. Johann Georg Hoffmann und Johann Matthäus Gräf errichteten die Chorturmanlage mit Doppelempore und Kanzelaltar (1748 von Johann Friedrich Fischer) – einmal mehr also eine der typischen ›Markgrafenkirchen‹ der Region, die Jero-

DIE QUELLFLÜSSE VEREINEN SICH BEI KULMBACH

nimo Francesco Andrioli 1744 reich mit Blumen, Rauten und Engeln stuckierte. Bei der Barockisierung wurde leider die prächtige, mit üppigem Figuren- und Reliefschmuck dekorierte Kanzel von 1517 aus der spätgotischen Vorgängerkirche ausrangiert; man kann sie jedoch – wenn auch leicht ramponiert – in der nahe gelegenen Friedhofskapelle besichtigen. Mit der Einrichtung der *Naturbühne* hat Trebgast sich zum Festspielort gemausert. Man bringt anspruchsvolle Stücke wie Friedrich Dürrenmatts ›Physiker‹ oder den ›Sommernachtstraum‹ des William Shakespeare.

In **Neuenmarkt** hat das **Deutsche Dampflokomotiv-Museum** auf dem Gelände des ehemaligen Bahnbetriebswerks mit einem 15ständigen Lokschuppen rund um eine alte Drehscheibe ein standesgemäßes Domizil gefunden, direkt an der *Schiefen Ebene*, Europas ältester Eisenbahnsteilstrecke mit einem Höhenunterschied von 158 m bei nur 8 km Weglänge. Große und größere Kinder können dort mehr als 20 Dampfloks, von der noch betriebenen Feldbahn bis hin zu dem jüngsten qualmenden Oldtimer der Bundesbahn von 1957, und natürlich auch die notwendigen Accessoires wie Wasser- und Kohlekräne bewundern.

Als erster größerer Ort nach dem Zusammenfluß der beiden Mainläufe kann **Mainleus,** an dessen Flößertradition bis in die erste Hälfte dieses Jahrhunderts ein Gedenkstein am Fluß erinnert, auf eine lange Geschichte zurückblicken: Gräberfunde aus der Bronzezeit und die erste urkundliche Erwähnung 1333 legen davon Zeugnis ab. Besonders die einzelnen Ortsteile haben viel von ihrem historischen Charme bewahrt, wie etwa **Wernstein** mit seinem malerisch-prachtvollen **Schloß.** Seit 1376 in Familienbesitz, wurde es über Generationen umgebaut und erweitert, wodurch es aber den Charakter einer kleinen wehrhaften Residenz nicht verlor. Aus der Mitte des 14. Jh. dürfte der Kernbau des oberen Schlosses von vier Flügeln um den fast kaminartig schmalen Innenhof mit den Treppentürmen (1567 und 1609) stammen, die mit Schildmauern, Zwinger mit quadratischen Ecktürmen und äußerem Wehrbering abgesichert waren; man betritt diesen (privaten) Wohnbau noch ganz mittelalterlich über eine von Ketten gehaltene Zugbrücke durch den Torturm der Renaissance. Der ist prächtig mit Säulen, antikisierendem Gebälk, Sandsteinfiguren mit Wappenschilden und einer Säulenädikula samt Kruzifixus gestaltet. Reizvolle Details der Umbauten aus Renaissance und Barock haben sich auch am *Unteren Schloß* erhalten: am Torbau mit Erker und in den fiktiven Ahnenbildern der Medaillons an den vorspringenden Rundtürmen.

☐ Altenkunstadt

Links des Mains liegt Altenkunstadt, man erreicht es über die Brücke nach Mainklein, durch den Ortsteil **Maineck** mit der katholischen *Kuratiekirche Allerheiligen,* ursprünglich ein Bau aus dem 12. Jh., dessen Langhaus 1705 und 1875 verändert wurde, die Inneneinrichtung spiegelt denn auch die verschiedenen Bauphasen wider. Bei Altenkunstadt fließen drei Quellbäche aus der Fränkischen Alb in Richtung Main, zusammen bilden sie das Flüßchen *Weismain*. An dessen oberem Lauf liegt das romantische Städtchen **Weismain,** 800 erstmals urkundlich genannt und 1313 mit dem Stadtrecht ausgezeichnet. In seinen weitgehend erhaltenen Stadtmauern hat sich rings um den langgestreckten bayerischen Straßenmarkt mit dem stattlichen *Rathaus* des 16. Jh. und die neogotische *Pfarrkirche* mit ihrem gotischen Chor und prächtigen Barockaltären eine ganze Reihe schöner Bürgerhäuser mit sehenswertem Fachwerk des 16. bis 19. Jh. erhalten; den *Stadtbrunnen* ziert der ›Gerüstete Roland‹ (um 1570 wohl von Pankraz Wagner).

In **Altenkunstadt** bezeugen Friedhöfe der Merowinger- und frühen Karolingerzeit mit reichen Grabbeigaben, daß der Bereich zu den am frühesten besiedelten des oberen Mainlaufs gehört, darauf deuten auch Fundamentreste einer karolingischen Apsis hin, die bei Grabungen unterhalb der Pfarrkirche ›bei Unserer Lieben Frauen‹ entdeckt wurden. Mitte des 8. Jh. kam es zur Gründung eines Herrensitzes mit einem *Fronhof Kunstat* am Weidmarsbach. Ursprünglich war auch der Kirchhof mit einem starken Mauerring bewehrt und bildet neben dem Pfarrhof (1748) mit seiner doppelläufigen Freitreppe und deren durchbrochenen Balustern und Pinienzapfen ein repräsentatives Ensemble. Die jetzige **Pfarrkirche** wurde in der ersten Hälfte des 16. Jh. mit Umbauten des 18. Jh. als einschiffiger Saal errichtet. Den Verlust der spätgotischen Pfeiler, die 1733 beseitigt worden waren, wollte man wohl wieder wettmachen, indem man 1901 die Holzdecke durch ein gotisierendes Gewölbe ersetzte. Aus der barocken Bauepoche stammt jedenfalls noch der Bandelwerkstuck im Chor. Andreas Nüssel, ein Schreinermeister aus Altenkunstadt, schuf um 1730 den prächtigen viersäuligen Hochaltar, der sich dem Betrachter konkav-konvex entgegenwölbt, und mit hervorragenden Figuren geschmückt ist. Besonders hervorzuheben sind die flankierenden hll. Wolfgang und Georg, qualitätvolle Bamberger Arbeiten aus der späten Gotik (um 1500) vom Meister des Hersbrucker Altars. Auch die Kanzel (1732) und die Seitenaltäre gestaltete Nüssel, interessant ist im rechten Seitenaltar, dem *Maria-Trost-Altar*, besonders die Ansicht Altenkunstadts aus der Mitte des letzten Jahrhunderts, sie wurde wohl von Sebastian Holzer 1866 gemalt. Um 1360 entstand eine beachtliche Sandsteinmadonna, die Fachleute dem Meister des Grabmals des Bischofs von Truhendingen im Bamberger Dom zuschreiben: eine anrührend-menschliche Szene, wie das Kind nach dem Vogel greift, den seine Mutter ihm entgegenhält. Als das Gestühl im Langhaus erneuert wurde, behielt man die geschnitzten Wangen des frühen Barock bei (1670–80). Neben einer Reihe hervorragender Epitaphien, wie etwa dem Renaissancedenkmal des knienden Adam Alexander von Rosenau († 1572), das mit seiner Säulenädikula an den Aufbau eines Portals erinnert, hat sich in der St.-Anna-Kapelle der spätgotische Taufstein von 1515 mit seiner zeitgenössischen Minuskelumschrift erhalten.

Einen Abstecher lohnt die schlichte ehemalige *Wallfahrtskirche St. Georg* zu **Pfaffendorf** aus dem frühen 18. Jh., wegen der vorzüglich erhaltenen Ausstattung der Erbauungszeit und eines spätgotischen Bildstocks; einst zierte der eine Quelle. Über den Ortsteil **Strössendorf** mit seinem *Schloß* (älteste Teile wie der Bergfried aus dem 13. Jh.), dessen stattliche Anlage im Lauf der Jahre Flügel um Flügel komplettiert wurde, bis hin zum Jungfernbau (1660) sowie der *Pfarrkirche*, einem einfachen Saalbau mit Fassadenturm, die im wesentlichen aus dem Barock stammt, mit Bauteilen aus dem 14. Jh., gelangt man über den Main, seinem Lauf aufwärts folgend nach Burgkunstadt.

DIE QUELLFLÜSSE VEREINEN SICH BEI KULMBACH

☐ **Burgkunstadt**
Wehrhaft waren die Ursprünge von Burgkunstadt, Reste der wuchtigen Mauern im Stadtbild zeugen davon. Bei Grabungen stieß man auf Teile einer Umwallung von 830. Aus der spätkarolingischen Landesburg, der Anlage nach wohl Creußen vergleichbar und ebenfalls auf einem Bergsporn gelegen, entwickelte sich das Städtchen um den dreieckigen Markt. 1059 wurde das ›Castrum Chunstat‹ als Sitz eines Grafenamts genannt, danach gelangt die Siedlung unter die Herrschaft des Bischofs von Bamberg, dessen Ministerialen fortan hier residieren. Schon 1323 wird der Ort ausdrücklich als Stadt bezeichnet. Die Burg scheint bereits verödet gewesen zu sein, als sie 1525 vollends zerstört wurde; an ihrer Stelle errichtete man an der Südwestecke des Burgplateaus die ehemalige fürstbischöfliche Vogtei, die *Fronveste*, einen im Kern mittelalterlichen, im 18. Jh. erweiterten dreigeschossigen Bau.

Reizvoll erstreckt sich der *Markt* mit seinem (zumeist) aus Fachwerkhäusern bestehenden Ensemble zwischen der Kirche und dem 1689/90 vom Zimmermann Jörg Hoffmann aus Zeil durch das Fachwerkobergeschoß auf zwei mittelalterlichen Steingeschossen ausgebauten **Rathaus**. Reiches Schnitzwerk des Barock mit Masken, Säulchen und allerlei Mustern ziert die Balken zur Nord- und Ostseite hin, der Dachreiter kragt über den Giebel hervor. Im Erdgeschoß beeindruckt die schlichte Halle mit ihrer von wuchtigen Holzsäulen getragenen Balkendecke. Als man 1976 bei Schachtarbeiten Reste alter Fundamente und Mauern ergrub, bezog man sie in den Erweiterungsbau ein. An das alte Gerber- und Schuhmacherhandwerk erinnert das *Schustermuseum* am Markt, das sich zu einem wichtigen Industriezweig entwickelt hat. Die Marktfigur des hl. Nepomuk aus Sandstein (1777) schuf wahrscheinlich Pankraz Fries.

Burgkunstadt, Markt und Rathaus, Fachwerkobergeschoß von Jörg Hoffmann, 1689/90

Unter Einbeziehung von Teilen älterer Vorgängerbauten errichtete Lorenz Fink 1783 die **Stadtpfarrkirche St. Heinrich und Kunigunde** mit ihrer schmucken Rokokofassade zum Markt hin, deren Turm mit seiner elegant geschwungenen Haube leicht vorspringt. Die Sandsteinfiguren links und rechts der Freitreppe davor, Maria Immaculata und Johannes Nepomuk, stammen wohl aus dem nahen Zisterzienserkloster zu Langheim. Chor und Langhaus wurden 1811 klassizistisch erneuert. Daher prägen beide Stilarten die Kirche. Jünger als die Rokokoseitenaltäre (1780/81) sind die Kanzel und der klassizistische Hochaltar (1831), dessen lebensgroße weiß und golden gefaßte flankierende Holzfiguren der Kirchenpatrone Heinrich und Kunigunde noch aus der alten Kirche stammen. Aus den Vorgängerkirchen haben sich außerdem eine hl. Anna Selbdritt (um 1500, mit einem im 17. Jh. erneuerten Jesusknaben) und das Vesperbild eines unbekannten Meisters (um 1360) erhalten. – Südöstlich vor dem Ort liegt die im Kern spätmittelalterliche **Fünfwundenkapelle,** die 1659–66 (Chor) und 1719 (Langhaus) erneuert wurde. Wie gerahmt von der modernen Holztonne über dem Vorchor hängt freischwebend im Chorbogen eine farbig gefaßte, doppelseitige Madonna im Strahlenkranz, eine Bamberger Arbeit aus dem Anfang des 16. Jh. Den prunkvoll geschwungenen Hochaltar aus der Mitte des 18. Jh. mit seiner Baldachindraperierung schuf wohl H. Mutschele, die Seitenaltäre gestaltete Paul Seber um 1720, außen am Korb der Kanzel sitzen Figuren der vier Evangelisten. Bemerkenswert ist der Rest eines Kreuzwegs aus dem frühen 16. Jh., der zur Kapelle führt, leider existieren nur noch drei Bildstöcke.

An der Straße nach **Ebneth** mit dem *Schlößchen,* einer malerischen Baugruppe aus dem 15. bis 18. Jh. um den mittelalterlichen Kern mit Wassergraben, hat sich noch der alte *jüdische Friedhof* mit kunstvollen Grabsteinen erhalten; das jüdische Gotteshaus in Burgkunstadt wurde nach der Reichspogromnacht zerstört.

Jüdischer Friedhof bei Burgkunstadt

Redwitz liegt an der *Rodach,* kurz vor ihrer Mündung in den Main. Die Pfarrkirche (einst St. Ägidius) mit ihren frühesten Bestandteilen aus dem 15. Jh. und das im Kern etwa gleich alte Schloß mit seinen unregelmäßig gesetzten Flügeln fügen sich gefällig ins Ortsbild. Für Gäste mit Zeit lohnt sich unbedingt ein Abstecher die Rodach aufwärts. Seit etwa 1300 eine Stadt, umgab sich **Kronach** bald darauf mit der in weiten Teilen erhaltenen Stadtbefestigung, um beispielsweise die stattliche gotische *Pfarrkirche St. Johannes* aus dem 14. bis 17. Jh. mit ihrem reichen bauplastischen Dekor und die nahe gelegene *Annakapelle* zu schützen. Die prächtige Renaissancefassade des alten *Rathauses* entwarf wohl Daniel Engelhardt 1583. Seit Kaiser Heinrich V. die Siedlung 1122 dem Erzbistum Bamberg schenkte, wurde die befestigte Oberstadt zwischen Kirchplatz und Markt, hervorgegangen aus einer frühmittelalterlichen Landesfestung, planmäßig ausgebaut, stattliche fürstbischöfliche Bauten wie das *Oberamtshaus* und der *Kastenboden* prägen das Bild. Überragt wird Kronach von der imposanten **Festung Rosenberg**, die wohl ab 1120 angelegt, im 13. Jh. mit dem Bergfried ausgestattet und deren unregelmäßige vierflügelige Kernburg um den inneren Hof im 14. Jh. errichtet wurde. In den folgenden Jahrhunderten wurden die Fortifikationswerke mit Bastionärsanlagen und Wohnbereichen wiederholt umgestaltet, unter anderem 1730–33 von Balthasar Neumann. – Durch liebliches Gelände führt die *Frankenwaldstraße* zum seit dem 13. Jh. nachweisbaren *Wasserschloß* in **Mitwitz** an der Steinach, ein gleichermaßen repräsentativer wie wehrhafter Vierflügelbau der Renaissance von Daniel Engelhardt (1596–98) mit Ecktürmen, den man über eine barocke Brücke betritt. Inmitten des anglisierten Parks befinden sich die Vorburg und das Torhaus. Grabdenkmäler der Besitzer, der Freiherren von Würtzburg, haben sich im Saalbau der nachgotischen *Pfarrkirche* erhalten.

Ebenfalls nicht direkt am Main liegt **Marktzeuln**. Das *Rathaus* ist eines der beachtlichsten Werke barocker Zimmermannskunst. Hans Mühlhans und Karl Fuß gestalteten 1690 über einem älteren Sockel sein Zierfachwerk und den Treppenturm. Inmitten zahlreicher schöner verzierter Fachwerkbauten liegt auch die spätmittelalterliche, zu Beginn des 18. Jh. umgestaltete *Pfarrkirche St. Michael*. – Gen **Hochstadt** führt eine Brücke über den Main zum stattlichen nachgotischen ehemals *Langheimer Amtshaus* mit seinen beiden Eckerkern vor den Obergeschossen und der *Kuratiekirche Mariae Himmelfahrt*, deren Chor im 14. Jh. als Kapelle diente und später erweitert wurde.

Versteckt fast liegt rechter Hand vor Trieb an der Straße nach Lichtenfels in den mitunter feuchten Mainwiesen ein ganz eigentümliches Gebilde mit sprechendem Namen: **Nassanger**, ein ehemaliger Wirtschaftshof des Klosters Langheim, den Leonhard Dientzenhofer 1692/93 erbaute. Man kann den dreigeschossigen elliptischen Bau um seinen runden Hof mit Dachgauben und Treppentürmen wohl nur mit der Freude an phantasievoller Gestaltung erklären, wie das Barock sie liebte. Konsequenterweise ist auch ein Teil der Fenster rund gehalten, eines der beiden Tore ist vermauert. – Südlich von Nassanger liegt **Klosterlangheim** mit den Resten der *Zisterzienserabtei*. Vom Bamberger Bischof Otto I., dem Heiligen, bereits 1132 gegründet, wurde die Klosteranlage wiederholt zerstört und neu aufgebaut, zuletzt im Barock unter Mitwirkung so bedeutender Baumeister wie Johann Leonhard Dientzenhofer, Gottfried Heinrich Krohne und Balthasar Neumann. Ein Brand zerstörte 1802 fast die gesamte Anlage, durch die Säkularisation unterblieb ihre Wiederherstellung. Von seltener Pracht müssen die Gebäude gewesen sein, sie wetteiferten, wird berichtet, »nach Größe und Opulenz« mit denen des Klosters Ebrach. Noch die wenigen Überreste zeugen von Reichtum und Macht der Abtei. Erhalten blieben Teile des Konventbaus, die profanierte Katharinenkapelle und die ehemalige Friedhofskirche. Besonders der Konventbau mit seinem reichen bauplastischen Zierat des Rokoko läßt eher an ein Schloß denken denn an ein Kloster. Auch in **Trieb** hatte das Kloster Besitz. Daran erinnert der *Gutshof*, einst Hofmeisterei von Langheim, 1733 und 1870 erbaut. Das *Schlößchen* unweit davon entstand 1724 auf den Fundamenten einer mittelal-

Nassanger, originell ist die ellipsenförmige Anlage des ehem. Gutshofs des Klosters Langheim, 1692/93 von L. Dientzenhofer

terlichen Anlage, und zwar ebenso wie der Gutshof nach Plänen Johann Georg Brückners.

In **Michelau** befindet sich das einzige *Korbmuseum* Deutschlands. Verblüffend ist zu sehen, was sich alles aus dem spröden Material flechten läßt: Strickenten und Papierkörbe, Wäschebehälter und Rückentragen, Wiegen und Sessel, bis hin zum (geschlossenen) Marktkorb für die bessere Dame; es mußte schließlich nicht jeder erkennen, was ihr das Dienstmädchen nach Haus trug. Der Ortsteil *Lettenreuth* birgt eine bemerkenswerte *Landkirche* nach Plänen von Johann Michael Küchel, der sich hier wohl von den Ideen seines Lehrers Neumann anregen ließ (1753–56).

☐ Lichtenfels

Als ›Deutsche Korbstadt‹ wirbt Lichtenfels für sich, weil der Ort ab Mitte des vergangenen Jahrhunderts dank der guten Verkehrsanbindung zu einem Zentrum des Korbhandels bis ins ferne Amerika wurde, Korbmacher aus der Umgebung lieferten die Ware. Seit 1910 bildet hier auch die einzige staatliche Fachschule für Korbflechterei Lehrlinge aus. Nicht ganz so langwierig und intensiv sind freilich die Kurse, die Feriengästen angeboten werden, doch für Hobbyflechter und solche, die es werden wollen, allemal gründlich

DIE QUELLFLÜSSE VEREINEN SICH BEI KULMBACH

genug. Daß man bei dieser Beschäftigung Durst bekommt, leuchtet ein; dafür wird dann das ›Flechterla‹ gebraut, ein eigens entwickeltes Korbmacherbier.

Aus der Vogelperspektive erkennt man die oval um den alten bayerischen Straßenmarkt entstandene Anlage, von deren Befestigungen sich der hoch aufragende *Obere* oder *Kronacher Torturm* mit Kuppel und Laterne (1551) und das *Bamberger Tor* (1618) sowie weite Teile der Mauern erhalten haben, im Gegensatz zu der einst beherrschend über dem Ort gelegenen Burg. Erhalten blieb aber deren Name: Sie lag auf einem unbewaldeten, also lichten Fels. Mit dieser Burg begann jedenfalls um 1000 die Geschichte von Lichtenfels, in ihrem Schutz siedelten Bauern, Handwerker und Händler. Markt wurde Lichtenfels 1206, schon 1231 Stadt. Nach dem Aussterben der Grafen von Andechs und späteren Herzöge von Meranien kam Lichtenfels in den Besitz der Bischöfe von Bamberg. Bodenfunde ergaben, daß die Umgebung bereits in der Altsteinzeit besiedelt war.

Frei und dominant steht das **Rathaus** seit 1740–45 auf dem Marktplatz, das man an der Stelle seines mittelalterlichen Vorgängers aus Fachwerk nach Plänen von Justus Heinrich Dientzenhofer errichtete. Der Bildhauer Karl Potzler schuf 1951 den *Floriansbrunnen* gegenüber. Aus dem 14./15. Jh. stammt der Turm der **Pfarrkirche Zu Unserer Lieben Frau** mit seinem Fünfknopfhelm und dem Ölbergrelief außen. Ursprünglich ein Wehrturm, fügte man 1483–87 den Chor und um 1520 das Langhaus hinzu. Links neben dem Turm schließt sich die Herz-Jesu-Kapelle an, über dem alten Ossarium, dem Beinhaus

Lichtenfels, Pfarrkirche zu Unserer Lieben Frau, Ölbergrelief (15. Jh.) am Turm

des Friedhofs. Der Säulenaltar im Chor und die Nebenaltäre entstanden, wie die vorzüglich in Stuckmarmor gearbeitete Kanzel, in der ersten Hälfte des 18. Jh. Bemerkenswert sind noch die Bronzeepitaphien für Wolf von Schaumberg († 1592) und seine Schwiegertochter Walburga († 1528); mit ihren Halbreliefs stammen sie wohl aus der Vischerschen Hütte zu Nürnberg.

Vom 41 m hohen *Oberen Torturm* hatte der Türmer bis 1896 einen guten Ausblick, herabsehen konnte er auch auf das Verließ im Erdgeschoß und vor allem dessen Insassen. Vorbei am **Kastenhof** (gegenüber der Kirche: Knopsberg), ab 1608 Dienstsitz des ›Kastners‹, eines bürgerlichen Verwaltungsbeamten neben dem Vertreter des Fürstbischofs, gelangt man zum 1555 mit seinen Eckerkern errichteten **Stadtschloß**. Zum Getreidespeicher wurde es ab 1654 degradiert, so erklärt sich auch der Name ›Kastenboden‹. Der *Rote Turm* dahinter lag einst am höchsten Punkt der Befestigung. Durch das *Untere* oder *Bamberger Tor* erreicht man die **Spitalkirche,** einst vor der Stadt. Sie ging aus einem 1390 gestifteten Spital hervor, der jetzige Bau entstand Mitte des 17. Jh. Als erste Station eines Kreuzwegs führt das stark verwitterte Relief (Christus am Ölberg von 1714, vor der Kirche) nach Vierzehnheiligen. Nach Kriegszerstörungen mußte man die **Kapelle St. Jakob** auf einem Ausläufer des Burgbergs aus dem 14. Jh. wiederholt erneuern. Im Inneren birgt der schlichte Saal auf einem um 1700 entstandenen Altar zwei hervorragende Schnitzfiguren der hll. Petrus und Paulus (um 1510) aus einer Bamberger Werkstatt und vor allem die großartige Renaissancekanzel von 1624; vermutlich stammt sie aus Langheim oder Vierzehnheiligen.

Nördlich von Lichtenfels liegt **Coburg,** überragt von seiner beeindruckenden *Veste* aus dem 13. Jh. mit ihrem fachwerkverzierten Fürstenbau und der zu wesentlichen Teilen spätgotischen hohen Kemenate. In der Stadt liegen *Schloß Ehrenburg* und die ehemalige *Regierungskanzlei* der Renaissance mit Zwerchhäusern und Eckerkern (1597) und die gotische *Stadtkirche St. Moriz* – unbedingt ein lohnendes Ausflugsziel, nicht nur, weil Coburg seinem ganzen Wesen nach zum Main und dessen Kultur gehört.

☐ Wallfahrtskirche Vierzehnheiligen

Als ihre ›Goldene Pforte‹ bezeichnen Franken gern das Maintal zwischen Schloß Banz und der Wallfahrtskirche Vierzehnheiligen: Beide sind seltene Kostbarkeiten sakraler deutscher Baukunst an den hier sanft – und mitunter auch steil – ansteigenden Hängen des lieblichen Tals. Auf die Erzählung eines jugendlichen Schäfers im Jahr 1445 geht die Entstehung der Wallfahrtskirche zurück. Der Hirtenjunge berichtete, ihm seien das Christkind und die 14 Nothelfer mehrfach an derselben Stelle auf einem Acker des Klosters Langheim erschienen, in ein wundersam strahlendes Licht getaucht. Die Eltern glaubten dem Jungen nicht, wollten ihm helfen und rieten ihm, lieber darüber zu schweigen. Ein Priester, an den er sich wandte, war ebenfalls skeptisch und forderte den Jungen auf, die Erscheinung, falls er sie wieder wahrnehme, im Namen der Heiligsten Dreifaltigkeit zu beschwören.

Das tat der Junge im folgenden Jahr, als er wieder dieselbe Vision hatte. Nachdem eine zufällig vorübergekommene Frau seine Beobachtungen bestätigen konnte, errichtete man an der Stelle ein Kreuz, eine Kapelle löste es 1448 ab. Im 17. und 18. Jh. nahm allerdings die Anzahl der Wallfahrten in einem Umfang zu, daß der Bamberger Fürstbischof Friedrich Carl von Schönborn und der Abt des Klosters Langheim, Stephan Mösinger, um 1735 beschlossen, dort eine Wallfahrtskirche zu errichten. Nachdem von Gottfried Heinrich Krohne und Johann Jakob Michael Küchel verschiedene Pläne ausgearbeitet und dem Abt wie dem Fürstbischof vorgelegt worden waren, die sie erwogen und verwarfen, nicht zuletzt, weil die beiden geistlichen Herren sich nicht auf ein gemeinsames Konzept einigen konnten, betraute der Fürstbischof seinen bambergisch-würzburgischen Baudirektor Balthasar Neumann mit der Planung. Der entwickelte aus den verschiedenen Ideen einen Entwurf, der zwei wesentliche Aspekte beinhaltete: Die Achse der Kirche sollte zum gegenüberliegenden Kloster Banz hin ausgerichtet sein, und in der Vierung sollte der Gnadenaltar exakt an der Stelle seinen Platz finden, wo der Überlieferung nach Jahrhunderte zuvor die 14 hll. Nothelfer erschienen waren.

Am 23. April 1743 wurde der Grundstein gelegt, die Bauleitung vor Ort oblag Gottfried Heinrich Krohne, der Maurer- und Steinhauermeister Johann Thomas Nißler überwachte die Ausführung. Krohne, der sich und seine ursprünglichen Entwürfe wohl übergangen sah, sabotierte allerdings Neumanns Pläne, indem er den Chor nach Osten vorschob, so konnte der Gnadenaltar nicht mehr in der Vierung plaziert werden. Als Neumann dies bemerkte, protestierte er zunächst und arbeitete dann aber weitere Pläne aus, nach denen ein Modell angefertigt wurde, das die bereits von Krohne aufgeführten Mauern berücksichtigte. Da allerdings auch auf höherer Ebene die Meinungsverschiedenheiten zwischen Abt und Bischof noch nicht ganz überwunden waren, wandte sich Mösinger an den als Kapazität weithin anerkannten Mainzer fürstbischöflichen Hofbaumeister Maximilian von Welsch und forderte ihn auf, seinerseits weitere Pläne zu erstellen. Die lagen 1744 vor, zur Ausführung gelangte jedoch Balthasar Neumanns Konzept; schließlich war der Bischof in der kirchlichen Hierarchie dem Abt übergeordnet und zugleich Bamberger Landesherr. Als Bauleiter fungierte nun Johann Jakob Michael Küchel, ein Schüler Neu-

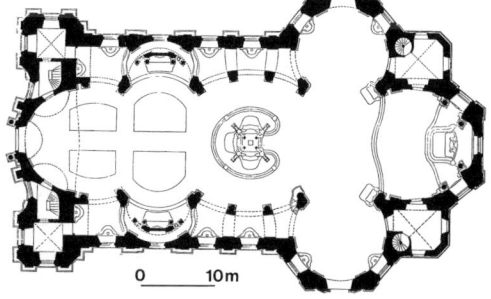

◁ *Vierzehnheiligen, Fassade der Wallfahrtskirche von Balthasar Neumann*

Vierzehnheiligen, Wallfahrtskirche, Grundriß

manns. 1745 – also rund zehn Jahre nach den ersten Überlegungen – waren Chor, Querhaus und Sakristei aufgeführt, bis 1757 errichtete man die Türme und Seitenschiffe, 1761–63 konnte das Langhaus überwölbt sowie unter Dach gebracht werden.

So begannen Johann Michael Feichtmayr, sein Bruder Franz Xaver und Johann Georg Üblher 1763 mit der Stuckierung, die Altargemälde und Fresken übernahm Giuseppe Appiani. Als der Dachstuhl 1835 bei einem Brand vernichtet wurde, stellte man ihn niedriger wieder her. Nachdem Franziskaner die Kirche 1839 übernommen hatten, wurden die ursprünglichen Fresken von Appiani 1848–72 durch den Münchner Maler Augustin Palme übermalt, wie man auch die originalen Altarblätter von ihm und J. J. Scheubel leider auswechselte; seither sind sie verschollen. Aus Gründen der Denkmalpflege versuchte man von 1893 bis 1981 eine behutsame Restauration, beseitigte die Übermalungen und holte Appianis Bilder weitgehend unter den jüngeren Farbschichten hervor. Umstritten war dieses Verfahren, weil es nicht immer befriedigend gelingen konnte und mindestens partiell den Charakter einer Neu- statt einer Rekonstruktion hatte.

Als besondere Leistung Neumanns gilt die Raumkonstruktion: ein sich überschneidendes und in rechten Winkeln aufeinander bezogenes System von Oval-, Kreis- und Zwickelräumen, das den Gnadenaltar optisch scheinbar in den Mittelpunkt des Kirchenschiffs rückt (Umschlagklappe hinten). Die zum Teil verwirrende Führung der Linien, etwa mit windschiefen Gurten im Gewölbe oder schräg gestellten Säulen, fügt sich als Raum zu einem harmonischen Ganzen mit vielfältigen Lichtdurchbrüchen. Besonders vom Hauptportal her erscheint das Kirchenschiff wie eine Bühne mit tief gestaffelten Kulissen als Rahmen des Gnadenaltars vor dem dahinterliegenden Hochaltar. Man meint, Neumann habe gerade Linien, wenn eben möglich, vermeiden wollen, nur wo sie aus statischen Gründen unverzichtbar waren, etwa als Senkrechte, griff er auf sie zurück.

Triumphal illustriert das Figuren- und Bildnisprogramm den Kult der 14 Nothelfer. Sie flankieren den *Gnadenaltar* von Johann Michael Feichtmayr (1767/68), in seiner raffinierten Gestaltung ein Meisterwerk verspielter Dekorationskunst des Rokoko. Voluten, Bögen, Muschelelemente – sie alle greifen ineinander und umranken sich, um den bekrönenden Baldachin tragen zu können. Luftig erscheint der Aufbau, der Durchblick über den drei kleeblattförmig angeordneten Altären bleibt gewährleistet. Prächtig sind die Nothelfer (aus der Werkstatt des Johann Georg Üblher) in ihrer strahlend weißen und goldenen Gestalt, etwa der hl. Dionysius, der stolz sein abgeschlagenes Haupt in den Händen präsentiert. Als eine der schönsten Figuren der Kirche gilt die des hl. Wendelin am linken Seitenaltar, des Patrons der Hirten mit der goldenen Krone zu seinen Füßen. Zu Recht haben Kunsthistoriker die Darstellung der Heiligen mit der von fürstlichen Rokokokavalieren und Hofdamen verglichen, stattlich glänzt – wie in kleinerem Maßstab bei Nippesfiguren aus Porzellan – der polierte Stuckmarmor. Großartig fügt sich auch der *Hauptaltar* (ebenfalls von Feichtmayr und Üblher) in seiner teils offenen Säulenkomposition in das Chorrund. Meisterlich gestaltet ist nicht zuletzt die *Kanzel* (von Feichtmayr), in ihrer Verspieltheit und zarten Stukkierung wohl eine Höchstleistung des späten fränkischen Rokoko!

Als Gesamtkunstwerk ist die **Wallfahrtskirche** in dem korrespondierenden Spiel ihrer Elemente ein wahres Wunder an einander überbietenden Licht- und Farbreizen in gelben, grünen, grauen und zartroten Tönen, die vielfach gebrochen werden, jubelnd verstärkt durch die Auflösung des Raums und der Flächen – ein Juwel innerhalb nicht nur des deutschen Barock, das schon mehr als deutlich ins Rokoko changiert. Und Vierzehnheiligen ist auch ein prunkvolles Dokument verschwenderischer Prachtentfaltung aus einer Zeit, da geistliche und weltliche Fürsten uneingeschränkt auf Kosten ihrer Untertanen ihren Neigungen leben konnten. Die Vollendung zu erleben, war dem genialen Schöpfer Balthasar Neumann nicht mehr vergönnt, er verstarb 1753; doch sein Schüler und Mitarbeiter Johann Jakob Michael Küchel führte den Bau fort und vollbrachte das Werk bis 1772 weitgehend im Sinn Neumanns.

Vierzehnheiligen, als eine der schönsten Figuren gilt die des hl. Wendelin

In Bambergs Historischem Museum in der Alten Hofhaltung kann man am aufgeschnittenen Modell der Wallfahrtskirche deren Struktur – im Wortsinn – durchschauen. Auch Küchel hatte ja ursprünglich Pläne für die Wallfahrtskirche geliefert, die hier nicht zur Ausführung gelangten. Doch ganz umsonst sollte seine Arbeit nicht gewesen sein: Die Friedhofskapelle St. Valentin im nahe gelegenen Unterleiterbach (Markt Zapfendorf, oberhalb Bambergs am Main) gilt als verkleinerte und geänderte Umsetzung der Entwürfe, die Küchel für Vierzehnheiligen erdacht hatte, sie wurden im Auftrag des Fürstbischofs 1738/39 doch noch realisiert.

Schon der Außenbau (Farbabb. 3) mit seiner elegant geschwungenen, mit Säulen und Pilastern, Giebeln und Figuren dekorierten und – besonders in der Abendsonne – in leicht rötlichem Gelb, fast golden leuchtenden Fassade, ist phantasievoll gestaltet, hält sich aber durchaus noch im Rahmen des im Rokoko Üblichen. Auch die ins Oktogonale geführten Türme mit ihren eingeschnürten und laternenbekrönten Hauben antworten letztlich, wenn auch anmutiger, auf die Fassade der Schloßkirche von Banz. Um so mehr überrascht dann der berauschende Eindruck des Inneren, der dem Besucher entgegenschlägt, ihn überwältigt – und genau dieser Effekt dürfte Neumanns Absicht gewesen sein. Insgesamt nimmt der Bau mit seinen barocken Zügen, die in die leichtere Kunst des Rokoko übergehen, Ideen der europäischen Spitzenarchitektur jener Zeit auf, von Robert de Cotte etwa oder auch von Mitgliedern der Familie Dientzenhofer, die Neumann zu einer ganz persönlichen Synthese zusammenfaßt, ähnlich wie ihm auch mit der Würzburger Residenz eine produktive Rezeption vorhandener Tendenzen gelungen ist. Und es bleibt sein Verdienst, daß trotz divergierender Ausdrucksformen ein harmonisches Zusammenspiel gelungen ist, auf dem Gebiet der architektonischen Sprache eine heitere Übereinstimmung aller Nuancen gefunden werden konnte, wie man sie im politischen Leben des auseinanderdriftenden Europa zu Neumanns Zeit und jetzt mitunter schmerzlich vermißt.

☐ Schloß und Kloster Banz

Weit älter als Vierzehnheiligen sind die Anfänge von **Schloß Banz**. Man sieht es von der Freitreppe der Wallfahrtskirche aus. Über die alte Pappelallee von Staffelstein führt eine Zufahrt. Die Anlage kann auf eine bewegte Geschichte zurückblicken. Sie war landesherrschaftliche Burg, Kloster der Benediktiner, herrschaftliches Schloß, Sitz der Trappisten und der Gemeinschaft von den Heiligen Engeln und ist nun Zentrum einer Stiftung. Als Grenzfestung wurde die *Banzburg* wohl um 930 wegen der anstürmenden Ungarn stark befestigt, und so leitet sich auch der Name her, von Bann, der ›Grenze‹. Für die Einrichtung eines Benediktinerklosters stifteten Alberada aus der Familie der Schweinfurter Markgrafen und ihr Gemahl Hermann von Vohburg 1069 ihre neuntürmige Burg in 170 m Höhe über dem Maintal. Doch dessen Bestand war nicht von langer Dauer, es verfiel nach dem Tod der Stifter rasch. So wurde es neu gegründet, blühte auf und unterstand im Mittelalter den beiden geistlichen Fürstentümern Bamberg und Würzburg, wobei man auf eine strenge Arbeitsteilung achtete: in weltlichen Geschäften (in temporalibus) war der Bamberger Bischof zuständig und in geistlichen Fragen (in spiritualibus) sein Würzburger Kollege. Pest und Bauernkrieg, Kämpfe zwischen Katholiken und Protestanten belasteten das Leben im Kloster.

Besonders übel waren die Folgen des Dreißigjährigen Krieges. Damals wurde die Anlage fast vollständig ruiniert. In der zweiten Hälfte des 17. Jh. begann dann unter Abt Otto de la Bourde und seinen Nachfolgern eine neue Blütezeit. Kirche und Gebäude wurden neu errichtet, und die Abtei entwickelte sich zu einem geistigen Zentrum: Klosterschule, Bibliothek und Zeitschriften, Naturaliensammlung und physikalische Geräte wie Fernrohre zogen Gelehrte evangelischen und katholischen Glaubens nach Banz. Kon-

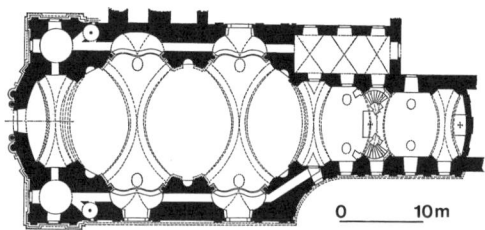

Banz, Klosterkirche, Grundriß

zerte und eine reiche Gemäldesammlung schufen den angemessenen Rahmen, bis der Reichsdeputationshauptschluß 1803 mit der Auflösung der Abtei dieser Herrlichkeit ein Ende bereitete. Mit Pensionen ausgestattet, wurden die Mönche entlassen, die Kunstschätze zerstreute man. Erhalten blieben die Gebäude wohl nur, weil Herzog Wilhelm in Bayern die Herrschaft Banz 1814 erwarb und das Schloß als Sommerresidenz umbauen ließ. Damals entstand die Petrefaktensammlung mit ihren Resten versteinerter Urtiere aus dem fränkischen Juraboden. Als Viktor von Scheffel 1859 hier zu Besuch war, entstand sein Lied ›Wohlauf die Luft geht frisch und rein‹, das auch als ›fränkische Nationalhymne‹ nach der Melodie von Valentin Becker gesungen wird.

An ihre Ursprünge als Burg erinnert die Anlage bis heute dank der dem eigentlichen Abteibau samt Kirche vorgelagerten Wirtschafts- und Tortrakte. Etwa von 1695 an plante der fürstbischöfliche Hofbaumeister zu Bamberg, Leonhard Dientzenhofer, die barocke Klosteranlage, wie sie im wesentlichen noch besteht. Dientzenhofer war, wie andere Mitglieder seiner Familie,

Kloster und Schloß Banz mit der Kirchenfassade von Johann Leonhard und Johann Dientzenhofer (1710-19)

hochangesehen und vielgefragt als Baumeister. Er baute gleichzeitig die fürstbischöfliche Residenz zu Bamberg, dort und in Ebrach hatte er weitere stattliche Klosteranlagen errichtet. Nach seinem Tod 1707 übernahm sein jungerer Bruder Johann, der ihm auch als fürstbischöflicher Hofbaumeister folgte, die Arbeiten und errichtete die Klosterkirche. Auch er hatte sich vorher einen Namen durch den mächtigen Dom zu Fulda und den Bau des fürstbischöflich Schönbornschen Schlosses Weißenstein bei Pommersfelden gemacht. Balthasar Neumann war schließlich einer derjenigen, die nach Johann Dientzenhofers Tod (1726) das Ensemble um den großzügigen Ehrenhof mit Freitreppe und der reich dekorierten Fassade ergänzten und mit den Wirtschafts- wie Vorbauten samt Torhaus bis gegen 1780 abschlossen.

Nach Bamberg hin ist die fünfachsige Fassade der **Kirche** ausgerichtet, auf Fernwirkung berechnet schwingt sie zwischen den Türmen mit ihren hohen eingeschnürten Hauben vor. Pilaster und Gesimse, das obere balusterbekrönt und mit Figuren besetzt, akzen-

Banz, Klosterkirche, Durchblick vom Schiff mit Hochaltar zum Choraltar

tuieren die Front, verziert mit dem prächtigen Portal und einer flankierenden Reihe von Nischenfiguren des Balthasar Esterbauer, der weitgehend den plastischen Schmuck besorgte. Schon die konvexe Front stimmt ein auf den als Wandpfeilerkirche angelegten Zentralraum aus aneinandergereihten Ovalen, deren kühn geschwungene Gewölbe Melchior Steidl mit Fresken versah und deren ausgesprochen reiche Stukkierung mit Bandel- und Laubwerk, Engeln, Putten, Vasen und allerlei Ornamentalem Johann Jakob Vogel 1714 begann. Raffiniert ist die Folge von Hoch- und Choraltar gestaltet, die auf eine gemeinsame Sicht hin angelegt sind; zwischen beiden befand sich der Mönchschor mit einem der bedeutendsten Kunstwerke der Abtei, dem Chorgestühl. Sein Zyklus der Intarsienbilder aus Perlmutter, Elfenbein, Silber und Ebenholz von Johann G. Nestfell erzählt Szenen aus dem Leben des hl. Benedikt und ist wohl 1734–50 entstanden. Mit den Seitenaltären und der Kanzel, ebenfalls von Esterbauer (um 1714), ergibt sich ein schön geschmückter Raum, der trotz der Fülle verschiedener Zierelemente kaum überladen wirkt – ein bedeutendes Zeugnis barocker Baukunst und auch handwerklicher Fähigkeiten, ebenso wie Vierzehnheiligen von europäischer Bedeutung.

Nördlich vor der Klosterkirche liegt der *Abteibau* mit seinen Prunkräumen, dem *Kaisersaal* und dem *Fürstenzimmer*. Neben dem **Torhaus** mit seinem prächtigen Portal von 1772 des Sebastian Weber, der übrigens auch die Giebelfassade des Abteibaus gestaltete, hat im **Sammlungsbau** die bedeutende **Petrefaktensammlung** mit ihren Versteinerungen von Korallen, Seeigeln, Seesternen und auch Saurierfragmenten aus der näheren Umgebung der Abtei ihren Platz gefunden. Ein Prunkstück der Ausstellung ist der gut zwei Meter lange Schädel eines Ichthyosaurus trigonodon, des größten in Europa gefundenen Fischsauriers. Bei seiner Bergung 1841 mußten fast alle Männer der Gemeinde Unnersdorf aufgeboten werden. Heimatliebe und genaue Beobachtung der Natur haben hier in wenigen Jahrzehnten des vergangenen Jahrhunderts großartige und zum Teil auch einmalige Zeugnisse der Versteinerungen aus dem Jura zusammengetragen. Weil sie zu der Zeit ins Schloß gegeben wurden, als dort Herzog Max in Bayern residierte, kann man auch noch Souvenirs einer Orientreise des Fürsten bestaunen, so eine rund 3000 Jahre alte Mumie. – Das Innere der *Pfarrkirche St. Laurentius* im nahe gelegenen **Altenbanz** atmet noch die Frische kleiner Landkirchen. Ihre für ein Kirchlein dieser Größe üppige klassizistische Ausstattung mit barocken Bestandteilen vermutet kaum, wer sich der im Kern spätgotischen Anlage der ehemaligen Kirchenburg nähert.

Südlich von Banz liegt der **Staffelberg** (541 m), oberhalb des Ortes Staffelstein. Steil ragt er mit seinen schroffen Kanten knapp 300 m aus dem lieblichen Tal empor, ein Naturdenkmal und Wahrzeichen des oberen Mainlaufs, dieser einzigartigen Kulturlandschaft. Der Staffelberg ist beides: aus dem Fränkischen Jura herausgewitterter Fels und früh von Menschen besiedelte natürliche Festung. Nachweisen lassen sich Besiedlungsspuren seit der Älteren Steinzeit. Im 6. bis 1. Jh. v. Chr. gab es stark befestigte keltische Siedlungen auf dem Berg, die wohl mit ›Menosgada‹ identisch waren, einer Burgsiedlung, die der griechische Naturforscher Ptolemäus im 2. Jh. n. Chr. erwähnte; daß die Kunde davon bis ins ferne Alexandria gelangte, spricht für ihre wirtschaftliche und politische Bedeutung. Die Reste sind als ›Keltenwall‹ im Gelände noch zu erkennen. Leider wurden die Spuren dieser vorchristlichen Großsiedlung später verwischt.

Man ergrub 1967 Teile der Stadtmauern von über 2 m Höhe und etwa 2–3 m Stärke, stieß dabei auch auf Reste von Keramiken und Bronzeschmuck wie Fibeln; in dem ›Oppidum‹ wurde nachweislich Metall gegossen und verarbeitet. Eine guterhaltene griechische Drachme des kappadokischen Königs Ariarathes IV. aus der Zeit um 170 v. Chr., gefunden im Bereich der Stadtmauer, belegt, daß es weitreichende Handelsbeziehungen gegeben haben dürfte. Die *Wallfahrtskapelle St. Adelgundis* wurde 1653/54 erbaut und später erweitert, den Hochaltar schuf Georg Mutschele 1788, die Seitenaltäre stammen aus der Werkstatt des Franz Melchior Kamm (um 1819). Inzwischen strahlt ein riesiges Leuchtröhrenkreuz nachts ins Tal. Man erreicht den Staffelberg und die Kapelle über den Parkplatz bei Romansthal und dann einen etwa halbstündigen Spaziergang; bei guter Sicht lohnt der Blick den Weg unbedingt: zum Thüringer Wald, zur Veste Coburg und der Altenburg über Bamberg.

☐ Staffelstein

Der Ort Staffelstein wurde 800 erstmals urkundlich erwähnt, erhielt 1130 Markt- und 1418 Stadtrechte. Doch ganz friedlich verlief die Geschichte nicht. Nach einer Fehde des Raubritters Ulrich von der Weiden mit Bamberg 1473 kam es zum Stadtbrand, der Markgrafenkrieg forderte 1553 seinen Tribut, und als die Stadt sich 1633 nicht den schwedischen Truppen ausliefern wollte, plünderten die Sieger in der ›Blutfastnacht‹ am 7. Februar die Stadt und ermordeten 113 Bürger. Der katastrophale Stadtbrand von 1684 war dagegen ein Unglücksfall. Nach diesen Wirren baute man das *Rathaus* Ende des 17. Jh. über dem spätmittelalterlichen Erdgeschoß neu auf, zwei reichverzierte Fachwerkgeschosse kamen hinzu, und ein Zwerchhaus mit Uhr bekrönt das Glockentürmchen seitdem. Vor der Front schwingt der hl. Nepomuk auf seinem Brunnensockel das Marktkreuz (um 1700). Stattliche Fachwerkhäuser säumen den Markt, das *Gasthaus Adam Riese* erinnert daran, daß der Rechenmeister 1492 hier geboren wurde; das *Heimatmuseum* am Marktplatz bewahrt sein Rechenbuch.

Adam Riese, Rechenbuch. Titelblatt der Ausgabe von 1574

Von den Zerstörungen der Stadt berichtet auch die ›Brandsäule‹ (1694) außen am Chor der **Pfarrkirche St. Kilian**. Als ältestes Bauwerk im Ort gehen ihre frühesten Bestandteile auf das 15. Jh. zurück; später erweiterte man sie wiederholt, sie wurde barock erneuert und im vergangenen Jahrhundert wieder purifiziert. In der jetzigen Form als vierjochige Basilika mit Emporen und Kreuzrippen bewahrt sie Zeugnisse aller Bauperioden. Leonhard Gollwitzer schuf wohl die Figuren zu den Altären, die wie die Kanzel in warmen Holztönen gehalten sind, zu denen vergoldete Ornamente und marmorierte Säulen in reizvollem Kontrast stehen (erste Hälfte 18. Jh.). Noch aus einer Vorgängerkirche dürfte die bemerkenswerte hölzerne Schnitzfigur des ›Heiland in der Rast‹ stammen. – Eine bewegte Geschichte hat auch die *St.-Anna-Kapelle*. Nach ihrer Profanierung war die mittelalterliche Kapelle Markthalle der Büttner und Wohnung des Totengräbers, bis sie 1630 wieder ihrer ursprünglichen Bestimmung zugeführt wurde. Der heutige Bau entstand nach einem Brand 1690–94. In den Rokokohochaltar des Johann Adam Stöhr fügte man eine spätgotische Madonna mit Kind und in die Predella eine Darstellung Marias im Kindbett aus derselben Zeit ein. Mit ihrer spätgotischen Marienfigur mit Kind, einer bambergischen Arbeit, behütet von einem gemalten Baldachin, birgt die St.-Anna-Kapelle vielleicht einen der wertvollsten Kunstschätze Staffelsteins. Bemerkenswert ist noch das Altarblatt ›Tod der hl. Anna‹ von 1695 im Seitenaltar. Außen erkennt man die Kapelle nicht zuletzt an dem großen Kruzifixus (um 1600) an der Mauer. Von der um 1422 entstandenen Stadtbefestigung hat sich nur ein Torturm erhalten, der im 18. Jh. um die geschweifte Haube und Laterne erhöht wurde.

Den Main abwärts führt der Weg durch **Ebensfeld**, dessen ursprünglich spätgotische und danach wiederholt veränderte *Pfarrkirche Mariae Verkündigung* dank ihrer Ausstattung mit Werken hervorragender Künstler schon die Nähe des kulturell weit ausstrahlenden Bamberg ahnen läßt, und das zu Zapfendorf gehörende **Unterleiterbach** mit der für eine Friedhofskirche überraschend groß angelegten *St.-Valentins-Kapelle*. Sie gilt als verkleinerte Ausführung der Baupläne, die Johann Michael Küchel eigentlich für die Wallfahrtskirche Vierzehnheiligen entworfen hatte und die dort nicht zur Realisation kamen, weil man seinem Lehrer Balthasar Neumann den Vorzug gab. So wurde – auf ausdrücklichen fürstbischöflichen Wunsch hin – Unterleiterbach 1738/39 mit einer stattlichen Friedhofskapelle versehen. Auch die Ausstattung reduzierte man (gemessen an

Unterleiterbach, St.-Valentins-Kapelle

den Entwürfen für Vierzehnheiligen): Anstelle des wohl geplanten Stucks malte G. F. Marchini eine imponierende Scheinarchitektur in den Raum. Erhalten haben sich Altäre und Kanzel der Erbauungszeit. Älter als die Kirche ist die spätgotische Figur des hl. Valentin im Hochaltar. Malerisch in den Hang ist die Filialkirche *St. Maria Magdalena* gefügt. Im Kern entstand sie während des frühen 15. Jh. mit einer Steinkanzel von 1590 und den bemerkenswerten Barockaltären, die Sebastian Degler 1701–14 um hervorragenden plastischen Schmuck bereicherte. Das zweigeschossige *Schloß* in seinen anmutigen Rokokoformen schuf J. H. Dientzenhofer 1737–39 mit angedeutetem Mittelrisalit. – Die *Pfarrkirche* St. Leonhard in **Breitengüßbach** läßt in ihrem Erscheinungsbild deutlich das 16. Jh. erkennen, wobei der untere Teil des Turms der Vorgängerkirche aus der Mitte des 13. Jh. mit einbezogen wurde. Als man die Kirche 1706 dem barocken Zeitgeschmack anpaßte, modernisierte man auch die Innenausstattung entsprechend, wie sie sich bis heute erhalten hat.

Der schiffbare Fluß unterhalb Bambergs bis Schweinfurt

☐ Bamberg

»Bamberg hatte Glück; es hat die städtefressenden Kriege fast heil überlebt«, notierte der Schriftsteller Hermann Kesten, als er nach 1945 aus dem Exil zurückgekehrt war und inmitten des weitgehend ruinierten Deutschland das lebendige Museum städtebaulicher Kleinodien am Zusammenfluß von Main und Regnitz in seiner ganzen Fülle von Schönheiten erblickte, wie es im Verlauf der Jahrhunderte gewachsen war. Bamberg hat vor allem aber auch in den Jahren nach dem Krieg Glück gehabt, weil seine Bürger sich ihrer Traditionen und Kunstschätze besannen und Kommunalpolitiker wählten, die sich dieses historischen Erbes würdig erwiesen; sie erhielten es künftigen Generationen. So schützten die Bamberger ihr urbanes Gesamtkunstwerk – nicht zu Unrecht auch als »Geschenk eines Jahrtausends« bezeichnet –, das sie von ihren Vätern ererbten, um es zu besitzen. Nicht wenige andere Städte haben in der Restaurationszeit nach der Gründung der Bundesrepublik die verbliebene Substanz gnadenlos modernen Bauten geopfert, gegen die an sich ja nichts einzuwenden wäre, risse man nicht ihretwegen historische Bauwerke ab. Bambergs Altstadt mit ihren rund 1400 denkmalgeschützten Gebäude wurde 1981 zum Stadtdenkmal erklärt und 1993 in die UNESCO-Liste als Teil des Weltkulturerbes aufgenommen. So spiegelt Bamberg heute Jahrhunderte deutscher Geschichte wider – aber ohne musealen Charakter und ohne den Touch einer für Touristen errichteten altdeutschen Fachwerkkulisse; hier lebt man gern und läßt auch andere leben, urig mit ›ächt‹ Bamberger Spezialitäten, zu denen das Rauchbier nicht zuletzt gehört. Auch die Otto-Friedrich-Universität mit ihren knapp 10 000 Studenten trägt dazu bei, daß die Stadt einen vitalen Eindruck macht.

Im Dom findet sich eines der bekanntesten Symbole der Stadt: der Bamberger Reiter. Ein unbekannter Steinmetz des Mittelalters schuf diese Plastik, die als Idealbild des

Bamberger Reiter im Dom

Ritter- und Königtums gilt – allerdings nicht in kriegerischer Pose mit Harnisch, sondern als sensiblen, nachdenklichen Menschen, der sein Pferd innehalten läßt. Die einem Vexierbild ähnliche Fratze im Blattornament auf der Konsole unterhalb der Vorderhufe scheint als Dämon religiösen Aberglauben aller Art zu verkörpern, dem der freie, denkende Mensch überlegen ist. Königliche und ritterliche Traditionen führen auch gleich in die Geschichte Bambergs: Die Stadt war eine wichtige Station auf dem alten Reiseweg vom Rhein über den Main zur Donau, die ›Straße der Kaiser und Könige‹. Als Karl der Große 803 von Aachen nach Regensburg zog, machte er selbstverständlich auch in Bamberg Rast, und nachdem ab 1356 die deutschen Könige in Frankfurt gewählt wurden, bot Bamberg sich als Quartier geradezu an, auch um von hier weiter nach Wien reisen zu können. Sein heutiges Aussehen verdankt Bamberg nicht zuletzt der Prunkliebe der Kirchenfürsten der Barockzeit. Die Bischöfe entfalteten hier eine Pracht, die mit größeren und reicheren Territorien durchaus konkurrieren konnte.

Mit den ritterlichen Tugenden, die der Bamberger Reiter fast klassisch zu verkörpern scheint, war es freilich zu Beginn der Bamberger Geschichte nicht weit her. Im 7. Jh. wohnten Slawen und Franken zwar noch friedlich zusammen in einer befestigten Siedlung auf dem heutigen Domberg. Doch die Quellen berichten auch, daß dort ab dem 8. Jh. ein mächtiges Grafengeschlecht residierte, den Ort zum ›Castrum Babenberch‹ ausbaute und sich nach seinem Sitz Babenberger nannte. Als es 903 zur Babenberger Fehde mit ostfränkisch-thüringischen Konradinern kam, endete die Sache für die Babenberger tragisch: Graf Heinrich starb in der Schlacht, seine Brüder wurden gefangengenommen und enthauptet, das Castrum kam in den Besitz des Königs. Von den Babenbergern blieb nur ihr Name: Bamberg.

Kaiser Otto II. schenkte die Güter mit der ›Burc Papinberc‹ seinem Vetter, dem bayerischen Herzog Heinrich. Auch der scheint nicht gerade ein Zauderer gewesen zu sein, denn die Quellen kennzeichnen ihn mit dem sprechenden Beinamen der ›Zänker‹. Von

ihm erbte sein Sohn den Besitz, der 1002 zum deutschen König Heinrich II. und später zum Kaiser gekrönt wurde. Und damit begann Bambergs Aufstieg. Denn Heinrich II. beschloß, hier einen Bischofssitz einzurichten. Bamberg lag schließlich an der Ostgrenze des Reiches zwischen den Herzogtümern Sachsen und Bayern, und da konnte es nur von Nutzen sein, die Stadt auszubauen und mit einem dem König treu ergebenen Bischof zu besetzen. Heinrich II. brauchte nicht lange zu suchen: mit dem ersten Bamberger Bischof Eberhard, seinem eigenen Kanzler, dem ranghöchsten Verwaltungsbeamten des Reiches,

Bamberg, Blick von Südwesten auf die Altstadt mit Dom und Karmelitenkirche

konnte der König all seine politischen Pläne aufs trefflichste vereinen.

Doch Heinrich II. hatte mit Bamberg weit mehr im Sinn: Er stattete das Bistum finanziell sehr großzügig aus, mit königlichen Abteien und reichen Ländereien in Süddeutschland, im Elsaß und in Kärnten, und wollte die Stadt auf ihren sieben Hügeln wohl analog zu Rom zur symbolischen Metropole seines Reiches erheben. Damals gelangten auch bedeutende Zeugnisse mittelalterlicher Kultur in die Stadt: Teile der kaiserlichen Bibliothek, Reliquien und nicht zuletzt der ›Sternenmantel‹ Heinrichs II., eine golden auf blauem Seidendamast gestickte Beschreibung des Erdkreises als Radmantel. Solche Prunkgewänder symbolisierten in der Antike und im Mittelalter die Macht eines Herrschers. Der heute im Diözesanmuseum ausgestellte Mantel ist als kunstgeschichtliche Rarität wie auch als historisches Zeugnis gleichermaßen bedeutsam. In Bamberg wurde damals europäische Geschichte geschrieben, der Kaiser hielt hier hof, Reichstage fanden statt. Und Ostern 1020 kam sogar der Papst aus dem fernen Rom herbei, um sich hier mit dem Kaiser zu beraten; modern gesprochen: ein Gipfel der beiden Weltmächte. Kaiser Heinrich II. und Kaiserin Kunigunde wurden schließlich 1146 und 1200 heiliggesprochen, Tilman Riemenschneider schuf ihr großartiges Grab für den Dom. Auch zu einem Zentrum der mittelalterlichen Scholastik entwickelte sich Bamberg: die Domschule genoß großes Ansehen.

Vorerst blieb Bamberg eine führende Metropole im Reich. König Heinrich III. setzte 1046 durch, daß der zweite Bamberger Bischof Suidger als Clemens II. zum Papst gewählt wurde. Als Clemens nach kurzer Amtszeit von nur zehn Monaten plötzlich starb, überführte man auf seinen Wunsch hin den Leichnam nach Bamberg, wo er im Dom beigesetzt wurde; es blieb das einzige Papstgrab nördlich der Alpen. Heinrich III. wollte den schon zu Lebzeiten fast wie einen Heiligen verehrten Suidger deshalb auf dem päpstlichen Stuhl sehen, weil der als integre Figur galt und sich für Reformen einzusetzen versprach, gegen Bestechung und Ämterkauf. Nach Clemens' plötzlichem Tod kursierten Gerüchte, der ›Reformpapst‹ sei keines natürlichen Todes gestorben, seine Gegner im Vatikan hätten ihn ermorden lassen, zumal auch der Nachfolger, wieder ein Papst aus Deutschland, ebenfalls vorher kerngesund, wiederum nach zehn Monaten plötzlich an einer rätselhaften Krankheit verstarb. Als man 1958 in Bamberg den Sarkophag öffnete und die Reliquien Clemens' II. untersuchte, stellten Gerichtsmediziner fest, daß er an einer Bleivergiftung gestorben ist.

Im Laufe des 11. Jh. wuchs die Stadt. Mit den Immunitätsbezirken rund um das Benediktinerkloster St. Michael (1015) und die Kanonikerstifte St. Stephan (1020), St. Gangolf (1070), St. Jakob (1072) entstanden eigene Rechtsbezirke, die der Herrschaft ihres jeweiligen Abts oder Stiftspropstes unterstanden. Etwa gleichzeitig hatte sich zu Füßen des Dombergs eine Kaufmanns- und Handwerkersiedlung entwickelt, der ›Sand‹. Dort, wo heute in der ehemaligen Dominikanerkirche ein städtischer Kulturraum geschaffen wurde, lag der Marktplatz. Weil aber der Bischof nicht nur geistlicher Herr war, sondern Kirchenfürst und deshalb als Landesherr fungierte, waren die Konflikte zwischen der aufstrebenden Gemeinde und dem Hochstift quasi programmiert. Es ging um die Verteilung von Macht und Geld zwischen Bistum und Bürgern – und genau da hört bekanntlich der Spaß auf. Als die Stadt sich über den linken Regnitzarm ausdehnte, errichteten die Bürger ihr Rathaus auf der Oberen Brücke.

Auch ein literarisches Dokument der Emanzipationsbestrebungen des Bürgertums im Mittelalter hat sich erhalten: das mittelhochdeutsch verfaßte Lehrgedicht ›Der Renner‹ aus der Feder des Hugo von Trimberg (um 1230 bis um 1310), des langjährigen Schulrektors von St. Gangolf. Bemerkenswert an seinem Epos ist zunächst, daß er es auf deutsch schrieb, statt im gelehrten Kirchenlatein oder wie später die Hofpoeten der feudalen Fürsten französisch, in einer Sprache, derer das eigene Volk nicht mächtig war und nicht mächtig werden sollte; die geistlichen und weltlichen Fürsten bedienten sich eben auch der Sprache als eines Herrschaftsinstruments. Fast alle Wissensgebiete seiner Zeit behandelte Trimberg etwa um 1300 auf der Basis der Bibel – denn die Heilige Schrift müsse »aller Künste Kaiserin« bleiben – und gab damit eine nahezu enzyklopädische Sammlung von Fakten aus den Bereichen der Religion, der Naturgeschichte, der Medizin und der Jurisprudenz, ein Nachschlagewerk, das noch lange nach seinem Tod so bedeutsam schien, daß es nicht nur in zahlreichen Handschriften kursierte, sondern 1549 gedruckt wurde und bis ins 18. Jh. wirken konnte; Gotthold Ephraim Lessing plante seinerzeit immerhin noch eine neuerliche Herausgabe. Hinter der praktischen Gleichstellung des Deutschen, der Sprache des Volkes, stand natürlich die Forderung, auch das Privileg der Ausbildung breiteren Schichten zugänglich zu machen; ein frühbürgerliches Dokument der – vorweggenommenen – Aufklärung.

Östlich des rechten Regnitzarmes entstanden Gemüseplantagen und Gärtnereien. So bildete sich allmählich, als dritter Stadtbereich, die ›Gärtnerstadt‹. Noch immer herrschten starke Spannungen im sozialen Gefüge: zwischen dem Bischof und dem Domkapitel einerseits und der Bürgerschaft anderseits. Zum Domkapitel mit seinen 20 Domherren gehörten auch die Immunitätsbezirke, deren Bewohner mancherlei Privilegien genossen, sich nicht an den kommunalen Abgaben oder dem Bau von Straßen, Brücken und Befestigungsanlagen zu beteiligen brauchten. Leider verhinderte auch das Domkapitel, daß die Bürger ihre Stadt mit einer zeitgemäßen Befestigung schützen konnten. Der Klerus befürchtete wohl, derartige Maßnahmen könnten das Selbstbewußtsein und die Macht der Bürgerschaft stärken. Als dann die Hussiten 1430 vor den Toren standen, konnten sie nur durch das beträchtliche Lösegeld von 15 000 Gulden davon abgebracht werden, die wehrlose Stadt zu brandschatzen. So kam es schließlich 1435 zum ›Immunitäten‹- oder ›Muntäterkrieg‹ zwischen der Bürgerschaft und der geistlichen Herrschaft; diese bewaffnete Auseinandersetzung verloren die Bürger. Es gelang ihnen nicht, wie etwa in Bremen und Köln, ihre Bischöfe zu vertreiben. Daraufhin verließen nicht wenige finanzstarke Familien ihre Heimat. Darin liegt ein Grund, warum Bamberg sich ab dem 14. Jh. nicht zu einem bedeutenden Handels- und Wirtschaftszentrum entwickeln konnte, sondern letztlich ein Bischofssitz mit dem Charme einer überschaubaren kleinen Stadt blieb.

Wohl nicht zuletzt wegen dieser Kontroversen verlegten die Bamberger Bischöfe im 14. Jh. ihre Residenz vom Domberg auf die militärisch sichere Altenburg und bauten sie zum prunkvoll ausgestatteten Hof aus. Das späte Mittelalter brachte zunächst eine Blütezeit der Künste, denn die Bischöfe, der Adel und das reich gewordene Bürgertum konnten und wollten sich Kunst und Künstler von Niveau leisten, nicht zuletzt aus Gründen der Selbstdarstellung; diese Entwicklung flaute erst ab, als nach der Abwanderung zahlreicher Patrizier auch die Künstler langsam begannen, sich anderweitig nach lukrativeren Arbeiten umzusehen. Johann von Schwarzenberg verfaßte hier 1507 seine ›Bambergische Halsgerichtsordnung‹, ein für die damalige Zeit relativ modernes Konzept des Strafrechts, das 1532 zum Vorbild der ›Peinlichen Gerichtsordnung‹ Kaiser Karls V. wurde. Allerdings sah diese Rechtsordnung die Bestrafung angeblicher Zauberei vor und lieferte damit die pseudojuristische Rechtfertigung, Menschen als ›Hexen‹ zu denunzieren, Geständnisse unter der Folter zu erzwingen und die Delinquenten dann hinzurichten. Der Irrsinn des Hexenwahns erhielt so juristische Methode und den Anschein des Legitimen.

Als es im Bauernkrieg wegen der sozialen Ungerechtigkeiten in den deutschen Territorien zu Erhebungen kam, versuchten auch die Bamberger Bürger wieder, ihren Forderungen Nachdruck zu verschaffen. Der militärische Sieg der geistlichen und weltlichen Fürsten erstickte jedoch die sozialreformerischen und reformatorischen Ansätze im Keim und festigte zunächst einmal wieder die alte Herrschaft. Es gab ein blutiges Strafgericht, Stadt und Land wurden zu hohen Schadenersatzleistungen gezwungen. Auch im Dreißigjährigen Krieg hatte Bamberg schwer zu leiden. Die Stadt lag im Durchzugsgebiet der Heere, hatte zu schwache Befestigungsanlagen und war zudem durch ihre zerrissene

Die Gedanken sind frei? Zum Teufel damit!
Ketzer- und Hexenprozesse

Ab dem 14. Jh. steigerte sich die Furcht vor Hexen und Ketzern zu einer regelrechten Hysterie, die von der Kirche geschürt wurde. Anteil daran hatte die Schrift der Dominikaner Heinrich Institoris und Jakob Sprenger ›Der Hexenhammer‹, ein Strafkodex nach der Praxis der Ketzerprozesse. Meist wurden Frauen beschuldigt, mit Satan zu ›buhlen‹ und deshalb über teuflische Kräfte zu verfügen. Eine verklemmt-rigide Sexualmoral und religiöser Fanatismus erlaubten es Denunzianten, sich aus niederen Motiven wie Rachsucht, Habgier oder Neid wirtschaftlicher Konkurrenten oder politischer Gegner zu entledigen. Anonym und ohne sich selbst einer Gefahr auszusetzen konnte man angebliche Hexen und Ketzer anzeigen und einem pseudojuristischen Verfahren ausliefern, das den Angeklagten keine Chance ließ. Geständnisse wurden mit Folter erzwungen, Leugnen der absurden Vorwürfe als Besessenheit vom Teufel zuungunsten der Opfer gewertet. Aufklärer und couragierte Geister wie der Jesuit Friedrich Spee leisteten Widerstand gegen diesen Wahn. Sicherheitshalber publizierte er ›Das Gewissensbuch. Über die Hexenprozesse. An die Obrigkeiten Deutschlands‹ anonym. Sein Fazit: »Ich habe nichts finden können als Schuldlosigkeit allenthalben.«

Für die Obrigkeiten war diese Willkürjustiz ein glänzendes Geschäft, das Vermögen der Delinquenten wurde eingezogen, die Hinterbliebenen mußten für die Kosten aufkommen, und politisch zweckmäßig. Kritische Gedanken und Köpfe, wie den Sozialreformer Hans Böhm, konnte man als ›Ketzer‹ verteufeln und auf dem Scheiterhaufen zum Schweigen bringen; so in Würzburg 1476. Besonders intensiv waren die Ketzer- und Hexenverfolgungen während des Machtkampfs um Reformation und Gegenreformation unter dem Würzburger Bischof Julius Echter und dem Bamberger Bischof Johann Georg II. Fuchs von Dornheim. Goethe vergleicht im ›Faust‹ das Verbrennen eines Menschen damit, ihn ans Kreuz zu schlagen: »gekreuzigt und verbrannt« habe man »Die wenigen, die ... Dem Pöbel ihr Gefühl, ihr Schauen offenbarten«; also zum Beispiel den Christus der Bergpredigt oder den Philosophen und Schriftsteller Giordano Bruno, der am 17. Februar 1600 in Rom verbrannt wurde.

Hexenverbrennung.
Holzschnitt, um 1580

Form zwischen den Regnitzarmen schwer zu verteidigen; beide Seiten eroberten also Bamberg.

Mörderischer aber als die Soldateska wütete der Hexenwahn. Hunderte von Menschen mußten diesen Aberglauben mit dem Leben bezahlen, wurden zu Tode gefoltert oder auf Scheiterhaufen bei lebendigem Leibe öffentlich verbrannt. In dieser barbarischen Episode des christlichen Abendlandes spielte Bamberg eine sehr unrühmliche Rolle. Politische Gegner, wirtschaftliche Konkurrenten oder persönliche Feinde – als vermeintliche Hexer oder Hexen konnte man sich ihrer entledigen. Besonders erfolgreich war in dieser Beziehung der als ›Hexenbischof‹ oder ›Hexenbrenner‹ in die Geschichte eingegangene Bamberger Fürstbischof Johann Georg II. Fuchs von Dornheim (1623–33). Die genaue Zahl seiner Opfer läßt sich heute nicht mehr ermitteln, da die Akten nur unvollständig erhalten sind. Ein Fall war der des ehemaligen Oberbürgermeisters von Bamberg, Johannes Junius, der 1628 im ›Drudenhaus‹ (dem Untersuchungsgefängnis für Hexer und Hexen) unter der Folter der Ketzerei und Hexerei ›überführt‹ und schließlich ermordet wurde. Insgeheim schrieb er, wegen der gebrochenen Hände kaum entzifferbar, einen Abschiedsbrief an seine Tochter Veronica, der sie nie erreichte und der noch heute bei den Akten liegt. Darin heißt es: »Unschuldig bin ich in das Gefängnis kommen, unschuldig bin ich gemartert worden, unschuldig muß ich sterben. Denn wer in das Haus kommt, der muß ein Drudner werden oder wird so lange gemartert, bis er etwas aus seinem Kopf erdichtet. Das darfst kühnlich für mich schwören, daß ich kein Drudner, sondern ein Märtyrer bin und sterb hiemit gefaßt.«

Da die Opfer und deren Hinterbliebene zur Kasse gebeten wurden, war die Hexenjagd kein schlechtes Geschäft. Nach einem Dokument aus dem Jahre 1631 hat Bischof Fuchs von Dornheim auf diesem Wege die kirchlichen Kassen um rund 500 000 Gulden bereichert. Unter den Bischöfen aus dem rheinischen Adelsgeschlecht derer von Schönborn wurden die Hexenprozesse eingestellt. Dank ihrer Bauleidenschaft – sie seien vom ›bauwurmb‹ befallen, notierte man im Familienkreis – erhielt Bamberg sein barockes Gepräge, maßgeblich entworfen von Mitgliedern der Baumeisterdynastie Dientzenhofer und später von Balthasar Neumann. Im Siebenjährigen Krieg litt Bamberg ab 1758 durch die Preußen, 1800 kamen französische Söldner unter Napoleon und besetzten Bamberg. Damit war das Schicksal des Hochstifts besiegelt; die Stadt gehört seitdem zu Bayern. Erst 1817 wurde in Bamberg das Erzbistum für Nordbayern eingerichtet – jetzt allerdings ohne weltliche Macht.

Eine hervorragende Rundumsicht auf die einzelnen Teile Bambergs gewinnt man von der Laterne im Turm des **Schlößchens Geyerswörth**, fast eine Stadtgeschichte im Überblick (Schlüssel zu den üblichen Öffnungszeiten im Fremdenverkehrsamt, Geyerswörthstr. 3). Die Familie Geyer gehörte zu den reichen Patriziern, die nach dem ›Immunitätenkrieg‹ der Bürger gegen den Klerus von 1435 die Stadt verließen. Im 14. Jh. hatten sie ihren befestigten Wohnturm auf der Regnitzinsel oberhalb des Rathauses um eine vierflüglige Anlage ergänzt, die das Hochstift 1580 erwarb und 1586–88 unter der Leitung von Asmus

Braun zur fürstbischöflichen Residenz umgestalten ließ. Davon zeugt das Wappen des Bauherrn, des Fürstbischofs Ernst von Mengersdorf (1587), über dem Tor. Der prächtige Renaissancesaal im Inneren dient heute der Stadt für Empfänge. Das Turmobergeschoß und das Belvedere wurden Ende des 17. Jh. aufgestockt. In den Erdgeschoßarkaden des Hofes ist das 1755/56 von Joseph Bonaventura Mutschelle für das Rathaus geschaffene Original des Stadtwappens deponiert. Auf der rechten Regnitzseite erinnern die Straßennamen Am Kanal und Am Kranen und natürlich die alten, für Handbetrieb konstruierten Kräne sowie die leicht verwitterte Schleuse am Nonnengraben daran, daß hier einst der alte *Ludwig-Donau-Main-Kanal* (erbaut 1836–46) endete; einige seiner Schleusenwärterhäuschen und Brücken werden als technische Kulturdenkmale des Biedermeier erhalten.

Von der Geyerswörthbrücke aus erscheint das **Alte Rathaus** wie ein Schiff, den Bug (das *Rottmeisterhäuschen* mit Zierfachwerk von 1668 war einst eine Polizeistation) flußaufwärts gewandt (Umschlagklappe vorn). Hartnäckig hält sich die Legende, die Bürger hätten ihr Rathaus auf einer selbstgeschaffenen Insel bauen müssen, weil ihnen der Bischof dafür keinen Bauplatz überlassen wollte; hier hat wahrscheinlich der jahrhundertelange Machtkampf zwischen Bürgerschaft und Hochstift seinen Niederschlag gefunden. Im Kern stammt der dreigeschossige *Turm* aus dem 14. Jh., er wurde im 15. Jh. umgestaltet. Aus dieser Zeit etwa stammt die zweijochige, kreuzrippenüberwölbte Durchfahrt. Mitte des 18. Jh. wurden die Fassaden von Martin Mayer vorgeblendet und die Haube aufgesetzt, die Wappen und Balkone entwarf Joseph Bonaventura Mutschelle 1755. Der Stadtseite auf der Regnitzinsel ist das Wappen des Fürstbischofs Franz Conrad von Stadion zugewandt, zur Domseite zeigt das Wappen der Stadt (Kopie, Original im Hof von Geyerswörth). Flußabwärts schließt sich das hier seit 1386 nachweisbare und mehrfach, zuletzt 1744–56, umgebaute *Rathaus* an. Johann Anwander gestaltete den Rokokositzungssaal und 1755 die Fassadenmalereien mit ihrer Scheinarchitektur und dem Figurenschmuck. Sie allegorisieren Herrscher- und Bürgertugenden sowie die Trauer um den Tod des Fürstbischofs Johann Philipp Anton von Franckenstein (Domseite) und die Begrüßung des neuen Fürstbischofs Franz Conrad von Stadion (Inselstadtseite); 1960 wurden sie von Anton Greiner restauriert.

Bamberg, Torturm des Alten Rathauses

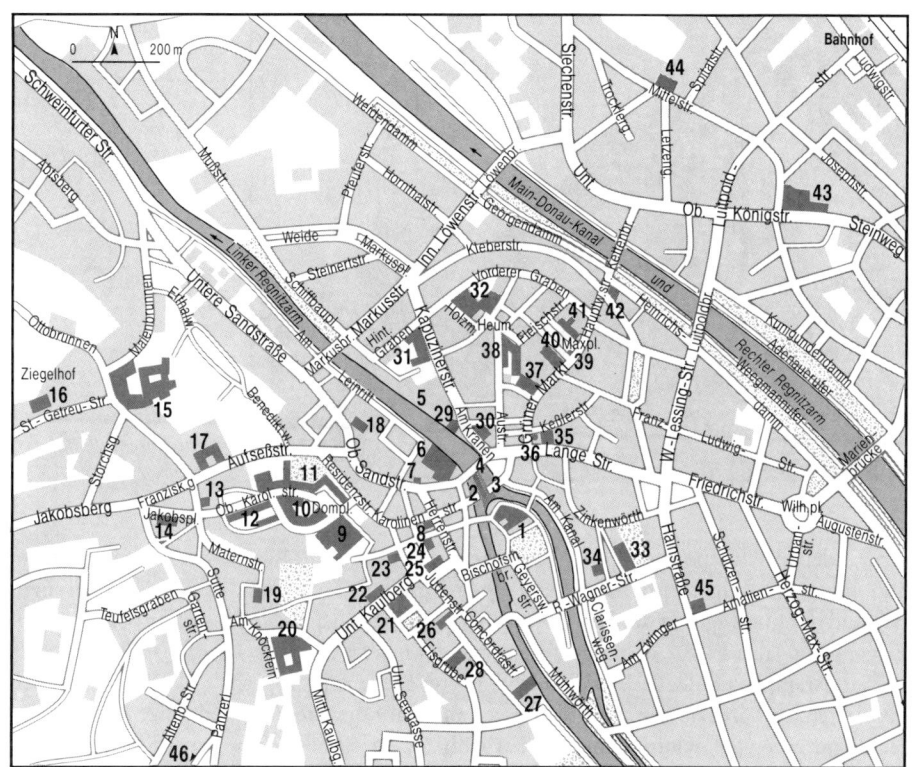

Bamberg 1 Geyerswörth 2 Altes Rathaus 3 Obere Brücke 4 Untere Brücke 5 ›Klein-Venedig‹ 6 Ehem. Dominikanerkirche 7 Schlenkerla 8 Bibrapalais 9 Dom 10 Alte Hofhaltung (Historisches Museum) 11 Neue Residenz (Staatsgalerie) 12 Ehem. Curia Sti. Pauli (Erzbischöfl. Palais) 13 Langheimer Hof 14 St. Jakob 15 Ehem. Benediktinerabtei St. Michael (Fränkisches Brauereimuseum) 16 St. Getreu und Kreuzweg des Heinrich Marschalk 17 Aufsessianum 18 Elisabethenkirche 19 Maternkapelle 20 Kirche des Karmelitenklosters 21 Obere Pfarre 22 Neuer Ebracher Hof 23 Haus Zum Ringvogel 24 Haus Zum Krebs 25 Marienkapelle 26 Böttingerpalais 27 Wasserschloß Concordia 28 St. Stephan 29 Ehem. Schlachthaus 30 Hochzeitshaus 31 Palais Rotenhan 32 Kirche des Instituts der Engl. Fräulein 33 Stadttheater 34 E.-T.-A.-Hoffmann-Haus 35 Haus zum Saal 36 Neptunbrunnen 37 St. Martin 38 Ehem. Jesuitenkolleg (Naturkundemuseum) 39 Maximiliansbrunnen 40 Ehem. Katharinenspital 41 Neues Rathaus 42 Ehem. Hauptwache 43 St. Gangolf 44 Gärtner- und Häckermuseum 45 Karl-May-Museum 46 Altenburg

Zwei Brücken, die Obere durch den Torturm und die Untere, verbinden die *Sandstadt* unterhalb des Doms mit der *Inselstadt*. Die **Obere Brücke** zieren eine mächtige Kreuzigungsgruppe mit Evangelisten von Leonhard Gollwitzer (1715) und ein etwa gleichzeitig

DER SCHIFFBARE FLUSS UNTERHALB BAMBERGS BIS SCHWEINFURT

*Bamberg,
hl. Kunigunde auf der
Unteren Brücke*

entstandener hl. Nepomuk. Den Adlerbrunnen am Ende der Rampe der Oberen Brücke gestalteten Frank Ignaz Michael Neumann und Johann Georg Roppelt. Vom historischen Bestand der fünf Figuren der **Unteren Brücke** hat sich – nach dem besonders schlimmen Eisgang des Jahres 1784, dem auch die üppig dekorierte *Seesbrücke* zum Opfer fiel – nur die Sandsteinplastik der hl. Kunigunde von Peter Benkert (1745) erhalten. Könnte sie sich umdrehen, so hätte sie den wohl schönsten Blick auf die alten Fischerhäuschen am rechten Regnitzufer, auf ›**Klein-Venedig**‹ (Farbabb. 5). Der Straßenname Am Leinritt auf dem linken Flußufer erinnert an die Tradition des Treidelns: Hier wurden die Lastkähne mit Seilen von Pferden oder Menschen gezogen.

Gegen den Domberg erstreckt sich die alte **Sandstadt** der Bürger. Vorbei an der Fassade der ehemaligen **Kirche des Dominikanerklosters** (inzwischen Kulturraum) mit dem um 1480 von Ulrich Widmann geschnitzten hl. Christophorus gelangt man durch die Dominikanerstraße hoch zum Domberg. Vorher sollte man sich allerdings nur wenige Schritte entfernt die spätgotisch überwölbten Räume der **Dominikanerklause** nicht entgehen lassen: die historischen Gaststuben der (Rauchbier-)**Brauerei Schlenkerla** (Dominikanerstr. 6). Die kleinen Gassen der Sandstadt führen hinauf zum **Domberg**, dem zentralen der sieben Hügel, auf denen die Bamberger Bischofs- oder Bergstadt errichtet wurde (sie besteht aus *Dom-, Michaels-, Abts-, Jakobs-, Stephans-* und *Kaulberg* sowie dem der *Altenburg*). Nicht erst zur Barockzeit wurde durch die Stadtarchitektur auch dieser Aufstieg als Weg zur herrschaftlichen Residenz in seiner baulichen Wirkung für die Untertanen bewußt geplant. So ist das **Bibrapalais** (Karolinenstraße 11) dem höfischen Prunk des nahen bischöflichen Schlosses nachempfunden und imitiert dessen Formen. Vorbei an dem in seiner einschüchternden Pracht vorspringenden *Vierzehnheiligenpavillon* der Residenz gelangt man empor zur überwältigenden Kulisse des **Domplatzes,** einem

Architekturensemble von der Romanik bis zum Barock, vom Dom über die Renaissancefassade der Kanzlei oder Ratsstube der Alten Hofhaltung bis zur barocken Schloßfront der Neuen Residenz – zusammen ein beeindruckendes Beispiel der Prunkliebe geistlicher Fürsten und der bewußt in Szene gesetzten Dokumentation ihrer Macht.

Der alte bischöfliche Herrschaftsbereich rund um den Dom
Der Dom ist das Zentrum des ›fränkischen Vatikan‹ – den Heinrich II. durchaus im Sinn gehabt haben mochte. Im Südbereich des ehemaligen Burgplateaus erhebt sich das Geviert von Kirche, Alter Hofhaltung und Neuer Residenz, Häusern des Domkapitels und den Domherrenhöfen – ein in Deutschland wohl einmaliges geistliches Machtzentrum aus dem 11. bis 19. Jh. Von den romanischen Portalen des Doms, dem Adams-, Gnaden- und dem der Hofhaltung zugewandten Fürstenportal, über das Prunktor der Renaissance als Eingang zum Binnenhof der Alten Hofhaltung bis zur Front der (unvollendeten) Neuen Residenz in ihrem verhalten römischen Barock läßt sich hier die Entwicklung der europäischen Baukunst wie in einer Architekturgeschichte in Stein verfolgen. Man sollte sich die Zeit nehmen, den bauplastischen Zierat des Doms, etwa den Apostelfries an der Gnadenpforte oder das als Haupteingang des Doms um 1230 entstandene Fürstenportal mit seinem ›Jüngsten Gericht‹, genau zu betrachten. Um das Renaissanceportal herum gewinnen die zur Romanik noch starr eingebundenen Figuren fast eine eigene Dynamik, das barocke Schloß prägt der wuchtige Baukörper, klar strukturiert durch Pilaster und Gesimse sowie die exakt im Wechsel gesetzten Segment- und Dreiecksgiebel der Fenster.

Mit seinen elegant gegliederten vier Türmen ist der **Dom** eines der bedeutendsten Wahrzeichen der Stadt und dominiert als architektonischer Akzent den Residenzbereich. Bis 1766 zierten die nach dem Vorbild der Kathedrale von Laon gestalteten Westtürme mittlere Spitzen, die von jeweils vier Ecktürmchen umgeben waren: sogenannte Fünf-Knopf-Helme, die im Bereich des Hochstifts nachgeahmt wurden und noch heute zahlreiche kleinere Kirchen schmücken. Beeindruckend sind die Klarheit und Geschlossenheit des Baukörpers, trotz der vielfältigen Um- und Anbauten der Jahrhunderte. Die im Kern mittelalterliche dreischiffige und kreuzrippenüberwölbte Pfeilerbasilika stammt weitgehend aus dem 13. Jh.: eine Doppelchoranlage mit zwei Apsiden und westlichem Querhaus; das eigentliche Langhaus ist wegen der beiden vor dem West- und dem Ostchor vorragenden Treppen relativ kurz. Die reich gegliederte und dekorierte Ostfront in voll ausgereifter Romanik (Baubeginn etwa 1215) über dem Domkranz (aus dem frühen 16. Jh.) mit seinen Freitreppen wendet sich der Stadt zu. Das *Adamsportal* im südlichen Turm mit seinen spätromanischen Doppelzickzackbögen ist das älteste der Kirche, die hl. Kunigunde wird mit einem ungewöhnlichen Gewand gezeigt: Es sollte ihre Bedeutung hervorheben, da man ihr, wie auch der Gottesmutter, Jungfräulichkeit unterstellte. Im Tympanon des *Gnadenportals* findet sich noch eine thronende Muttergottes mit Kind aus der Erbauungszeit, flankiert von den Kirchenpatronen Petrus und Georg sowie dem kaiserlichen Stifterpaar, den hll. Bistumsgründern Heinrich und Kunigunde: Diese Figuren gelten als die ältesten am Dom und dürften etwa 1217 geschaffen worden sein. Interessant

DER SCHIFFBARE FLUSS UNTERHALB BAMBERGS BIS SCHWEINFURT

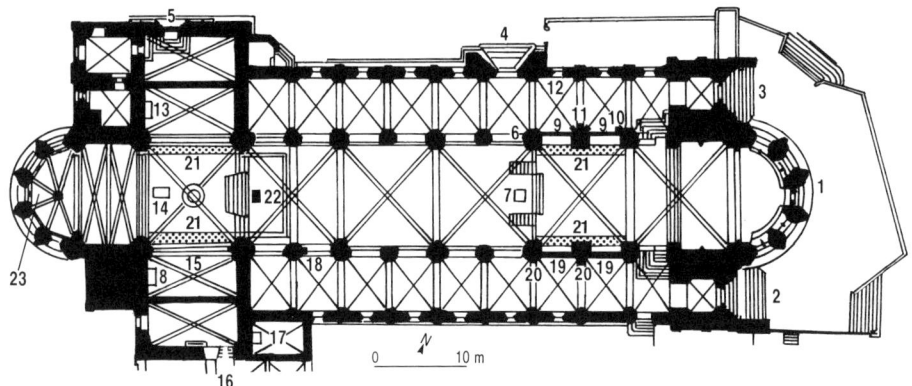

Bamberg, Dom, Grundriß 1 Georgenchor in der Ostapsis mit Domkranz (außen) 2 Adamsportal 3 Gnadenportal 4 Fürstenportal 5 Veitsportal 6 Bamberger Reiter 7 Kaisergrab von Tilman Riemenschneider 8 Schnitzaltar von Veit Stoß 9 Prophetenreliefs 10 Plastik Papst Clemens' II. 11 Maria, Elisabeth und ein ›lachender Engel‹ 12 Gattendorfer Altar 13 Mühlhausener Altar 14 Grab Papst Clemens' II. 15 Peterschorschranken mit Malereien des 13. Jh. 16 Nagelkapelle mit Grabplatten aus der Vischer-Hütte 17 Rosenkranzgemälde 18 Grabmal des Fürstbischofs von Hohenlohe 19 Apostelreliefs 20 Synagoge und Ecclesia 21 Chorgestühl aus dem Parler-Kreis 22 Altar von Klaus Backmund (1974) 23 Peters- oder Westchor

sind noch die alten Metallknöpfe rechts der Gnadenpforte. Hier waren für die Bauleute die Maße festgelegt: 67 cm maß eine Elle, der Fuß nur 26,8 cm. Am aufwendigsten gestaltet ist jedoch das *Fürstenportal*, durch das der Fürstbischof in feierlicher Prozession in seine Kirche schritt. Auf den Schultern der Propheten stehen die Apostel. Christus als Weltenrichter thront inmitten des Jüngsten Gerichts im Tympanon. Schadenfroh grinst der mit viel Phantasie gestaltete Teufel, als er König, Bischof und Papst sowie den Geldadel (mit Beutel) in den Abgrund führen kann. Ablesen läßt sich an der Darstellung Christi übrigens die Weiterentwicklung der kirchlichen Lehre. Überwog in der Romanik noch die Darstellung Jesu als Christkönig, so entschied man später in der Gotik, ihn stärker als Schmerzensmann zu zeigen. Hier deutet sich dieser Wandel der Interpretation an, und deshalb ist die Seite mit der offenen Wunde über dem Herzen unbekleidet.

Das Innere des Doms belebt die Spannung zwischen dem noch romanischen *Georgenchor* und dem in früher Gotik aufstrebenden *Peterschor* im Westen. Beide geben der Kirche die Gestalt eines Schiffes mit aufragendem Bug und Heck. Nach mehreren Kirchenbränden entschloß man sich, statt einer flachen Holzdecke lieber ein (damals modernes) und vor allem feuersicheres Gewölbe zu bauen. Daß der mittelalterliche Charakter der Anlage jetzt klar zutage tritt, ist ein Ergebnis der vom bayerischen König Ludwig I. im vergangenen Jahrhundert angeordneten Stilreinigung, der die gesamte nachmittelalterliche Ausstattung des Doms zum Opfer fiel. Reste der ursprünglich bunt leuchtenden Bemalung haben sich an den Chorschranken erhalten. Der Dom birgt eine stattliche

Bamberg, Dom, Ostchor und Türme

Bamberg, Dom, Tympanon des Fürstenportals

Dom, Mittelschiff nach Osten mit Kaisergrab und Reiter ▷

Dom, Kaisergrab von Tilman Riemenschneider

Dom, Weihnachts- oder Marienaltar von Veit Stoß

Reihe bedeutender Kunstschätze von europäischem Rang. Am bekanntesten ist wohl der *Bamberger Reiter*. Wen er darstellt und wer ihn schuf, ist unbekannt, zeitlos bleiben seine durchgeistigten Züge eines sensiblen Intellektuellen. Die herausragendsten Kunstwerke dürften wohl Tilman Riemenschneiders *Kaisergrab* (1513) vor dem östlichen Chor mit seinen plastischen Steinmetzarbeiten und der großartige *Schnitzaltar* (1520–23) des damals 75jährigen Veit Stoß im südlichen Querhaus sein. Tilman Riemenschneider und seine Mitarbeiter haben von 1499 bis 1513 Szenen aus dem Leben des hl. Kaiserpaares in Solnhofener Kalkstein und Juramarmor gemeißelt: die Legende vom Steinschnitt und die Seelenwägung sowie an der anderen Längsseite als Gottesurteil die Feuerprobe der hl. Kaiserin und die Lohnzahlung an die Bauleute. Die östliche Schmalseite zeigt den Tod des hl. Kaisers. Auf der Deckplatte ist das hl. Kaiserpaar liegend dargestellt, mit Löwen nebst bayerischem und luxemburgischem Wappen zu ihren Füßen. Interessant sind die modische Kleidung der Zeit um 1500 und die bemerkenswert realistische Ausarbeitung der Gesichtszüge. Die Betrachter des Mittelalters konnten hier Situationen dargestellt finden, die sie aus ihrem eigenen Leben kannten: ungerechte Anklage und ein – wenn auch fragwürdiger – Nachweis der Unschuld, das Problem einer gerechten Entlohnung und schließlich die Angst vor Krankheit oder Tod. Ganz allein schuf der Nürnberger Veit Stoß den *Weihnachts-* oder *Marienaltar*, sein Sohn Andreas, damals Prior des Nürnberger Karmeliterklosters, hatte ihm diesen Auftrag verschafft. Doch als der Meister sein Werk vollendet hatte, kam es wegen der Reformation nach Bamberg. Hier stand es lange in der Oberen Pfarre, diente auch als Krippe und wurde leider einiger Teile beraubt: Man entfernte die Flügeltafeln (deren Fragmente jetzt im Diözesanmuseum sind), die Bekrönung und Predella. Auch der Mittelschrein wurde leicht umgestaltet. Das hat allerdings wenig an der lebendigen und individuellen Darstellung der Figuren ändern können.

Einen guten Überblick über die weiteren Sehenswürdigkeiten des Doms gibt ein *Rundgang*. Weitgehend stammen die steinernen Kunstwerke noch aus der Erbauungszeit. Betritt man die Kirche durch das Gnadenportal, dann geht man an den Chorschranken mit der Reihe von Prophetenreliefs vorbei und an einer Plastik Papst Clemens' II., die eigentlich als liegende Figur auf dem Deckel der päpstlichen Tumba (im westlichen, dem Peterschor) ruhen sollte. Die frühgotischen Frauengestalten verkörpern Maria und Elisabeth und stammen aus einer größeren Heimsuchungsgruppe. Der Gattendorfer Altar zeigt Maria als Muttergottes sowie die hll. Katharina und Barbara und dürfte um 1520 entstanden sein; Ende des 15. Jh. entstand der Mühlhausener Altar mit seiner Muttergottes und den Engeln. Im Peterschor steht das einzige Papstgrab nördlich der Alpen: Seit 1040 amtierte Suidger als zweiter Bischof von Bamberg, als er 1046 zum Papst gewählt wurde und sich Clemens II. nannte. Nur wenige Monate später starb er plötzlich und wurde auf eigenen Wunsch nicht in Rom, sondern in Bamberg beigesetzt. Als man das Grab öffnete, fand man darin seinen fast vollständig erhaltenen Ornat. Die Bemalung der Peterschorschranken an der Südseite, Maria und die Apostel, stammt noch aus der Mitte des 13. Jh. Vom südlichen Querhaus führen wenige Stufen in die Nagelkapelle mit ihrem schönen Gewölbe, die ehemals als Sepultur dem Domkapitel zu Begräbniszwecken diente. Das

Reliquiar zeigt zwei Engel, sie halten einen Nagel, der angeblich vom Kreuz Christi stammen soll. Auch die stattliche Reihe hervorragender Grabdenkmäler der Domkanoniker aus Bronze, die zum großen Teil aus der Nürnberger Hütte der Familie Vischer stammen, verdienen Beachtung. Es sind außergewöhnlich gute Arbeiten darunter. Vorn im südlichen Seitenschiff an einem Pfeiler zeigt das Grabmal des Bischofs Friedrich von Hohenlohe (1344–52) dessen asketische Gestalt. Entsprechend der Prophetenreihe sind im östlichen Ende des südlichen Seitenschiffs die Chorschranken mit einer Apostelreihe geschmückt. Hier stehen sich auch in Stein gehauen Synagoge und Ecclesia gegenüber, beides Frauengestalten von hohem künstlerischem Niveau, die das Alte und das Neue Testament, und im weiteren Sinn Judentum und Christentum, symbolisieren sollen; nach der Lehre der christlichen Auftraggeber ist die Synagoge mit verbundenen Augen und gebrochenem Stab dargestellt. Bemerkenswert ist auch das hervorragende Chorgestühl aus dem 14. Jh. mit seinen Schnitzwerken, Meister aus dem Umkreis Peter Parlers aus Prag und Bamberger Künstler schufen unter anderem die Darstellungen Heinrichs und Kunigundes als Sitzfiguren. Mit dem neuen Altar des Münchners Klaus Backmund vor dem Westchor hat 1974 auch die moderne Kunst ihren Einzug in den Dom gefunden.

Die *Krypta* unter dem Ostchor dürfte wohl der schönste erhaltene romanische Sakralraum Bambergs sein; ihre mächtigen Säulen tragen über kelchförmigen Kapitellen, zum Teil mit Pflanzen, Tieren und Phantasiefiguren verziert, die schweren Rundbogenrippen des Gewölbes. Durch das südliche Seitenschiff gelangt man in den *Kreuzgang* und das *Diözesanmuseum*. Seltene Textilien gehören zu den größten Schätzen, die hier gezeigt werden, wie etwa der kaiserliche Sternenmantel, den Heinrich II. 1020 von dem süditalienischen Fürsten Melos geschenkt bekam, oder der in Byzanz gewebte Chormantel Kunigundes. Kostbare Goldschmiedearbeiten und andere Kunstwerke aus der Zeit der Romanik bis zum Barock dokumentieren die Macht und den Reichtum des Bistums Bamberg. Die besondere Bedeutung des Bamberger Doms liegt nicht zuletzt darin, daß sich hier fast stilrein ein Bauwerk aus dem Übergang der Romanik zur Gotik erhalten hat, besonders augenfällig wird diese Entwicklung beispielsweise an den westlichen Türmen, deren drei Obergeschosse bereits deutlich gotische Züge tragen.

Auch die weiteren Bauten rund um den Dom, Residenz, Hofhaltung und Domherrenhöfe, sind als Ensemble konzipiert: Hier sollte der bischöfliche Macht- und Herrschaftswille demonstriert werden, in der freundlichen Benennung vom ›fränkischen Vatikan‹ kommt dieser Anspruch zum Ausdruck. Früher war das gesamte Areal um den Domplatz zwischen Residenzstraße, Maternstraße und Aufseßstraße umfriedet. Die **Alte Hofhaltung** entstand genau auf dem Platz, an dem Heinrich II. seine Pfalz hatte, die mit der Gründung des Bistums 1007 Bischofsresidenz wurde. Reste des romanischen Baus haben sich erhalten und sind im historischen Museum zu besichtigen. Der 1568 von Asmus Braun im Stil der Renaissance errichtete **Kanzleibau** (auch *Neue Ratsstube* genannt) mit seinem reichdekorierten Erker neben dem prächtigen Renaissanceportal bestimmt das Bild der Hofhaltung vom Domplatz aus. Diese *Schöne Pforte* schuf Pankraz Wagner 1573: Maria mit dem Jesusknaben steht im Mittelpunkt, flankiert von den Bistumsgründern

Bamberg, Schöne Pforte der Alten Hofhaltung

mit dem Dommodell. Bequem hingestreckt liegen die Personifikationen von Main und Regnitz. Der malerische Innenhof mit seinen Fachwerkbauten gibt zur Sommerzeit die ideale Kulisse für Freilichtaufführungen. Durch den Innenhof gelangt man in das *Historische Museum* mit seinen Sammlungen zur Kunst- und Kulturgeschichte, vorwiegend natürlich fränkisch-bambergischer Provenienz. Allein der Kanzleibau selbst mit seinem Erker und der maskenbewachten Wendeltreppe mit offener Spindel lohnte den Besuch, sehenswert sind aber auch zahlreiche Zeugnisse meisterlicher Steinmetzarbeit, die Modelle der Stadt und der Wallfahrtskirche Vierzehnheiligen, eine (nachgebaute) Druckpresse des 15. Jh. – Bamberg war nämlich nach Mainz die zweite Druckmetropole, seit der bischöfliche Sekretär Albrecht Pfister hier ab 1461 mit beweglichen Lettern druckte –, der im Main gefundene Rest eines Einbaums, die Originale der Rokokoplastiken des Ferdinand Tietz, Sammlungen von Waffen und Fayencen und die zahlreichen astrologischen Geräte.

Neue Residenz
Der kolossalen Steinmasse des Doms, der dank seiner Türme in der Vertikalen betont ist, korrespondiert die monumentale Front der **Neuen Residenz**, eine unregelmäßige Vierflügelanlage. Nachdem der westliche Teil bereits zu Beginn des 17. Jh. von Jakob Wolff d. Ä. errichtet wurde, ließ der Mainzer Kurfürst und Bamberger Fürstbischof Lothar Franz von Schönborn die beiden dem Domplatz zugewandten Flügel mit dem Vierzehnheiligenpavillon aufführen. Seine Freunde rühmten Schönborn, er sei einer der »begabtesten

und impulsivsten Fürsten« auf dem Bamberger Bischofsthron gewesen. Offenbar waren aber die steuerpflichtigen Untertanen nicht ganz so von seiner Bauleidenschaft begeistert, und auch das ihm sicherlich loyale Domkapitel hatte sich genötigt gesehen, seinem Bischof eine Wahlkapitulation besonderer Art abzuverlangen. Sie sollte ihn daran hindern, »neue Schlösser zu bauen oder die alten kostbarlich reparieren zu lassen«; welch eine Zumutung für einen Kirchenfürsten! Also unterstützte er 1697 das päpstliche Verbot derartiger Verträge und ließ sogleich Johann Leonhard Dientzenhofer mit der Planung einer ›Neuen Residenz‹ beginnen. Nachdem der Bischof seine Untertanen auf diese Weise überlistet hatte, konnte er schon 1703 sein neues Schloß beziehen; es war in Rekordzeit fertiggestellt worden, wie es heute noch den Domplatz ziert. Balthasar Neumann entwarf weitergehende Pläne, die an der Stelle der Alten Residenz einen dritten Flügel vorgesehen und den Domplatz damit zum fürstlichen Ehrenhof umgestaltet hätten, sie unterblieben jedoch aus Geldmangel. Nur die vorkragenden Zangensteine an der Ecke künden noch von dem Projekt. Insgesamt jedoch hat dieser Umbau, der Abriß der alten Tore und die Schaffung der Rampe als Auffahrt von der Stadt aus, das Ende der burgartigen Befestigung des Dombereichs bedeutet.

Nach dem Vorbild des italienischen Barock, wohl des Palazzo Farnese in Rom, ist die lange Front zum Domplatz streng gegliedert, Gesimse und Pilaster geben plastische Akzente, ebenso die Fenster mit ihren abwechselnden Segment- und Dreiecksgiebeln. Nur der *Vierzehnheiligenpavillon* ragt um ein viertes Obergeschoß aus der dreistöckigen Fassade empor, dem Kanzleibau schräg gegenüber korrespondiert der Giebel des Eingangs. Verglichen mit dem reichen bauplastischen Schmuck des Doms oder den Renaissanceformen der Kanzlei wirkt die Neue Residenz in ihrem stereotypen Regelmaß schon leicht pedantisch. Vom *Rosengarten* aus mit seinem eleganten Rokokopavillon (1757 wohl von Johann Jakob Michael Küchel erbaut, jetzt Café) hinter der Neuen Residenz hat man einen herrlichen Blick auf den *Michaelsberg*.

Lothar Franz von Schönborn, Fürstbischof von Bamberg. Zeitgenössisches Gemälde

Bei Führungen kann man die reichdekorierten und prunkvoll mit fränkischen und französischen Möbeln, Porzellan und Fayencen aus Delft und China sowie gediegenen Wirkteppichen ausgestatteten Räume der *fürstbischöflichen Wohnung*, die *Kurfürsten-* und die *Kaiserzimmer* sowie den repräsentativen *Kaisersaal* besichtigen. Er war der festliche Mittelpunkt der fürstbischöflichen Raumflucht im zweiten Obergeschoß: ein relativ weiter, allerdings niedriger Saal, dem der Würzburger Hofmaler Melchior Steidl durch Fresken mit täuschender Per-

Die Baumeisterfamilie Dientzenhofer

Am Fuß des Wendelsteinmassivs zum Inntal hin, in der Nähe von Bad Aibling im Oberbayerischen, lag die Heimat der genialen Baumeisterfamilie Dientzenhofer. Ihre Mitglieder zählten im 17. und 18. Jh. zu den führenden europäischen Architekten und prägten in drei Generationen Böhmen und Franken in ihrer barocken Gestalt. Die Übersicht gibt in Auswahl einige ihrer wohl bedeutendsten Werke an. Wichtig ist allerdings, daß in vielen Fällen im nachhinein schwer ein einzelner Baumeister zu benennen ist, weil bei Schloß-, Kloster- oder Kirchenbauten meist noch andere Kollegen konsultiert wurden oder der Bauherr selbst ein gewichtiges Wort mitzureden pflegte.

Baumeisterfamilie Dientzenhofer

1. Generation	2. Generation	3. Generation
	Georg d. J. (1643–89) Bamberg: St. Martin Wallfahrtskirche Kappel	
	Bernhard Christoph (1655–1722) Bauten in Böhmen	→ **Kilian Ignaz** (1689–1751) Bauten in Böhmen
Georg d. Ä. (1614–73)	**Johann Leonhard** (1660–1707) Bamberg: St. Martin, St. Michael, Fassade der Karmelitenkirche und Neue Residenz Banz, Ebrach Wallfahrtskirche Walldürn Nassanger	
	Johann (1663–1726) Dom in Fulda Banz, Pommersfelden Kleinheubach Bamberg: St. Michael Concordia Würzburg: Neumünsterfassade	→ **Justus Heinrich** (1702–44) Bamberg: Aufsessianum, Jagdzeughaus

spektive Höhe zu geben suchte. Die Decken der Räume stuckierte zumeist Johann Jakob Vogel. Napoleon unterzeichnete am 6. Oktober 1806 am Schreibtisch des *Gesellschaftszimmers* die Kriegserklärung an Preußen, acht Tage später kam es zur Schlacht bei Jena. Heute ist in der Residenz die *Staatsgalerie* untergebracht mit ihren Spitzenwerken deutscher, niederländischer und flämischer Meister aus dem 17. und 18. Jh., zudem zeigt man dort so bedeutende Gemälde wie die ›Lucretia‹ von Lucas Cranach d. Ä. oder die ›Sintflut‹ von Hans Baldung Grien. In der ebenfalls hier beheimateten *Staatsbibliothek* werden rund 4 500 Handschriften aus der Zeit seit dem 5. Jh. verwahrt, neben über 3 000 Wiegendrucken und etwa 70 000 graphischen Kunstblättern.

Es lohnt sich, durch die kleinen Gassen hinter der Alten Hofhaltung zu gehen. Viele der **Domherrenhöfe** haben ihr mittelalterliches Ambiente bewahrt und erinnern an kleine Stadtburgen, was sie ja ursprünglich auch waren. Besonders reizvoll sind am Ende der Oberen Karolinenstraße, dort wo einst beim Torschuster das Haupttor der befestigten Burganlage des Dombergs war, die ehemalige **Curia Sti. Pauli** nach Entwürfen von Johann Jakob Michael Küchel (erbaut 1763, jetzt **Erzbischöfliches Palais,** Obere Karolinenstraße 5) und der **Langheimer Hof** mit seinem teils fachwerkverzierten Innenhof (Obere Karolinenstraße 8), einst von 1154 bis zur Säkularisation 1803 das Bamberger Quartier des Zisterzienserklosters Langheim.

Blickt man vom *Torschuster* auf die elegante dreiachsige Barockfassade (1771 von Johann Michael Fischer) der **St.-Jakobs-Kirche** mit dem Kirchenpatron von Ferdinand Tietz in der Mauernische, so kommt man schwer auf den Gedanken, hier eine im Inneren fast stilrein erhaltene romanische Kirche vor sich zu haben, nur der westliche Chor wurde in der Gotik erneuert (1491). Doch die gotischen Fenster des Turms unter der barock geschwungenen Haube deuten die lange Geschichte des Bauwerks bereits an. Wahrscheinlich entspricht die flachgedeckte dreischiffige Säulenbasilika mit ihren beiden Chören archi-

Bamberg, Vierzehnheiligenpavillon der Neuen Residenz

Bamberg, St.-Jakobs-Kirche, im Hintergrund die Altenburg. Stahlstich von J. Poppel, um 1850

tektonisch dem alten Dom aus der Zeit Kaiser Heinrichs. Der Bau wurde bereits 1065 begonnen, konnte wegen verschiedener Schwierigkeiten aber erst 1109 vollendet werden. Nach den Zerstörungen des Markgräflerkrieges (1553) und des Dreißigjährigen Krieges barockisierte man die Anlage. Sie sollte dann im Gefolge der Säkularisation ›auf Abbruch‹ verkauft werden, blieb aber erhalten, um in der zweiten Hälfte des 19. Jh. im Stil der Neoromanik und -gotik überarbeitet zu werden; zwischen 1954–56 reduzierte man dann diese Ausstattung wiederum. Trotz dieser wechselvollen Geschichte haben sich doch einige ältere Ausstattungsteile erhalten, wie etwa die spätgotischen Figuren der Madonna (wohl um 1480 in Nürnberg entstanden) im neogotischen Hochaltar oder der hl. Barbara (um 1500) im südlichen Seitenschiff, wie auch die einer Bamberger Hausmadonna in der St.-Josephs-Kapelle. Spätgotisch sind auch mehrere Fresken: die der hll. Martha, Erasmus, Sebastian, Katharina, Barbara und Margareta. An die verlorene Barockausstattung erinnert noch das Deckenfresko in der Vierung von Christoph Fesel, das die Ablösung des Alten durch den Neuen Bund allegorisiert und Jakobus vor Herodes zeigt.

Vorbei an barocken Bürgerhäusern führt der Weg unter schattigen Bäumen hoch zur *ehemaligen Benediktinerabtei* auf dem *Michaelsberg*. Als bischöfliches Eigenkloster wurde **St. Michael** vermutlich 1015 gegründet. Die kreuzförmige Basilika mit ihrer vorgeblendeten Fassade von Johann Leonhard Dientzenhofer im Stil des frühen italienischen Barock wurde nach einem Erdbeben 1117 und einem Brand 1610 erneuert und verdankt ihre heutige Gestalt weitgehend diesem letzten Umbau. Bis zum Ende des 17. Jh. bestand die mittelalterliche Klosterburg, sie wurde durch die barocke Klosteranlage nach Entwürfen von Johann Leonhard und Johann Dientzenhofer ersetzt. Nach dem Tod seines Bruders führte er die Arbeiten fort. Balthasar Neumann und Johann Jakob Michael Küchel beendeten den Ausbau der Anlage 1743. Die vorderen Wirtschaftsgebäude und der weitläufige Klosterkomplex an der Nordseite der Kirche umschließen jeweils einen größeren Binnenhof. Nach der Säkularisation sollte die gesamte Anlage abgerissen werden, das Kloster kam jedoch 1804 mit allen Gebäuden und einem Teil der Liegenschaften als Stiftung in den Besitz der Stadt Bamberg und dient seitdem als Städtisches Altenheim. Auch eine geplante ›Stilreinigung‹ konnte wie der Abbruch verhindert werden, so blieb die wertvolle Ausstattung erhalten.

Johann Dientzenhofer entwarf die Freitreppe mit geschwungener Balustrade (1725) und die Plastiken der Figuren und Vasen, sein älterer Bruder Johann Leonhard gestaltete die Fassade. Mächtige Säulenpaare tragen die Gesimse mit ihrem Segment- und Dreiecksgiebel darüber. Auch das Portal wird von einem Segmentgiebel überwölbt, auf dem die Wappenkartusche ruht (mit den Wappen des Klosters, des Abts Christoph Ernst von Guttenberg und des Fürstbischofs Lothar Franz von Schönborn). Bekrönt wird die Fassade vom Patron des Klosters, dem Erzengel Michael; in der Mittelnische darunter steht eine Muttergottes im Strahlenkranz, flankiert von den hll. Otto von Bamberg und Benedikt, unten stehen in den Nischen seitlich des Portals die Bistumsgründer Heinrich und Kunigunde. Voluten, Obelisken und andere Schmuckelemente runden die Fassadendekoration ab: ein harmonisches Nebeneinander von barocken Elementen und dem Aufbau der nachgotischen Türme. Vom Rosengarten der ehemals fürstbischöflichen Neuen Residenz aus zeigt sich die Kirche in ihrer baulichen Entwicklung: romanische Seitenschiffe, nachgotischer Chor und barocke Seitenkapellen.

Bamberg, Blick vom Rosengarten der ehem. Bischöflichen Residenz zum Michaelsberg

Rein romanisch präsentiert sich die Säulenbasilika im Inneren von ihrer Anlage her, die Vierung und das Querschiff tragen noch die alten spätromanischen Gewölbe. Nach dem Brand 1610 wurden jedoch Teile der Obergadenmauern neu aufgeführt und im Langhaus mit seinen Seitenschiffen Tonnengewölbe mit Stichkappen eingezogen. Damals entstanden wohl auch die über 600 botanisch exakt gemalten Pflanzendarstellungen, die über die Decke verteilt sind: ein monumentaler Heilkräutergarten. Den Hochaltar des hl. Michael und der Muttergottes als Königin (1726 gemalt von Johann Joseph Scheubel d. Ä.) umspielt filigranes Rokokoschnitzwerk von Franz A. Schlott und Georg Adam Reuß. Großartig ist vor allem das prächtige Chorgestühl des Servatius Brickard mit seinen reichen Intarsien (1730) und den wenig später hinzugefügten Rocailleschnitzereien des Rokoko. Das gediegene Rokokogitter von 1730 sowie Engel mit den Leidenswerkzeugen schließen die Balustrade ab.

Unter dem ehemaligen Hochchor der Mönche liegt die kleine *Krypta* mit dem Grabmal des hl. Otto. Er lebte etwa von 1060 bis 1139 und wurde 1189 heiliggesprochen. Als Bamberger Bischof war Otto 1139 in der Klosterkirche beigesetzt worden, sein erstes Hochgrab errichtete man Ende des 13. Jh.: Die Deckplatte der Tumba zeigt ihn mit allen Insignien seiner Bischofsmacht. Diese Sandsteinplastik dürfte das interessanteste Bild des Heiligen aus dem Mittelalter sein, sie ist jetzt an der Wand aufgerichtet. Das heutige Grab entstand in der ersten Hälfte des 15. Jh.; die Öffnung sollte es den Gläubigen ermöglichen, durch die Tumba zu kriechen und so dem Heiligen möglichst nahe zu kommen. Mit den hll. Heinrich und Kunigunde, der Muttergottes und anderen Figuren ist der Sarkophag dekoriert. Johann Joseph Scheubel d. Ä. malte das Blatt des Altars des hl. Otto, das den Bischof als Helfer und Fürsprecher bei Krankheiten zeigt. Vor dem Otto-Altar steht

Bamberg, St. Michael, Totentanz-Stuckrelief in der Heilig-Grab-Kapelle

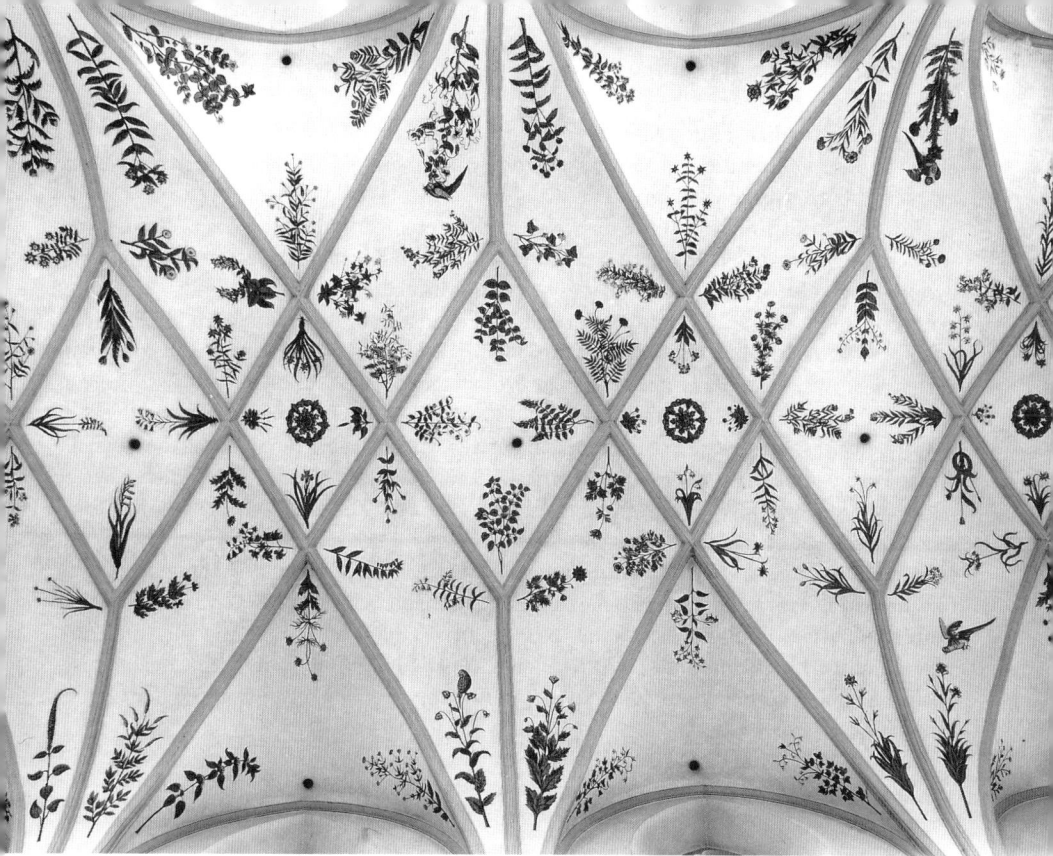

Bamberg, St. Michael, Pflanzendarstellungen im Gewölbe des Langhauses

schließlich der barocke Kreuzaltar. Um den Blick auf den Hochaltar nicht zu verstellen, ist er relativ niedrig gehalten. In herrscherlicher Pracht glänzen die hll. Heinrich und Kunigunde seitlich des Kreuzaltars (um 1730), die barocke trauernde Maria entstand nur wenig vorher wohl als Gegenstück zu dem steinernen Schmerzensmann (um 1350). Zu den bedeutendsten Kunstwerken St. Michaels gehört aber noch die Rokokokanzel von Georg Reuß und Franz Anton Thomas mit ihrem verspielten Schnitzwerk aus poliertem Holz und vergoldeten Formelementen (1751); nicht zu Unrecht gilt sie als eine der schönsten Frankens. Die Tafeln der Otto-Legende erzählen vom Leben des Heiligen und zeigen mehrere Ansichten des alten Bamberg (1628). Eine Reihe vorzüglicher Bischofsgräber aus der Zeit von 1556 bis 1779 gehörte bis zur Purifizierung des Doms zu dessen Ausstattung und gelangte erst 1838 in die ehemalige Klosterkirche. Besonders reizvoll ist auch die *Heilig-Grab-Kapelle* aus dem 18. Jh. am vorderen Ende des rechten Seitenschiffs in der ehemaligen Sepultur der Äbte. Die qualitätsvollen Stuckreliefs und Malereien integrieren in den Totentanz Jahreszeiten und Weltteile und erweitern so das mittelalterliche Motiv zum kleinen Welttheater. – In den restaurierten historischen Gewölben des ehemaligen

Benediktinerbrauhauses des Klosters im Wirtschaftstrakt informiert jetzt das *Fränkische Brauereimuseum* über die Kunst der Bierproduktion; bereits 1122 wurde das Brauwesen auf dem Michaelsberg erwähnt.

Unweit von St. Michael führt direkt vom Klostereingang die St.-Getreu-Straße zur 1660 erbauten und um 1730 durch den Chor erweiterten **Kirche St. Getreu** mit ihren farbenprächtigen Deckenfresken, in der es seit dem Mittelalter eine Heilig-Grab-Verehrung gegeben haben dürfte. Bischof Otto gründete die einst zum Kloster gehörende Propstei 1123/24. Wahrscheinlich errichtete Justus Heinrich Dientzenhofer den langgestreckten Chor, er entwarf jedenfalls das stattliche Propsteigebäude.

Von St. Getreu leiten die Stationen des 1500 von Heinrich Marschalk von Rauheneck gestifteten ältesten *Kreuzweges* in Deutschland den Michaelsberg hinab durch die Aufseßstraße vorbei am **Aufsessianum** – einem ab 1740 aufgrund der Stiftung von Jodocus Bernhard von Aufseß († 1738) nach Plänen von Justus Heinrich Dientzenhofer errichteten Studentenheim – zur **Elisabethenkirche** (Obere Sandstr. 42). Gegen 1328 wurde das Elisabethspital gestiftet, von dem sich nur die spätgotische Kapelle aus dem Anfang des 15. Jh. mit ihren Maßwerkfenstern erhalten hat. – Am Jakobsplatz führt die Maternstraße an der **Maternkapelle** vorbei, im Kern eine romanische Kleinkirche aus dem 11. Jh. mit gotischen Maßwerkfenstern, die im Winter eine Krippenausstellung beherbergt. Reizvoll ist auch das nahe gelegene Haus Maternstr. 2 mit bauplastischen Zierelementen der Gotik, die sakrale Formen zitieren.

Bamberg, Kreuzwegstation von Heinrich Marschalk

Zwischen dem Karmelitenplatz und der Straße Am Knöcklein liegt die **Kirche des Karmelitenklosters** und ehemaligen **Benediktinerinnenklosters St. Theodor**. Dem ›Knöcklein‹ wendet sie ihre ursprüngliche Front zu: die alte Westfassade mit einem Zickzackfries um das (vermauerte) romanische Portal – das älteste Bambergs –, flankiert von zwei romanischen Löwen. Es ähnelt dem Adamsportal des Doms und dürfte nur wenig früher entstanden sein; auch die liegenden Löwen finden ihre Entsprechung links und rechts des Ostchors am Dom. Von der romanischen Kirche, die wenige Jahrzehnte vor dem Dom begonnen wurde, besteht im wesentlichen noch diese Fassade mit den Außen-

Bamberg, Kreuzgang des Karmelitenklosters

mauern der Seitenschiffe. Will man den Bau betreten, so muß man sich zur 1703 durch Johann Leonhard Dientzenhofer nach Motiven der Renaissance und des Barock mit Figuren von Leonhard Gollwitzer neu gestalteten Ostfassade begeben; dort war früher der Chor. Breite Lisenen gliedern die Front vertikal und scheinen das schwere Gebälk zu tragen. Das barocke Kirchenschiff ist als überwölbte Basilika angelegt, die einheitliche Barockausstattung von 1714 wurde nach der Säkularisation verschleudert, konnte aber nach der Wiedereinrichtung des Klosters zurückgekauft (Kanzel und Josephsaltar) oder neu aus furniertem Nußbaum mit vergoldeten Schnitzereien nachgeschaffen werden. Das warme Braun des Holzes und die sensiblen Schnitzarbeiten kommen dank des schlicht in Weiß gehaltenen Raums besonders gut zur Geltung.

Wohl schon dem ersten Klosterbau des 12. Jh. war südlich ein *Kreuzgang* angefügt, die jetzige Anlage entstand im 13. und 14. Jh. Bemerkenswert ist, daß man hier zu einer Zeit, als sich gotische Formen durchgesetzt hatten, bewußt spätromanische Bögen mit reichem plastischen Kapitelldekor errichtete. Interessant sind deren Motive aus Bereichen christlicher Thematik wie Maria oder dem hl. Theodor, aber auch die Fabelwesen wie Drachen, Teufel und Dämonen. Trotz der Neubauten des Klosters, 1692 durch Leonhard Dientzenhofer der Süd-, Ost- und Nordflügel und 1739 der Westflügel nach Plänen von Balthasar Neumann durch Justus Heinrich Dientzenhofer, behielt der alte Kreuzgang des Nonnenklosters weitgehend seine ursprüngliche Form, wenn er auch mehrfach verändert wurde.

Über den Unteren Kaulberg gelangt man zur katholischen **Stadtpfarrkirche** ›**Zu Unserer Lieben Frau**‹, auch **Obere Pfarre** genannt. Man begann ab 1338 mit dem Langhaus und nördlichen Seitenschiff, um 1392 den großartigen Chor mit Umgang anzufügen. Dieser *Chor* stellt eine Sehenswürdigkeit an sich dar. Mitglieder der böhmischen Baumeisterfamilie Parler gestalteten ihn mit seinen zwölf frei schwingenden Strebepfeilern. Konsolen und Baldachine deuten darauf hin, daß außer den gotischen Profilierungen, dem Maßwerk der Spitzbogenfenster und darüber den Kielbögen mit Kreuzblumen noch weiterer Figurenschmuck vorgesehen war, der jedoch nicht zustande kam. Älter als das Rundbogenportal der Barockzeit in der Westfassade sind der spätgotische Ölberg links daneben (1502) und die Brautpforte der nördlichen Langhauswand unter ihrem Baldachin. Anhand ihrer Kleider läßt sich die Entstehung der törichten und klugen Jungfrauen etwa auf 1350 schätzen. Das Bogenfeld des Tympanons zeigt die Bekrönung Mariens, die hll. Petrus und Paulus flankieren das Portal. Die weiteren Steinmetzarbeiten an der Außenwand waren nicht für den Bau geplant und haben mehr oder weniger zufällig ihren Standort gefunden, etwa die gotische Steinmadonna aus der Mitte des 14. Jh. und verschiedene Epitaphien. Wie so oft, erwies sich auch bei der Oberen Pfarre ein Provisorium als dauerhaft: Dem unvollendeten Turm mit seinem reichen gotischen Maßwerk (die Geschosse wachsen nach oben in ihrer Höhe) wurde 1537 die bestehende Türmerstube aus verputztem Fachwerk mit verkürzter Haube aufgesetzt; inzwischen ist sie als Wahrzeichen aus dem Stadtbild kaum wegzudenken.

Das Innere wurde 1711 mit dem Stuck des Johann Jakob Vogel üppig barockisiert; er sparte allerdings das Rippengewölbe des Chors sowie dessen Umgang aus. Pfleglich ging man auch sonst mit den älteren Kunstschätzen um: So birgt der bedeutende barocke Hochaltar mehrerer Bamberger Künstler mit seinen Säulen aus mamoriertem Holz von 1714 als Gnadenbild eine thronende Madonna mit Kind (um 1320). Gleichzeitig mit dem Hochaltar entstanden die Seitenaltäre vor den Pfeilern des Chorbogens. Frühes Barock prägt noch die Kanzel mit ihrer strengen Darstellung der Kirchenväter, die Marienfigur über dem Schalldeckel trägt allerdings noch spätgotische Züge. Besonders reizvoll sind auch die meisterlichen Arbeiten des Chorumgangs, etwa das mit reichem Figurenschmuck versehene gotische Sakramentshaus von 1392, wie die Minuskelschrift erken-

Bamberg, Obere Pfarre, Marienkrönung

nen läßt. Seine Tabernakelnische mit Gitter wird von den Aposteln und Evangelisten flankiert und dem Jüngsten Gericht bekrönt. Die Altäre oder eine Geburt Mariens zeugen von den handwerklichen Fähigkeiten der zumeist unbekannten Künstler. Über den Raum verteilt finden sich zahlreiche weitere Einzelkunstwerke: so der Erbärmde-Christus (14. Jh.), je eine spätgotische Schnitzgruppe mit der Krönung Mariens und der Himmelfahrt von verschiedenen Meistern (im rechten Seitenschiff, beide entstanden wohl etwa gleichzeitig um 1500 für denselben mittelalterlichen Hochaltar) und ein Gemälde Jacopo Tintorettos, der Aufnahme Mariens in den Himmel (1547/48), der Taufstein von 1520 mit seinen filigran und liebevoll geschnitzten Szenen, die die Taufe Christi sowie die Sakramente darstellen, oder nicht zuletzt die Darstellungen Christi und der Apostel an den Langhauspfeilern (15. Jh.). – Den prächtigen **Neuen Ebracher Hof** der Brautpforte gegenüber, der Neigung des Unteren Kaulberg (Nr. 4) angepaßt, gestaltete Johann Jakob Michael Küchel 1765 mit seiner dreigeschossigen Front in sieben Achsen, wobei die mittlere leicht vorspringt und durch Pilaster akzentuiert wird.

Den Unteren Kaulberg abwärts gelangt man – vorbei am frühklassizistischen Stadtpalais von Johann Josef Vogel (Unterer Kaulberg 2) mit seinem Portalbalkon (1783) – zum *Pfahlplätzchen*. Haus Nr. 4, **Zum Ringvogel**, entstand aus den beiden spätmittelalterlichen Gebäuden ›Zum Ring‹ und ›Zum Vogel‹ und birgt im Erdgeschoß eine kreuzrippenüberwölbte Hauskapelle (um 1500); im 16. und 17. Jh. verzierte man das oberste Geschoß mit schönem Fachwerk. Als Beamtenpalais wurde das dreigeschossige Haus Nr. 2 zu Beginn des 18. Jh. aufwendig errichtet, sieben Achsen steigen aus dem rustizierten Erdgeschoß empor, Masken zieren die Schlußsteine der Erdgeschoßarkaden. Aus dem 16. Jh. stammt das dreigeschossige Eckhaus mit kräftigem Erker **Zum Krebs** (Nr. 1), das um 1710 ausgebaut wurde und in bürgerlichen Dimensionen adlige Residenzarchitektur nachzuahmen sucht. Hier vollendete Georg Wilhelm Friedrich Hegel 1807 die ›Phänomenologie des Geistes‹ während seines Aufenthalts in Bamberg. Der Philosoph und Studienfreund Hölderlins und Schellings versuchte als Redakteur der Bamberger Zeitung, für die damalige Zeit fortschrittliche Ideen zu publizieren, scheiterte aber an der Zensur. – Erstmals wurde die spätgotische **Marienkapelle** (Judenstraße 1) 1428 erwähnt, sie wurde an der Stelle einer zerstörten Synagoge errichtet.

Als Beispiel einer Straße von vielen, die ihren historisch gewachsenen Charakter bewahrt haben, mag die relativ enge *Judenstraße* gelten. Repräsentative Wohnhäuser adliger und bürgerlicher Familien wechseln mit Zweckbauten ab. So war *Nr. 7* eine Brauerei: *Polarbär*. Das dreistöckige Traufseithaus von etwa 1600 mit vorkragenden Geschossen in Zierfachwerk gleich nebenan ziert passend dazu – über dem Portal – ein weißer Bär *(Nr. 9)*. Das Adelspalais *Nr. 12*, einst auch *Alte Münze*, bewohnten die Echter von Mespelbrunn und später die Schenken von Stauffenberg (16. Jh.). Am prächtigsten ist allerdings das **Böttingerpalais** *(Nr. 14)* ausgefallen. Unter Fürstbischof Lothar Franz von Schönborn hatte Ignaz Tobias Böttinger Karriere gemacht und konnte sich diesen am reifen italienischen Barock orientierten Bau mit üppigem plastischen Dekor und reich verziertem Portal 1708–13 errichten lassen. Unklar ist, wer als Architekt die Leitung hatte; es war

DER SCHIFFBARE FLUSS UNTERHALB BAMBERGS BIS SCHWEINFURT

wohl Andreas Ammon, damals Stadtbaumeister. Doch das stattliche Palais war schon zu seiner Fertigstellung ein wenig unmodern und hatte zudem verschiedene Nachteile. Für einen großen Haushalt war es zu eng, das offene Treppenhaus im Winter unkomfortabel. Auch der schmale Hof spiegelt – bis auf die modernen Einbauten zur Straßenseite hin – das Standesbewußtsein seines Erbauers wider und insbesondere die Enge, die in dem gesamten Anwesen mit Bedienten und immerhin zwölf Kindern geherrscht haben muß. Böttinger löste diese Probleme wahrhaft souverän: Schon 1716–22 ließ er sich in der Nachbarschaft (Concordiastraße) ein neues *Wasserschlößchen* unmittelbar an das Regnitzufer bauen, das **Concordia** (später nach einer bürgerlichen Gesellschaft so benannt). Inzwischen konnte er sich sogar den Baumeister seines Fürstbischofs leisten, Johann Dientzenhofer. Der schuf in den damals modernen Formen des französischen Barock eine dem Fluß zugewandte Zweiflügelanlage, deren zwei Hauptetagen über einem hohen Sockelgeschoß durch Säulen und Pilaster gegliedert sind. Johann Jakob Vogel stuckierte unter anderem mit Bandelwerk die Innenräume und das Treppenhaus; man kann es während der Dienststunden des heute dort logierenden Instituts der Universität besichtigen.

Doch zur Judenstraße zurück. Ein gediegener dreigeschossiger Bau des Johann Jakob Michael Küchel (1747) schließt die Straße quasi ab. Rechts von ihm führt der Aufgang vom Unteren Stephansberg direkt zum ehemaligen Chorherrenstift und der jetzigen **Pfarrkirche St. Stephan.** Von der ersten Kirche des 11. Jh. hat sich nichts erhalten. Der Sage nach wurde sie von dem Kaiserpaar Heinrich und Kunigunde gestiftet, daran erinnert das Relief an dem ehemaligen Chorherrenhaus ›Curia habitatio Stae. Chunegundis‹ gegenüber dem Hauptportal an der Nordseite (Stephansplatz 1). Aus dem frühen 13. Jh. stammen die Untergeschosse des Turms. Den jetzigen Bau begann ab 1626 Giovanni Bonalino nach Plänen Valentin Junckers auf den Grundmauern der kreuzförmigen mittelalterlichen Kirche mit dem Chor in gotisierenden Formen des Barock; nach rückwärts gewandt in die Vergangenheit vor der Reformation, wie sie zur Zeit der Gegenreformation beliebt waren. Hier schlägt sich christliche Ideologie in der Architektur nieder. Die Schlußsteine des Chors zieren das alte Siegel des Kollegiatsstifts und das Wappen des 1629 regierenden Fürstbischofs Johann Georg II. Fuchs von Dornheim, eines glühenden Vorkämpfers der Gegenreformation und gefürchteten ›Hexenbrenners‹. Der Dreißigjährige Krieg unterbrach das Projekt, erst 1677 konnte Antonio Petrini den Bau der Kirche fortführen. Wohl ähnlich Stift Haug in Würzburg plante er eine Kuppel über der Vierung. Sie kam aber aus Geldmangel nicht zustande. Statt dessen wurde die oktogonale Öffnung – ursprünglich als Provisorium – mit einem Stuckrelief von Johann Jakob Vogel (der auch die übrige Stuckierung weitgehend besorgte) verschlossen. Es zeigt die Steinigung des hl. Stephan (1688). Von der Barockausstattung haben sich trotz der Profanierung und Verwendung als Obstmagazin nach 1803 der Orgelprospekt von Johann Georg Götz (1695) und einige Altarblätter erhalten, so das Bild des Hochaltars von Johann Jakob Scheubel d. Ä. (1730). Johann Bernhard Kamm und Georg Pfeufer schufen 1769 das reich mit Intarsien und Schnitzwerk in Formen des spielerisch-heiteren Rokoko geschmückte Chorgestühl.

Bamberg, Wasserschloß Concordia an der Regnitz

Mit dem Altar, Taufbecken und Kanzelpult von Jürgen Goertz hat auch die moderne Kunst ihren Einzug in die Kirche gehalten (1986).

Das Chorherrenstift war von ursprünglich mittelalterlichen und im 18. Jh. weitgehend erneuerten *Kurien* umgeben, wie etwa in der Eisgrube. Ein Türknauf in Form eines lachenden Gesichts ziert die *Curia Braunwardi* (Eisgrube 14) von etwa 1730. Er soll E. T. A. Hoffmann zu seinem ›Äpfelweib‹ im ›Mährchen aus der neuen Zeit‹ ›Der Goldne Topf‹ angeregt haben (Original im Historischen Museum). Die kleine ehemalige Nebenkirche *St. Johannes* zu St. Stephan aus dem 13. bis 14. Jh. ist inzwischen profaniert.

Bürger- oder Inselstadt
Als es in der bürgerlichen Sandstadt unterhalb des Dombergs zu Anfang des 12. Jh. recht eng wurde, wichen die wohlhabenden Patrizierfamilien auf das Gebiet zwischen den beiden Regnitzarmen aus: So entstand die Bürger- oder Inselstadt, im Gegensatz zur bischöflichen Bergstadt im Bannkreis des Doms. Eine Reihe von Brücken verbindet beide Bereiche. Als Fußgänger hat man die Wahl: Die *Untere Brücke* führt zum *Obstmarkt*, von dem linker Hand die Straße *Am Kranen* abzweigt. Hier lag früher die Schiffslände der

Inselstadt, deshalb ist das Ufer selbst nicht bebaut (erst weiter abwärts an der Regnitz: Klein-Venedig). Den freien Raum dominieren zwei städtische Bauten: einmal das ehemalige **Schlachthaus** von Paulus Mayer (1741/42). Der ruhig in der Giebelwand lagernde Ochse ahnt offenbar nicht, was seinen Artgenossen hier blüht. Ein Vers zu seinen Hufen weist darauf hin, daß diese Steinplastik niemals ein Kalb war, sondern von Johann Adam Nickel gleich als ausgewachsenes Tier gemeißelt wurde. Das ist auch der Grund, warum er nicht zu befürchten braucht, seine Reste könnten direkt in die Regnitz entsorgt werden; die malerischen Arkaden über dem Fluß hatten nämlich durchaus eine praktische Funktion … Gegenüber im **Hochzeitshaus** (1603 im Stil der Renaissance errichtet, inzwischen aber nach verschiedenen Zerstörungen vereinfacht erneuert) konnten Bamberger Bürger Säle für Festlichkeiten mieten.

Zumeist säumen repräsentative Wohnhäuser die sich anschließende **Kapuzinerstraße;** hier läßt sich die Entwicklung gehobener bürgerlicher Wohnkultur wie in einem Musterbuch der Architekturgeschichte ablesen. Einige Beispiele: Nr. 14 mit prächtigem Zierfachwerk (etwa 1600) an den oberen Etagen. Um 1730 entstand das Eckhaus mit Mansarddach (21). ›Zopfstil‹ prägt den Fassadenschmuck an Nr. 22. Nur vorgeblendet ist die Barockfassade von Nr. 24 vor einen Fachwerkbau des 16. Jh., man erkennt es an der Giebelseite. Prächtiger ist Nr. 25: Man vermutet, daß Johann Dientzenhofer das **Palais Rotenhan** mit dreiachsigem Mittelrisalit 1711–18 errichtete. Ebenfalls an bischöflicher Residenzarchitektur ist der Entwurf von Nr. 30 orientiert (1709). Schlicht erscheint Nr. 32, doch die Front birgt eine Dreiflügelanlage vom Anfang des 18. Jh. Johann Michael Küchel entwarf schließlich den dreigeschossigen Eckbau Nr. 34 mit seinem schönen Portal (18. Jh.). Inzwischen nimmt ein Gymnasium im Gründerzeitstil (1871) den Platz ein, an dem einst das Kapuzinerkloster stand; E. T. A. Hoffmann hat die Erinnerung daran in seinem Roman ›Die Elixiere des Teufels‹ bewahrt, den ›Nachgelassenen Papieren des Bruders Medardus eines Capuziners‹, zu denen er durch einen Besuch in diesem Kloster angeregt worden sein soll. Am Holzmarkt 2 vis-à-vis befindet sich schließlich das **Institut der Englischen Fräulein** mit seiner **Kirche,** deren Ausstattung im 18. Jh. entstand.

Doch dieser Weg ist nur eine Möglichkeit, die Inselstadt kennenzulernen. Jenseits der Insel im linken Regnitzarm mit dem Schlößchen Geyersworth führt die *Nonnenbrücke* über den alten *Ludwig-Donau-Main-Kanal* (von 1836–46) zum *Schillerplatz*. Hier befindet sich das 1802 eingerichtete **Stadttheater,** an das 1808 der gelernte Jurist und Schriftsteller, Komponist und Zeichner E. T. A. Hoffmann – eigentlich Ernst Theodor Wilhelm, aus Sympathie für Mozart nannte er sich jedoch in seinen musikalischen Professionen E. T. Amadeus Hoffmann, als Autor abgekürzt nur E. T. A. Hoffmann – zum Musikdirektor berufen wurde bis zu seinem Weggang 1813; nicht gerade eben eine lange Zeit. Er habe seine »Lehr- und Marterjahre … in Bamberg abgebüßt«, notierte Hoffmann. Die heimelig-romantische Atmosphäre hatte offenbar auch ihre spießig-provinziellen Seiten und vor allem reaktionäre Züge, sie gab ihm jedenfalls Stoff genug für die literarische Produktion. Die Szenerie hier, das Theater mit benachbartem Restaurant, den fast direkten Zugang von der Loge aus zur Weinstube, das alles hatte Hoffmann vor Augen und im

Sinn, gestaltete aus Dichtung und Wirklichkeit die ›fabelhafte Begebenheit‹ vom ›Don Juan‹ (erschienen 1813), eine visionäre Liebesbegegnung mit Mozarts ›Donna Anna‹ aus ›Don Giovanni‹, eine Fabel, die ihrerseits – unter anderem – wiederum Jacques Offenbach zu seiner phantastischen Oper ›Hoffmanns Erzählungen‹ anregte.

In dem schmalen Biedermeierhäuschen gegenüber (Schillerplatz 26) bewohnte er den zweiten Stock und die Mansarde. Heute beherbergt das **Hoffmann-Haus** ein Museum. Mit Handzeichnungen und Faksimiles, Modellen von Kulissen aus der Theaterarbeit Hoffmanns, Erstausgaben, Bildern, Darstellungen und Dokumenten nebst biedermeierlicher Einrichtung aus der Zeit des Autors bewahrt das Museum den Charme einer ganz intimen Gedenk- und Erinnerungsstätte, weit entfernt von allem Dichterkult; es dürfte Hoffmann gefallen haben. Auf jeden Fall animiert es, seine Schriften wieder zur Hand zu nehmen. In diesem Haus spielt (und ereignete sich) jedenfalls die mit satirischen Momenten gesättigte Geschichte von den ›Lebensansichten‹ des schriftstellernden ›Kater Murr‹ – mit Urbild in des Autors eigenem Haustier –; man kann die beiden am Ende des Schillerplatzes zum Gäßchen Zinkenwörth hin besehen: den Dichter, ein Buch unter dem Arm – wie es das landläufige Klischee wohl so will –, und den Kater auf der Schulter in Bronze.

Bevor man den Platz verläßt, sollte man noch einen Blick auf die übrigen zum Teil recht stattlichen Gebäude werfen; etwa Haus Nr. 4, ein Traufseithaus mit drei überhöhten Geschossen, kolossalen Pilastern und einem bemerkenswerten, kielbogenbekrönten Portal, oder das um 1740 in Formen des frühen Rokoko entstandene Haus Nr. 16. *Zinkenwörth* war im Mittelalter übrigens ein eigener Stadtteil; durch die Gasse gelangt man, vorbei am Hotel Alt Bamberg (Habergasse 2) mit einem sandsteinernen Elefanten als Hausschild, in die Lange Straße. Im spätgotischen **Haus zum Saal** aus dem frühen 15. Jh. mit Staffelgiebeln (Lange Straße 3) und traufseitiger Fassade logierte 1632 Wallenstein, 1717 dekorierte man sie barock mit aufwendigem Wappenportal und der Immaculata von Leonhard Gollwitzer. Großbürgerliche Barockhäuser bestimmen das Bild des **Grünen Marktes,** der vom Obstmarkt abzweigt. Zur Barockzeit wurde er einheitlich gestaltet und mit dem **Neptunbrunnen** von Kaspar Metzner (1698) versehen. Respektlos sprechen die Bamberger wegen des Dreizacks vom ›Gabelmann‹. Umstritten war seine Versetzung vom ursprünglichen Standort, umstrittener die Idee, ihn mit einem Kranz roh behauener Steine zu umgeben. Inzwischen hat der sich bewährt als Treffpunkt und Sitzplatz im Sommer, gewissermaßen eine Abstimmung mit dem Gesäß...

Wuchtig ragt aus der Front bürgerlicher Häuser am Grünen Markt die mächtige Fassade der ehemaligen Jesuitenkirche **St. Martin** in schweren barocken Formen auf. Ein Vergleich mit monumentaler Festungsarchitektur bietet sich an, was dem gegenreformatorischen Programm dieses Ordens ja auch durchaus nicht widerspricht; so paradox es klingen mag: als ›feste Burg‹ in rötlichem Sandstein präsentiert sich die jetzige Pfarrkirche. Georg Dientzenhofer lieferte die Pläne und begann 1686 mit dem Bau, sein Bruder Johann Leonhard setzte das Werk fort. Der Mittelrisalit und je eine seitliche Achse mit tiefen Nischen gliedern die Front vertikal, schweres Gebälk und der Segmentbogen entsprechen dem in der Horizontalen. Steinfiguren beleben zwischen den Pilasterpaaren die

Literat und Musiker mit Sinn für Zwischentöne: E.T.A. Hoffmann

›Gespenster-Hoffmann‹ nannte ihn der Volksmund wegen seiner Vorliebe für romantische Phantasien, die der Schriftsteller, Maler und Komponist E.T. A. Hoffmann der Spießerwelt eines saturierten Bürgertums entgegenhielt. Geboren 1776 in Königsberg (Ostpreußen), war er nicht nur als Künstler ein Multitalent. Der Jurist durchlief in Posen, Plock und Warschau die übliche Beamtenkarriere, bevor er 1808 in Bamberg die Stelle eines Musikdirektors übernahm und 1813/14 nach Leipzig und Dresden als Kapellmeister wechselte. Richter am Kammergericht war er ab 1814 in Berlin, wo er ein Doppelleben führte: Tagsüber pflichttreuer Staatsdiener im Oberappellationssenat, traf er sich bei Punsch und Wein nächtens im Kreis seiner ›Serapionsbrüder‹ – wie auch die vielleicht bedeutendste Sammlung seiner Erzählungen überschrieben ist (4 Bände, 1819–21).

Hoffmann gehörte zu den Wegbereitern des Realismus in Deutschland. Die Kriminalnovelle ›Das Fräulein von Scuderi‹ erfaßt ein Verbrechen mit dem analysierenden Blick des Juristen. Daneben gibt es Märchen wie ›Der goldene Topf‹. Seinem Bamberger Verleger Kunz schrieb Hoffmann 1813 dazu: »Es ist, als schlösse sich mir ein wunderbares Reich auf, das, aus meinem Innern hervorgehend und sich gestaltend, mich dem Drange des Äußern entrückte.« Beides verbindet sich in der satirischen Märchenerzählung ›Meister Floh‹, die ihm 1822 wegen der Anspielungen auf den preußischen Polizeidirektor von Kamptz als ›Hofrat Knarrpanti‹ die Beschlagnahme des Manuskripts, Zensurmaßnahmen und ein Disziplinarverfahren eintrug.

Als Komponist gehörte Hoffmann zu den Vorläufern der musikalischen Romantik. Doch auch die Prosa beein-

E.T.A. Hoffmann. Kupferstich von J. Passini nach einer Zeichnung von W. Hensel

flußte noch lange nach seinem Tod in Berlin 1822 die Musikentwicklung: Robert Schumanns ›Kreisleriana‹ beziehen sich auf Hoffmanns literarisches alter ego, den Kapellmeister Kreisler, Paul Hindemiths Oper ›Cardillac‹ variiert Motive des ›Fräulein von Scuderi‹, und Jacques Offenbach widmete dem Autor und seinem Werk die Oper ›Hoffmanns Erzählungen‹.

strenge Front; bei seitlichem Licht ist der Wechsel von hellen Zonen und den beschatteten Flächen besonders reizvoll. Mit dieser Kirche gelang es der Familie Dientzenhofer, sich im fränkischen Raum als Baumeisterdynastie zu etablieren. Sie schufen fortan Meisterwerke des fränkischen Barock oder bestimmten deren Gestalt, etwa die Neue Residenz in Bamberg, die Klöster Banz, Ebrach und Michaelsberg oder die großartige fürstbischöfliche Sommerresidenz Schloß Weißenstein in Pommersfelden.

Als Wandpfeilerkirche mit ausgesprochen hoch umlaufenden Emporen ist das Innere gestaltet, das weite Gewölbe des Langhauses ist über dem ersten Joch mit einer Hängekuppel überdeckt, ähnlich einer Vierung, die Giovanni Francesco Marchini 1714 mit Scheinarchitektur ausmalte. Das Fresko täuscht eine sich hoch aufwölbende Kuppel nach italienischem Muster vor. Franz Jakob Vogel stuckierte behutsam die Chorkapellen und die Bögen des ersten Jochs. Ausgestattet ist die Kirche überwiegend mit den barocken Kunstwerken der Erbauungszeit. Giovanni Battista Brenno schuf 1701 den reichgestalteten, dreifach gegliederten Hochaltar aus rotem Stuckmarmor, der das Halbrund des Chores beherrscht, Sebastian Reinhard gestaltete 1708 das Blatt für die abgerissene Kirche Alt-St.-Martin (Tod des hl. Martin); in diesem Altar mußte es seitlich und oben gestutzt werden. Erst 1792 wurde der klassizistische Kuppeltabernakel von Materno Bossi in den Altar eingefügt. Im Zentrum des rechten Seitenaltars befindet sich eine geschnitzte hölzerne Sitzfigur der Schmerzhaften Muttergottes. Ein unbekannter Künstler schuf sie Mitte des 14. Jh. in Schwaben, wahrscheinlich in der Nähe des Bodenseeraums; typengeschichtlich interessant ist sie als Beispiel eines ›freudvollen Vesperbildes‹. Darunter hat in der ovalen Nische eine alabasterne Darstellung der stehenden Muttergottes ›Maria Trost‹ aus der Mitte des 15. Jh. ihren Platz gefunden. Ebenfalls aus der abgebrochenen Kirche Alt-St.-Martin (»hieher 1838 versetzt« vermerkt die Predella) stammt die sogenannte Angsttafel, ein spätgotisches Andachtsbild. Zu diesen historischen Arbeiten steht die moderne Altarinsel von Paul Schrinner (1984) mit Ambo in einem aparten Kontrast: über einen Steinblock ist – ebenfalls in Stein – der geteilte Mantel des hl. Martin gebreitet.

An die Kirche schließt sich das ehemalige **Jesuitenkolleg** mit seinem Binnenhof an, das Renaissanceportal von 1612 erinnert daran. Hier hat neben einem Teil der *Universität* wie auch deren Bibliothek und seit der Renovierung das **Naturkundemuseum Bamberg** wieder sein Domizil gefunden. Es wurde schon 1795 eingerichtet, sein historischer Museumssaal aus dem frühen Klassizismus gilt als schönster Deutschlands und bietet quasi ein ›Museum im Museum‹.

Der Grüne Markt mündet in den *Maximilians-* oder auch kurz *Maxplatz*, mit einem Denkmal für König Max Joseph I., flankiert von den Stadtheiligen Heinrich, Kunigunde und Otto sowie König Konrad III. Ferdinand von Miller gestaltete diesen **Maximiliansbrunnen** 1888. Der Maxplatz wurde 1804 durch den Abbruch der alten St.-Martins-Kirche geschaffen. Balthasar Neumann entwarf die Pläne für die beiden dominierenden Barockbauten des ehemaligen Katharinenspitals und des Klerikalseminars (1729–38). Aus einer Stiftung der Patrizierfamilie Tockler von 1203 ging das **Katharinenspital** hervor, das **Klerikalseminar** avancierte zum **Neuen Rathaus**.

Zur Kettenbrücke führt die Hauptwachstraße, benannt nach der ehemaligen **Hauptwache** (Nr. 16). Sie wurde 1772 von Johann Joseph Vogel nach Plänen des Johann Georg Roppelt errichtet: ein zweigeschossiger Mansarddachbau mit inzwischen zu modernen Geschäften geschlossenen Erdgeschoßarkaden. An die ursprüngliche Bestimmung des Baus erinnern die Trophäen- und Wappenreliefs von Johann Bernhard Kamm. Das Haus Hauptwachstraße 7 weist eine besonders anmutig dekorierte Rokokofassade auf: Hermenatlanten tragen die Kolossalpilaster der beiden Obergeschosse, die Rocailleornamente sind als Reliefbilder ausgestaltet; angeblich stammt das Gebäude von Johann Joseph Vogel. Die bei schwerem Eisgang 1784 zerstörte reichgeschmückte Rokokobrücke, die *Seesbrücke*, ist inzwischen längst von der modernen *Kettenbrücke* ersetzt worden. Sie führt über den rechten Regnitzarm, heute auch Teil des *Main-Donau-Kanals*, zur *Gärtner-* oder *Theuerstadt*. Durch dieses Viertel verlief der alte Handelsweg von Lübeck nach Regensburg; der Straßenname *Steinweg* erinnert noch daran, daß dieses Stück im Gegensatz zu vielen anderen gepflastert war. Die alten Brauhäuser in der Unteren und Oberen Königstraße, die man sonst so weit abseits des Zentrums nicht vermuten würde, deuten ebenfalls auf diesen alten Fernhandelsweg hin. Sehenswert sind die alten zumeist geschmiedeten Hausschilder: Zum ›Großkopf‹, ›Pfau‹, ›Spezial‹ oder ›Fässla‹. Folgt man der Oberen Königstraße nach rechts, so gelangt man zur Pfarrkirche der Theuerstadt.

Vom Gründungsbau der Kirche des Chorherrenstifts und jetzigen Pfarrkirche der Theuerstadt im Osten Bambergs **St. Gangolf** aus dem 11. Jh. haben sich noch die Umfassungsmauern von Langhaus und Querschiff erhalten. Ursprünglich war die Basilika flachgedeckt, die wuchtigen Doppeltürme wurden spätromanisch begonnen, um 1400 durch gotische Obergeschosse und hohe Spitzen ergänzt und statt derer 1671 mit den gedrungenen Zwiebelhauben abgeschlossen. Im Stil der späten Gotik erneuerte man auch den romanischen Chor Ende des 15. Jh. und erweiterte das zunächst dreischiffige Langhaus durch Kapellen auf fünf Schiffe (erst im rechten, dann 1752–54 anstelle des südlichen Kreuzgangflügels auch im linken Seitenschiff). Trotz dieser An- und Umbauten ist St. Gangolf im Kern die älteste Kirche Bambergs. Das Barockportal (1689) und die dezente Rokokostuckierung fielen wie manche der alten Kunstwerke der Regotisierung (um 1850) zum Opfer, teilweise wurden diese Maßnahmen inzwischen wieder rückgängig gemacht.

St. Gangolf ist eine der weniger repräsentativen Kirchen Bambergs, deshalb wurden für Bau und Ausstattung nicht die bekanntesten Künstler der jeweiligen Epoche beauftragt. Ihre Kunstwerke können sich aber neben denen anderer Kirchen des Hochstifts durchaus sehen lassen. Nahe der Kirche wohnten und arbeiteten Mitglieder der Familie Mutschelle, die weitgehend ab 1750 die beschwingt wirkenden Rokokoaltäre mit ihren filigranen pflanzlichen und dekorativen Elementen gestalteten. Als Säulenhalbrund fügt sich der luftige Hochaltar großartig in den Chorschluß, erst durch die nicht verstellten Fenster kommt er zur Wirkung. Ein Engel reicht Maria im Strahlenkranz die Krone, während die hll. Johann Baptist und Gangolf zu der glanzvollen Szene emporblicken. Dem Maßwerk der gotischen Fenster und des Chorgewölbes korrespondieren die leichten, baldachinartig geschwungenen Voluten und Ranken über dem Gesims mit ihren heiter gestalteten Putten inmitten von vergoldetem Zierat und Blumengirlanden (1768/69 von Bonaventura Joseph und seinem Bruder Franz Martin Mutschelle). Auch das Chorgestühl mit den Rocailleschnitzereien, dem Muschelwerk, Schilfbündeln und Rosengirlanden – als Anspielung auf den Standort in der Bamberger Gärtnerstadt – schnitzten 1753 die Brüder Mutschelle. Johann Bernhard Kamm schuf 1786 die frühklassizistische Kanzel mit Erdteilen, Gesetzestafeln und dem Auge Gottes ursprünglich für das Bamberger Katharinenspital. Aus nach der Säkularisation abgerissenen Kirchen gelangten weitere Kunstwerke hierher, so die spätgotische Madonna auf der Mondsichel, die wohl nach einem Kupferstich Dürers von 1508 geschnitzt wurde, der Lebensbaumkruzifixus aus der Mitte des 14. Jh. oder die hl. Anna selbdritt von 1510 in der Annakapelle. Das ›Göttlich-Hilf-Bild‹ des Gekreuzigten mit Krone in prunkvollem Ornat, umrahmt von einem barocken Baldachin, stiftete Franz Münzmeister 1362. Erhalten hat sich auch in der Vierungskuppel das Ölgemälde Johann Joseph Scheubels d. Ä., eine Krönung Mariens und Verkündigung zugleich (1753). Als moderne Ergänzung stellte man den von Paul Schinner gegossenen Bronzealtar in die Vierung, er symbolisiert den brennenden Dornbusch (1978).

Das Stift und seine Angehörigen bildeten einst eine Sondergemeinschaft mit eigener Immunität und Gerichtshoheit, weitgehend waren sie von Leistungen für die Stadt der Bürger befreit. Im Kapitelhaus wirkte als Schulrektor rund 40 Jahre lang, etwa von 1260 bis 1300, Hugo von Trimberg und verfaßte hier sein Lehrgedicht ›Der Renner‹ in mittelhochdeutscher Sprache, eine enzyklopädische Sammlung des Wissens der damaligen Zeit. Doch der Freiheit des Denkens und der Wissensvermittlung waren freilich enge Grenzen gesetzt. Als der Stiftskustos Johann Schwanhausen 1523/24 Thesen der lutherischen Lehre predigte und damit großen Zuspruch fand, verwies ihn der Bischof des Landes.

In der **Gärtnerstadt** gibt es eine rund 600jährige Tradition des Kräuter-, Obst- und Gemüseanbaus, von den Rebkulturen der Winzer – in Franken ›Häcker‹ genannt – und Hopfenplantagen ganz zu schweigen, neben der üblichen Ackerwirtschaft. Man nannte die Talfluren rechts der Regnitz nur ›Die Gärtnerei‹ – so ertragreich war der

Bamberg, St. Gangolf, Göttlich-Hilf-Bild

Anbau von Obst und Gemüse, vor allem aber Süßholz und Sämereien seit der Zeit der Humanisten. Bis weit in die Umgebung wurden die Erzeugnisse exportiert. In einem typischen Gärtnerhaus (in der Mittelstraße 34), einem eingeschossigen Traufseitbau mit breiter Hofeinfahrt für die rückwärts gelegenen Felder und dem kleinen Tor für Fußgänger, hat denn auch das **Gärtner- und Häckermuseum Bamberg** mit seinen Sammlungen von altem landwirtschaftlichem Gerät für den Wein- und Gartenbau sein Domizil gefunden. Daneben demonstriert man an Hand originaler Einrichtungen die Arbeits- und Lebensbedingungen in einem Wohn- und Stallhaus um 1900.

☐ Fürstbischöfliche Residenzen im Umkreis der Stadt

Auf dem mit 386 m höchsten der sieben Hügel Bambergs (rund 3 km per Auto über die Altenburger Straße) im Südwesten wird bereits 1109 urkundlich eine **Altenburg** im Besitz des Kollegiatstifts St. Jakob erwähnt; seit 1251 befindet die Anlage sich in der Hand der Bamberger Fürstbischöfe (nicht zu verwechseln mit dem ›castrum babenberch‹ auf dem Domberg). Als herrschaftliche Trutzburg wird sie im Zuge der Machtstreitigkeiten mit der um ihre Unabhängigkeit kämpfenden Bürgerschaft im 14./15. Jh. planmäßig zur Landesfestung ausgebaut. Die prunkvoll ausgestatteten spätmittelalterlichen Repräsentationsbauten wurden im Markgrafenkrieg 1553 von Albrecht Alcibiades, dem Markgrafen von Brandenburg-Kulmbach, zerstört. Ein zeitgenössischer Bericht, nach dem die Beute an Silbergeschirr, goldenem Gerät und anderen Kleinodien so reich war, daß man für ihren Abtransport 400 Wagen benötigte, dürfte allerdings übertrieben sein. Erhalten haben sich wesentliche Teile der Ringmauern, ein Torbau des 16. Jh. und der 33 m hohe Bergfried aus dem 13. Jh., dessen eiserner Feuerkorb einst in Kriegszeiten Signale zur rund 20 km entfernten Giechburg bei Scheßlitz übermittelte. Im wesentlichen ist die heutige Anlage ein Produkt der romantischen Burgenverklärung des letzten Jahrhunderts. Der Arzt Adalbert Friedrich Marcus erwarb 1801 die Ruinen und ließ sie instandsetzen, im nördlichen Mauerturm richtete E. T. A. Hoffmann eine ›Dichterklause‹ ein. Inzwischen erhält seit 1818 der Altenburgverein die Anlage. An der Stelle des mittelalterlichen Palas entstand 1902 ein Neubau. Als Hauptwerk des Bildhauers Georg Adam Reuß gilt die große steinerne *Kreuzigungsgruppe* aus der ersten Hälfte des 18. Jh. vor der Burg.

Eigentümlich gedrungen bietet sich **Schloß Seehof**, etwa 3 km nordöstlich der Stadt bei Memmelsdorf, dem Betrachter. Die frühbarocke Vierflügelanlage mit Ecktürmen anstelle des seit 1426 bestehenden Wirtschaftsgebäudes und eines Vorgängerbaus des 16. Jh. errichtete Antonio Petrini 1687–96 als Sommerresidenz für Fürstbischof Marquard Sebastian Schenk von Stauffenberg (daher auch der Name Marquardsburg) unter Mitwirkung von Georg Dientzenhofer, 1711 erneuerte Johann Dientzenhofer die Turmhauben. An späteren Umgestaltungen (vorwiegend der Innenräume) waren immerhin Balthasar Neumann, Johann Michael Küchel und Justus Heinrich Dientzenhofer beteiligt. So entstand ein kleines Juwel unter den bischöflichen Lustschlössern der Region.

Orientiert an der quadratischen Anlage des Aschaffenburger (Renaissance-)Schlosses Johannisburg, ist der Bau streng symmetrisch um einen (fast) quadratischen Binnenhof

Schloß Seehof, Innenhof

mit Arkaden und Uhrentürmen angelegt. Zwerchgiebel bekrönen die zweigeschossigen Fronten, die Eckpavillons sind ein Stockwerk höher und um ein oktogonales Kranzgeschoß mit Balustrade erweitert. Die Repräsentationsräume des Rokoko wie den *Weißen Saal* stuckierte weitgehend Franz Jakob Vogel, Giuseppe Appiani malte darin den illusionistisch überhöhten ›Götter-Himmel‹ (1752). In den folgenden anderthalb Jahrhunderten bis zur Säkularisation beschränkten sich die Fürstbischöfe auf die Ausstattung des Schlosses mit kostbarem Mobiliar hervorragender Künstler und die Gestaltung des *Rokokoparks*. Dessen Heckentheater, die Seen und Terrassen mit Springbrunnen und ihrem Schmuck von über 400 Figuren (u. a. von Ferdinand Tietz und Bernhard Kamm), Wasserkaskaden waren bedeutende Zeugnisse europäischer Gartenbaukunst, eine Orangerie (als symmetrisches Bauensemble 1733–37 von Balthasar Neumann an der Nordfront), Wachtpavillons und Torgebäude (wie die westliche Toranlage 1737/38 von Johann Michael Küchel) gehörten zum Areal. Das Ende kam lange vor der Säkularisation. Schon die letzten Fürstbischöfe konnten und wollten den finanziellen Aufwand für den Erhalt des Gartens nicht mehr bestreiten, reduzierten Figurenprogramm und Bepflanzung. Mitte des 19. Jh. gelang es nicht, für die Anlage eine sinnvolle Nutzung zu finden, so wurden Leitungen für Wasserspiele und Steinplastiken demontiert und zum Materialpreis verschleudert, das Schloß veräußert. Bereiche des Parks versuchte man landwirtschaftlich zu nutzen, dazu mußten Teiche trockengelegt und Teile des Barockensembles im Osten abgerissen werden.

Wie ein Plädoyer gegen den Privatbesitz an Kulturgütern liest sich das (vorläufige) Schlußkapitel. In den Jahren von 1951 bis 1975, bevor der bayerische Staat den Komplex übernehmen konnte, wurden die restlichen Skulpturen des Parks und das kostbare Mobiliar aus mehreren Jahrhunderten von den derzeitigen Besitzern systematisch gewinnbringend verramscht – an private Sammler und Museen. Heute ist im – weitgehend seiner Schätze beraubten – Schloß eine Außenstelle des Bayerischen Landesamtes für Denkmalpflege untergebracht; weil es (wieder auf Kosten der Steuerzahler, versteht sich!) sukzessive renoviert und ausgestattet wird, lohnt sich allerdings unbedingt ein Besuch.

Dem ›bauwurmb‹ der Schönborns – von den abgabenpflichtigen Untertanen gefürchtet – verdankt das im Kreis Bamberg gelegene **Pommersfelden** eine der bedeutendsten bischöflichen Sommerresidenzen des Barock, **Schloß Weißenstein**; es ist einen Abstecher wert (rund 21 km südwestlich Bambergs). Als der Mainzer Kurfürst und Bamberger

DER SCHIFFBARE FLUSS UNTERHALB BAMBERGS BIS SCHWEINFURT

Fürstbischof Lothar Franz von Schönborn 1710 die Herrschaft der Truchsesse von Pommersfelden erbte, beschloß er, anstelle von deren Wasserburg des 16. Jh. (die er abreißen ließ, man kann die Ruinen im Dorf noch sehen) als Zeichen der Macht und des Reichtums seines Familienclans eine Sommerresidenz zu errichten. Hier konnte er, nicht durch lästige Wahlversprechungen gebremst wie in Bamberg, ungeniert seiner Bauleidenschaft frönen. Der Bischof beschrieb sie ähnlich, wie heutzutage Süchtige ihre Abhängigkeit erleben: »Das Bauen ist ein Teufels-Ding, denn wenn man einmal angefangen hat, kann man nicht mehr aufhören«; doch offenbar scheute er den Umgang mit teuflischen Gelüsten nicht. Johann Dientzenhofer wurde mit Plan und Ausführung des repräsentativen Projektes betraut. Rasch nahm es so gewaltige Dimensionen an, daß der ursprüngliche Bauplatz im Dorf zu begrenzt war. Ihm standen der kurmainzische Baudirektor Maximilian von Welsch und der Wiener Johann Lukas von Hildebrandt beratend zur Seite, wesentliche Vorgaben stammten jedoch vom Bauherrn selbst, so der Entwurf des Treppenhauses, welches »von meiner Invention und mein Meisterstück ist«; freilich gab es Vorbilder.

Verglichen mit anderen bischöflichen Residenzen dieser Größenordnung war der Bau bis 1718 in Rekordzeit vollendet. Die dreiflügige Anlage umschließt einen weiten *Ehrenhof*, ihr entspricht im weiten Halbrund als Abschluß der *Marstall*. Mit seinen drei Achsen und abgerundeten Ecken ist der *Mittelpavillon* des Corps de logis deutlich hervorgehoben. Er birgt das Treppenhaus mit Vestibül und – an der Parkseite – über dem mit Muscheln (als ›Grotte‹) belegten und durch Figuren (die vier Elemente und die vier Jahreszeiten von Burkhard Zamels) geschmückten Gartensaal den *Marmorsaal* über zwei Geschosse als eigentlichen Festsaal. Michael Rottmayr schuf die Fresken wie das Deckengemälde mit dem ›Triumph der Weisheit über die Finsternis‹ und die ›Herrschertugenden‹: Gerechtigkeit, Stärke, Fleiß und Weisheit. Neben biblischen Gestalten und Motiven vergaß der Bauherr nicht, Mitglieder seiner Familie ins rechte Licht zu rücken. Das *Treppenhaus* gilt als das erste bedeutende des Barock in Deutschland. Mit seinem reichen Figurenschmuck von Putten, Plastiken (Jupiter, Juno, Urania, Kosmos von Burkhard Zamels) und Vasen, den umlaufenden Galerien und dem Deckenfresko des Johann Rudolf Byss der vier Erdteile (ohne Australien) um den Sonnenwagen des Apoll und der als Scheinarchitektur gemalten Balustrade von Giovanni Francesco Marchini nimmt es in der Tat einen besonderen Rang ein. Auch die Nebenräume der *Sala terrena* (Gartensaals) im Erdgeschoß gestaltete Marchini durch illusionistische Malerei mit Landschaftsdurchblicken, wie er auch das Gewölbe der *Sattelkammer* im Marstall mit barocker Scheinarchitektur überhöhte. Die an der ›Straße der Kaiser und Könige‹ obligatorischen *Kaiserzimmer* im Westflügel und auf der Ostseite die *Kurfürstliche Wohnung* mit Tafel-, Audienz-, Wohn-

1 BAYREUTH Markgräfliches Opernhaus ▷
2 KULMBACH mit der Plassenburg ▷▷
3 Wallfahrtskirche Vierzehnheiligen, im Hintergrund Kloster Banz ▷▷

4, 5 BAMBERG Linker Regnitzarm mit Blick zum Michaelsberg und ›Klein-Venedig‹

6 MARKTBREIT Rathaus mit Maintor ▷

7 Mainschleife bei Fahr/Untereisenheim

9 WÜRZBURG Neumünster, Westfassade, rechts die Domwesttürme

10 WÜRZBURG Residenz, Hofgartenseite ▷

12, 13 WÜRZBURG   Residenz, Fresken im Treppenhaus: ›Asia‹ auf einem Elefanten und ›Pilger‹ mit der Signatur Tiepolos (Details)

◁ 11 WÜRZBURG   Residenz, Blick ins Treppenhaus

14 WÜRZBURG Alte Mainbrücke und Festung Marienberg, im Hintergrund das Käppele

16 BÜRGSTADT St. Martinskapelle
15 KARLSTADT Maintor und Ruine Karlsburg

17 ASCHAFFENBURG Schloß Johannisburg und Pompejanum

19 FRANKFURT Römer und Gerechtigkeitsbrunnen

◁ 18 FRANKFURT ›Mainhattan‹

und Schlafzimmer sowie ein Spiegel- und Porzellankabinett neben der bereits 1715 als Gemäldesammlung eingerichteten *Großen Galerie* bilden als Enfilade die im Barock durchaus übliche Raumfolge des Hauptgeschosses. Noch heute ist das Schloß im Privatbesitz der Familie Schönborn; ein Teil der Repräsentationsräume, das Treppenhaus und die Gemäldegalerie können besichtigt werden.

Auch das rund 35 km südwestlich vom Bamberg gelegene ehemals erste *Zisterzienserkloster* in Franken, **Ebrach,** bietet sich für einen kunsthistorischen Exkurs abseits des Mains an. Nach dem Urteil des Kunsthistorikers Georg Dehio ist die ehemalige Klosterkirche »der großartigste frühgotische Bau, den Deutschland hervorgebracht hat«. Bereits 1200 wurde die jetzt bestehende **Kirche** begonnen, eine dreischiffige überwölbte Basilika mit Querhaus und Rechteckchor, umgeben von einem Kapellenkranz. Während das Äußere der Kirche unverändert blieb oder nach Zerstörungen im Bauern- und im Dreißigjährigen Krieg wiederhergestellt wurde, gestaltete Materno Bossi 1778–91 den Innenraum im Stil des französischen Klassizismus neu; er verkleidete gotische Wanddienste

Pommersfelden,
Schloß Weißenstein,
Treppenhaus

mit Stuck als korinthische Säulen, umwand die Gewölberippen mit Girlanden und kassetierte die Gewölbe selbst – eine witzige Lösung, die unter dem weißen und goldenen Prunk den ursprünglichen Bau ahnen läßt. Stuckreliefs erzählen Szenen aus dem Leben Jesu und des hl. Bernhard. Auch die Altäre schuf Bossi passend aus Stuckmarmor, Peter Wagner lieferte die Figuren. Bemerkenswert ist auch das wertvolle Chorgestühl mit seinen Holz- und Alabasterreliefs nach Entwürfen von Peter Wagner (1782–84), Leben, Leiden und Triumph Christi sind hier dargestellt. Älter als die übrige Ausstattung ist der Renaissancealtar des hl. Bernhard aus Alabaster und Sandstein von Veit Dimpel (1625/26).

Von außerordentlicher Pracht war auch die übrige Klosteranlage, die barocken Gebäude entstanden von 1686 bis 1735 nach Entwürfen von Johann Leonhard Dientzenhofer, Joseph Greising und Balthasar Neumann mit *Abtei-, Konvent-* und

Ebrach, Michaelskapelle der ehemaligen Zisterzienserklosterkirche

Bibliotheksbau zum Teil um einen offenen Ehrenhof – nach dem Schema fürstlicher Residenzarchitektur. Einzelne Festsäle wie der *Kaisersaal* mit Pilastern aus rotem Stuckmarmor und reichen Stukkaturen oder das nach Plänen Balthasar Neumanns konzipierte *Treppenhaus* können durchaus dem Vergleich mit Schlössern von europäischem Niveau standhalten. Von den Gartenanlagen ist nach der Säkularisation nur wenig geblieben, wie etwa der großartige *Brunnen* mit der Herkules-Antäus-Gruppe von Jakob van der Auvera (1747) und das prächtige *Bamberger Tor* von Johann Michael Küchel aus der Mitte des 18. Jh.

Unterhalb Bambergs wird das Maintal weit und lieblich. Die ersten Reben wachsen in der Nähe von **Ebelsbach** mit seinem malerischen *Wasserschlößchen* der Freiherren von Rotenhan. Die heutige Anlage mit ihrem wehrhaften Charakter, Torhaus, Vorburg, Umfassungsmauern mit Ecktürmen und dem eigentlichen Wohnbau, wurde 1564–69 auf älteren Fundamenten erbaut. Eine Brücke über den Main verbindet den *Naturpark Haßberge* nördlich von Ebelsbach (rechtsmainisch) mit *Eltmann* (der alte Siedlungsname ›Eltimoin‹ verweist auf den Fluß), dem nördlichen ›Eingangstor zum Steigerwald‹.

☐ Maria Limbach

Von dessen Ausläufern grüßt 4 km nordwestlich der Stadt (über einen Fußweg zu erreichen) bei Limbach die **Wallfahrtskirche Mariae Heimsuchung** ins Tal, eine der letzten Schöpfungen Balthasar Neumanns (Grundsteinlegung 1751). Westlich des Dorfs, deshalb auch der Name Maria Limbach, direkt an der Straße, inmitten von Feldern und Wiesen erhebt sich die Kirche mit der formal strengen fünfachsigen Pilasterfassade, die in ihrer gediegenen Ruhe klassizistische Formen vorwegnimmt. Sie ist der Front der ehemaligen Würzburger Dominikanerkirche (heute: Augustinerkirche) nachgebildet, die Neumann zehn Jahre zuvor umgestaltet hatte. Einziger Schmuck der Fassade sind die vergoldete Madonna im Strahlenkranz auf der Giebelspitze, das Wappen des Bauherrn Friedrich Carl von Schönborn im Feld darunter, die Flammenvasen auf den Ausläufern der Giebelabschwünge sowie die Scheitelsteine über den Fenstern. Der Würzburger Fürstbischof Friedrich Carl von Schönborn hatte in einer testamentarisch verfügten Stiftung die Erweiterung der bestehenden spätgotischen Wallfahrtskirche angeregt, die 1751 abgebrochen wurde und auf deren Fundamenten die neue Kirche ruht. Der Chor weist nach Süden, rechtwinklig zur nach Osten ausgerichteten Vorgängerkirche, um möglichst viele Grundmauern der alten Kirche nutzen zu können.

Assistiert von seinem erst 18jährigen Sohn Franz Ignaz Michael – er entwarf den zierlich-eleganten Helm der Zwiebelhaube – und einem Schüler namens Neussel aus Kronach in Oberfranken gestaltete Neumann einen Doppelschalenraum mit rechteckigem, dreijochigem Langhaus und eingezogenem zweijochigem Chor. Der lichtdurchflutete, spätbarocke Einheitsraum mit seinem Tonnengewölbe deutet ebenfalls die Entwicklung zum Klassizismus an. Der Emporengang umläuft den gesamten Innenraum der Kirche einschließlich des zweiten Geschosses des quadratischen Turms, der – im Scheitelpunkt der Apsis hinter dem Hochaltar, jedoch von innen schwer zu erkennen – raffiniert in den Chorschluß integriert wurde. Den streng einheitlichen Eindruck des Raumes unterstreichen die hölzernen Balusterbrüstungen der Empore, die in der Flucht der Wandpfeiler geführt sind, mit Ausnahme des vorgeschwungenen Orgelchors im Vorjoch.

In heiterem Gegensatz zu dem – korrespondierend mit der strengen Fassade – vom Bau her fast nüchtern-kühlen Raum steht die gelöste Rokokopracht der Innenausstattung. Für die Stuckarbeiten hatte Neumann am 22. Juni 1753, nur wenige Monate vor seinem Tod am 19. August 1753, noch den Bamberger Stukkator Andreas Luntz gewinnen können und mit ihm wohl auch die Ausführung vereinbart. Der harmonische Eindruck von Weiß und zarten Farbtönen lockert den Bau auf und gibt ihm Pracht. Mitte des 19. Jh. hatte man mit dunklen Farben, Blau und Violett, das Kirchenschiff dem Geschmack der Zeit angepaßt, inzwischen ist jedoch der ursprüngliche Zustand wiederhergestellt. Der in Würzburg lebende Bildhauer Johann Peter Wagner, ein Schüler des Johann Wolfgang van der Auvera, schuf die *Altäre* als erstes großes Werk nach seinen Wanderjahren. Der Hochoder Gnadenaltar wurde 1761 als ›gefertigt‹ erwähnt: ein Baldachinaltar mit freistehender Mensa, Tabernakel, Kerzenbänken und Gnadenbild in einem gläsernen Schrein, getragen von vier rötlich marmorierten Holzsäulen mit vergoldeten Basen und Kapitellen, die auf

Maria Limbach, Langhaus von Balthasar Neumann (1751–55)

doppelten Postamenten ruhen. Das geschwungene Gebälk schließen vier konkav-konvex geschwungene Baldachinrippen nach oben ab, bekrönt von einem mächtigen goldenem Fürstenhut mit goldenem Kreuz. Das Gnadenbild, eine gute spätgotische Madonna (Ende 15. Jh.) aus Holz, den nackten Knaben auf ihrem linken Arm, steht auf der Mondsichel, umgeben von einem Strahlenkranz, und betont die Mitte der fünfachsigen Komposition. Den anbetenden Engeln und – über den Durchgängen – den Eltern der Gottesmutter: der heilige Joachim mit Schäferschippe, ruhendem Schaf und zwei Tauben, als Pendant die heilige Mutter Anna, korrespondieren über dem Gebälk wiederum Engel. Sie tragen Inschrifttäfelchen »Electa ut sol« (= auserwählt wie die Sonne) und »Pulchra ut luna« (= schön wie der Mond), größere Engel halten jeweils zur Illustration die entsprechenden Symbole: Mondsichel und Sonne mit flammendem Strahlenkranz. In der Mitte, über dem Gnadenbild, findet sich das polychrome Stifterwappen des Fürstbischofs Adam Friedrich von Seinsheim mit Krummstab, Schwert und Fürstenhut. Der Neffe des Fürstbischofs Schönborn hatte den Kirchenbau wesentlich gefördert und konnte am 7. September 1755 die Weihe der Wallfahrtskirche vornehmen. Das Pontifikalamt wurde an seinen Höhepunkten von Geschützsalven begleitet, die Geschütze dazu hatte man eigens aus der bambergischen Festung Forchheim herangeschafft; deren Donner hätte dem Baumeister vermutlich gefallen, Balthasar Neumann war ja bekanntlich Artillerie-Obrist.

Johann Peter Wagner fertigte auch die Seitenaltäre, allerdings ohne Säulenschmuck in der reich fließenden Ornamentik des Rokoko: links der Apostel Judas Thaddäus mit flammender Keule, Franz von Paula und Antonius der Eremit, rechts Johannes von Nepomuk, als Namenspatron des Bauherrn Carl Borromäus und außerdem Franz von Sales. Von der Ausstattung des spätmittelalterlichen Baus hat sich im wesentlichen nur ein Vesperbild aus dem Anfang des 15. Jh. (heute gegenüber der Kanzel) erhalten. Die mit Motiven aus dem Marienleben reichdekorierte Kanzel von 1760 (ebenfalls von J. P. Wagner) und die Orgel des Philipp Seuffert aus dem Jahr 1766 vervollständigen das Interieur dieser relativ kleinen Wallfahrtskirche, die aber doch im Werk Balthasar Neumanns eine wichtige Stellung einnimmt.

☐ Zeil

Über Sand und die Mainbrücke erreicht man das Weinstädtchen Zeil, mit seinen prächtigen Fachwerkbauten ein malerisches Ensemble. Die Anfänge liegen im dunkeln, aber die Entwicklung dürfte wohl repräsentativ für die meisten Landstädte sein. Erstmals wurde Zeil jedenfalls 1142 als ›bedeutend‹ erwähnt, was das auch immer geheißen haben mag. Ein ›Castrum Zilanum‹ auf dem heutigen Kapellenberg wurde 1250 wegen Geldmangels vom Hochstift Bamberg an das Rittergeschlecht von Rotenhan verpfändet und Zeil selbst 1379 als ›Stadt‹ genannt; diese Jahreszahl ziert auch die 11-Uhr-Glocke der Stadtpfarrkirche. Urkundlich belegt ist jedenfalls, daß der böhmische König Wenzel Zeil 1397 das Marktrecht verliehen hat, er setzte damals den Bamberger Bischof in ›Nutz und Gewere‹ von ›Czeil Burck und Stat‹; ein ›Salgericht‹ ist für 1469 bezeugt.

Daß der Dritte sich freut, wenn zwei sich streiten, gilt freilich nicht immer. Als die Fürstbistümer Würzburg und Bamberg 1463–69 wegen eines Weidestreits in Fehde lagen, wurden Zeil und die Burg Schmachtenberg (heute Ruine, knapp 2 km östlich der Stadt) von den Würzburgern geplündert. Im Bauernkrieg schloß sich Zeil dem Aufstand an, zwei Zeiler Bürger wurden deswegen als Aufrührer in Bamberg enthauptet. Auch die religiösen Auseinandersetzungen forderten ihren Tribut. 1598 stellte das Hochstift Bamberg der Stadt ein Ultimatum: entweder Rückkehr zum Katholizismus oder Auswanderung; damals kehrten zwei Familien Zeil für immer den Rücken. Den Verfolgungen angeblicher Hexen fielen im ersten Drittel des 17. Jh. durch Folter und Scheiterhaufen rund 300 Menschen zum Opfer.

Für einen Rundgang bietet es sich an, auf dem Marktplatz beim **Rathaus**, einem dreigeschossigen Bau mit Satteldach, zu beginnen. Der Abschlußstein des Fachwerkobergeschosses nennt die Jahreszahl 1540, der Unterbau mit dem gotischen Hauptportal dürfte aus dem 14. Jh. stammen. Der neben der ›Bamberger Elle‹ (67 cm) an der Ecke des Baus noch vorhandene Pranger deutet die mittelalterliche Gerichtsbarkeit an. Im Ratssaal wird heute die Zwölf-Apostel-Gruppe aus der ehemaligen Pfarrkirche aufbewahrt.

Die **Stadtpfarrkirche St. Michael** wurde 1713–32 über den Fundamenten einer mittelalterlichen Kirche (St. Johannes d. T. gewidmet) erbaut. Weithin erkennt man den Kirchturm mit seinem charakteristischen Fünfknopfhelm (auch: Fünfspitzenhelm), den frühe-

DER SCHIFFBARE FLUSS UNTERHALB BAMBERGS BIS SCHWEINFURT

Zeil, Rathaus und Pfarrkirche St. Michael

ren Ecktürmchen der Westtürme des Bamberger Doms nachempfunden. Auf der Spitze des Kirchenhügels hatte der Bau eine doppelte Funktion: Er diente gleichzeitig sakralen Zwecken wie auch der Verteidigung als Wehr- und Wachtturm, in der Kirchhofsmauer hat sich ein Rest der alten Wehrmauer erhalten. Der älteste Teil der Kirche sind der ehemalige Chorraum im Erdgeschoß (14. Jh.) und die sich anschließende Sakristei (heute Taufkapelle) im Turm an der Ostseite der ab 1732 nach Westen ausgerichteten Kirche. Bemerkenswert sind in der Taufkapelle die Fresken (um 1350): Kaiser Heinrich II. und seine Gemahlin Kunigunda als Stifter des Bistums Bamberg, sie halten ein Modell des Doms in Händen, Verspottung und Dornenkrönung Christi sowie die Umrisse eines Bischofs und eines Hohepriesters, die vermutlich Christentum und Judentum symbolisieren sollten. Die stark verblichenen Fresken wurden 1957 freigelegt.

Das Rahmenwerk des *Hochaltars* und der beiden *Seitenaltäre* schuf 1723–29 der Bamberger Bildhauer Martin Walter. Das Blatt des Hochaltars (zweite Hälfte 19. Jh.) zeigt den Kampf des Erzengels Michael mit Luzifer, flankiert von Heiligenfiguren: den irischen Mönch und ›Frankenapostel‹ Kilian mit dem Schwert, Katharina mit dem gebrochenen Rad, Barbara mit dem Turm und Jakobus mit dem Pilgerstab. Aus der ersten Hälfte des 18. Jh. stammen die Gemälde der Seitenaltäre, vermutlich schuf der fränkische Barockmaler Georg Sebastian Urlaub den hl. Josef (rechts; flankiert von Ignatius von Loyola und Franz von Assisi) und Johann Peter Herrlein das Blatt des linken Altars mit der Darstellung Marias (flankiert von Dominikus und Bernhard von Clairvaux). Die prachtvolle *Kanzel* mit ihren von der italienischen Renaissance beeinflußten Schnitzereien stammt wohl aus der Jesuitenkirche in Bamberg (heute Martinskirche). Maßgeblich bestimmen den heiteren Gesamteindruck der Kirche jedoch die *Rokokostukkaturen* an Decken,

Gesimsen und über den Fensternischen von Peter Hellmuth und die Deckenfresken von Johann Peter Herrlein: die leidende, streitende und triumphierende Kirche und das Abendmahl mit ihrer raffiniert einbezogenen Scheinarchitektur. Die gute doppelgeschossige Ölberggruppe mit heiligem Grab darunter an der Außenwand stammt aus der Mitte des 18. Jh.

Die ehemalige **St.-Anna-Kapelle** gegenüber der Pfarrkirche wurde 1492 geweiht und zählt zu den ältesten Bauwerken Zeils. Bei der letzten Restaurierung wurden alte Malereien aus dem frühen 17. Jh. freigelegt, darunter befinden sich gotische Fresken aus dem 15. Jh. Sie sind weitgehend zerstört, noch ihre Reste lassen allerdings den ehedem reichen Wandschmuck ahnen. Das Kellergewölbe diente ursprünglich als Beinhaus. Gegenüber dem Rathaus findet sich das repräsentative **Rosenbergische Zehnthaus** von 1730, das dem Barockbaumeister Johann Michael Küchel zugeschrieben wird. Das Bild prägen mit reichem Fachwerk verzierte Bürgerhäuser. Das **Jörg-Hofmann-Haus** (Hauptstraße 3) erbaute der Zeiler Zimmermann 1689 für seinen reichen Schwager. Hofmann nutzte die Fachwerkkonstruktion, um mit plastischen Formen der Holzbearbeitung dekorative Wirkungen zu erzielen: Pferd und Löwe als Schmuck und zugleich Symbol von Kraft und Schnelligkeit. Schreckmasken sollten böse Geister bannen. Auf dem Weg zum **Torturm**, dem eindrucksvollsten Rest der Stadtbefestigung aus dem 14. Jh., kommt man in der Oberen Torstraße am ehemaligen **Probstenhof** (Nr. 8), einem späten Barockbau mit Mittelrisalit und dreiteiligem Portal, und dem ehemaligen **Jagdschloß** des Fürstbischofs Lothar Franz von Schönborn vorbei, einer Dreiflügelanlage aus der Zeit um 1700. Recycling ist übrigens keine Errungenschaft der Neuzeit: Das Schlößchen wurde aus den Steinen der im Bauernkrieg zerstörten Schmachtenburg erbaut. Wie am Probstenhof findet sich auch hier das Wappen des Fürstbischofs.

☐ Haßfurt

Bevor man das *Bamberger Tor* (aus dem 13. Jh., wie das *Maintor*, der *Fröschturm* am Fluß und das *Würzburger Tor*) passiert und dahinter das heutige Zentrum erreicht, gelangt man in die *Obere Vorstadt*, den ältesten Siedlungskern Haßfurts und damit in die eigentliche Altstadt. Urkundlich wurde ›Hasavurte‹ (von ›Hasagaui‹ = Haßgau und dem Flüßchen Nassach: ›hasacha‹), eine der ältesten Siedlungen im Haßgau, erstmals 1230 erwähnt, und zwar bereits als Wehranlage (municipio). Ob das im Ortsnamen verborgene ›Hasa‹ (in anderen Quellen auch ›Hase‹) auf die Wassertiefe und damit auf die Möglichkeit, durch den Fluß zu waten, hindeutet, analog zu Schweinfurt, Ochsenfurt oder Frankfurt, ist nicht gesichert und vielleicht auch dem Spott rivalisierender Gemeinden zuzuschreiben; Haßfurt führt allerdings in seinem Wappen einen – Hasen. Bei der alten Fischersiedlung befand sich jedenfalls eine Furt. Eine befestigte Burg und die 1243 als ›feste Stadt‹ (oppidum) bezeichnete Anlage scheinen bei Grenzstreitigkeiten zwischen den Bistümern Bamberg und Würzburg eine wichtige Rolle gespielt zu haben.

Hier stand die älteste Pfarrkirche Haßfurts, die von der jetzigen **Ritterkapelle St. Maria** (1455 vollendet) abgelöst wurde. Trotz einschneidender Restaurierungen im ver-

gangenen Jahrhundert hat sich der spätgotische Charakter der einschiffigen Anlage mit eingezogenem Chor und schönem Rippengewölbe, dessen Paare sich am Gewölbefuß kreuzen, erhalten. An den Rippenkreuzungen finden sich 25 Wappen des fränkischen Adels, angeführt von dem des Bischofs Johann von Grumbach. Die Drachen, Äffchen, Zwitterwesen und Menschenköpfe des Konsolenschmucks sprechen für die Phantasie der mittelalterlichen Künstler. Originell ist der Anschluß des schräggestellten vierten Chorjochs an das breitere Langhaus. Die Spitzbogenwölbung der schmalen Portalvorhalle zeigt einen in Form des Andreaskreuzes ausgestreckten Mann; die Symbole an Händen und Füßen für Mäßigkeit (Gießen aus einem Gefäß in ein anderes), Waage (Gerechtigkeit), Schlange (Klugheit) und Löwe (Kraft) sind zum Teil verlorengegangen, sie verwiesen in mittelalterlicher Tradition auf die vier Kardinaltugenden wie auf den Kosmos. Das *Tympanon* über dem Hauptportal gestaltet in einer sehr seltenen Darstellung den Zug der Hl. Drei Könige mit ihrem Gefolge in fünf verschiedenen Szenen nach Bethlehem und den Besuch im Stall; eine plastische Bilderbibel, für des Lesens Unkundige in Stein gehauen. Entlang der Außenwand des Chors hat sich der fränkische Adel mit insgesamt 248 Wappen verewigt.

Die mittelalterliche Gründung der Stadt Haßfurt von 1230, zwischen dem Würzburger und Bamberger Tor, geht auf den Würzburger Bischof Hermann von Lobdeburg zurück. Deutlich zu erkennen ist die planmäßige Anlage mit ihrer parallelen Straßenführung, 1339 werden die Mauern erwähnt, die sie von dem älteren Teil trennten. Heute dient die ehemals fürstbischöfliche **Zehntscheuer,** ein sechsgeschossiger Bau mit Treppengiebeln (Hauptstraße 3, ursprünglich 15. Jh., im 17. Jh. ausgebaut), als Stadthalle. Das repräsentative alte **Rathaus** von 1521 beherrscht im Zentrum zwischen Hauptstraße und Marktplatz das Bild, die zierliche Giebelbekrönung lockert den massiven Eindruck der drei unteren Geschosse auf. Der Würzburger Fürstbischof Gerhard von Schwarzburg legte 1390 an der Nordseite des Marktplatzes den Grundstein für die **Pfarrkirche St. Kilian, Kolonat und Totnan** (vormals St. Andreas). Die breiträumige dreischiffige Hallenkirche wurde in den vergangenen Jahren gründlich restauriert; damals fanden auch die drei Figuren der Frankenapostel Kilian, Kolonat und Totnan aus der Werkstatt Riemenschneiders zu ihrem angestammten Platz, dem Hochaltar, zurück. Die beiden um 1490 entstandenen, bedeutenden Figuren von Riemenschneiders eigener Hand aus einem verlorenen Altar, Johannes der Täufer mit schöner Ausarbeitung des härenen Gewandes und eine ausgesprochen streng gestaltete Maria mit dem Knaben, stehen nun links und rechts des Chorbogens.

Von Haßfurt aus bieten sich kurze Abstecher an: zur *Pfarrkirche* in **Unterhohenried** (ehem. Michaeliskirche) mit ihrem spätgotischen Flügelaltar (wohl aus der Schule des Veit Stoß), zur mittelalterlichen *Kirchenburg* von **Prappach** oder der barocken *Dorfkirche* von **Augsfeld,** deren Deckenfresken Johann Peter Herrlein schuf (Stukkaturen wohl von J. P. Hellmuth) und die in ihrer barocken Gesamtausstattung erstaunlich gut erhalten ist.

◁ *Haßfurt, Ritterkapelle, Tympanon des Hauptportals (Detail)*

Das ehemalige Zisterzienserinnenkloster **Mariaburghausen** auf der südlichen Mainseite (ursprünglich: ›Marpurghusen‹ nach der adligen Stifterin) wurde 1243 von Kreuzthal (bei Haßfurt) hierher verlegt. Die gotische **Klosterkirche St. Johannes d. Täufer** entstand nach einem Brand vom Ende des 13. bis in die Mitte des 14. Jh. Der gediegen-langgestreckte Bau, außen mit Strebepfeilern gegliedert, ist symmetrisch geteilt. In der Westhälfte befindet sich über der dreischiffigen Gruft von sieben Jochen (auf Achteckpfeilern überwölbt) die flach gedeckte Nonnenempore, das Laienschiff und der Chor liegen in der Osthälfte. Das Kloster wurde 1582 zugunsten der Universität Würzburg aufgegeben; nach der Säkularisation wurde die Nonnenempore zu einem Getreidespeicher umgebaut. Die Kirche ist normalerweise geschlossen, wegen einer Besichtigung kann man sich an die Stadt Haßfurt wenden (✆ 0 95 21/68 82 27) oder mit dem Messner Thomas Werb (✆ 0 95 21/16 65) den Termin für eine Führung vereinbaren.

Die ehemalige **Benediktinerabtei St. Stephan und Vitus** in **Obertheres** wurde noch vor 1047 von Bischof Suitger von Bamberg gegründet und während des 18. Jh. im Stil der Zeit völlig umgestaltet. Ergriffen vom allgemeinen Bauboom, notierte der damalige Abt euphorisch in seinem Diarium: »Anno 1716 den 6. May ist der Anfang geschehen mit Abbrechen der alten Kirche ...« Doch dieses Schicksal sollte auch dem von ihm in Auftrag gegebenen neuen Werk widerfahren. Nach der Säkularisation brach man die 1715–24 von Joseph Greising erbaute *Klosterkirche* 1809 ab. Bestehen blieb allerdings der 1724–43 errichtete *Klosterbau*, eine imposante Dreiflügelanlage von großzügigen Ausmaßen; das

Mainberg, die ältesten Teile des Schlosses wie der Bergfried stammen aus dem 13. Jh.

Hauptportal mit Freitreppe liegt auf der Westseite, während die Schaufront der Südfassade mit Mittelrisalit und Eckpavillons aufgelockert ist. Die Anlage befindet sich allerdings in Privatbesitz und ist daher nicht zu besichtigen.

Malerisch über den Weinbergen des Ortes **Mainberg** thront das prächtige **Schloß**, weithin sichtbar mit seinen drei charakteristischen Treppengiebeln und dem Turm. Die Anfänge des Baus liegen im 13. Jh., darauf deutet das Mauerwerk des Bergfrieds hin. Im Lauf der Jahrhunderte wechselten vielfach die Besitzer, so kam es 1542 in die Hand des Bischofs Konrad von Bibra und wurde würzburgischer Amtssitz. Inzwischen gehört es der Stadt Schweinfurt. Dank der wechselnden Herren wurde der Bau im 13. bis 16. Jh. häufig umgestaltet, im 18. Jh. und besonders im 19. Jh. stark restauriert. Die kompakte Vierflügelanlage des Hauptschlosses drückt Macht und den Wunsch nach Repräsentation aus. Doch schon vor dem barocken Torbau des späten 16. Jh., dessen zweibogige Einfahrt ›Hölle‹ genannt wird und in der Tat an deren Rachen erinnert haben mag, ist der Weg in den Innenhof versperrt, das Schloß ist ebenfalls nicht zu besichtigen.

☐ Schweinfurt

Schon der Dichter und Orientalist Friedrich Rückert, einer der berühmtesten Söhne Schweinfurts – sein Geburtshaus am Markt (Nr. 2) und das Denkmal (von 1890) dort erinnern daran, daß er am 16. Mai 1788 in der Stadt geboren wurde –, mokierte sich in Versen über den an das nützliche Borstenvieh erinnernden Namen und spöttelte – nicht eben bescheiden in seinem Vergleich –, »vom Jean Paulschen Bayreuth bis hinan zum Goetheschen Frankfurt« sei es nicht weit bis zur »Mitte des Laufs«, eben des Mains, wo er in Schweinfurt geboren sei. Die Stadt solle doch lieber ›Mainfurt‹ oder besser noch ›Weinfurt‹ genannt werden, »ohne den Zischer davor«; was bekanntlich ein frommer Wunsch blieb. Vermutlich ist es eine einleuchtende Legende, daß der Name Schweinfurts sich von Schweinen herleite, denen die geringe Wassertiefe erlaubte, an dieser Stelle sicher durch den Fluß zu waten. Nach Forschungen, die in den Schweinfurter Heimatblättern veröffentlicht wurden, deutet die Ortsbezeichnung allerdings auf einen Mainübergang hin: danach steht die Silbe ›Swin‹ für ein quellenreiches Sumpfgebiet und der Name verweist auf eine Furt beim oder durch den Swin; doch auch diese Hypothese ist vielleicht ebenso vage wie der morastige Grund eines ›Swin‹ bodenlos ...

Erste Ansiedlungen dürften zur Zeit der fränkischen Landnahme im 6. Jh. entstanden sein. Im ›Codex Edelini‹ des Klosters Weißenburg im Elsaß wird jedenfalls ein Ort ›Suinuurde‹ im frühen 8. Jh. erstmals erwähnt, und Anno 791 taucht die Ortsmarkung ›Suuinfurt‹ urkundlich auf. Sie dürfte mit jener ›alten Stat‹ am Main identisch sein, oberhalb derer die einst einflußreichen Schweinfurter Markgrafen – inzwischen weitgehend im Dunkel der Geschichte versunken – ihre Stammburg hatten. Schon 1003 verloren die Herren von Schweinfurt ihre Machtstellung, und in der Folge wurden Siedlung und Burg verschiedentlich zerstört (so im ›Ersten Stadtverderben‹ 1230/40), auch aufgrund von Machtstreitigkeiten zwischen dem Hochstift Würzburg und den Grafen von Henneberg.

Lyriker und Orientalist: Friedrich Rückert

»Gelegenheitsgedichte« nannte Goethe seine Lyrik einmal und bekannte Eckermann gegenüber, sie seien angeregt »durch die Wirklichkeit«. In diesem Sinn war der 1788 in Schweinfurt geborene Johann Michael Friedrich Rückert wohl der produktivste Gelegenheitsdichter der deutschen Literatur. Rückert formulierte: »Daß mein Leben ein Gesang, Sag ich's nur, ist worden, – Jeder Sturm und jeder Drang dient ihm zu Akkorden.« Sein ›Herzensbedürfnis‹, dem mitunter recht prosaischen Alltag lyrische Töne abzuringen, führte dazu, daß viele von Rückerts aus aktuellem Anlaß entstandene Verse eben auch nur für diese Gelegenheit bedeutsam waren. Seine ›Deutschen Gedichte‹ trafen 1814 den Ton der Zeit, besonders die ›Kriegerischen Spott- und Ehrenlieder‹ oder die ›Geharnischten Sonette‹ – Rückerts Beitrag zur geistigen Mobilmachung gegen Napoleon. Die Atmosphäre des Biedermeier spiegelt der Zyklus ›Liebesfrühling‹ (1823), bedeutender sind die ergreifenden ›Kindertotenlieder‹ (1872 aus dem Nachlaß), die Gustav Mahler kongenial vertonte (1902). Rückerts größtes Verdienst bleibt aber, dank seiner umfassenden Sprachkenntnisse große Werke der persisch-arabischen Dichtung, etwa von Hafis und Rumi, und ihre orientalischen Versmaße

Friedrich Rückert. Gemälde von B. Froriep, 1864

wie Gaselen oder Ottaven dem deutschen Sprachraum erschlossen zu haben. In den 6 Bänden seiner ›Weisheit des Brahmanen‹ (1836–39) brachte er in klassizistischen Alexandrinern östliche und westliche Lebensweisheiten in Beziehung zueinander, getreu seiner Überzeugung, daß alle Sprachen der Erde nur Mundarten einer Weltsprache seien und jede Poesie Teil einer globalen Literatur. Dialog und kultureller Austausch sollten weltweit der Versöhnung dienen. Seit 1826 lehrte Rückert als Orientalist in Erlangen und Berlin (ab 1841); er starb 1866 in Neuses bei Coburg.

Im 13. Jh. ist immerhin wieder ein täglicher Markt belegt, nachdem die völlig zerstörte Stadt ab 1258 wieder aufgebaut wurde. Inzwischen hatte man auch die Altstadt gut einen Kilometer flußabwärts nach Westen an den Main verlegt; 1282 bestätigte König Rudolf von Habsburg Schweinfurt die Reichsfreiheit, nannte sie »unser und des richs statt«, und 1310 genehmigte Kaiser Heinrich VII. die Errichtung einer Reichsburg im Bereich der heutigen Innenstadt.

Aus den Kämpfen des Bauernkrieges konnte Schweinfurt sich weitgehend heraushalten, 1542 wurde die Stadt protestantisch und blieb fortan einer der Hauptorte der Reformation in Franken. Das zweite ›Stadtverderben‹ brachte nahezu die vollständige Zerstörung: Markgraf Albrecht Alcibiades von Brandenburg-Kulmbach hatte 1553 Schweinfurt besetzt, um es als Stützpunkt seiner Raubzüge gegen die fränkischen Hochstifte zu nutzen. Nach seinem Abzug überfielen die Bauern der umliegenden Ortschaften die Stadt, um sich für die Requirierungen und Gewalttaten zu rächen. Binnen neun Tagen verwandelten Verwüstung, Plünderung und Brand Schweinfurt in eine Trümmerlandschaft, nur 29 Häuser von 750 überstanden die Zerstörung. Doch von nun an ging es stetig aufwärts, auch der Dreißigjährige Krieg brachte keine wesentlichen Schäden für die Stadt.

Und ein geistesgeschichtlich wichtiges Datum gibt es: Vier Schweinfurter Ärzte, angeführt von dem Stadtphysikus, Ratsherrn und Bürgermeister Dr. Johann Lorenz Bausch, gründeten 1652 die älteste europäische naturwissenschaftliche Forschungsgesellschaft zum gegenseitigen Austausch neuer Forschungsergebnisse, die ›Academia Naturae Curiosorum‹, die heute als ›Deutsche Akademie der Naturforscher‹ – ›Leopoldina‹ – in Halle besteht.

Das erste frühindustrielle Unternehmen Schweinfurts entstand noch vor 1765, eine Farbmühle. Das ›Schweinfurter Grün‹ wurde 1814 erfunden; die Stadt wäre beinahe ein Zentrum der chemischen Industrie geworden. Auch wenn Schweinfurt 1802 die Reichsfreiheit verlor, mit der Kugellagerindustrie entwickelte sich hier Ende des vergangenen Jahrhunderts ein weiterer zukunftsträchtiger Wirtschaftszweig, der allerdings – indirekt wenigstens – das dritte Stadtverderben verursachte: Bei der Bombardierung der Stadt wie der Industrieanlagen im Zweiten Weltkrieg wurde etwa die Hälfte aller Gebäude zerstört, von den Industrieanlagen sogar rund 80 %.

Inzwischen sind die Schäden längst behoben und Schweinfurt ist eine von nüchternen, wenn auch ansprechenden modernen Zweckbauten bestimmte Stadt, deren wenige, aber bedeutende Relikte vergangener Epochen kulturhistorisch interessante Akzente setzen. Mit einem Rundgang beginnt man am besten an dem prachtvollen **Rathaus,** einem frühen Zeugnis der ›deutschen‹ Renaissance, erbaut 1570–72 von Nikolaus Hofmann (auch Niklas Hoffmann) aus Halle. Der im Grundriß kreuzförmig angelegte zweiflüglige Bau kehrt seine Schauseite mit dem von Uhrtürmchen und Giebelerker bekrönten Vorbau dem Markt zu. Am Äußeren läßt sich gut der Über-

Zunfttafel der Schweinfurter Fischer

DER SCHIFFBARE FLUSS UNTERHALB BAMBERGS BIS SCHWEINFURT

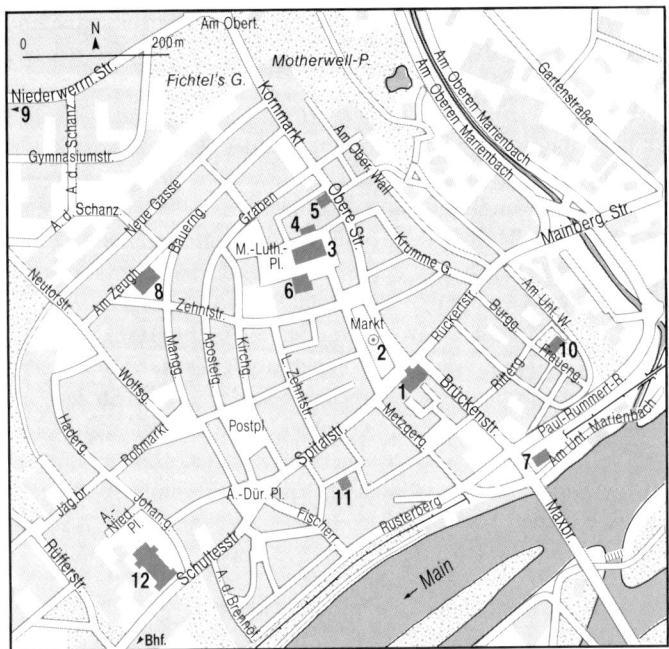

Schweinfurt
1 Rathaus
2 Rückertdenkmal
3 Stadtpfarrkirche St. Johannis
4 Ehem. Altes Gymnasium (Heimatgeschichtliche Abteilung der Städtischen Sammlungen Schweinfurt)
5 Galerie in der alten Reichsvogtei
6 Gunnar-Wester-Haus (Sammlung zur Kulturgeschichte)
7 Harmoniegebäude (Naturkundliche Sammlung)
8 Ehem. Zeughaus
9 St. Kilianskirche
10 St. Salvatorkirche
11 Schrotturm
12 Heilig-Geist-Kirche

gang von der Gotik zur Renaissance ablesen: Die Spätgotik mit ihrer klaren Formensprache prägt noch weitgehend die Fassade mit den fast strengen Fensterrahmen, während die später ausgeführten Portale, die Balustraden, die Giebelvoluten sowie der Reliefschmuck des Türmchens und dessen dreifach gekuppelte Bekrönung auf die Neigung der Renaissance zu bisweilen auch verspielten Schmuckelementen hindeuten. Den Erkerturm zieren der kaiserliche Doppeladler mit dem Wappen Maximilians II. – er regierte während der Erbauungszeit – und an der Balkonfront die Wappen der sieben Kurfürsten. Nach einem Dachstuhlbrand 1959 (den Krieg hatte das Rathaus unbeschädigt überstanden) erhielten die Trommeln der Giebel in Stein gehauene allegorische Figuren zeitgenössischer Künstler. Die zweischiffige, nachgotisch gewölbte *Eingangshalle* bestimmt das Erdgeschoß des Hauptflügels, die große *Diele* des ersten Obergeschosses beleben die prachtvoll geschnitzten Holzsäulen des Bamberger Bildhauers Donatus Hornig unter dem Durchzug der Balkendecke und das nach dem Brand wieder freigelegte Fachwerk der Innenwände sowie – ein Kuriosum wohl – die im Freskoputz konservierten Bildnisse zweier im Main während des 16. Jh. gefangener Riesenstöre.

Vorbei an dem *Rückertdenkmal* überquert man den geräumigen Marktplatz, der die Bedeutung Schweinfurts als Handelszentrum belegt, und gelangt zur evangelischen **Stadtpfarrkirche St. Johannis,** dem ältesten Bauwerk der Stadt. Im frühen 13. Jh. entstand die dreischiffige romanische Kreuzbasilika vom Chor her, der 1400–17 durch einen gotischen Neubau ersetzt wurde. Vom älteren Chor sind noch die Gewölbekonsolen. Das im zweiten Viertel des 13. Jh. entstandene Querhaus ist zweischiffig unterteilt, Vierung und Flügel haben deshalb je zwei Gewölbejoche. Den Bau in der stilistischen Umbruchzeit zwischen Romanik und Gotik kann man auch im Detail nachvollziehen: stilisiertes romanisches Blattwerk wechselt mit frühgotischen Knospen. Das Langhaus wurde etwa bis 1300 errichtet, mit einem im 15. Jh. in doppelter Breite erneuerten Seitenschiff. Der prächtige, in Stuckmarmor gestaltete Hochaltar des Materno Bossi aus dem Jahr 1783 war ursprünglich für das nahe Kloster Heidenfeld gearbeitet und nimmt bereits Elemente des frühen Klassizismus auf. Die prunkvolle Barockkanzel (Moses als tragende Säulenfigur und über dem Schalldeckel der auferstandene Christus) mit Evangelisten- und Engelsfiguren und ihrem filigranen Goldschmuck stammt aus dem Jahr 1694; sieht man sie heute in ihrer Pracht, so mag man kaum glauben, daß sie während des Krieges stark zerstört und von dem Bildhauer Georg Dettelbacher teilweise aus Splittern in mühevoller Kleinarbeit wiederhergestellt wurde.

Man sollte sich die Zeit nehmen, bei einem Rundgang durch die Kirche auch die weniger spektakulären Kunstwerke eingehend zu betrachten, es sind vorzügliche Arbeiten darunter. Etwa der Taufstein von 1367, dessen ursprüngliche Bemalung sich erhalten hat und 1910 freigelegt wurde, die bemerkenswerten Wandgemälde und Grabdenkmäler, wie den schön gestalteten, wenn auch beschädigten Epitaph für Konrad von Seinsheim von 1369 an der Außenwand. Beachtung verdienen auch die *Portale* von St. Johannis mit ihrem reichen, zum Teil figürlichen Schmuck: das spätromanische Brautportal am südlichen Querhaus mit seinen Blattwerkornamenten, flankiert von Steinfiguren der beiden Johannes (die mit ihren Füßen Bestienfiguren niederhalten), das Südportal am Langhaus (um

Schweinfurt, Rathaus, Schauseite zum Markt

Schweinfurt, Stadtpfarrkirche St. Johannis, Brautportal am südlichen Querhaus, Blätterwerkkapitelle

1300) mit seinem Maßwerk im hohen Wimperg und den Bestien in den Bogenkehlen. Einfacher sind das gleich alte Westportal des Haupteingangs zwischen den jüngeren Treppentürmen (1620 und 1744) sowie das spätgotische nördliche Portal.

Bald nach der Reformation verfügte die Gemeinde über eine bedeutende Kantorei, gleichzeitig verbesserte sich auch die Verbindung zwischen Kirche und Schule, den beiden Stätten, in denen Musikkultur gepflegt wurde. Der Magistrat stellte den Kantor an St. Johannis ein, er hatte den Musikunterricht an der Lateinschule zu erteilen und war mit der Leitung der gesamten Kirchenmusik betraut. Auch Mitglieder der berühmten Musikerfamilie Bach wirkten übrigens als Kantoren von St. Johannis: Georg Christoph Bach (1688–97) und Johann Elias Bach (1743–55).

Als der schwedische König Gustav Adolf Schweinfurt 1632 besetzte, wollte er es zur protestantischen Bastion ausbauen – die Festungswerke wurden damals beträchtlich verstärkt – und speziell als Gegenpol des Hochstifts Würzburg etablieren. Sein Traum, das Gymnasium Gustavianum zu einer Universität zu erweitern, sollte sich ebenfalls nicht erfüllen. Heute befindet sich im ehemaligen **Alten Gymnasium** (gegenüber der Pfarrkirche, Martin-Luther-Platz 12), einem schmucken Renaissancebau aus den Jahren 1581/82, die *Heimatgeschichtliche Abteilung* der **Städtischen Sammlungen Schweinfurt**, die bereits 1890 gegründet wurden. Die Frühgeschichte ab dem 9. Jh., Dokumente und Exponate aus der Zeit, als Schweinfurt Reichsstadt war, zur bürgerlichen und Kultur der Zünfte sowie Zeugnisse aus der Epoche zu Beginn der Industrialisierung werden gezeigt, wie z. B. das erste Tretkurbelfahrrad oder eine Kugelmühle aus den Pioniertagen der Kugellagerproduktion in Schweinfurt. Sehenswert sind aber auch die anderen Abteilungen: die *Galerie in der alten Reichsvogtei* (Obere Straße 11/12) mit gemalten Bildtapeten, Gemälden und – für die Gegenwart – Plastiken von namhaften Künstlern und Meistern der Region um Schweinfurt, die *Sammlung zur Kulturgeschichte* im *Gunnar-Wester-Haus* (Martin-Luther-Platz 5) präsentiert Geräte zur Feuererzeugung und Beleuchtung: frühe Zündapparate und Lampen, Leuchter und Laternen vom Mittelalter bis ins 19. Jh., und schließlich die *Naturkundliche Sammlung* im *Harmonie-Gebäude* (Brückenstraße 39, nahe dem Main, 1833 in klassizistischem Stil als ›Vereinslocal‹ errichtet) mit ihren Dioramen, die Vögel in ihrer natürlichen Umgebung zeigen.

Im ehemaligen **Zeughaus** von 1590 mit Treppentürmchen und Volutengiebeln befindet sich heute das ›Schweinfurter Tageblatt‹. Nach dem Krieg wieder aufgebaut wurde 1953 die **St.-Kilians-Kirche** (Friedrich-Ebert-Str. 24) und beinhaltet nun im Chor mit seinen 250 qm das größte farbige Kirchenfenster Deutschlands (Wesen und Wirken des Heiligen Geistes von Georg Meistermann, Köln). Ebenfalls im Krieg zerstört wurde die elegantzierliche **St.-Salvator-Kirche** (Frauengasse 4) in Schweinfurts ältestem Stadtteil Zürch, direkt am Rand der alten Stadt gelegen, schmiegt sie sich förmlich in den Unteren Wall. Als einziges bedeutendes barockes Bauwerk der Stadt wurde sie bis 1953 wieder originalgetreu restauriert. Hier hörten die Schweinfurter 1532 anläßlich des Fürstentages die erste evangelische Predigt. Der **Schrotturm** in der Petersgasse erhielt erst im 19. Jh. diesen Namen. Damals erhöhte man den ursprünglich als Treppenturm eines Renaissancehauses von 1611 errichteten Turm zur Schrotherstellung um fünf Stockwerke; von der einstigen Pracht des Gebäudes zeugen heute nur noch Reste. In neoromanischen Formen erbaute der Würzburger Architekt Anton Leipold 1897–1911 an der Stelle der früheren Spitalkirche die mit ihrem Turm und dem Oktogon über der Vierung mächtig aufragende **Heilig-Geist-Kirche**.

Rund um die Mainschleife von Volkach und das Mainknie bei Marktbreit und Ochsenfurt

☐ Schloß Werneck

Bevor man über die Brücke in Bergrheinfeld den Main überquert, bietet es sich an, über die B 26 einen kurzen Abstecher zur (neben Veitshöchheim zweiten) ehemaligen Sommerresidenz der Würzburger Fürstbischöfe zu machen. Anläßlich seiner Huldigungsreise durch das Hochstift Würzburg besuchte Friedrich Karl von Schönborn 1731 Werneck und beschloß, sich dort – auf halbem Weg zwischen seinen beiden Bistümern in Bamberg und Würzburg – ein Sommerschloß errichten zu lassen, »daß daselbsten ein bequäme und angenehme Gelegenheit sein werde in denen beschwerlichen Regierungsgeschäften sich zuweilen eine vergnügliche Erleichterung zu verschaffen und das Gemüt bei frischer Luft und zur Gesundheit dienlicher Bewegung ergötzen zu können«, und beauftragte Balthasar Neumann, dem Erbauer der Würzburger Residenz, erste Entwürfe zu liefern.

Anstelle einer älteren Anlage wurde das Schloß nach Neumanns ›Plan und Haubt Ries‹ 1733–44 erbaut, nachdem der Fürstbischof und sein Wiener Architekt Johann Lukas von Hildebrandt (Friedrich Karl von Schönborn residierte als Vizekanzler des Reichs bis zu seiner Resignation 1734 in Wien) einige Änderungen vorgenommen hatten. Im Norden vom eigens umgeleiteten Flüßchen *Wern* begrenzt, gliedert sich die ausgesprochen reprä-

Schloß Werneck, 1733–44 von Balthasar Neumann für Bischof Friedrich Carl von Schönborn errichtet, Mittelpavillon der Gartenseite

sentative Anlage (denn der Fürstbischof hatte zur Aufgabe gemacht, der Bau solle 100 bis 200 Mitgliedern des Hofstaats bequeme Unterkunft bieten) in ein niedrigeres, zweigeschossiges *Vorschloß,* dessen Exedra sich im Halbrund zu eiem Ehrenhof weitet, mit den ehemaligen *Wirtschaftsgebäuden* zu beiden Seiten der Einfahrt, und in das sich anschließende, dreigeschossige *Hauptschloß* mit den fürstlichen Wohn- und Repräsentationsräumen. Das eigentliche **Schloß** ist eine Dreiflügelanlage mit vier vorgezogenen Eckpavillons und einem Mittelpavillon, mit der Schauseite nach Süden, dem Garten zu, die sich über einer niedrigen, zweifach gestuften Terrasse erhebt. Der mittlere, dreiachsige Pavillon mit seinen abgeschrägten Ecken dominiert die Gartenfassade und trägt (geschaffen vom Hofbildhauer Ferdinand Tietz) das Wappen des Erbauers im Ziergiebel unter dem elegant geschweiften Mansarddach.

Wie in der Würzburger Residenz ist auch hier die *Schloßkirche* äußerlich in das Ensemble integriert, der rechteckige, beinahe quadratische Grundriß wurde durch vorgestellte Wandpfeiler als Oval gestaltet. Die filigranen Stukkaturen (1745) und den Hochaltar in Stuckmarmor (1750/51) schuf Antonio Bossi, die Seitenaltäre (um 1780) und die Kanzel stammen von Materno Bossi. Leider hat sich von der reich ausgestatteten und von hervorragenden Künstlern gestalteten Anlage nur noch die Schloßkirche in ursprünglichem Zustand erhalten. Nach 1806 wurde das Schloß mehrfach umgebaut, die einschneidendsten Veränderungen erfuhr die Anlage jedoch seit ihrer Verwendung als Bezirkskrankenhaus ab 1853, als vor allem das repräsentative dreiläufige Treppenhaus abgebrochen und der ursprünglich französische Rokokogarten in einen englischen Landschaftspark umgewandelt wurde. Heute ist im Schloß eine Nervenheilanstalt untergebracht, daher ist nur die Kirche zu besichtigen.

Durch **Grafenrheinfeld** mit seinem Renaissancerathaus (1602), dem ehemaligen Pflegerhaus mit Treppenturm und Erker (frühes 17. Jh.) und der barocken früheren Amtsvogtei (1626) mit dem stattlichen Portal gelangt man vorbei an **Röthlein** nach **Heidenfeld**. Das ehemalige *Augustinerchorherrenstift* dient heute als Schwestern-, Alten- und Pflegeheim und ist daher nicht zu besichtigen. Bereits 1069 gegründet, wurde der Komplex mehrfach umgestaltet. Balthasar Neumann schuf 1723–33 das jetzige Klostergeviert, der ebenfalls geplante Neubau der Kirche unterblieb jedoch. Nach der Säkularisation wurde die Kirche abgerissen, die reiche Ausstattung (um 1783 von Materno Bossi) verkauft.

Vorbei an der Klosterkirche (neuromanisch, 1907/08) und dem Mädchenheim **St. Ludwig**, durch **Wipfeld** (Fähre) mit der Pfarrkirche St. Johannes d. Täufer (Turm 1599, Chor und Langhaus spätes 18. Jh.) und vorbei an dem ehemals würzburgischen Schloß (1543 nach dem Bauernkrieg erneuert) im gleichnamigen Ortsteil **Klingenberg**, führt die Uferstraße nach **Ober-** und **Untereisenheim** (Pfarrkirche Mariä Himmelfahrt mit gut erhaltener Rokokoausstattung, Mitte 18. Jh.), dem nördlichen Zipfel der Volkacher Mainschleife, einer der reizvollsten Strecken des Mainlaufs. Zwischen Obereisenheim und Sommerach breitet sich – neben üppigen Obstkulturen – eine einzige große zusammenhängende Weinbaufläche aus, Muschelkalk und Keuper prägen den Geschmack der geschätzten Bocksbeutel. Doch auch die liebliche Landschaft beflügelt Geist wie Gemüt und regt zu poetischen Bildern an. So den unterfränkischen Mundartschriftsteller Engelbert Bach, der den gewundenen Lauf des Flusses in der Volkacher Mainschleife mit einem kleinen Mädchen verglich, »das von seiner Mutter an einem Puppenladen vorbeigezerrt wird und beim Laufen immer wieder hinter sich schaut, weil es nicht alles gesehen hat«.

☐ Volkach und die Mainschleife

Die Fähre von *Fahr* – der Name deutet auf die alte Furt hin, nach Grabungsfunden war dieser Fleck des Mainufers schon in der Jungsteinzeit vor rund 5 000 Jahren besiedelt – bringt uns über den Fluß, vom Bergrücken über dem jenseitigen Ufer grüßt die *Vogelsburg* mit ihrem weiten Rundblick ins Land, und wir erreichen auf der Landstraße unterhalb der Weinlagen ›Volkacher Rathsherr‹ und ›Kirchberg‹ noch vor dem Ortseingang eine der Perlen entlang des an Kunstschätzen nicht armen Mainlaufs, die **Wallfahrtskirche Maria im Weingarten**, mit Tilman Riemenschneiders vielleicht berühmtestem Schnitzwerk, der nach 1521 geschaffenen ›*Maria im Rosenkranz*‹ (Öffnungszeiten s. ›Praktische Reiseinformationen‹).

In der zweiten Hälfte des 15. Jh. entstand der heutige Bau, älter noch (um 1300) ist das Untergeschoß des nicht ausgeführten Chorturms, ein Rest der ältesten Pfarrkirche (um 1245) von Volkach und jetzt Sakristei. Begonnen wurde der spätgotische Raum 1450 mit dem stark eingezogenen Chor, das Langhaus war als dreischiffige Halle geplant, an den Rippenanfängen und spitzen Schildbogen in der Mauer der Südseite erkennt man diese Konzeption noch. Während der Arbeiten muß sie zugunsten der jetzt bestehenden flachen Holzdecke aufgegeben worden sein. Prächtiger als das Westportal mit seinen Fialen ist das Südportal zwischen zwei vorgezogenen Strebepfeilern des mittleren Langhausjochs. Die Figurenkonsolen und Baldachine zeigen, daß ursprünglich – wie auch außen am Chor – ein aufwendiges Figurenprogramm vorgesehen war. Gut erhalten sind die schönen spätgotischen schmiedeeisernen Beschläge der Türen, die Hufeisen zeugen vom alten Brauch des Pferdeumritts.

Der bedeutendste Schatz des Kirchleins bleibt Riemenschneiders 1521 (als er noch Würzburger Bürgermeister war) in Auftrag gegebene und 1524 fertiggestellte Madonna an ihrem ursprünglichen Platz im Chorbogen. In der für den Meister typischen leicht geschwungenen S-Form hat Maria einen Fuß auf die Mondsichel gesetzt, der lockere Faltenwurf ihres Gewands ist vorzüglich herausgearbeitet. Spätere stark deckende Übermalungen im Stil der Zeit hatten die feine Schnitzerei vergröbert, ab 1955 erlebte die Skulptur durch eine Restaurierung ihre künstlerische Wiederauferstehung. Maria im Strahlenkranz hält einen lebendig gestalteten Knaben im Arm, musizierende Engel und Putten umgeben sie. In dem Kranz aus je zehn Rosenblüten illustrieren Medaillons die Marienlegende: Verkündigung, Besuch bei Elisabeth, Geburt Jesu, Anbetung der Könige, Tod Mariens. Eine Krone, die die beiden obersten Engel über ihren Kopf hielten, ist verlorengegangen.

Man kann den kunsthistorischen wie auch künstlerischen Rang dieses Werks auch dank der Tatsache gut erkennen, daß sich hier die ursprüngliche Ausstattung der Kultbildwerke des späten Mittelalters vollständiger erhalten hat als in anderen Kirchen. Vergleicht man etwa die stark farbig gefaßte und lasierte Anna Selbdritt, die Riemenschneiders Werkstatt zugeschrieben wird, das spätgotische Kruzifix (um 1490, an der Langhaussüdwand mit den Evangelistensymbolen an den Enden des Kreuzes) oder die gute spätgotische Pietà (14. Jh.) mit Riemenschneiders kraftvoll-lebendiger und doch auch fein-durchgeistigter Darstellung, dann wird seine Bedeutung sichtbar. Die Pietà zeigt in fast brutalem Realismus einen ausgemergelten Jesus, todesstarr, mit Wundmalen und blutüberströmt, während Maria den Typ der sogenannten ›schönen Madonnen‹ verkörpert, wie sie zwischen 1350 und 1450 vom Rhein über Mitteldeutschland bis Wien und Schlesien in Mode kamen; der gemarterte ›Schmerzensmann‹ und die anmutige, elegant gekleidete Dame mit gefalteten Händen – der Kontrast könnte stärker kaum sein. An der Nordwand des Langhauses ein Fresko des hl. Christophorus (um 1500) und eine steinerne Gruppe ›Jesus am Kreuz‹ von 1555, signiert T(homas) K(istner) mit den Assistenzfiguren Maria und Johannes (um 1500). Das steinerne Sakramentshäuschen links im Chor stammt aus der zweiten Hälfte des 15. Jh. Auch einige Fenster der alten Farbverglasung (Ende des

Wallfahrtskirche Maria im Weingarten bei Volkach, ›Maria im Rosenkranz‹ von Tilman Riemenschneider

15. Jh.) blieben erhalten: Vor Maria mit dem Christusknaben kniet Michael von Seinsheim zu Schwarzenberg, und es findet sich eine weitere Maria im Strahlenkranz. Das Martyrium des hl. Sebastian (etwa gleichzeitig entstanden) kam erst 1955 als Stiftung in die Kirche.

Durch einen Kunstraub erlangte das späte Meisterwerk Riemenschneiders eher tragische Bekanntheit, als die Kapelle 1962 geplündert wurde. Damals wurden auch die Anna selbdritt, die Pietà und zwei weitere Kunstwerke gestohlen. Die Diebe mußten allerdings feststellen, daß ein Werk dieser Größe und Bedeutung auf dem schwarzen Kunstmarkt unverkäuflich ist und erpreßten daher ein Lösegeld, indem sie drohten, die Madonna zu zerstören, falls sie nicht 1 Mill. DM dafür erhielten; eine Illustrierte löste das Werk schließlich aus. Seit der aufwendigen Restaurierung – die Diebe hatten versucht, sie bis zur Unkenntlichkeit zu tarnen und dabei stark beschädigt – ist sie nun elektronisch gesichert.

Den *Stationsweg* (mit drei Stationen aus dem Jahr 1521) hinab kann man bequem nach **Volkach** gelangen. Am *Gaibacher Tor* mit Spitzkuppel – im Kern aus dem 13. Jh. und später umgestaltet – haben sich die Autoritäten eingeschrieben, die über Jahrhunderte Wohl und Wehe der Kommune bestimmten: der Main und die Stadtoberen »Anno 1579 / Valtin Beikner / Christofel Heldt / Bede Bürgermeister« und die Hochwassermarken erinnern: »den 28. Hornung (= altdt. für Februar) 1764 war das Wasser hoch bis an den Stein an der Seite«.

Von einer anderen Überflutung kündet das Datum 6. 2. (19)09. Vor dem Tor lag einst die alte Fischersiedlung; der Fluß war eben Verkehrsader und Nahrungsquelle, bedrohte aber im Frühjahr auch regelmäßig die Stadt. Die Hauptstraße entlang, vorbei am *Echterhof* (Renaissancebau von 1605), kommt man direkt in Volkachs ›gute Stube‹, den *Markt* mit seinem achteckigen *Brunnen* von 1488 (die Figur ist eine Kopie des Originals von 1720) und einem der schönsten Rathäuser der Mainschleife. Einmal jährlich sind hier jedoch nicht nur die Volkacher versammelt. Im August feiert die Stadt unter anderem vor dieser traditionsreichen Kulisse das ›Fränkische Weinfest‹, wie Kenner behaupten, »die umfassendste Weinprobe Frankens«.

Doch wir sollten vorher beim **Schelfenhaus** verweilen, wenige Schritte abseits der Hauptstraße, fast ein wenig versteckt in der Schelfengasse 1. Der Bürgermeister und Kaufmann Johann Georg Adam Schelf ließ sich 1719/20 diesen imposanten Barockbau mit seinem reichen Skulpturenschmuck errichten, ein Zeugnis bürgerlichen Selbstbewußtseins, das mit bescheideneren Mitteln feudale Prachtentfaltung nachzuahmen suchte. Mit dem Wappen über dem Hauptportal hat der Erbauer sich dem Gedächtnis der Stadt eingeschrieben; daneben das Wappen seiner Frau. Die Hofeinfahrt mit der guten Marienfigur als Pendant verleiht der Fassade ihre Ausgewogenheit. Auch das Treppenhaus ist ganz auf Repräsentanz angelegt, desgleichen die Säle mit ihren eleganten Stukkaturen und Malereien, unter anderem nach Motiven der Bibel und der griechischen Mythologie.

Volkach, Marktbrunnen vor dem Rathaus

Den nahezu rechteckigen *Marktplatz* dominiert das 1544 im Stil der Renaissance erbaute **Rathaus** mit seiner doppelläufigen Freitreppe. Es wurde an der Stelle eines bereits 1484 erwähnten älteren ›Burgerhauses‹ errichtet und vereinigte die wichtigsten Funktionen der Kommune: Amtsgebäude für den Rat, Gerichtsstätte und – last not least – im Untergeschoß Markthalle. In das Obergeschoß gelangte man über die Freitreppe mit dem Verkündererker hinter der Maßwerkbrüstung. Unter der Treppe wurden Arrestanten im Narrenhäusle verwahrt – was ungleich heimeliger klingt als der bürokratisch korrekte Ausdruck ›Ausnüchterungszelle‹. Den Ratsmitgliedern mutete man derart öffentliche Zurschaustellung freilich nicht zu, für sie gab es eine verborgene Wendeltreppe; so konnten die Herren diskret in die Gewölbe des Ratskellers – und zum dort gelagerten Wein! – gelangen. Die Stadt selbst ist freilich viel älter als das Rathaus. König Arnulf schenkte 889 ›Folkaha‹ dem Kloster Fulda, in einer Urkunde wird zur Unterscheidung von ›Folchaa superior‹ (= Obervolkach) erstmals ›Folchaa inferior‹ (Untervolkach am Main) genannt. Die Grafen von Castell bauten die Siedlung im 13. Jh. zur Stadt aus, 1520 gelangte sie in den Besitz des Bistums Würzburg.

Die spätgotische **Stadtpfarrkirche St. Bartholomäus** aus dem 15. Jh., mit ihrem in die Hauptstraße hervortretenden Chor und dem charakteristischen quadratischen Turm mit achteckigem Aufbau von 1597 über der Balustrade, liegt nur wenige Meter jenseits des

Marktes. Es muß eine Vorgängerkirche gegeben haben, von der allerdings wenig erhalten oder bekannt ist, mit Ausnahme der 1313 gegossenen Glocke, die jetzt beim linken Seitenaltar aufbewahrt wird. Die spätgotische Halle, ursprünglich dreischiffig und mit eingewölbter Decke geplant, wie sie im Chor auch als Rippengewölbe mit Sternfiguration ausgeführt ist, wurde 1753 im Langhaus mit einer neu eingezogenen Decke versehen und von Nikolaus Huber mit verspieltem Rokokodekor stuckiert. Gleichzeitig mit dem Chor wurde die westlich an das Langhaus anstoßende Nikolauskapelle erbaut, ein rechteckiger Raum mit flacher Holzdecke. Die Innenausstattung stammt weitgehend aus dem 18. Jh., über der Sakristeitür hat sich ein steinerner Christuskopf aus der Erbauungszeit des Chors erhalten.

Entlang der Hauptstraße und in den Seitenstraßen findet sich eine ganze Reihe schöner Häuser, wie die ehemalige *Würzburger Amtskellerei* im Stil des Rokoko von 1730. Das *Sommeracher* oder auch *Obere Tor* stammt ebenfalls weitgehend aus dem 13. Jh. und wurde 1597 um den hübschen Volutengiebel aus der Renaissance aufgestockt. Weil es auch als Stadtgefängnis diente, nannte ihn der Volksmund *Diebenturm*. Am Friedhof außerhalb der Stadtmauer liegt noch die *Friedhofskapelle St. Michael* mit dem alten Tympanon des Westportals von 1420, die Krönung Mariens im Himmel, eine freie Nachbildung des Tympanons vom Südportal der Würzburger Marienkapelle.

Doch Volkach ist nicht nur selbst eine ausgesprochen reizvolle kleine Stadt, auch die nähere Umgebung lädt zum Verweilen und Besichtigen ein. **Gaibach** mit dem ehemaligen **Wasserschloß** der Grafen von Schönborn aus dem Ende des 16. Jh., einer vierflügligen Anlage mit Ecktürmen und Bastionen, dessen Charakter einer kleinen Festung trotz der Umbauten des Barock (1694–1710) durch Johann Leonhard Dientzenhofer und Klassizismus (wie den Konstitutionssaal von 1820) durch Leo von Klenze gut zu erkennen ist. Gleichzeitig entstand im anglisierten Park des Schlosses auch die *Konstitutionssäule* (mit weitem Rundblick) von Leo von Klenze, die an die bayerische Verfassung (= Konstitution) von 1818 erinnern soll. J. L. Dientzenhofer wird auch die 1697/98 entstandene *Kreuz-*

Friedhof von Obervolkach, Darstellung des getretenen Kreuzschleppers (1716)

kapelle im Gaibacher Schloßpark an der Straße nach Schweinfurt zugeschrieben. Von außen eine geschlossene, schmucklose Rotunde mit Laterne und Dachreiter, bildet das Innere in reizvollem Kontrast dazu einen quadratischen Raum mit abgeschrägten Ecken, mit Altären in den Nischen der Fensteröffnungen und der Orgelempore über dem Eingang. Das schön gearbeitete spätgotische Kreuz am Hochaltar entstand um 1500.

Gaibachs wichtigste Sehenswürdigkeit bleibt freilich die nach Plänen Balthasar Neumanns erbaute **Pfarrkirche zur Heiligsten Dreifaltigkeit**. Im Juli 1741 wurde – heißt es in den Quellen – der »Ernstlich anfang gemacht«. Das schlichte Äußere der Kirche ist nur mit sparsam eingesetzten architektonischen Schmuckelementen akzentuiert. Die Fassade aus gelblich-grünem Steigerwaldsandstein hat Neumann in der Senkrechten dreifach gegliedert, den Mittelteil risalitartig hervorgehoben und durch die Schrägstellung der inneren Pilaster der geraden Grundlinie den Anschein von Bewegung gegeben. Das obere Halbgeschoß mit Rundbogennische und Dreiecksgiebel nimmt mit seinen vasengeschmückten Voluten die Zierelemente des Turmfreigeschosses auf. Auch in Gaibach findet sich eine für Neumann typische schlank eingeschnürte achtseitige Kuppelhaube auf dem Turm. Im Inneren des Kirchleins dagegen zeigt sich der ganze Reichtum von Neumanns architektonischer Formensprache. Als Überleitung vom zweijochigen Langhaus zur querovalen Rotunde ist ein vermittelndes Zwischenjoch eingefügt, die von außen strengen Formen sind im Inneren zu harmonischen Bögen und Kuppeln aufgelöst. Die Altäre wie auch die über den im wesentlichen unstuckierten Innenraum verteilten Ornamente stammen von dem Stukkateur Antonio Bossi (1747/48), der *Hochaltar* zeigt eine Huldigung von Mitgliedern des Hauses Schönborn aus drei Generationen an die Heilige Dreifaltigkeit (von Franz Lippold um 1748); allerdings sind die Proportionen deutlich zuungunsten des religiösen Motivs verschoben: man ist fast versucht, von einer Apotheose des Fürstenhauses zu sprechen.

Das 1677/78 von Andreas Keßler unter Beratung Antonio Petrinis erbaute *Schloß* von **Zeilitzheim**, eine stattliche Vierflügelanlage um einen quadratischen Innenhof, ist nur nach Voranmeldung zu besichtigen (℡ 0 93 81/93 89). – Die frühgotische Basilika der *Wallfahrtskirche St. Maria de Rosario* in **Dimbach** war einst Propstei von Münsterschwarzach und stammt aus der zweiten Hälfte des 13. Jh. (Voranmeldung bei Alfred Sauer, Marienstr. 20, ℡ 0 93 81/41 33).

Zu den unbedingt sehenswerten Kunstschätzen gehört das ehemalige **Kartäuserkloster Pons Mariae** (Marienbrück; im Gegensatz zum Gottesberg = mons dei = Vogelsburg) in **Astheim** (Schlüssel bei Krämer im Torhaus, ℡ 0 93 81/25 32). Die *Kirche* ist ein typischer nachgotischer Bau von 1603–09 auf älteren Fundamenten. Der bald darauf entstandene vorzügliche Lettner trennt die Laien- von der Mönchskirche mit dem wertvollen Chorgestühl der Renaissance von 1606, das 1724 mit Putten, Ölbildern und Akanthusranken dem Stil der Zeit gemäß modernisiert wurde. Begründet wurde die Kartause 1409 von Erkinger von Seinsheim und dessen Frau Anna von Bibra, den Stammeltern der Fürsten von Schwarzenberg, die dort auch ihre Grablege hatten und deren Nachfahren die Gebäude 1954 an die Gemeinde veräußerten. Erhalten hat sich von den Klostergebäuden auch die *Prokuratie*, ein Renaissancebau mit Volutengiebel von 1583, und die ebenfalls damals entstandene *St. Johanneskapelle* hinter dem Verbindungsgang. Das prächtige alte Kirchenportal aus der Renaissance mit seinen Statuen und Säulen wurde 1860 vor den Eingang zur Johanniskapelle versetzt.

Auch die **Vogelsburg** auf dem schmalsten Teil des Bergrückens der Volkacher Mainschleife, einem Muschelkalksporn, ist schon – wie archäologische Funde beweisen – seit der Alt- und Jungsteinzeit besiedelt, erste Befestigungsanlagen darf man um 1500 v. Chr. vermuten. Von Kaiser Arnulf wurde die ›fugalesburc‹ dem Kloster Fulda übereignet. Sie wurde bereits 879 als ›villa regia‹ der Karolinger erwähnt. Später gelangte die Vogelsburg in den Besitz der Grafen von Castell. Sie verwandelten die Burg (wohl um 1282) in ein Karmeliterkloster, dessen genaue Geschichte allerdings unbekannt ist, weil die Anlage im Bauernkrieg zerstört wurde und dabei alle Urkunden verlorengingen. Die heutige *Kirche* mit der Jahreszahl 1702 an dem Portal wurde verschiedentlich renoviert, 1803 mit dem Kloster säkularisiert und bis 1957 als Lagerraum genutzt. – Zur Stadt Volkach gehört auch noch die **Hallburg** links des Mains mit ihrem trutzigen Bergfried aus dem 12. Jh. und dem stattlichen langgezogenen Wohngebäude aus dem 16. Jh., einst eine Zollstätte des Würzburger Hochstifts.

Falls man Zeit hat, dem Main für einen kurzen Abstecher den Rücken zu kehren, empfiehlt sich die ebenfalls als Ensemble gut erhaltene historische Altstadt von **Gerolzhofen** (906 erstmals urkundlich erwähnt), außerdem das noch immer mittelalterlich anmutende **Prichsenstadt,** ansonsten folgen wir dem Flußlauf und erreichen auf der *Weininsel* – durch den Mainkanal von Volkach nach Gerlachshausen ergibt sich eine vom Wasser umschlossene Fläche – als nächsten Ort **Nordheim,** bekannt für seine Weinlage ›Vögelein‹. Der um 1600 erbaute zweiflügige ehemalige Münsterschwarzacher *Zehnthof* (jetzt Weinstube, Hauptstraße 2) mit seinem Renaissanceerker und den geschweiften Giebeln erinnert daran, daß die Vogtei Nordheim bis in die Mitte des 13. Jh. den Grafen von Castell gehörte und dann an das Kloster Schwarzach fiel. Die katholische *Pfarrkirche St. Laurentius* entstand ebenfalls im 16. Jh. Sehenswert sind neben zahlreichen Winzerhöfen, deren Barock- und Fachwerkfassaden vom Wohlstand der Weinbauern zeugen, auch die Mariensäule (1775) vor der Kirche und die Bildstöcke und Marterln in und

Bildstock ›Viersäulenmarter‹ bei Sommerach

›Graue Marter‹ bei Gerlachshausen

um den Ort. Eine Autofähre verbindet Nordheim mit dem unterhalb der Vogelsburg gelegenen **Escherndorf**, mit seinen berühmten Steilhanglagen ›Lump‹ und ›Fürstenberg‹, die nicht nur der Geheime Rat Goethe zu schätzen wußte.

An der Straße von Volkach nach Sommerach findet sich ein besonders schönes Exemplar der für Mainfranken typischen Bildstöcke, die *Viersäulenmarter* (1700). Die spätgotische *Graue Marter* (1511, Kopie an der Straße nach Münsterschwarzach/Gerlachshausen) wird auch der Schule Tilman Riemenschneiders zugeschrieben. In **Sommerach** hat sich die Dorfbefestigung mit Türmen und Toren aus dem 15./16. Jh. weitgehend erhalten. Traditionell lagerten die Sommeracher Winzer ihre Spitzenlagen ›Katzenkopf‹ und ›Rosenberg‹ auch im Schwarzacher Zehnthof von 1607, sie gründeten allerdings schon 1901 ihre Winzergenossenschaft, die erste in Franken. Doch die Volkacher haben nicht nur geistige Getränke im Sinn. Seit 1976 besteht hier die *Deutsche Akademie für Kinder- und Jugendliteratur*, die Tagungen und Seminare veranstaltet und Preise vergibt.

Von der prachtvollen *Klosterkirche* mit ihren Türmen und großer Kuppel über den Vierung in **Münsterschwarzach**, die Balthasar Neumann in den Jahren 1727–43 erbaute, zeugen heute leider nur mehr alte Ansichten und ein Modell im Bayerischen Nationalmuseum zu München. Das Kloster wurde 1803 während der Säkularisation aufgelöst, die Kirche nach Beschädigungen durch Blitzschlag als Steinbruch genutzt und abgetragen. Nahe der Mündung der Schwarzach in den Main ist bereits 819 eine Abtei ›Suarizaha‹ bezeugt, ein älteres *Benediktinerinnenkloster* befand sich seit dem 8. Jh. knapp einen Kilometer südlich im Bereich von *Stadtschwarzach*. An die alten Klosteranlagen erinnert hauptsächlich das barocke äußere *Torhaus* von 1652, ein *Gästebau* von 1696/97 und die *Klostermühle* von 1744–49. Die heutige **Klosterkirche** mit ihren neoromanischen Stilelementen wurde 1935–38 nach Plänen von Albert Boßlet aus Würzburg errichtet, ein fast beängstigendes Beispiel für die auch sakrale Bauwerke jener Jahre beeinflussende Tendenz zu einschüchternder Monumentalarchitektur. Bemerkenswert ist die gewaltige Orgel des Bonners Hans Klais (1937). Sie umfaßt 60 Register mit insgesamt 4 338 Pfeifen in einer Länge zwischen 5,60 m bis 4 mm.

☐ Dettelbach

In krassem Gegensatz zu dieser wuchtigen Bauweise liegt in Dettelbach inmitten einstiger Weinberge, ursprünglich weit östlich außerhalb des Ortes, die **Wallfahrtskirche Maria im Sand** (Maria in Arena; ehemals Maria in den Weinbergen), ein Musterbeispiel dafür, wie leicht und anmutig-elegant sich Bauelemente der Gotik und Renaissance, des Barock, Rokoko und frühen Klassizismus zu einem harmonischen Ganzen vereinen können. 1506 entstand eine kleine Steinkapelle mit Holzdecke und später (etwa 1523) eingezogenem Rippengewölbe, das noch heute im Chor erhalten ist: in ›nachgotischem‹ Stil, der Formen aus Gotik und Renaissance verbindet und im würzburgischen Franken auch ›Juliusstil‹ genannt wird. Eine wesentliche Erweiterung brachte der Neubau von 1610. Der Würzburger Stadtbaumeister Lazaro Agostino fügte dem alten Chor und Turm ein Langhaus mit Vierung und Kreuzarmen an, dessen Gewölbe allerdings bereits 1612 einstürzte und erneut ausgeführt werden mußte – auf Kosten des verantwortlichen Steinmetzen.

Den Innenraum dominiert der von Agostino Bossi (1778/79) aus Stuckmarmor errichtete *Gnadenaltar* unter der Vierung, asymmetrisch nach Norden an die Orgelempore mit dem dahinter liegenden Chor der Franziskaner von 1659 versetzt. Die vier Seiten des quadratischen Gnadenaltars sind konkav eingebuchtet und als Altarnischen gestaltet, um an Marienfeiertagen mehreren Wallfahrtsgruppen gleichzeitige Andachten zu ermöglichen. Das Gnadenbild in dem Glasschrein in der Mitte ist eine kleine Pietà (um 1500) aus Holz: Maria hält ihren vom Kreuz abgenommenen Sohn im Schoß. Der verhalten geschweifte Baldachinaufbau mit seinen Stuckmarmorbögen und die vergoldeten Zierelemente (Kränze, Lorbeerstäbe, Vasen, Obelisk) verraten bereits den Übergang vom Formenüberschwang des späten Rokoko zum gediegeneren frühen Klassizismus. Die prachtvolle *Kanzel* mit ihrem fast überreichen alabasternen Figurenschmuck (das in der gotischen Kunst beliebte Motiv vom Stammbaum Jesse, aus dessen Brust die Äste wachsen) schuf Michael Kern 1626 noch mit gotisierenden Stilmitteln; bemerkenswert ist, wie die einzelnen Figuren trotz ihrer typischen Attribute als Individuen gestaltet sind. Bekrönt wird der Schalldeckel von Maria mit dem Kind. Das spätgotische Kruzifix über dem Hochaltar steht in der Auffassung Riemenschneiders Schule nahe. Nicht übersehen sollte man auch das große *Portal* am westlichen Haupteingang von Michael Kern (1612/13). Die Gliederung entspricht dem Aufbau eines Altars der Spätrenaissance. Links und rechts des Eingangs stehen, eingerahmt von Säulen auf geschmückten Sockeln, die Apostel Petrus und Paulus. Das Wappen über dem Portal kündet vom Stifter: Bischof Echter von Mespelbrunn, eingerahmt von einer Verkündigungsgruppe und bekrönt von der Anbetung der Könige. Maria mit dem Kind darüber wird flankiert von St. Kilian und Augustin. Spannend zu verfolgen ist auch, wie die auf den ersten Blick ähnlichen Renaissancegiebel in den Details unterschiedlich gearbeitet sind.

Weitgehend erhalten haben sich die alten Gassen, Stadtmauern, runden Türme (teils mit Fachwerkobergeschoß, ursprünglich immerhin 52!) und Tore (so das *Faltertor* mit dem *Männerturm*, dem ehemaligen Stadtgefängnis, von 1550 und das *Brücker Tor*) Dettelbachs, das 741 erstmals als ›Dhetilabah‹ urkundlich erwähnt wurde und Anfang des 12. Jh.

Sitz eines Rittergeschlechts von ›Tetilabach‹ war. Deren Burg wird am Platz der heutigen Stadtpfarrkirche vermutet. Immer wieder gelang es jedoch dem Bistum Würzburg, den Ort unter seine Herrschaft zu bringen, was freilich auch Vorteile bedeuten konnte. Im Jahr 1484 verlieh Fürstbischof Rudolf von Scherenberg Dettelbach die Stadt- und Marktrechte »mit allergnedigster bewilligung Kaiser Friederichen des dritten allerhöchstseeligen«. Wahrzeichen ist die **Stadtpfarrkirche St. Augustinus** mit ihrem mächtigen quadratischen Turm von 1444, der mit dem runden Treppenturm durch eine schräge Holzbrücke verbunden ist: eine originelle Lösung in luftiger Höhe. Die neugotische Restaurierung 1886–88 des Kircheninneren hinterließ wenig Spuren der ursprünglichen Ausstattung.

Zu den schönsten seiner Art zählt das spätgotische Dettelbacher **Rathaus** von 1512 mit seiner doppelläufigen Freitreppe, der Laube und dem polygonen Chörlein darüber – und es ähnelt dem von Volkach. Die Fenster sind asymmetrisch über die Front verteilt, sehenswert ist der stilvolle Ratssaal mit Balkendecke und Fensternischen mit ihren steinernen Medaillons und Kapitellen der Renaissance. Erbaut ist es quasi als verbindende Brücke über dem Bachlauf mit Durchgang im Erdgeschoß zwischen dem einst würzbur-

◁ *Dettelbach, Wallfahrtskirche Maria im Sand, Westfassade*

Dettelbach, Wallfahrtskirche Maria im Sand, Schiff nach Osten

gischen Dorf und der Ansiedlung unterhalb der ritterlichen Burg. Davon, daß es unter den Nachbarn der beiden Siedlungen nicht nur zum Austausch von Artigkeiten kam, zeugt noch der alte Pranger (am Aufgang zur Kirche) von 1674. Ihn hatte der ›hohe Rath‹ für ›bös Leut‹ einrichten müssen; vielleicht auch, weil es bei dem Genuß der kräftigen und gehaltvollen hiesigen Lagen ›Berg-Rondell‹, ›Sonnenleite‹ oder ›Honigberg‹ zu Unstimmigkeiten kam. Das süßgewürzte Backwerk der ›Muskatzinen‹, das sich zum Wein vorzüglich eignet, ist übrigens eine weitere Dettelbacher Spezialität.

Jenseits des Flusses in **Mainsondheim** liegt am Rand des Dorfes das äußerlich wuchtige, im Kern spätgotische *Schloß* mit seinen Ecktürmen und dem unregelmäßigen Innenhof. Spätere Um- und Ausbauten haben ihre Spuren hinterlassen, etwa am Eingangsportal und den Stukkaturen mehrerer Decken. – Der ehemalige *Amtshof des Klosters Ebrach* in **Mainstockheim** von 1624 mit seinen Ecktürmen, den apart gegliederten Renaissancegiebeln und dem reichverzierten Portal, wird zu Recht *Schloß* genannt. Das Innere mit prächtigem Treppenhaus und der profanierten Kapelle ist nicht zu besichtigen, da die Anlage heute ein Altenheim beherbergt.

☐ Kitzingen

Wohl alemannischen Ursprungs war die alte Siedlung ›Chizzinga‹ im Schnittpunkt uralter Handelswege und einer spätestens für das Jahr 1300 urkundlich bezeugten Brücke; sie ziert seit je das Stadtwappen. Der günstigen Lage als – nicht nur – Weinhandelsknotenpunkt verdankt Kitzingen seinen wirtschaftlichen Reichtum, aber auch wiederholte Zerstörungen. Dank des Flußübergangs war die Stadt ein ideales Aufmarsch- und Durchzugsgebiet für Truppen, etwa im Dreißigjährigen Krieg oder während der napoleonischen Okkupation. Bereits 745 soll es hier ein Frauenkloster gegeben haben. Fest steht, daß Kitzingen erstmals 1290 in einer Urkunde als ›oppidum‹ genannt wurde, damals war also schon der innere Mauerring vorhanden. Zeitweilig stand die Stadt unter der Herrschaft der Markgrafen von Brandenburg-Ansbach. Als die Bürgerschaft sich im Bauernkrieg auf die Seite der Aufständischen schlug, war die Rache des Markgrafen hart: Er ließ 58 Beteiligte blenden und sieben enthaupten. Kitzingen schloß sich schon früh der Reformation an und blieb schließlich nach wechselnden Herrschaften im Besitz des Fürstbistums Würzburg. Hatte man noch 1629 mehr als 1 000 Einwohner der Stadt verwiesen, weil sie nicht zum katholischen Glauben überwechseln wollten, so lernte man nach 1650, daß die Stadt am besten prosperieren konnte, wenn die Bürger nach ihrem eigenen Willen selig werden durften. Damals wurde den Kitzinger Protestanten Glaubensfreiheit gewährt, und beide Gemeinschaften lebten friedlich miteinander. Für das 16. Jh. ist auch eine Synagoge nachgewiesen, die jüdische Gemeinde wurde allerdings auf einen Platz außerhalb der Stadtmauer ausgegrenzt. Noch kurz vor Kriegsende wurde die Stadt am 23. Februar 1945 von Bomben schwer zerstört, fast 700 Menschen kamen damals ums Leben.

Das langsame Anwachsen der Gemeinde läßt sich noch gut an Hand der Stadtansicht von Lorenz Schmidt aus dem 18. Jh. nachvollziehen. Sie zeigt den inneren Befestigungsring mit dem alten Marktturm, die äußere Stadtmauer mit dem Falterturm (= Fallgitter-

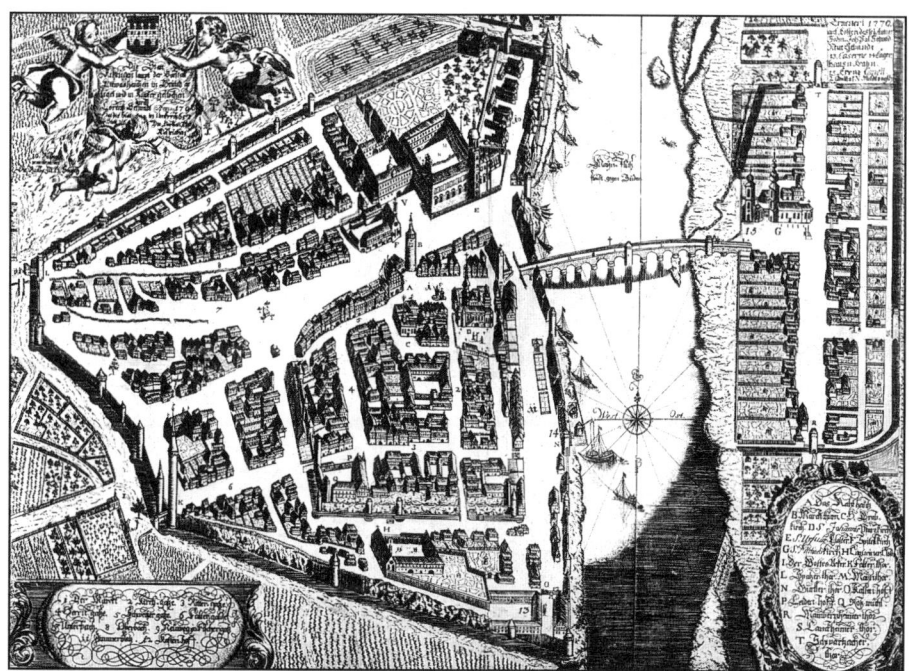

Kitzingen mit der Gärtnervorstadt Etwashausen. Stadtansicht des 18. Jh. nach einem Kupferstich von Lorenz Schmidt

turm) mit seiner (inzwischen altersschwach-)schiefen Turmhaube und die ebenfalls mit Türmen, Toren und Mauern bewehrte Gärtnervorstadt Etwashausen jenseits des Mains.

Für den Aufbruch zu einem Rundgang bietet sich die *Marktstraße* an mit dem **St.-Kilians-Brunnen** (18. Jh.), dem mit schönem Schnitzwerk verzierten Fachwerkbau *Poganietz-Haus* (Marktstr. Nr. 26) und vor allem dem stattlichen dreigeschossigen **Rathaus** der Renaissance mit drei weiteren Stockwerken im Dach von 1561–63 und rückwärtigem Türmchen. Repräsentationswille, Lokalpatriotismus und die Neigung zu liebevoll spöttelnder Selbstironie sind hier eine Verbindung eingegangen: An der Ostseite prangen steinerne Tafeln mit dem Stadt- und dem Brandenburgischen Wappen, gleichzeitig finden sich aber auch die Steinplastik eines fränkischen Häckers, des Winzers mit seinem Arbeitsgerät, und an der Nordseite, dem früheren Klostergelände gegenüber, das ›Kitzinger Käterle‹ mit seinem Deckelhumpen voll Wein – was aber nicht bedeuten soll, daß der Genuß des Rebensaftes in der Stadt nur eine weibliche Domäne wäre. Der runde **Marktturm** mit seinem achteckigen Spitzhelm gehörte zur inneren Stadtmauer, diente zeitweilig als Gefängnis und Pranger.

Jenseits des älteren Stadtkerns liegt die evangelische **Stadtkirche** von Antonio Petrini (1686–93 als letztes nachgewiesenes Werk des Meisters anstelle älterer Vorgängerkirchen

RUND UM DIE MAINSCHLEIFE VON VOLKACH UND DAS MAINKNIE

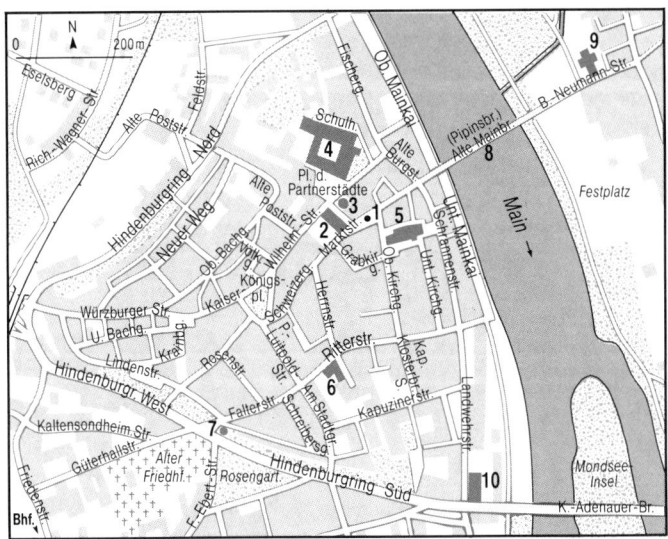

Kitzingen
1 St.-Kilians-Brunnen
2 Rathaus
3 Marktturm
4 Ev. Stadtkirche und ehem. Stift
5 Pfarrkirche St. Johannes der Täufer
6 Leidenhof
7 Falterturm (Deutsches Fastnachtmuseum)
8 Mainbrücke
9 Kreuzkapelle
10 Stadtmuseum

erbaut), eine ehemalige Benediktinerinnenabtei- und spätere Ursulinerinnenklosterkirche, die die evangelische Gemeinde 1817 erwarb, nachdem das Kirchenschiff in den Napoleonischen Kriegen als Heumagazin gedient hatte. Die Kirche wurde 1945 weitgehend zerstört und bis 1950 wiederhergestellt; erhalten blieb nur wenig, beispielsweise der Altar und ein Taufstein von 1599. Die reichgegliederte Schaufassade mit der Steinfigur Johannes des Täufers in der Nische oberhalb des Türsturzes überragt mit ihrem Giebel das Dach, der Turm mit seiner Balustergalerie und dem laternenbekrönten Kuppeldach dominiert als ein markantes Wahrzeichen von der Mainseite aus die Stadt. Das jetzt als *Landratsamtsgebäude* dienende ehemalige *Stift* für adlige Damen wurde um 1580 errichtet, nachdem die Markgrafen von Brandenburg-Ansbach 1544 das Benediktinerinnenkloster aufgehoben und umgewandelt hatten. Durch seinen hübschen Innenhof mit Treppenturm gelangt man in einen bereits von den Äbtissinnen eingerichteten *Weinkeller,* einen der ältesten Deutschlands, der das größte in Gebrauch befindliche eichene Weinfaß Unterfrankens birgt (22 960 l Fassungsvermögen).

Vom Markt zurückgekehrt geht man durch die Obere Kirchgasse zur katholischen **Pfarrkirche St. Johannes der Täufer** – falls man dem (für ein Gasthaus) werbenden Gruß des Gambrinus widerstanden hat. Die spätgotische, dreischiffige Hallenkirche ist Kitzingens ältestes noch erhaltenes Kulturdenkmal und wohl auch die bedeutendste Sehenswürdigkeit der Stadt. Unter den spätgotischen Bauwerken Nordbayerns nimmt sie einen besonderen Rang ein; Jahrhunderte haben ihr die heutige Gestalt gegeben. Eben weil man erkennen kann, daß die ursprüngliche Konzeption immer wieder geändert wurde, wirkt sie so lebendig. Neben der asymmetrischen Empore im südlichen Seitenschiff und vor der Westfront fällt die Kirche auch durch einige weitere architektonische Eigenheiten auf. So ist das nördliche Seitenschiff auf fünf Joche verkürzt, um Raum für den Turm zu gewinnen. Die am ersten Joch des südlichen Seitenschiffs vorspringende Marienkapelle (jetzt Taufkapelle) soll in ihrem Kappengewölbe mit gekehlten Rippen dem Chorabschluß von Notre-Dame zu Paris in verkleinertem Maßstab nachempfunden sein. Das schlanke spätgotische Sakramentstürmchen mit seinem reichen Figuren-, Bogen- und Fialenschmuck entstand um 1470, etwa gleichzeitig mit dem 1960 ergänzten Chorgestühl. Materno Bossi schuf die klassizistische Kanzel 1793/94 aus hellgrauem Marmor und poliertem Gips; auf ihrem Schalldeckel verkündet ein Engel die Zehn Gebote. Ein überlebensgroßes Fresko des hl. Christophorus links im Chor wurde bei der letzten Renovierung entdeckt, vermutlich entstand es um 1590; weitere Reste mittelalterlicher Fresken fanden sich im nördlichen Seitenschiff.

Auch das Äußere lohnt eine eingehende Betrachtung. Die kunstvoll gestalteten *Portale* bestechen mit ihren hervorragend durchbrochenen Steinmetzarbeiten (Nordseite: Das Jüngste Gericht, um 1400; Westportal: Krönung Mariens, Mitte 15. Jh., dem Tympanon des Südportals der Würzburger Marienkapelle nachempfunden, wie an verschiedenen Kirchen der Diözese Würzburg, wenn man so will, eine frühe Form von Rationalisierung; über der Vorhalle des Südportals ein Altan mit Freitreppe als Zugang). Die Ölberggruppe an der Südseite wird Riemenschneiders Schule zugesprochen. Als der Turmhelm 1737 nach einem Gewitter abbrannte, erhielt der Turm eine barocke Haube nach Plänen Balthasar Neumanns.

Durch die Grabkirchgasse (Nr. 4a) erreicht man eine der ältesten Kirchen Kitzingens, die innerhalb der Wohngebäude versteckt liegende frühgotische *Kirche ›Zum Heiligen Grab Jesu Christi‹*, von der Turm und Teile des Langhauses erhalten sind. Leider wurde sie 1804 bereits wegen Baufälligkeit geschlossen. – Biegt man von der Oberen Kirchgasse in die Ritterstraße, so kommt man am **Leidenhof** vorbei. Hier wurden das fürstliche Strafgericht den Bürgern gegenüber gehalten, die die Aufständischen im Bauernkrieg unterstützt hatten. Aus heutiger Sicht erscheinen die Forderungen der Bauern gerecht. Es ging um Befreiung von Fron und Leibeigenschaft, modern gesprochen um Menschenrechte.

Kitzingen, Marktplatz mit Brunnen, Rathaus und Marktturm

Die Falterstraße führt direkt zum **Falterturm** (1469–96), der heute das *Deutsche Fastnachtmuseum* beherbergt.

Über die alte **Mainbrücke**, die trotz verschiedener Erneuerungen noch weitgehend in der Gestalt des 16. Jh. erhalten ist, gelangt man zur **Gartenvorstadt Etwashausen**. Die **Kreuzkapelle** plante Balthasar Neumann zwar schon ab 1733, sie konnte aber – wohl aus finanziellen Gründen – erst 1741–43 errichtet werden. Nicht ohne Stolz ist vermerkt, daß Neumann die Ausführung »ganz allein besorget« habe. Äußerlich wirkt das Kirchlein vor allem durch seine in Bewegung aufgelösten Flächen: den in die geschwungene Fassade einbezogenen Volutengiebel mit seiner Pilastergliederung und dem eleganten Turm, bekrönt mit einer für Neumann typischen eingeschnürten achteckigen Kuppelhaube. Auch die Kreuzform des Daches ist durch die Kuppel über der Vierung aufgelockert. Das Innere wirkt sehr schlicht, weil eine farbige Stuckausgestaltung unterblieb. Um so besser kommt allerdings Neumanns eigenwillige Raumaufteilung zur Geltung: das Zusammenspiel der elegant auf vier Säulenpaaren abgefangenen Kuppel mit den Tonnengewölben des Kreuzgrundrisses.

Und noch eine Empfehlung, falls Sie ein wenig Zeit haben. Über die Straße gen **Mainbernheim**, das selbst schon einen Besuch lohnt, erreichen Sie nach knapp 10 km die reizende, in ihrem historischen Bestand erstaunlich gut erhaltene Weinstadt **Iphofen**, ein Kleinod unter den Landstädtchen der Mainregion, ebenso wie **Markt Einersheim** – insgesamt ein ländliches Dreigestirn, das man sich nicht entgehen lassen sollte.

☐ Sulzfeld

Nur wenige Kilometer südlich Kitzingens auf der rechten Mainseite liegt Sulzfeld, bereits 915 als ›Sulzifeld‹ erstmals urkundlich genannt, ein großes, seit dem 15. Jh. erstaunlich gut befestigtes Bauern-, Winzer- und Arbeiterdorf und militärisch gesehen ein wichtiger Vorposten des Würzburger Bistums gegen die angrenzende Markgrafschaft Ansbach. Weite Teile der unter Fürstbischof Julius Echter erneuerten *Tore*, *Türme* und *Mauern* sind noch erhalten. Die spätgotische **Pfarrkirche St. Sebastian** erhebt sich beherrschend über dem Ort. Chor, Turm und Sakristei entstanden gegen Ende des 15. Jh., das Langhaus wurde unter Fürstbischof Julius Echter bis 1602 und nochmals 1710 erweitert. Die feine spätgotische Madonna eines unbekannten Meisters auf der Sandsteinsäule hat sich erhalten, der Großteil der Einrichtung ist neogotisch. Außen findet sich ein Ölberg (1497) der Riemenschneiderschule und links neben dem barocken Portal ein handwerklich unbeholfenes, aber dennoch interessantes Epitaph von 1602 mit Renaissanceornamenten: ein Ratsherr mit seinen Frauen und Kindern in bürgerlicher Tracht. Der steinerne Löwe an der Nordseite, der einen Mann in seinen Pranken hält, entstammt der frühen Gotik. Erstaunlich repräsentativ für den Ort fiel dank der Gunst Julius Echters auch das *Rathaus* der Renaissance von 1609 mit seinem Voluten- und Obeliskenschmuck im Giebelfeld aus, davor eine *Mariensäule* von 1724.

Sulzfeld, Pfarrkirche St. Sebastian, Epitaph an der Außenwand

☐ Marktbreit

Der alte **Mainkran** nahe der Mündung des Breitbachs wurde 1784 in massiver Steinbauweise errichtet, nachdem Hochwasser und Eisgang den Vorgänger aus Fachwerk weggespült hatten, und erhielt nun einen soliden Eisbrecher. Menschen bewegten über Treträder die Lasten. Das Fischer-, Bauern- und Häckerdorf Marktbreit (Marktrecht 1557; Stadtrechte 1819) war lange Zeit ein wichtiger Handelsplatz der Grafschaft Schwarzenberg. Diese Bedeutung spiegelt sich noch im Stadtbild wider. Vom Kran führt der Weg direkt durch das Maintor entlang am Rathaus durch die Marktstraße zu Schloß und Kirche. Archäologische Funde aus der Stein-, Hallstadt- sowie keltischen Zeit und vor allem das 1986 entdeckte römische Lager für zwei Legionen (ab 10 v. Chr.) auf dem Kapellenberg belegen aber, daß dieser Ort am Fluß wesentlich länger besiedelt war.

Das mächtige **Maintor** (1600) führt über den *Breitbach* zum Main. Seine vier reich mit Voluten geschmückten Giebel mit den Uhren zeugen vom Wohlstand des aufstrebenden Handelsstädtchens, wie auch das im Winkel daran stoßende ältere Rathaus (1579) von Hans Keesenbrodt (Farbabb. 6). Der Gebäudekomplex liegt hart an der Stadtmauer mit dem Cent- oder Schwarzen Turm (1496, 1601 erhöht) und gewinnt dank der Fassaden mit Elementen der Renaissance und des Barock seine einheitliche Wirkung. Das **Rathaus** selbst war Mehrzweckbau für die kommunale Verwaltung, Geselligkeit und den Handel in der Markthalle im Erdgeschoß. Der steinerne Ritter Jörg sollte die Marktgerechtigkeit symbolisieren. Sehenswert ist im Inneren die festliche Ratsdiele mit Holzbalkendecke und schweren Trägern unter geschnitzten Holzsäulen, bei Restaurierungen wurden alte

RUND UM DIE MAINSCHLEIFE UND DAS MAINKNIE BEI MARKTBREIT

Marktbreit, Malerwinkel mit Maintor

Wandvertäfelungen und Fresken freigelegt. Über das Rathaus gelangt man in den **Schwarzen Turm,** von dessen Obergeschoß sich ein weiter Rundblick über das Maintal eröffnet.

Prächtige Bürgerhäuser säumen die Marktstraße, so am Eingang zur Schustergasse die beiden 1719 und 1725 im Stil des Würzburger Barock entstandenen dreigeschossigen Bauten der Familien Günther und Wertheimer mit ihren korrespondierenden Eckerkern. Das *Hotel ›Löwen‹* gegenüber, 1450 als ehemalige fürstlich-schwarzenbergische Herberge erbaut, rühmt sich (nach Miltenbergs ›Riesen‹), das zweitälteste Gasthaus Bayerns zu sein. Das **Schloß** erbaute 1580 vermutlich ebenfalls Hans Keesenbrodt als Alterssitz für Georg Ludwig von Seinsheim im Stil der Spätrenaissance mit rückwärtigem Treppenturm. Dem Schmuck des prächtigen Eingangstors mit seinen Pilastern und dem Oberlicht entspricht der reichverzierte Giebel mit Voluten, Kugeln und zwei Obelisken. Die **Stadtpfarrkirche St. Nikolaus,** südlich dem Schloß gegenüber, entstand aus der erstmals 1293 erwähnten Nicolaikapelle, deren frühgotisches Turmuntergeschoß und spätgotischer Chor von 1438 in den Erweiterungsbau der Renaissance von 1590–96 einbezogen wurden, damals errichtete man auch die schwarzenbergische Fürstenloge. Erhalten blieb das Sakramentshäuschen von 1400. Die Szenen des Alten und Neuen Testaments an den

Emporen, eine sogenannte Armenbibel, entstanden um 1600. Ein Unikum bildet der Grabstein des Wolfgang Groe (1610), der als brandenburgischer Hauptmann und Schultheißensohn aus Marktbreit hier beigesetzt wurde und dessen Hauptmannsfahne seither die Kirche ziert. Folgt man ab dem Graben dem Verlauf der alten Stadtmauer entlang den erhaltenen Türmen im Uhrzeigersinn um die Stadt, dann gelangt man abschließend am *Breitbach* (Bachgasse) zum *Malerwinkel* mit dem wohl idyllischsten Blick auf das Maintor.

Frickenhausen rechts des Mains ist ein typisches, im 15./16. Jh. ummauertes Weinbauerndorf, von Tor zu Tor entlang einer Hauptstraße angelegt. Besonders prachtvoll ist der mainabwärts gelegene *Torturm* mit seinem reich mit Voluten geschmückten Renaissancegiebel. Das spätgotische *Rathaus* von 1480 mit der schönen Mariensäule von 1710 und der Freitreppe grenzt an die **Pfarrkirche St. Gallus**, eine dreischiffige Hallenkirche mit 1605 erneuertem Chor. Wie auch der Ort wurde sie erstmals 903 urkundlich erwähnt. Das spätgotische Langhaus wurde 1514–21 erbaut, nur der spätromanische Turm stammt noch aus dem 13. Jh. Bemerkenswert ist der 1617 von Georg Brenck im Stil der Renaissance geschaffene Hochaltar. Zu der *Wallfahrtskapelle St. Valentin* (1699) in den Weinbergen oberhalb Frickenhausens führt ein moderner *Kreuzweg* von Otmar Kleindienst.

☐ Ochsenfurt

»Wenn man, den Main hinunterfahrend, sich Würzburg nähert, sieht man ein Städtchen liegen wie eine Festung, viereckig, mit einem Turm an jeder Ecke; das ist Ochsenfurt. Hohe gestufte Giebel ragen daraus hervor, Bollwerke, Türme und wieder Türme; so klein es ist, es ist ein Städtchen im Harnisch, ein harter Bissen für den Feind. So unentstellt tritt einem selten das Wesen mittelalterlicher Städte entgegen ...« schwärmte Ricarda Huch noch in der ersten Hälfte unseres Jahrhunderts. Ganz so idyllisch sieht Ochsenfurt freilich nicht mehr aus: die Hafenanlagen mit Silo, Hochbauten einer Mälzerei und vor allem eine Zuckerfabrik prägen heute ebenfalls – neudeutsch gesagt – die Skyline vom Main aus. Und doch hat Ochsenfurt außerordentlich viel seiner historischen Substanz bewahrt.

Nahezu rechteckig, zwischen weitgehend erhaltenen Resten der alten Gräben, Türme, Tore und Mauern, präsentiert Ochsenfurt sich noch heute als eine der planmäßigen Stadtgründungen des hohen Mittelalters. Wo sich jetzt der Gasthof ›Storchen‹ (Brückenstr. 16) befindet, existierte vermutlich im 7. Jh. ein fränkischer Königshof. Bedeutsamer als die heutige Stadt und ursprünglicher Siedlungskern war allerdings der jetzige rechtsmainische Stadtteil Kleinochsenfurt, dort befand sich um 740 ein kleines Nonnenkloster. Ochsenfurts Aufstieg begann wahrscheinlich im 12. Jh. mit dem Bau einer Holzbrücke, die den Kaufleuten sicherer war als die Furt bei Kleinochsenfurt, und die den alten Übergang allmählich ablöste. 1291 wurde das linksmainische Ochsenfurt dann in Quellen schon als oppidum, Stadt, bezeichnet; im 14. Jh. entstand die mittelalterliche Befestigungsring, und bald nach 1500 wurde die steinerne Mainbrücke errichtet, deren heutige Gestalt aus dem 17./18. Jh. stammt. Zwei ihrer Scheitelbögen wurden nach dem Krieg zugunsten einer flachen Eisenkonstruktion abgetragen, um größeren Schiffen die Durchfahrt zu ermöglichen.

RUND UM DIE MAINSCHLEIFE UND DAS MAINKNIE BEI OCHSENFURT

Es bietet sich an, hier den Rundgang zu beginnen, die Stadtsilhouette vor Augen, vom mainaufwärts gelegenen Centturm (1411, auch Schinderturm mit Verließ) über den Turm von St. Andraes bis hin zum Bollwerk (1397, dem ältesten Teil der Stadtbefestigung) mit dem Taubenturm am nordwestlichen Eck der Stadt. Direkt an der Mainbrücke liegt das **Schlößchen** mit seinen Staffelgiebeln aus dem 13. Jh. (heute *Heimatmuseum*). Das mächtige Gebäude Brückenstraße Nr. 1, an der Ecke zur Hauptstraße, wurde als **Altes Rathaus** Ende des 15. Jh. erbaut – ein Kuriosum: fast zeitgleich mit dem Neuen Rathaus! – und beherbergte das Centgericht, das über schwere Vergehen zu befinden hatte. Apropos Gerichtsbarkeit: An der Giebelwand zur Hauptstraße hin existiert noch der alte Pranger mit eisernen Fesseln im ersten Stock. Wahrscheinlich diente das Alte Rathaus auch als Markthalle, Fruchtspeicher und Zeughaus.

Ungleich prächtiger ist jedenfalls das dreigeschossige **Neue Rathaus** (1498–1515) mit seinen Staffelgiebeln ausgefallen (Farbabb. 8). Die Schaufront zum Marktplatz kündet vom Selbstbewußtsein der Kommune. Ein Wahrzeichen der Stadt ist das Lanzentürmchen mit der 1560 von dem Würzburger Meister Hans Sycher geschaffenen Uhr. Stündlich stoßen die Ochsen aufeinander (ein halber Ochse ziert das Wappen der Stadt), die astronomische Uhr zeigt den Monatstag an und läßt den Mondstand erkennen, der Knochenmann dreht das Stundenglas, hebt und senkt einen Pfeil, Ratsherren in Perückentracht lauschen bewegt hinter sich öffnenden Butzenscheiben den Worten des bärtigen Bürgermeisters, und eine Jungfrau präsentiert das Wappen Frankens: ein kleines Welttheater oder doch genau jener Ausschnitt davon, der für die Gemeinde bedeutsam war.

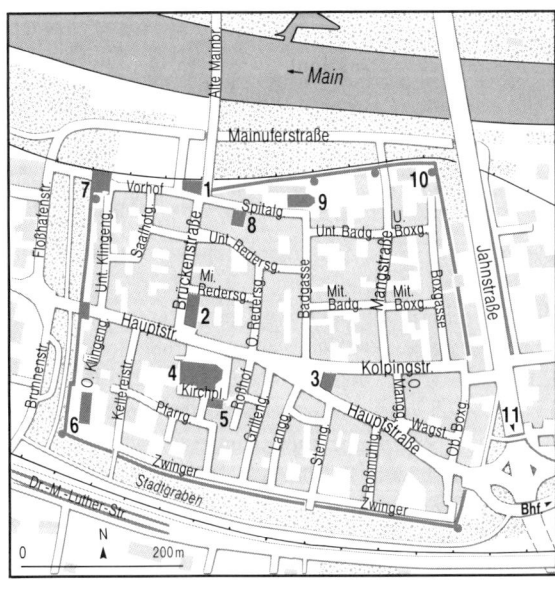

Ochsenfurt
1 Schlößchen (Heimatmuseum)
2 Altes Rathaus
3 Neues Rathaus
4 Stadtpfarrkirche St. Andreas
5 Friedhofskapelle St. Michael
6 Palatium (Blaue Kellerei) mit Dickem Turm und Nikolausturm
7 Bollwerk mit Taubenturm und Freilichtschmiede
8 Greising-Haus (Trachtenmuseum)
9 Ehem. Spitalkirche (Kreuzkirche)
10 Centturm
11 St. Wolfgang

Ochsenfurt, Uhrtürmchen am Rathaus

Unter der Freitreppe mit ihrer spätgotischen Maßwerkbrüstung lag eine Arrestzelle, die Mahnung ist drastisch formuliert: »greift man dich man legt dich ins narenhaus...« Vor dem Sitzungssaal im ersten Stock mit seiner Balkendecke und den Wandgemälden, darunter auch einer Stadtansicht von 1623 – das Festungsviereck mit Altem Rathaus und Pfarrkirche –, existiert noch der alte Getreidemeßstein mit drei Maßeinheiten. Sehenswert ist aber auch der kleine Sitzungssaal mit Kachelofen und Erkernische.

Zwischen den beiden Rathäusern dominiert oberhalb der Hauptstraße mit ihren eindrucksvollen Fachwerkbauten (Farbabb. 8) die **Stadtpfarrkirche St. Andreas,** als deren ältester Teil der spätromanische Turm erhalten ist. In der zweiten Hälfte des 14. Jh. wurden Chor und Langhaus errichtet; die gotische Bausubstanz der dreischiffigen Hallenanlage mit ihren schlanken spitzbogigen Fenstern hat die Jahrhunderte ohne wesentliche Änderungen überdauert. Der sechsgeschossige Turm mit Zinnenbekrönung barg einst (hinter der Schießscharte im zweiten Stock) das Stadtarchiv, der hohe achteckige Spitzhelm wurde im 17. Jh. aufgesetzt. Die älteste Glocke stammt aus dem Jahr 1296. Mittelalterliche Maßeinheiten (Elle und Normalziegel) standen zu jedermanns Gebrauch und Nutzen neben dem Eingangsportal zur Verfügung.

Die doppelt gekehlten Rippen des Chorgewölbes ruhen auf Konsolen, die ebenso wie die Konsolen des Langhauses phantasievoll geschmückt sind, mit Laubwerk und Masken, männlichen Büsten, einem Teufel, einem Drachen und einem Engel. Blickfang des Chors ist der *Hochaltar* von Georg Brenck d. Ä. (1610–12). Der mächtige Retabelaltar wurde 1892 bei einer neugotischen Umgestaltung des Kircheninneren abgebrochen, in Teilen anders plaziert, zerstört oder magaziniert und erst 1953 restauriert. Original erhalten ist allerdings die große, farbig gefaßte Kreuzigungsszene im Zentrum, die in der Komposition der dicht zusammengerückten Figuren und anderer Details auch an Tilman Riemenschneider erinnert und von Brenck nach Vorlagen von Kupferstichen und einem Gemälde von Jan van der Straet gestaltet wurde. Die sechs farbig gefaßten Reliefs in der Predella des Altars sowie in den Sockeln der Säulenpaare und darüber sind ebenfalls im Original erhalten, desgleichen das Relief von der Kreuzigung des hl. Andreas, des Kirchenpatrons, über der Kreuzigungsszene und die Krönung Mariens. Besonders schön ist das hochgotische *Sakramentshäuschen* von 1496–98 (wahrscheinlich) eines Würzburger Meisters. Es weist in seinem Figurenschmuck der Schule Riemenschneiders nahestehende Züge auf. Riemenschneiders Beteiligung ist aber eher unwahrscheinlich. Ein Fresko an der Südwand des Chors (ein segnender Christus aus dem 14. Jh.) wurde bei Restaurierungsarbeiten freigelegt. Das vorzüglich gearbeitete achtseitige bronzene Taufbecken von 1515 wird der bekannten Werkstatt der Nürnberger Familie Vischer zugeschrieben. Einer der bedeutendsten Kunstschätze der Kirche, ein farbig gefaßter St. Nikolaus aus Lindenholz von Tilman Riemenschneider, ist wohl der letzte Überrest eines einstigen Nikolausaltars, der 1841 abgebrochen wurde. Beeindruckend bleiben trotz der späteren Übermalung der feingeschnitzte Gesichtsausdruck und detailliert ausgeführte Faltenwurf.

Rings um die Pfarrkirche lag auch in Ochsenfurt im Mittelalter der Friedhof. Mit dem Bau eines Karners, der **Friedhofskapelle St. Michael** mit Ossarium (Beinhaus), wurde 1440 begonnen, die Decke 1492 eingewölbt. Das Westportal mit der zweiflügligen Außentreppe und dem Zugang zum Untergeschoß entstand 1505/06. Der Anblick muß beängstigend gewesen sein, denn unten wurden »die Todtenköpfe wohlgereiht an den Fensteröffnungen den Vorbeigehenden zur Schau gestellt«. Ein nicht bekannter Würzburger Meister schuf das geteilte Tympanon um 1450: oben Christus als Weltenrichter zwischen Maria und Johannes, darunter der Zug der Seligen zum Himmelstor, während die Verdammten von Teufeln in einen weit geöffneten Höllenrachen geführt werden, unter ihnen ein Papst, ein König, ein Kardinal.

Über die Pfarrgasse können wir uns nun der Südwestecke der Stadt zuwenden. Dort liegt, im Schutz des *Nikolaus-* und des *Dicken Turms,* des ehemaligen Pulverturms, das **Palatium,** ehemals Sitz des Würzburger Domkapitels. Wegen des ursprünglich glänzenden Schieferdachs wurde der hohe Bau mit Turm und steilen Staffelgiebeln aus dem 15. Jh. auch *Blaue Kellerei* genannt. Er barg einen imposanten Faßkeller mit Raum für immerhin 300 Fuder (1 Fuder = 1 000–1 200 Liter) Wein und eine reizvoll ausgestattete Trinkstube der Domherren. Der Renaissancebrunnen im Hof (1549) zeigt Wappenschilde der adligen Domherren.

Folgen wir der Brunnen- und Floßhafenstraße zum Main, dann gelangen wir vorbei am *Klingentor* (1545) zum dreifach gesicherten **Bollwerk** mit *Taubenturm* und einer *Freilichtschmiede.* Über den Vorhof, vorbei am Schlößchen, gelangen wird in die Spitalgasse. Das repräsentative **Greising-Haus** des Würzburger Barockbaumeisters Joseph Greising von 1717 beherbergt heute das *Trachtenmuseum* des Ochsenfurter Gaus. Nur wenige Schritte weiter findet sich die ehemalige **Spitalkirche,** heute **Kreuzkirche,** ein flachgedeckter gotischer Saalbau mit jüngerem gewölbtem Chor von 1499. An der Fassade zum Hof hin liegt eine hübsche Fachwerklaube von 1551, bemerkenswert ist aber auch das Tympanonrelief über dem Portal aus der ersten Hälfte des 14. Jh. Es zeigt die vier Liebeswerke der hl. Elisabeth, an der Spitze Elisabeth mit einem Pilger, der eine Art Bocksbeutel schultert.

Südlich der Stadt, auf dem Weg nach *Uffenheim,* liegt wenige Meter neben der Straße die *Wolfgangkapelle,* ein kleiner spätgotischer Bau, der nach 1462 entstand, gegenüber

Ochsenfurt, Tympanon (1440–50) der Spitalkirche mit einem Mann, der einen Bocksbeutel schultert (oben)

dem Landturm. Die steinerne, farbig gefaßte Renaissancekanzel von 1551 wird Peter Dell d. Ä. zugeschrieben, einem Schüler Tilman Riemenschneiders. Inzwischen nach Ochsenfurt eingemeindet ist auch **Tückelhausen** mit seinem ehemaligen *Kloster,* das als Prämonstratenserdoppelkloster 1138 gegründet und 1351 durch den Kartäuserorden übernommen wurde. Die alte **Klosterkirche** aus der zweiten Hälfte des 12. Jh. mit Umbauten der Echter-Zeit von 1613–16 dient seit der Säkularisierung als Pfarrkirche. Bemerkenswert ist der figurenreiche Hochaltar mit Baldachin von Johann Wolfgang van der Auvera (1758). Der Klausurhof mit Kreuzgang um das Chorhaupt der Kirche und den einzelnen Zellen mit jeweils eigenem Garten ist weitgehend in seiner alten Gestalt erhalten.

☐ Sommerhausen

Als ›Fränkisches Worpswede‹ – nach der bekannten Künstlerkolonie nahe der Hansestadt Bremen – hören die Bewohner von Sommerhausen ihr Städtchen gern bezeichnet. Und in der Tat hat Sommerhausen Deutschlands kleinstes Theater für nur 50 Zuschauer im **Würzburger Tor** mit seinem Stufengiebel, das *Torturmtheater.* 1950 gründete es der Schauspieler, Regisseur und Maler Luigi Malpiero. Heute ist es unter der Leitung von Veit Relin, und – gleich nebenan – gibt es eine Kleinkunstbühne dazu, das *Bockshorn*. Ganz zu schweigen von den Sommerhäuser ›Schloßfestspielen‹ (Auskunft erteilt der Verkehrsverein Sommerhausen, ℘ 0 93 33/82 56). Maler, Musiker und Kunsthandwerker wurden in Sommerhausens Mauern heimisch und gaben ihm das Flair eines gepflegten kleinen Landstädtchens mit Sinn für Kultur.

Im Zentrum Sommerhausens liegt das wuchtige **Rathaus** im Renaissancestil von 1558 mit seinem hohen Treppengiebel, dessen Spitzbogenarkaden zur Straße einst dem Handel dienten und später zugemauert wurden. Die holzverkleidete Diele und der Sitzungssaal sind noch vorhanden. Der *Marktbrunnen* von 1771 mit dem Drachentötermotiv und weitere Brunnen verstärken noch den Eindruck des mittelalterlichen Stadtbildes. Dem Rathaus benachbart ist die **Kirche St. Bartholomäus** von 1740 mit ihrem älteren Turm aus dem 13. Jh. Die schön geschnitzte Kanzel der Renaissance von 1621 schuf Georg Brenck. Die **Frauenkirche** aus dem 12./13. Jh., im Kern der alten Siedlung gelegen und vor dem Bau der Stadtmauern, Türme und Tore wohl Zufluchtsort der Bewohner, wurde 1945 schwer beschädigt. Das Bild der Hauptstraße dominiert der hohe Treppengiebel des dreigeschossigen **Schlosses** der Renaissance aus dem 15. und 16. Jh. mit seinem vorgelagerten polygonen Treppentürmchen. Wegen der gut erhaltenen Tore, Türme und Mauern wird Sommerhausen auch liebevoll-spöttisch zu den ›wehrhaften Zwergen‹ am Main gerechnet. Vor dem Würzburger Tor liegt der alte Friedhof mit seinem von schiefergedeckten Arkaden behüteten Renaissancekänzele von 1607 aus Sandstein.

Auf der Mainseite gegenüber liegt **Winterhausen** mit seinem reizvollen *Rathaus* aus dem frühen Rokoko (1738) und dem markanten Turm der *St.-Nikolaus-Kirche* mit den drei spätromanischen Geschossen (erste Hälfte 13. Jh.) und dem achteckigen zweigeschossigen Aufbau von 1573. Das Langhaus aus dem 15. Jh. wurde mehrfach verändert.

☐ Eibelstadt

Das rechtsmainische Eibelstadt wurde schon in einer Urkunde des späten 8. Jh. als ›Cisolvestat‹ erwähnt. 1434 verlieh Kaiser Sigismund der aufstrebenden Siedlung als Dank für Waffenhilfe gegen die Hussiten das Recht, sich zu befestigen, ein Wappen zu führen, Markttage abzuhalten und eine eigene Gerichtsbarkeit auszuüben und erhob sie damit zur Stadt. Von 1266 bis 1802 gehörte der Ort dem Würzburger Domkapitel. Mittelpunkt ist das prächtige **Rathaus** und ehemalige domkapitelsche Amtshaus, 1706-08 vermutlich vom Baumeister des Domkapitels Peter Zwerger unter Beteiligung des Würzburger Hofarchitekten Joseph Greising im Stil des späten Barock errichtet. Dem Handel diente einst die Halle im Erdgeschoß. Die barocke reichvergoldete *Mariensäule* am Markt schuf Gregor Diemmeneck 1660, eine *Sebastianussäule* am Heumarkt 1773 Peter Wagner.

Mit ihrem originellen Doppelturm fällt die **Pfarrkirche St. Nikolaus** ins Auge. Der Neubau der spätgotischen dreischiffigen Hallenkirche um 1500 bezog Teile der Vorgängerkirchen ein und wurde später mehrfach verändert. Auch das Kircheninnere zeigt eine bemerkenswerte stilistische Vielfalt. Der Hochaltar von Sebastian Bez (1696) vereinigt ein Altarblatt von Oswald Onghers (Tod des hl. Kilian) mit zum Teil spätgotischen Figuren des Vorgängeraltars. Der reich mit Putten und den vier Reliefs am Becken verzierte Taufstein aus Alabaster und Kalkstein, 1613 von Zacharias Juncker d. Ä. geschaffen, gehört zu den schönsten und anmutigsten Kunstwerken dieser Art. Die Kreuzigungsgruppe am Chorbogen, Maria und Johannes unter dem Kruzifix, wurde 1938 freigelegt und gilt als Arbeit der Riemenschneider-Werkstatt. Das eingemauerte Sakramentshäuschen stammt aus der Zeit um 1450. – Einmal wäre in Eibelstadt übrigens beinahe Wissenschaftsgeschichte geschrieben worden. Im Mai 1725 tauchten seltsame ›Figurensteine‹ auf, die in Muschelkalkbruchstücken Fossilien, aber auch steinerne Abbilder von Tieren oder Sonne, Mond und Sternen zeigten. Mit dem Stolz des Entdeckers veröffentlichte der Wissenschaftler Johann Bartholomäus Adam Beringer 1726 eine Untersuchung über die wahrhaft sensationellen Funde, die sich leider im nachhinein als studentischer Ulk herausstellten. Beringer war einer Intrige unter Kollegen zum Opfer gefallen... Einige dieser angeblichen Versteinerungen werden heute im Mainfränkischen Museum zu Würzburg aufbewahrt.

Schon zum Kreis Würzburg gehört **Randersacker** mit der im Kern spätromanischen Saalkirche **St. Stephan,** deren ungewöhnlich reichgegliederter Turm mit Ausnahme der Spitze unverändert erhalten ist. Der Innenraum wurde 1605 um zwei Seitenschiffe in gotisierendem Stil vergrößert, die weitgehend barocke Einrichtung mit Rokokostuck stammt aus dem 17. und 18. Jh. Der Magistrat zog mehrfach um. Das erste Randersackerer *Rathaus* lag am sogenannten Rathausbogen neben der Kirche. Schön ist das andere einstige *Rathaus* in der Friedenstraße mit gotischem Stufengiebel und Treppentürmchen im Hof von 1577. Der ehemalige *Zehnthof* des Würzburger Domkapitels (Herrengasse) und der ehemalige *Mönchshof* des Klosters Heilbronn sowie eine stattliche Anzahl reicher Weinbauernhöfe erinnern daran, daß Randersacker auch dank seiner Weine wie dem ›Pfülben‹, ›Lämmerberg‹ oder ›Sonnenstuhl‹ bekannt ist. Dieser Vorzug mag auch Balthasar Neumann bewogen haben, sich hier 1743 im ererbten *Edelhof* einen Gartenpavillon im Stil der Rokokozeit zu errichten.

Würzburg: Bischöfliche Residenz und weltoffene mainfränkische Metropole

Ein gelungener Wiederaufbau oder: Bürgersinn und Heimatliebe
Im Museum des Fürstenbaus auf der Festung Marienberg kann man ein Modell der Stadt Würzburg besichtigen. Es zeigt die Ruinenlandschaft, wie sie nach 1945 bestanden hat, eine Trümmerwüste unvorstellbaren Ausmaßes, bei deren Anblick man sich kaum ausmalen mag, was die Menschen alles erdulden mußten, während ihre Stadt bombardiert wurde. Würzburg war eine der am schwersten zerstörten deutschen Großstädte. Was die Deutschen ihren Mitbürgern jüdischen Glaubens und den Völkern der von ihnen überfallenen Länder angetan hatten: Gegen Ende des Krieges mußten sie, weil die Führung der Wehrmacht sich weigerte zu kapitulieren, um so den längst verlorenen Krieg schnell zu beenden und der Bevölkerung weiteres Leid zu ersparen, all die Schrecken erleben, die deutsche Truppen zuvor verbreitet hatten. Mit Grauen steht man heute vor dem Modell. Nur 20 Minuten lang wurde die Stadt am 16. März 1945 mit Brand- und Splitterbomben attackiert, doch die Flammen, die anschließend tagelang in Würzburg wüteten, zerstörten rund 82 % der Gebäude. Allein bei diesem Angriff starben etwa 5 000 Menschen. Es gab ernstgemeinte Vorschläge, »das Grab am Main« – wie man die verbrannte Stadt mit den Tausenden von Toten in ihren Trümmern auch nannte – als Mahnmal für die Opfer dem weiteren Verfall preiszugeben und an einer benachbarten Stelle des Mains eine neue Stadt zu bauen. Glücklicherweise kam es nicht dazu, und wer heute vor dem aus den Rui-

WÜRZBURG: BISCHÖFLICHE RESIDENZ UND WELTOFFENE METROPOLE

nen wiedererstandenen Würzburg steht – genau diesen Blick hat man übrigens aus dem Fenster des Raumes –, kann schwerlich die großartige Leistung überschätzen, die Heimatliebe und den Bürgersinn, die dieses Restaurierungs- und Erneuerungswerk erst möglich gemacht haben.

Die meisten Lücken sind geschlossen. In nur wenigen Jahrzehnten haben die Bürger Würzburgs Kunstschätze und Bauwerke wieder errichtet, die im Lauf von Jahrhunderten langsam gewachsen waren. Bleiben wir zunächst auf der Festung. Es bietet sich an, Würzburg und die es umgebende Kulturlandschaft von dieser erhöhten Warte aus kennenzulernen. Man hat einen weiten Blick auf die Stadt, besonders gegen Nachmittag und Abend, mit der Sonne im Rücken, vom alten Mainkran am Kranenkai über die Kirchen: Marien-

Accurate Vorstellung der hoch fürstl. bischöffl. Residenz und Haupt-Stadt Würtzburg. Zeichnung von Balthasar Neumann, Kupferstich 1723

Würzburg, Blick über den Main auf die Altstadt

kapelle, Stift Haug, Neumünster, Dom, Neubaukirche, St. Stefan und St. Peter, mit dem trutzigen Turm des alten Rathauses ›Grafeneckart‹ an der Domstraße zwischen der alten Mainbrücke mit ihrem Figurenensemble und dem Dom. Die breite Front der Residenz versinkt fast inmitten des Dächermeeres. Direkt unterhalb der Festung auf dem linken Mainufer liegt auf dem engen Raum zwischen den Weinbergen und dem Fluß St. Burkard, rechter Hand grüßt von der halben Höhe des benachbarten Nikolausberges Balthasar Neumanns Käppele, mainabwärts liegen noch die Deutschhauskirche und die Don-Bosco-Kirche. Hier oben gibt es zudem neben der Festungsanlage zwei bedeutende Museen zu besichtigen, das *Fürstenbau-Museum* mit seinen Sammlungen zur Geschichte der Festung und der Stadt sowie das *Mainfränkische Museum;* es dokumentiert das breite Kultur- und Geschichtspanorama dieser an Kunstschätzen so reichen Region.

☐ Festung Marienberg

Die Pkw-Auffahrt auf die Festungsanlage (von der Rückseite über die Höchberger Straße) ist gut ausgeschildert. Reizvoller ist allerdings (schon wegen der immer neuen Perspektiven auf die Stadt) der Aufstieg zu Fuß, entweder über die Weinbergwege (Beginn hinter St. Burkard) oder (von der alten Mainbrücke aus; Farbabb. 14) durch das nur Fußgängern zugängliche **Neutor** (1650) innerhalb der barocken Bastionen und, bereits in der Burganlage, das **Schönborntor**. An diesem Weg erinnert auch eine *Gedenktafel* an die

WÜRZBURG: BISCHÖFLICHE RESIDENZ UND WELTOFFENE METROPOLE

1 Festung Marienberg
2 St. Burkard
3 Käppele
4 Alte Mainbrücke
5 Alter Kranen
6 Ehem. Zollhaus (Haus des Frankenweins)
7 Rathaus (Grafeneckart)
8 Haus ›Zum Hirschen‹
9 Hof Oberfrankfurt (Neumannkanzel)
10 Hof Wolfmannszichlein
11 Vierröhrenbrunnen
12 Dom St. Kilian
13 Ehem. Hof Conti (Bischöfliches Palais)
14 Pfarrkirche Neumünster, Lusamgärtlein
15 Haus Zum schönen Eck
16 Haus Zum Falken
17 Marienkapelle
18 Marktbrunnen
19 Haus Marktplatz 14–16 (›handlung hauß‹)
20 Vorderer Gressenhof
21 Weinhaus Zum Stachel
22 Fischerbrunnen
23 Augustinerkirche
24 Juliusspital
25 Stift Haug (St. Johannis im Haug)
26 Bürgerspital Zum Hl. Geist
27 Kunst-Galerie Spitäle (Ehem. Hofspital)
28 Greiffenclauhof (Roter Bau)
29 Fürstbischöfliche Residenz
30 Rosenbachischer Hof (Staatl. Hofkellerei)
31 Gesandtenbau (Residenzgartencafé)
32 Orangerie
33 Frankoniabrunnen
34 Chronosbrunnen
35 Hexenturm
36 St. Stephan
37 St. Peter
38 Karmelitenkirche
39 Jesuitenkirche St. Michael
40 Neubaukirche der Alten Universität
41 Franziskanerkirche
42 Ehem. Gasthof ›Zum Rebstock‹
43 Huttenschlößchen
44 Ehem. Frauenzuchthaus (Jugendherberge)
45 St. Gertraud
46 Deutschhauskirche
47 Fürstbischöfliches Jagdzeughaus
48 Kloster Himmelspforten

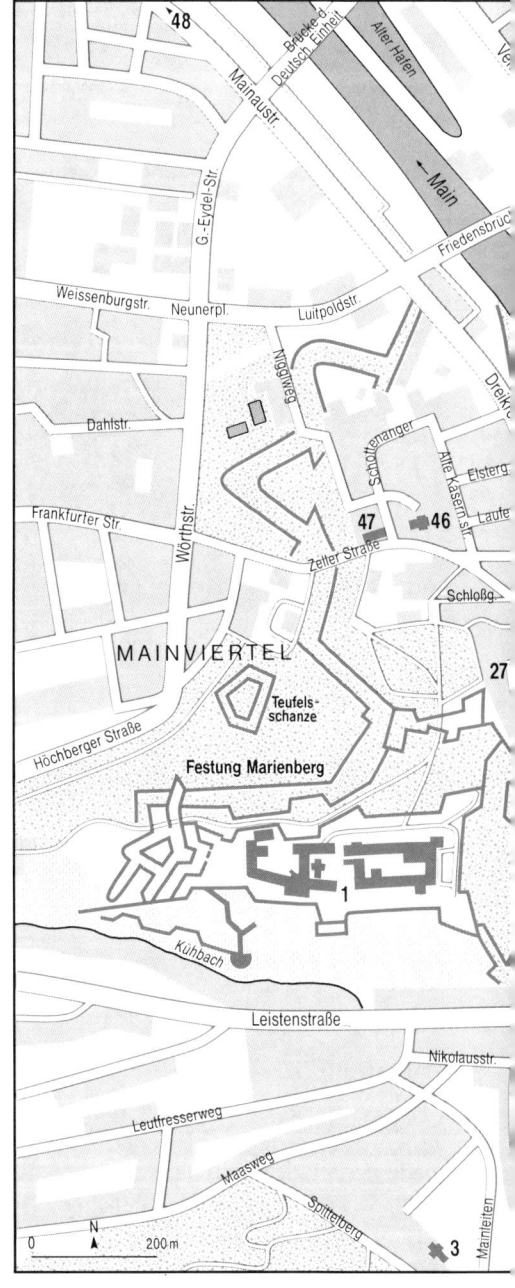

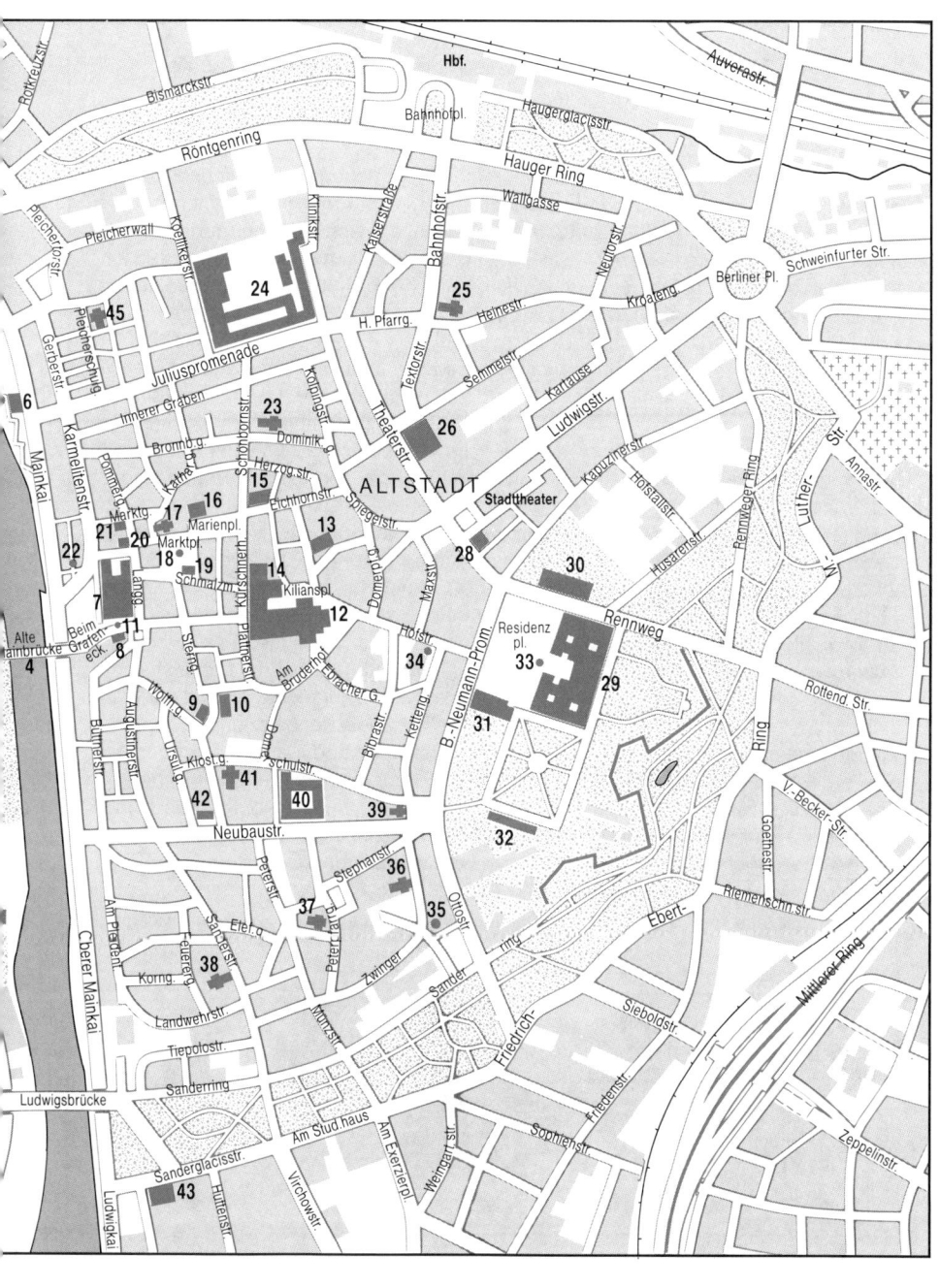

Kampf der ›Mühseligen und Beladenen‹ um Menschenrechte: der Bauernkrieg 1525

Das Wort Bauernkrieg – wohl von den siegreichen geistlichen und weltlichen Fürsten geprägt – führt in die Irre. Es waren keinesfalls nur Bauern, sondern auch Bürger, Künstler, Handwerker aus den Städten und Adlige, die sich seit den Predigten des ›Pfeiferhans von Niklashausen‹ 1476 in Franken, der ›Bundschuh-Bewegung‹ 1493 am Oberrhein und den Zusammenkünften des ›Armen Konrad‹ 1514 in Schwaben gegen Unrecht und Willkürherrschaft zur Wehr zu setzen versuchten, und man kann ihre Erhebungen schwerlich mit einem Krieg vergleichen. Untereinander zerstritten, zu arm, um sich bewaffnen zu können, wollten die ›Mühseligen und Beladenen‹ – wie sie sich selbst verstanden – mit ihren Herren friedlich verhandeln. Die sozialen Mißverhältnisse hatten sich zum frühen 16. Jh. zugespitzt. Im Dezember 1524 tauchte das Schlagwort vom ›Göttlichen Recht‹ auf, alle irdischen Einrichtungen sollten am Evangelium gemessen werden. In 12 Artikeln legten die Bauern ihre Forderungen nieder. Die Präambel beruft sich auf das Evangelium: Es gebiete, in Liebe, Friede, Geduld und Einigkeit zu leben. Das sei aber wegen der politischen Verhältnisse nicht möglich. Deshalb forderten die Bauern neben anderem, ihre Pfarrer selbst wählen zu können, die Zehntforderungen (Steuern) auf ein erträgliches Maß zu reduzieren, die Leibeigenschaft – eine Form der Sklaverei – aufzuheben, Jagd- und Fischereirechte nicht als Privilegien dem Adel und Klerus zu reservieren, sondern freizugeben, in der Justiz Bußen gesetzlich zu regeln und willkürliche Strafen nach Belieben der Landesherren zu untersagen. Modern gesagt: Die Bauern klagten Menschenrechte ein und beriefen sich auf die Lehren Christi, vergleichbar etwa der ›Theologie der Befreiung‹ in den Diktaturen Lateinamerikas. Scheinbar gingen die geistlichen und weltlichen Fürsten auf die Forderungen ein und sammelten insgeheim Truppen, um die Aufständischen zu besiegen. Der Niederschlagung der zersplitterten Bauernhaufen durch das militärisch überlegene Heer des ›Bauernjörg‹, des Truchseß Georg von Waldburg, folgten blutige Strafgerichte: Tausende von Bauern wurden zu Tode gefoltert und ermordet.

Bauernkriegsszene 1525, Fortführung gefangener Bauern durch Söldner. Zeitgenössischer Holzschnitt

Festung Marienberg
1 *Neutor*
2 *Schönborntor*
3 *Maschikuliturm*
4 *Werk Höllenschlund*
5 *Äußeres und Inneres Höchberger Tor*
6 *Mainfränkisches Museum*
7 *Echtertor und -bastei*
8 *Pferdeschwemme*
9 *Scherenbergtor*
10 *Kiliansturm*
11 *Bergfried*
12 *Fürstengarten*
13 *Randersackerer Turm*
14 *Marienturm*
15 *Brunnenhäuschen*
16 *Fürstenbau (Fürstenbaumuseum)*
17 *Marienkirche*
18 *Bibliotheksbau (Gaststätte)*

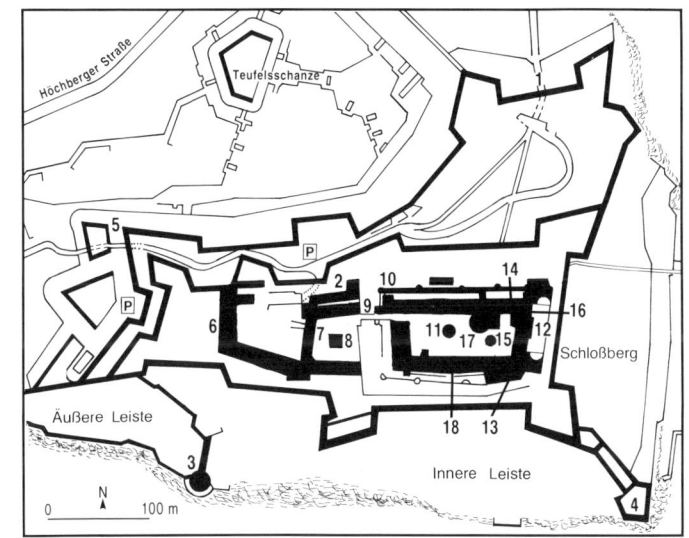

Opfer des Bauernkrieges: »Im Mai 1525 scheiterte unter großen Verlusten der Sturm der Bauern auf die Festung Marienberg. Dieser Fehlschlag leitete die vernichtenden Niederlagen der Bauernhaufen in den folgenden Wochen ein. In blutigen Strafgerichten nahmen die Landesfürsten Rache an den Bauern und unterdrückten deren in 12 Artikeln zusammengefaßte Forderungen nach persönlicher Freiheit und Ermäßigung bei den herrschaftlichen Steuer- und Fron-Forderungen.«

Dank ihrer Lage auf einem schmalen Bergsattel, der nach zwei Seiten hin steil abfällt, nach Süden dem Käppele zu mit den Weinlagen ›Äußere‹ und ›Innere Leiste‹ (sowie dem runden **Maschikuliturm** von Balthasar Neumann), der Stadt zu gen Osten mit der Lage ›Schloßberg‹, steht die Festung relativ gut gesichert da. Man kann noch heute den allmählichen Ausbau der Wehranlage erkennen, von den mittelalterlichen Anfängen mit Bergfried, Burggraben, Bering und Zwinger, der Fallbrücke als einzigem Zugang bis hin zur barocken Reichsfestung mit ihren riesigen Wallanlagen. Bis in die Stadt reichen die Vorwerke wie etwa die Bastion **Höllenschlund** an der Südostecke. Die äußeren Befestigungsanlagen mit ihren barocken Wällen und Portalen zeigen, daß die Erbauer Gefahren am ehesten aus nördlicher und besonders westlicher Richtung befürchteten; dort liegen heute die Parkplätze.

Nach dem **Äußeren** und **Inneren Höchberger Tor** gelangt man nun durch das **Schönborntor** mit seiner gewundenen Durchfahrt (über Eck gesetzt, damit eine Kanonenkugel nicht zugleich beide Tore durchschlagen konnte) in den *ersten* der drei *Burghöfe*. Im **Neuen Zeughaus** von 1711, einem zweigeschossigen Sandsteinbau mit reichem Pilaster- und Rahmenzierat an der West- und Südflanke dieses Hofes, ist seit 1947 das **Mainfränkische Museum** untergebracht. Vorgelagert ist der **Kommandantenbau,** den Andreas

WÜRZBURG: BISCHÖFLICHE RESIDENZ UND WELTOFFENE METROPOLE

Müller 1708–11 erbaute. Durch die **Echterbastei** (1607) und das **Echtertor** führt der Weg in den *mittleren Burghof* mit der (1939 nach einem alten Stich wieder errichteten) **Pferdeschwemme,** und der Blick fällt auf den unmittelbaren Zugang zur eigentlichen Burg, das **Scherenbergtor** mit seinen beiden runden Türmen. Fürstbischof Rudolf von Scherenberg ließ es 1482 verstärken und mit seinem ›redenden Wappen‹, einer Schere, und den Statuen der drei Frankenapostel sowie einer Marienstatue schmücken. Früher war dieses Tor nur über eine Zugbrücke über den tiefen Halsgraben zu erreichen, die ältesten Bauteile reichen ins 14. Jh. zurück. Die Namen der drei Bauherren und ihrer Tore, Schönborn, Echter von Mespelbrunn und Scherenberg, markieren zugleich wichtige Bauphasen der Entstehung der Festung: Rudolf von Scherenberg erneuerte und verstärkte im 15. Jh. den Burgbering des frühen Mittelalters, Julius Echter von Mespelbrunn gab der Anlage im 16. und frühen 17. Jh. nach verheerenden Schloßbränden (1572 und 1600) weitgehend ihr heutiges Aussehen in Formen der Renaissance, und die Fürstbischöfe aus dem Hause Schönborn schließlich bauten das Schloß nach 1648, als die Anlage zur ›Reichsfestung‹ erklärt wurde, zum barocken System der Wälle und Forts aus.

Würzburg, Festung Marienberg, Scherenbergtor und Kiliansturm ▷

Würzburg, Mainkai und Alter Kranen, im Hintergrund die Alte Mainbrücke und Festung Marienberg. Zeichnung von Hermann Braun, 1900

WÜRZBURG: BISCHÖFLICHE RESIDENZ UND WELTOFFENE METROPOLE

Die beeindruckende Anlage der **Echterbastei** (erbaut ab 1605) mit dem reich mit Säulen, Obelisken und einer Statue des hl. Michael verzierten Renaissanceportal von Michael Kern sowie den großen Geschützöffnungen und den kleineren Schußlöchern, ein Zusammenspiel von Zier- und Verteidigungswerk von eigenem Reiz, hielt leider 1631 ihrer Feuerprobe nicht stand. Als die Schweden die unteren Wälle gestürmt und das Echtertor gesprengt hatten, brauchten sie die würzburgischen Geschütze nur umzudrehen und auf das Scherenbergtor zu richten. Damit lag ihnen der Zugang zur inneren Burg – und bedeutender Beute! – offen. Denn die Fürstbischöfe hatten die Staatskasse sowie andere Wertsachen und Vermögen weltlicher wie geistlicher Herren auf das vermeintlich sichere ›feste Schloß‹ bringen lassen. So wanderten die wertvollsten Teile der Inneneinrichtung aus der Echter-Zeit und vor allem die reichhaltige Hofbibliothek größtenteils nach Uppsala, ein kleinerer Teil auf dem Umweg des Vermächtnisses der schwedischen Königin Christine auch in den Vatikan. Die Echtersche Vorburg mit ihren beiden seitlichen Basteien und der dazwischenliegenden Kurtine mit dem Tor war freilich schon zur Zeit ihrer Errichtung militärtechnisch nicht mehr ganz up to date, sie entsprach mehr einer mittelalterlichen Schildmauer.

Fast zierlich nimmt sich vor dem wuchtigen, quadratischen **Kiliansturm** mit seiner Balustrade sowie dem hauben- und laternenbekrönten achteckigen Aufsatz das **Scherenbergtor** aus: Über dem Durchgang springt die Front vor und verläuft damit fast in der Flucht der flankierenden und den Zugang bewehrenden Rundtürme. Die Rollenlöcher für die Ketten der alten Zugbrücke sind noch zu erkennen, sie wurde 1716 durch die jetzt noch bestehende Steinbrücke ersetzt. Zeitweilig nannte man dieses Tor auch das *Mittlere*, zur Unterscheidung vom damaligen *Äußeren Tor* des Julius Echter; damals existierte noch das *Innere Tor* zwischen dem alten Zeughaus (rechts hinter dem Scherenbergtor) und der inzwischen niedergerissenen alten Schmiede. Die Burg ist eben organisch gewachsen, Generationen von Fürstbischöfen haben ihr Aussehen geprägt.

Innerer Burghof

Herzstück der Festung ist der innere Burghof mit dem Bergfried – dem Kern jeder mittelalterlichen Burg – aus der Zeit um 1200, als mit dem Bau der Anlage begonnen wurde, dem Brunnenhäuschen der Renaissance von 1603 (eine jederzeit zugängliche sichere Wasserversorgung war schließlich die Voraussetzung, daß die Burg in Krisenzeiten Schutz bieten konnte! Belagerer wie die Schweden waren 1631 ja in der Lage, die anderen Zuflüsse aus Quellen abzugraben) und der runden Marienkirche mit ihren ursprünglichen Teilen aus dem 8. Jh., einem der ältesten Kirchenbauten Deutschlands überhaupt. Nahe der Marienkirche ist auch der Zugang zum **Fürstengarten** vor dem Ostflügel des Schlosses, dem Fürstenbau. Diesen Garten in Form eines Schiffes mit jeweils erhöhtem Bug und Heck, mit doppelläufigen Freitreppen, Springbrunnen, Balustraden und kleinen Pavillons an den Enden, wurde um 1700 unter der Herrschaft des Fürstbischofs Johann Philipp von Greiffenclau vollendet, und zwar, was ein wenig verblüffen mag, anstelle einer auf die Stadt gerichteten Kanonenstellung! Das Verhältnis der fürstbischöflichen

Herren zu ihrer Stadt war eben nicht immer ungetrübt. Aus dem Jahr 1374 berichtet beispielsweise die erste bekannte Erwähnung von Feuerwaffen in Würzburg, daß der Bischof die Stadt von der Burg aus mit neuen Geschützen beschießen ließ, während sich die Würzburger Bürger mit ›Pleiden‹, mittelalterlichen Steinwurfmaschinen, zur Wehr zu setzen versuchten. Der reizvolle Garten mit seinem großartigen Panoramablick auf die Stadt lohnt jedenfalls unbedingt einen Besuch (er wird ab 16.30 Uhr geschlossen, montags bereits um 15.30 Uhr, von November bis Anfang März ist er nicht zugänglich).

In seiner heutigen, fast rechteckigen Form verdankt der innere Hof sein Aussehen weitgehend Fürstbischof Julius Echter, der sich nach den Schloßbränden 1572 und 1600 jeweils sogleich an die Wiederherstellung seiner Festung machte. Echter erhielt 1573 die Insignien seiner Macht, Mitra, Fürstenhut und Herzogsschwert, im Alter von nur 29 Jahren und regierte die Stadt immerhin 44 Jahre lang als Fürstbischof, wurde der wichtigste Bauherr der Burg, wie er auch in der Stadt, etwa mit dem Juliusspital, Zeichen setzte. Der innere Hof erhielt eine einheitliche Höhe, als Gegenstück zum **Randersackerer Turm** (Südostecke) wurde der **Marienturm** (Nordostecke) errichtet, so daß die Schauseite zur Stadt hin symmetrisch gestaltet war. Die heute weitgehend schmucklose Nordfront vom Marienturm bis zum Kiliansturm von immerhin rund 120 m Länge war früher, wie auch die Ostfront, mit zahlreichen aufgesetzten Zwerchgiebeln der Renaissance geschmückt; alte Bilder zeigen es. Damals, unter Fürstbischof Julius Echter, wurde auch das kunstvoll mit reicher Sandsteinbildhauerei verzierte **Brunnenhäuschen** geschaffen. Mit seinen Balustraden, Fabeltieren als Wasserspeiern, Säulen, den Reliefs (Simson oder Herkules im Kampf mit einem Löwen, zwischen den Propheten Daniel und Hieronymus) an der Ostseite über dem Brunnenbecken des Oktogons und der überlebensgroßen Fortuna auf rollender Kugel als Dachbekrönung ist dieses Tempelchen ein Musterbeispiel für die Schmuck- und Prunkliebe eines Renaissancefürsten und dokumentiert zugleich, welchen Wert man der Wasserversorgung beimaß. Über 100 m tief wurde der Schacht um 1200 in den Fels gebohrt, Quellen speisen ihn und wohl auch eine Verbindung zum Main – eine Meisterleistung der Brunnenbohrer, zumal, wenn man die mangelhafte technische Ausrüstung der Erbauungszeit bedenkt. Schacht und Stollen mußten belüftet und beleuchtet werden, man

Festung Marienberg, Detail des Brunnenhauses

mußte den Abraum hinaufschaffen, und schließlich war die Grundfläche ja auch nicht gerade so breit, daß man dort problemlos hacken und bohren konnte.

Erst in letzter Zeit wiederhergestellt wurde eine weitere Sehenswürdigkeit des Schlosses, die **Bibratreppe**. Vor dem **Fürstenbau** sieht man linker Hand ein polygonales Treppentürmchen. Es birgt eine zierliche Wendeltreppe. Hier hat die Phantasie der spätgotischen Bildhauer wahre Volten geschlagen. Aus der in filigraner Steinmetzarbeit gestalteten offenen Spindel mit ihren drei Säulchen und dem Wappen des Erbauers, des Fürstbischofs Lorenz von Bibra (bezeichnet Anno Domini 1511), wächst das Maßwerk als Säule und Rippenäst, um sich in das reiche Netzgewölbe der Decke zu verzweigen.

Die **Marienkirche** auf der Festung (nicht zu verwechseln mit der größeren gotischen Marienkapelle unten am Markt) ist von 9 bis 12 Uhr und von 13 bis 17 Uhr zur Besichtigung geöffnet. Ursprünglich befand sich hier wohl eine keltische Kultstätte. Fragmente attischer Keramik deuten auf die schon damals bestehenden Handelsverbindungen hin und darauf, daß sich im Bereich der heutigen Marienkirche zwischen 1000 und 500 v. Chr. ein befestigter Herrensitz befunden haben dürfte: importierte Keramik aus Griechenland war kaum ein alltäglicher Gebrauchsartikel. Im 6. Jh. kamen die Franken hierher, 704 wurde erstmals ein ›Castellum Virteburch‹ erwähnt und dort von dem fränkischen Herzog Hetan II. (seiner Herkunft nach ein Thüringer) 706 die Marienkirche errichtet, gewissermaßen die Keimzelle von Burg und Stadt. Da die Kirche nicht dem fränkischen Nationalheiligen Martin, sondern Maria geweiht wurde, nimmt man an, daß hier ursprünglich eine germanische Muttergottheit verehrt wurde. Von 742 bis 788, dem Jahr der Fertigstellung des ersten Doms unten in der Stadt, war die Marienkirche auf der Burg die Kathedrale des neu gegründeten Bistums Würzburg. Der frühromanische *Rundbau* mit dem zurückgesetzten Obergeschoß samt Galerie und seinen durch den Rundbogenfries verbundenen Lisenen, der geschweiften Kuppel mit Laterne wurde unter der Herrschaft von Fürstbischof Julius Echter von Mespelbrunn um einen *Hochchor* mit Kapitelsaal (der nicht mehr existiert, an den aber noch das Untergeschoß des Eckerkers erinnert) erweitert. Die 3,65 m starken Mauern zeugen vom Wehrcharakter des Baus, der italienischen Rotundenkirchen nachempfunden ist. Aus der Echter-Zeit stammen noch das prächtige Oratorium im Chor und das Prunkportal von Michael Kern. Die Grabplatten der Würzburger Bischöfe bergen freilich nur die Eingeweide der hohen Herren, die Körper bettete man im Dom zur letzten Ruhe, während die Herzen bis 1573 in der Abteikirche Ebrach hinter dem Hochaltar bestattet wurden; so konnten die Kirchenfürsten gleichzeitig ihre Ansprüche auf die Zisterzienserabtei im Steigerwald, die älteste Kirche Ostfrankens auf der Festung Marienberg und natürlich auf den Dom ihres Bistums sichtbar zum Ausdruck bringen.

Das graue Bruchsteinmauerwerk des **Bergfrieds** stammt noch aus den frühen Jahren der Burg um 1200. Der Treppenturm wurde erst 1600 aufgemauert. Ursprünglich erreichte man den Zugang hoch über dem Erdboden nur über Leitern. Auch der direkte Eingang zum Verließ wurde erst später geschaffen. Im Mittelalter ließ man die Gefangenen am Seil durch das ›Angstloch‹ hinab.

Fürstenbau-Museum und Stadtgeschichte

Bevor wir die Festung verlassen, lohnt sich noch ein Besuch im **Fürstenbau-Museum** (Eingang neben der Burggaststätte), in das man vom inneren Hof aus gelangt, mit seinen Sammlungen zur Stadt- und Festungsgeschichte. Den Namen verdankt der Bau der Tatsache, daß die Fürstbischöfe in diesem Palais an der Ostflanke der inneren Festung über dem Fürstengarten von 1200 bis zu ihrem Umzug in die Residenz inmitten der Stadt 1720 fast ununterbrochen wohnten und auch ihre Repräsentationsräume hatten. Der Bau wurde mehrfach umgeändert und blieb aber doch im Kern in dem Zustand erhalten, den ihm Lorenz von Bibra gab. Den *Randersackerer Turm* mußten Würzburgs Bürger 1308 als Strafe für den Versuch errichten, sich der Herrschaft der Fürstbischöfe zu entziehen; Julius Echter ergänzte ihn um einen Renaissanceerker im Geschmack der Zeit. Im Keller des Randersackerer Turms (auch Sonnenturm) fanden 1525 nach der Niederschlagung der aufständischen Bauern auch die Verhöre und Folterungen ihrer Anführer statt. Im Dreißigjährigen Krieg wurde auch dieser Flügel geplündert und zerstört. Der Wiederaufbau kam daher fast einer Neueinrichtung gleich. Seinen repräsentativen Charakter verlor der Fürstenbau erst, als am 15. September 1720 Fürstbischof Johann Philipp Franz von Schönborn in feierlichem Zug endgültig die Festung verließ, um künftig wie seine Nachfolger in der Stadt zu residieren. Danach verfiel der Bau, die Schloßgemächer wurden ausgeräumt und für die Zwecke der Festungsbesatzung genutzt. Im *Kaisersaal*, dem früheren *Weißen Saal*, lagerten zeitweilig Mehlvorräte... Arrestantenzimmer und Büroräume wurden eingerichtet. Der Zweite Weltkrieg brachte auch hier schwere Zerstörungen.

Aus den Sehenswürdigkeiten des Fürstenbau-Museums seien hier nur einige wenige herausgegriffen. Über Echtertreppe, -saal und -gang gelangt man in die fürstbischöflichen Wohn- und Repräsentationsräume mit wertvollen Einrichtungsgegenständen aus anderen Schlössern. Die Originale gingen verloren oder wurden bei dem Umzug in die Residenz geschafft. Das Vorzimmer weist neben einem Kachelofen einen schönen quadratischen Erker mit Netzrippengewölbe auf; der Blick geht von hier auf den Fürstengarten. An manchen Stellen haben alte Stukkaturen und Reste der Malerei die Zeiten überdauert. Wichtigster Teil der Zimmerflucht war der *Fürsten-* oder *Ständesaal*. Die Giebelaufsätze über den Fensternischen (interessanterweise im Wechsel die breiten Fenster der Renaissance neben älteren Fenstern, die fast noch Schießscharten ahneln) gehören der ersten Bauphase des 13. Jh. an und zeigen, daß der Fürstenbau später aufgestockt wurde; er besaß ursprünglich nur das Erdgeschoß und ein Obergeschoß. Besonderes Interesse verdienen die kostbaren Textilien der Sammlung. Der Echterteppich als gewirkte Familienchronik entstand 1563. Das Kiliansbanner (Leinen mit Applikationen aus farbiger Seide und Leder) von 1266 im Marienturm ist das älteste erhaltene deutsche Feldzeichen. Unter dieser Fahne zogen die Bürger Würzburgs gemeinsam mit dem Domkapitel ins Feld, als die Grafen von Henneberg und Castell sich der Stadt bemächtigen wollten. Nach ihrem Sieg brachte man die Fahne im Triumph in den Dom. Den Adlerflug Alexanders des Großen zeigt ein süddeutsches Textilfragment. Diese farbige Seidenstickerei auf weißem Leinen ist sogar noch älter, sie entstand um das Jahr 1000. Kostbare Ornate der

WÜRZBURG: BISCHÖFLICHE RESIDENZ UND WELTOFFENE METROPOLE

Fürstbischöfe mit Metallfädenstickerei finden sich in der Paramentenkammer. Aus dem Domkapitel, der Festungskirche und der Residenzkirche stammen die wertvollsten Kunstschätze der Sammlung. Der Krummstab und das Herzogsschwert des Fürstbischofs Gerhard von Schwarzburg (1373–1400) haben sich als Grabbeigaben erhalten. Fein und kostbar gearbeitet sind die Altarkreuze und -leuchter. Um 1600 entstand ein vergoldetes Silberreliquiar mit Bergkristall, das eine Pfeilspitze des hl. Sebastian präsentiert, daneben findet sich wertvolles Dornenreliquiar des Fürstbischofs Lorenz von Bibra (um 1500). Goldene Kelche, Monstranzen und anderes liturgisches Gerät runden die Sammlung ab.

Über die Bibratreppe gelangt man in die **Stadtgeschichtliche Sammlung.** Zeugnisse des mittelalterlichen Lebens finden sich da, wie ein Daubenbecher aus Tannenholz, Spielbälle aus Holz und Fragmente von Schuhen, Gläser, Gedenksteine, Madonnen, ein mit stilisierten Lebensbäumen verzierter Fenstersturz aus dem 12. Jh. und Kapitellfragmente mit vier Köpfen. Ein Modell der Stadt um 1525 zeigt deren Gestalt im 14. bis 16. Jh. Besonders schön gearbeitet ist ein Alabasterrelief von Michael Kern (1603), es zeigt die ›Noth Gottes‹. Die spätere Entwicklung repräsentieren u. a. ein Würzburger Biedermeierzimmer, die Stadtschlüssel und ein Modell der Residenz.

Da es sich hier um die stadtgeschichtliche Sammlung handelt, noch einige für Würzburg wichtige Daten. Im Jahre 689 sollen etwa auf dem Gelände der heutigen Neumünsterkirche die Frankenapostel Kilian, Kolonat und Totnan den Märtyrertod gefunden haben. Der hl. Bonifatius gründete 742 das Bistum Würzburg und setzte den hl. Burkard als ersten Bischof ein. Schon 788 wurde der erste Dom gebaut und – wahrscheinlich – in Gegenwart Karls des Großen geweiht. Um 1000 wurde Würzburg erstmals mit Mauern umgeben. Die Bedeutung der Stadt wuchs rasch. Bereits 1030 verlieh der Kaiser dem Bischof das Privileg über Münze, Zoll und Märkte, so daß ein fester Mainübergang sinnvoll schien. Schon 1133 wurde die erste steinerne Mainbrücke vollendet.

Unter Kaiser Friedrich I. Barbarossa erlebte die Stadt besonders glanzvolle Feste. Barbarossa heiratete 1156 in Würzburg Beatrix von Burgund und bestätigte 1168 den Titel und die Rechte der fränkischen Herzogswürde für die Würzburger Bischöfe. Eingemeindungen waren auch im Mittelalter ein probates Mittel, den Rang und die Macht einer Stadt zu stärken; so wurden die Vorstädte *Sand, Pleich* und *Haug* in den Stadtmauerring um 1200 einbezogen. Würzburg hatte damit etwa 5 000 Einwohner. Erst jetzt besann man sich wieder auf die alten keltischen Wälle und begann mit dem Bau der Burg auf der zuletzt ›Alt-Würzburg‹ genannten Höhe, dem *Marienberg.*

Bischof Lobdeburg verlegte im Jahr 1253 seine Residenz aus der Stadt auf die Burg; die Fürstbischöfe sollten dort bis 1720 bleiben. Offenbar hatten sich die Spannungen zwischen der bischöflichen Herrschaft und den städtischen Untertanen zugespitzt. Als die Stadt 1308 einen Aufstand wagte, behielt der Bischof die Oberhand und ließ die Bürger zur Strafe auf dem Marienberg einen Turm bauen, der binnen zweier Jahre eine festgeschriebene Höhe haben mußte, den *Randersackerer* oder *Sonnenturm.* Die Stadt kaufte 1316 den *Grafeneckart* – den ehemaligen Sitz des bischöflichen Schultheißen – als Rathaus für die Bürgerschaft. Ebenfalls aus dem frühen 14. Jh. datiert eines der ältesten Zeugnisse deutschen Gemeinsinns: Die Stiftung des *Bürgerspitals zum heiligen Geist* wurde 1319 begründet. Doch das Mittelalter hatte auch seine finsteren Seiten. So kam es 1349 zu einem christlichen Pogrom gegen die jüdischen Bürger der Stadt auf dem späteren Marktplatz, an der Stelle, wo statt der zerstörten Synagoge 1377 der Grundstein für die Marienkapelle als Bürgerkirche gelegt wurde.

Die Konflikte mit dem Bistum spitzten sich im ausgehenden 14. Jh. zu. Als König Wenzel 1397 in Würzburg weilte, versprach er den begeisterten Ratsherren die Reichsfreiheit. Allein, er mußte sie kurz darauf widerrufen, weil er auf die Unterstützung der geistlichen und weltlichen Fürsten angewiesen war und von ihnen bedrängt wurde. So kam es 1400 zu der Schlacht bei Bergtheim gegen Fürstbischof Gerhard von Schwarzburg, die mit der vernichtenden Niederlage der Bürgerschaft endete. Für die Stadt bedeutete dieser Schlag den Verlust aller Freiheiten, und der Sieg festigte die Herrschaft der Fürstbischöfe über die Bürger bis 1802, als Würzburg bayrisch wurde und Bischof Fechenbach zurücktrat.

Doch so weit sind wir noch nicht. Bischof Egloffstein gründete 1402 die erste Würzburger Universität, deren Bestand aber von kurzer Dauer war; sie existierte nur bis 1413. Wirtschaftsprobleme und Sparprogramme als deren Lösung sind keine Errungenschaft der Neuzeit. In eine schwere finanzielle Krise geriet das Fürstbistum Mitte des 15. Jh. Fürstbischof Rudolf von Scherenberg (1466-95) sanierte das Hochstift mit rigorosen Sparmaßnahmen; sein Grabmal mit der Darstellung des greisen Fürsten ist in seiner feinen Charakterzeichnung ein Meisterwerk Tilman Riemenschneiders (im Dom zu besichtigen). Der Bildschnitzer und Steinkünstler war 1483 in die Stadt gekommen, 1504 avancierte er zum Ratsherrn und 1521 sogar zum Bürgermeister. Riemenschneider starb 1531 und wurde auf dem Friedhof zwischen Neumünster und Dom begraben.

Im Bauernkrieg erreichten die Machtstreitigkeiten zwischen dem Bischof und der Stadt einen weiteren Höhepunkt. Würzburg schloß sich den Forderungen der Bauern an und kündigte Fürstbischof Konrad von Thüngen (1519-40) den Gehorsam auf. Als die Bauern besiegt worden waren, mußten Stadt und Rat sich der bischöflichen Macht auf Gnade und Ungnade ergeben. Diese Niederlage besiegelte auch das Schicksal Riemenschneiders. Acht Wochen lang wurde er im Keller des Randersackerer Turms gefangengehalten und, wie in den Quellen verbürgt ist, »peinlich befragt«, also gefoltert. Die von der fürstbischöflichen Gerichtsbarkeit für schuldig befundenen Anführer wurden übrigens streng nach den hierarchischen Prinzipien des feudalen Ständestaates hingerichtet: Vier Bürger Würzburgs köpfte man auf dem Platz vor dem Dom, die aus den Landstädten stammenden 24 Rädelsführer wurden vor der Marienkirche enthauptet und 36 Bauern auf dem Rennweg »einen Kopf kürzer« gemacht.

Mit der Herrschaft des Fürstbischofs Julius Echter von Mespelbrunn (1573-1617) erlebte Würzburg eine neue Blüte und gleichzeitig einen politischen Kurswechsel. Er setzte unerbittlich und willensstark die Gegenreformation durch. Echters neue Stadtordnung von 1590 beendete die relative Liberalität seiner Vorgänger und bedeutete einen Triumph des fürstlichen Absolutismus, mehr noch: nach dem Prinzip »Cuius regio, eius religio« – frei übersetzt: In meinem Land hat jeder Bürger nach meiner Fasson selig zu werden! – vertrieb er die protestantisch gewordene Würzburger Führungsschicht aus der Stadt. Zu seinen Gunsten muß allerdings auch gesagt werden: Das Juliusspital wurde 1576 gegründet, ein für die damaligen Verhältnisse erstaunlich modernes und auch sozialen Erwägungen aufgeschlossenes Krankenhaus; 1582 wurde die Universität neu begründet, um 1600 der Ausbau der Festung forciert.

Einen Rückschlag der Entwicklung erlebte die Stadt im Dreißigjährigen Krieg, als die Schweden 1631 unter ihrem König Gustav Adolf Stadt und Festung eroberten und bis 1634 besetzt hielten. Als Johann Philipp von Schönborn (1642–73) als erstes Mitglied seiner Familie das Bistum Würzburg übernahm (nebenher war er seit 1647 auch Erzbischof und Kurfürst von Mainz, und ab 1663 Bischof von

Gustav II. Adolf, König von Schweden. Zeitgenössischer Kupferstich

Worms), begann er folgerichtig mit der Neubefestigung des Marienberges und der Stadtwälle mit Bastionen. Dieser Bischof war ein Mann des Ausgleichs und der Gerechtigkeit. Durch seine geschickte Diplomatie gelang es ihm, den Schaden der französischen Feldzüge in seinen Ländern in Grenzen zu halten. Er hatte zwar keinen Erfolg bei dem Versuch, gemeinsam mit dem Philosophen Leibniz auf eine Verständigung zwischen den Konfessionen hinzuwirken, aber er unterband sofort bei seinem Amtsantritt in seinen Ländern ein besonders barbarisches Relikt des christlichen Mittelalters: die Verfolgung angeblicher Hexer und Hexen. Als junger Mann hatte er den Dichter und Jesuitenpater Friedrich Spee von Langenfeld kennengelernt und sich von dessen Gedanken, die Spee auch 1631 – vorsichtshalber anonym – in seiner Schrift ›Cautio Criminalis‹ – ›Gewissensbuch oder Über die Hexenprozesse. An die Obrigkeiten Deutschlands‹ veröffentlicht hatte, beeindrucken lassen.

In den folgenden Jahrzehnten wirkten bedeutende Maler, Bildhauer und Baumeister in der Stadt: Antonio Petrini, Pietro Magno, Joseph Greising, 1711 der Geschützgießergeselle Balthasar Neumann und 1751 Giovanni Battista Tiepolo aus Venedig – um nur die bekanntesten Künstler zu nennen. Mit ihren Werken gaben sie Würzburg das Gesicht einer der bedeutendsten fürstlichen Residenzen der Barockzeit. Die alten Kirchen wurden mehr oder weniger behutsam im Geschmack der Zeit modernisiert. Die eleganten Stukkaturen des Doms von Pietro Magno, die barock geschwungene Fassade der Kirche Neumünster von Johann Dientzenhofer und Joseph Greising, Balthasar Neumanns zierliches Käppele, das als Pendant zu der wuchtigen Steinmasse der Festung fast heiter auf der halben Höhe des Nikolausberges thront, und die Residenz, eine der bedeutendsten barocken Schloßanlagen Europas – sie repräsentieren besondere Kleinodien und reiche

Kunstschätze, wie man sie in dieser Ansammlung selten findet. Von 1719–24 regierte Fürstbischof Johann Philipp Franz von Schönborn und beauftragte Balthasar Neumann mit dem Bau der Residenz, die aber erst 1744 während der Amtszeit seines Bruders Friedrich Karl (1729–46, ebenfalls ab 1729 Bischof von Bamberg) fertiggestellt werden konnte. Die Schönborn-Zeit gilt nicht nur kulturell als Blüteperiode Würzburgs und Bambergs. Unter Fürstbischof Seinsheims Regiment entstehen die Hofgärten in Würzburg und Veitshöchheim. Die geistliche Herrschaft endete erst 1802, als Fürstbischof Fechenbach im Zuge der Säkularisation zurücktrat. Vorübergehend residierte in Würzburg zu Beginn des 19. Jh. der Großherzog Ferdinand von Toskana, 1814 wurde die Stadt wieder bayrisch.

Im vergangenen Jahrhundert entwickelte Würzburg sich zu einer modernen Großstadt, die Festungsanlagen wurden großenteils beseitigt, und die Stadt konnte sich ausdehnen. 1895 entdeckte Wilhelm Conrad Röntgen die nach ihm benannten Strahlen. Das erste Mozartfest fand 1922 statt. Würzburg wuchs unaufhörlich; so wurde 1930 die mainaufwärts gelegene Stadt *Heidingsfeld* eingemeindet. Die Entwicklung schien harmonisch weiterzulaufen und endete vorerst in der Zerstörung vom 16. März 1945, wenige Wochen vor Kriegsende.

Mainfränkisches Museum
Bereits 1947 wurde im *Neuen Zeughaus* das Mainfränkische Museum begründet, ein zukunftsweisender Entschluß angesichts der weitgehend zerstörten Stadt und zugleich ein großartiges Zeichen für den ungebrochenen Lebenswillen und die Opferbereitschaft ihrer Bürger. Man sollte sich den Besuch dort nicht entgehen lassen. Hervorgegangen ist es aus den älteren Sammlungen u. a. des ›Historischen Vereins‹. Ansichten der Stadt im Wandel der Jahrhunderte und auch köstliche Beispiele der Kunst, die in dieser Region entstanden, sind hier versammelt.

Zu den besonderen Sehenswürdigkeiten zählt zweifellos die Reihe bedeutender sakraler Kunstwerke aus der Hand *Tilman Riemenschneiders*. Etwa die Originale der Sandsteinplastiken Adams und Evas, die 1493 für das Portal der Marienkapelle entstanden, edle und zierliche Menschen, die, anstatt ob ihrer Sünde in Zerknirschung zu vergehen, frei und selbstbewußt dem Betrachter entgegentreten. Keine typisierten Gestalten, sondern eine lebensnahe Darstellung, die in ihrer Haltung durchaus Körperbewußtsein spüren lassen: Adam mit breiten Oberkörper und schmal in den Hüften, Eva mit schmalen Schultern über den kleinen Brüsten, beide aber in elastischer Bewegung, die Körper wie im Dialog aufeinander bezogen und dadurch von vitalem, fast sinnlichem Reiz. Auch des Meisters andere Arbeiten hier – eine hl. Barbara, ein Kruzifixus, Maria mit Kind, die hll. Nikolaus und Stephanus – zeigen, wie sensibel und menschlich er zu gestalten wußte. Man meint vielfach, lebenden Menschen gegenüberzustehen, die nur für einen Moment in ihrer Bewegung innehalten. Riemenschneiders Meisterschaft zeigt sich auch nicht zuletzt darin, daß er auf farbige Fassungen verzichtete und allein der Gestaltungskraft und plastischen Wirkung seiner Schnitz- und Steinmetzarbeit vertraute. Wo man in späte-

Der Bildschnitzer von Würzburg: Tilman Riemenschneider

Tilman Riemenschneider dürfte im Bewußtsein der Deutschen einer der bekanntesten Künstler des Mittelalters sein. Geboren um 1460 in Heiligenstadt im Eichsfeld (Thüringen), kam er 1483 nach Würzburg und ließ sich als Bildhauergeselle nieder. Er heiratete 1485 die Goldschmiedswitwe Anna Schmidt. Sie bringt ihm drei Söhne und den Hof ›Zum Wolfmannsziechlein‹ (Franziskanergasse 1) mit in die Ehe, gemeinsam haben sie die Tochter Gertrud. Riemenschneider heiratet drei weitere Male, seine zweite Frau Anna Rappolt schenkt ihm eine Tochter und die Söhne Jörg, Hans und Bartholomäus. Wichtige Werke entstanden, so 1490 der Magdalenenaltar in Münnerstadt, 1491 Adam und Eva für die Marienkapelle in Würzburg, 1499 das Kaisergrab im Bamberger Dom, 1490 der Franziskusaltar und 1505 der Heilig-Blut-Altar in Rothenburg, 1505 der Marienaltar in Creglingen, 1510 der (verschollene) Hochaltar für den Würzburger Dom und der Kreuzigungsaltar in Detwang, um 1521/24 die Rosenkranzmadonna in Volkach.

Tilman Riemenschneider, Selbstbildnis (Maidbronn, St. Afra, Beweinung Christi)

1520/21 ist Riemenschneider Bürgermeister Würzburgs und schließt sich 1525 den Bürgern an, die dem Fürstbischof den Gehorsam während des Bauernkrieges aufkündigen und die Forderungen der bäuerlichen Bevölkerung als gerecht anerkennen. Nach der Niederlage muß die Stadt sich dem Bischof »auf Gnade und Ungnade« bedingungslos ergeben. Riemenschneider wird im Keller der Festung Marienberg acht Wochen lang »peinlich befragt«, nach zeitgenössischem Bericht »vom Henker hart gewogen und gemartert«. Ob Berichte stimmen, daß ihm die Hände mittels Daumenschrauben gebrochen wurden, ist nicht gesichert; sein Vermögen wurde größtenteils eingezogen. Als gebrochener Mann schuf er bis zu seinem Tod 1531 keine bedeutenden Werke mehr und geriet bald in Vergessenheit; zahlreiche Werke gingen verloren.

Erst 1822, als man Riemenschneiders Grabstein fand, interessierte sich die Forschung wieder für den ›Bildschnitzer von Würzburg‹. Thomas Mann urteilte später: »Sein Herz, das für die Armen und Unterdrückten schlug, zwang ihn, für die Sache der Bauern, die er für die gerechte und gottgefällige erkannte, Partei zu nehmen gegen die Herren, die Bischöfe und Fürsten, deren humanistisches Wohlwollen er sich leicht hätte bewahren können.«

ren Jahren Riemenschneiders Kunstwerke dem Stil der Zeit folgend farbig ›modernisierte‹, etwa die Madonna aus dem Frühwerk um 1500, heute in der Pfarrkirche St. Burkard zu besichtigen, und damit sicher dem auf optische Reize ausgerichteten Geschmack eines breiteren Publikums entgegengekommen ist, hat man die filigrane, fein ziselierte Gestaltung der Oberfläche meist vergröbert und damit das Kunstwerk um kultischer Wirkung wegen in seinem Ausdruck verflacht, die farbige Fassung mußte die feine Schnitzerei ersetzen. Es lohnt sich, hier zu verweilen und die Unterschiede der verschiedenen künstlerischen Auffassungen zu vergleichen, etwa Riemenschneiders Darstellung von Adam und Eva mit dem nur wenig später entstandenen Gemälde Lucas Cranachs d. Ä. (um 1515). Doch Riemenschneider hat nicht nur sakrale Kunst und Epitaphien geschaffen. Das Museum besitzt auch vorzügliche Arbeiten profaner Herkunft, ein beinahe heiter wirkendes Lüsterweibchen mit einem Wappen, um 1515 für das Ochsenfurter Rathaus entstanden, und den Prunktisch aus einer Solnhofener Platte für das Würzburger Rathaus von 1506.

Von der Vor- und Frühgeschichte sind Zeugnisse mainfränkischer Kunst und Kultur dokumentiert bis hin zur Neuzeit. Im *gotischen Zimmer* findet sich die wohl älteste noch

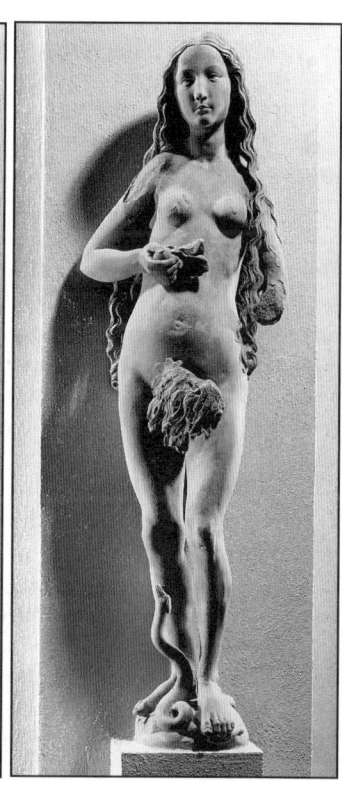

Würzburg, Festung Marienberg, Mainfränkisches Museum, Adam und Eva von Tilman Riemenschneider (Kopien am Marktportal der Marienkapelle)

funktionstüchtige Räderuhr (um 1350). Beispiele von Malerei, Plastik und Gebrauchsgegenständen wie (freilich kunstvollem) Mobiliar veranschaulichen die Entwicklung der Stile. Hier finden sich auch die originalen Sandsteinfiguren (entstanden 1765-68) aus dem Rokokopark der fürstbischöflichen Sommerresidenz in Veitshöchheim. Die *Kelterhalle* präsentiert altes Weinbauerngerät und erinnert wie die Winzerstube der Renaissance aus Sulzfeld daran, mit welchen natürlichen Schätzen diese Landschaft gesegnet ist und wie hart sie erarbeitet werden müssen. Mit ihren Geschützen des 17. bis 19. Jh. verweisen die Kasematten darauf, daß der Marienberg eine Festung war.

Verläßt man den Marienberg über die *Weinbergwege* (durch die beiden *Höchberger Tore* und über den Parkplatz) an der Südseite, gegenüber dem Nikolausberg mit dem Käppele, durch die Lagen ›Äußere‹ und ›Innere Leiste‹, vorbei am *Maschikuliturm* (Baubeginn 1724) Neumanns, dem zuletzt errichteten barocken Außenfort mit seinen mächtigen Geschützbatterien, dann gelangt man in Serpentinen durch die Lage ›Schloßberg‹ an der Ostseite, dem Fluß zu, direkt zur Pfarrkirche des alten Fischerviertels, St. Burkard.

St. Burkard

Als erster Bischof des neu gegründeten Bistums Würzburg (742) hatte Burkard, einer der engsten Mitarbeiter des Missionars Bonifatius, hier als Sitz für seinen Domklerus ein Kloster gegründet, unter dem Patrozinium der Gottesmutter Maria, des Apostels Andreas und des hl. Magnus. Weil der Klerus nach der Fertigstellung des ersten Doms 788 in die rechtsmainische Siedlung überwechselte, verlor das alte Kloster, inzwischen in ein Chorherrenstift umgewandelt, an Bedeutung. Erst durch eine Aufwertung innerhalb des Bistums und einen Reliquientausch 986 – die Gebeine des hl. Burkard wurden in die jetzige St.-Burkard-Kirche überführt und die Reliquien der hll. Andreas und Magnus in den Dom – gewann das inzwischen von Benediktinern geführte Kloster wieder an Bedeutung.

Auf dem Plätzchen zwischen dem Pfarrhaus und der Südseite der Kirche findet sich in der kleinen, dem Langhaus vorgelagerten Portalhalle ein Ölberg. Dessen ursprüngliche Apostelfiguren aus der Werkstatt Tilman Riemenschneiders kamen später ins Mainfränkische Museum. Als Ersatz stellte man hier die Figuren auf, die Johann Wolfgang van der Auvera 1732 für den Leichhof des Doms geschaffen hatte. Von dem Platz aus kann man aber auch von außen gut den romanischen Teil (Langhaus und Türme) von St. Burkard vom gotischen (Querhaus und Ostchor) unterscheiden. Mehrfach zerstört, erweitert und umgebaut präsentiert sich die heutige Kirche weitgehend als Ergebnis zweier Bauphasen, dem ursprünglich doppelchörigen salischen Bau des 11. Jh. mit basilikalem dreischiffigem Langhaus (im 17. Jh. wurde der Westchor abgebrochen) und Turmpaar am Ostende der Seitenschiffe sowie, innen durch die Stufen vom Langhaus zum Querschiff getrennt, der spätgotischen Erweiterung, größer dimensioniert und höher angelegt, dem weitausladenden zweijochigen Querhaus und dem nochmals erhöhten Ostchor fast in der Breite des romanischen Langhauses. Archäologische Befunde deuten auf einen großen frühkarolingischen Vorgängerbau hin. Als Rarität überdauerte übrigens die ›Katharina‹ in Form eines Bienenkorbes im nördlichen Turm alle Metallsammelaktionen (während verschiedener

Würzburg, St. Burkard

Kriege, u. a. 1914 und 1939) und sogar den Bombenkrieg und ist damit Würzburgs älteste Glocke von 1248.

Vom Schlußstein des Chorgewölbes aus übersieht der hl. Burkard (mit Stiftswappen) seine Kirche. Neben dem neugotischen Hochaltar, einer Gemeinschaftsarbeit von 1896, steht das wertvolle spätgotische Chorgestühl (um 1450, 1637 überarbeitet). Aus dem Umkreis Tilman Riemenschneiders stammt der gute Kruzifixus im Chorbogen mit den Assistenzfiguren Maria und Johannes in der Arkadenlaibung als Stiftung der Fischerzunft (das Wappen mit den drei Fischen deutet es an) um 1520. An die barocke Ausstattung erinnern noch die Seitenaltäre aus der Werkstatt des Jacob van der Auvera um 1730. Im nördlichen Querschiff unterscheidet sich die streng blickende, bekrönte Maria im Strahlenkranz (um 1470), fast ein Symbol der Pracht und des Machtanspruchs der Kirche, deutlich von Riemenschneiders (um 1490) sensibler und liebevoller Gestaltung der Madonna, deren durchgeistigte und mütterliche Haltung Hermann Hesse so beschrieb: »Traumhaft blickt sie aus ihrem Glasgehäuse hervor, unserer Welt fern, einer anderen Welt und Luft bedürftig, in der Anmut und Vornehmheit ihrer Trauer weit über uns heutige Menschen hinaus verfeinert.«

Vor dem Zeller Tor stand früher ein Leprosenhaus, aus dem das sandsteinerne Kreuzigungsrelief (um 1360) neben dem Nordportal stammt. Die Aussätzigen mußten übrigens außerhalb der Stadtmauern leben, wegen der Ansteckungsgefahr ihr Kommen mit Klappern ankündigen und durften sich Almosen nur zuwerfen lassen. Aus einem ehemaligen Pfeilerkapitell (Sandstein, 13. Jh.) entstand der Opferstock oberhalb der Treppe zwischen Lang- und Querhaus. Seine fein gearbeiteten Seiten zeigen Szenen aus dem Leben Christi und Marias sowie die Hl. Dreifaltigkeit. Ehemals als Mittelteil des Pfarraltars diente eine figurenreiche Darstellung der Himmelfahrt und Krönung Mariens von Jörg Meurer (1591), die sich jetzt im südlichen Seitenschiff findet. – Unweit der alten Kirche der Fischersiedlung kann man übrigens noch die alte **Zunftstube** (Saalgasse 6) mit ihren historischen Fischereigeräten und den traditionellen Zunftaltertümern der bereits 1010 gegründeten Würzburger Fischerzunft besichtigen (Mai bis Oktober am 1. und 3. Sonntag 10–12 Uhr oder nach Vereinbarung mit Georg Göß, ✆ 09 31/4 23 38).

Käppele

Das Käppele auf dem Nikolausberg, mainaufwärts gelegen, ist über einen der schönsten *Kreuzwege* Deutschlands zu erreichen. Valentin Ickelsheimer schuf 1761–66 die Treppenanlage mit ihren fünf Podesten und je drei Tempelchen, die Peter Wagner 1767/68 mit Kreuzweggruppen ausstattete. Ein anmutiger Auftakt zum Besuch der Wallfahrtskapelle mit dem spätgotischen Gnadenbild einer Muttergottes von 1460. Seit dem frühen 17. Jh. gab es hier eine Marienwallfahrt. Quer zu der 1683 erbauten Kapelle, die er – mit einigen Veränderungen – in seinen Bau einbezog, errichtete Balthasar Neumann hier 1748/49, den Chor nach Südwesten ausgerichtet, eines der schönsten Kleinodien fränkisch-heiteren Rokokos. Durch ihre verspielt ornamentierte und doch schlanke Fassade mit vorspringendem Turmpaar und den eingeschnürten Zwiebelhauben, die elegant geschwungenen Dächer mit den Laternen, wirkt das Käppele wie ein filigraner Kontrapunkt zur wuchtigen Steinmasse der gegenüberliegenden Festung. Sehenswert ist zunächst die Auflösung des Raums in runde Formen mit Kuppel und Apsiden. Der überreich aufschäumende, weitgehend vergoldete und doch leicht-spielerische Stuck von Johann Michael Feichtmayr mit seinen Kartuschen, Muscheln, Engelchen und anderem umrahmt die Fresken von Mathäus Günther, die Krönung Mariens im Himmel (an der Decke) und ihr Wirken als Schutzpatronin Frankens (1752). Im Gegensatz dazu zeigen der Hochaltar (1797–99) mit seinen kannelierten Säulen und dem Bild ›Mariä Heimsuchung‹ von Conrad Huber

Würzburg, Balthasar Neumanns Käppele auf dem Nikolausberg

sowie die Kanzel von Balthasar Heinrich Nickel (um 1798) klassizistisches Gepräge. Auch die spätere Stuckierung der Gnadenkapelle durch Materno Bossi (1780) ist wesentlich strenger gehalten.

Alte Mainbrücke

Über die inzwischen Fußgängern und Radfahrern vorbehaltene Brücke gelangt man ins Herz der Stadt. An der Stelle der alten Furt soll hier bereits im 12. Jh. ein Übergang als Kombination aus Steinpfeilern und hölzernen Verbindungen bestanden haben, der 1473–88 erneuert und im 16. Jh. um gemauerte Steinbögen ergänzt wurde. Interessant ist ihre Doppelfunktion: Die Brücke markierte Verbindung und Grenze zwischen der Stadt und dem Machtzentrum der Fürstbischöfe, der Residenz auf der Festung. Der Übergang verband, was die Brückentore (im 18./19. Jh. abgerissen) trennten. Es war zwar auf die damals noch unzerstörte Barockstadt und ihre ungleich reicheren Schmuck an Hausmadonnen, Heiligen und Putten gemünzt, als Heinrich von Kleist 1800 spöttelte: »Die ganze Stadt wimmelt von Heiligen, Aposteln und Engeln, und wenn man durch die Straßen geht, so glaubt man, man wandle durch den Himmel der Christen«, trifft aber in der nach dem Krieg nüchterneren Zeit immer noch auf das großartige Programm der zwölf über 4,5 m großen Skulpturen der Gebrüder Johann Sebastian und Volkmar Becker und des Hofbildhauers Claude Curé auf den Podesten der Brückenpfeiler zu, mit dem der Mainübergang um 1730 zu einem historisch-sakralen Prozessionsweg – im Volksmund auch ›Heiligen-Straße‹ – umgestaltet wurde, der an die Prager Karlsbrücke erinnert.

Von den überlebensgroßen *Figuren* seien die wichtigsten herausgegriffen. Auf dem Brückenscheitel stehen Maria als Patronin des Frankenlandes und Joseph mit dem Jesuskind. Die drei ›Frankenapostel‹ Kilian, Kolonat und Totnan sowie der hl. Burkard und einer seiner späteren Nachfolger, der hl. Bruno, prägten das Christentum in Franken. König Pippin und sein Sohn, Kaiser Karl der Große, demonstrieren die enge Verbindung von geistlicher und weltlicher Macht in der Hand der Fürstbischöfe. Und der hl. Johannes von Nepomuk gilt schließlich als der Brückenheilige schlechthin. Die strategische und wirtschaftliche Bedeutung dieser Brücke läßt sich schwer überschätzen: Sie verband die Fernhandelswege vom Niederrhein nach Regensburg und München sowie weiter in den Süden und von Thüringen ins Schwabenland.

Würzburg, St. Nepomuk auf der Alten Mainbrücke

An die Bedeutung des Handels erinnert auch der **Alte Kranen**, 1767–73 nach Plänen Franz Ignaz Neumanns erbaut. Durch Muskelkraft wurde er um die Mittelachse bewegt, Treträder im Inneren dienten dazu, die Lasten über Ketten und Seile hochhieven zu können. Am Kranenkai ist er eines der Wahrzeichen der Stadt. Das benachbarte ehemalige **Zollhaus** beherbergt jetzt das *Haus des Frankenweins*. Von der Terrasse hat man den schönsten Blick auf die Festung und das Käppele. Mehrere *Waschschiffe* – eines liegt noch da – am Ufer standen den Hausfrauen einst zur Bearbeitung ihrer Wäsche mit Seife und Wurzelbürste zur Verfügung in der Zeit, als es noch keine Waschmaschinen gab; so sauber war der Main einmal ...

Würzburg entwickelte sich im Dialog – mitunter freilich auch in handfestem Konflikt – zwischen zwei Polen, der Macht des Fürstbischofs und dem Freiheitswillen der Bürger, die sich dieser Herrschaft gern entledigt hätten, wie es beispielsweise der Freien und Hansestadt Bremen oder der Stadt Köln im Mittelalter gelungen ist. Auf dem Weg von der Festung, dem bischöflichen Herrschaftszentrum bis 1720, über die Brücke vorbei am Rathaus zum Dom kann man diese Bipolarität heute noch erkennen.

Grafeneckart

Als ihr bischöflicher Herr 1316 vorübergehend am päpstlichen Hof zu Avignon weilte, nutzten die Bürger die Gelegenheit, dem verschuldeten Ritter und Truchseß Kuno von Rebstock jenen mittelalterlichen Wohnturm als ihr künftiges *Rathaus* abzukaufen, den der bischöfliche Schultheiß und Burggraf Eckart sich etwa in den Jahren 1180–1200 gebaut hatte und der seither dessen Namen trägt, *Grafeneckart*. Eher bescheiden war der zweigeschossige Bau mit seiner turmartigen Erhöhung in romanischer Zeit. In den folgenden Jahrhunderten wurde er ausgebaut. Zwar nicht zu einem repräsentativen Rathaus, wie es freie Reichsstädte für notwendig hielten; das war vielleicht auch nach der vernichtenden militärischen Niederlage von 1400 nicht mehr machbar. Aber immerhin entstand schrittweise ein malerischer und bis heute in seinem verwinkelten Nebeneinander mittelalterlicher und barocker Formen nebst Anleihen der Neorenaissance höchst eindrucksvoller Komplex. Zunächst wurde der ursprüngliche ›Grafeneckart‹ um eine Kapelle erweitert; sie dient heute als Teil des Ratskellers. Um 1453 gab man dem *Turm* seine jetzige Höhe von mehr als 55 m und stattete ihn mit der ersten öffentlichen Uhr der Stadt aus (sicherheitshalber gibt es allerdings auch eine Sonnenuhr ...); der Rundblick von der Turmstube zählt zu den schönsten Aussichten auf Würzburg. Den Renaissanceerker im ersten Stock schuf 1544 Peter Dell d. Ä., die gemalte Linde daneben – wie im Sturm zwischen Fensterrosette und Erker gekrümmt – erinnert daran, daß Schultheiß und Schöffen unter einem solchen Baum zu richten hatten.

Den *Saalbau* ›Grüner Baum‹ stockte man 1593/94 um zwei Geschosse auf und schmückte ihn wohl damals auch mit dem Volutengiebel. Fast schüchtern nimmt sich daneben der zurückgesetzte *Rote Bau* des Sebastian Villiger von 1659/60 mit seinem reichen Fassadenschmuck an Pilastern, Pinienzapfen, Voluten und Obelisken in rotem Sandstein aus. Und weil der Magistrat weiterhin mehr Platz benötigte, kaufte er 1822 die

Dreiflügelanlage des ehemaligen *Karmeliterklosters* hinzu, 1898 entstand dann der Renaissancekomplex in der Karmeliterstraße.

Der *Wenzelsaal*, dessen zwei Schiffe von schweren, kreuzgratgewölbten Jochen auf einer Mittelsäule und Wanddiensten mit romanischen Kapitellen getragen werden, stammt aus dem frühen 13. Jh. Die Mauerstärke erkennt man an der Tiefe der Fensternischen. Die Wand- und Deckenbemalung mit Wappen aus dem 14. Jh. war ursprünglich Patrizierfamilien vorbehalten. Als aber König Wenzel 1397 hier weilte und die Reichsunmittelbarkeit versprach, nahm man auch die Wappen der Kurfürsten des Reiches und böhmischer Würdenträger auf. Stolz hatte man bereits den Giebel mit einem goldenen Adler und die Tür mit einem schmiedeeisernen geziert, da widerrief Wenzel, der auch ›der Faule‹ genannt wurde, bedrängt von geistlichen und weltlichen Fürsten, und es kam 1400 in der Schlacht von Bergtheim gegen den Fürstbischof Gerhard von Schwarzburg zum militärischen Fiasko für die Bürger, das die Abhängigkeit der Stadt vom Bistum auf Jahrhunderte besiegelte.

Vor dem Erwerb des Grafeneckart hatte der Rat gegenüber im ehemaligen *Haus ›Zur Sturmglocke‹* getagt, später in ›**Zum Hirschen**‹ umbenannt; das Sandsteinrelief eines Hirschen, der von Hunden gehetzt wird, während ein Hase sich listig verbirgt, erinnert heute noch daran. Balthasar Neumann baute es übrigens 1725 um als ein – wie man heute sagen würde – Musterhaus, an dem Bauwillige sich orientieren konnten. Der Neubau war bis zu zehn Jahren von der Steuer befreit, wenn das Haus entsprechend aussah und (wegen der Feuergefahr) auf eine (billigere) Ausführung in Fachwerk verzichtet wurde. Über die Steuerbefreiung entschied übrigens die Stadtbaukommission unter ihrem Vorsitzenden – Balthasar Neumann.

Apropos Balthasar Neumann, gar nicht weit von hier hatte er sein Domizil, in der Franziskanergasse 2, Ecke Wolfhartsgasse. Erhalten blieb von Neumanns **Hof Oberfrankfurt** nur wenig, das alte Portal samt Gitter und auf dem Dach die *Neumannkanzel* oder auch *Belvedere*, der Aussichtspunkt, von dem Neumann die Baufortschritte der Residenz überwacht haben soll. Gegenüber, in der Franziskanergasse 1, lebte Jahrhunderte früher Tilman Riemenschneider. Sein ausgedehnter **Hof Wolfmannszichlein**, einst Wohnsitz und Werkstätte zugleich, wurde später mehrfach umgebaut und nach der Zerstörung im Jahre 1945 unter Einbeziehung der alten Mauer an der Straßenfront neu errichtet.

Doch zur Domstraße zurück. Den Platz zwischen ›Hirschen‹ und ›Grafeneckart‹ dominiert einer der schönsten Brunnen Würzburgs, der 1766 nach Entwürfen des Lucas van der Auvera in verspieltestem Rokoko von Peter Wagner ausgeführte **Vierröhrenbrunnen**, einst Teil der von Balthasar Neumann neugestalteten Wasserversorgung der Stadt. Mit Herzogshut und Sturmfahne steht ›Franconia‹ auf ihrem Obelisken, den Blick trutzig gegen das Rathaus gewandt, über den vier Kardinaltugenden Gerechtigkeit, Tapferkeit, Mäßigkeit und Weisheit. Die Delphine zu ihren Füßen lassen aus den vier Röhren Wasser in das Becken fließen. Auf der Domstraße, vorbei am *Sternplatz* mit seinem modernen *Brunnen* von 1987, fand übrigens im Mittelalter ein täglicher Markt statt.

WÜRZBURG: BISCHÖFLICHE RESIDENZ UND WELTOFFENE METROPOLE

Dom St. Kilian

Das in seiner monumentalen Schlichtheit beeindruckende romanische *Westwerk* des Doms präsentiert sich wieder in einer vereinfachten Form, wie sie ursprünglich ausgesehen haben mag, da man nach dem Wiederaufbau seit 1946 die Umgestaltungen der vergangenen Jahrhunderte beseitigte. Allein die schlitzartigen Fenster, die Rundbögen der Turmobergeschosse, die kleinen Steinpyramiden am Ansatz der Turmspitzen und das farbliche Wechselspiel der verwendeten Steine lockern die Front ein wenig auf. Die heute noch sichtbare Konzeption der wuchtigen dreischiffigen Pfeilerbasilika mit einer Gesamtlänge von 105 m (und damit einer der größten romanischen Kirchen in Deutschland), dem weit ausladenden *Querhaus* (58 m) und den schlanken *Westtürmen* geht auf den Bau zurück, der um 1040 unter Bischof Bruno aus dem Geschlecht der Salier begonnen wurde. Schon in die Gotik weisen die achteckigen Obergeschosse der *Osttürme*, die entgegen der ursprünglichen Planung nach 1237 aufgestockt wurden.

Balthasar Neumann ergänzte den Dom 1721–36, außen am nördlichen Querhaus, um die *Grabkapelle* der Bischöfe aus dem *Hause Schönborn*, deren barockes Gepräge in reizvollem Kontrast zu dem romanischen Bau steht, sowie um die schlichteren barocken Sakristeien an den Sockeln der Chortürme. Südlich des Doms schließt sich der auf den Fundamenten eines romanischen Vorgängers 1420–53 errichtete vierflüglige *Kreuzgang*

Würzburg, Domstraße mit Grafeneckart (links) und Dom. Stich des 19. Jh.

Würzburg, Dom, Grundriß 1 Ehemaliges Chorgitter von Gattinger (1750–52) 2 Taufbecken von Meister Eckard´ (1279) 3 Reste der gotischen Ausmalung (um 1380) 4 Kreuzgangportal mit spätgotischem Tympanon (um 1450) 5 Christus Salvator und die hll. Petrus und Andreas von Riemenschneider (1502–06) 6 Chorbogenkruzifix (um 1300 aus Italien) und Madonna aus Riemenschneiders Werkstatt 7 Chor mit Stuck von Pietro Magno (1699/1700) und modernem Heiligenzyklus von Hubert Elsässer um das ›Himmlische Jerusalem‹ (1987/88) sowie Chorpult von 1644 8 Kanzel von Kern und Pfaff (1609/10) 9 Riemenschneider-Grabmäler: Rudolf von Scherenberg († 1495, links) und Lorenz von Bibra († 1519, rechts) 10 Johannes d. Ev. von Riemenschneider 11 Dreikönigsgruppe (um 1300) 12 Wolfskeel-Grabmal († 1345) 13 Siebenarmiger Leuchter von A. Moritz (1981) 14 Uhr von 1574

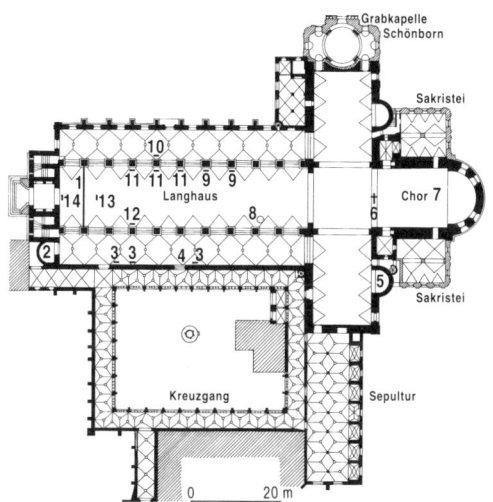

mit schönem Rippengewölbe an, bemerkenswert ist das Renaissanceportal der ehemaligen Domschule. Im Kreuzgang finden sich schön gearbeitete Epitaphien vornehmer Laien, während die *Sepultur* (östlich daran, als Verlängerung des südlichen Domquerschiffs) als Grablege dem Domkapitel vorbehalten war. Ihre zweischiffige gewölbte Halle mit den Kapellennischen an der Ostseite wurde wie der darüberliegende Kapitelsaal im Krieg zerstört. Die Vorgängerdome hatten übrigens um wenige Meter weiter nördlich gelegen, an der Stelle der jetzigen Neumünsterkirche, wo der Legende nach die Frankenapostel Kilian, Kolonat und Totnan den Märtyrertod erlitten haben sollen; erst im 9. Jh. verlegte man den Dom an seinen heutigen Ort.

Außen weitgehend romanisch, präsentiert sich das Innere als Kompromiß, man hat die Reste der im Krieg größtenteils verlorenen barocken Ausstattung sowie die im Lauf der Jahrhunderte zusammengekommenen Kunstschätze erhalten und mit behutsam angepaßten modernen Teilen ergänzt. Ein herber Verlust traf den Dom noch 1946, also nach Kriegsende: Damals stürzte das seit dem Brand des Dachstuhls gegen Regen ungeschützt liegende Tonnengewölbe ein und mit ihm die unersetzlichen Stukkaturen des Pietro Magno von 1701–05. Man hat den Neubau mit einer flachen Holzdecke abgeschlossen, lediglich im Chor, den Querschiffen und im südlichen Seitenschiff entfaltet sich der Stuck in seiner alten Pracht. Dieser scheinbare Widerspruch der Formen tut aber dem Dom in seiner Wirkung als Gesamtkunstwerk keinen Abbruch. Wie gut alt und neu miteinander zu harmonieren vermögen, zeigt nicht zuletzt ein Blick zur modernen Orgelempore: Die Uhr von 1574, der teilweise verdeckte barocke Stuck der Westwand, das Rokokochorgitter und der moderne siebenarmige Leuchter fügen sich zu einem lebendigen Ganzen.

Durch das ehemalige Chorgitter in heiterstem Rokoko von Marx Gattinger (1750–52) betritt man das *Langhaus*. Ins Auge fällt die lange Reihe der Bischofsgräber, die in

WÜRZBURG: BISCHÖFLICHE RESIDENZ UND WELTOFFENE METROPOLE

Deutschland nur von der des Mainzer Doms übertroffen wird – bestattet sind hier allerdings nur die Körper der Bischöfe. Ihre Eingeweide ruhen in der Marienkirche auf der Festung, die Herzen in der Abteikirche zu Ebrach im Steigerwald. Beginnen wir den Rundgang im südlichen Seitenschiff. An dessen westlichem Ende steht in der Taufkapelle das bronzene Taufbecken von 1279 des Meister Eckard aus Worms, dem einzigen noch erhaltenen größeren Gußwerk Süddeutschlands aus dieser Zeit. Die Reliefs behandeln Szenen aus der Bibel und dem Leben Christi (Verkündigung, Geburt, Taufe, Kreuzigung, Auferstehung, Himmelfahrt, Pfingsten und Jüngstes Gericht). An der Außenwand finden sich einige gut erhaltene Wandbilder, Reste der gotischen Ausmalung des Doms um 1380: Christus als Schmerzensmann, Maria, Johannes und Katharina und links daneben das besterhaltene dieser Reihe, Maria und Johannes im Stil der Zeit vor einem dekorativen Hintergrund. Über dem Kreuzgangportal ist ein Tympanon mit der Darstellung des Jüngsten Gerichts angebracht, es wurde wohl von einem Nürnberger Meister gegen 1450 gemeißelt und zierte einst den Eingang zur Sepultur, beim Wiederaufbau des Doms wurde es freigelegt. Das dritte Wandbild, links neben dem Kreuzgangportal, wurde von

Würzburg, Dom,
Blick zur Vierung

Züricher Bürgern gestiftet – man erkennt sie zu Füßen ihrer Stadtheiligen Felix, Regula und Exuberantius. Die Altäre der beiden Querhäuser schuf Pietro Magno (1705), die Altarblätter stammen von J. Amigoni und ersetzen die 1945 zerstörten. Die Apsis im rechten Querschiff birgt die drei 1502–06 von Tilman Riemenschneider für die Strebepfeiler der Marienkapelle geschaffenen Sandsteinfiguren des Christus Salvator, der hll. Petrus und Andreas in einem modernen Altaraufbau; ein Johannes Evangelist aus demselben Zyklus fand seinen Platz im nördlichen Seitenschiff am vierten Pfeiler.

Neu gestaltet wurde der *Chorraum* 1987/88. Inmitten des original erhaltenen Gewölbestucks von Pietro Magno prangt jetzt eine moderne Darstellung des himmlischen Jerusalem mit dem wiedergekommenen Herrn, umgeben von einem eben-

Würzburg, Dom, Taufbecken des Meisters Eckard von Worms, ›Taufe Christi‹

falls modernen Figurenzyklus, der sich über den gesamten Chorraum erstreckt und, angeführt von den Frankenaposteln, 39 fränkische Glaubenszeugen darstellt. Der Reliquienschrein im Hochaltar (1967 von Josef und Michael Amberg geschaffen) enthält die Häupter der drei Frankenapostel Kilian, Kolonat und Totnan. Das monumentale Kreuz, das Tilman Riemenschneider 1497 für den Dom schuf, ist 1945 verbrannt. Im Chorbogen hängt nun als Ersatz eine lebensgroße Plastik des Gekreuzigten (um 1300) aus Italien. Sie wurde über den Kunsthandel für den Dom erworben. Das Kreuz selbst ist eine moderne Arbeit. Die holzgeschnitzte Madonna am rechten Chorpfeiler entstand um 1515 in Riemenschneiders Werkstatt. Ein besonderes Kleinod des Doms ist die 1609/10 von Michael Kern und Jobst Pfaff zum Teil aus Alabaster geschaffene Kanzel mit ihrem bedeutenden Relief- und Figurenschmuck. Auf den Voluten des Fußes und an der Säule haben die Evangelisten und Kirchenväter Platz gefunden, den Aufgang flankieren Allegorien der christlichen Tugenden: Glaube, Liebe, Hoffnung (über der Tür) und Klugheit, Tapferkeit und Gerechtigkeit (auf dem Geländer). Szenen der Leidensgeschichte sind auf den Feldern des Korpus gestaltet. Rekonstruiert wurde der 1945 zerstörte Schalldeckel, allerdings unter Verwendung der erhaltenen Figuren, den fünf Engeln mit den Leidenswerkzeugen.

Vom nördlichen Querschiff gelangt man in die *Krypta*. Sie besteht aus mehreren Räumen unter der Vierung, dem Chor und den beiden Sakristeien daneben. Ihr ältester Teil aus dem 9. Jh. liegt unter der Vierung, er fand sich anläßlich des Neuaufbaus nach dem Krieg. Das Gewölbe war wohl 1699/1700 eingebrochen und mit Bauschutt aufgefüllt worden. Bei der Rekonstruktion entdeckte man 1962/63 die ursprünglich dreischiffige Halle, die alten Säulen standen zum Teil noch aufrecht, und gab ihr eine moderne Stahlbetondecke. Hier unten findet sich das wohl älteste Kunstwerk des Doms, ein frühromanisches Steinkreuz mit einem bärtigen Gesicht aus der Mitte des 9. Jh. Sehenswert ist aber auch die Ausstellung zur Baugeschichte in den Räumen der Krypta. Dokumentiert werden hier Stein-, Putz- und Stuckfragmente, Ergebnisse der Grabungsbefunde über die einzelnen Vorgängerbauten und nicht zuletzt eine Sandsteinplastik, die einst die Schönbornkapelle schmückte. Meisterlich wird hier dem barocken Vanitasgedanken Gestalt verliehen, das Skelett hält den fränkischen Herzogshut zur Seite gekehrt – alles ist eben eitel, auch die Herzogswürde angesichts des Todes. Neben dem mittelalterlichen Brunnen befindet sich das Grab des hl. Bischofs Bruno.

Würzburg, Dom, frühromanisches Steinkreuz in der Krypta

Anstelle einer mittelalterlichen Kapelle errichtete Balthasar Neumann 1721–36 unter Mitwirkung des Maximilian von Welsch und Johann Lukas von Hildebrandt die *Grablege* für die Fürstbischöfe aus dem rheinischen Adelsgeschlecht des *Hauses Schönborn*. Zwei seitliche Ovale flankieren die dominierende Zentralkuppel, einmal mehr hat der geniale Architekt hier sein Lebensthema, die Auflösung des Raumes in fließende Formen, gestaltet. Dem Anlaß angemessen sind die dunklen Farbtöne, freilich in barocker Lebenslust aufgelockert durch vergoldete Stukkaturen von Antonio Bossi vor den kräftigen Grau-, Schwarz- und Rottönen der Wände. Johann Rudolf Byss schuf 1734/35 die Fresken der Kuppel (Jüngstes Gericht) und als Altarbild die Auferstehung Christi. Claude Curé gestaltete 1735/36 die Seitenaltäre und die Grabdenkmäler: für Johann Philipp von Schönborn, Fürstbischof von Würzburg und Kurfürst von Mainz († 1673); für Lothar Franz von Schönborn, Kurfürst von Mainz, Bischof von Bamberg, Domherr in Würzburg († 1729); und für die beiden Brüder, die die Residenz erbauen ließen, Fürstbischof Johann Philipp Franz von Schönborn († 1724) und Friedrich Carl von Schönborn, Fürstbischof von Würzburg und Bamberg († 1746). Die Prunkgitter schmiedete Johann Georg Oegg 1734/35.

Die Schönborns und ihr ›Bauwurmb‹

Vom »Bauwurmb« seien sie befallen, spöttelte man im Familienjargon, alle Mitglieder des rheinischen Adelsgeschlechtes derer von Schönborn verband die Lust zu bauen. Prachtvolle Schlösser wie die Würzburger Residenz und glanzvolle Kirchen entstanden in den geistlichen Fürstentümern des Familienclans. Als »teuffels-ding«, als eine Art Droge, von der man nicht lassen könne »wann man einmahl angefange«, empfanden sie ihre Leidenschaft. In Würzburg läßt sich die Schönborn-Zeit ziemlich genau bestimmen. In ihrer Grablege, der *Schönbornkapelle* des Doms, sind diejenigen Mitglieder der Familie bestattet, die das Fürstbistum regierten oder doch Einfluß auf seine Geschicke nahmen: Johann Philipp von Schönborn, Fürstbischof von Würzburg und Kurfürst von Mainz († 1673), Lothar Franz von Schönborn, Kurfürst-Erzbischof von Mainz und Erzkanzler des Reiches, Bischof von Bamberg und Domherr in Würzburg († 1729), Fürstbischof Johann Philipp Franz von Schönborn († 1724) und sein Bruder Friedrich Carl von Schönborn, Reichsvizekanzler in Wien und seit 1729 Fürstbischof von Würzburg und Bamberg († 1746). Die beiden letzteren Brüder waren Initiatoren und wichtigste Bauherren der unter Balthasar Neumanns Gesamtleitung errichteten Würzburger Residenz, des bedeutendsten Zeugnisses des ›Würzburger Rokoko‹, einer eigenen Architektursprache, die Anregungen und Formen aus ganz Europa aufnahm und weiterentwickelte.

Gemessen an den Interessen anderer Duodez-Potentaten, ganz zu schweigen von der preußischen Neigung zum Militarismus, nimmt sich der Schönbornsche ›Bauwurmb‹ wie ein liebenswerter Spleen aus – wenn es der Familie auch nicht immer gelang, die Bevölkerung, die unter der Last der Steuern seufzte, mit ihrer Begeisterung anzustecken. So löste der Tod des Johann Philipp Franz von Schönborn 1724 nicht nur Trauer aus, weil er – wie sein Onkel und ihm damit wohlmeinender Chronist notierte – »verhasset in seinem Lande war«. Auf dem Hochaltargemälde ›Das Haus Schönborn huldigt der Heiligsten Dreifaltigkeit‹ des F. Lippold (um 1748) in der *Gaibacher Pfarrkirche* kann man die geistlichen Fürsten im Ornat und mit den Insignien ihrer Macht bewundern. Heute zählen die Schöpfungen der Schönborn-Zeit zu den bedeutendsten Kleinodien deutscher Baukunst.

›Das Haus Schönborn huldigt der Hl. Dreifaltigkeit‹, Pfarrkirche Gaibach

WÜRZBURG: BISCHÖFLICHE RESIDENZ UND WELTOFFENE METROPOLE

Würzburg, Dom, Grabmäler Rudolf von Scherenberg und Lorenz von Bibra von Tilman Riemenschneider

Aus der Reihe der weiteren *Bischofsgräber* verdienen einige Namen besondere Erwähnung, so gegenüber der Kanzel am achten Pfeiler der Nordseite das Denkmal des Julius Echter von Mespelbrunn († 1617). Er gab der Festung wie der Stadt ein Gesicht der Renaissance, setzte die Gegenreformation durch und begründete sowohl das Juliusspital als auch die Universität (nach einer ersten nicht dauerhaften Gründung von 1402). Tilman Riemenschneider schuf die benachbarten Denkmäler für Lorenz von Bibra († 1519) und Rudolf von Scherenberg († 1495); an ihnen läßt sich der ganze Reichtum der Formensprache Riemenschneiders erkennen. Wie Statuen sind die beiden geistlichen Fürsten dargestellt, stolz repräsentieren sie ihre weltliche Herrschaft, symbolisiert durch das Schwert. Fein sind die Gesichter gezeichnet, die abgehärmten Züge des greisen Scherenberg ebenso wie die mehr Lebensfreude verratende Miene seines Nachfolgers. Faltenwurf und Stickerei des Ornats wie der Mitra sind bis ins kleinste Detail ausgeführt. Anders als bei der Gestaltung der Figuren, deren Darstellung mit den Insignien ihrer Macht weitgehend vorgegeben war, konnte sich der Meister bei der Umrahmung mit ihrem figurativen wie ornamentalen Schmuck mehr Freiheit nehmen. Sehr gut läßt sich hier Riemenschneiders künstlerische Spannweite von Elementen vollendeter Hochgotik zu Motiven der Renaissance studieren. Am zweiten Pfeiler dieser Reihe findet sich auch der älteste Grabstein des Doms für Bischof Gottfried von Spitzenberg († 1190). Das Grabmal für Otto von

Wolfskeel († 1345, gegenüber, am dritten Pfeiler rechts) schuf ein unbekannter Meister. Wegen der für die damalige Zeit erstaunlich lebensnahen Darstellung des asketischen und mit den Zügen eines durchgeistigten Intellektuellen gestalteten Kirchenfürsten nennt man den Künstler ›Wolfskeelmeister‹. Nicht übersehen sollte man auch die um 1300 entstandene überlebensgroße Gruppe der anbetenden Drei Könige am dritten bis fünften Pfeiler der Nordseite. Die Forschung hat eine stilistische Verwandtschaft dieser Figuren mit Plastiken des 13. Jh. in Amiens, Straßburg und Bamberg nachgewiesen und schließt daraus, daß der unbekannte Künstler – wie damals durchaus üblich – weit gewandert sein muß.

Verläßt man den Dom durch das Westportal, so gelangt man auf den ehemaligen *Leichhof*, jetzt *Kiliansplatz*. Hier wurde neben anderen 1531 Tilman Riemenschneider beerdigt. Als man 1822 den Grabstein fand, dessen Kopie heute in die Außenwand des Doms eingelassen ist (Original vom Sohn, Jörg Riemenschneider, im Mainfränkischen Museum), nahm die moderne Riemenschneiderforschung ihren Anfang. Ein zeitgenössischer bronzener Kreuzschlepper von Max Walter erinnert daran.

Nur wenige Schritte weiter liegt der ehemalige **Hof Conti** (jetzt *Bischöfliches Palais*, Kardinal-Döpfner-Platz 3), ein stattlicher Zweiflügelbau der Renaissance (1588–1609). Das Renaissanceportal mit Echterwappen, der reich dekorierte zweigeschossige Eckerker mit Pilastern und Reliefs sowie der zierliche Zwerchgiebel über dem Barockportal setzen unaufdringlich Schmuckakzente.

Neumünster

Vom Dom aus präsentiert sich die Südseite der ehemaligen *Kollegiatsstiftskirche Neumünster* noch weitgehend in ihrer ursprünglichen romanischen Gestalt des 11. Jh., doch das imponierende Oktogon an seiner Westseite und die knapp über das Dach lugende Zwiebelturmspitze des achteckigen Turms mit dem reichen Dekor lassen erkennen, daß auch an diesem Bau Generationen gearbeitet haben. Mit der Errichtung des Kuppeloktogons anstelle des ursprünglichen Westchors begann Joseph Greising 1711. Ihre ganze Pracht entfaltet die Kirche jedoch von der westlichen Schauseite, vom Kürschnerhof aus, deren Fassade ähnlich einem Barockaltar gestaltet ist (Farbabb. 9). Joseph Greising und Johann Dientzenhofer schufen hier von 1712–16 eines der großartigsten Werke des süddeutschen Barocks. Die zweigeschossige doppelt konkav geschwungene Schaufront lebt sowohl aus ihrer Bewegung heraus als auch aufgrund des farblichen Wechselspiels der verschiedenen Materialien. Über der im Gleichklang mit der Fassade geschwungenen doppelläufigen Freitreppe in grauem Kalkstein erhebt sich die Fassade in rotem Sandstein, von Säulen und Pilastern, der Giebelattika, der Balusterreihe und dem Schriftband und Obelisken über den Abschwüngen wirkungsvoll vertikal und horizontal gegliedert. Eingestreut darin finden sich die Figuren, die Portal-, Fenster- und Nischenumrahmungen und nicht zuletzt das gewaltige Marienrelief und in den Wappen die Geschichte des Stifts, das des Fassadenbauherrn Fürstbischof Johann Philipp von Greiffenclau an oberster Stelle in hellem Sandstein als markante Akzentuierungen. Jakob van der Auvera schuf das Figurensemble, in den Erdgeschoßnischen die beiden Johannes, über der Himmelfahrt Mariens ein Christus Salvator, flankiert von den hll. Kilian, Kolonat, Totnan und Burkard.

Über die Freitreppe gelangt man in das Kirchenschiff, die Tür darunter führt in die Kiliansgruft. Der Legende nach sollen hier im Jahr 689 die drei Frankenapostel ermordet worden sein; ihre Gebeine barg man nach der Gründung des Bistums 743 (oder 752). Sie wurden in die damalige vorläufige Bischofskirche links des Mains gebracht (die Marienkirche auf der Festung und später St. Burkard). Auf jeden Fall wurde an der Stelle ihres Märtyrertodes hier im 8. Jh. der erste Dom gebaut, den man nach einer Brandkatastrophe nach Süden an seinen heutigen Ort verlegte. So wurde um 1060 hier das Stift Neumünster durch Bischof Adalbero begründet und mit dem Bau der Kirche begonnen.

Die ›Frankenapostel‹ Kilian, Kolonat und Totnan

Traditionell werden in Würzburg die Heiligen Kilian, Kolonat und Totnan als ›Frankenapostel‹ und ›Fränkische Glaubenszeugen‹ verehrt. Als älteste Quelle über den irischen Mönch Kilian ist die um 840 verfaßte ›Passio sancti Kiliani‹ zugleich die Wurzel aller literarischen und bildlichen Legendenerzählungen bis hin zu epischen und dramatischen Gestaltungen in neuerer Zeit. Diese in kirchlichen Kreisen entstandene Schrift berichtet, der Ire Killena oder Kilian sei bereits in seiner Heimat Bischof gewesen und habe mit elf Gefährten – unter ihnen die Priester Kolonat, Gallo und Arnuval sowie der Diakon Totnan – auf dem Festland das Christentum predigen wollen. Vom römischen Papst Konon hätten sie die Vollmachten dazu erhalten. Nachdem er sich von den anderen trennte, ging Kilian mit Kolonat und Totnan nach ›Wirciburc‹, da ihm der Ort und die Menschen sympathisch waren, und predigte dort Herzog Gozbert und seinem Volk. Man habe die fremden Missionare gastfreundlich und in Ehren aufgenommen. Doch nicht nur das, auch ihre Predigt sei erfolgreich gewesen, und der Herzog wie auch das Volk habe sich taufen lassen. Kilian und seine Gefährten konnten weiterhin das Christentum verkünden und lebten in Frieden und anerkannt dort. Doch dann habe Kilian den Herzog ermahnt, er solle sich von seiner Frau Geilana trennen, denn es sei ihm nach dem Markus-Evangelium nicht gestattet, mit der ehemaligen Frau seines Bruders zusammenzuleben. Deshalb habe Geilana den Henker beauftragt, nachts Kilian und seine Gefährten zu erschlagen und ihre Leichname gleich darauf heimlich zu verscharren. Soweit die Legende.

Die Ereignisse müssen sich wohl um 689 so oder ähnlich zugetragen haben. Rund 50 Jahre später wurde 742 das Bistum Würzburg gegründet, erster Bischof wurde der hl. Burkard. Daraufhin ereignete sich das Wunder, daß man die Gebeine der nächtens Erschlagenen fand und bergen konnte, die Schädeldecken werden seitdem als Reliquien verehrt. Ihretwegen kommen seit dem frühen 15. Jh. Wallfahrer nach Würzburg; der Heiligenkult war auch ein mittelalterlicher Wirtschaftsfaktor. Damals entstanden die meisten Legendenerzählungen und bildlichen Darstellungen.

Deren Keimzelle ist die *Kiliansgruft* unter dem Westteil. An der ursprünglichen Stelle steht der frühgotische Kiliansaltar von 1250. Als Kastenaltar kann er in seinem Innern Reliquiare aufnehmen; 16 Säulchen, deren Kapitele mit verschiedenartigem Laubwerk verziert sind, umgeben ihn. Darauf steht der moderne Kiliansschrein von Heinrich Gerhard Bücker (1986/87). Aus dem 8. Jh. stammt der Steinsarkophag des hl. Megingoz, des zweiten Bischofs von Würzburg; die Inschrift in römischen Kapitalen aus karolingischer Zeit ist die älteste erhaltene der Stadt. Der Kiliansbrunnen wurde in der Barockzeit neu gefaßt. Um sie vor der Witterung zu schützen, hat man auch die Originalfiguren der drei Frankenapostel aus dem 15. Jh., die ursprünglich für das Scherenbergtor der Festung von einem Meister Lienhard geschaffen worden waren, hier unten angebracht. An den Würzburger Priester Georg Häfner, der 1942 im Konzentrationslager Dachau umgekommen ist, erinnert eine Gedenktafel.

Über die beiden Treppenzugänge gelangt man in das *Oktogon*. Der romanische Kruzifixus eines unbekannten Meisters (um 1350) scheint in seiner umarmenden Gebärde das Evangelienwort »Und ich, wenn ich über die Erde erhöht bin, werde alles zu mir ziehen« (Joh. 12,32) illustrieren zu wollen. Gegenüber in der rechten Wandnische hat eine der anrührendsten Madonnen Tilman Riemenschneiders ihren Platz gefunden. Das Knäblein sitzt bei seiner gekrönten Mutter auf dem linken Arm und hält sich die Zehen des rechten Füßchens, sie stützt es mit der rechten Hand. Entstanden um 1490 aus Sandstein, war die Figur 1945 mehrfach zerbrochen und wurde in langwieriger Arbeit restauriert. An das Oktogon schließt sich das dreischiffige mittelalterliche *Langhaus* mit seinem vergleichsweise kurzen *Querhaus* an. Erhalten blieb die spärlich-elegante Stuckierung des frühen 18. Jh., im Langhaus stärker ausgeprägt als im Oktogon, mit den im barocken Stil ergänzten Fresken. So erleben wir Besucher die Kirche trotz der Kriegsschäden etwa in der Gestalt, wie sie zur Barockzeit ausgesehen hat.

Unter dem Stuckvorhang, der das Langhaus von der Vierung teilt, haben die drei Frankenapostel ihren Platz gefunden. Es handelt sich um Kopien (von Hans Schiestl 1910 angefertigt) der im Krieg verbrannten Originale Riemenschneiders, die um 1508 für den Dom entstanden waren. In der Ostkrypta finden sich eine gute hl. Anna selbdritt (1417) und ein Vesperbild (um 1450). Das Grabdenkmal für den Abt des Schottenklosters Trithemius (in der vorderen Seitenkapelle gegenüber der Taufkapelle) entstand 1517 in der Werkstatt Riemenschneiders und kam nach der Säkularisierung des Klosters hierher.

Nördlich an die Neumünsterkirche, um den in seinem unteren Teil spätromanischen Turm mit reichver-

Walther von der Vogelweide. Buchmalerei aus der Weingartener Liederhandschrift, Konstanz, um 1300

ziertem Glockengeschoß und der stark eingeschnürten Haube, schließt sich der ehemalige *Kreuzgang* des Stifts, das **Lusamgärtlein** an. Beim Abbruch eines Hauses wurde die spätromanische Arkadenreihe (um 1180) mit ihrem aparten Wechsel aus Säulen und Pfeilern 1888 entdeckt. Die reichverzierten Sockel, Säulenschäfte, Kapitelle und Kämpfer sowie die Reliefs des hl. Kilian und Christi zählen zu den ältesten Steinmetzarbeiten Würzburgs.

Hier im Lusamgärtlein soll auch Walther von der Vogelweide um 1230 bestattet worden sein; der Gedenkstein (von 1930) trägt Vertiefungen für Wasser und Körner, da es der Überlieferung nach des Minnesängers letzter Wunsch war, die Vögel an seinem Grab zu füttern. Walther verbrachte seine letzten Lebensjahre hier, weil er als Altersversorgung ein Lehen aus dem Besitz von Neumünster übertragen bekam. Daß der fromme Wunsch des Hugo von Trimberg, eingemeißelt in den Gedenkstein: »Herr Walther von der Vogelweide/ swer dez vergaeze/ der taet mir leide« auch heute noch, über 750 Jahre nach dessen Tod, in Erfüllung geht, beweisen die frischen Blumen, die immer wieder den Stein zieren – wohl der schönste Lohn, den ein fahrender Sänger und Dichter ernten kann...

Vom Neumünster aus gelangt man nach rechts über die Schönbornstraße, vorbei am im Krieg zerstörten und vereinfacht neu errichteten **Haus Zum schönen Eck** mit seinem

Würzburg, Haus zum Falken

reichverzierten Erker der Renaissance auf den *Oberen Markt*. Einen ›fränkischen Häcker‹ stellt die moderne bronzene Brunnenfigur dar. Rechter Hand liegt vor dem Chor der Marienkapelle das **Haus zum Falken**, ein Juwel bürgerlicher Baukunst des Rokoko, ehemals Gasthaus, jetzt Stadtbücherei und Filiale des Fremdenverkehrsamts. Als es 1751 mit seinem reichen und doch leichten und heiteren, phantasievollen Stuck – die Schmuckornamente der Fensterrahmen sind immer neu kombiniert und variiert – und den drei geschweiften Ziergiebeln an der Front errichtet wurde, brachte es dem Erbauer auf zehn Jahre Steuerbefreiung.

An der Stelle des Marktes und der umliegenden Häuser wie der Marienkapelle lag früher das *jüdische Viertel* mit der *Synagoge*. Es wurde 1349 – wie auch die jüdischen Gemeinden in Ulm, Worms und Mainz – bei einem christlichen Pogrom geplündert und zerstört. An der Stelle der jüdischen Synagoge errichtete die christliche Gemeinde zunächst eine hölzerne Kirche, die später durch einen Steinbau ersetzt wurde. An diesen Pogrom erinnert – wie an die anderen in der Geschichte der Stadt katastrophalen Ereignisse – eine Relieftafel »Den Opfern ungerechter Gewalt« im Inneren des Turmerdgeschosses der Marienkapelle. Aufgeführt sind als Schicksalsdaten 1349: das Pogromjahr; 1400: die vernichtende Niederlage der Stadt gegen das Heer des Fürstbischofs; 1525: die Niederlage im Bauernkrieg vor der fürstbischöflichen Festung; 1631: die schwedische Invasion; 1813: die Napoleonische Zeit und schließlich der 16. März 1945: die Zerstörung kurz vor Kriegsende.

Marienkapelle

In ihrer schlanken gotischen Gestalt zählt die Marienkapelle zu den architektonischen Kleinodien Würzburgs. Ab 1377 wurde mit dem Bau der bestehenden Kirche begonnen, das Langhaus als Pfarrkirche der Bürgerschaft bis 1440 errichtet. Barocke Modernisierungen, wie etwa am Turmhelm, machte man später rückgängig. 1856–58 wurde die Turmspitze nach dem Vorbild der Eßlinger Frauenkirche rekonstruiert. 1864 kam es auch im Inneren zu einer ›Stilreinigung‹. Damals wurde das barocke Inventar durch neogotisches ersetzt, das dann im Krieg verbrannte. Nördlich des Chors hat sich der älteste Teil der Kirche erhalten. Unter der Sakristei, einer ehemaligen Kapelle mit Maßwerkfenstern, wurden die Reste des jüdischen Ritualbades Mikwe der 1349 zerstörten Synagoge zur christlichen Krypta umfunktioniert.

Wegen der gleichen Dachhöhe wie über dem Langhaus fällt der eingezogene *Chor* mit seinen zum Teil schmaleren Jochen von außen kaum ins Auge, zumal sich die Fialen über den Pfeilern fortsetzen. Man verzichtete lediglich auf die Maßwerkbalustrade am Dachansatz. Fast zierlich wirkt die schlanke *Westfassade* mit den Balustraden, der Fensterrosette, dem Figurenschmuck und dem Tympanon mit einem ›Jüngsten Gericht‹ (entstanden nach 1430) über der ›Goldenen Pforte‹: die Menschen werden geschieden, in den Himmel oder den grausig phantasierten Höllenschlund geführt. Bezeichnend ist, daß sich unter den Verdammten auch weltliche und geistliche Fürsten wie Papst oder Bischof befinden. Ebenfalls von unbekannten Meistern stammen die gut gearbeiteten Tympanons über dem Nordportal (Mariä Verkündigung und Menschwerdung Christi, um 1425) und über dem Süd- oder Marktportal (die Bekrönung Mariens, etwa gleichzeitig). Berühmt wurde dieses Portal aber vor allem durch Tilman Riemenschneiders 1493 geschaffenes Figurenpaar Eva und Adam. Lebensnah und selbstbewußt treten beide von ihrem erhöhten Standplatz dem Betrachter entgegen, wohlproportionierte Menschen und keinesfalls als reuige, zerknirschte Gestalten, weil sie des ›Sündenfalls‹ wegen aus dem Paradies vertrieben wurden (in Kopien, die Originale befinden sich im Mainfränkischen Museum).

Auch innen birgt die Marienkapelle bedeutende Kunstschätze. Gleich links neben dem westlichen Hauptportal findet sich ein weiteres Meisterwerk Tilman Riemenschneiders, das Grabmal des 1499 gestorbenen Konrad von Schaumberg in seiner Rüstung, die Füße

Würzburg, Marienkapelle, Tympanon mit dem ›Jüngsten Gericht‹ an der Westfassade

auf einem Löwen als Zeichen seines Mutes. Besonders fein gezeichnet sind das Gesicht mit den Locken und der ritterliche Harnisch der Vollplastik; der Stein wurde im Krieg stark beschädigt und sorgfältig restauriert. Gegenüber dem Gedenkstein für die ›Opfer ungerechter Gewalt‹ in der Turmkapelle hängt das verkohlte Fragment einer Pfeilerfigur der Marienkapelle, zwischen beidem als Erinnerung an den wahrscheinlich um 1480 in Würzburg geborenen Maler und Baumeister Mathias Gothart Nithart Grünewald eine Kopie von dessen wohl wichtigstem erhaltenen Werk, dem Isenheimer Altar. Die Reihe der Epitaphien rechts davon enthält einige gute Arbeiten. Die Silbermadonna (um 1685 von dem Augsburger Goldschmied Johannes Kilian) über dem linken Seitenaltar stiftete die Würzburger Bürgersolidarität. Ein unbekannter Würzburger Meister schuf um 1514 die großen Holztafelgemälde, die jetzt den Blick in den Chor bstimmen (Geburt Christi, Verkündigung und Anbetung). Diese Tafeln aus Neumünster waren ursprünglich Flügel eines großen Retabels. Über dem rechten Seitenaltar zeigt ein Relief die Kreuzigung Christi (um 1400), rechts daneben eine etwas ältere, aber wesentlich flacher gearbeitete Darstellung Mariens Tod (1395). An einem Pfeiler des Mittelschiffs auf dieser Seite erinnert eine moderne Tafel an den Baumeister Balthasar Neumann (1687-1753); er wurde in der Marienkapelle bestattet. Johannes Zeckel gestaltete in Augsburg um 1710 die silberne Halbfigur des hl. Aquilin. Und schließlich findet sich rechts daneben, quasi als Pendant zu Riemenschneiders Epitaph des Konrad von Schaumberg, das älteste Grabdenkmal der Kirche, das des Martin von Seinsheim († 1434). Als Mitglied des ›Fürspängerordens‹

Würzburg, Marienkapelle

trägt er um den Hals eine Kette mit ›Fürspangen‹, die den Gürtelspangen Mariens nachgebildet sein sollen.

Neben dem **Marktbrunnen** mit seinem Obelisken (1805 von Andreas Gärtner) verdienen einige Gebäude besondere Beachtung: das barocke **Geschäfts- und Wohnhaus Marktplatz 14-16,** von Balthasar Neumann 1739-41 als repräsentatives ›*handlung hauß*‹ errichtet, der ehemalige *Vordere Gressenhof* schräg gegenüber (Marktplatz 1, jetzt Sitz einer Bank, die die ausgebrannte Ruine nach dem Krieg rekonstruierte), ein dreigeschossiger Renaissancebau mit Volutengiebel und zweigeschossigem, säulenverziertem Eckerker. Im Erdgeschoß befindet sich eine Puttengruppe (um 1775 von Johann Peter Wagner) mit Allegorien des Sommers und Herbstes. Der Reiter mit Posttasche davor entstand 1974 zur Erinnerung an das 200jährige Bestehen der Castell-Bank. Nur wenige Schritte weiter in der Gressengasse 1 liegt das **Weinhaus Zum Stachel** mit einem Morgenstern als Hauszeichen. Dieser ehemalige *Hintere Gressenhof* mit dem spätromanischen Doppelportal wurde schon 1413 als Gasthof erwähnt und stammt in seiner jetzigen Gestalt mit der Balustradenterrasse im Hof weitgehend aus dem 17. Jh. Ebenfalls nicht weit ist es durch die Rückermainstraße zur Karmelitenstraße, an deren Ecke der 1770 von Daniel Köhler geschaffene **Fischerbrunnen** steht; zwei Jungen mit Angel und Kescher lauern auf Beute, ähnlich wie der *Bäckerbrunnen* (auch 1770 von Daniel Köhler, in der Semmelstraße). Mit Witz und Phantasie sind hier Motive des täglichen Lebens gestaltet.

Wenn man den Rundgang durch die Gressengasse und Dettelbachergasse fortsetzt, überquert man die *Bronnbachergasse*. Hier haben sich einige alte Höfe erhalten oder sind wieder errichtet worden. Sie geben einen guten Eindruck davon, wie die ganze Stadt einmal ausgesehen hat. Der ehemalige **Fichtelsche Hof** (Bronnbachergasse 8/8a) war eine Niederlassung des Klosters Himmelspforten. Balthasar Neumann modernisierte den Bau 1724 für Hofkanzler von Fichtel. Die dreiflüglige Anlage mit Wappen des Besitzers umschließt einen Hof mit Balustradenterrasse. Die unregelmäßig angeordneten Fenster sind mit reizvollen Stukkaturen verziert. Die moderne *Gedenksäule* (Ecke Ulmer Hof) erinnert an die Kriegszerstörung – aber auch an den 300. Geburtstag von Balthasar Neumann 1987. Anfang des 18. Jh. entstand der dreigeschossige Barockbau (Bronnbachergasse 41) mit Mittelportal und Madonnenrelief. Joseph Greising erbaute wohl 1712–14 den ehemaligen **Hof Friedberg** (Bronnbachergasse 43), ein dreigeschossiges Vorder- und Rückgebäude mit schmalem Längstrakt.

Schräg gegenüber der Bronnbachergasse, Ecke Schönbornstraße, zeigt der neue *Brunnen* einmal mehr, daß die lebensfrohe Mentalität der Würzburger sich ihren Sinn für verspielten Zierat – in des Wortes bester Bedeutung – nicht hat nehmen lassen.

Augustinerkirche

Der Klostertradition nach legte Albertus Magnus 1266 den Grundstein zum Kirchenbau, um 1308 waren Chor, Langhaus und Klostergebäude vollendet. Seine heutige Gestalt erhielt die ehemalige Dominikanerkirche 1741–44 durch den Neubau des Langhauses von Balthasar Neumann. Er behielt den hohen, frühgotischen Chor bei und richtete sein Raumkonzept daran aus. Die schlichte zweigeschossige Westfassade mit der Pilastergliederung, der Steinfigur des hl. Augustinus, den Voluten und dem Dreiecksgiebel trägt als Spätwerk Neumanns bereits klassizistische Züge.

Der Verlust der Rokokoausstattung im Krieg läßt Neumanns Raumgestaltung nur um so deutlicher zutage treten. An das vierjochige basilikale Langhaus mit den sehr schmalen Seitenschiffen schließt sich der leicht eingezogene Chor von ebenfalls vier Jochen an. Die barocken zweigeteilten Fenster des Langhauses stehen noch zwischen den kräftigen gotischen Strebepfeilern. Von der reichen Ausstattung haben sich im wesentlichen nur die Stukkaturen im Chor von Antonio Bossi (1754/55) erhalten. Das Altargemälde des Nikolaus Treu (1771) zeigt ›Maria vom Siege‹, rechts vom Chor befindet sich ein spätgotisches Vesperbild (um 1470/80) in einem Altar um 1760.

Juliusspital

Fürstbischof Julius Echter von Mespelbrunn legte 1576 den Grundstein für das Juliusspital und bestimmte 1579 nach der Errichtung des ersten Spitalbaus, daß seine Stiftung für »allerhand Sorten Arme, Kranke, unvermugliche, auch schadhafte Leut, die Wund- und anderer Arznei notdürftig sein, desgleichen verlassene Waysen und dann füruberzie-

Würzburg, Innenhof des Juliusspitals

hende Pilgram und dörftige Personen« bestimmt sein solle. Als fürstbischöflicher Landesherr war der Stifter auch in der Lage, sein Spital mit Vermögenswerten zu versehen, mit Weinbergen, land- und forstwirtschaftlichem Grundbesitz, dank deren Erträgen diese Sozialeinrichtung die Jahrhunderte überdauern konnte. Mit seinen 168 ha Rebfläche ist das Weingut eines der größten in Deutschland, rund 2,8 Mill. Liter bekannter Lagen wie Würzburger Stein, Innere Leiste, Abtsleite und Pfaffenberg, aber auch Randersackerer Pfülben, Teufelskeller und Marsberg, Iphöfer Julius-Echter-Berg, Kronsberg und Domherr, Rödelseer Küchenmeister, Eschendorfer Lump, Volkacher Kartäuser, Thüngersheimer Johannisberg und Scharlachberg, Dettelbacher Berg-Rondell und Bürgstädter Mainhölle reifen in den Holzfaß- und Tankkellern. Und davon profitiert nicht zuletzt auch der Reisende in den stiftungseigenen Weinstuben. Heute ist das Juliusspital ein wichtiges Krankenhaus für die Stadt und ihr Umland, das über alle Errungenschaften der medizinischen Technik verfügt. Dazu gehören auch eine Berufsfachschule für Krankenpflege und ein Alten- und Pfründeheim, ehemals der Kern der Stiftung. An die Ursprünge erinnert das ehemalige Portalrelief von Hans Rodlein (1578) mit der Darstellung des Krankenhausbetriebs und des Stifters in der Tordurchfahrt.

Nach einem Brand 1699 wurden die alten Renaissancegebäude des Hauptflügels bis 1714 von Joseph Greising und Antonio Petrini durch den heute noch bestehenden hinteren, den **Nordflügel** ersetzt. Balthasar Neumanns Wiederherstellung nach einem neuerlichen Brand 1745 veränderte die Außenfront des auch **Fürstenbau** genannten Komplexes kaum; mit seinen stattlichen 160 m Länge weist der Bau in der Tat schloßähnliche Züge auf. Die weitausladenden Flügel über den Erdgeschoßarkaden flankieren einen wuchtigen Mittelpavillon, der über den drei Jochen des Erdgeschosses jeweils drei Fensterachsen (im Wechsel mit Segment- und Dreiecksgiebeln) der Obergeschosse durch kräftige Pilaster, im obersten Mezzaningeschoß mit Atlasfiguren, die das Kranzgesims tragen, zu einer Einheit zusammenfaßt. Die bildhauerischen Arbeiten stammen von Balthasar Esterbauer, die Dachkonstruktion über der Attika entwickelte Balthasar Neumann nach 1745. Während die im ehemaligen *Fürstensaal* 1789 eingerichtete *Spitalkirche* mit ihren Stukkaturen im Krieg verbrannte, blieb in der *Apotheke* der Charme ihres Rokokoambiente von Peter Wagner (1765) erhalten. Im nördlich des Fürstenbaus gelegenen Garten unterrichteten in der *Alten Anatomie*, einem Gartenpavillon des frühen Barock von Joseph Greising (1705–14), einst so bekannte Wissenschaftler wie Rudolf Virchow; noch heute flanieren die Patienten vorbei an der *Brunnengruppe* des Jacob van der Auvera (1706), die die fränkischen Flüsse Main, Tauber, Saale und Sinn symbolisiert. Die schon klassizistische *Straßenfront* des Heinrich Alois Geigel (1789/90) ist schlichter gehalten und wird von Mittel- und Eckpavillons aufgelockert. Das Sandsteinrelief über dem stärker gegliederten Mittelpavillon zur Juliuspromenade hin schuf Balthasar Heinrich Nickel. Es zeigt die Stiftung und ihren Stifter, ebenso wie das Bronzestandbild jenseits der Promenade (von 1847).

Stift Haug

Auf eine der gewaltigsten Würzburger Kirchen, das Stift Haug mit seiner mächtigen erkergeschmückten und laternenbekrönten Vierungskuppel auf hohem oktogonalen Tambour und dem niedrigeren Zwischengeschoß mit jeweils dreibogiger Arkadenreihe, führt die Juliuspromenade zu. Als erster barocker Großbau in Franken ist sie das Hauptwerk ihres Architekten Antonio Petrini. Als man in der zweiten Hälfte des 17. Jh. die barocken Festungswälle der Stadt baute, eine Lehre aus der schwedischen Besetzung während des Dreißigjährigen Krieges, mußte die romanische Basilika des Stifts aus der Gegend des heutigen Bahnhofs weichen; Überreste wie mittelalterliche Kapitelle wurden geborgen und befinden sich im Mainfränkischen Museum. Von ›Haug‹ wie Hügel leitet sich der Name ab, ursprünglich hieß es *St. Johannis im Haug*.

Imponierend recken sich vor der Westfassade der kreuzförmigen Anlage die beiden Türme empor. Geschlossen wirkt die Front, da sie nur wenig hervortreten, um in ihren Obergeschossen fast verblüffend reich gegliedert zu sein: Auf die Glockengeschosse mit den Segmentgiebeln folgt ein offenes oktogonales Türmchen, untergliedert von einem Gesims, während die schlanken Helme ihrerseits wiederum von Laternen doppelt durchbrochen sind. Die strenge Symmetrie der durch Gesimse und die Achsen der Portale und Figurennischen horizontal wie vertikal strukturierten Außenwand wird so durch eine fast spielerisch-heitere Note gemildert. Als besondere statische Meisterleistung erkannten allerdings schon die Zeitgenossen Petrinis mächtige frühbarocke Vierungskuppel an. Ein Kritiker monierte freilich, die »unglaublich dicke Mauer« sei »ohne Sparung einiger Kosten gemacht«, speziell die Kuppel sei »mit solchen Pfeilern verwahrt, daß solche für Bollwerker zu gebrauchen sind«. Doch dieser kleinliche Einwand sollte sich – zum Glück! – bewahrheiten. Wie Photos aus der Zeit nach dem Angriff vom 16. März 1945 zeigen, hielt ihr Mauerwerk sogar der Bombardierung und dem Feuer stand, während die Kirche in ihrem Inneren ausbrannte.

So blieb denn von ihrer Ausstattung wenig erhalten. Blickfang im Chor ist heute die großartige und mit 6 × 9 m auch üppig dimensionierte *Kreuzigungsszene*, die der Venezianer Tintoretto (zu deutsch: »der kleine Färber«, und mit bürgerlichem Namen Iacopo Robusti) ursprünglich für die Münchner Augustinerkirche gemalt hatte, und die 1965 als Dauerleihgabe von den Bayerischen Staatsgemäldesammlungen zur Verfügung gestellt wurde. Entstanden 1585 und damit ein reiferes Werk seines Altersstils, läßt das Bild Einflüsse Tizians und Michelangelos erkennen. Beeindruckend bleiben die rhythmisch bewegte Komposition und das Spiel mit farblichen Kontrasten wie auch die zum Teil fahlbleichen Lichttöne; besonders diese Elemente tragen zur tiefen Raumwirkung bei. Am hinteren südlichen Vierungspfeiler erinnert das Grabmal von Balthasar Esterbauer (1706) an den Gründer des Stifts Bischof Heinrich. In den Aufbau aus schwarzem Marmor sind Figuren aus Alabaster und Stuck gefügt, die ein Phantasieporträt des Bischofs zeigen und eine Szene, wie ihm der Baumeister vor dem Modell der alten Stiftskirche im Hintergrund die Pläne erläutert. Die spätgotische Schnitzfigur der Maria mit ihrem Kind von einem unbekannten Meister wurde zur Barockzeit überarbeitet.

Älter noch als das Juliusspital und damit eines der frühesten Beispiele bürgerlichen Gemeinsinns ist das **Bürgerspital zum Hl. Geist** (Theaterstr./Ecke Semmelstr.). Bereits 1319 wurde es als Altersheim von Johannes von Steren gegründet und schon 1340 durch die Brüder von Teufel um Grundbesitz erweitert. Ausgestattet mit 133 ha Rebfläche und einem eigenen Weingut, kann das Spital auf dem alten Areal und in einem modernen Altenwohnheim in der Sanderau derzeit rund 280 ältere Menschen versorgen, nicht zuletzt mit dem täglichen Schoppen (sonn- und feiertags in doppelter Ration) aus eigenem Keller. Würzburger und ihre Gäste werden in den stilvoll eingerichteten Räumen ebenfalls gern bewirtet. Im Krieg stark beschädigt, wurde das Spital in veränderter Form wieder errichtet. Damals entstand auch das Glockenspiel (tägl. 11, 13, 15 und 17 Uhr) mit seiner volkstümlichen Wallfahrt, dem Auftritt der drei Frankenapostel und schließlich dem trinkenden Kellermeister. Als einziger Teil überstand die *Spitalkapelle* die Jahrhunderte, ein schlichter gotischer Saalbau mit eingezogenem Chor. Trotz der kriegsbedingten Zerstörungen hat sich eine Reihe wertvoller Plastiken erhalten. Im alten Stil wiederhergerichtet ist vor allem der dreiflüglige sogenannte *Rote Bau* im Spitalhof mit seinen Giebelvoluten und Arkaden. Die zweigeschossige Anlage mit Pilastergliederung entstand 1717/18 im Stil Joseph Greisings. Jacob van der Auvera schuf 1730 die Sandsteingruppe der hl. Familie, die die Stirnseite des Nordflügels ziert.

Stiftungen und Spitäler haben in Würzburg eine gute Tradition, wie z. B. das ehemalige **Dietricher Spital** des Domkapitels aus dem 12. Jh. (Marktplatz 36–38). Als Leprosenhaus wurde das ehemalige **Ehehaltenhaus** im Mittelalter vor der Stadt errichtet und ist jetzt, nach dem Neubau eines Pfründnerhauses für alte Dienstboten um 1600, ein allgemeines Alters- und Pflegeheim *St. Nikolaus* (Virchowstr. 28). Das ehemalige **Hofspital zu den 14 Nothelfern** stiftete Ende des 15. Jh. Johann von Allendorf, der Propst von St. Burkard. Die spätgotische Spitalkapelle wurde 1793 abgebrochen und durch Adam Salentin Fischer neu erbaut. Nach Kriegszerstörung wurde sie als Ausstellungsraum Kunst-

WÜRZBURG: BISCHÖFLICHE RESIDENZ UND WELTOFFENE METROPOLE

Galerie Spitäle wiederhergestellt (Spitalgasse unterhalb der Festung, an der alten Mainbrücke). Diese Reihe wurde 1576 mit dem Juliusspital würdig fortgesetzt.

Auf dem Weg zur Residenz kommt man am **Greiffenclauhof** (Theaterstraße 23) vorüber, auch *Roter Bau* genannt wegen der aufwendigen Rotsandsteingliederung. Andreas Müller erbaute dieses vornehme Familienpalais 1706–09 für Fürstbischof Johann Philipp von Greiffenclau. Kolossale Pilaster akzentuieren die mächtige Front (heute Staatl. Gesundheitsamt).

☐ Residenz

Als »vollkommensten Profanbau des 18. Jh.« würdigte der Kunsthistoriker Georg Dehio die Würzburger Residenz, sie wurde gefeiert als »Schloß über den Schlössern«, oder – einem Ondit zufolge – von Napoleon mit Spott bedacht als »Europas größter Pfarrhof«. Riesig in den Ausmaßen – von knapp 170 m Länge und einer Tiefe von über 90 m – und dennoch nicht gigantisch-monumental dank der gediegenen Gliederung ihrer Fassaden und Pavillons, die wiederum mit figuralem und ornamentalem Schmuck aufgelockert sind, selbst ein Kunstwerk von europäischem Rang, birgt die Residenz erlesene Schätze abendländischer Kultur. So großartig die Anlage nach den Jahrzehnten ihrer Erbauung und Einrichtung, aber auch nach Zerstörung und Wiederherstellung der Kriegsschäden vor uns steht, ist sie vor allem das Lebenswerk eines Mannes, des Baumeisters *Balthasar Neumann*, der Anregungen aus ganz Europa aufzunehmen und in seinem Projekt zu verschmelzen verstand, und der mit diesem Schloßbau ganz eigenen Stils das ›Würzburger Rokoko‹ begründete. Im Gegensatz zu den meisten anderen Schloßanlagen jener Zeit – etwa in München – ist die Würzburger Residenz nicht historisch gewachsen, sondern innerhalb einer Generation errichtet worden.

Gegen Ende des 17. Jh. entschieden sich die Würzburger Fürstbischöfe, ihre Hofhaltung aus der unbequem zu erreichenden und den repräsentativen Ansprüchen des Feudalabsolutismus längst nicht mehr genügenden Festung Marienberg in die Stadt zu verlegen. Deshalb baute Antonio Petrini an der Stelle der jetzigen Residenz 1701–04 das *Rennweger Schlößchen*, eine einfache Dreiflügelanlage mit flankierenden Nebengebäuden; sie wurde von den Fürstbischöfen jedoch nicht als Stadtwohnung genutzt. So brachte der Regierungsantritt des Johann Philipp Franz von Schönborn, der wie alle Mitglieder seines Hauses ein leidenschaftlicher Bauherr war, den Entschluß, doch endlich eine standesgemäße Residenz errichten zu lassen. Noch im Jahr seiner Amtsübernahme 1719 beauftragte er den damals noch recht unbekannten Balthasar Neumann, ihm Entwürfe vorzulegen.

Inwieweit aus Kostengründen ein Umbau des ›Schlößchens‹ ernsthaft erwogen wurde, läßt sich heute nicht mehr feststellen. Derart prosaische Fragen waren für einen Kirchenfürsten des Absolutismus auch eher zweitrangig, zumal dem Bauherrn gerade aus einem gewonnenen Prozeß eine für die damalige Zeit beträchtliche Summe zugeflossen war. Eine finanzielle Initialzündung war also gesichert – längerfristig kam der Prunkbau ihrer Bischöfe die geplagten Untertanen freilich teuer genug zu stehen. Zunächst einmal diente der Bau repräsentativen Zwecken. Es ging darum, den Rang der Grafen von Schönborn

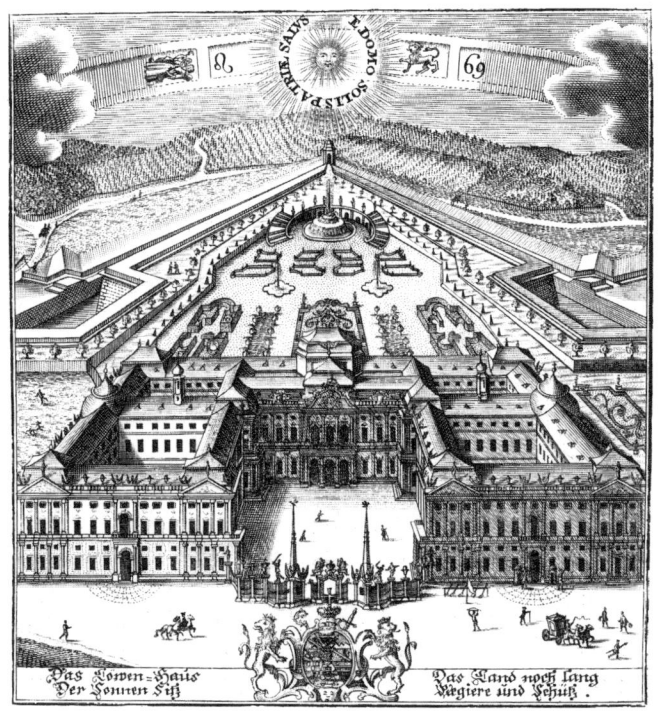

Residenz aus der Vogelschau von Westen. Zeichnung von Balthasar Neumann, Stich von B. Söckler, 1743

Würzburg, Fürstbischöfliche Residenz   1 Nordoval   2 Treppenhaus   3 Weißer Saal   4 Kaisersaal   5 Nördliche Kaiserzimmer   6 Südliche Kaiserzimmer   7 Hofkirche

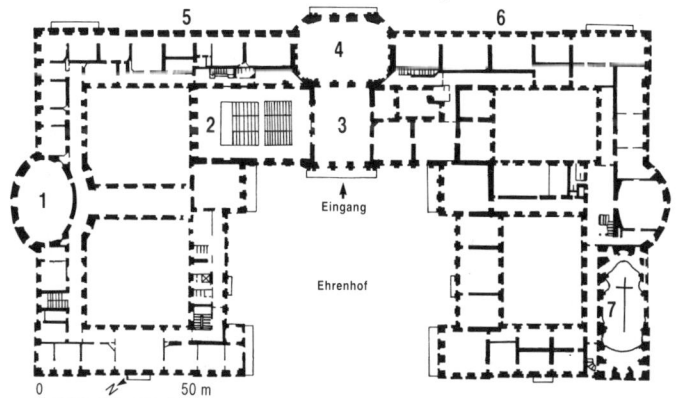

innerhalb der rivalisierenden Fürstenhäuser Europas zu dokumentieren. Dank seiner Neigung zum Haus Habsburg hatte der Familienclan nicht wenige Bischofssitze, Plätze in Domkapiteln, Pfründen und sonstige Wohltaten erlangt. In der Pfarrkirche zu Gaibach findet sich ein Hochaltargemälde ›Das Haus Schönborn huldigt der heiligsten Dreifaltigkeit‹. Fast von unfreiwilliger Komik ist die Darstellung. Über die Hälfte des Gemäldes nehmen drei Generationen der Schönborns ein, mehr Fläche jedenfalls als das eigentliche Hauptmotiv: Gottvater, Sohn und der Hl. Geist; sie scheinen mehr als entrückt in den Himmel. Dieses fürstliche Selbstbewußtsein hatte freilich seinen Grund. Sechs Mitglieder aus dieser Runde regierten zwischen 1642 und 1756 von nicht weniger als 14 geistlichen Fürstenthronen. Außer der Familienpolitik diente der Bau freilich auch dazu, innerhalb des Reiches Flagge zu zeigen, zu beweisen, daß man – auch als Duodezfürst eines kleineren Landes – mit den Schlößbauten zu Versailles und Schönbrunn durchaus konkurrieren konnte, wirtschaftlich stark und autark war und politisch unabhängig; oder zwischen den Großen in Paris und Wien doch diesen Anschein zu erwecken suchte.

Man verstand die Residenz in Würzburg von Anfang an als Familienprojekt und griff von Wien und Mainz aus mit Rat und Tat kräftig in die Planung ein. Konkret bedeutete das, daß in Würzburg die Spitzenentwicklungen der europäischen Architektur kulminierten. Lothar Franz von Schönborn, der Onkel des Bauherrn, Fürstbischof von Bamberg, Kurfürst von Mainz und Erzkanzler des Reiches, beteiligte sich von Pommersfelden und Mainz aus mit seinem Hofarchitekten Maximilian von Welsch an den Debatten. Luftschlösser zunächst einmal – im Wortsinn! – entwarf mit seinem Architekten Johann Lukas von Hildebrandt, dem Vertreter des ›Wiener Kaiserbarock‹, auch des Bauherrn jüngerer Bruder in Wien, der Reichsvizekanzler Friedrich Carl von Schönborn; er sollte seinen Bruder auf dem fürstbischöflichen Thron in Würzburg beerben und den Bau der Residenz (nicht ihre Aus- und Umgestaltung) vollenden. Die strahlendsten Sterne am europäischen Architekturhimmel schienen aber in Paris zu leuchten, also zog man Robert de Cotte und Germain Boffrand hinzu, die bedeutendsten französischen Baukünstler jener Tage. Daß man bei einem Projekt dieser Dimension auch Traditionen des oberitalienischen Palast- und Sakralbaus in Genua und Venedig einbezog, versteht sich von selbst. Balthasar Neumann, der all diese Einflüsse zu kanalisieren verstand, hatte dazu anfangs noch bis zu dessen Tod 1726 Johann Dientzenhofer zur Seite.

Als man am 22. Mai 1720 im Nordoval den Grundstein legte, ahnte wohl keiner der Beteiligten, daß dieser Bauabschnitt seine Vollendung als letzter erfahren könnte, und daß es über drei Jahrzehnte dauern sollte, bis mit der Ausmalung des Gewölbefreskos im Treppenhaus 1753 durch Giovanni Battista Tiepolo der Gesamtkomplex vorläufig abgeschlossen sein würde. Im selben Jahr 1753 starb Balthasar Neumann. Dem Initiator der Residenz, Johann Philipp Franz von Schönborn, folgte auf dem Thron des Fürstbischofs Christoph Franz von Hutten (1724–29), gewählt von der Anti-Schönborn-Koalition innerhalb des Domkapitels, unter dessen Regiment die Bauarbeiten vorerst ruhten, bis sie unter Friedrich Carl von Schönborn (1729–46) zügig weitergeführt wurden. So konnte der Rohbau 1744 als abgeschlossen gelten. Und wieder brachte der Wechsel auf

Artillerie-Obrist und Architekt: Balthasar Neumann

Vielleicht hätte es ihm sogar gefallen, bezeichnete man ihn mit neudeutschen Modewörtern als ›Selfmademan‹ und ›Allroundgenie‹; Neuem aufgeschlossen war er jedenfalls, der am 30. Januar 1687 als Tuchmachersohn in Eger (Böhmen) geborene Balthasar Neumann. Nach einer Lehre als Geschütz- und Glockengießer kam er 1711 als Geschützgießergeselle auf der traditionellen ›Walz‹ nach Würzburg und nutzte jede Gelegenheit, sich weiterzubilden, erwarb einen Lehrbrief als Feuerwerker, studierte als Autodidakt Geometrie, Fortifikationswesen (= Festungsbau) und Architektur und erhielt einige unbedeutendere Bauaufträge. Als er in die bischöfliche Leibkompagnie eintrat, begann er eine erstaunliche Doppelkarriere, als Soldat brachte er es – neben der Teilnahme am Türkenfeldzug unter Prinz Eugen – zum Obristen der fränkischen Kreisartillerie.

Balthasar Neumann. Gemälde von M. F. Kleinert, 1727

Doch das wäre längst vergessen, hätte er nicht gleichzeitig als genialer Architekt profane und sakrale Bauten (wie auch Festungswerke) von europäischem Rang geschaffen und mit seinem Lebenswerk, der Würzburger Residenz, einer »Synthese des europäischen Barock«, Maßstäbe gesetzt, wie ein architektonisches Gesamtkunstwerk aussehen kann, und zugleich noch das ›Würzburger Rokoko‹ begründet. Er verschönerte sein Würzburg nicht nur mit Bauten aller Art, sondern machte es, als Vorsitzender der Stadtbaukommission, auch wohnlicher; die Wasserversorgung verbesserte er entscheidend. Vor allem mit bedeutenden Sakralbauten, die auf ihn zurückgehen oder unter seiner Mitwirkung entstanden, hat er sich Denkmale gesetzt: dem Kloster Ebrach, der Schönbornkapelle am Würzburger Dom und dem Käppele, der Wallfahrtskirche Gößweinstein, Vierzehnheiligen, Neresheim, Maria Limbach, wie auch durch Mitwirkung oder Ausführung beim Bau der Schlösser in Bonn-Poppelsdorf, Bruchsal, Werneck, Brühl und Veitshöchheim.

Balthasar Neumann starb am 19. August 1753 in Würzburg. Die vielleicht schönste Darstellung – von Giovanni Battista Tiepolo im Treppenfresko der Würzburger Residenz – zeigt den rastlosen Baumeister, wie er sich doch eine kurze Pause gönnt, in seiner Artillerieuniform auf einem Kanonenrohr sitzend vor einer Baustelle, und dabei bereits über neue Pläne nachdenkt.

WÜRZBURG: BISCHÖFLICHE RESIDENZ UND WELTOFFENE METROPOLE

dem Bischofsthron das Werk ins Stocken. Fürstbischof Anselm Franz Graf von Ingelheim, dem seine Zeitgenossen Habgier nachsagten, er sei nur an ›Goldmacherei‹ in jeder Hinsicht interessiert, setzte Balthasar Neumann ab. Doch auch dieses Intermezzo währte nur drei Jahre. Carl Philipp von Greiffenclau (1749–55) setzte noch im Monat seines Regierungsantritts Neumann wieder ein und ließ die Residenz weitgehend vollenden.

Mit der Wahl Balthasar Neumanns hatte der erste Bauherr eine glückliche Hand bewiesen. Balthasar Neumann kam 1711 als wandernder Geschützgießergeselle nach Würzburg und wurde schon als gut 30jähriger mit der Planung und später Bauleitung der Residenz betraut. Da Neumann bislang nur wenige Proben seines architektonischen Könnens zu geben Gelegenheit hatte, dürfte er seinen Auftraggeber durch persönliche Tatkraft und Entschlossenheit überzeugt haben.

Als Autodidakt hatte er Geometrie und Zeichnen studiert. Um die Stadt verdient machte der Baumeister sich freilich noch auf vielen anderen Gebieten, etwa bei der Überwachung des gesamten bürgerlichen Bauwesens oder der Wasserversorgung – neben bedeutenden Bauten anderenorts.

Innerhalb der für die Residenz zuständigen Bauausführenden hat es Balthasar Neumann offenbar verstanden, aufgeschlossen für fremde Vorschläge zu sein und sich gleichzeitig in den Fragen durchzusetzen, die ihm wichtig waren. So gehen die jeweils beiden Binnenhöfe der Seitenflügel auf eine Anregung des Maximilian von Welsch zurück, während Johann Lukas von Hildebrandts Ideen im wesentlichen in der Gartenfront dominierten, Balthasar Neumann jedoch überwiegend nach seinen Vorstellungen die Stadtfront und den Ehrenhof gestalten konnte – wobei immer freilich die jeweils regierenden Fürstbischöfe das letzte Wort hatten; mitunter mußten ihnen sogar kleinste Details zur Genehmigung vorgelegt werden. Streng ist die Symmetrie zur Stadt hin gewahrt. Über dem herrschaftlichen Erd- und Hauptgeschoß findet sich jeweils ein niedriges Mezzaningeschoß, um die Front aufzulockern und Räume für das Personal zu gewinnen. Pilaster gliedern die Vertikale nur behutsam, die Gesimse über dem Erdgeschoß und am Dachansatz als trophäen- und vasenbekrönte Balustrade betonen die Länge der Front, und auch die Eckpavillons, mehr angedeutet als ausgeführt, sowie ihre Giebel vor den flachen Mansarddächern scheinen die Horizontale unterstreichen zu wollen. Auch der Eingang zur Schloßkapelle im Südwestblock über wenige Stufen ist ganz in die symmetrische Konzeption integriert, sogar das Glockentürmchen, ein schlanker Tempietto aus Metall, ist zur Mitte hin über den Zwischentrakt versetzt und damit aus dem Blickfeld gerückt. Allein im *Ehrenhof* ist durch die Seitenrisalite und Säulen der Balkone die Vertikale stärker herausgestellt, auf das untere Mezzanin wurde verzichtet. Den *Mittelpavillon* mit dem Hauptportal ziert ein reichgestalteter Prunkgiebel: Zwei Löwen halten das Wappen des Fürstbischofs Friedrich Carl von Schönborn, überragt von der Kaiserkrone, die ihm als gleichzeitigem Bischof von Bamberg zustand, umrahmt von üppigem Figurenschmuck. Bewegter noch als der rechtwinklige stadtseitige Mittelpavillon ist sein Pendant in der Gartenfront ausgefallen, mit seinen abgeschrägten Ecken tritt er betont plastisch aus dem Komplex hervor, erhöht um ein zusätzliches Attikageschoß (Farbabb. 10).

Auch in der Folge der Prunkräume des Corps de logis – Vestibül mit anschließendem Gartensaal im Erdgeschoß und dem Treppenaufgang zum Weißen Saal und Kaisersaal darüber – konnte Balthasar Neumann weitgehend seine Vorstellungen verwirklichen. Dieser Mitteltrakt überdauerte – wenn auch beschädigt – Brand und Kriegszerstörung; man hat ihn später gesichert. Die Sala terrena, der *Gartensaal,* flach wie das Vestibül, wirkt dennoch, dank der eleganten Deckenkonstruktion des wie auf einem Baldachin auf einem Säulenkranz ruhenden Gewölbes, licht und heiter. Fontänen gleich, auch wegen der anmutigen Stukkaturen Antonio Bossis von 1749, scheinen die Gewölbefüße in der

◁ *Würzburg, Residenz, Mittelpavillon der Stadtseite*
    Würzburg, Residenz, Deckenfresko von Giovanni Battista Tiepolo im Treppenhaus ▷

WÜRZBURG: BISCHÖFLICHE RESIDENZ UND WELTOFFENE METROPOLE

Decke aufzugehen. Deren Gemälde ›Rast der Diana‹ und ›Göttermahl‹ von Johann Zick (1750) verweisen auf die in Barock und Rokoko beliebten Motive der antiken Mythologie.

Mit einer einzigen Gewölbemulde ohne stützenden Säulenkranz überspannte Balthasar Neumann das imposante fünfschiffige **Treppenhaus** (Farbabb. 13), eine bemerkenswerte statische Leistung, bedenkt man die Dimensionen, immerhin 32,6 m in der Länge und 18 m Breite bei einer Stichhöhe von 5 m. Der kühne Entwurf nötigte selbst Neumanns Pariser Kollegen Boffrand Respekt ab. Unumstritten war dies Wagnis freilich nicht. Johann Lukas von Hildebrandt, in diesem Fall mehr Rivale als Kollege, so berichtete später Neumanns Sohn, wollte sich »auf eigene Kosten« unter der Wölbung hängen lassen – falls sie hielte... Der Artillerie-Obrist Neumann, überzeugt von sich und seinem Werk, setzte dagegen, er wolle darunter eine Batterie Kanonen abfeuern lassen. Den späten Triumph erlebte Neumann nicht. Sein Gewölbe überdauerte sogar die Erschütterungen der Bomben 1945.

Entlang den Figuren von Peter Wagner (1771–76) schreitet der Besucher über ein Zwischenpodest dem *Deckenfresko* von Giovanni Battista Tiepolo und seinen Söhnen Domenico und Lorenzo (1752/53) entgegen, das der doppelläufigen Treppe entsprechend bipolar konzipiert ist. So erblickt man zunächst in der nördlichen Bildhälfte Apoll als Schirmherrn der Künste und, nach dem Umkehrpodest, in der Südhälfte, die Verherrlichung des Bauherrn Carl Philipp von Greiffenclau, der mit Tiepolo einen der bedeutendsten Maler der Zeit verpflichtet hatte. Allegorische Verkörperungen der vier damals bekannten Erdteile (ohne Australien) rahmen den himmlischen Genius der Kunst und ihren irdischen Förderer, den Mäzen, ein: ›Amerika‹ sitzt als Indianerin mit Federschmuck und Bogen auf einem Krokodil, eine Inderin reitet für ›Asien‹ auf einem Elefanten (Farbabb. 11), man erkennt die Kreuze von Golgatha und eine Pyramide (davor, auf

Würzburg, Residenz, Weißer Saal

einem kleinen Steinblock, signierte der Maler: BATTA. TIEPOLO F 1753; Farbabb. 12), ›Afrika‹ verkörpert eine Negerfürstin auf einem Dromedar, und als Höhepunkt, über den Flügeltüren zum Weißen Saal, erscheint ›Europa‹, umringt von Künstlern wie Tiepolo und Balthasar Neumann in der Uniform eines Obristen der fränkischen Kreisartillerie auf einem Kanonenrohr sitzend, eine Großbaustelle im Hintergrund soll wohl die Residenz andeuten. Man kann sich heute kaum vorstellen, wie unendlich mühsam die Arbeit der Tiepolos und ihrer Helfer gewesen sein muß. Auf dem Rücken liegend trugen sie im Wettlauf mit dem trocknenden Kalkbewurf quadratmeterweise Farben auf, ohne die perspektivische Wirkung unmittelbar kontrollieren zu können. Sie schufen das größte Fresko, das jemals gemalt wurde – eine Meisterleistung für ein fürstliches Honorar.

Würzburg, Residenz, Kaisersaal, Nischenfigur ›Flora‹ von Antonio Bossi

Ganz als Kontrastprogramm zum Licht- und Farbenspiel des Treppenhauses ist der **Weiße Saal** mit den überschäumenden Rocaillestuckaturen des Antonio Bossi 1744/45 in Schattierungen von Weiß- und Grautönen angelegt, quasi ein Ruhepunkt vor der Krönung dieser Raumfolge, dem **Kaisersaal.** Er entspricht ikonographisch einer alten Tradition, die bis ins deutsche Mittelalter und die italienische Renaissance zurückreicht. Man verherrlichte das ›Gute Regiment‹, die Reichsidee oder zeigte in Porträts eine Kaisergalerie. In Würzburg wird die Reichsidee an Hand von Szenen aus der Geschichte der Stadt dargestellt. Giovanni Battista Tiepolo illustrierte sie in drei Deckenfresken: die ›Hochzeit Kaiser Friedrichs I. Barbarossa mit Beatrix von Burgund‹ in Wurzburg 1156 (an der südlichen Schmalseite) und ›die Belehnung des Würzburger Bischofs Herold mit dem Herzogtum Franken auf dem Reichstag zu Würzburg 1168‹ (an der nördlichen Schmalseite) an den Gewölbewangen, und im Deckenspiegel findet sich eine Allegorie in antikisierendem Stil: ›Der Sonnengott Apoll führt Beatrix von Burgund dem Genius Imperii zu‹. Doch der Kaisersaal, 1741 im Rohbau vollendet und erst 1749–53 ausgestattet, ist in seiner unvergleichbaren Erscheinung das Werk dreier Künstler, die ihre Arbeit genial aufeinander abgestimmt haben; wobei der Stukkateur Antonio Bossi mehr als nur den Rahmen der Fresken schuf. Seine Stuckelemente und Figuren nehmen, zum Teil direkt auf die Malereien bezogen, deren Motive auf, ergänzen sie, antworten, führen in der ausgeformten Plastik weiter, was als Gemälde begann. So kauert unterhalb des Throns des ›Genius

Imperii‹ an der Decke, mehr durch den farblichen Kontrast des blauen Vorhangs betont denn züchtig verhüllt, ein bacchantisches Paar – und der Betrachter muß schon sehr genau hinsehen, um zu erkennen, wo das Fresko hinüberwächst in die Plastik. Einem Traum gleich verschmilzt dieses illusionäre Welttheater eines harmonisch-vollkommenen Gesamtkunstwerks aus fließenden Formen und Farben nicht zuletzt dank der bewegten Raumgestaltung des Dritten im Bunde, dank Neumanns genialer Auflockerung des ovalen Raumes durch die rhythmisch wechselnden Abstände der Säulen (enger an den Schmal-, weiter an den Längsseiten), die Verschiebung der Seitentüren aus der Mittelachse zur Gartenfront hin und durch die Überhöhung des Saals im Attikageschoß mit seinen Fenstern. Wie die Architektur scheinbar atmet und lebt, so bewegen sich im oberen Teil des Raums Trabantenfiguren, gemalt und modelliert: Putten, die Vorhänge öffnen, Landsknechte, Herolde, Pagen und Engel, die Grenzen zwischen imaginiertem Raum und realer Tiefe fließen. Raffiniert sind die Akzente gesetzt. In den Stichkappen, grün in grün auf kassettiertem Gold, schimmern Allegorien und Tugenden auf, ebenfalls von Vater Tiepolo, während die Ölgemälde über den Türen (Szenen aus dem Leben von Imperatoren der römischen und frühchristlichen Antike) von seinem Sohn Domenico stammen. Von außerordentlicher Grazie sind auch die Nischenfiguren im unteren Teil des Raums von Antonio Bossi (1751/52) aus Stuck: Poseidon und Juno, Apoll und Flora, die als Göttin der Vegetation Ähren am Hut trägt und einen mit Blumen umwundenen Rechen. Und selbstverständlich ließen es sich die Bauherren nicht nehmen, über den Kaminen von Franz Lippold in seinen Gemälden verewigt zu werden, die Fürstbischöfe Friedrich Carl von Schönborn und Carl Philipp von Greiffenclau. Man kann sich unschwer vorstellen, daß dieser bischöfliche Repräsentanzbau auch für die Zeit der Einrichtung 1749–51 – im Wortsinn – ›sündhaft‹ teuer war, nicht nur die Künstler, auch die verwendeten Materialien waren vom Feinsten; achatfarbener Marmor und geschliffener Stuckmarmor nebst Goldauflagen – eine Pracht, wie sie wohl nur der Absolutismus entfalten konnte.

Neben diesen Prunkräumen standen für besonders illustre Gäste die **nördlichen** und **südlichen Kaiserzimmer** zur Verfügung; in Würzburg nahmen die Kaiser übrigens wirklich auf dem Weg zur Krönung in Frankfurt am Main Quartier, ebenso wie auf der Rückreise. Den Ausstattungscharakter dieser Raumflucht – bei geöffneten Türen eine Enfilade von nicht weniger als 160 m Länge! – deuten die Namen einiger Kabinette an: *Venezianisches Zimmer, Spiegelkabinett, Rotes Zimmer, Gründamastenes Zimmer* – Paraderäume allesamt, die, im Krieg schwer beschädigt oder auch zerstört, inzwischen restauriert sind, unter Verwendung von Resten der Originalausstattung und Leihgaben der Bayerischen Staatsgemäldesammlungen. Bewegliche Teile des Mobiliars konnte man auslagern, die Stukkaturen und anderes gingen weitgehend verloren.

Untergebracht ist in der Residenz ein Teil der *Bayerischen Staatsgemäldesammlung;* man zeigt in Zusammenhang mit den Fresken Tiepolos stehende venezianische Gemälde

◁ *Würzburg, Residenz, Hofkirche*

des 17. und 18. Jh. (Zugang durch die Schauräume, daher geöffnet wie die Residenz). Ebenfalls in der Residenz (im Südflügel) befindet sich das *Martin-von-Wagner-Museum* der Universität Würzburg mit seinen bedeutenden Sammlungen griechischer Vasen, antiker Plastik und Kleinkunst neben deutschen, niederländischen und italienischen Gemälden des 14. bis 19. Jh. und Zeichnungen wie Drucken der Graphischen Sammlung, u. a. von Tiepolo.

Integriert in die Fassade und vom Residenzplatz aus auf den ersten Blick kaum zu erkennen, liegt die **Hofkirche** der Residenz in der Südwestecke. Die Raumstruktur konzipierte Balthasar Neumann und nahm hier Gedanken vorweg, die er später in Vierzehnheiligen und Neresheim weiterentwickeln sollte, während die Innenarchitektur im wesentlichen auf Ideen des Johann Lukas von Hildebrandt zurückgeht. Den äußeren Grundriß gab der rechteckige Flügel des Schlosses vor, im Inneren entwickelte Neumann jedoch ein ineinanderübergreifendes System von fünf Ovalrotunden, eine längs in der Mitte, von je zwei kleineren im Altarraum und über der Orgelempore flankiert, deren Wölbungen harmonisch miteinander korrespondieren. Diese baukünstlerische Leistung wird in ihrer Wirkung geschmälert durch die Repräsentanzbedürfnisse des Bauherrn, die von Hildebrandt zu befriedigen hatte. Der Kirchenfürst wollte wohl einen exemplarisch höfischen Sakralraum verwirklichen, eine Herrschaftskirche, im Gegensatz zu den Pfarrkirchen der Stadt. Deshalb untersagte er die Aufstellung von Beichtstühlen sowie einer Kanzel – sie wurde erst 1774 nachträglich durch Materno Bossi hinzugefügt – und ließ für die tägliche Messe des Bischofs einen zweiten Altar oberhalb des Hochaltars einrichten, ebenso wie die Herrschaftsempore, deren kräftiges Gebälk die Pfeiler halbiert und damit Neumanns luftigen Raumentwurf konterkariert. Trotzdem gehört die Hofkirche schon dank des hohen künstlerischen Rangs ihrer Ausstattung zu den wichtigsten Sakralbauten des 18. Jh. hierzulande. Giovanni Battista Tiepolo schuf 1752 die Blätter der Seitenaltäre, ›Himmelfahrt Mariens‹ und ›Engelsturz‹, deren Motive sich auch in den Deckenfresken des Hofmalers Rudolph Byss finden (Mittelkuppel und über der Westempore), ergänzt um das ›Martyrium der Frankenapostel‹ (über dem Hochaltar). Die Altarfiguren gestaltete Johann Wolfgang van der Auvera, das feinziselierte und reichvergoldete Bandelwerk der Stukkaturen stammt von Antonio Bossi.

Unterstrichen wird der geschlossene Charakter des Residenzplatzes durch die flankierenden Bauten, den ehemals **Rosenbachischen Hof** im Norden (um 1700 von Antonio Petrini, jetzt *Staatliche Hofkellerei*) und den als Pendant errichteten **Gesandtenbau** (1765-70 von Johann Philipp Geigel, jetzt *Residenzgartencafé*). Durch eines der erhaltenen eisernen Prachttore des Hofschmieds Johann Georg Oegg mit seinen filigranen Ranken, Muscheln, Blättern und Rocaillen zwischen Hofkirche und Hofcafé gelangt man in den **Hofgarten**, eine Kombination aus Rokokoanlage und englischem Landschaftspark, der sich in seinem hinteren Teil in die Bastionen der Barockzeit schmiegt. Von seinen Wegen, Rampen und Treppen mit ihren Balustraden ergeben sich immer neue reizvolle Durchblicke auf die Schloßfront. Die Plastiken, Putten, Kinder, Vasen, aber auch die Figurengruppen ›Raub der Europa‹ und ›Raub der Proserpina‹ stammen von Peter Wagner und

Würzburg, Skulptur im Hofgarten der Residenz

aus dessen Werkstatt; die **Orangerie** entstand 1778/79. Geigel entwarf auch die *Kolonnaden* mit ihren abschließenden Säulen (um 1770).

Als mit der Säkularisation das Ende des Fürstbistums Würzburg kam und damit auch der Herrschaftssitz an Bayern fiel, nahm man verschiedene Veränderungen vor. Das kunstvoll frei aus dem Ehrenhof auf den Residenzplatz hinausschwingende Gitter des Johann Georg Oegg wurde abgebrochen (und versteigert!). Später hinzugefügt wurde 1894 der **Frankoniabrunnen** von Ferdinand von Miller, auf dessen Sockel die Statuen der für Würzburg wichtigen Künstler Walther von der Vogelweide, Tilman Riemenschneider und Matthias Grünewald sitzen. Von ihrer Residenz aus hatten die Schönborns – durch die Hofstraße – einen direkten Blickkontakt zur eigenen Grablege, der Schönbornkapelle: Leben angesichts des Todes, das entsprach der barocken Vanitasidee. An diesem Weg liegt übrigens auch ein anderer der schönsten Brunnen Würzburgs, der 1770/71 von Peter Wagner geschaffene **Chronosbrunnen** aus rotem und weißem Sandstein. Das Relief des Moënus wird bekrönt von den Figuren des Chronos (als Verkörperung der Zeit) und der Muse Clio.

Folgt man der Balthasar-Neumann-Promenade nach Süden, gelangt man zum *Zwinger*. Hier haben sich, wie auch an anderen Stellen der Stadt, Teile der mittelalterlichen Wehranlagen erhalten, Mauerreste mit vorspringenden Türmchen von der Münzgasse bis zum **Hexenturm** (um 1200, Zwinger, Nr. 32). An den 1738 durch Aufschüttung der Gräben gewonnenen Straßenzügen Juliuspromenade, Theaterstraße, Balthasar-Neumann-Promenade und Neubaustraße ist der erste Bering des frühen 11. Jh. noch gut zu erkennen. Wegen der Fünfeckform wird er gern mit einer Mitra verglichen. Die barocken Bastionärbefestigungen sind nur linksmainisch, am Burkarder Tor (1680 von Antonio Petrini) und am Zeller Tor (1666) vorhanden, rechtsmainisch wurden sie – bis auf die Werke hinter dem Hofgarten – abgetragen.

In diesem Viertel finden sich sechs Kirchen, die besonders unter der Kriegszerstörung gelitten haben, etwa **St. Stephan** mit der romanischen Krypta aus dem 11. Jh. Die benachbarte großartig vorschwingende Fassade Joseph Greisings (1717) von **St. Peter** (und Paul) und die dahinterliegenden Türme der ersten romanischen Kirche waren nur mehr als bizarr anmutende Reste erhalten – man hat sie restauriert, ebenso wie auch die reich dekorierte Rokokokanzel des Johann Wolfgang van der Auvera (um 1750). Auch die 1662 von Antonio Petrini als erste Barockkirche Würzburgs errichtete **Karmelitenkirche** in der Sanderstraße brannte aus und wurde mit ihrer reichgegliederten Fassade wiederhergestellt.

Und an der Front der Neubaustraße liegen gleich zwei Kirchen, die ehemalige **Jesuitenkirche St. Michael** mit ihrer wuchtigen, spätbarocken Fassade im Osten, deren Bau bereits 1765 als Gemeinschaftsprojekt von Johann Philipp Geigel und Johann Michael Fischer begonnen wurde, wegen der Aufhebung des Ordens 1773 ins Stocken geriet und erst 1798 vereinfacht beendet werden konnte. Als Verlängerung dazu erscheint hinter dem ehemaligen Jesuitenkolleg die **Neubaukirche** der Alten Universität. Sie dient heute als Aula für Vorträge und Konzerte. In Inneren hat sie mit ihren Doppelemporen, getragen von Säulen mit Kapitellen nach dorischem, jonischem und korinthischem Muster sowie den Balustraden als einer der wenigen bedeutenden Kirchenräume ihren Charakter der Renaissance bewahrt. Durch das warme Rot des Sandsteins wird die strenge horizontale und vertikale Gliederung gemildert (Zugang zu den Geschäftszeiten über das Juristische Seminar im Hof). Der Grundstein wurde zwar schon 1583 gelegt, wegen der Wirren des Dreißigjährigen Krieges konnte die Kirche aber erst 1703 von Antonio Petrini fertiggestellt werden, wie der Turm mit seinen kräftigen barocken Formen. Dessen oktogonales Glockengeschoß mit Kuppel und Laterne entstand nach einem Entwurf von Joseph Greising. Michael Kern gestaltete 1628 das Portal. Die Fenster mit gotisierendem Maßwerk verweisen dagegen auf die – aus der Sicht des Universitätsgründers und Gegenreformators Julius Echter jedenfalls – gute alte Zeit vor der Reformation. Julius Echter ließ – entgegen der Tradition – sein Herz in der Universitätskirche beisetzen, die mit Blickrichtung auf seine Residenz in der Festung angelegt war.

Schon 1757 wurde im Turm der Neubaukirche die *Sternwarte der Universität* eingerichtet, von der aus Franz Huberti am 6. 6. 1761 den Venusvorübergang vor der Sonne beobachtete und damit einen ersten Beitrag Würzburgs zur internationalen astronomischen Forschung erbrachte. Gegenüber dem Turm befindet sich der 1773 von Balthasar Heinrich Nickel geschaffene *Ceresbrunnen*. Das Kalksteinrelief des Niederländers Johann von Beundum über dem Portal zum Universitätshof (Domerschulstraße) zeigt das Pfingstwunder mit dem davor knienden Stifter Julius Echter (inzwischen eine Kopie). Die erste Würzburger Universität (von 1402–13) hatte keinen Bestand, also wurde sie unter Julius Echter als ein geistiges Zentrum der Gegenreformation 1582 neu für die Fakultäten Theologie, Jurisprudenz, Medizin und Philosophie gegründet; die kaiserlichen und päpstlichen Privilegien, die damals erforderlich waren, verkündete man nebenan in der Franziskanerkirche.

Dieser Orden hatte seit 1221, damals noch vor den Toren der Stadt, hier seine älteste deutsche Niederlassung. Das *Kloster* wurde 1249 an den heutigen Platz verlegt, die schlichte, frühgotische **Franziskanerkirche** wurde 1945 weitgehend zerstört und vereinfacht wieder errichtet. Vom Bau des 13. Jh. überdauerte der vierjochige Chor mit Kreuzrippengewölbe. Doch von der alten Ausstattung hat sich einiges erhalten, so eine Pietà um 1510 aus Riemenschneiders Werkstatt. Auch als Grablege war die Kirche gefragt, deshalb war es durchaus üblich, alte Denkmäler abzuräumen, lästige figurale und ornamentale Teile zu stutzen, um die Platten neu zu verwenden. So kam – stark beschädigt an den vorspringenden Partien – nach der Kriegszerstörung das in einer Chorwand vermauerte

Grabmal des Gottfried Graf von Rieneck († 1389) zum Vorschein, das dem Meister des Gerhard von Schwarzburg im Dom zugeschrieben wird und interessante Aufschlüsse über die Würzburger Plastik der Gotik vermittelt. Das Epitaph des Michael Truchseß von Wetzhausen-Großlangheim († 1513) stammt aus der Werkstatt Riemenschneiders. Erhalten blieb der *Kreuzgang* als einer der bedeutendsten gotischen in Franken. Noch aus dem 13. Jh. stammt der Ostflügel mit seinen dreiteiligen frühgotischen Arkaden und dem Gewölbe der Echter-Zeit, der Westflügel entstand um 1300, der Nordflügel mit seinem filigranen Maßwerk (an der Kirche) im frühen 14. Jh., der Südflügel weist mit seinen spätgotischen Formen ins 15. Jh. Das Portal in der Franziskanergasse, es führt durch den Kreuzgang in die Kirche, schuf Michael Kern 1613 mit einem Relief der Stigmatisierung des hl. Franziskus.

Zurück zur Neubaustraße finden sich hier einige erhaltene und wiederhergestellte Häuser, die einen guten Eindruck von der Stadt im 17. und 18. Jh. geben, die vier unter Balthasar Neumanns Oberleitung errichteten Gebäude *Neubaustr. 6, 8, 10* und *12* sowie gegenüber der ehem. **Gasthof ›Zum Rebstock‹** (Nr. 7, inzwischen Hotel) aus der zweiten Hälfte des 17. Jh. (Portal 1663), dessen Fassade 1737 mit dekorativen Fensterumrahmungen und Pilastern im Geschmack des Rokoko aufwendig stuckiert wurde.

Nicht direkt im inneren Stadtbereich bietet Würzburg noch eine ganze Menge Sehenswürdigkeiten, etwa das **Huttenschlößchen** (Sanderglacisstr. 10) mit seinem erhöhten Mittelbau und der doppelläufigen Freitreppe, um 1720 als Sommersitz für den späteren Fürstbischof erbaut. – Das ehemalige **Frauenzuchthaus** (jetzt Teil der *Jugendherberge*, Burkarderstr. 44) ist ein klassizistischer Bau von Peter Speth (1809/10) nach Vorgaben der französischen Revolutionsarchitektur. Im Sinne der ›architecture parlante‹ ist die Front ›sprechend‹ gestaltet, der Torbogen wie ein Höllenschlund. Wegen der Anklänge der Front an die Vorstellungen, die man während der Erbauungszeit vom Land der Pharaonen hatte, spricht der Volksmund auch vom ›Ägyptischen Bau‹.

Heidingsfeld im Süden wurde erst 1930 eingemeindet, erhalten haben sich Teile des alten Berings. Die dortige basilikale **Pfarrkirche St. Laurentius** aus dem 12. Jh. wurde zwar 1945 bis auf den Turm zerstört, birgt aber drei Arbeiten aus der Werkstatt Tilman Riemenschneiders, den ehemaligen Chorbogenkruzifixus mit Maria und Johannes (um 1510) sowie ein Sandsteinrelief ›Beweinung Christi‹ und, im Kirchgarten, eine Ölberggruppe aus Sandstein (um 1510). – Die ehemalige Pfarrkirche der *Pleicher Vorstadt* **St. Gertraud** brannte 1945 aus und wurde vereinfacht wiederhergestellt; den Ölberg (südlich am Turm) schuf wohl Jörg Riemenschneider, in der Eingangshalle des Turms findet sich eine Kreuzigungsszene in Sandstein (um 1500).

Die **Deutschhauskirche** neben der ehemaligen *Komturei* (Zeller Str. 38) hat als eine der wenigen hochgotischen Kirchen Frankens Kriege und spätere Umbauten überdauert. Ungewöhnlich ist, daß sich zwischen dem spätromanischen Turm mit seiner 1226 erstmals erwähnten Kapelle (nicht zugänglich) und dem Schiff eine Durchfahrt befindet. Der Magistrat erzwang 1296 die Straße zum Schottenanger; hier wurde übrigens 1476 der Sozialreformer Hans Böhm, der ›Pfeiferhans von Niklashausen‹, auf dem Scheiterhaufen als Ketzer verbrannt. Die Kirche konnte erst im frühen 14. Jh. fertiggestellt werden. Die *Schöne Pforte* an der Südseite ist mit filigranem Maßwerk unter dem hohen Wimperg reich dekoriert. Von der originalen Ausstattung hat sich wenig erhalten, da die Kirche nach der Säkularisation als Militärmagazin diente. Desto besser kommt aber der spätgotische Charakter der lichten Halle mit ihrem Kreuzrippengewölbe und der reichen, kunsthistorisch bedeutenden Bauplastik an Kapitellen, Konsolen und Schlußsteinen zur Geltung (eine phantastische Höllendarstellung, teufelsähnliche Blattmaske, Jünglingskopf etc.). Selten hat sich auch eine Büßerzelle erhalten wie hier hinter dem Gitter an der Nordseite neben der Sakristei, deren schräger Mauerdurchbruch den Blick auf den Altar erlaubt. Die Kanzel und der Taufstein aus der Spätrenaissance (1569) kamen nach 1922 hierher, als die Kirche evangelische Pfarrkirche wurde. – Das alte fürstbischöfliche **Jagdzeughaus** (Zeller Str. 40) wurde 1724 nach Plänen Balthasar Neumanns erbaut, die Dianagruppe gestaltete Jacob van der Auvera.

Direkt am Main, an der Straße nach Zell, liegt das *Kloster der Karmelitinnen* **Himmelspforten** mit seiner im Kern gotischen, um 1600 erneuerten **Kirche** mit den Volutengiebeln an den Stirnseiten des Langhauses. Reich gegliedert mit Maßwerkfenstern, Säulchen und personifizierten christlichen Tugenden ist der oktogonale Dachreiter von 1598. Die Felder der hölzernen Kassettendecke bemalte der Würzburger Balthasar Katzenberger um 1620 mit Szenen aus dem Leben Jesu und dem Neuen Testament. Zur hölzernen Vorempore über der Sepultur führt die 1612 von Hans Reckenzahn gearbeitete steinerne Wendeltreppe mit ihrem in nachgotischen und Renaissanceformen reich verzierten Gehäuse. Der Kreuzgang ist normalerweise nicht zugänglich.

☐ Kloster Oberzell

Direkt am Main liegt vor bewaldeten Hängen die prunkvolle barocke Klosteranlage von Oberzell. Doch der äußere Schein täuscht, unter barockem Zierat verbirgt sich eine achtjochige romanische Säulenbasilika, deren Anfänge wohl aus dem 12. Jh. stammen, wie das doppelbogige romanische Hoftor (dessen Säulenbasen und Sockel unter dem heute aufgeschütteten Boden liegen). Spannend liest sich die Geschichte des Baus. Um 1630 wurde das Langhaus überwölbt, 1696 wurde die mit Säulen, Voluten und Figuren (nach alten Vorbildern 1903 neu geschaffen) reichgeschmückte zweigeschossige barocke Fassade mit ihrem gebrochenen Segmentgiebel vorgeblendet, um 1710 wurde der Innenraum mit Akanthus- und Bandelwerk stuckiert. Die **Klostergebäude** (1744–60) konzipierte Balthasar Neumann, nach dessen Tod setzte sein Sohn Franz Ignaz Neumann die Arbeit fort und gestaltete das Treppenhaus im Mittelpavillon (zweiläufige Anlage, Stuckierung und Figuren der vier Kardinaltugenden um 1755 von Antonio Bossi; die Putten in den Gewölbezwickeln personifizieren die vier Elemente Feuer, Wasser, Luft und Erde, wohl von seinem Neffen Materno Bossi). Der geplante Westflügel des Baus wurde nicht ausgeführt, über dem Erdgeschoßsockel werden Hauptgeschoß und Mezzanin zusammengefaßt und durch lockeren Rokokodekor mit korinthisierenden Kapitellen, Voluten und Vasen verziert. Nach der Säkularisation wurde der Orden aufgehoben, man richtete eine Maschinenfabrik in der Kirche ein. Querhaus, Türme und Chor wurden 1838 abgebrochen. Um das Langhaus als Maschinenhalle und Lagerraum nutzen zu können, wurden Decken eingezogen. Ab 1903 begann die Wiederherstellung der **Kirche**. Auf den alten Fundamenten wurden Türme, Chor und Querhaus neu errichtet, auch die plastischen Akanthusblätter der Säulenkapitelle, die Stuckvoluten und Pilaster wurden entsprechend den verbliebenen Resten ergänzt und neu geschaffen. Von der ursprünglichen Ausstattung stammt noch der Orgelprospekt, Altäre und Kanzel sind Neuschöpfungen nach Mustern des 18. Jh.

☐ Schloß Veitshöchheim – die Sommerresidenz der Fürstbischöfe

Seit 1619 besaß das Hochstift Würzburg zwei kleinere Schlößchen in Veitshöchheim, 1680–82 ließ Fürstbischof Peter Philipp von Dernbach sich von Heinrich Zimmer als Sommerresidenz ein ›Kavaliers-‹ oder ›Lusthaus‹ erbauen, vielleicht nach Plänen Antonio Petrinis. So entstand ein von Eckpavillons umstellter Saalbau, dessen Erdgeschoß noch Züge der Spätrenaissance aufweist. Dieses **Sommerschloß** erweiterte Balthasar Neumann 1749–53 um Querbauten an den Schmalseiten und ergänzte es um eine repräsentativere Treppe. Antonio Bossi stuckierte 1752/53 die Decken. Die Sommerwohnungen der Fürstbischöfe und die spätere (1807/08) des Großherzogs Ferdinand von Toscana im klassizistischen Stil wurden in den 30er Jahren dieses Jahrhunderts rekonstruiert.

Kunsthistorisch interessanter als das Schlößchen ist allerdings der **Rokokogarten**, den der Würzburger und Bamberger Fürstbischof Adam Friedrich von Seinsheim 1763–68 anlegen ließ, gleichzeitig mit den Gärten der beiden anderen bischöflichen Sommerresidenzen in Werneck und Seehof. Hier konnte die Phantasie des späten Rokoko ihre schönsten Blüten treiben. Während sich auf der *Schloßbalustrade* Kinder und Kindergruppen von Peter Wagner tummeln, bevölkern die Musen und Götter des Johann Wolfgang van der Auvera das *Gartenparterre* nahe dem Schloß. In der *Seenregion* schuf Ferdinand Tietz für den *großen See* den Parnaß mit Apollon, den Musen und dem Dichterroß Pegasus; um diesen See herum gruppieren sich Zyklen der Jahreszeiten, der Freien Künste und der Planetengötter. Den *kleinen See* bevölkern Kinderfiguren der Tageszeiten, eine Dianagruppe, Putten und ein Neptun von Peter Wagner und Johann

Figurengruppe von Ferdinand Tietz im Rokokogarten Veitshöchheim

VEITSHÖCHHEIM/ROMANTIK OHNE NOSTALGIE

Schloß Veitshöchheim

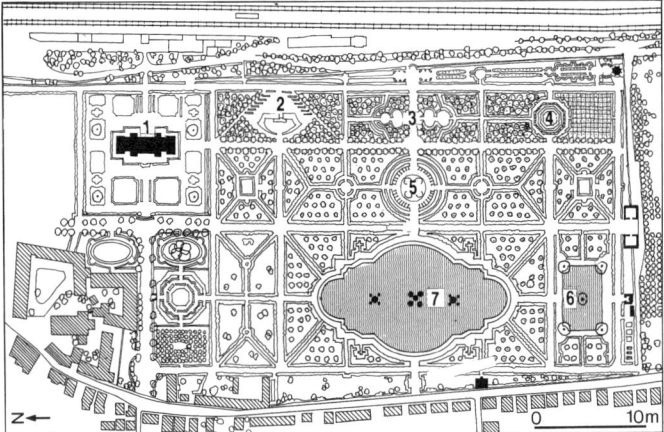

*Rokokogarten
Veitshöchheim
1 Schloß
2 Heckentheater
3 Waldregion mit
   Quellenplätzen
4 Heckensaal
5 Laubenregion
   mit Rondell
6 Kleiner See
7 Großer See*

Wolfgang van der Auvera. Der Figurenschmuck und die gärtnerische Ausgestaltung folgen einem klar durchdachten Programm in den jeweils verschiedenen Zonen. Die *Waldregion* im Osten des Parks ist mit ihren Tierdarstellungen als Ausdruck naturhaften Daseins (künstlich) angelegt, etwa mit den in Stein gehauenen Fabeldarstellungen nach La Fontaine. Die mittlere *Laubenregion* ist Kavalieren, Hofdamen und spielenden Kindern vorbehalten als Bereich kulturell-gesellschaftlicher Entfaltung. Und im westlichen Bereich der *Seen* triumphieren die Götter und die Künste über die Niederungen des menschlichen Daseins und der Natur. In einem Rokokopark dürfen freilich Tempelchen wie der achteckige *Gartenpavillon* mit Kalliope, der Muse der epischen Dichtkunst, von Johann Wolfgang van der Auvera (1752–54), der *Chinesische Pavillon* des Ferdinand Tietz (1768) oder das *Grotten-* oder *Schneckenhaus* mit seinem »charmanten Prospekt« – wie der bischöfliche Bauherr von Seinsheim rühmte – von Materno Bossi (1772/73) nicht fehlen. Eine Kaskade aus Tuffstein mit Figuren von Peter Wagner wurde 1945 zerstört.

Die Originale der wertvollen Figuren befinden sich heute im Mainfränkischen Museum in Würzburg. Nicht nur Peter Wagners Putten und allegorische Figuren, etwa die Darstellung eines kleinen Liebesgottes Amor, der sich verzweifelt dagegen zu wehren versucht, daß Zeitgott Chronos ihm die Flügel stutzt, sondern vor allem seine Kindergruppen, zählen zu den bedeutendsten Darstellungen des Kindes in der deutschen Bildhauerei, vielleicht der Kunst überhaupt. Immer wieder reizvoll sind jedenfalls die ständig wechselnden Perspektiven und Durchblicke durch die Heckenarchitektur auf das Schlößchen oder den Musenhügel im See.

Romantik ohne Nostalgie: Karlstadt, Lohr, Wertheim, Miltenberg

☐ **Im Bannkreis Würzburgs – auf Riemenschneiders Spuren**

Wenn man, statt weiter dem Flußlauf nach Thüngersheim zu folgen, einen kleinen Schlenker nicht scheut, bietet es sich an, über **Maidbronn** zu fahren. In der ehemaligen *Zisterzienserinnenklosterkirche*, jetzt **St. Afra**, hat sich im barocken Hochaltar ein Steinrelief der Beweinung Christi von Tilman Riemenschneider erhalten (nach 1520), eines der letzten und in der kompositorischen Anlage, vor allem aber der lebensnahen Gestaltung der Figuren, reifsten Werke Riemenschneiders, der sich mit der Figur des Nikodemus direkt unter dem Kreuz wohl selbst porträtiert hat. Dieses Werk haben, wie Max H. von Freeden überzeugend darlegte, wahrscheinlich die Herren von Grumbach in Auftrag gegeben. Die begüterte Familie, die der freien Reichsritterschaft angehörte, hatte Tilman Riemenschneider schon früher Aufträge erteilt, so stifteten zwei Domherren aus dem Hause Grumbach den von Riemenschneider geschaffenen Hochaltar des Würzburger Domes. Und auch bereits das erste bekannte Werk Riemenschneiders, das Grabmal für Eberhard von Grumbach (1487), bestellte die Familie.

In der **Pfarrkirche St. Peter und Paul** des Nachbarortes **Rimpar** kann man das Denkmal in der Grablege der Grumbachs, der Ritterkapelle, betrachten. Es erinnert an das des Konrad von Schaumberg in der Marienkapelle, auch dieser Ritter steht mit Schwert und wohlgerüstet auf einem Löwen. Riemenschneiders Arbeit unterscheidet sich von vielen anderen Rittergrabmälern der Zeit durch die realistische Darstellung der Rüstungsdetails und dadurch, wie er in der Bearbeitung des Steins auch die Oberflächen der dargestellten Materialien nachzuahmen versteht: Leder, Stahl und Eisen, und vor allem durch die feine Zeichnung des Gesichts. – Einmal in Rimpar, lohnt es sich freilich, auch dem imponierenden **Schloß** der Herren von Grumbach, das Julius Echter 1593 kaufte und sich als bischöfliche Sommerresidenz ausbauen ließ, einen Besuch abzustatten. Die Zweiflügelanlage

ROMANTIK OHNE NOSTALGIE: IM BANNKREIS WÜRZBURGS

Maidbronn, Kirche St. Afra, Steinrelief ›Beweinung Christi‹ von Tilman Riemenschneider

mit ihrem mächtigen Eckturm dient heute als *Rathaus*. Die Skulpturen am reichdekorierten Portal des Ostflügels stammen wohl von Michael Kern.

In Würzburgs näherer Umgebung haben sich in der neogotischen *Pfarrkirche* von **Eisingen** ein außerordentlich sensibel geschnitzter Kruzifixus (um 1500) und in der von **Biebelried** sehr fein gearbeitete Darstellungen eines Gekreuzigten und eines Christus Salvator erhalten, die letzteren stammen vom 1510 vollendeten Hochaltar für den Würzburger Dom.

Thüngersheim hat den Charakter eines befestigten Weinbauerndorfs in der hier weiten Mainebene mit ihren sanften Rebhügeln besonders gut bewahrt, die nahezu rechteckig-planmäßige Anlage der Ortsbefestigung mit ihren drei erhaltenen Toren (*Würzburger Tor* 1751, *Hirtentor* 1588, *Retzstadter Tor* 1609) und dem alten *Rathaus* von 1580 mit Treppengiebel bietet ein Bild alt-fränkischer Beschaulichkeit ohne nostalgisch-romantisierende Verklärung. Aus der spätromanischen Vorgängerkirche stammt noch der Turmunterbau von **St. Michael,** das nachgotische Langhaus entstand um die Wende zum 17. Jh. Der schlichte Taufstein der Renaissance (1590) und die Kanzel aus Sandstein (1605) auf reichdekorierter Säule mit ihrem spätgotischen Stabwerk an der Brüstung sind schöne Zeugnisse ländlicher Handwerkskunst; die Altäre entstanden gegen Ende des 17. Jh.

Während Thüngersheim abseits der ›Bocksbeutelstraße‹, der vielbefahrenen B 27, liegt, passiert der Verkehr im Nachbarort **Retzbach** noch ungeniert die Hauptstraße mit dem hübschen *Rathaus* von 1513 mit Fachwerkobergeschoß und oktogonalem Bodenerker. Der zuständige Würzburger Fürstbischof entschied 1736, daß die ältere, zu klein gewordene Pfarrkirche abgebrochen werden und neu errichtet werden könne, weil mit 1000 Gulden Barvermögen und – diese Währung spricht für die Lebensfreude der Bürger – 40 Fudern Wein (jeweils 1 000–1 200 l) der Baubeginn finanziell abgesichert sei. So entwarf Balthasar Neumann Pläne für die bis 1740 erbaute **Kirche St. Laurentius,** die typisch für seine kleineren ländlichen Bauten ist. Der dreigeschossige vorspringende Turm mit durchbrochener eingeschnürter Kuppel wird durch die Sandsteinelemente vor gelbem Putz und den Voluten des Langhausgiebels aufgelockert. Drei Kreuzgewölbe auf toskanischen Pilastern überspannen das Langhaus, der polygone Chor ist leicht eingezogen. Im schlicht gehaltenen Inneren kommen die Altäre der Erbauungszeit um so besser zur Geltung, speziell der Hochaltar mit seinem üppig dekorierten Rokokoziborium (um 1770). – Die *Wallfahrtskirche Maria im Grünen Tal* wurde 1968 beim Einsturz des Langhauses schwer beschädigt, einbezogen in den Neubau wurde der polygonale Chor mit Rippengewölbe und zum Teil spätgotischen Wandmalereien; das Gnadenbild, eine Madonna mit Kind, stammt aus dem Anfang des 14. Jh.

Laudenbach auf der linken Mainseite wird überragt von der malerischen **Burgruine** mit den Stümpfen zweier romanischer Türme aus mächtigen Steinquadern. Der Blick von der erst hohenlohischen, dann hennebergischen und später wertheimischen Anlage reicht weit über das Maintal, über das Zementwerk nach Karlstadt und bis hin zur Ruine der Karlsburg. Als Strafe für die Zerstörung der Burg im Bauernkrieg mußte die Bevölkerung nach 1525 das *Schlößchen,* einen einfachen Satteldachbau mit Staffelgiebeln und polygonalem Treppenturm (1566-69), über einem älteren Gebäude errichten. Die *Pfarrkirche* ist ein typischer Bau im ›Juliusstil‹ um 1613, benannt nach dem Würzburger Fürstbischof.

☐ Würzburger Vorposten: die Karlsburg und Karlstadt

Die trotz des Zerfalls immer noch imponierenden zinnenbewehrten Mauern der **Karlsburg** markieren einen der ältesten Siedlungskerne der Umgebung. Bereits die Kelten hatten auf dem Berg in vorchristlicher Zeit eine Fliehburg. Teile des romanischen Berings und eines Wohnbaus stammen aus dem 13. Jh., der zum Teil noch zweigeschossige Palas trägt bereits Züge der Gotik. Meterhohe Reste eines quadratischen und eines runden Bergfrieds sind ebenso erhalten wie der Verlauf des Ringgrabens.

Älter als das Bistum Würzburg, ein Jahrhundert vor der Ära Karls des Großen, gab es im Bereich des heutigen *Dorfs Karlburg* einen blühenden Ort der Merowingerzeit, der – gemessen an damaligen Maßstäben – durchaus den Namen ›Stadt‹ verdient. Seit 1971 erforschen Archäologen diese untergegangene Großsiedlung, in der es Handwerk, Metallverhüttung, Landwirtschaft und Fernhandel gegeben haben muß und die wohl um

763 unter die Regentschaft des Bistums Würzburg gefallen ist. Mit dem Ende der Selbständigkeit verlor die Siedlung an Bedeutung. Im Tal befand sich ebenfalls im Bereich des heutigen Karlburg ein karolingischer Königshof. Der Sage nach wurde Karl Martell, der als Begründer der fränkischen Großmacht gilt, in einer Mühle bei Karlburg geboren.

Im Jahr 1200 wurden sowohl die Karlsburg als auch Karlstadt als eine der planmäßigen Siedlungen des Mittelalters angelegt. Konrad I. von Querfurt, Kanzler Heinrichs IV. und von 1198 bis zu seiner Ermordung 1202 Würzburger Bischof, gründete Karlstadt als befestigten Grenzposten gegenüber den Macht- und Gebietsansprüchen der Fürstabtei Fulda und des Erzstifts Mainz. Im Mittelalter galt das dank des Weinbaus wohlhabend gewordene Karlstadt als wichtigste Stadt des Hochstifts nach Würzburg. Deshalb verlegten die Fürstbischöfe auch häufig ihre Residenz auf die Karlsburg oder in die Stadt, wie Albrecht von Hohenlohe (1350-72) während seiner Kämpfe gegen die Würzburger Bürgerschaft oder Johannes II. von Brunn, der sich mit seinen Anhängern 1435 hinter den Mauern von Karlstadt vor dem Belagerungsheer des Domkapitels und der Würzburger Bürgerschaft verschanzte.

Karlstadt gehörte 1396 zu den führenden Gliedern des ›Fränkischen Städtebundes‹ und war wenige Jahre sogar ›Freie Reichsstadt‹ unter König Wenzel, der ebenfalls den Würzburgern die Freiheit versprochen hatte... Nachdem die Karlstädter Bürger sich den Forderungen der Bauern angeschlossen und das bischöfliche Schloß Karlsburg 1525 niedergebrannt hatten, hielt Fürstbischof Konrad von Thüngen ein blutiges Strafgericht auf dem Marktplatz der Stadt. Während der Reformation bekannte die Bürgerschaft sich zum lutherischen Glauben, und erst Fürstbischof Julius Echter setzte – »nicht ohne drastische Maßnahmen«, wie ein Chronist vorsichtig andeutet – die Gegenreformation

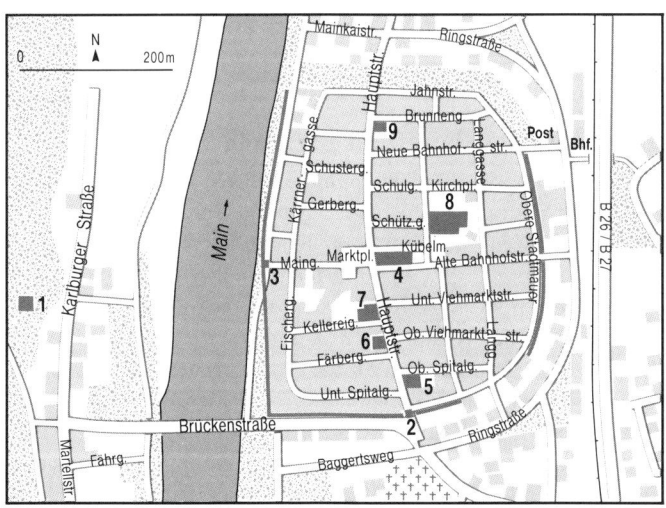

Karlstadt
1 Karlsburg
2 Oberes Tor
3 Maintor
4 Rathaus
5 Spitalkirche
6 Haus Hauptstr. 56
7 Ehem. Amtskellerei
8 Pfarrkirche St. Andreas
9 Heimatmuseum

Blick auf Karlstadt

durch. Der Dreißigjährige Krieg brachte Plünderung und Brandschatzung. Obwohl im vergangenen Jahrhundert viele der alten Türme abgerissen wurden, hat die Stadt dennoch ihr mittelalterliches Antlitz erhalten, etwa das *Obere Tor* (1549) mit dem *Katzenturm* oder entlang der *Mainlände* samt *Maintor* (1567; Farbabb. 15) mit seinen Hochwassermarken.

Den einst im Zentrum der rechteckig geführten Straßenzüge gelegenen *Markt* (mit dem Glücksbringer *Güldenmännle*, Ecke Maingasse) dominiert das **Rathaus,** ein stattlicher gotischer Bau von 1422 mit Staffelgiebeln, doppelläufiger Freitreppe und Podest zur Verkündung der Ratsbeschlüsse. Dort kredenzte man auch Gustav Adolf von Schweden im ›Ratswillkommhumpen‹ (von 1630) den Begrüßungstrunk, doch die Begeisterung währte nicht ewig. Daran erinnert das knapp lebensgroße *Schwedenmännlein* über der alten Uhr und an die schweren Jahre der Besatzungszeit 1631/32, nach denen – so will es jedenfalls die Überlieferung – die Schweden beim überstürzten Rückzug ihren Trompeter vergaßen. Über der Markthalle im Erdgeschoß, der *Schranne*, befindet sich der *Bürgersaal* mit eichenen Pfeilern und schwerer Balkendecke. Um 1605 wurde die holzgetäfelte Ratsstube abgeteilt: ein bürgerlich-gediegener Raum mit Renaissanceportal und prächtigen Ratsschränken aus dem frühen 17. Jh. Über die Sitzungen des Rates wachte ein ›Gottesauge‹ – ein rundes Fenster. – Die Bedeutung des Weinbaus für die Stadt – noch heute bestimmen die sanft ansteigenden Rebhänge rings um den Hausberg *Saupurzel* das Bild – dokumentiert auch die Kopie eines *Weineichmaßsteines* von 1466 zum Eichen der Handelsgefäße hinter dem Rathaus, auf dem *Kübelmarkt.* Das Original steht im *Stadtgeschichtlichen Museum Karlstadt* (Hauptstraße 11) in der Weinbauabteilung des Kellers; außerdem wird dort die Vor- und Frühgeschichte der Stadt und der Burg neben Zeugnissen bürgerlicher Wohnkultur illustriert.

Die Hauptstraße verlängert Karlstadts gute Stube, den Markt, mit ihren zum Teil bemerkenswerten Bauten, wie der flachgedeckten **Spitalkirche** aus dem 15. Jh. mit ihrer schön gearbeiteten spätgotischen Figur des hl. Jakobus (um 1500) aus dem Umkreis Riemenschneiders. Das im Kern spätmittelalterliche *Steinhaus* mit rückwärtigem Staffelgiebel (Hauptstr. 56) wurde 1543 erneuert, die ehemalige *Amtskellerei* des Domkapitels aus dem 17. Jh. (Polizei, Hauptstr. 42) verfügt über einen gotischen Hausturm aus dem 13. Jh., in der Hauptstraße 24 befand sich bis zum 9. November 1938 die *Synagoge,* im Mittelalter befand sie sich hinter einem der benachbarten Gebäude, dem Haus ›Zur Judenschul‹ (Nr. 28).

Ein weiteres Zentrum der Stadt bildet der Kirchplatz mit der **Pfarrkirche St. Andreas.** Ursprünglich eine spätromanische Basilika aus der Zeit der Stadtgründung, deren Turm sich in den unteren Geschossen erhalten hat, wurde sie in gotischer Zeit erneuert. Die dreischiffige Hallenkirche mit Querschiff, deren Langhaus 1512/13 überwölbt wurde, birgt eine ganze Reihe bedeutender Kunstschätze. Das Fresko in einer Nische der südlichen Chorwand zeigt Christus am Kreuz (14. Jh.), die Malereien an der nördlichen Chorwand stammen aus dem frühen 15. Jh. und stellen die hl. Drei Könige und Christophorus dar, die Gregoriusmesse dagegen, im südlichen Querschiff, kam erst gegen 1446 hinzu. Etwa 1360–80 entstand in Würzburg der überlebensgroße, farbig gefaßte Christus Salvator aus Sandstein über dem Hochaltar.

Der Tresor neben dem Chor birgt eine Reihe kostbarer Gold- und Silberarbeiten aus dem 17. und 18. Jh., etwa einen St. Georg und eine Maria Immaculata. In der *Schatzkammer* (zu besichtigen nach Vereinbarung mit dem Pfarramt, ☎ 0 93 53/75 28) wird aus Sicherheitsgründen Tilman Riemenschneiders um 1505 entstandener hl. Nikolaus im bischöflichen Ornat aufbewahrt, eine Schnitzarbeit aus Lindenholz, gut einen Meter groß. Aus Riemenschneiders Werkstatt stammen die Kanzelreliefs: Christus und die vier Evangelisten (um 1525). Im Aufgang zur nördlich des Chors gelegenen Rieneckerkapelle (1477) steht eine romanische Friedhofsleuchte aus dem 13. Jh., Rundsäulen mit lächelnden Gesichtern als Kapitelle tragen einen Blattknospenfries, innerhalb der beiden Rundbogen war Raum für das Totenlicht; diese Leuchte wurde als eines der wenigen erhaltenen Beispiele romanischer Plastik in Franken im Treppenturm vermauert gefunden. Das achteckige Taufbecken aus rotem Sandstein davor mit seinen Engelsköpfen, Hermen und Früchten entstand um 1600. In den spitzbogigen Arkaden zum Chor finden sich vorzüglich gearbeitete Grabsteine von Amtmännern des Würzburger Domkapitels in ihrem ritterlichen Harnisch mit Streitfahne und Schwert, auf Löwen stehend, und ihrer Frauen: Jörg Voit von Rieneck († 1476) und Barbara Voitin von Rieneck († 1465) sowie von Philipp Voit von Rieneck († 1504) und Anna Voitin von Rieneck († 1502). Von den Rippen des Deckengewölbes im Langhaus schauen der Kirchenpatron St. Andreas und der Stadtpatron St. Georg in die Kirche. – Mainabwärts in Richtung Gemünden weitet sich das Tal zu einem flachen Becken mit Weinhängen.

Der Name deutet es an: **Gemünden** entstand an den Mündungen von *Fränkischer Saale* und *Sinn* in den Main, eine Drei-Flüsse-Stadt und gleichzeitig Pforte zu Spessart und Rhön. Der älteste Siedlungsteil (jetzt: Kleingemünden) wurde als ›Gimundes‹ am rechten Ufer der Fränkischen Saale schon 837 genannt. Graf Ludwig II. von Rieneck gründete das heutige Gemünden, doch schon 1243 kam ein Teil von Burg und Stadt in den Besitz des Fürstbistums Würzburg, unter dessen Regiment es ab 1387 endgültig fiel. Im Krieg schwer beschädigt, wurde die Stadt weitgehend neu aufgebaut. Der flachgedeckte spätgotische Saalbau (um 1488) der *Pfarrkirche St. Petrus und Paul* wurde in alter Form wiederhergestellt. Die einst nahezu quadratische Anlage der Stadtbefestigung schloß die Ruine der *Scherenburg* mit ihrem runden Bergfried aus dem Ende des 13. Jh. und Resten von Wohnbauten ein sowie das *Mühlentor* und das *Amtsschreiberpförtchen*. Im ehemaligen *Huttenschlößchen*, einem breiten dreigeschossigen Barockbau von 1711 mit Ecktürmchen, ist jetzt das *Unterfränkische Verkehrsmuseum* mit Originallokomotiven im Hof und Sammlungen zur Eisenbahn- und Mainschiffahrtsgeschichte untergebracht. Die *Saalebrücke* mit ihren ältesten Teilen aus dem 16. Jh. verband das Huttenschlößchen mit der Stadt; inzwischen geht sie fast unter im Gewirr der Auto- und Eisenbahnbrücken.

Oberhalb Gemündens im Sinntal liegt die kleine Stadt **Rieneck**. Hier wollten sich die aus dem mittelrheinischen Rheineck zugewanderten Grafen von Rieneck im 13. Jh. um ihre zum Stammsitz ausgebaute Burg (ab 1170) ein eigenes Territorium sichern. Der Versuch scheiterte am Machtbewußtsein der umliegenden geistlichen Fürstentümer, das Geschlecht starb 1559 aus. Geblieben ist – neben den Grabdenkmälern in Lohr und Karlstadt – das noch heute mittelalterlich anmutende Städtchen unterhalb der stattlichen **Burg Rieneck** (1179 als ›castrum rienecke‹ erwähnt) mit ihren zwei mächtigen *Bergfrieden* und gleich zwei *Burgkapellen*. Deren eine, im romanischen Buckelquaderturm aus dem 12. Jh., ist in ihrer Art einmalig. Dieser Bergfried im Norden an der Angriffsseite ist auf unregelmäßigem Grundriß fast ohne rechte Winkel errichtet, innen achtseitig und außen siebeneckig, und hat eine bis zu 7 m dicke Mauer. Darin ist kleeblattförmig im dritten Obergeschoß eine Dreikonchenanlage des Hochmittelalters eingemauert. Erhalten sind die schweren Bandrippen auf Dreiviertelsäulen, schmale rundbogige Fensterchen gleich Schießscharten und der romanische Altartisch. Auch die andere Kapelle im Burghof ist wohl vor 1200 erbaut worden. Nachdem die Burg lange verlassen und dem Verfall preisgegeben da lag, wurde sie 1860 neogotisch wiederhergestellt und dient heute als Pfadfinderheim (zu besichtigen mittwochs 17 Uhr und samstags 11 Uhr, und nach Vereinbarung, ✆ 0 93 54/6 47).

☐ Lohr

Links des Mains, wenige Autominuten vor der Stadt, liegt der Lohrer Ortsteil **Steinbach**. Die 1719–21 von Joseph Greising erbaute ländliche **Pfarrkirche St. Joseph** weist noch ihre stilrein erhaltene Inneneinrichtung das Barock auf, wie den originell dekorierten baldachinartigen Aufbau des Hochaltars und den ländliches Handwerk verratenden Stuck. Die Fassade ist mit vorspringendem Turm samt oktogonalem Glockengeschoß, Portal-, Fenster- und Nischenumrahmungen, Obelisken, Kugeln und einem hl. Nepomuk für ein Kirchlein dieser Größe aufwendig geschmückt. Das **Schloß** erbaute Balthasar Neumann unter Verwendung von Plänen Joseph Greisings 1725–28, nachdem die ältere Anlage von den Voit von Rieneck in den Besitz der Freiherren von Hutten übergegangen war: ein mittlerer Saalbau mit doppelläufiger Freitreppe und Eckpavillons, nach Kriegszerstörung wiederhergestellt (und nur von außen zu besichtigen).

Auch Lohr liegt an zwei Zuflüssen des Mains, der *Lohr* und dem *Rechtenbach*, den die Ausläufer des Spessarts im Halbrund umschließen. Der Name leitet sich ab von ›Lore‹, was soviel wie ›natürlicher, freier Weideplatz‹ oder einfach ›Lichtung‹ bedeuten kann. Die Grafen von Rieneck bauten die Stadt im 13. und 14. Jh. als Grenzposten gegen das mainfränkische Herzogtum aus, 1333 verlieh Kaiser Ludwig IV., der Bayer, die (eingeschränkten) Stadtrechte (ohne Reichsfreiheit). Damals wird Lohr die »Stat ze obern Lohre vf dem Mön« genannt (zu Oberlohr auf dem Main), im Unterschied zu Niederlohr, dem heutigen Hafenlohr mainabwärts. Mainzer Lehen wird Lohr – wie die gesamte Grafschaft Rieneck – 1366 und fällt 1559, nach dem Aussterben des Hauses Rieneck, an das Erzstift Mainz. Die Lohrer Bürger hatten sich 1544 der Reformation angeschlossen und versuchten 1603–18, Widerstand gegen die Rekatholisierung zu leisten, so fielen 1611–29 während des Höhepunkts des Hexenwahns – nach den vorhandenen Urkunden – in Lohr rund 200 Männer, Frauen und Kinder und allein in Rieneck 37 Personen den flammenden Scheiterhaufen zum Opfer; wahrscheinlich waren es weit mehr. Zu den Schrecken des Dreißigjährigen Krieges kam 1632 die Pest und kostete die halbe Bürgerschaft das Leben. Mit dem Reichsdeputationshauptschluß endet 1803 für Lohr die Zugehörigkeit zu Kurmainz, und die Stadt fällt auf dem Umweg über das Fürstentum Aschaffenburg und das – kurzlebige napoleonische – Großherzogtum Frankfurt an Bayern.

Den *Unteren Marktplatz* in der Fußgängerzone beherrscht das 1599–1601 von Michael Imkeller erbaute dreigeschossige **Rathaus** mit seinem Treppenturm. Die vier prächtigen Portale vor der einst offenen Markthalle lassen noch ahnen, wie die reichverzierten Giebel der Renaissance ausgesehen haben mögen, bevor man sie Anfang des 19. Jh. klassizistisch vereinfachte. In der großen Diele im Obergeschoß tragen Renaissancesäulen die erneuerte Stuckdecke. Apropos Markt: Das ist hier ganz wörtlich zu nehmen. Eine Reihe zum Teil alter schmiedeeiserner Schilder zeigt die Angebote und Gewerbe an: Löwe, Weintraube, Sonne, Baum, Adler, Krone und auch Bäcker, Brillenmacher, Eisverkäufer. Markt und Hauptstraße führen mit ihren schönen alten Häusern, vis-à-vis dem mächtigen ehemaligen *Stadtturm* (um 1300) mit Erker und Barockhaube, zur Pfarrkirche St. Michael, die adrette Muschelgasse unterhalb des Niedertors hat ihren mittelalterlichen Charakter übrigens gut bewahrt.

Der befestigte Kirchenbezirk von **St. Michael** mit (bis 1692) einem mittelalterlichen Wohnturm der Grafen Rieneck war wohl die Keimzelle der Stadt. In der zweiten Hälfte des 13. Jh. entstand das basilikale Langhaus, Ende des 15. Jh. wurde es zugleich mit Chor

*Lohr, Schloß
(Spessart-Museum)*

und Seitenschiffen vergrößert und der Westturm errichtet. Die Sakristei nördlich des Chors mit Apsis und Tonnengewölbe blieb als Rest einer romanischen Kapelle. Größtenteils neugotisch ist die Ausstattung mit einer klassizistischen Kanzel von 1804, einem Hl.-Kreuz-Altar des Rokoko (1756) im linken Seitenschiff mit einer alten Kopie nach Mathis Gothart Nithart Grünewald. Reiches Astwerk ziert den spätgotischen Taufstein von 1488, der Holzkruzifixus am Chorbogen entstand um 1550. Zu den wesentlichsten Kunstschätzen der Kirche zählen die zum Teil auch kostümgeschichtlich bedeutsamen Grabdenkmäler, vor allem der Grafen von Rieneck, so das des Ludwig IV. († 1408) und der Elisabeth von Rieneck († 1419) oder des Thomas II. von Rieneck († 1431). Das Grabmal der Elisabeth von Lauter († 1534) im Südschiff weist Züge auf, die an Tilman Riemenschneider und Peter Dell d. Ä. erinnern.

Als ›Spessarttor‹ versteht sich auch Lohr und hat folgerichtig ein *Spessartmuseum* im ehemals rieneckischen, später mainzischen Schloß eingerichtet. Die Rienecker hatten aus Gründen der Repräsentation und Verteidigung ihren Herrschaftssitz wohl im 15. Jh. von der alten Burg an der Kirche in die Nordwestecke der Stadtmauern verlegt; der jetzige Mittelbau war als spätgotischer Wohnturm wohl ein Stockwerk höher, Wandmalereien und ein Wappenstein (1460) im obersten Geschoß erinnern daran. Seine heutige Gestalt mit den dominierenden Rundtürmen erhielt das **Schloß** nach der Übernahme durch Mainz (1561–1611), als es zeitweilig kurfürstliche Residenz wurde. Der *Rittersaal* entstand als romantisierende Zutat zu Beginn des 19. Jh., die romanischen Säulen (um 1100) holte man aus der Ruine des damals aufgegebenen Klosters Schönrain mainaufwärts. Bekannt wurde der Spessart auch durch seine – im Film jedenfalls – charmanten Räuber; das Museum informiert also über Wilderei und Räuberunwesen. Vor allem aber zeigt man so ziemlich alle Aspekte der Glasproduktion, die ohne den Wald nicht möglich gewesen wäre, und dokumentiert die zeitweilig bedeutende Lohrer Spiegelmanufaktur mit Prunkspiegeln des 18. Jh. Holzverarbeitung darf im Spessart nicht fehlen neben Formen ländlicher Handwerke wie dem Schmied und dem Hafner, dessen irdene Töpfe zum Teil weit stärker als bei Gebrauchsartikeln üblich künstlerisch gestaltet sind. – Das *Lohrer Schulmuseum* unterrichtet in *Lohr-Sendelbach* über das Erziehungswesen des 17.–20. Jh. mit den Schwerpunkten der Kaiserzeit und des Dritten Reichs (Sendelbacher Str. 21).

Das ehemalige *Benediktinerkloster St. Michael* zu **Neustadt am Main** wurde wahrscheinlich durch den zweiten Würzburger Bischof Megingoz nach dessen Amtsverzicht 785 gegründet. Allein, gerade dieser Stammvater machte es in den folgenden Jahrhunderten den frommen Brüdern schwer, gegenüber dem Würzburger Hochstift die Unabhängigkeit zu wahren; man mußte einen anderen Gründer finden, notfalls erfinden. Und so fälschte man um 1175 kurzerhand eine Urkunde, nach der das Kloster dank der Unterstützung Karls des Großen und seiner Schwester, einer hl. Gertrud, begründet worden sei. Ärgerlich war nur: Karl der Große hatte leider keine Schwester dieses Namens. Auch ein Mantel der angeblichen Heiligen, der in Neustadt als Reliquie gezeigt wurde, änderte daran wenig.

Erhalten hat sich von der profanierten frühkarolingischen *Peter- und Paulskapelle* aus dem 8. Jh. der Rest eines Vierungsquadrats mit Wölbung, über dem sich wohl ein frühmittelalterlicher Vierungsturm erhob. Die Kirche wurde zu Beginn des 19. Jh. abgerissen, ebenso wie der Kreuzgang aus dem zweiten Drittel des 12. Jh., den man allerdings am alten Ort wieder errichtete. Die ehemalige **Klosterkirche St. Michael und Gertrud** wurde um 1100 gebaut, in den vergangenen Jahrhunderten mehrfach umgestaltet und vergrößert. Nach der Zerstörung durch einen Brand 1857 wurde sie in neuromanischer Form vereinfacht erneuert, man entfernte beispielsweise originale Friese. Trotz dieser Eingriffe bleibt die dreischiffige, kreuzförmige Basilika aber aufgrund der erhaltenen Bausubstanz aus dem 11./12. Jh. eine der bedeutendsten romanischen Kirchen der Region. Vier überdimensionale Figuren des barocken Hochaltars von 1720 haben jetzt im rechten Querhaus ihren Platz gefunden. An die Erbauungszeit erinnert noch eine Reihe von romanischen Steinreliefs im rechten Seitenschiff aus der Mitte des 12. Jh., darunter eine um 1400 überarbeitete Darstellung Karls des Großen als Gründer des Klosters mit gotischer Inschrift »magnus S. Carolus rex fundator huius monasterii« und die Kopie eines romanischen Taufsteins aus dem 12. Jh. mit Darstellung der Apostel, dessen Original im Mainfränkischen Museum in Würzburg steht.

Als »kleinste Stadt Bayerns« wirbt **Rothenfels** für sich. Der Ort dürfte älter als die Burg sein, da bereits 1050 eine Rothenfelser Fischerzunft nachgewiesen ist. Die mächtige **Burg** geht auf die romanische Anlage mit Bergfried und Ringmauer aus wuchtigen Buckelquadern zurück, die Marquard II. von Grumbach ab 1148 auf dem Ausläufer einer schmalen Bergzunge mit Steilhang am Main errichten ließ und die in den folgenden Jahrhunderten um eine Schildmauer im Westen, den Rundturm dort und weitere Türme im Osten verstärkt wurde. Bemerkenswert sind die gut erhaltenen romanischen (wie im Kapitelsaal des Ostturms) und gotischen Fensterumrahmungen. Vorübergehend besitzen die Grafen von Rieneck-Rothenfels die Burg, bis sie schließlich mit dem Amt Rothenfels an das Fürstbistum Würzburg fällt. Im frühen 16. Jh. kamen aufwendige gotische Wohnbauten mit repräsentativen Räumen hinzu, wie der *Rittersaal* mit seinen Fensternischen, und eine ausgedehnte *Vorburg* mit Torbau und Wirtschaftsgebäuden (16./17. Jh.). Heute gehört die Anlage der katholischen ›Quickborn-Bewegung‹ und wird für Tagungen und Seminare genutzt.

Stadt und Burg Rothenfels. Lithographie von A. Schleich, um 1850

Das Städtchen Rothenfels liegt dichtgedrängt auf dem hier schmalen Streifen des Mainufers. In der Straßenfront erhebt sich Michael Imkellers prächtiges dreigeschossiges **Rathaus** der Spätrenaissance (1598) mit südlichem Treppenturm und Volutengiebeln. Gedrehte Säulen mit korinthisierenden Kapitellen zieren den stattlichen Portalaufbau der Westfassade. In den Berghang hineingebaut ist die **Pfarrkirche Mariae Himmelfahrt** schräg gegenüber von Peter Meurer (1610/11). Bekrönt wird das oktogonale Glockengeschoß des Turms von einer zweifach eingeschnürten und durchbrochenen Kuppel (1750). Das flachgedeckte Langhaus mit gotisierenden Fenstern kontrastiert zu dem eingezogenen Chor mit reichem dekorativen Netzgewölbe, das wohl noch aus einer Vorgängerkirche des 15. Jh. stammt. Ausgemalt wurde sie wahrscheinlich von Wolfgang Ritterlein mit pflanzlichen Motiven nach dem Umbau. Den Stil Würzburger Meister der Spätrenaissance verraten das Sakramentshaus (1613) und die Kanzel (1616) aus Sandstein mit reichem Figurenschmuck. Ebenfalls aus Würzburg dürfte die gute hölzerne Muttergottes (um 1490) stammen, das Kind wurde später ergänzt. Das *Spital* (jetzt Altenheim) neben der Kirche mit seinen geschwungenen Giebeln entstand 1578-97.

Als Beispiel bürgerlichen Repräsentationswillens darf man das **Haus Flasch** (Untertorstr. 6) in **Marktheidenfeld** begreifen, das anschaulich zeigt, wie der Übergang vom Barock zum Rokoko in einem Landstädtchen nachhallen konnte (1745). In der zweigeschossigen Straßenfront betonen Giebel, Hoftor und die Madonna in der Muschelnische des ersten Stocks unter ihrem Baldachin, eingerahmt von aufwendig geschmückten Fensterumrahmungen, den Mittelteil. Der Saal im Obergeschoß dahinter ist mit einer anrührenden Darstellung der Begegnung Josephs mit seinen Brüdern als Deckengemälde, Wandgobelins und Stuckfiguren der vier Elemente geschmückt.

Die **Peter- und Pauls-Kirche** für das ehemalige *Augustinerchorherrenstift* in **Triefenstein** entstand in den Jahren 1687-94 als einschiffige, überwölbte Basilika auf romanischem Unterbau. Interessant ist die weitgehend einheitlich um die Wende zum 19. Jh. gearbeitete frühklassizistische Ausstattung, die Stukkaturen und prächtigen Altäre nebst Kanzel aus Stuckmarmor. Johann Peter Wagner schuf wohl die großen Figuren für den Hochaltar, dessen Gemälde von Oswald Onghers (1694) beibehalten wurde. Januarius Zick malte (1786) über dem Chor eine Glorie der Apostelfürsten an die Decke und über dem Langhaus Szenen aus ihrem Leben. Da sich das Kloster jetzt im Besitz der ›Christusträger-Bruderschaft‹ befindet, ist es nicht öffentlich zugänglich (℡ 0 93 95/80 81).

Zum Markt Triefenstein gehört **Lengfurt** mit seiner besonders reichornamentierten und mit Engelsköpfchen verzierten *Dreifaltigkeitssäule* von 1728. Die Sockelfiguren schuf Jakob van der Auvera, die hll. Joseph, Johannes, Sebastian und Rochus als Pestheiliger – er erinnert daran, daß man mit solchen Säulen früher die Seuche zu bannen suchte, wie mit anderem Wunderglauben und Zauberei, bevor man dank des medizinischen Fortschritts wirksam Abhilfe schaffen konnte. In der nachgotischen *Pfarrkirche* von 1612/13, 1707 erweitert, findet sich der prächtige Hochaltar aus der Kirche des Würzburger Juliusspitals, die seitlichen Figuren der hll. Nikolaus und Elisabeth schuf Peter Wagner (1779). Der knapp einen halben Meter hohe Elfenbeinkruzifixus stammt aus einer Wiener Werkstatt, eine bemerkenswert stark in Ausdruck und Bewegung gestaltete Arbeit aus dem ersten Drittel des 18. Jh.

Der Triefensteiner Ortsteil **Homburg** schließlich, mit seinem imposant auf steilem Felskegel über dem Main thronenden Schlößchen, erhielt bereits 1332 Stadt- und Marktrechte. Seit rund 900 Jahren wird hier Wein angebaut, die Namen ›Kallmuth‹ (von ›calvus mons‹ – kahler Berg) und ›Edelfrau‹ sind wohlbekannt, schon Goethe wußte sie zu schätzen. Ältester Teil des Schlosses ist der runde romanische Bergfried mit seinem Aufbau des 18. Jh., die Fachwerkbauten von 1561 mit ihren Spitzbogenfenstern wurden später verändert. – Einen Ausflug lohnt unbedingt die ehemalige **Benediktinerabtei Holzkirchen** mit Balthasar Neumanns 1728-30 errichteter *Rundkirche*. Der kleine Bau, außen unregel-

Kirche St. Jakob von Urphar

mäßig oktogonal mit Eckpilastern, giebelbekröntem Portal und dem im 19. Jh. veränderten Dach mit Tempietto, gibt sich innen kreisrund mit apartem klassizistischem Blumen- und figuralem Schmuck an Wänden und Kuppel. Die romanischen Relieffragmente im Kircheninneren aus rotem Sandstein wie auch der romanische *Kreuzgang* aus dem frühen 12. Jh. mit den zum Teil meisterlich ornamentierten Konsolen, Säulenschäften und Kapitellen verweisen auf die Erbauungszeit der alten Anlage, die urkundlich bereits 775 als ›Holtzchiricha‹ erwähnt wurde.

Ein architektonisches Kleinod besonderer Güte ist das auf einem schroff abfallenden Ausläufer des Odenwaldes liegende 1000jährige Kirchlein **St. Jakob** von **Urphar.** Von weitem läßt der trutzige viereckige Turm zu Recht an eine Burg denken. Als ehemalige Zufluchtsanlage mit Umfassungsmauer wurde der frühromanische Wehrturm mit Apsis im 9. bis 10. Jh. errichtet, oberhalb der alten Furt im Fluß; er sollte sie sichern. Der ursprüngliche Ortsname ›urfare‹ leitet sich von ›Überfahrt‹ ab. Ein alter Handelsweg kreuzte hier den Main. Auf dem Spessartausläufer gegenüber fand man keltische Zeugnisse, dort gab es eine Burganlage der Völkerwanderungszeit. Den Charakter eines Bollwerks aus karolingischer Zeit hat die Jakobskirche bewahrt, trotz der An- und Umbauten späterer Jahrhunderte: Langhaus im 13. Jh., Sakristei Ende des 15. Jh., 1621 Aufstockung des Turms, 1780 Anbau einer Außentreppe. Die Eichentüren weisen noch die alten bandeisernen Beschläge auf. Roh behauen mit der Axt und unbehobelt sind noch die Balken des Gestühls von 1297 (!), mit Rückenlehnen und Sitzbrettern trug man erst den modernen Ansprüchen des 20. Jh. Rechnung. Das gotische Kruzifix aus dem 14. Jh. und die freigelegten Fresken kamen nach der Restaurierung 1951–53 wieder zu ihrem Recht. Die Malereien stammen aus der Entstehungszeit, ein Apostel- und ein Passionszyklus, die hll. Michael und Jakobus, zum Teil leider später beim Einbau der Emporen und Fenster beschädigt. Eine Rarität stellt das jüngere Fresko des hl. Burkard in der Sakristei dar. Die stilisierte Landschaft im Hintergrund mit Dörfern, Burgen und Weinbergen zählt zu den ältesten erhaltenen Maindarstellungen.

☐ Wertheim

Der Ort am Zusammenfluß von Main und Tauber hat drei Zentren: das ältere Kreuzwertheim rechts des Mains, das malerische Städtchen auf der Landzunge zwischen den Flußmündungen und schließlich darüber die alles beherrschende Burgruine, eine der größten und imponierendsten ihrer Art. Bereits 1009 bekam Kreuzwertheim von Kaiser Heinrich II. das Marktrecht verliehen, daran erinnert das stattliche Marktkreuz auf gemauerter Säule. Das prächtige *Schloß* in **Kreuzwertheim** wurde 1736 als Witwensitz für die Reichsgräfin Sophie Friederike von Löwenstein erbaut und im späten 19. Jh. im Stil der Neorenaissance umgestaltet. Aus dieser Zeit stammt die reichgeschmückte Straßenfront mit ihren drei Giebeln, Obelisken, Säulen, Voluten und schmiedeeisernen Fensterkörben. Das Schloß ist bewohnt und daher nur von außen zu besichtigen. Die *Pfarrkirche* mit ihrem Rippengewölbe im gotischen Rechteckchor von 1443 war auch Wehranlage, davon zeugen Schießscharten im Turm und eine Reihe von Kugeleinschlägen am romanischen Torbogen. Ende des 15. Jh. entstand der geschnitzte und farbig gefaßte Altar mit seiner Kreuzigungsszene, das Taufbecken aus Sandstein mit reichem Reliefschmuck 1683. Von der Ortsbefestigung haben sich Türme des 16. Jh. erhalten. Mit dem Ausbau der Burg auf dem jenseitigen Ufer und der Siedlung darunter verlor Kreuzwertheim an Bedeutung.

Ab 1224 wuchs die neue Ortschaft im Schutz der Burganlage, die beide bereits 1192 in einer Urkunde ›suburbium castri Wertheim‹ genannt wurden. Böhmisches Lehen wurden Burg und Siedlung 1342, als Gegenleistung dafür erhielten die Grafen von Wertheim das Münzrecht nebst Main- und Straßenzöllen. Die gräfliche Familie trennte sich 1619 in eine katholische Linie (Löwenstein-Wertheim-Rosenberg) und eine evangelische (Löwenstein-Wertheim-Freudenberg). Von den Parkplätzen des Mainufers aus erschließt sich die Stadt am besten. Direkt an der Taubermündung reckt sich – wenn auch leicht altersschief – seit etwa 1200 der **Spitze Turm** in den Himmel, ein Wachtturm, dessen alter Eingang 10 m über dem Erdboden lag und nur über eine Leiter zu erreichen war (Schlüssel zur Treppe ins Turmstübchen gleich nebenan im Fremdenverkehrsbüro). Durch das alte *Maintor* und die Maingasse gelangt man zum malerischen *Marktplatz* mit seinen *Fachwerkbauten*, darunter dem schmalsten Frankens, dem der *Ritter von Zobel* (um 1520) mit seinen zu Stein erstarrten Neidfratzen. Den **Engelsbrunnen** stiftete der Rat seinen Bürgern 1574, zwei Engel halten das Stadtwappen und gaben ihm seinen Namen. Oberhalb des Steinbalken-

Wertheim
1 *Spitzer Turm*
2 *Maintor*
3 *Haus der Ritter von Zobel*
  (Ecke Markt/Kapellengasse)
4 *Engelsbrunnen*
5 *Haus Adler und Haus Witt*
6 *Rathaus (Historisches*
  Museum für Stadt und
  Grafschaft Wertheim)
7 *Haus der vier Gekrönten*
8 *Stiftskirche*
9 *Kilianskapelle*
10 *Marienkapelle*
11 *Kittsteintor mit Rotem Turm*
12 *Kallenbachsches Haus*
  (Glasmuseum)
13 *Ehem. Löwenstein-Wertheim-*
  Rosenbergsche
  Hofhaltung (Stadtverwaltung)
  mit Weißem Turm
14 *Burgruine*
15 *Schloß (Kreuzwertheim)*
16 *Pfarrkirche und Marktkreuz*
  (Kreuzwertheim)

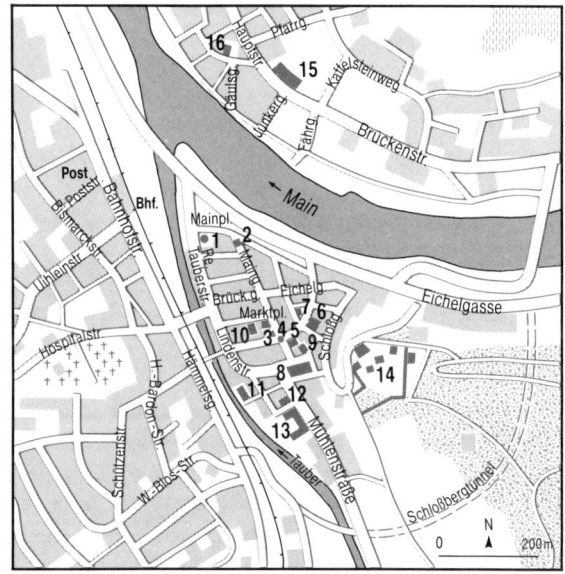

kreuzes stehen personifizierte Planeten, vor den Säulen auf dem Brunnenrand haben die beteiligten Bürger sich ein Denkmal gesetzt: zum Markt blickt der Schultheiß Hans Schaff, der als Vorsitzender des städtischen Gerichts den Gerichtshammer hält; Michael Matzer war Ratsmitglied und hatte die Aufsicht über das Bauwesen. Sein Schild mit dem Rätselspruch ist verwittert: »Es ist ein Wort/ das hat ein l/ Wer es sieht der/ begert es schnell/ Wen das l nicht/ darinen ist/ kein höher schatz/ in D welt i(st).« Gemeint ist Gold oder: God (= Gott). An der gegenüberliegenden Seite steht Mathes Vogel, der den Brunnen aus rotem Sandstein geschlagen hat. Die stattlichen Fachwerkbauten *Haus Adler* von 1573 und *Haus Witt* mit ihren Totengerippen erinnern an die Vergänglichkeit alles Irdischen: »Die wir itzo sind, die werdet ihr werden« und – als bescheidenen Trost für den ›kleinen Mann‹ – daran, daß angesichts des Todes ›Herr oder Knecht‹ gleich sind.

Das alte **Rathaus** links daneben aus vier mittelalterlichen Gebäuden um einen schönen Hof mit rundem Treppenturm von 1540 (die Freitreppe ist eine Zugabe vom Ende des letzten Jh.) diente von 1561/62 bis 1988 der Stadtverwaltung und wurde 1989 *Historisches Museum für Stadt und Grafschaft Wertheim* mit Sammlungen zur Stadtgeschichte und einem Kabinett mit Werken des Worpsweder Malers Otto Modersohn, der einige Zeit auch in Franken weilte. Bei der Museumseinrichtung hat man sich bemüht, der historischen Bausubstanz gerecht zu werden und möglichst viel der alten Gewölbe, Decken etc. und vor allem ein Kuriosum, die doppelte Wendeltreppe mit getrenntem Ein- und Ausgang, zu erhalten. – Das **Haus der vier Gekrönten** gegenüber aus der zweiten Hälfte des 16. Jh. zeigt Schutzpatrone der mittelalterlichen Bauhütten mit ihren Werkzeugen

ROMANTIK OHNE NOSTALGIE: WERTHEIM

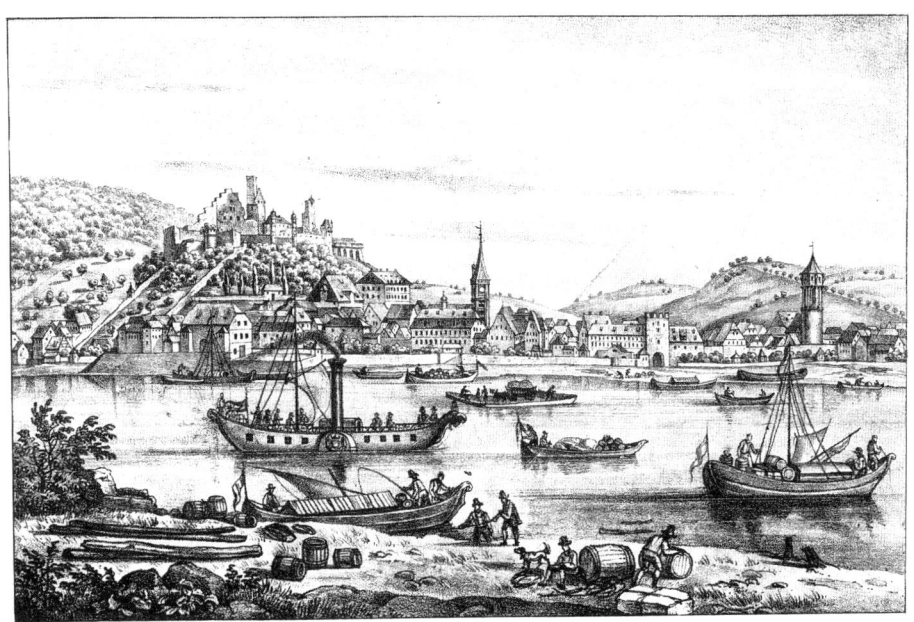

Blick auf Wertheim. Lithographie von A. Schleich, um 1850

Maßstab, Zirkel, Winkel und Waage an den Kragsteinen, auf denen die Fachwerkobergeschosse ruhen.

Die **Stiftskirche** entstand um 1384 als flachgedeckte dreischiffige Basilika, die gotischen Formen lösen ältere romanische Elemente ab. Etwa 1419 wurde der Glockenturm mit der Uhr von 1544 und den verschiedenen Zifferblättern errichtet. Als man das Viertelstundenwerk 1670 einbaute, diente die Burg nicht mehr als gräflicher Wohnsitz und deshalb werden die Minuten nur zur Stadt hin angezeigt. Den Haupteingang der Kirche ziert ein gotischer Baldachin. Das jüngere Chörlein rechts darüber, ein laternenartiger Erker mit reichem Maßwerk, bildet den Altarraum der *Heilig-Geist-Kapelle* im Turm von 1406 über dem alten Beinhaus. Man erreicht sie über die Treppe rechts des Eingangs; ungewöhnlich ist die Darstellung des auf dem Oberschenkel der Maria stehenden Jesusknaben der ›Wertheimer Madonna‹ von 1320. Verschiedene spätmittelalterliche Wandmalereien haben sich an den Arkadenpfeilern und im nördlichen Seitenschiff erhalten. Eine ganze Reihe von Grabdenkmälern ist über das Kirchenschiff verteilt, der Chor war den Mitgliedern des herrschaftlichen Hauses vorbehalten. Ein Prunkstück dieses Totenreigens ist das salopp ›Bettlade‹ genannte alabasterne, baldachinbekrönte Grabmal in der Mitte des Chors, dessen kunstvolle Säulen, Ahnenwappen, Aufsätze und Engelchen Michael Kern 1618 für Graf Ludwig III. zu Löwenstein und Gräfin Anna schuf. Von ausgeprägtem Repräsentationswillen zeugt auch das prächtige Renaissancedenkmal für Graf

Georg zu Isenburg-Büdingen und seine Frau Barbara, eine geborene zu Wertheim, an der linken Seite des Chors, eine Arbeit des Würzburger Bildhauers Hans Rodlein; der Gekreuzigte im Hintergrund erscheint seiner Größe nach als schmückendes Beiwerk. Einem Altar gleich – in bezug auf Ort und Aufbau – prangt schließlich das sogenannte Ebersteinsche Grabmal im Chorscheitel: Der Mainzer Bildhauer Gerhard Wolf zeigt die Verstorbenen Graf Michael III. zu Wertheim, Gräfin Katharina zu Stolberg und Graf Philipp zu Eberstein in ritterlichem und festlichem Kleide, als wären sie zu einem Turnier unterwegs... Fast bescheiden nimmt sich dagegen das Denkmal des Erbauers der Stiftskirche, des Grafen Johann I. von Wertheim und seiner beiden Frauen, der Margarete von Rieneck und Uta von Teck, aus.

Eine Grablege war auch die ab 1469 erbaute gotische **Kilianskapelle** gegenüber, sie war den Mitgliedern des Kollegiatkapitels vorbehalten. Die Krypta mit ihrem gediegenen Netzgewölbe auf sechs Sandsteinsäulen diente als Ossarium. Im 16.–19. Jh. zog man in den Kapellenraum eine Decke ein und nutzte sie als Lateinschule, später als Heimatmuseum. Am kunstvollen Maßwerk ihrer Balustrade erlaubte sich der Steinmetz des späten Mittelalters das Scherzchen, einen ›Wertheimer Affen‹ abzubilden. Bevor man zur Burg emporsteigt, sollte man einige weitere Sehenswürdigkeiten nicht vergessen: die gotische **Marienkapelle** in der Kapellengasse, 1447 an der Stelle der bei einem christlichen Pogrom zerstörten Synagoge errichtet (der seit 1406 bestehende jüdische Friedhof liegt auf dem Hang des Schloßbergs oberhalb der Mainbrücke); das **Kittsteintor** mit einem Turm unterhalb der Stiftskirche an der Tauber, am benachbarten barocken Gartenhäuschen sind die Hochwassermarken seit 1595 vermerkt; in der Mühlenstraße (Nr. 24) ist im **Kallenbachschen Haus** mit den beiden Fachwerkobergeschossen das *Glasmuseum* mit seinen Sammlungen untergebracht. Gläser zu technischen und medizinischen Zwecken, aber auch die Glaskunst des Spessarts werden hier demonstriert. In der ehemaligen **Löwenstein-Wertheim-Rosenbergschen Hofhaltung** mit dem Barockportal von 1749 residiert jetzt die Stadtverwaltung.

Die Ruine der **Höhenburg** mit ihrem ineinander verschachtelten Gewirr von Gräben, Höfen, Türmen, Bollwerken und guterhaltenen Mauern der Wohn- und Wirtschaftsbauten und nicht zuletzt dem großartigen Blick vom Altan und der Terrasse des Restaurants auf die Städte Wertheim links und Kreuzwertheim rechts des Mains und die Taubermündung lohnt unbedingt den Aufstieg. Aus Buckelquadern errichtete man als ältesten Teil den quadratischen Bergfried, der spätstaufische Palas mit seinen unter Kleeblattbögen gekuppelten Fenstern läßt noch den alten Glanz erkennen, ebenso das Renaissanceportal des Treppenturms von 1564. Im Dreißigjährigen Krieg von schwedischen und kaiserlichen Truppen hart umkämpft, wurde die Burg mehrfach stark beschädigt. Doch sie verfiel paradoxerweise wohl nicht zuletzt deshalb, weil sie nicht mehr bewohnt und instand gehalten wurde.

Von Wertheim lohnt es sich, einen Abstecher ins *Taubertal* zu unternehmen. Etwa zur nahe gelegenen ehemaligen *Zisterzienserabtei* **Bronnbach.** Die dreischiffige Basilika entstand ab 1157 in spätromanischen und frühgotischen Formen, später kamen die barocken

ROMANTIK OHNE NOSTALGIE: MILTENBERG

Altäre und das feingegliederte und skulptierte Rokokochorgestühl des Daniel Aschauer von 1778 hinzu; sehenswert sind aber auch der um 1300 vollendete Kreuzgang, der spätromanische Kapitelsaal, das Refektorium mit dem Josephssaal und der Garten mit seinem Figurenschmuck. Ein *Relief* in **Niklashausen** erinnert an Hans Böhm, den ›Pfeiferhans von Niklashausen‹, es zeigt ihn als Prediger auf einem Bottich, während Maria vom Himmel herab ihm lauscht. Böhm warb für soziale Reformen, hatte großen Zulauf und wurde deshalb 1476 auf dem Schottenanger in Würzburg als ›Ketzer‹ verbrannt. **Tauberbischofsheims** Fachwerkhäuser blicken auf eine 1 200jährige Geschichte zurück, das ehemals *Kurmainzische Schloß* stammt mit seinem gotischen Palas aus dem 13. Jh.

Mainabwärts auf der rechten Seite zieren auch **Faulbachs** altes *Rathaus* von 1594 die Hochwassermarken, unter dem Fachwerkobergeschoß hindurch führt die Straße. Und hinter der nächsten Windung des Mains fällt der Blick auf **Stadtprozelten**. Das malerische *Rathaus* von 1520 hat einen verschieferten Turmerker auf Sandsteinsäulen und einen polygonalen Treppenturm. Über Stadtprozelten thront eine der schönsten Burgruinen des Mains, die im 12. Jh. erbaute **Henneburg**. Aus dieser Zeit stammt noch der große Bergfried im Norden mit seinen massiven Buckelquadern. Reste des Torbaus, eines kleineren Bergfrieds, der Ringmauern mit Türmen, des Zwingers, der Schildmauer, unterirdischer Wehrgänge und vor allem des ursprünglich viergeschossigen frühgotischen Palas' im Osten, zum Main hin, geben noch heute einen guten Eindruck der mittelalterlichen

Stadtprozelten mit der Henneburg. Lithographie von A. Schleich, um 1850

Anlage, die im 18. Jh. verlassen wurde und langsam verfiel. Auch **Collenberg** überragen die Reste einer *Burg* aus dem 13. Jh. Älter ist die *Ruine ›Frouwedenberch‹* über **Freudenberg**, die noch vor 1200 errichtet wurde. Die Burgfestspiele, etwa ›Der kurze Sommer des Pfeiferhannes‹ über den als Ketzer verbrannten Sozialreformer Hans Böhm aus dem nahe gelegenen Niklashausen, finden dort vor der prächtigen Kulisse der alten Mauern, Tore, Bastionen, Giebel und dem wuchtigen Bergfried statt. Das Bild der engen Straße zwischen Main und dem Burgberg bestimmen das Fachwerk-*Rathaus* von 1499 und das prächtige dreigeschossige *Amtshaus* von 1627 mit seinem Renaissanceportal. Die *Friedhofskapelle St. Laurentius* hat Wandmalereien des 13. Jh. bewahrt. – Ungleich prächtiger ausgemalt als Armen- oder Bilderbibel im Stil der Renaissance (1593) für Leseunkundige mit Jüngstem Gericht, einer Heilsgeschichte ab der Erschaffung der Welt in Medaillons mit erklärenden Versen (»Die Kindlein würgt Herodes Hand/ Christus kommt aus Ägyptenland«) und Grotesken an der Holzdecke ist jedoch die im Kern romanische *Martinskapelle* (Farbabb. 16) des 15. Jh. im benachbarten **Bürgstadt** (Schlüssel während der Geschäftszeiten in der Gärtnerei Kling nebenan). Das 1590-92 erbaute zweigeschossige *Rathaus* weist stattliche Volutengiebel der Renaissance auf.

☐ Miltenberg

Der Kessel der Flüßchen *Erfa* und *Mud* zwischen ihren Mündungen in die südliche Schleife des Mainvierecks muß lange vor der Existenz Miltenbergs Menschen bewogen haben, hier zu siedeln. Davon zeugen Funde aus der Jungsteinzeit und Eisenzeit, wie auch Ringwälle auf den umliegenden Höhen. Die Römer bauten zur Sicherung ihres Limes gleich zwei Kastelle, ein Kohortenkastell für rund 500 Legionäre unterhalb der Mudmündung nordwestlich des heutigen Miltenbergs und eines am Ostende der Stadt. Auf den Ruinen des um 250 zerstörten Mudkastells entstand im 8. Jh. *Walehusen*, ein stattlicher Ort mit fester Ringmauer und einem ›Burglin‹. Während der Lorscher Fehde zerstörte der Mainzer Erzbischof um 1247 diese pfälzische Siedlung bis auf wenige noch sichtbare Reste (etwa der Kirche auf den Fundamenten des römischen Prätoriums). Der Flurname ›In der Altstadt‹ erinnert an das alte Wallhausen, die überlebenden Bürger siedelte der Bischof in seine erstmals 1226 genannte *Miltinburc* um. Als Zollstätte und Grenzfestung gegen den Stützpunkt des Fürstbistums Würzburg im benachbarten Freudenberg hatte das Bistum Mainz diese Höhenburg erbaut.

Damit begann der Aufstieg des bis heute von seinem Fachwerkensemble geprägten Miltenberg (Umschlagvorderseite). Es präsentiert sich (fast) rein mittelalterlich mit dem Charme seiner Giebel und Erker, winkelig und verbaut, in schmalen, heimeligen Gassen. Farbenfroh renoviert bewahrt es die romantischen Züge vergangener Zeiten. Hätte Thomas Mann für den ›Dr. Faustus‹ sein ›Kaisersaschern‹ nicht erfunden, hier wäre es zu finden gewesen. Nachdem das Städtchen in seiner Hand war, förderte der Mainzer Erzbischof es und verlieh ihm 1368 das Stapel-, Umschlags- und Geleitrecht. So wuchs Miltenbergs Bedeutung als Handelsstadt, der Wohlstand der Bürger nahm zu. Das ›Münz-

ROMANTIK OHNE NOSTALGIE: MILTENBERG

Miltenberg mit der Mildenburg. Stich von Matthäus Merian, 1646

männlein‹ auf dem Markt erinnert an das Recht des Mainzer Kurfürsten, hier Münzen prägen zu lassen (von 1354 bis 1462).

Die **Mildenburg** mit ihrem Bergfried aus Buckelquadern (13. Jh.), dem gotischen Palas samt Fronterkern und Staffelgiebeln wie auch der Zwingeranlage aus dem 14. Jh. war ab 1552 Ruine, seit dem Krieg des Markgrafen Albrecht Alcibiades gegen die Mainbistümer, und wurde im 19. Jh. restauriert. Von oben hat man den besten Blick auf die Stadt und erkennt auch, wie sie im Lauf der Jahrhunderte gewachsen ist, wie die Mauer um das älteste *Schwarzviertel* nach Westen und Osten erweitert wurde, vom östlichen *Würzburger* bis zum *Mainzer Tor* im Westen (beide mit Klauensteinen für die Fallgitter, Gußlöchern im Durchgang etc. aus dem 14. Jh., z. T. später verändert), wie überhaupt weite Teile der mittelalterlichen Stadtbefestigung, auch innerhalb der stetig erweiterten Altstadt, erhalten sind. Durch den Torturm und das *Schnatterloch*, dessen Name nicht genau geklärt ist, aber um so mehr Anlaß zu Spekulationen gibt, gelangt man zum **Marktplatz** mit dem *Justitiabrunnen* der Renaissance. Der Miltenberger Bildhauer Michael Juncker gestaltete ihn mit achteckigem Becken, Kandelabersäulchen und Hermengrotesken aus Sandstein 1583.

Wenn das Klischee vom Markt als der guten Stube einer Stadt zutrifft, dann hier: Das Fachwerk dient nicht nur als statisches Element, sondern ziert die stattlichen Häuser. Etwa das **Hohe Haus** am Markt mit polygonalem zweistockigem Erker und vorkragenden Obergeschossen (um 1530) oder die ehemalige **Mainzer Amtskellerei** schräg gegenüber mit ihren Fachwerkrauten im Giebel und an den Erkern (1541/1611); bei beiden Häusern sind die Untergeschosse massiv aus Stein. Den ehemaligen **Gasthof ›Gülden Kron‹**, ebenfalls mit polygonalem Erker, ziert das Symbol als Hauszeichen (Hauptstraße 163; 1623). Doch auch die neuere Zeit hat architektonische Spuren hinterlassen. Das dreigeschossige Sandsteinhaus am Markt wurde 1750 im barocken Stil erbaut und deutet in seiner heiteren Gestalt schon die Entwicklung zum leichteren Rokoko an. Es lohnt sich, beim Gang durch die Gassen auf Schnitzereien, Köpfe oder Neidfratzen, Laub- und Bandwerk, Blumen oder Handwerkerzeichen zu achten.

An der nördlichen Front des Marktes liegt die **Pfarrkirche St. Jakobus,** eine dreischiffige Halle, im Kern aus der zweiten Hälfte des 14. Jh. und im 19. Jh. erweitert. Im Innern birgt sie eine ganze Reihe vorzüglicher Kunstwerke, so die sandsteinerne Kanzel von Zacharias Juncker d. Ä. von 1635 mit ihren qualitätvollen Passionsreliefs; wohl von Hans Juncker stammt der Altaraufsatz mit sieben Szenen aus dem Leben Marias (1624). Einem Schüler Hans Backoffens wird der Steinkruzifixus von 1527 zugeschrieben. Älter und in ihrer kraftvollen Symbolik beeindruckend ist die Gruppe der Heiligen Drei Könige, die Maria anbeten (um 1400). Diese Gruppe befand sich ursprünglich an der Außenwand der 1825 abgebrochenen Kapelle ›Maria uff den Staffeln‹, aus der auch die spätgotische Gnadenmadonna (um 1400, unbekannter Meister) in einem barocken Altar stammt.

Wendet man sich mainaufwärts, dann gelangt man zum **Alten Rathaus,** dessen Front die Hauptstraße beherrscht. Der gotische Torbogen mit dem Mainzer Rad und die gestaffelten Fenster stammen noch aus der Entstehungszeit, als der mächtige Sandsteinbau 1379 erstmals als Stadtwaage genannt wurde. Das Stapelrecht bedeutete, daß hier die Waren durchreisender Händler gestapelt, d. h. zum Verkauf angeboten werden mußten. Den ersten Stock nimmt der Ratssaal ein, der auch zum Tanzen bei städtischen Festen diente, mit Eckbänken in den Fensternischen und einem seitlichen Kapellenerker. Ursprünglich gelangte man nur über den oktogonalen Treppenturm in den ersten Stock. Im letzten Jahrhundert wurde das Obergeschoß mit dem Giebel klassizistisch verein-

Miltenberg
1 *Mildenburg*
2 *Schnatterlochtorturm*
3 *Marktplatz mit Justitiabrunnen*
4 *Hohes Haus*
5 *Ehem. Mainzer Amtskellerei*
6 *Ehem. Gasthof ›Gülden Kron‹*
7 *St. Jakobus*
8 *Altes Rathaus*
9 *Gasthof ›Riesen‹*
10 *Brückentor*
11 *Franziskanerkirche*
12 *Ehem. Gasthof ›Zum Engel‹*
13 *Alte Kellerei*
14 *Würzburger Tor*
15 *Ehem. Adelshof (JH)*
16 *Ehem. Mikwe*
17 *Brauerei ›Kalt-Loch‹*
18 *Jüdischer Friedhof*
19 *Mainzer Tor*
20 *St. Laurentius*

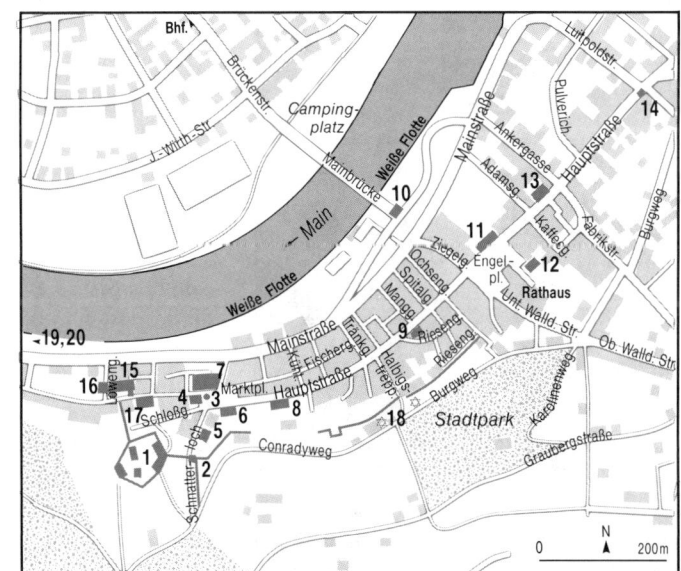

facht, deshalb blieben von den Ecktürmchen nur die Stümpfe auf ihren figürlichen Konsolen übrig. Zu den ältesten Fachwerkhäusern der Stadt gehört der ehemalige *Gasthof ›Goldener Ochse‹* (1375). Am bekanntesten dürfte aber der prachtvolle **Gasthof ›Riesen‹** (Hauptstraße 97, 1590) aus der Hochrenaissance sein, mit zentralem Erker an der Giebelseite, reichverstrebten Brüstungen und den inzwischen zum Teil vermauerten Toren für Pferde und Wagen. Weil der Bau als Fürstenherberge der Stadt gedacht war, bewilligte der Magistrat dem ›Gastgeb zum Riesen‹ 1589 aus dem Stadtwald 100 Eichenstämme. Bis zu 100 Pferde (!) konnten in den Ställen untergebracht werden. – Im ehemaligen *Zwinger* jenseits der Stadtmauern befindet sich noch das alte *Hexengefängnis* von 1627, ein niedriger Raum, in dem die Delinquenten nur gebückt stehen konnten. Vielfach gefoltert und psychisch wie physisch gebrochen lebten sie bereits – so gut wie tot – außerhalb der Gemeinschaft. Der Hexenwahn kostete allein in den Jahren 1617–29 in Miltenberg 69 Menschen, zumeist Frauen, das Leben; da das ehem. Gefängnis in einem privaten Garten liegt, ist es nicht zugänglich. Nur wenige Meter weiter, beim 1784 abgebrochenen Wamessertor, endete die Stadt. Die Reste der Mauer mit Wehrgang sind noch gut in der Häuserfront zu erkennen; vielleicht baute die Stadt ja aus Gründen ausgleichender Gerechtigkeit 1898–1900 das wuchtige **Brückentor** in neumittelalterlichem Stil am Main.

Miltenberg, Hauptstraße mit Altem Rathaus (links) und Mildenburg

Die Hauptstraße öffnet sich zum *Engelplatz* mit der **Franziskanerkirche** von 1687 nach Plänen Antonio Petrinis. Die Bildhauerarbeiten am Portal stammen wohl von Zacharias Juncker. Der ehemalige **Gasthof ›Zum Engel‹**, ein Barockpalais von 1712, dient heute als Leseraum der Stadt. Linker Hand auf dem Weg zum Würzburger Tor liegt noch der spätgotische Bau der **Alten Kellerei** (1489) des Mainzer Domkapitels mit seinen Treppengiebeln, ehemals eine Talburg, von deren Bering noch Reste vorhanden sind.

Ältester Teil Miltenbergs ist das sogenannte *Schwarzviertel* zwischen dem Markt und dem (abgebrochenen) Stumpfturm. Rechts der Hauptstraße liegt der dreiflüglige **Adelshof,** heute *Jugendherberge,* mit polygonalem Treppenturm. In seiner heutigen Form entstand der Bau wohl im letzten Drittel des 17. Jh. Von der im Mittelalter nicht kleinen jüdischen Gemeinde haben sich einige Zeugnisse erhalten, so die ehemalige **Mikwe**, das

Badehaus, ein schmaler Fachwerkbau in der Löwengasse 1 von 1480, mit dem Zugang zu fließendem Gewässer im Keller. In einem Hintergebäude der *Brauerei ›Kalt-Loch‹* (1585) schräg gegenüber der Hauptstraße befindet sich die mittelalterliche **Synagoge** aus dem späten 13. Jh. Der gotische Bau mit Kreuzrippengewölbe und Schlußstein sowie einigen spitzbogigen Fenstern ist allerdings nicht zu besichtigen. Außerhalb der Stadtmauer (am Durchgang oberhalb des ›Riesen‹) liegt der alte *Jüdische Friedhof* mit den Grabsteinen seit dem 15. Jh.

Der westliche Teil der Stadt zwischen dem ehemaligen Stumpftor bei dem Adelshof, dem 1828 abgerissenen *Schwertfegertor* – bei dem der Waffenschmied seine Werkstatt hatte – und dem *Spitzen Turm* des *Mainzer Tors* wurde nach der Zerstörung von Burg und Stadt im Krieg des Markgrafen Albrecht Alcibiades gegen die Mainbistümer nur spärlich wieder aufgebaut. Die letzte Sehenswürdigkeit Miltenbergs liegt denn auch außerhalb der Stadt, die spätgotische **Kapelle St. Laurentius** am Südufer der Mud über romanischen Fundamenten der Kirche des im Mittelalter untergegangenen Dorfes *Vachhausen*. Der Chor mit Netzrippengewölbe entstand 1456, das flachgedeckte Langhaus folgte 1594. Aus der Erbauungszeit stammen auch die 1913 freigelegten Wandmalereien. Den guten spätgotischen Schnitzaltar mit seinen Heiligenfiguren aus dem frühen 16. Jh. schuf ein unbekannter Meister (geöffnet nach Vereinbarung mit dem Katholischen Pfarramt: ✆ 0 93 71-23 30). Daß der Friedhof im Mittelalter und danach auch von der Gemeinde Miltenberg belegt wurde, zeigen die Grabsteine. An der Südwand des Chors findet sich das Epitaph für IOIST VIRNHABER, einen Gastwirt des ›Riesen‹, 1600 von Michael Juncker geschaffen. Direkt neben dem Kirchlein führt eine alte Steinbrücke über die Mud, sie wurde bereits 1380 erwähnt. – Nicht weit ist es von hier nach **Amorbach** mit seiner spätbarocken *Abteikirche* des Maximilian von Welsch von 1742–47 und der Ruine der *Wildenburg*, auf der um 1200 Wolfram von Eschenburg seinen ›Parzival‹ geschrieben haben soll.

Auf der linken Mainseite nahe dem Fluß liegt der Marktflecken **Kleinheubach** mit dem **Löwensteinschen Schloß**, das Louis Rémy de La Fosse, Johannes Dientzenhofer und, nach Dientzenhofers Tod 1726, Johann Jakob Rischer 1723–32 errichteten. Jakob van der Auvera steuerte die Bauplastik bei und Puttenfiguren für den einst französischen Park, an dessen Südostende die Reste der Umfassungsmauern und einiger Fundamente des römischen Limeskastells zu sehen sind. Von der 1567–1603 erbauten *Georgenburg* der Renaissance wurden einige Teile in den neuen Bau übernommen, so der *Schneckengang*, eine Treppe. Die breit gelagerte Dreiflügelanlage im Stil des französischen Barock, dessen Wucht durch Schmuckelemente abgemildert wird, öffnet sich nach Westen um den Ehrenhof mit einem hervorgehobenen dreiachsigen Haupt- und den Eckpavillons. Durch das Vestibül gelangt man in ein Treppenhaus, über das Balthasar Neumann sich ›ungnädig‹ geäußert haben soll – es ist freilich viel konventioneller als die elegante Anlage in Würzburg mit ihren Zwischenpodesten. Der *Marmorsaal* mit seinen allegorischen Figuren aus weißem Stuck und Gemälden, wie dem ›Sieg der Tugend über die Laster‹ oder den Darstellungen der vier damals bekannten Erdteile belegt, daß man auch an kleineren Höfen den repräsentativen Ansprüchen der Kunstzentren nicht nachstehen wollte – zur Freude

ROMANTIK OHNE NOSTALGIE: KLINGENBERG, WÖRTH

Kleinheubach, Löwensteinisches Schloß

der Untertanen, die schließlich über die Steuern zur Kasse gebeten wurden. Der ehemalige Speisesaal und die Schloßkapelle wurden im vorigen Jahrhundert umgestaltet – von der früheren Einrichtung blieb kaum etwas erhalten. Da das Schloß von der fürstlichen Familie an die Deutsche Bundespost vermietet wurde, ist es normalerweise nicht zu besichtigen (Auskunft: Herr Reiß, ☏ 0 93 71/40 11 01).

Auf der rechten Mainseite liegt **Großheubach** mit seinem hübschen *Rathaus* von 1611, einem Fachwerkbau mit Erker und polygonalem Treppenturm. Die **Wallfahrts- und Klosterkirche ›Engelberg ob dem Main‹**, eine einfache kreuzförmige Anlage mit einem anrührend naiv gestalteten Gnadenbild des 14. Jh., thront seit 1630–39 anstelle einer älteren Vorgängerkirche auf einem Ausläufer des Spessarts mit herrlichem Rundblick auf die tiefer liegende Mildenburg im Südosten und Kleinheubach mit seinem Schloß. Den Figurenschmuck außen an der Kirche schuf Zacharias Juncker d. Ä. Die Fürstengruft dient seit 1845 der Löwensteinschen Familie in Kleinheubach als Grablege. – In die 1960 neu erbaute *Kirche* von **Laudenbach** integrierte man Turm und Chorschluß der barocken Vorgängerkirche, ebenso wie den Hochaltar und Teile der Kanzel. Das zweiflüglige *Schloß* entstand Anfang des 18. Jh.

Als Weinort wurde **Klingenberg** bereits 776 erwähnt, Friedrich Rückert reimte Jahrhunderte später gnadenlos: Der Volksmund ist da auch liberaler:

»*Und nicht vergessen sei vom Main*   »*Zu Würzburg am Stein,*
Der Klingenberger Rote,   *Zu Klingenberg am Main,*
Dran könnte man – o süße Pein –   *Zu Bacharach am Rhein,*
Sich trinken gar zu Tode.«   *Da wächst der beste Wein.*«

Die Ruine der *Klingenburg* darüber stammt in ihren frühesten Teilen aus dem 12. Jh., erhalten haben sich Mauern eines Palas mit filigranen Fensterrahmen aus dem 15. Jh. und

Teile des Berings. Der Blick aus dem Restaurant auf die Stadt zeigt, daß die Mauern der Befestigung Burg und Ort verbanden. Hinter einem Torbau mit Volutengiebeln liegt in der Nordwestecke der Stadtmauer das schmucke dreigeschossige *Stadtschloß* der Renaissance mit doppelläufiger Treppe zum Hof unter dem Kapellenerker (16. Jh.). Die einst offene Halle des *Rathauses* mit Fachwerkobergeschoß von 1561 wurde durch den Einbau eines Ladens geschlossen; das Mainzer Rad deutet an, daß Klingenberg seit 1505 Teil des Kurfürstentums war.

Auch **Wörth** am Main verdankt seine Ursprünge einem römischen Limeskastell und erhielt schon im 13. Jh. Stadtrechte, davon zeugen die Türme und Stadtmauerreste. Nach der besonders schweren Mainüberflutung 1882 legte man auf höherem Grund nach geometrischem Muster **Neu-Wörth** an. Einen guten spätgotischen Flügelaltar vom Mittelrhein (um 1470) und eine hölzerne Kreuzigungsgruppe am Chorbogen (um 1500) nahm man bei dem Umzug in die neue *Pfarrkirche St. Nikolaus* mit. Der alte Ortskern blieb erhalten, so das hübsche *Rathaus* von 1600 mit Erdgeschoßhalle hinter Rundbogentoren, dem vorkragenden, verschieferten Obergeschoß mit Erkerchen und rückwärtigem Treppenturm im Haus. Der Ratssaal neben der historischen Nachtwächterstube ist mit Szenen aus der Geschichte Wörths ausgemalt, sie zeigen unter anderem eine Werft, einen der wesentlichsten Wirtschaftszweige der Stadt. Fast drei Jahrhunderte lang wurden in Wörth bis 1918 hölzerne Schiffe gebaut und auch von ortsansässigen Schiffern gefahren, wobei die Flußschiffahrt freilich ihre eigenen Schwierigkeiten hat. Während man im Mittelalter die Mainschiffe wie auch auf anderen Flüssen weitgehend treideln mußte, also von Pferden oder per Hand mit einem Seil vom Leinpfad auf dem Ufer ziehen, setzten sich später mit der Einführung der Maschinen Schleppkähne durch, die sich zunächst an einer im

Klingenberg. Stich von Eberhard Kieser, 1625

ROMANTIK OHNE NOSTALGIE: WÖRTH, OBERNBURG

Main versenkten Kette, später mit Schaufelrädern und der Schiffsschraube vorwärtsbewegten – auch trotz der fortschreitenden Mechanisierung ein hartes Brot. Den Arbeitsbedingungen der Flußschiffer ist denn auch im *Schiffahrts- und Schiffbaumuseum der Stadt Wörth am Main* in der profanierten St.-Wolfgang-Kirche, deren älteste Teile, wie die Turmuntergeschosse, aus dem 14. Jh. stammen, besondere Aufmerksamkeit gewidmet. Im Langhaus des frühen 18. Jh. haben die Sammlungen mit Schiffbaumodellen und originalen Ausrüstungsgegenständen ihr Domizil gefunden. Endgültig ›vor Anker‹ gingen der alte Flußschlepper ›Pax‹ und die Brücke eines Binnenschiffs im Hof. Das Problem, einen Kirchenraum als Museum zu nutzen, ist hier überzeugend gelöst: Ähnlich Emporen wurden eiserne Stege eingezogen, über dem Chorraum wie durch einen Lettner miteinander verbunden, so daß der Charakter der schlichten barocken Hallenkirche sichtbar bleibt. Und es ist sicher besser, den Bau als historisch gewachsenen Teil des städtischen Ensembles zu erhalten, auch wenn die Kirche nicht mehr benötigt wird, statt sie abzureißen, wie beispielsweise mit der St.-Wendelinus-Kapelle aus dem frühen 17. Jh. im benachbarten Obernburg geschehen. Die *Friedhofskapelle* auf dem Weg dorthin mit dem Chor des 14. Jh. dürfte übrigens die älteste Pfarrkirche Wörths sein. Als Zeugnis der alten Halsgerichtsbarkeit hat sich auf dem Berg südlich der Stadt der alte Galgen mit seinen beiden runden Sandsteinsäulen des 17. Jh. erhalten.

Kaiser Domitian habe ihre Stadt gegründet, scherzen die Bürger von **Obernburg** gern; richtig daran ist allerdings, daß unter Domitian um 83/85 neben anderen im Mittelabschnitt des Limes am Main (im Volksmund auch der ›Nasse Limes‹) das Kohortenkastell *Nemaninga* angelegt wurde. Die strategisch interessante Lage an einer Furt zwischen den beiden Seitenflüssen *Mümling* (links-) und *Elsava* (rechtsmainisch) erkannten auch die Alemannen und eroberten das Kastell (259/60), bis im 4. und 5. Jh. die Franken als neue Herren kamen. Unter dem Regiment des Mainzer Bistums wurde die Siedlung im frühen 14. Jh. ausgebaut und erhielt bereits 1317 Stadtrechte. Noch heute zeichnen sich die alten Wege des Römerlagers und der mittelalterlichen Festung im Straßennetz ab. Fährt man auf Obernburg zu, fallen zunächst die guterhaltenen Tore und Türme mit den Mauern auf, etwa das *Obere Tor* von 1523 mit seinem Uhrtürmchen und Laterne, der quadratische, doppelt zinnenbekrönte *Almosenturm* von 1344 oder der *Hexenturm* mit seinem Verlies; auch hier forderte der Wahn seine Opfer.

Die zentrale Römerstraße führt zum alten *Rathaus* von 1868 in neogotischem Stil mit Treppengiebeln, in ihm und seinem Nebengebäude ist das *Museum Römerhaus* untergebracht ist. Funde aus dem Kastell, wie Reste von Weihealtären, Grabsteinen und -beigaben, Bronze- und Eisengeräte, Waffen, aber auch Artikel des täglichen Gebrauchs vermitteln einen guten Eindruck vom Leben einer Reiterkohorte. Außerhalb der alten Mauern lag die **St.-Anna-Kapelle,** ursprünglich St. Noitburgis, deren Bau mit dem kreuzgratgewölbten Rechteckchor ins 13. Jh. zurückreicht. Wahrscheinlich wurde diese älteste Kirche der Stadt an der Stelle eines Mithrasheiligtums erbaut. Die in Fragen der Religion liberalen Römer tolerierten den Kult dieses Sonnengottes aus Kleinasien. Man fand Fragmente eines dem Mithras geweihten Altars unter dem ehemaligen Hochaltar und mauerte sie in der Chorwand ein. Bei der Renovierung kamen Fresken des 16. Jh. in spätgotischer Manier zum Vorschein: eine Anbetung der hl. Drei Könige, Überreste eines Jüngsten Gerichts mit den Zwölf Aposteln und andere Heiligenfiguren. Ungewöhnlich ist das polygonale Kanzelerkerchen der Außenwand mit Zugang über das Kirchenschiff. Beim Neubau der *Pfarrkirche St. Peter und Paul* 1966 behielt man den spätgotischen Turm von 1581 als isolierten Campanile bei. Die im Kern spätgotische *Pfarrkirche* im Ortsteil **Eisenbach** hat ihre schönen Altäre des Mainzer Spätbarock aus der Zeit ihrer Erweiterung behalten.

Die stattliche *Pfarrkirche* von **Elsenfeld** konnte die Rokokoausstattung ihrer Bauzeit bewahren. Der frühgotische Turm mit seinen Schallöffnungen von *Mariae Himmelfahrt* in **Großwallstadt** wurde in den Neubau des 18. Jh. integriert, ähnlich wie auch im gegenüberliegenden **Kleinwallstadt** fast zeitgleich die frühgotische *Kirche* um einen flachgedeckten Saalbau erweitert wurde. In **Sulzbach** haben sich weite Teile der Ortsbefestigung erhalten; die 1789 im Aschaffenburger Klassizismus errichtete *Pfarrkirche* ersetzt eine Kapelle des 14./15. Jh., deren Turm bestehenblieb. Auch **Niedernberg** erhebt sich über den Resten eines Limeskastells, die Ortsbefestigung stammt teilweise noch aus dem 14. Jh.; 1897 wurde in den Neubau der *Pfarrkirche* der Chor der gotischen Vorgängerkirche von 1461 als Seitenkapelle einbezogen.

Nicht direkt am Mainufer liegt **Großostheim**, doch sollte man diesen kleinen Umweg auf sich nehmen. Die *Pfarrkirche St. Peter und Paul* beherrscht mit ihrer mächtigen Front den weiten Marktplatz. Von der alten Wehrkirche des 13. Jh. bestehen noch der nahezu

Großostheim, Pfarrkirche, Beweinungsgruppe von Tilman Riemenschneider

quadratische frühgotische Chor mit Kreuzrippengewölbe und der Turm. In spätgotischer Zeit Ende des 15. Jh. wurde das Langhaus um die beiden Seitenschiffe vergrößert, zur Barockzeit 1771 erhöht. Diese Bauphasen lassen sich an der Außenwand ablesen. Vor den frühgotischen Turm wurde das barocke Portal gesetzt, der barock geschweifte Giebel mit den Voluten lugt über die barocken Treppenhäuser zu den Emporen, seitlich sind über den gotischen Fenstern der Seitenschiffe die segmentbogigen der barocken Erweiterung.

Im Innern dominiert die Ausstattung des Barock mit wichtigen Zeugnissen älterer Kunstauffassungen. Die Rippengewölbe der Seitenschiffe sind plastisch geschmückt, mit einem Christushaupt, einer Rosette und je einem mittelalterlichen Schild, einer Tartsche, als Symbol der Maurerzunft mit Hammer und Zirkel oder mit einer Schere der Schneider. Die spätgotischen Fresken (um 1500) in den Rippengewölben der Seitenschiffe kamen 1962 zum Vorschein, vermutet werden auch an den anderen Wänden verborgene Malereien. Am bekanntesten ist wohl die *Beweinungsgruppe* Tilman Riemenschneiders im linken Seitenschiff. Nach der Entfernung der späteren weiß-goldenen Fassung kam die fein nuancierte Lindenholzschnitzerei wieder zur Geltung. Wahrscheinlich schuf Riemenschneider die Gruppe um 1515, auf diese Entstehungszeit deuten jedenfalls die breiten Schuhe (›Kuhmäuler‹) des Josef von Arimathäa vorn links und nicht, wie nach einer alten Stiftungsurkunde angenommen, im Jahr 1489 – damals waren spitze Schnabelschuhe in Mode. Auch hier hat Riemenschneider sich vermutlich wieder, wie in der Beweinung von Maidbronn, in der Figur des Nikodemus (rechts hinter Maria mit den Kreuzesnägeln) selbst porträtiert. Vielleicht hat paradoxerweise gerade Riemenschneiders sensibler Realismus dazu beigetragen, daß seine Bildwerke in Vergessenheit gerieten, weil er der Zeitströmung, sakrale Kunstwerke durch prunkvolle Farbfassungen symbolisch zu überhöhen, nicht nachkam. Es ist bezeichnend, daß man wie hier versucht hat, manche seiner Werke dadurch für kirchlichen Gebrauch zu ›retten‹, indem man sie farbig übermalte. Die (wohl nicht vollständige) Gruppe ist ergreifend gestaltet in ihrer Trauer; bemerkenswert bleibt, wie es Riemenschneider gelang, den Figuren über die von der Auslegung des Evangeliums bestimmten Haltungen hinaus individuell-menschliche Züge zu verleihen, deren einfühlsame Gestaltung besonders im Vergleich mit den Gesichtern der Figuren eines spätgotischen Jakobusaltars aus dem späten 15. Jh. deutlich wird, den hll. Jakobus, Barbara, Katharina und Martin mit dem Bettler. Aus der Werkstatt Riemenschneiders stammen auch die beiden Kirchenpatrone Peter und Paul am zweiten und vierten Pfeiler links, der Kruzifixus zwischen beiden entstand etwa 1530. Als Schutzpatron der Winzer trägt St. Urban aus der Zeit der Renaissance (entstanden in der zweiten Hälfte des 16. Jh.) eine Rebe. Etwa 1625 gestaltete Hans Juncker das Taufbecken aus Rotsandstein mit den vier Evangelisten an den Seiten der Säule und dem Engelfries unter dem Rand der Schale.

Schräg gegenüber der Kirche hat in der stattlichen Anlage des ehemaligen **Nöthighofs** das *Bachgaumuseum* sein Heim gefunden. Es dokumentiert an Hand seiner Sammlungen Handwerk und Leben der Region. Als ländlicher Herrensitz entstand der Komplex im 16. Jh. um einen unregelmäßigen Innenhof mit Treppentürmen, einer doppelläufigen Treppe mit Maßwerk und einem Laubengang. Als kostbarste Schätze birgt das Museum zwei kleine spätgotische Flügelaltäre aus der Kapelle der Familie Drippel von 1517, eine der sieben Kapellen, die in und um Großostheim verstreut sind. Die **Kreuzkapelle** an der Straße nach Aschaffenburg von 1513 enthält im 1743 angebauten Chor eine lebensgroße, spätgotische Kreuzigungsgruppe aus Sandstein von Hans Backoffen (um 1513). Anrührend naiv ist die Symbolik ins plastische Bild gesetzt, wie ein Engelchen über dem linken Kreuz die personifizierte Seele des reuigen Schächers in Empfang nimmt. Von der Ortsbefestigung des 15. und 16. Jh. existieren noch das *Pflaumheimer Tor* und der *Hexenturm*.

Wirtschafts- und Kulturzentren am unteren Lauf: Aschaffenburg, Seligenstadt, Hanau, Offenbach

☐ Aschaffenburg

Die gediegene Renaissancefront von Schloß Johannisburg über dem Main, einer ehemaligen Residenz der Mainzer Erzbischöfe und Kurfürsten, dürfte – ähnlich den Schloß- und Festungsanlagen von Koblenz oder Heidelberg – zu den schönsten und beeindruckendsten Ansichten deutscher Städte gehören und zugleich für ausländische Besucher ein Symbol für die Prachtentfaltung der geistlichen und weltlichen Fürstentümer innerhalb des deutschen Reiches sein. Als ›Bayerisches Nizza‹ feierte König Ludwig I. von Bayern die Stadt, deren Wahrzeichen das Schloß im Lauf der Jahrhunderte wurde. Die Anfänge liegen – wie so häufig – im dunkeln. Eine fränkisch-alemannische Ansiedlung ›Ascis‹ um 500, die ein unbekannter Geograph des 7. Jh. in Ravenna in einer Reihe anderer nordbayerischer Städte notierte, dürfte im Bereich der heutigen Stadt zu suchen sein. Auch hat es an der Aschaffmündung im 9. Jh. ein fränkisches Königsgut gegeben. In einer Schenkungsurkunde Kaiser Ottos II. wird dann ›Ascaffinburg‹ 974 erstmals erwähnt. Ursprünglich Teil des thüringisch-fränkischen Herzogtums mit Sitz in Würzburg, gerät die Stadt ab 982 unter die Herrschaft des Erzbistums Mainz, das sie daraufhin als »Rheinfrankens Grenzstadt gegen Ostfranken« ausbaut, wie in den Chroniken wiederholt vermerkt ist.

Um Aschaffenburg als Handelsplatz zu fördern, wurde 989 die erste hölzerne Brücke über den Main geschlagen; man ersetzte sie später durch eine Steinpfeilerkonstruktion. Ab Mitte des 12. Jh. bis 1300 war die Stadt Münzstätte. Einen Rückschlag dieser hoffnungsvollen Entwicklung brachte auch hier das Jahr 1525, als die Bürger sich den Forderungen der Bauern anschlossen; die Stadt verlor deshalb ihre Rechte und Freiheiten. Der erzbischöfliche Landesherr setzte statt dessen die ›Albertinische Ordnung‹ durch, mit der die bürgerliche Selbstverwaltung beseitigt wurde. Doch die entscheidende Zäsur bringt das Jahr 1552, als Truppen des Markgrafen Albrecht Alcibiades von Brandenburg-Kulmbach im ›Markgräflerkrieg‹ die Stadt besetzen, plündern und weitgehend niederbrennen. Auch die gotische Burg fiel damals – mit Ausnahme des Bergfrieds – der Zer-

WIRTSCHAFTS- UND KULTURZENTREN AM UNTEREN LAUF: ASCHAFFENBURG

störung zum Opfer. Ihr neues Gesicht erhielt die Stadt 1605–14 mit der Erbauung des Renaissanceschlosses nach Plänen von Georg Ridinger unter der Herrschaft des Erzbischofs Johann Schweikard von Kronberg. Mit dem Reichsdeputationshauptschluß kam 1803 auch hier das Ende des geistlichen und des Kurfürstentums. Die Stadt wurde zunächst Sitz des Fürstentums Aschaffenburg, dann Teil des Großherzogtums Frankfurt und kam schließlich mit dem Wiener Kongreß zum Königreich Bayern. Gegen Ende des Zweiten Weltkriegs erlitt die Stadt 1944/45 starke Zerstörungen, auch das Schloß brannte weitgehend aus.

Schloß Johannisburg

Erstmals 1122 erwähnt, als ein ›castrum antiquum‹ stärker befestigt wurde, errichtete der Straßburger Baumeister Georg Ridinger auf den Ruinen der gotischen Festung ab 1606 den jetzigen quadratischen Vierflügelbau neu, lediglich der alte Bergfried wurde in die Planung einbezogen. Streng symmetrisch gehalten mit beherrschenden Ecktürmen außen und vier Treppentürmen im Innenhof, ist die Anlage mit ihren Zwerchgiebeln gleichermaßen zur Mainfront und zur Stadt hin ausgerichtet (Farbabb. 17). Die drei Hauptgeschosse aus rotem Sandstein sind durch Gesimse und die Fensterachsen gegliedert, die oberen (niedrigeren) Geschosse der Ecktürme mit vorkragenden Balustraden und niedrigem Achteckgeschoß werden mit laternenbekrönten Hauben abgeschlossen. Den massigen Eindruck verstärkt die mächtige, 20 m hohe Mauer der Mainterrasse. Sie dient der Stabilisierung des Untergrunds und hat ebenso wie der dem Hauptportal vorgelagerte Graben keine Verteidigungsfunktion mehr, wenn diese Elemente freilich auch auf die gotischen

Aschaffenburg mit Schloß Johannisburg, der alten Brücke und der Stiftskirche St. Peter und Alexander. Stich von Matthäus Merian, 1646

Festungsanlagen zurückgehen. Giebel und Türme sind reich mit Pilastern, Konsolen, Obelisken, Muscheln, Voluten, Fensterumrankungen und bauplastischen Elementen wie lachenden Gesichtern und Fratzen dekoriert; in der architektonischen Formensprache deutet sich schon der Übergang zum Barock an. Die bildhauerischen Arbeiten wie das Wappen des Bauherrn und den figürlichen Schmuck der Portale gestaltete Hans Juncker um 1618. Daß dieser Repräsentationsbau nicht billig zu haben war, leuchtet ein. Mit rund 900 000 Rheinischen Gulden verschlang er auch für die damalige Zeit eine beträchtliche Summe. Nach vorsichtigen Schätzungen stammen etwa 10 % dieses Geldes aus Vermögen, die dem Landesherrn aufgrund von Hexenverbrennungen zugefallen waren; Bürger und Bauern mußten Frondienste leisten, und selbstverständlich griff man gern auf das probate Mittel einer zusätzlichen Sondersteuer für die Bürger jüdischen Glaubens zurück. Der äußere Bau war 1614 vollendet, doch die prunkvolle Innenausstattung erforderte ebenfalls Zeit, erst 1616 konnte Erzbischof Johann Schweickard von Kronberg seine neue Residenz feierlich beziehen. Als hilfreich für die Wiederherstellung der ausgebrannten Ruine sollte sich nach 1945 erweisen, daß kein Geringerer als der Baumeister Georg Ridinger selbst noch 1616 die ›Architektur des Maintzischen Churf. neuen Schloßbawes St. Johannspurg zu Aschaffenburg‹ in einer ausführlich mit Stichen illustrierten Beschreibung dokumentiert hatte; das Schloß war sein Lebenswerk, andere bedeutende Bauten von ihm sind nicht bekannt.

Die ursprüngliche Innenausstattung der Renaissance mit Mosaikböden, Stuckdecken und reichem Schnitzwerk, von der die Zeitgenossen schwärmten, wurde schon durch die Umbauten des 18. Jh. zerstört, die klassizistische verbrannte weitgehend im Krieg, wurde inzwischen wiederhergestellt und mit dem (ausgelagerten) Mobiliar komplettiert. An die Erbauungszeit erinnert aber noch die einschiffige *Schloßkapelle* mit ihrem Netzgewölbe. Den prunkvollen *Hochaltar* aus schwarzem und achatfarbenem Marmor mit seinen alabasternen Darstellungen – Kreuzigungsszene und Passionsreliefs, umgeben von reichem Figurenschmuck – vollendete Hans Juncker 1614. Der Altar stellt eines der bedeutendsten Werke deutscher Plastik aus dieser Zeit dar; fast aufwendiger noch als das Material ist seine Ausführung mit rund 150 vollplastischen wie auch als Relief gestalteten Figuren, die

WIRTSCHAFTS- UND KULTURZENTREN AM UNTEREN LAUF: ASCHAFFENBURG

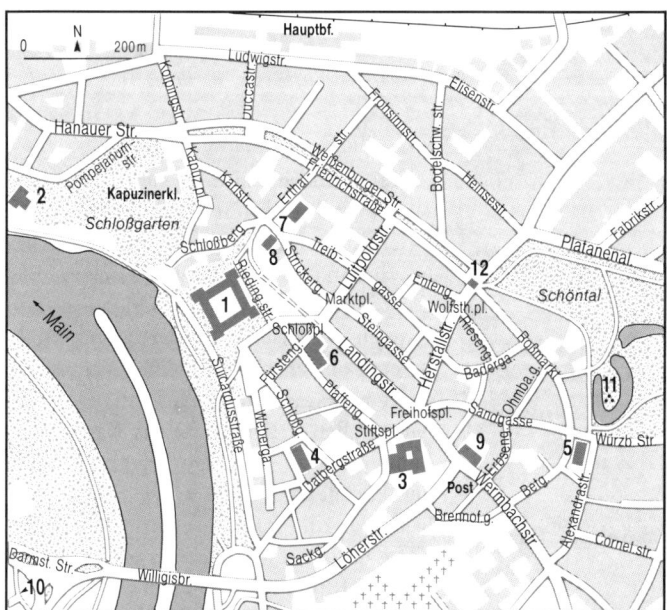

Aschaffenburg
1 Schloß Johannisburg mit Schloßmuseum und Staatsgalerie Aschaffenburg
2 Pompejanum
3 Stiftskirche St. Peter und Alexander
4 Muttergottespfarrkirche
5 Sandkirche
6 Jesuitenkirche
7 St. Agatha
8 Bechtoldsches Haus
9 Ehem. Schönbornscher Hof (Stadtarchiv und Naturwissenschaftliches Museum)
10 Schloß und Park Schönbusch
11 Kirche zum Hl. Grab (Ruine)
12 Herstallturm

den gesamten Kirchenraum bis unter die Wölbung ausfüllt. Während die Figur Christi im Krieg zerstört wurde, blieb das Bildnis des Bauherrn rechts daneben erhalten. Es zeigt den Erzbischof, der stolz ein Modell seines Schlosses präsentiert. Obwohl Assistenzfigur, ist er größer als der Gekreuzigte; als Kirchenfürst des frühen Absolutismus war er sich seiner weltlichen Macht bewußt und wollte sie zum Ausdruck bringen. In mühseliger Kleinarbeit wurde der Altar ebenso wie Junckers prächtige Renaissancekanzel von 1618 aus rötlichem Marmor nach 1945 aus den verbliebenen Bruchstücken restauriert. Sie zeigt in den Nischen des Schafts Moses (mit den Gesetzestafeln), David und Salomon. Den Korpus zieren die Kirchenväter, Christus als Weltenlehrer, die vier Evangelisten sowie Petrus und Paulus als Reliefs und Vollplastiken, dekoriert mit Engelchen, Blumenranken und anderem Schmuckwerk.

Neben dem städtischen *Schloßmuseum* mit seinen Sammlungen zur Geschichte des Schlosses wie der Stadt und zur bürgerlichen Wohnkultur, von Arbeiten aus Zinn, Silber, Keramik, Glas und Fayencen sowie Gemälden, etwa von dem 1880 in Aschaffenburg geborenen Ernst Ludwig Kirchner, beherbergt das Schloß die *Staatsgalerie Aschaffenburg*, eine Filiale der Bayerischen Staatsgemäldesammlungen mit rund 400 Gemälden vor allem des 17. und 18. Jh. aus Deutschland und den Niederlanden, darunter Werke von Lucas Cranach, Hans Baldung Grien, Adriaen Brouwer und Joos de Momper. Auch die *Hofbibliothek* mit ihren wertvollen Handschriften und alten Wiegendrucken zählt zu den kunst- und kulturhistorischen Schätzen, die im Schloß untergebracht sind. Das *Carillon* im Ostturm des Schlosses mit seinen 48 Glocken dürfte das meistbespielte Glockenspiel Deutschlands sein. Das Instrument in 62 m Höhe verfügt über vier chromatische Oktaven, ohne das tiefe Cis. In der Turmhaube unterhalb der Laterne mit den Glocken ist der Spieltisch für den Carillonneur untergebracht. Über einen Computer können 36 der Glocken auch automatisch gespielt werden; täglich um 9.05, 12.05 und 17.05 Uhr ist ihr Klang weit über den Schloßbereich hinaus zu vernehmen.

Nur wenige Minuten vom Schloß entfernt liegt mainabwärts das **Pompejanum**, das 1840–48 von Friedrich von Gärtner für König Ludwig I. von Bayern frei nach dem Vorbild des Hauses des Kastor und Pollux in Pompeji errichtet wurde. Von seiner Terrasse aus, unter der übrigens der bekannteste Frankenwein der Stadt, der ›Aschaffenburger Pompejaner‹ angebaut wird, genießt man einen unvergleichlichen Blick auf den Main und das Schloß mit Teilen der Stadt im Hintergrund. Auch das Pompejanum mit seinem Atriumhof, den Fußbodenmosaiken und Wandgemälden wurde im Krieg schwer beschädigt und ist inzwischen restauriert.

St. Peter und Alexander

Im Mittelalter entwickelte sich die Stadt zwischen drei Polen: dem Schloß, der Mainbrücke und dem Stift St. Peter und Alexander, dessen markante Turmspitze mit dem gotischen Oktogon aus dem 15. Jh. über dem quadratischen Unterbau des 14. Jh. aus der Altstadt aufragt. Bereits Mitte des 10. Jh. wurde das Stift durch Herzog Luidolf von Schwaben und seine Gemahlin Ida gegründet. Die Baugeschichte und mehr noch die Anlage der romanischen dreischiffigen Basilika mit Querhaus im Osten und einschiffigem Rechteckchor mit hohen frühgotischen Kreuzrippengewölben ist zunächst etwas verwirrend, denn die Kirche wendet dem Besucher über der doppelläufigen barocken Freitreppe des Johann Schuller von 1723 und den vorgeblendeten neogotischen Giebel der Maria-Schnee-Kapelle von 1870 ihre Nordwestecke zu. Die Kreuzigungsgruppe über der Treppe schuf Anton Wermerskirch 1699. Dahinter gelangt man in die kreuzgangartige Vorhalle, genannt ›Paradies‹, mit dem bemerkenswerten spätromanischen Westportal des frühen 13. Jh.: Jesus als Weltenrichter thront zwischen den hll. Peter und Alexander inmitten eines reichen rankengeschmückten Bogenfrieses.

Die Westempore im Langhaus entstand im 17. Jh. unter Verwendung prunkvoller romanischer Säulen. Für die *Maria-Schnee-Kapelle* mit ihrem spätgotischen Netzgewölbe schuf Mathis Gothart Nithart Grünewald 1516 den ursprünglichen Marienaltar, dessen Hauptwerk, die Madonna, bereits im 16. Jh. zunächst nach Mergentheim weggegeben wurde und inzwischen als ›Stuppacher Madonna‹ (nach ihrem jetzigen Ort) Berühmtheit erlangte. Die Kopie im originalen Rahmen (signiert: MGN – Mathis Gothart Nithart = Grünewald) von Christian Schad erinnert daran. Verblieben ist in der Stiftskirche allerdings Grünewalds ›Beweinung Christi‹, um 1525 als Predella eines verschollenen Passionsaltars entstanden. Unsicher ist, ob die Farbfassung des gotischen Taufsteins von Konrad von Mosbach (1487), eines zwölfseitigen Pokals, mit seinem Maßwerk und Engeln ebenfalls von Grünewald stammt, wie der urkundlich als Maler genannte ›Meister

Aschaffenburg. Stiftskirche St. Peter und Alexander. Stich von J. Poppel, um 1850

Mathis‹ nahelegen könnte. Zu den bedeutenden alten Kunstschätzen der Stiftskirche gehört der romanische Kruzifixus in seiner originalen Farbfassung aus dem Anfang des 12. Jh. Der Hochaltar, eine Baldachinkomposition auf vier Marmorsäulen, entstand 1771/72 nach Entwürfen von Johann Michael Henle aus Mainz. Den Magdalenenaltar vollendete der Aschaffenburger Hans Juncker 1620 aus Alabaster und schwarzgrauem Marmor. Die Kanzel von 1602 ist ebenfalls ein Frühwerk dieses Künstlers, der zu den wichtigsten Bildhauern der deutschen Spätrenaissance zählt. Weil ihr Aufbau aus Sandstein, Marmor und Alabaster im Krieg erheblich beschädigt wurde, mußte man sie aufwendig restaurieren. Über den Pfeilerfiguren St. Peter, Alexander und Andreas wechseln am Korpus Flachreliefs (Samson und die Türflügel von Gaza; Christus in der Vorhölle; Auferstehung und Jonas mit dem Walfisch) mit den Figuren Christi und der vier Evangelisten ab. Darüber neigen sich die vier lateinischen Kirchenväter. Korpus und Säule sind aufwendig mit Engelmotiven, Girlanden und allerlei anderem Zierwerk geschmückt. Aus der Werkstatt Lucas Cranachs stammen gleich mehrere der Gemälde der Stiftskirche, so die Auferstehung Christi und Erlösung der Gerechten aus der Vorhölle (um 1520), eine Darstellung des hl. Valentin und als Flügel eines nicht erhaltenen Altars Katharina/Margarete und Barbara/Agnes. Zum Teil kamen diese Arbeiten Cranachs und seiner Schüler mit der Halleschen Kunstsammlung des Kardinals Albrecht von Brandenburg (1514–45) wegen der Reformation hierher. Sein Prunkgrabmal mit Baldachin als gleichzeitiger Erzbischof von Mainz und Magdeburg war ebenfalls für das von ihm gegründete Stift St. Erasmus und Mauritius in Halle/Saale gedacht und wurde in der Nürnberger Werkstatt von Peter und Hans Vischer in Bronze gegossen. Von den zahlreichen bedeutenden Epitaphien seien noch hervorgehoben die Renaissancedenkmäler für Georg von Liebenstein († 1533) von Moritz Lechler und Wolf Beheim († 1539) von Endres Wolf, die beide in ihrem detailliert ausgeführten Harnisch gezeigt werden, und das Grabmal von Heinrich Philipp Sommer für den letzten Mainzer Kurfürsten Friedrich Karl von Erthal († 1802), der mit dem Bau von Schloß Schönbusch und der Anlage des Parks begann: Der sterbende Kirchenfürst wird in einer Allegoriengruppe mit den Genien der

Religion und der Unsterblichkeit gezeigt, seine Verdienste werden im ›Buch der Geschichte‹ notiert.

An das nördliche Querhaus schließt sich der in der ersten Hälfte des 13. Jh. entstandene spätromanische *Kreuzgang* an, dessen Kapitelle mit Knospen und Blattwerk in Gestaltung und Thematik bereits Elemente der frühen Gotik vorwegnehmen. Der Stiftsschatz überstand die Jahrhunderte nicht ungeschmälert, und doch hat sich eine ganze Reihe äußerst wertvoller und auch kunsthistorisch bedeutender Zeugnisse erhalten, wie die beiden kostbaren spätgotischen, als Büsten gestalteten Reliquiare der Kirchenpatrone St. Alexander und St. Peter. Das *Stiftsmuseum* im ehemaligen Stiftskapitelhaus, entstanden im 12. bis 19. Jh., widmet sich vorwiegend kirchlicher Kunst seit dem Mittelalter. Altäre, Skulpturen, Gemälde, Paramente und Zeugnisse religiöser Volkskunst haben hier einen würdigen Ausstellungsort gefunden.

Schwer in Mitleidenschaft gezogen wurden auch Aschaffenburgs weitere Kirchen durch den Krieg. Als älteste Pfarrei der Stadt wurde schon 1191 die Vorgängerin der Pfarrkirche ›Unserer Lieben Frauen‹ geweiht, kurz auch **Muttergottespfarrkirche**. Von diesem ersten Bau hat sich jedoch nur ein romanisches Tympanonrelief aus rotem Sandstein erhalten. Es zeigt eine gekrönte Maria mit dem Knaben, flankiert von den hll. Katharina und Johannes, und ist innen unter der Orgelempore eingelassen. An Älterem überkam aber auch der Turm mit seinen frühgotischen Obergeschossen neben dem barocken Neubau des Franz Bockorny von 1768, einem durch Doppelpilaster gegliederten Saalbau mit eingezogenem Chor. Der elegant geschwungene Baldachinaufbau des Hochaltars und die Kanzel stammen aus dieser Zeit. Die vorschwingende Fassade ist mit Pilastern, Segment- und Dreiecksgiebeln, Figuren der Immakulata, der hll. Josef und Nepomuk, den Wappen des Stifters der Kirche, Pfarrer Christian Stadelmann, und des Erzbischofs Emmerich Joseph von Breidbach-Bürresheim reich gestaltet.

Die barocke **Sandkirche** von 1756/57 nutzt als Glockenturm den *Sandtorturm* der gotischen Stadtbefestigung, der um Glockengeschoß und Kuppel erhöht wurde. Das Gnadenbild, eine einfache frühgotische Pietà aus dem Anfang des 15. Jh. in alter Fassung, verliert sich fast in dem prächtigen barocken Hochaltar.

Mit dem Bau der **Jesuitenkirche** wurde 1619 begonnen, nach Plänen, die Georg Ridinger lieferte und sein Nachfolger Mathias Erb weiterentwickelte. Mit deutlichen Anklängen an die deutsche Renaissance – wie dem Schloß vis-à-vis – entstand hier als eine der ersten in Deutschland eine Kirche im Stil des römischen Barock. Wie die ehemaligen Kollegiengebäude stark beschädigt, wurde sie als Ausstellungs- und Konzertraum wieder errichtet. Von der ursprünglich außerhalb der alten Stadt gelegenen *Pfarrkirche St. Agatha* blieb nach dem Krieg nur der gotische Polygonchor des 15. Jh.

Gegenüber in der Strickergasse ist das schmale **Bechtoldsche Haus** mit seiner verspielten Rokokofassade und deren klassizistischen Einsprengseln (um 1730) ein Beispiel für die Schmuckliebe auch einfacher Bürger. Eine ganze Reihe sorgsam verzierter Bauten (fast) aller Stilepochen findet man im Gebiet der Altstadt verstreut, etwa die Fachwerkhäuser in der *Pfaffengasse*, der *Metzgergasse*, der *Dalbergstraße* oder der *Schloßgasse*.

WIRTSCHAFTS- UND KULTURZENTREN AM UNTEREN LAUF: SELIGENSTADT

Ungleich prächtiger sind natürlich die Stiftshöfe vor der Westfront von St. Peter und Alexander. Der ehemals **Schönbornsche Hof**, eine repräsentative barocke Dreiflügelanlage um einen trapezförmigen Hof mit Ecktürmchen an der Front aus dem letzten Drittel des 17. Jh., dient heute als *Stadtarchiv* und *Naturwissenschaftliches Museum* (Wermbachstr. 15).

Auf dem linken Mainufer korrespondiert in Sichtweite des Schlosses Johannisburg der englische Landschaftspark von **Schloß Schönbusch** mit der Erzbischöflichen Residenz. An der Stelle eines Wildparks der Erzbischöfe baute Emanuel Joseph von Herigoyen 1778–82 für den letzten Mainzer Kurfürsten und Erzbischof Friedrich Karl von Erthal das zweigeschossige Schlößchen à la mode des frühen Klassizismus: ein schlichter Rechteckbau mit vortretendem Mittelteil und Mezzanin unter einer Baluster- und Friesbekrönung, innen von vornehm zurückhaltender Eleganz der Stukkaturen des Johann Peter Metz und Franz Josef Walter, im wesentlichen eingerichtet mit Mobiliar und Lüstern des Louisseize-Stils. Neben der Landschaftsarchitektur ist der **Park** von einer ganzen Reihe kleinerer Bauten gestaltet: den *Speisesaal* von 1792 mit seinem Grundriß eines an vierblättrigen Klee erinnernden Konchenquadrats, den *Freundschaftstempel*, den Rundtempel *Monopteros*, den *Nilkheimer Pavillon* und die *Nilkheimer Kapelle,* das *Philosophenhaus,* das herrschaftliche *Salettchen* und verbunden damit ein *Dörfchen* als Gruppe kleiner Bauernhäuser nebst *Wacht* genannter Hirtenhäuser für das Personal als ländliche Staffage; man liebte schließlich, Rousseau verbunden, die (wenn auch künstlich geschaffene) Natur und orientierte sich an dem für Königin Marie-Antoinette in Versailles errichteten ›Hameau‹ ihres Petit Trianon... Und natürlich durfte im Schloßpark des Erzbischofs die *Orangerie* nicht fehlen oder eine *Kaskade* am Ende des Kanals und ein *Aussichtsturm*.

Dem Zeitgeschmack des Kirchenfürsten hätte sicher auch eine Ruine im Park entsprochen. Voilà: Während man sich in anderen Gärten mühsam mit eigens errichteten Trümmern begnügen mußte, gab es in Aschaffenburg dank des Markgräflerkrieges (1552) noch die malerisch aufragenden originalen Mauern der **Kirche zum Heiligen Grab** (1534–44) – die allerdings im (ehemaligen Tier-)*Park Schöntal* zu finden sind, rechts des Mains nur wenige Schritte außerhalb der Altstadt, und noch etwas weiter (am Rand der *Fasanerie*) thront auf dem *Godelsberg* schließlich die *Ruine Kippenburg*.

☐ Seligenstadt

Seine – salopp gesagt – Schokoladenseite bietet Seligenstadt dem, der sich mit der Fähre gemächlich übersetzen läßt. So hat man Zeit, das Panorama zu genießen: die Türme der Einhardsbasilika und die im Volksmund ›rotes Schloß‹ genannten Mauerreste mit ihren staufischen Rundbogenfenstern, in einem Zinsbuch 1391 noch als ›keysirhus‹ bezeichnet – die stattliche Mainfront der *Kaiserpfalz*. Seligenstadt erlebte eine bewegte Geschichte. Funde der vorgeschichtlichen Frühzeit belegen eine Siedlung im Westen der heutigen Stadt. Etwa im Bereich des heutigen Marktplatzes befand sich ein um 100 unter dem römischen Kaiser Trajan angelegtes Kohortenkastell mit Siedlungen im Westen und Osten, das im 3. Jh. von den Alemannen erobert wurde. Über den Lagerdörfern und der

Trümmerfläche des Kastells entwickelte sich ›Mulinheim im Moynecgowe‹ (Mühlheim im Maingau), ein fränkisches Königsgut, das Kaiser Ludwig der Fromme im Jahr 815 dem Gelehrten und Baumeister Einhard, einem Vertrauten und Biographen seines Vaters, Karls des Großen, schenkte. Der Ort entwickelte sich zur Wallfahrtsstätte, weil Einhard 828 die Gebeine der römischen Märtyrer Marcellinus und Petrus hierher bringen ließ. So wurde ›Mulinheim‹ um 840 zu ›Saligungstat‹, einer Stätte, von der die Wallfahrer Glück und Heilung erhofften. In Seligenstadt verfaßte Einhard sein wichtigstes Werk, die ›Vita Karoli Magni‹, die erste bedeutende Herrscherbiographie des Mittelalters. Fundamentreste im Main deuten darauf hin, daß es damals oder bereits in römischer Zeit eine Mainbrücke gab. Einhard gründete ein Benediktinerkloster, das 1045 Markt- und Münzrecht erhielt und 1063 in den Besitz der Erzbischöfe von Mainz kam. Bestandteil von Kurmainz blieb Seligenstadt dann bis 1803, als es schließlich Hessen zugeordnet wurde.

Aufgrund der günstigen Verkehrslage entwickelte die Stadt sich zu einem wichtigen Umschlagplatz, in erster Linie für Wein und Wolle. In unsicheren Zeiten, als Räuber die Handelszüge gefährdeten, entstand das Geleitwesen. Seligenstadt bot den Kaufleuten aus Nürnberg oder Augsburg auf ihrem Weg nach Frankfurt bis vor die Messestadt bewaffnetes Geleit an, gegen Bezahlung, versteht sich (aber der Verlust der Waren war schließlich auch nicht billig). Und die Kaufleute schlossen sich mit ihren Planwagen zu Konvois zusammen. Wer an diesen Gruppenreisen teilnehmen wollte, mußte seine Aufnahme mit einem Initiationsritus erkaufen, dem Löffeltrunk. Der Neuling bekam einen großen hölzernen Löffel an einer Kette um den Hals gehängt, der gut einen Liter (!) Wein faßte – und hatte den in einem Zug zu leeren; Claas Störtebeker läßt grüßen ... Das Ergebnis dieser Probe echt ›teutscher‹ Manneskraft wurde – falls der Kandidat das dann auch noch konnte – unter Angabe der Zeugen getreulich protokolliert; die Eintragungen in den Seligenstädter ›Löffelbüchern‹ reichen bis ins 17. Jh. zurück. Schäden erlitt die Stadt im Markgräflerkrieg 1552 und während des Dreißigjährigen Krieges, vom Zweiten Weltkrieg blieb sie dagegen verschont. Um 1433 wurde hier Hans Memling geboren, der sich in Brügge zu einem der bedeutendsten niederländischen Maler entwickeln sollte; vorübergehend war auch Mathias Nithard Grünewald wohnhaft in der Stadt.

Hohen Besuch sahen die Bürger 1188. Kaiser Friedrich I. Barbarossa hielt hier mit seinen Söhnen Heinrich und Konrad Hoftag und verlieh Seligenstadt wohl damals die Stadtrechte; eine glanzvolle Sternstunde – danach verfiel Seligenstadt wieder in die beschauliche Ruhe eines Landstädtchens, der es allerdings wohl zu verdanken hat, daß sich die mittelalterliche Bausubstanz so unbeschädigt erhalten hat. Bummelt man heute durch die verwinkelten Gassen mit ihren Fachwerkhäusern, dann mag man kaum glauben, daß hier einmal Fragen der Reichs-, mehr noch: europäischen Geschichte entschieden wurden. Zu jener Zeit existierte ein bereits 1266 erwähntes ›castrum‹. Es dürfte sich um den Bau gehandelt haben, dessen Ruine mit heute an der Mainfront aufragt. Als man vor wenigen Jahren das **Romanische Haus** (Große Rathausgasse 5) restaurierte und anhand der Baumringchronologie das Alter der Bauhölzer feststellte, erkannte man, daß es um 1187 errichtet wurde; dort fand man dieselben Stilelemente wie in der Pfalzruine. Dieses älte-

WIRTSCHAFTS- UND KULTURZENTREN AM UNTEREN LAUF: SELIGENSTADT

Seligenstadt, Einhardsbasilika mit den Gebäuden der ehem. Benediktinerabtei

ste erhaltene Gebäude Seligenstadts beherbergte zeitweilig die Vogtei, das Rathaus (darauf deutet auch die alte Katasterbezeichnung vor der offenen Halle mit den Rundbogen hin, ›Im Rath‹), und war die älteste nachweisbare Synagoge der jüdischen Gemeinde Seligenstadts, bevor sich die Bürger jüdischen Glaubens wegen der Verfolgung durch ihre christlichen Nachbarn ins damals wohl liberalere Frankfurt zurückzogen. Während das steinerne romanische Haus, wenn auch arg verbaut, die Jahrhunderte mitsamt der Innenausmalung von 1595 relativ unbeschadet überstand, verfiel die staufische *Kaiserpfalz* nach einem Brand und wurde schließlich als Steinbruch benutzt. Daß die Mainfront mit ihren Blattkapitellen, Tympanon und Kleeblattbogen in filigraner Steinmetzarbeit erhalten blieb, ist nur der Tatsache zu verdanken, daß man sie 1463 in die Stadtbefestigung einbezog, ähnlich wie in Trier ein Teil der Apsis der römischen Kaiserthermen im Mittelalter als Stadttor diente... Auf dem recht genauen Kupferstich Mathäus Merians von 1646 ist jedenfalls im Bereich der durchgehenden Stadtmauer kein vollständiges repräsentatives Gebäude mehr zu erkennen, das man als das ehemalige Palatium identifizieren könnte, wohl aber der hohe Treppengiebel des *gotischen Hauses* daneben (um 1480).

Auch eine recht genaue Wiedergabe des Abteibezirks hat Merian überliefert. Zusätzlich zu der bestehenden Laurentiuskapelle ließ Einhard für seine Reliquien eine ›basilika nova‹ errichten, die bis 1812 Pfarrkirche von Seligenstadt bleiben sollte; die beiden mittelalterlichen Kirchen wurden allerdings leider in der ersten Hälfte des 19. Jh. abgerissen.

Erhalten blieb aber die monumentale **Einhardsbasilika** der ehemaligen Benediktinerabtei St. Marcellinus und Petrus, wenn Einhards romanische dreischiffige Pfeilerbasilika samt karolingischer Ringkrypta und Querhaus aus dem 9. Jh. auch einige bauliche Veränderungen erfahren hat. So wurde im 13. Jh. der gotische Chor hinzugefügt, die Kleeblatt- und Fächerbogen der Blendarkaden in Vorchor und Apsis nehmen das karolingische Rundbogenmotiv des Langhauses auf. Gleichzeitig entstand der oktogonale Vierungsturm mit seinem überhöhten Gewölbe. Nach den Schäden des Dreißigjährigen Krieges lag es nahe, die Basilika im Geschmack der Zeit zu barockisieren. So wölbte man die ursprünglich flache Langhausdecke ein und brach größere Fenster in die Wände. Außen bekam der Vierungsturm seine durchbrochene glockenförmige Haube. Die Westfront zwischen den romanischen Türmen erhielt eine breite Treppenanlage und einen Portalaufbau, wie auch die Nordseite mit einem barocken Portal geschmückt wurde. Die beiden Portale wurden Ende des letzten Jahrhunderts entfernt und zieren jetzt – ein wenig überdimensioniert – die *Wendelinuskapelle* und die *Noth-Gottes-Kapelle* auf dem Friedhof, als man die barocken Eingriffe weitgehend rückgängig machte und die Kirche durch eine neoromanische Umgestaltung in ihren ursprünglichen Zustand des 9. bis 13. Jh. zurückzuversetzen versuchte. Damals entstanden die offene Vorhalle und die historisierende Westfassade.

Von der barocken Umgestaltung hat sich die Inneneinrichtung weitgehend erhalten, die Altäre schuf Burkhard Zamels nach Entwürfen des Mainzer Hofbaumeisters Maximilian von Welsch, der monumentale Barocksarkophag des Stifterpaares Einhard und Imma entstand 1722. Daß die Basilika (auch) aus dem Schutt der römischen Lager entstand, sieht man übrigens noch am Fragment eines römischen Inschriftsteins (über dem Mauerpfeiler rechts neben der Kanzel) und an mehreren unverputzten Stellen, an denen römische Flachziegel und passend gebrannte des Mittelalters zu erkennen sind. Doch die ehemalige Abtei besteht nicht nur aus der Kirche. Erhalten haben sich auch die *Prälatur* von 1699 mit prächtig stuckiertem Kaisersaal und Kaiserkabinett und der üppig ausgemalten Bibliothek, der *Konventsbau* von 1685 mit stuckiertem Refektorium (1730), das *Sommerrefektorium* aus der ersten Hälfte des 11. Jh. mit seiner um 1725 überzeugend gemalten Scheinarchitektur

Seligenstadt, Einhardhaus mit der Büste Einhards am Eckerker

im tonnenüberwölbten Saal, die alte *Klostermühle* von 1574 mit neu installierten Wasserrädern, die *Orangerie* von 1760, die alte *Klosterküche* mit ihrem hohen gotischen Rauchfang und der Rest des *Kreuzgangs* aus dem 18. Jh. Von dem barocken Torhaus blieb nur das Portal. Ebenfalls zum Komplex des Klosters gehört das 1707 in der Art einer Wasserburg errichtete *Gartenschlößchen* mit seiner Zugbrücke und Eckturmchen inmitten von Fischweihern. Zwischen der Abtei und der alten Stadt lag der *Freihof*, der Schutz vor Waffengewalt bot und zum Immunitätsgebiet des Klosters gehörte.

Der *Marktplatz* mit seinen Fachwerkbauten ist eine Sehenswürdigkeit für sich. Das alte *Rathaus* von 1539 wurde zwar 1823 durch einen klassizistischen Bau ersetzt, erhalten hat sich aber eine ganze Reihe wahrer Kleinodien fränkischer Zimmermannskunst. Stellvertretend sei hier das **Einhardhaus** von 1593 am Markt (Aschaffenburger Str. 1–3) mit seinem Eckerker erwähnt. Daran findet sich die Umschrift: »Selig sei die Stadt genannt, da ich meine Tochter wiederfand!« – als Erinnerung an eine Legende über den Ursprung der Umbenennung Mulinheims in Seligenstadt. Einhard habe Karls des Großen Tochter geliebt, begehrt und – mit ihrer Einwilligung! – aus Angst vor dem kaiserlichen Vater entführt, und der glückliche Karl habe sie hier wohlbehalten wieder in die Arme schließen können – und noch heute schaut ein hölzerner Einhard aus einer Öffnung des Erkers sorgenvoll aus nach dem Kaiser ... Diese Darstellung geht auf eine Aufzeichnung des Lorscher Codexes zurück und profaniert als lebendiger Volksglaube die religiöse Deutung. – Von der Stadtbefestigung haben sich weite Teile erhalten, darunter außer den mainseitigen Wehrtürmchen der *Steinheimer Torturm* von 1603 mit seinem mehrfach gestuften Haubenhelm über einer gotisierenden Brüstung.

Das **Museum Großauheim** im ehemaligen *Elektrizitätswerk* von 1906 verrät durch Gebäude und Adresse (Pfortenwingert 4) unwillkürlich schon sein Programm: Es präsentiert Landwirtschaft und Handwerk und deren Veränderung unter dem Einfluß der Industrialisierung. Bäuerliche Hauswirtschaft, eine Schmiede und die heute schon archaisch anmutende Maschinenhalle mit Transmissionsriemen sowie ein Dreschkastenlokomobil dokumentieren, wie unendlich mühsam der technische Fortschritt erarbeitet werden mußte. Am Main erhebt sich malerisch die 1905 in neoromanischem Stil erbaute *Kirche St. Paul*, außerdem hat sich der Rest eines alten *Zollturms* erhalten (heute im Biergarten Engel). Die *Pfarrkirche St. Jakob* aus dem 18. Jh. hat den im Kern mittelalterlichen Turm ihrer Vorgängerin integriert.

Wehrhaft war auch **Steinheim,** das 1320 Frankfurter Stadtrecht erhielt. Davon zeugt der mächtige runde *Bergfried* (um 1430) mit seinen Erkertürmchen auf dem Zinnenkranz der einst gotischen Burg über einer Anhöhe am Main. Die Burg, 1223 erstmals genannt und wohl rund 100 Jahre eher begonnen, kam 1425 in den Besitz der Mainzer Erzbischöfe und wurde als Sommerresidenz im Lauf der Jahrhunderte mehrfach umgebaut, zuletzt 1804 nach der Säkularisation für Prinz Georg von Hessen in klassizistischem Stil. Die Basaltsteinbrüche belieferten wohl schon ein Limeskastell und die römische Brücke (Fundamentreste im Fluß). Auch der Turm (1449) der *Pfarrkirche St. Johann Baptist* läßt fast mehr an einen Wehr- als an einen Sakralbau denken, der gotische Chor mit seinem schönen Netzgewölbe entstand 1509. An die kurmainzische Zeit erinnern außer dem *Amtshaus* auch die Ökonomiegebäude: *Kellereihof* mit *Zehntscheuer, Brauhaus* und *Fronhof* mit Wappensteinen des 16. und 17. Jh. Eine ganze Reihe guter Fachwerkbauten hat ihr mittelalterliches Gepräge bewahrt.

☐ Hanau

Alte Stiche zeigen eine mächtige Stadt mit hochaufragenden Türmen von Schloß und Kirchen – von all dem ist nur wenig geblieben. Im Krieg wurde die Hanauer Innenstadt zu mehr als 86 % zerstört, die Industrieanlagen, alle wichtigen Versorgungseinrichtungen, sogar die Kanalisation waren zerbombt. Und zu allem Überfluß hatten die deutschen Truppen bei ihrem Rückzug die Brücken über den Main sowie den Viadukt am Hauptbahnhof gesprengt. Allein bei dem Luftangriff des 19. März 1945 kamen etwa 2 550 Menschen ums Leben. Also ging es nach dem Kriegsende darum, rationell und auch durch Improvisation den Überlebenden neue Lebensgrundlagen zu schaffen. So präsentiert Hanau sich heute als weitgehend neu errichtete Stadt, in der einzelne verstreute Baudenkmäler an die Geschichte erinnern.

Strategisch günstig muß schon den Römern der Platz erschienen sein. Sie errichteten rechts des Mains im Bereich des heutigen *Kesselstadt* eines ihrer größten Steinkastelle. Um 1100 gab es dann im Zusammenfluß von Kinzig und Main die erste Wasserburg, die ›Hagenowa‹, als Sitz der Mainzer Vögte. Um die Burg entwickelte sich die mittelalterliche Siedlung *Kinzdorf*. Südlich schloß sich die spätere Altstadt an, deren Befestigung und

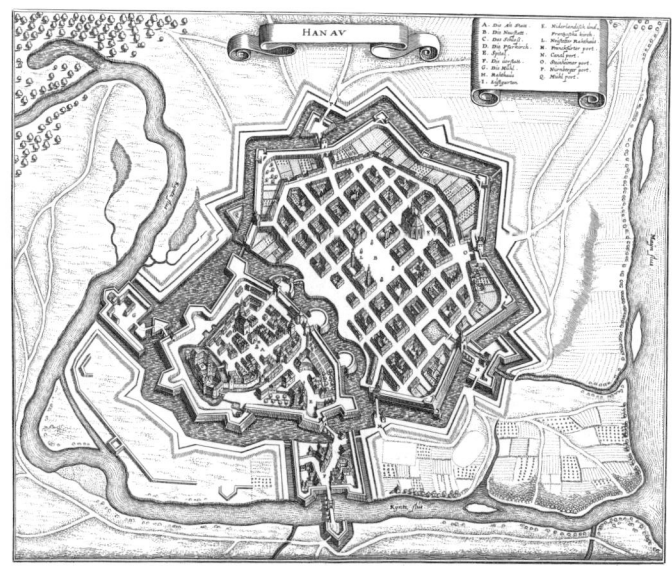

Hanau aus der Vogelschau. Stich von Matthäus Merian, 1646

WIRTSCHAFTS- UND KULTURZENTREN AM UNTEREN LAUF: HANAU

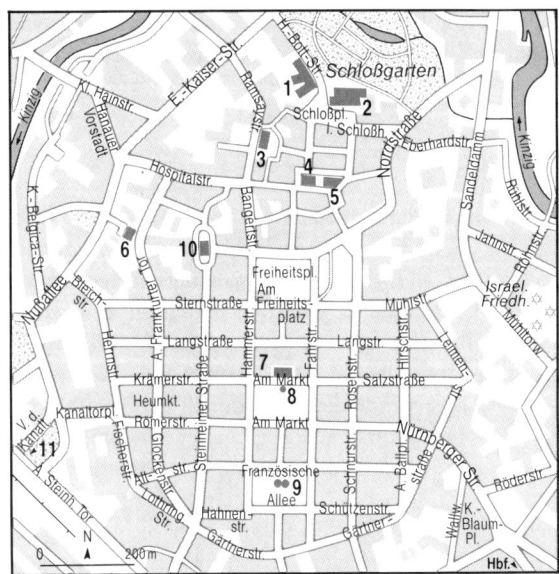

Hanau
1 Städt. Kulturamt
  (ehem. Schloßbau)
2 Stadthalle
  (ehem. Schloßbau)
3 Johanniskirche
4 Altstädter Rathaus
  (Deutsches Goldschmiedehaus)
5 Marienkirche
6 Frankfurter Tor
7 Neustädter Rathaus
8 Denkmal der Gebrüder Grimm
9 Wallonische und Niederländische Kirche
10 Katholische Pfarrkirche
11 Schloß Philippsruhe
   (Museum Hanau)

Stadtrechte im frühen 14. Jh. erwähnt werden. Ende des 16. Jh. wird das reformierte Bekenntnis eingeführt und zur Aufnahme wegen ihres Glaubens vertriebener Wallonen und Niederländer die selbständige Neustadt mit ihrem quadratischen Grundmuster innerhalb befestigter Wälle entworfen; noch heute ist der geometrische Charakter, verglichen mit der aus dörflichen Strukturen gewachsenen Altstadt, zu erkennen. Dank der Neuzuwanderer und ihrer Fähigkeiten nimmt die Doppelstadt nun einen raschen Aufschwung: Goldschmiede, Textilverarbeitung und die erste deutsche Fayencemanufaktur von 1661 tragen zum Wohlstand bei. Symbol der friedlichen Koexistenz zu allgemeinem Nutzen wird die Wallonisch-Niederländische Doppelkirche unter dem gemeinsamen Dach: »Beijde spraaken onder eene Kappe«, wie die Neubürger sagen. Der Dreißigjährige Krieg bringt die Bewährungsprobe, als katholisch-kaiserliche Truppen unter dem Befehl Guillaume de Lamboys die Stadt bedrohen und erst nach sechs Wochen vertrieben werden können. Noch heute feiert Hanau am Tag der Befreiung, dem 13. Juni, das ›Lamboy-Fest‹. Das harte Regiment des damaligen Verteidigers von Hanau, des Jacob Ramsay, erzählt Hans Jakob Christoffel von Grimmelshausen übrigens frei in seinem ›Abenteuerlichen Simplicissimus Teutsch‹ über den Dreißigjährigen Krieg. Daß zeitkritische Gesellschaftssatire freilich nicht gern gesehen wurde, mußte Grimmelshausens Kollege Johann Michael Moscherosch erfahren. Er lebte 1656–60 als Geheimrat in Hanau. Als man ihn wegen seiner Schriften als ›Landverderber‹ anprangerte, verließ er die Stadt.

Einen Bauboom erlebte Hanau im 18. Jh. Zunächst wurde für Graf Philipp Reinhard 1701–12 von Hanau Schloß Philippsruhe im Stadtteil Kesselstadt errichtet – man wußte schließlich auch in den kleineren deutschen Duodez-Fürstentümern, was man sich schuldig war, und versuchte, Versailles zu imitieren ... Das Neustädter Rathaus entstand 1725. Im Stadtteil *Wilhelmsbad* errichtete man 1777–82 die exklusiven Kuranlagen. Billig war das alles nicht, aber im Absolutismus wußten die Herrscher ›von Gottes Gnaden‹ sich zu helfen: So verkaufte man dem verwandten englischen Königshaus einfach Tausende von ›Landeskindern‹ als Soldaten. Rund 13 000 hessische Bürger fielen damals als ›Kanonenfutter‹ für Großbritannien im Kampf gegen die entstehenden Vereinigten Staaten von Amerika und deren Erklärung der Menschenrechte. Daß sich die Landeskinder 1830 und 1848 den revolutionären Bewegungen anschlossen und ebenfalls Freiheit und Gleichheit forderten statt Gottesgnadentum, verwundert kaum.

Vom 1234 erstmals als Wasserburg auf der Kinziginsel genannten Hanauer *Stadtschloß* war bereits vor dem Weltkrieg wenig übrig, die letzten mittelalterlichen Teile wurden 1829 abgebrochen. Die im Krieg zerstörten *Schloßbauten* des frühen 18. Jh. wurden mit dem reichdekorierten Sandsteinportal als *Kulturamt* und *Stadthalle* wieder errichtet. Auch die **Johanniskirche** von 1658–64 wurde bis auf die Grundmauern zerstört und neu errichtet. In das 1537/38 erbaute **Altstädter Rathaus** ist inzwischen das *Deutsche Goldschmiedehaus* eingezogen, das Meisterwerke historischer und zeitgenössischer Edelmetallkunst zeigt. Der dreigeschossige Fachwerkbau mit zwei Frontererkern über einem steinernen Erdgeschoß mit ehemals offener Halle, doppelläufiger Freitreppe und Treppengiebeln wurde nach dem Krieg wiederhergestellt. Reizvoll sind die Sandsteinmedaillons unter den Stützen der Erker und vorkragenden Front, wie das Äffchen mit Spiegel, Lämmchen und Widder. Der *Justitiabrunnen* davor entstand 1611. Direkt hinter dem Altstädter Rathaus liegt die **Marienkirche,** deren Anfänge wohl ins 13. Jh. zurückreichen. Im Gegensatz zum Langhaus überstand der spätgotische Chor mit seinem feinen Kreuzrippengewölbe und den Schlußsteinen (u. a. der auferstandene Christus erscheint Maria Magdalena als Gärtner) aus dem Ende des 15. Jh. die Zerstörung, und auch die Reste spätgotischer Glasmalereien in den Chorfenstern mit ihrem unterschiedlichen Maßwerk erinnern noch an den alten Glanz. Bei der Restaurierung der Sakristei fand man 1945 Wandgemälde des 15. Jh., damals diente der Raum als Kapitelsaal. Das hohe

Hanau, Neustädter Rathaus mit dem Denkmal der Gebrüder Grimm

Märchensammler und Begründer der Germanistik: Gebrüder Grimm

Ihre ›Kinder- und Hausmärchen‹ oder die ›Deutschen Sagen‹, die sie sammelten und literarisch überarbeiteten, haben Generationen gelesen: *Jacob Ludwig Karl* (* 4.1.1785) und *Wilhelm Karl Grimm* (* 24. 2. 1786) kamen in Hanau zur Welt, wo noch heute das Denkmal auf dem Markt an sie erinnert. Daß es noch einen weiteren Bruder gab, den Maler *Ludwig Emil Grimm,* wissen die wenigsten.

Die ›Gebrüder Grimm‹ jedenfalls waren beide literaturwissenschaftlich interessiert und vielseitig begabt, ihre Lebensstationen ähneln sich. Der ältere gilt als eigentlicher Begründer der modernen Germanistik. Nach einer Bibliothekarstelle in Kassel folgte Jacob Grimm einem Ruf als Professor für deutsche Altertumswissenschaften nach Göttingen. Dort lehrten beide Brüder ab 1830 an der Universität – bis 1837 der eben erst an die Macht gekommene König Ernst August von Hannover einen Skandal auslöste: Er hob die Landesverfassung von 1833 auf! Daraufhin protestierten sieben angesehene Professoren öffentlich, warfen ihm ›Verfassungsbruch‹ vor und erklärten, daß für sie die Verfassung fortbestehe – und mußten den Dienst quittieren: neben den Germanisten J. und W. Grimm der Jurist W. E. Albrecht, der Historiker F. Ch. Dahlmann, der Orientalist H. Ewald, der Literaturwissenschaftler G. G. Gervinus und der Phy-

Jakob (links) und Wilhelm Grimm. Daguerreotypie, um 1850

siker W. Weber, alle Wissenschaftler von Rang. Man bewunderte ihre – modern gesagt – Zivilcourage und sammelte sogar für die ›Göttinger Sieben‹. Und so verwundert auch nicht, daß die Grimms 1841 nach Berlin berufen wurden. Jacob Grimm nahm 1848 als Abgeordneter am Frankfurter Paulskirchen-Parlament teil, seine ›Deutsche Grammatik‹ und sein ›Deutsches Wörterbuch‹ entstanden in Zusammenarbeit mit dem Bruder. Hochangesehen starben sie 1859 und 1863 in Berlin.

Langhausdach diente im Mittelalter als Zehntscheuer, daran erinnern die Fensterchen der Westfront. Reste einer älteren mittelalterlichen Stadtbefestigung haben sich im Schlendergäßchen, gegenüber der Johanniskirche erhalten, das zweigeschossige **Frankfurter Tor** (1722) mit seiner dreiachsigen Durchfahrt gehört schon der barocken Befestigung an. Sein

Architekt, der Hanauer Baudirektor Christian Ludwig Hermann, plante auch das 1725–33 entstandene dreigeschossige barocke **Neustädter Rathaus** mit seinem Mittelrisalit und Uhrentürmchen (ebenfalls ausgebrannt und innen verändert restauriert). Auf dem Marktplatz davor erinnert das 1896 errichtete ›Nationaldenkmal‹ an die beiden bekanntesten Söhne Hanaus, die Gebrüder *Jacob Ludwig Karl* und *Wilhelm Karl Grimm*, jüngeren und älteren Kindern dank ihrer ›Hausmärchen‹, des ›Deutschen Wörterbuchs‹ und der ›Deutschen Grammatik‹ wohl vertraut. Von den ehemals vier Marktbrunnen blieb nur der *Schwanenbrunnen* (1616) erhalten. Die weitgehend zerstörte **Wallonische** und **Niederländische** (Doppel-)**Kirche** von 1608 wurde nur zum Teil wieder errichtet.

Unterhalb Hanaus am Main liegt im Vorort *Kesselstadt* die barocke Dreiflügelanlage mit eingeschossigen Flügelbauten und äußeren Eckpavillons von **Schloß Philippsruhe**, das unter der Leitung von Julius Ludwig Rothweil 1701 für den Grafen Philipp Reinhard von Hanau begonnen wurde. Rothweil lebte lange in Frankreich, daher erinnert das ursprüngliche Aussehen an französische Landschlösser, wie etwa das Lustschloß Clagny bei Paris. Nachdem Rothweil in Ungnade entlassen worden war, führte der Franzose Girard die Arbeiten fort. Man riß ein älteres Renaissanceschlößchen ab, setzte an dessen Stelle die isolierten vorderen Parallelflügel und erhöhte den Hauptbau am Corps de logis um einen Mittelturm. Der geometrisch angelegte Barockpark wurde später anglisiert. Inzwischen ist im Schloß das *Museum Hanau* eingezogen, außer den fürstlichen Repräsentationsräumen wie dem *Weißen Saal*, dem ehemaligen *Musikzimmer* oder dem (der Name ist charmant untertrieben) *Getäfelten Salon* – einem Saal mit prachtvollen Schnitzarbeiten nach Motiven der Renaissance und des Klassizismus (1875–80 vom Hofschreiner Jean Körner) – kann man Sammlungen zur Geschichte der Stadt und der Industrie mit ihren Eisenguß-, Silberarbeiten und Fayencen, über bekannte Bürger wie die Grimms – neben

Hanau, Schloß Philippsruhe im Vorort Kesselstadt

WIRTSCHAFTS- UND KULTURZENTREN AM UNTEREN LAUF: OFFENBACH

›den‹ Gebrüdern Jacob und Wilhelm gab es da nämlich noch den ›Malerbruder‹ Ludwig Emil – oder die in Hanau geborenen Maler Moritz Daniel Oppenheim, Friedrich Karl Hausmann und Reinhold Ewald betrachten.

Vom Schloß führen drei lange gerade Alleen zur Stadt, zur ehemaligen Fasanerie (1715) und nach **Wilhelmsbad**. Diese wohl besterhaltene Kuranlage des späten 18. Jh. in Deutschland, von Ludwig von Cancrin auf Betreiben des Erbprinzen Wilhelm IX. von Hessen-Kassel angelegt, erlebte nur eine kurze Blüte. Etwa 1820 versiegte der 1720 entdeckte ›gute Brunnen‹ – und so verfiel die zwischen Spätbarock und Klassizismus changierende Anlage in einen langen – in Hanau bietet sich der Vergleich an – Dornröschenschlaf, blieb aber erhalten. Das Ensemble mit zentralem *Kurhaus*, gegliedert durch Arkaden, Risalite, Pilaster und Balkone, erinnert an ein Schloß, womit auch gleich das ursprünglich erwünschte Publikum angedeutet wäre. Zum Park gehörten – wie zu jedem besseren Schloßgarten – einige Nebengebäude wie ein Kavalierbau, eine Eremitage, ein Comoedienhaus, ein Brunnen- und ein Musiktempel, ein Karussell, eine Teufelsbrücke und für den Erbprinzen eine künstliche Burgruine (1779–81), die freilich innen nobler als außen ruinös gestaltet war. Die englischen Parkanlagen scheinen wie Vorübungen die Gartengestaltung von Schloß Wilhelmshöhe in Kassel vorwegnehmen zu wollen.

☐ Offenbach

Benutzt man bei *Rumpenheim* die Wagenfähre, so erblickt man die Mainfront des 1780–90 für Landgraf Friedrich von Hessen errichteten stattlichen dreiflügligen Sommerschlosses, dessen Mittelbau seit dem Krieg Ruine blieb. Daß die Pfarrkirche (1756–71) im Schloßpark steht, hat übrigens einen einfachen Grund. Als der Landgraf 1804 Schloß und Park erweitern wollte, störten die bäuerlichen Höfe und wurden abgerissen, lediglich die Dorfkirche ließ man stehen.

Offenbach verdankt seinen industriellen Aufstieg zur führenden Lederwarenmetropole Asylbewerbern: Es waren wegen ihres Glaubens vertriebene Hugenotten und Waldenser, die im frühen 18. Jh. mit ihren Kenntnissen etwas vollbrachten, was man heute – ein wenig irreführend – gern als ›Wirtschaftswunder‹ bezeichnet. Deutsche Zuwanderer jüdischen Glaubens stärkten ebenfalls die Finanzkraft der Gemeinde. Das **Deutsche Ledermuseum** (Frankfurter Straße 86) dokumentiert die Entwicklung. Die Herkunft des Namens Offenbach ist umstritten. Stand ein fränkischer Sippenältester ›Ovo‹ Pate? Auch eine kaiserliche Urkunde von 977, die erstmals ein ›Ovenbach‹ erwähnt, wird angezweifelt. Sicher ist aber, daß die Grafen von Ysenburg seit dem frühen 15. Jh. hier Besitz hatten, denn ihre Wasserburg am Main wird bereits 1448 erwähnt.

Wenn auch beschädigt, hat das ehemals **Isenburgische Schloß** den Krieg als eines der wenigen Offenbacher Baudenkmäler überstanden; die Stadt wurde zu rund 40 % zerstört. Wie verschiedene Jahreszahlen am Bau belegen, entstand es als eines der reichsten Renaissanceschlösser in Hessen mit gotischen Relikten in der zweiten Hälfte des 16. Jh. An der Mainseite erkennt man noch Reste des mittelalterlichen Wehrbaus, die Schaufront wendet das Schloß allerdings der Stadt zu. Zwischen den polygonalen Türmen spannen sich

Arkaden und darüber zweigeschossige Laubengänge, ursprünglich war ein umschlossener Hof geplant; darauf deuten jedenfalls Ansätze von Flügelbauten hin. Die reichen Ornamente gestaltete vermutlich Conrad Büttner.

Von der ehemals reformierten *Schloßkirche* überdauerte nur der alte *Turmstumpf* (1713) den Krieg. Inzwischen ist er eine Bereicherung des neuen *Gemeindezentrums*. Auch das um 1780 erbaute dreiflüglige **Büsing-Palais** bewahrte nur seine barocke Außenfront; nach Kriegszerstörungen wurde es neu errichtet und beherbergt inzwischen das *Klingspor-Museum*, benannt nach der Offenbacher Schriftgießerei Klingspor und deren Eigentümern. Sie vermachten der Stadt ihre Privatbibliothek und legten damit den Grundstock dieser Sammlung zur Geschichte der Buch- und Schriftkunst. Im *Lilipark* am Ufer des Mains zeugt der anmutige **Badetempel** mit Grottenarchitektur (auch Lili-Tempel genannt, etwa 1805 von Nicolas Alexandre Salins de Montfort erbaut) des Bankiers von Metzler davon, daß sich im Zuge der Industrialisierung nicht wenige wohlhabende Frankfurter in Offenbach häuslich niederließen. Von den großzügig angelegten Landsitzen, die Johann Wolfgang Goethe hier noch vorfand, haben der Krieg und die Baumaßnahmen der letzten Jahrzehnte allerdings wenig gelassen. Der Lilipark ist jedenfalls der letzte Rest der Gartenanlagen, in denen Goethe 1775 mit Lili Schönemann flanierte und parlierte. Die

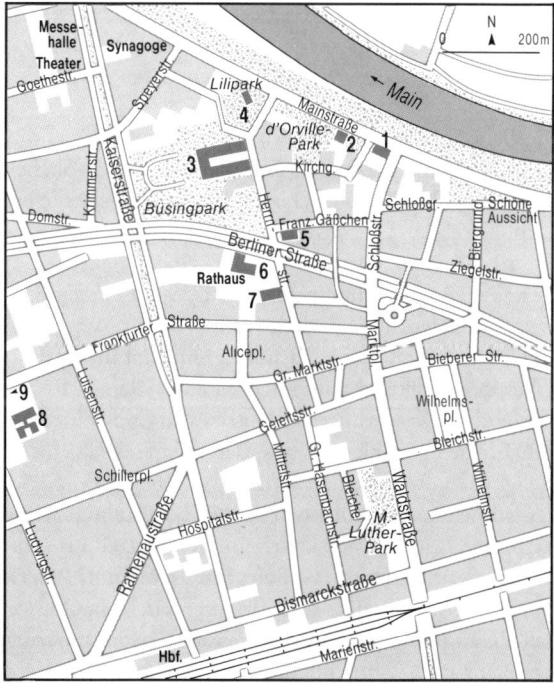

Offenbach
1 *Isenburgisches Schloß*
2 *Schloßturm und Gemeindezentrum*
3 *Büsing-Palais (Klingspor Museum)*
4 *Von Metzlerscher Badetempel im Lilipark*
5 *Hugenottenkirche*
6 *Neues Rathaus*
7 *Stadtkirche*
8 *Deutsches Ledermuseum*
9 *Stadtmuseum*

WIRTSCHAFTS- UND KULTURZENTREN AM UNTEREN LAUF: OFFENBACH

Offenbach mit Isenburgischem Schloß. Stich von Matthäus Merian, 1646

zierliche **Französisch-reformierte** oder einfach **Hugenottenkirche** der Zuwanderer aus Frankreich mit reizenden Giebelvoluten und -obelisken entstand 1717/18. Und harmonisch fügt alt und neu sich zusammen. Das stattliche **Neue Rathaus**, ein Büroturm von imponierenden Dimensionen jenseits der Berliner Straße, wurde um 1970 erbaut und mit dem modernen Rathausbrunnen, einem beliebten Treffpunkt, ein wenig freundlicher gestaltet. Auch den ursprünglich 1739–49 entstandenen Saalbau der **Stadtkirche** stellte man nach dem Krieg wieder her.

Unweit von Offenbach liegt **Heusenstamm,** das im Jahre 1705 an die Grafen von Schönborn fiel und von ihnen zu einer kleinen Residenzstadt ausgebaut wurde. Vorher bestand die Wasserburg der Herren von Eppstein, eine viereckige Anlage mit teils zerstörten Türmen und Herrenhaus, deren Anfänge bis ins 11. Jh. zurückreichen und die später neogotisch umgestaltet wurde. Das *Schönbornsche Schloß* wurde 1663–68 nach Entwürfen von Clemens Hinckh errichtet. Beabsichtigt war wohl eine große quadratische Wasserburganlage, die aber nur zum Teil ausgeführt wurde. Das architektonische Kleinod Heusenstamms jedoch ist Balthasar Neumanns **Pfarrkirche St. Cäcilia und St. Barbara** von 1744. Ähnlich dem Grundriß der Kirche in Gößweinstein wählte Neumann auch hier ein abgewandeltes lateinisches Kreuz, das im Innern geräumig wirkt, weil das Langhaus ungefähr nach dem Muster des Goldenen Schnitts durch die Vierung und Querarme

erweitert wird. Freistehende Säulen tragen das Vierungsgewölbe wie einen Baldachin und lockern den Raum so zusätzlich auf. Den Hochaltar mit seinem duftigen Rocaillewerk und Engelchen auf Voluten, als filigran durchbrochener Körper meisterlich aufgelöst in ein Spiel von Licht und Farben, schuf Johann Wolfgang van der Auvera 1742–44 ebenso wie die Kanzel. Auch die Ausmalung von Christoph Thomas Scheffler von 1741 ist um einen heiteren Gesamteindruck bemüht.

Fast eine Hauptstadt: Frankfurt

Daß Karl der Große ihren geliebten ›Äppelwoi‹ oder ›Ebbelwei‹ erfunden habe, ist wohl eine Legende, aber sie zeigt, was die Frankfurter ›ihrem‹ Kaiser noch alles zutrauen; zumindest empfahl er den gärungsveredelten Apfelmost im ›capitulare villis‹ seinen in diesem Fall sicher gehorsamen Untertanen. Hier in der Stadt wird ›Carolus Magnus‹ als Heiliger verehrt: Auf Wunsch Kaiser Friedrichs I. Barbarossa wurde er 1165 von Papst Paschalis III. heiliggesprochen; seitdem gilt er in den von ihm begründeten Bistümern und Frankfurt als verehrungswürdig. Und Karl war es schließlich, dem die Frankfurter

FAST EINE HAUPTSTADT: FRANKFURT

eine erste urkundliche Erwähnung der Stadt verdanken. Er hatte anläßlich einer Reichsversammlung und Synode 794 die Großen seines Reiches in die ›Villa Franconovurd‹ geladen. Eine frühe Stadt und, mehr noch: einen befestigten Fürstensitz der Merowingerzeit muß es im Bereich des heutigen Doms und der späteren Kaiserpfalz schon zuvor gegeben haben. Als man anläßlich der Renovierung Gräber im Kirchenschiff untersuchte, fand man – eine Sensation für die Stadtchronik! – das Grab eines Mädchens aus dem 7. Jh. Im Gegensatz zu fast allen anderen Gräbern war es nicht geplündert, und so hatten sich die reichen Grabbeigaben erhalten: eine diademartige Stirnplatte, Ohrgehänge, Armreifen und Fingerringe aus Gold, kostbarer Schmuck also, wie man ihn einem Mitglied des herrschenden Fürstenhauses ins Grab legte.

Der fruchtbare Lößboden entlang des Flüßchens Nidda hatte schon früh Siedler angezogen, Funde der frühneolithischen Bandkeramik sprechen eine beredte Sprache. Grabungen im Bereich des heutigen Bergen-Enkheim, Bornheim, Fechenheim, Harheim, Kalbach, Nieder-Erlenbach, Niederursel, Nieder-Eschbach und Preungesheim ergaben, daß der gesamte Raum nördlich des Mains in der Jungsteinzeit (6000 v. Chr.) und danach dicht besiedelt war, in Weilern mit bis zu 50 m langen Häusern aus Holz und Lehm, frühen Fachwerkbauten also – oder, wie Lokalpatrioten nicht ohne Stolz registrieren: Als die Franken 794 auftauchten, war die Region längst kein Urwald mehr, sondern eine Kulturlandschaft. Die Römer siedelten hier. Die Straßennamen ›In der Römerstadt‹ und ›Heerstraße‹ in Frankfurt-Heddernheim zeugen davon, daß hier die blühende Stadt ›Nida‹ und ein Kastell lagen, etwa doppelt so groß wie das unweit wiederaufgebaute Lager ›Saalburg‹. Auch auf dem Domberg gab es ein Kleinkastell; man kann Überreste römischer Badeanlagen und die der karolingischen Königspfalz (820–850) im Archäologischen Garten besichtigen. Die Alemannen überrannten Stadt und Kastelle – und bauten sich aus den Ruinen ihre Herrensitze, die dann später von den Franken übernommen wurden. Ein weiterer Höhepunkt war 1152 die Königswahl von Friedrich I. Barbarossa. Unter den Staufern wurde damals am Mainufer der ›Saalhof‹ als befestigte Pfalz ausgebaut, die Apsis der Schloßkapelle blieb erhalten. Und die ›Goldene Bulle‹ Kaiser Karls IV. legte 1536 gesetzlich fest, daß künftig hier die Könige zu wählen seien.

Karl der Große, Idealbildnis. Gemälde von Albrecht Dürer

Frankfurt und Sachsenhausen. Stich von Matthäus Merian, 1646

Auch die Frankfurter Messen haben Tradition. Die Stadt bot sich als Handelsplatz an: 1180 befestigte man sie mit Mauern, 1222 entstand die Alte Brücke an der Fahrgasse. In einem Schutzbrief Friedrichs II. wird 1240 erstmals die Herbstmesse erwähnt, und ab 1330 gab es regelmäßig eine weitere Messe im Frühjahr. Eine Buchmesse lockte seit 1480 die Gelehrten; vor den Wirren des Dreißigjährigen Krieges gab es rund 600 Messegewölbe in der Stadt und 460 Stände! Reichsunmittelbar wurde die Freie Reichsstadt 1372 und bildete im frühen 15. Jh. ein führendes kulturelles Zentrum des unteren Mains und des Mittelrheins. Der Architekt Madern Gerthener und die Erzeugnisse des Frankfurter Handwerks, wie des Glocken- und Geschützgusses oder der Goldschmiedekunst, fanden weithin Anerkennung. Der Humanist Ulrich von Hutten erkannte um die Wende zum 16. Jh. ihre internationale Bedeutung an: »Für die Waren der Welt ist sie der wimmelnde Markt.« Zum Mittelpunkt der Stadt entwickelte sich damals der ›Römer‹, dort berieten sich die Kurfürsten über die Kandidaten für die Königskrone und schritten – was wörtlich zu nehmen ist – zur zeremoniellen Wahl über den Markt zum Dom; sie fand in einer Nebenkapelle des Chors statt. Es muß ein feierlicher Zug gewesen sein, in dem Maximi-

> **Höhepunkte einer Jugend: Goethe erlebt die Krönung Josephs II. in Frankfurt am 3. April 1764**
>
> In seinem Lebensbericht ›Dichtung und Wahrheit‹ schildert Goethe einen Höhepunkt des politischen Lebens während seiner Kindheit, die Krönung Josephs II. zum römischen König in Frankfurt am 3. April 1764; er konnte sie als Sohn eines guten Hauses aus nächster Nähe miterleben. Die glanzvollen Ereignisse fallen mit einem krönenden Moment seiner Jugend zusammen. Erstmals entdeckt er, wie sehr ihn das ›Ewig-Weibliche‹ ›hinan‹ zieht. Goethe verknüpft noch nach Jahren die Darstellung beider Ereignisse miteinander.
>
> »Die Wahl- und Krönungsdiarien ... wurden aufgeschlagen und wir (Vater und Sohn Goethe) beschäftigten uns den ganzen Tag damit bis tief in die Nacht, indessen mir das hübsche Mädchen, bald in ihrem alten Hauskleide, bald in ihrem neuen Kostüm, immer zwischen den höchsten Gegenständen des heiligen römischen Reichs hin und wider schwebte. Für diesen Abend war es unmöglich sie zu sehen, und ich durchwachte eine sehr unruhige Nacht.... Man hatte mir, nebst mehrern Verwandten und Freunden, in dem Römer selbst, in einer der oberen Etagen, einen guten Platz angewiesen, wo wir das Ganze vollkommen übersehen konnten.... Endlich kamen auch die beiden Majestäten herauf. ... Des Kaisers Hausornat von purpurfarbner Seide, mit Perlen und Steinen reich geziert, sowie Krone, Szepter und Reichsapfel fielen wohl in die Augen: denn alles war neu daran, und die Nachahmung des Altertums geschmackvoll. ... Der junge König hingegen schleppte sich in den ungeheuren Gewandstücken mit den Kleinodien Karls des Großen wie in einer Verkleidung einher, so daß er selbst, von Zeit zu Zeit den Vater ansehend, sich des Lächelns nicht enthalten konnte. Die Krone, welche man sehr hatte füttern müssen, stand wie ein übergreifendes Dach vom Kopfe ab.... Alles Volk hatte sich gegen den Römer gewendet, und ein abermaliges Vivatschreien gab uns zu erkennen, daß Kaiser und König an dem Balkonfenster des großen Saales in ihrem Ornate sich dem Volke zeigten.... Diesen glänzenden Abend gedachte ich auf eine gemütliche Weise zu feiern, denn ich hatte mit Gretchen, mit Pylades und der Seinigen abgeredet, daß wir uns zur nächtigen Stunde irgendwo treffen wollten.«

lian II. 1562 zur Krönung im Kaiserdom geleitet wurde. Auch der Bürger wurde gedacht: Man streute Münzen unters Volk, briet Ochsen am Spieß, und ein eigens errichteter Brunnen spendete Wein ... Die Feiern werden der Krönung Josephs II. geähnelt haben, die der junge Goethe 1764 erlebte und in ›Dichtung und Wahrheit‹ schildert. Die heute von Bankhochhäusern geprägte Skyline war übrigens schon früh Finanzmetropole. 1766 gründete Meyer Amschel Rothschild hier sein internationales Bankhaus, die Filialen in London, Paris, Wien und Neapel folgten.

Obwohl die Stadt selbständig war und ihre Bürger keinem geistlichen oder weltlichen Fürsten zu fronen hatten, wurden die Macht- und Besitzverhältnisse in der Kommune offenbar nicht von allen als gerecht empfunden. So kam es zu Rebellionen der Zünfte gegen das Regiment der als aristokratisch verschrienen Patrizier im 14. Jh. und zeitgleich mit dem Bauernkrieg 1525 zu einer Revolte der städtischen Unterschicht – in ihren 46 Artikeln stellten die Bürger Forderungen auf, die denen der Bauern ähnelten –, sodann schließlich zum Aufstand des Vincenz Fedtmilch 1614, der mit anderen als Anführer enthauptet wurde. Goethe, der den abgeschlagenen und zur Abschreckung aufgespießten Schädel noch gesehen hatte, beurteilte sie in ›Dichtung und Wahrheit‹ als »Opfer, die einer künftigen, bessern Verfassung gebracht worden ...«. Und wie so häufig entlud sich der Zorn der christlichen Bürger gegen eine Minderheit, die gar nichts für die Zustände konnte, immer wieder aber als Sündenbock für Übel aller Art herhalten mußte: 1614 erstürmte und plünderte man die Judengasse. Erst 1732 wurde in einem unter kaiserlicher Aufsicht durchgeführten Prozeß eine bescheidene Demokratisierung und vor allem Kontrolle über die Stadtfinanzen erreicht.

Die letzte feierliche Kaiserkrönung erlebte Frankfurt 1792, als Maria Theresias Enkel Franz II. die Krone annahm – um sie schon 1806 wieder abgeben zu müssen. Damals gründete Napoleon den ›Rheinbund‹ mit dem Mainzer Erzbischof Karl Theodor Freiherr von Dalberg als Fürstprimas, der 1810 zum Großherzog von Frankfurt avancierte. Damit kam dann das Ende der ›Freien Reichsstadt‹ – bis der Wiener Kongreß 1815 Frankfurt zur ›Freien Stadt‹ erklärte und zum Sitz des ersten Deutschen Bundestages (der Fürsten) bestimmte. Die Frankfurter Patrizier arrangierten sich trefflich mit den Delegierten der Herrscher, was wiederum zu sozialem Zündstoff führte. 1833 kam es – im Gefolge der Pariser Julirevolution 1830 – zum Sturm auf die Frankfurter Hauptwache und 1848 – wieder im Anschluß an die Pariser Ereignisse, diesmal der Februarrevolution – zur Gründung des Vorparlaments am 31. März und schließlich am 18. Mai 1848 zur ersten verfassunggebenden deutschen Nationalversammlung in der Paulskirche. Dieser Versuch, das antiquierte Reich zu demokratisieren, scheiterte 1849 an den Bajonetten unter dem Befehl des preußischen ›Kartätschen-Prinzen‹ Wilhelm; es kam zu Massenerschießungen und -auswanderungen. Als 1866 der Krieg zwischen Preußen und Österreich ausbrach, stand Frankfurt auf seiten des Kaisers in Wien – und wurde von preußischen Truppen besetzt. Die Chance, als Symbol eines freiheitlichen Neubeginns Frankfurt nach dem Krieg die Rolle zurückzugeben, die der Stadt aufgrund der demokratischen Tradition von 1848 zugekommen wäre und historisch an der gewählten Nationalversammlung anzuknüpfen, verspielte man nach dem Krieg: 1948/49 tagte hier als erste zentrale Institution vor der Gründung der Bundesrepublik der ›Frankfurter Zentralbankrat‹; Hauptstadt wurde aber das bei allem Charme seines rheinischen Charakters letztlich provinzielle Bonn.

Römerberg

Auf dem Römerberg und seiner näheren Umgebung kann man die Stein gewordene Entwicklung Frankfurts buchstäblich an der Architektur ablesen; trotz der Zerstörungen, die inzwischen weitgehend beseitigt wurden. Weil das ältere *Rathaus,* an der Stelle des jetzigen Domturms, bei einem Brand 1349 schwer beschädigt wurde und sowieso den reprä-

FAST EINE HAUPTSTADT: FRANKFURT

Frankfurt/M.
1 Römer
2 Ostzeile des Römerbergs
3 Steinernes Haus (Frankfurter Kunstverein)
4 Leinwandhaus (Kommunale Galerie)
5 Kunsthalle Schirn
6 Dom mit Dommuseum
7 Museum für Moderne Kunst
8 Saalhof (Historisches Museum)
9 Haus Wertheim
10 Eiserner Steg
11 Paulskirche
12 Goethehaus mit Goethemuseum
13 Ehem. Kloster der Karmeliter
   (Museum für Vor- und Frühgeschichte
   und Archäologisches Museum)
14 Alte Nikolaikirche
15 Pfarrkirche St. Leonhard
16 Katharinenkirche
17 Hauptwache
18 Alte Oper
19 Börse
20 Hauptbahnhof
21 Westendsynagoge
22 Jüdischer Friedhof
23 Jüdisches Museum
24 Liebfrauenkirche
25 Schopenhauerdenkmal
26 Lessingdenkmal
27 Kunsthalle Portikus (ehem. Stadtbibliothek)
28 Beethovendenkmal
29 Heinedenkmal
30 Schillerdenkmal
31 Goethedenkmal
32 Staufermauer (Fahrgasse)
33 Eschenheimer Turm
34 Kuhhirtenturm
35 Deutschordenskirche (Ikonenmuseum)
36 Museum für Kunsthandwerk
37 Museum für Völkerkunde
38 Deutsches Filmmuseum und Deutsches
   Architekturmuseum
39 Deutsches Postmuseum
40 Städelches Kunstinstitut
41 Liebighaus
42 Struwwelpeter-Museum

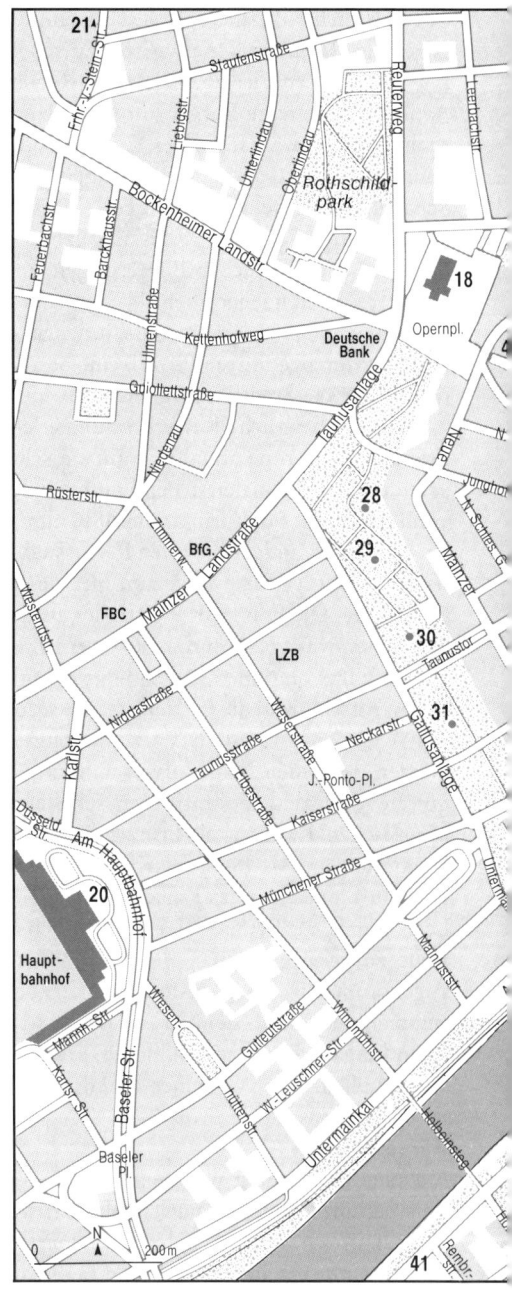

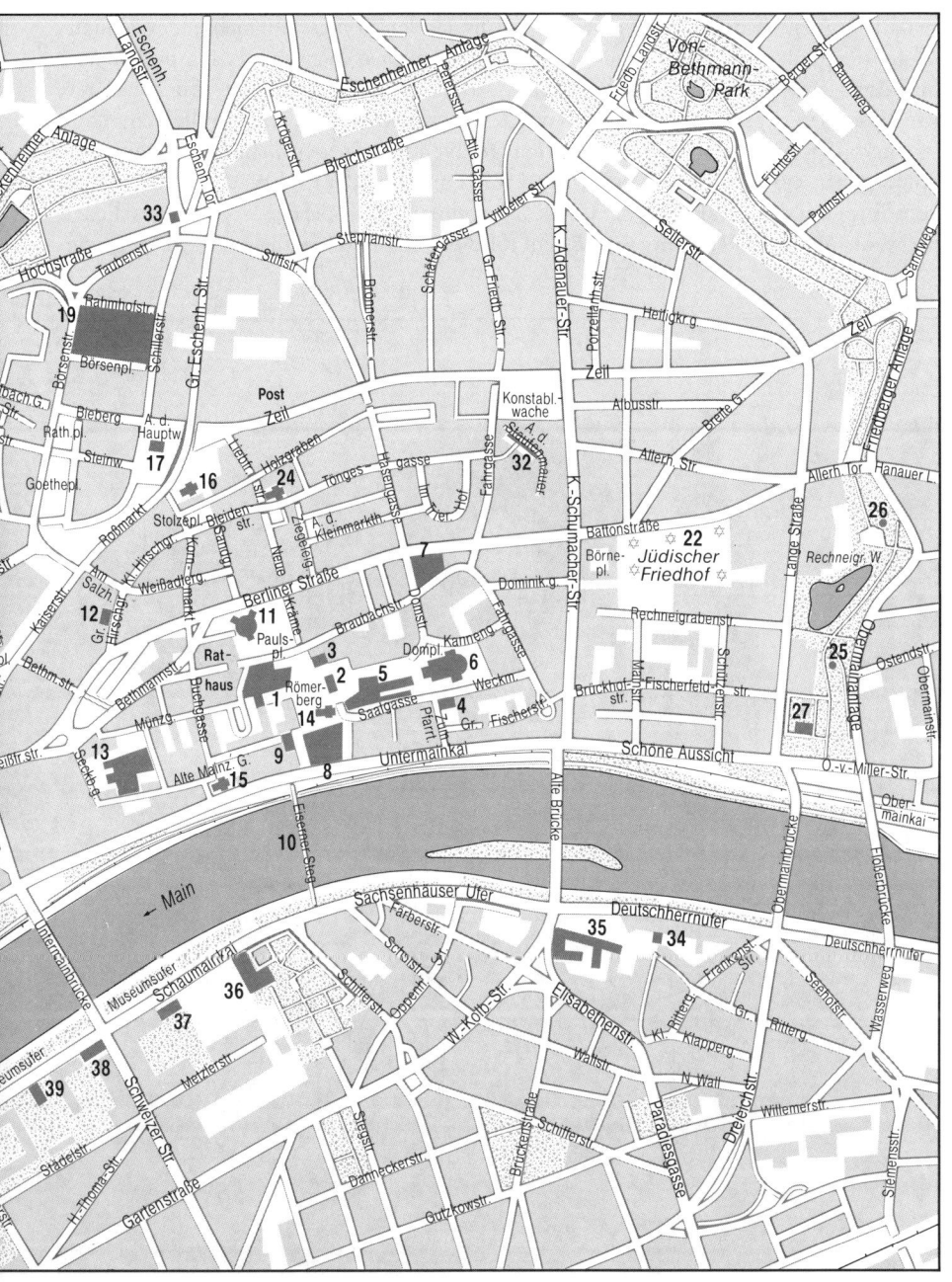

FAST EINE HAUPTSTADT: FRANKFURT

sentativen Ansprüchen der seit 1356 hier stattfindenden Königswahl nicht mehr genügte, kaufte die Stadt ab 1405 die Häuser zwischen Römerberg, Paulsplatz, Limpurgergasse und Buchgasse auf. So entstand das bunt zusammengewürfelte Ensemble. Erweitert wurde der Bau in großem Stil 1900–08 um den Westtrakt mit Brücke über die Bethmannstraße von Franz von Hoven und Ludwig F. M. Neher in einem romantisch anmutenden Stilpotpourri aus bürgerlicher Renaissance und Barock an der Paulsplatzfront bis zurück zum Turm mit den Anklängen der Gotik als vereinfachter Kopie des 1765 abgebrochenen Sachsenhäuser Brückenturms. Um Raum für diese neumittelalterliche Pracht zu gewin-

nen, brach man die bereits im 15. Jh. erworbenen Häuser *Frauenrode, Viole* und *Schwarzenstein* ab. Den Namen für den gesamten Komplex gab das mittlere der drei stufengiebligen Häuser, der **Römer** (Farbabb. 19).

Hinter den hohen Fenstern des ersten Stocks liegt der *Kaisersaal*. Hier sind auf 52 Ölgemälden des letzten Jahrhunderts rund 1000 Jahre Reichsgeschichte illustriert, von Karl dem Großen (794) bis zu Franz II. (1792); die Erdgeschoßhalle diente bis 1856 Handels- und Messezwecken. Die ursprünglich schlichte Dreigiebelfront wurde 1896/97 durch Max Meckel um Balkon und Statuen (Friedrich I. Barbarossa, Ludwig der Bayer, Karl IV. und Maximilian, die in besonderer Beziehung zur Stadt standen, sowie links am Haus ›Alten-Limpurg‹ oder ›Laderam‹, eine personifizierte Frankofortia; die Wappen verweisen auf Frankfurter Familien und die benachbarten Städte und Territorien) in neogotischer Manier ergänzt. Ein offenes Wendeltreppentürmchen der Renaissance (1627) ziert das *Römerhöfchen* (Zugang Limpurgergasse) mit dem *Herkulesbrunnen* samt Bronzestatuette von Josef Korwazik 1904). Den *Gerechtigkeitsbrunnen* mit der ›Justitia‹ auf der Platzmitte schuf Johann Hocheisen 1611, die alten Sandsteinfiguren wurden durch Bronzekopien ersetzt. Auf dem Pflaster ist der Fundamentring eines frühmittelalterlichen Rundturms (von etwa 1240 mit einer Mauerstärke von immerhin 6 m bei einem Durchmesser von knapp 30 m!) sichtbar gemacht; Geschichte auf Schritt und Tritt ...

Als »Disneyland in Mainhattan« wurde der Plan bespöttelt, die **Ostzeile des Römerbergs** auf dem *Samstagsberg* mit dem *Minervabrunnen* und den im Krieg zerstörten vorkragenden (zumeist Fachwerk-)Häusern *Großer* und *Kleiner Engel* (mit dem reichsten Schnitzwerk und polygonalem Dacherker, benannt nach einem

Frankfurt, Ostzeile des Römerbergs und Domturm

FAST EINE HAUPTSTADT: FRANKFURT

Frankfurt, Gerechtigkeitsbrunnen mit der ›Justitia‹

der ersten Besitzer Angelus), *Goldener Greif, Wilder Mann, Kleiner Dachsberg/ Schlüssel, Großer Laubenberg* und *Kleiner Laubenberg* (fast doppelt so breit wie sein linker Nachbar, dessen Wirtschaftsnamen *Zum Standesämtchen* nun der größere Bruder geerbt hat) sowie *Schwarzer Stern* Anfang der achtziger Jahre nach alten Fotos zu rekonstruieren – sie geben, ebenso wie das **Steinerne Haus** an der Nordostecke des Römerbergs, 1464 für den Kölner Seidenhändler Johann von Melem mit Wehrgang und Eckerkerchen als kleine Festung in der Stadt errichtet und nach dem Krieg innen verändert für den *Frankfurter Kunstverein* als Galerie 1957–60 wieder aufgebaut, einen guten Eindruck der bürgerlichen Wohnkultur der vergangenen Jahrhunderte. Dem Steinernen Haus ähnelt das ebenfalls wehrhafte **Leinwandhaus** (Weckmarkt 17), das wohl vor 1399 von Madern Gerthener ursprünglich als Stadtwaage erbaut und als Kaufhaus für Leinen und Hanf außerhalb der Messen zu einem Zentrum des überregionalen Tuchhandels wurde; restauriert birgt es heute die *Kommunale Galerie* und das *Fotographie-Forum Frankfurt*.

Der Römerberg dient den Frankfurtern traditionell auch als Festsaal unter freiem Himmel. Galt es früher, Krönungen zu feiern, so finden hier jetzt Weihnachtsmarkt, Mainfest oder das ›Stöffche-Fest‹ statt, ein Angebot der Apfelweinwirte, nicht nur das Frankfurter Nationalgetränk zu probieren (der ›Speierling‹ mit Holzapfelzusatz schmeckt übrigens weniger herb, als der Name befürchten läßt), sondern auch die Köstlichkeiten der hiesigen Küche, allem voran die berühmte ›Frankfurter Grüne Soße‹ aus frischen Kräutern, die Goethe schon mundete, ob zu Eiern, kaltem Braten, Ochsenbrust oder Fisch.

Kaiserdom

Über den *Archäologischen Garten* – und damit die Reste der ältesten karolingischen Pfalz – vorbei an der Rotunde der langgestreckten **Kunsthalle Schirn** (1986) gelangt man zum **Dom St. Bartholomäus,** seit 1356 Wahlstätte der deutschen Könige und ab 1562 auch Krönungskirche deutscher Kaiser, daher auch der Name ›Kaiserdom‹; Bischofskirche war er nie. Kirchenpatrone seit dem 14. Jh. sind die hll. Bartholomäus und Karl der Große.

Frankfurt, Dom von Sachsenhäuser Ufer ▷

FAST EINE HAUPTSTADT: FRANKFURT

Inmitten der Bankpaläste mutet der 1415 nach Entwürfen Madern Gertheners begonnene gotische Turm trotz seiner knapp 95 m Höhe rührend an und ist doch – vom Sachsenhäuser Ufer jedenfalls – noch eines der Wahrzeichen der Stadt mit weitem Rundblick über das Zentrum. Man riß die karolingischen Zwillingstürme ab und richtete ihn vom quadratischen Unterbau bis zum oktogonalen Schaft mit der Kuppel in fast 100 Jahren auf, halbvollendet ein Provisorium wegen Geldmangels für gut dreieinhalb Jahrhunderte. Die Laterne und dekorativen Elemente fügte man – nach den Originalplänen – erst 1877 (nach dem Brand 1867) hinzu. Um 680 existierte hier ein merowingischer Adelssitz mit einer frühen Steinkirche, im 9. Jh. entstand die karolingische *Salvatorkirche*. Als sie baufällig wurde und man aus Repräsentationsgründen für Königswahl und -krönung eine größere brauchte, erneuerte man sie Mitte des 13. Jh. und ersetzte das Langhaus durch eine dreischiffige Halle. Das Querhaus entstand Mitte des 14. Jh., als die karolingische Apsis zum jetzt bestehenden gotischen Chor umgebaut wurde, mit angrenzender Sakristei und Kapellen, wie der Wahlkapelle für das kurfürstliche Konklave (1438). Der Grundriß ähnelt einem gleichschenkligen griechischen Kreuz, so erhielt man den gewünschten großzügigen Rahmen für die Krönungsfeierlichkeiten.

Daß der Dom – nach einer kurzen Interimszeit – wieder katholisch wurde und es blieb, obwohl die Stadt zum reformierten Glauben überwechselte, hängt mit dem gesunden Geschäftssinn des Frankfurter Magistrats zusammen. Mit einem Konfessionswechsel in der traditionellen Wahlkirche der Könige hätte die Stadt zweierlei riskiert, zum einen, daß die katholischen Reichsoberhäupter die Zeremonie in einen anderen Ort verlegt hätten, und – schlimmer noch – das kaiserlich garantierte Messeprivileg stand auf dem Spiel. So blieb der Dom katholisch in der protestantischen Stadt. Ähnlich wie auch der in religiösen Dingen liberale Karl IV. von Frankreich mit dem Bonmot, Paris sei ihm eine Messe wert, zum katholischen Glauben überwechselte; er meinte freilich eine religiöse Messe, keine des Handels – Frankfurt aber blieb bis heute einer der wichtigsten Messeplätze in Deutschland. Nach einem verheerenden Brand 1867 wurde der Bau gründlich restauriert. Damals entstand die neogotische Turmvorhalle, der ein Teil des mittelalterlichen Kreuzgangs (von 1348) weichen mußte; der verkleinerte Innenhof ist überdacht und wird für wechselnde Ausstellungen genutzt. Im *Kreuzgang* hat inzwischen das *Dommuseum* seine Schätze ausgebreitet. Neben kostbaren Liturgiegeräten aus Gold und Silber wie Monstranzen, Meßkelchen, Patenen, Reliquiaren, Leuchtern, Weihrauchgefäßen, Meßkännchen und Taufgeräten aus dem 16. bis 19. Jh. finden sich selten erhaltene prunkvolle Meßgewänder sowie wertvolle alte Drucke und Handschriften nebst Modellen der Kirche.

Durch den Brand hat der Kaiserdom selbst viele seiner Kunstschätze verloren, manche alten Ausstattungsgegenstände konnten aber gerettet werden und künden nun von der langen Tradition dieser während des römischen Reiches deutscher Nation politisch wohl wichtigsten Kirche. Auch konnten die Frankfurter dank der Sammelleidenschaft des ehemaligen Pfarrers Ernst Franz August Münzenberger, einem Kenner gotischer Bildwerke, im vergangenen Jahrhundert viele Kunstschätze für ihren Dom erwerben, deren Bedeutung damals noch nicht richtig bekannt war. Daher findet sich im Dom eine ganze Reihe wertvoller gotischer Altäre, die zum Teil auch neu zusammengesetzt sind. Der Chor ist über dem Gestühl mit einem umlaufenden Fries bemalt, der das Leben des einen Frankfurter Kirchenpatrons, des Apostels und heiligen Bartholomäus, nach Motiven der mittelalterlichen Legendensammlung ›legenda aurea‹ darstellt, gemalt von einem unbekannten Meister der Kölner Schule aus der Zeit Stefan Lochners um 1427. Mit seinen geschnitzten Wangen gehört das gotische Chorgestühl noch zur ersten Ausstattung. Auf der rechten Seite ist die Deckplatte des Epitaphs des Grafen Georg von Schwarzburg († 1349) in die Wand eingelassen. Er wurde hier in Frankfurt zum König gewählt, verstarb noch im selben Jahr, nachdem er auf die Königswürde als Gegenkönig Karls IV. verzichtet hatte, und wurde im Dom beerdigt.

Neben dem Epitaph führt eine kleine Tür in die *Wahlkapelle der deutschen Kaiser*. Mit ihren Kreuzrippengewölben wurde sie 1425–38 ursprünglich als Bibliotheksraum erbaut, von 22 deutschen Kaisern wurden 16 hier gewählt. Der Hochaltar im Domchor aus der zweiten Hälfte des 15. Jh. zeigt die Kreuzigung und Szenen aus der Leidensgeschichte. Das Sakramentshäuschen aus Sandstein entstand um 1415/20 in der Werkstatt von Madern Gerthener. Anfang des 15. Jh. wurden auch die Steinplastiken der Dompatrone, der hll. Karl und Bartholomäus, geschaffen, die an den Wänden des Hochchors auf figürlichen Konsolen ihren Platz gefunden haben. Der Maria-Schlaf-Altar stammt als einziger aus dem ursprünglichen Bestand des Doms, ein unbekannter Meister der Kölner Schule des 15. Jh. gestaltete die Trauer der Apostel um die Gottesmutter, der Engel die Augen schließen, während Gottvater an der Rückwand Mariens personifizierte Seele (geleitet von Engeln) empfängt. Von den *Kirchenportalen* war ursprünglich das des nördlichen Querhauses am prächtigsten ausgestaltet, diesen Weg nahm der prunkvolle Krönungszug. Die Figuren Christi und der Apostel und Dompatrone entstanden allerdings um 1880, nur die gotische Madonna von 1350 auf dem Mittelpfosten der Tür, die Konsolfiguren und die Reliefs zu seiten der Fensterrose sind alt. Hans Mettel stellte 1965 auf den Bronzetüren nach Motiven der Bibel die Urväter der Menschheit und die Patriarchen des Alten Testaments dar. – Die überlebensgroße *Kreuzigungsgruppe* auf dem ehemaligen Domfriedhof im Winkel zwischen dem nördlichen Querschiff und dem Chor schuf Hans Backoffen um 1509, die Originalfiguren werden in der Turmhalle aufbewahrt.

Architektonisch wie auch inhaltlich setzt das *Museum für Moderne Kunst* (Domstr. 10) Maßstäbe in der wahrlich nicht armen Kulturlandschaft Frankfurts. Optimal nutzte Hans Hollein den begrenzten Raum des dreieckigen Grundstücks, und nur wenige andere Häuser bieten einen annähernd qualifizierten repräsentativen Überblick über Schwerpunkte der zeitgenössischen Kunstszene.

Saalhof

Frankfurter und Reichsgeschichte wird vor allem aber auch in zwei Bauten lebendig, die den Römerberg flankieren: dem Saalhof mit dem Rententurm und der Paulskirche. Als ›aula regia‹ 1317 erstmals genannt, wurde der **Saalhof** vermutlich unter Kaiser Barbarossa in der zweiten Hälfte des 12. Jh. als Wasserburg angelegt. Ludwig der Bayer stimmte zu,

FAST EINE HAUPTSTADT: FRANKFURT

Frankfurt, Saalhof mit Rententurm

daß man die repräsentative Anlage 1333 an einen Patrizier verkaufte, und so wurde der Bau mehrfach umgestaltet, blieb aber als Gebäudekomplex erhalten. An den *Rententurm* mit Eckerkern, 1456 als Teil der spätgotischen Stadtbefestigung entstanden (der Torerker des zugehörigen *Fahrtors* wurde im neoromanischen Bau nördlich wiederverwendet), schließt sich am Mainufer der 1715–17 errichtete dreigeschossige *Bernusbau* der Barockzeit an, reich geschmückt mit Voluten und Pilastern an den Zwerchgiebeln. Neoromanisch ist der viergeschossige *Burnitzbau* von 1842/43 nach Osten angefügt, bis hin zu den Resten eines mittelalterlichen Wohnturms und der erhaltenen Apsis der *Saalhofkapelle* mit trapezförmigem Grundriß und gekreuztem Rippengewölbe. Die romanischen Buckelquader verweisen noch auf die Erbauungszeit um 1200. Im Saalhof und einem anschließenden Neubau ist heute das *Historische Museum* der Stadt mit einem Stadtmodell und den Ausgrabungsfunden sowie Steinplastiken und Bauteilen zerstörter Häuser untergebracht und das *Stöffche-Museum* nebst Schankstube zur praktischen Unterweisung in der hiesigen ›Äppelwoi-Kultur‹.

Gegenüber steht noch das reich mit Schnitzereien verzierte **Haus Wertheim** aus der Renaissance, erbaut um 1600; als einziger Fachwerkbau der Altstadt hat es den Krieg überstanden. Man mág es kaum glauben, aber um 1930 galt Frankfurt als die Stadt Deutschlands, in der sich die meisten Fachwerkhäuser erhalten hatten. Am **Eisernen Steg** (einer Fußgängerbrücke von 1869) über den Main vor dem Saalbau ist auch ein Haltepunkt der *Historischen Eisenbahn Frankfurt*, die auf den Gleisen der städtischen Hafenbahn bis nach Griesheim und Mainkur dampft.

Paulskirche

Mindestens einer war nicht ganz glücklich: »Die neue lutherische Hauptkirche gibt leider viel zu denken. Sie ist als Gebäude nicht verwerflich, ob sie gleich im allermodernsten Sinne gebaut ist. Allein, da kein Platz in der Stadt weder wirklich noch denkbar ist, auf dem sie eigentlich stehen könnte und sollte, so hat man wohl den größten Fehler begangen, daß man zu einem solchen Platz eine solche Form wählte.« Niemand anderes als Goethe mokierte sich 1797 auf der Reise von Weimar in die Schweiz über den klassizistischen Ovalbau im damals ›allermodernsten Sinne‹, der nach Plänen der Stadtbaumeister Johann Andreas Liebhardt und Christian Georg Hess ab 1786 begonnen wurde und, bedingt durch die kriegerischen Auseinandersetzungen mit französischen Truppen, erst 1829–33 vom Sohn Johann Friedrich Christian Hess vollendet werden konnte. Eine gotische Vorgängerkirche aus dem 15. Jh. mußte wegen Baufälligkeit abgerissen werden. Die Rotunde bot im Erdgeschoß 500 Menschen Platz und hatte 1 200 Sitze auf der Empore – und war damit wie geschaffen für das erste frei gewählte deutsche Parlament. Mit Fahnen und Girlanden hatten die Bürger ihre Stadt geschmückt, als die Abgeordneten am 18. Mai

Deutsche Nationalversammlung in der Paulskirche, Eröffnung am 18. Mai 1848 mit Heinrich von Gagern als Präsident. Holzstich, um 1890

FAST EINE HAUPTSTADT: FRANKFURT

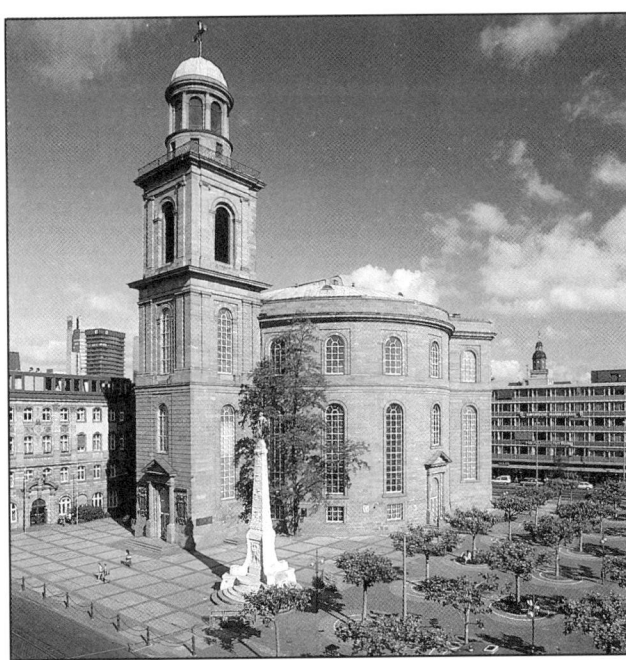

Frankfurt, Paulskirche, davor das Denkmal ›Vorkämpfer der Deutschen Einheit‹ (1903)

1848 einzogen; Frankfurt bot sich als traditionell freie Stadt ohne geistlichen oder weltlichen Herrn an, hier über die Errichtung der Demokratie zu beraten. Als wichtigste Aufgabe sahen die Abgeordneten die Verabschiedung von Grundrechten wie der Gleichheit aller Bürger vor dem Gesetz und bürgerlicher Freiheitsrechte wie der Unverletzlichkeit der Wohnung, des Briefgeheimnisses oder der Pressefreiheit an. Es kam bekanntlich anders. Bis zur Kriegsniederlage des Kaiserreichs 1918 konnten sich die alten Kräfte behaupten, nachdem sie die Befreiungsbewegung mit Waffengewalt niedergeschlagen hatten. Ein Teil der gewählten Abgeordneten resignierte und zog sich aus dem politischen Leben zurück, viele emigrierten, einige kamen um oder wurden ermordet wie Robert Blum, der in Wien trotz seiner Immunität als Abgeordneter ›standrechtlich‹ erschossen wurde. An die Ereignisse 1848 erinnert seit 1991 Johannes Grützkes monumentaler ›Zug der Abgeordneten‹, 200 der rund 600 Beteiligten sind 3 m hoch und mehr als 30 m breit zu erkennen: Pathos, gemildert von subtiler Ironie. – Nicht direkt versteckt, aber doch an der Rückseite der Paulskirche findet sich das *Mahnmal für die Opfer des Naziterrors* von Hans Wimmer aus dem Jahr 1964. Unterhalb eines sich in Fesseln aufbäumenden Mannes sind die Namen der Konzentrations- und Vernichtungslager eingemeißelt. Nach dem Krieg neu erbaut, dient die Kirche heute als Versammlungsraum zu festlichen Veranstaltungen, so werden hier regelmäßig der ›Friedenspreis des deutschen Buchhandels‹ und der ›Goethepreis‹ verliehen.

Goethehaus

»Am 28. August 1749, mittags mit dem Glockenschlage zwölf, kam ich in Frankfurt am Main zur Welt. Die Konstellation war glücklich; die Sonne stand im Zeichen der Jungfrau und kulminierte für den Tag; Jupiter und Venus blickten sie freundlich an, Merkur nicht widerwärtig; Saturn und Mars verhielten sich gleichgültig...« Mit diesen Worten beginnt Johann Wolfgang Goethe die Schilderung seiner Geburt, nachzulesen in ›Aus meinem Leben – Dichtung und Wahrheit‹. Universalgenie und Olympier, der er ist, spiegelt Goethe sie ohne falsche Bescheidenheit ... na wo wohl? Im Universum. Die Adresse, nur wenige Schritte von der Paulskirche entfernt, wird jährlich zum Ziel Tausender von Frankfurt-Pilgern aus aller Welt: *Großer Hirschgraben 23*. Hier nutzte einst der Magistrat die Bollwerke der alten staufischen Stadtmauer als Hirschgehege; man füllte den Graben im 16. Jh. auf. Wenn das Haus auch nicht mehr in dem Zustand ist, als Wolfgang im »Geräms« »zu spielender Beschäftigung« mit seinem Puppengeschirr hantierte und es – wie auch die Teller der Mutter – zum Ergötzen der Nachbarn auf die Straße warf, wo alles zerbrach, so ist das Anwesen doch seit dem Umbau durch den Vater 1755/56 typisch für die Wohnkultur wohlhabender Bürger im Spätbarock. Goethes Mutter verkaufte es nach dem Tod ihres Mannes (1782) samt Inventar, das Haus wurde später auch gewerblich genutzt, bis es 1863 das ›Freie Deutsche Hochstift‹ erwarb.

Nach dem Krieg originalgetreu wieder aufgebaut, birgt es heute einige Einrichtungsgegenstände aus dem Besitz der Familie und dient wie das benachbarte **Goethemuseum** und die **Goethebibliothek** als Forschungs- und Erinnerungsstätte. Immerhin erschienen oder entstanden in Goethes frühen Jahren, bevor er 1775 nach Weimar übersiedelte, erste Fassungen wichtiger Werke, die seinen Weltruhm begründen sollten: ›Götz von Berlichingen‹, ›Clavigo‹, ›Die Leiden des jungen Werthers‹, ›Urfaust‹ oder ›Stella‹ sowie Gedichte, etwa die ›Sesenheimer Lieder‹ und Hymnen. Als Goethe am 18. August 1814 in Frankfurt war, besuchte er die Familie des Bankiers Johann Jacob von Willemer in ihrem Gartenhäuschen (Hühnerweg 74 in Sachsenhausen) und beobachtete aus dem Obergeschoß des verschieferten Fachwerktürmchens das Feuerwerk zum Jahrestag der Völkerschlacht bei Leipzig. Auch in der *Gerbermühle* am Main

Frankfurt, älteste Darstellung des Goethehauses, Großer Hirschgraben 23, um 1820

Frankfurter Genie und Weimarer Minister: Johann Wolfgang Goethe

Ein – verglichen mit späteren literarischen Großtaten – eher bescheidenes Werk machte ihn 1774 bekannt, die sensible Schilderung der ›Leiden des jungen Werthers‹. Der Briefroman einer unglücklichen Liebe des erst 25jährigen Frankfurter Patriziersohnes Johann Wolfgang Goethe gilt als erster bedeutender internationaler Erfolg der deutschen Literatur. Mit den Studienjahren in Leipzig (1765–68) hatte Goethe den Zwiespalt kennen gelernt, zwischen überfeinerter Rokokokultur und seinem Bedürfnis nach Natur, Wahrheit und dem Ausleben von Leidenschaften, der – wenn auch in veränderter Form – sein Leben bestimmen sollte. ›Werther‹ löst diesen Konflikt zwischen gesellschaftlichen Zwängen und individueller Neigung tragisch – im Freitod.

In Straßburg promovierte Goethe zum Lizenziaten der Rechte, es folgen die Praktikantenzeit am Reichskammergericht zu Wetzlar und die Anwaltsjahre in seiner Vaterstadt (1771–75). Während dieser ›Frankfurter Geniezeit‹ entstanden bedeutende Werke und deren frühe Fassungen: ›Prometheus‹, ›Götz von Berlichingen‹ oder der ‹Faust›.

An den Hof des Herzogs Karl August wurde Goethe 1775 nach Weimar berufen und machte dort Karriere – wiederum ein tiefgehender Konflikt. Hatte er im ›Faust‹ voll Mitgefühl die Tragödie Gretchens gestaltet, so unterzeichnete er als Minister selbst das Todesurteil gegen eine Kindsmörderin. Seinem Denken nach am ›Sturm und Drang‹ orientiert, unterwarf er sich den Zwängen des feudalen Duodez-Fürstentums. Mit den Dramen ›Iphigenie auf Tauris‹ und ›Torquato Tasso‹ wandte er sich klassischen Formidealen zu, Entsagung statt Leidenschaft wird Vorbedingung menschlicher Vollendung, naturwissenschaftliche Forschungen interessieren ihn verstärkt. Aus dem Konflikt zwischen Staatsräson und

bei Oberrad, dem Landsitz von Willemers und seiner Frau Marianne, besuchte Goethe das Paar. Marianne von Willemer inspirierte Goethe zu dem Dialog in Liedern im Buch ›Suleika‹ des ›West-Östlichen Divan‹ (1819) und beteiligte sich auch mit eigenen Gedichten daran.

Die Wandbilder von Jörg Ratgeb

Unweit des Goethehauses haben sich im ehemaligen **Kloster der Karmeliter** (jetzt Museum für Vor- und Frühgeschichte und Archäologisches Museum, Karmelitergasse 5) – wenn auch teilweise beschädigt und zerstört – zwei der wohl bedeutendsten und auch von ihren Dimensionen her beeindruckendsten *Bilderzyklen* des Übergangs vom Mittelalter zur Neuzeit in Deutschland erhalten: »De wirdig Bruderschaft Santa Anna hat lasen male dis Refatorium 1514« notierte der Künstler *Jörg Ratgeb* im Refektorium auf seinem Werk. Mit Temperafarben erzählte er die Ordensgeschichte: 4 m hoch und 28,5 m lang. Die Ausführung des monumentalen Bildepos muß seine Auftraggeber mehr als nur

Johann Wolfgang Goethe grüßt Maximiliane von Brentano. Holzstich, 1864, nach einer Zeichnung von L. Pietsch

menschlichem Empfinden löst Goethe sich mit der ›Italienischen Reise‹ (1786–88). Die Freundschaft mit Friedrich Schiller bis zu dessen Tod 1805 und gemeinsame literarische Projekte wie die ›Xenien‹ leiteten eine weitere fruchtbare Periode in Goethes Leben ein. Schiller überzeugte ihn auch, den Entwicklungsroman ›Wilhelm Meister‹ fortzusetzen und den zweiten Teil des ›Faust‹ zu vollenden, der erst nach Goethes Tod (1832) veröffentlicht wurde.

zufriedengestellt haben, denn sie bestellten gleich darauf ein noch gewaltigeres Werk. Ratgeb sollte ihnen den Kreuzgang mit einer Darstellung des Lebens und der Leiden Jesu Christi ausmalen, ursprünglich etwa 150 laufende Meter, rund 540 m² bemalter Fläche einschließlich der Decke. Jörg Ratgeb war wohl ein Glücksfall für das Kloster, ein Künstler mit außergewöhnlichen Fähigkeiten, maltechnisch und in seiner Motivik auf der Höhe der Zeit, zeigte er die neuesten Architektur- und Schmuckformen. Mehr noch: Er ist fast ein wenig avantgardistisch in seinen expressiven Momenten. Ratgeb war herumgekommen und hatte sich an der italienischen und niederländischen Malerei orientiert – und war doch nicht zu teuer, weil er keine eigene Werkstatt gründen konnte. Ein derartiger Mammutauftrag war auch durchaus nicht üblich, finanziell möglich wurde er durch Spenden bürgerlicher und adliger Stifter (und war wohl Anfang 1522 ausgeführt). Die vielfach beschädigten und zerstörten Gemälde wurden 1980–87 von Fachleuten der staatlichen Restaurierungswerkstätten Warschau wiederhergestellt und auch ergänzt.

FAST EINE HAUPTSTADT: FRANKFURT

Frankfurt, Ehem. Kloster der Karmeliter, heute Museum für Vor- und Frühgeschichte und Archäologisches Museum, Bilderzyklus Jörg Ratgebs, König Ludwig rettet 1248 die Karmelitermönche

Mit dem Auftrag war das ikonographische Programm festgelegt, aber die künstlerische Umsetzung überließ man Jörg Ratgeb. Zunächst fällt, verglichen mit anderen Darstellungen, wie etwa der ›Biblia Pauperum‹ – der Armenbibel für des Lesens Unkundige –, die gesteigerte Dramatik und Dynamik auf, mit der hier erzählt wird. Ratgebs menschliche Anteilnahme für die ›Mühseligen und Beladenen‹, die innere Beteiligung, das Engagement des Künstlers wird in jeder einzelnen Szene effektvoll und realistisch an Hand psychologisch differenzierter Figurenzeichnung gestaltet. Außer diesen Wandgemälden haben sich von Ratgeb nur wenige Arbeiten erhalten. Der um 1480 in Herrenberg in Württemberg geborene Maler schloß sich 1525 den Forderungen der Bauern an und unterstützte ihren Aufstand. Das tat er nicht zuletzt wohl wegen des Schicksals der eigenen Familie. Als Leibeigene (nach damaligem Recht) gehörte seine Frau mitsamt den gemeinsamen Kindern zu den ›Eigenleuten‹ des Herzogs Ulrich und war damit weitgehend unfrei. Das hatte Folgen für den Maler. Ratgeb konnte sich etwa in Heilbronn nicht als Meister niederlassen und eine Werkstatt gründen. Obwohl das rechtlich möglich und wohl auch gängige Praxis war, verweigerte ihm der Herzog, seine Frau loszukaufen. So war Ratgeb, statt bei seiner Familie leben zu können, zu einem unsteten Dasein als wandernder Künstler gezwungen. Der Artikel 3 der Bauern entsprach also seinem eigenen Anliegen, forderte er doch »die Aufhebung der Leibeigenschaft«. Nach dem militärischen

Sieg der geistlichen und weltlichen Fürsten wurde Ratgeb wie andere Aufständische gefangengenommen und in Pforzheim zu Tode gefoltert und geviertelt. Dokumente aus seinem Besitz und die meisten anderen Werke gingen verloren oder wurden zerstört.

Ab 1264 gab es in Frankfurt eine Niederlassung der Karmeliter, Madern Gerthener erweiterte die Kirche nach 1424 im Stil der späten Gotik. Seit der Säkularisation 1803 wurden die Klostergebäude anderweitig genutzt und wie die Kirche 1944 weitgehend zerstört. Erhalten blieb das gotische Gewölbe im Chor und teilweise im Querhaus, das Kirchenschiff wurde mit einer modernen Holz-Eisen-Konstruktion überwölbt und birgt nun die Sammlungen des **Museums für Vor- und Frühgeschichte** und des **Archäologischen Museums** aus der Stein-, Bronze-, Urnenfelder-, Hallstadt- und Latènezeit aus dem Rhein-Main-Gebiet, die Grabungsfunde aus der Frankfurter Römerstadt Nida und der Altstadt neben Beständen der klassischen Antike.

Alte Nikolaikirche

Im Bereich des Stadtkerns und im weiteren Umkreis liegt eine ganze Reihe von Kirchen mit zum Teil bedeutenden Kunstschätzen, so die Alte Nikolaikirche an der Südseite des Römerbergs. Wohl Mitte des 13. Jh. als Saalbau auf königlichem Grund errichtet, wurde sie um 1290 zur zweischiffigen gotischen Hallenkirche mit polygonalem Chor umgebaut und hat dieses Aussehen bis heute weitgehend bewahrt. Mitte des 15. Jh. fügte man die Dachgalerie mit Maßwerkbrüstung als Tribüne für den Magistrat samt den oktogonalen Ecktürmchen mit Zinnenkranz hinzu und erhöhte den Turm wie das charakteristische, steile Walmdach über dem erneuerten Gewölbe; man scheint bewußt die Profanarchitektur der Zeit (Steinernes Haus und Leinwandhaus) kopiert zu haben, als die Kirche sich zur Ratskapelle entwickelte. Nach der Reformation schloß der Rat die Kirche und ver-

Ansicht des Römerbergs mit der Nikolaikirche. Zeichnung von F. W. Delkeskamp, 1823

wendete sie nach einem Brand 1546 als Warenlager. 1719–21 renoviert und für den lutherischen Gottesdienst genutzt, war die Kirche 1803 erneut so baufällig, daß man erwog, sie (wie 1840 die Heiliggeistkirche) abzureißen. Der Bau wurde jedoch stabilisiert und als Lagerraum vermietet, 1839–43 dann endgültig saniert. Die Ausgrabungs- und Restaurierungsarbeiten 1989–92 konnten die Baugeschichte weitgehend erhellen. Die Epitaphien des Siegfried zum Paradies († 1386) und seiner Frau Katharina zum Wedel († 1378) schuf Madern Gerthener um 1410, die Rokokokanzel fertigte Johann Daniel Schnorr 1769–71.

St. Leonhard

Ein Kleinod gotischer Sakralarchitektur ist die Pfarrkirche St. Leonhard direkt am Mainkai, die als einzige im Weltkrieg weitgehend erhalten blieb. Aus der ersten Bauzeit um 1200 stammt noch das reichverzierte romanische Engelbertusportal am ehemaligen Eingang der Nordseite: ›Engelbertus f‹ (f wie fecit = hat es gemacht) signierte, unüblich für das Mittelalter, der Künstler. Im Tympanon flankieren Johannes, Maria und die hll. Petrus und Georg den thronenden Christus. Das gleichzeitig entstandene Nebenportal ist vermauert. Der flachgedeckten spätromanischen Basilika wurde 1425–34 unter Mitwirkung des Dombaumeisters Madern Gerthener († 1431) zunächst ein neuer zweijochiger gotischer Chor mit hohen Maßwerkfenstern und Sterngewölbe angefügt; um 1515–20 gestaltete man unter Leitung Hans von Bingens das Langhaus zur gotischen Halle um. Bemerkenswert sind die reichen Netz- und Sterngewölbe der Schiffe, die in ihrer unterschiedlichen Gestaltung exemplarisch die phantasievollen Formen spätgotischer Gewölbe demonstrieren, besonders das ›hängende Gewölbe‹ im *Salvatorchörlein*, vorn im nördlichen Seitenschiff. Im 17./18. Jh. galt der 1510 im Gewölbe an Sandsteinstreben aufgehängte Schlußzapfen, an dessen Mittelsäule der gegeißelte Christus dargestellt ist und im Rippengeäst darüber Gottvater, als eine der Sehenswürdigkeiten der Stadt. Nur eine Kopie der Abendmahlsszene von Hans Holbein d. Ä. aus dem Jahr 1501 findet sich vorn links im Hauptschiff (Original im Städelschen Kunstinstitut), den Marienaltar rechts daneben schnitzten Antwerpener Künstler in den Jahren 1515–20. Hans Dietz schuf 1536 das Wandfresko an der Nordseite des

Frankfurt, St. Leonhard, Schlußzapfen im ›hängenden Gewölbe‹ mit Christusdarstellung

Chors, einen Lebensbaum mit den Aposteln; es wurde mehrfach stark restauriert. Aus dem 15. Jh. stammen die Glasfenster des Chors: Maria, Gottvater und Christus, in den seitlichen Fenstern die hll. Katharina, Georg und die Nothelfer. Keine andere Frankfurter Kirche hat noch so vollständig erhaltene mittelalterliche Glasmalereien im Chor; sie befinden sich seit 1434 an dieser Stelle. Als verschollen galt die lebensgroße Darstellung des Leichnams Christi vorn rechts im Hauptschiff, die um 1500 mit der Totenbahre aus einem Steinblock gemeißelt wurde; man fand sie bei Ausschachtungsarbeiten 1927. Der Kreuzaltar darüber, eine niedersächsische Schnitzarbeit, entstand ebenfalls um 1500. Anfang des 16. Jh. wurde die Wand über dem Chorbogen mit der Darstellung des Jüngsten Gerichts ausgemalt. Die spätgotische Kanzel ist eine Arbeit des frühen 16. Jh.

St. Katharinen

Getauft wurde Goethe in der Katharinenkirche, deren erster Bau auf die Stiftung eines Siechen- und Armenspitals 1343 durch den vermögenden Patrizier Wycker Frosch zurückgeht. Bei dem vergrößerten neuen Saalbau des Barock 1678 von Melchior Heßler griff man mit dem Polygonchor, Strebepfeilern und Maßwerkfenstern auf Architekturdetails der gotischen Vorgängerkirche zurück; statt des spitzen Dachreiters erhielt der Bau nun an der Nordseite einen quadratischen Turm, der nach drei Geschossen über einer Maßwerkbrüstung oktogonal weitergeführt und mit Kuppel und Laterne abgeschlossen wird. Die ausgebrannte Ruine wurde 1954 vereinfacht wiederhergestellt; innen haben sich die Grabmale des Stifters Wycker Frosch († 1363) mit einem Modell der Kirche und seines gleichnamigen Neffen als Ritter in Turnierharnisch († 1378) erhalten sowie eine spätgotische hl. Katharina (um 1520) aus der Backoffen-Schule; außen ist eine gotische Maria auf der Mondsichel in den Chor eingelassen.

Hauptwache

Als Wachgebäude und Gefängnis 1671 in barockem Stil errichtet und schon – wegen Baufälligkeit – 1730 von dem Stadtbaumeister Jakob Samhaimer erneuert, hat die Frankfurter Hauptwache eine bewegte Geschichte hinter sich. Am Karfreitag 1833 wollten Studenten die Wache mit dem verhaßten Arrestlokal besetzen, um »ein Signal für die Revolution« zu geben – und scheiterten kläglich. Statt dessen diente der dilettantische ›Frankfurter Wachensturm‹ aber der Wiener Reaktion als willkommener Anlaß zu neuerlichen Verfolgungen der ›Demagogen‹ – wie man die liberalen Intellektuellen damals nannte – und zu weiterer Verschärfung der Pressezensur. Den eingeschossigen Rechteckbau, dominiert von einem Mansardwalmdach, mit Quaderlisenen und Arkaden unter dem flachen Giebelfeld mit Stadtwappen von Johann Bernhard Schwarzenberger restaurierte man nach der Kriegszerstörung zunächst 1950 nur provisorisch. Wegen des U-Bahn-Baus wurde die Wache 1966 wieder Stein für Stein abgetragen und 1968 neu errichtet. Sie war schon seit 1904 Kaffeehaus und ist heute wieder Café und beliebter Treffpunkt.

Quer durch den Kernbereich der Altstadt führt die **Zeil** von der Hauptwache aus in westöstlicher Richtung, inzwischen weitgehend (in Richtung Konstablerwache) eine

FAST EINE HAUPTSTADT: FRANKFURT

Fußgängerzone, bepflanzt mit Bäumchen. Und die sorgten für lebhafte Diskussionen. Während Frankfurtkennern, die das Bild des alten Prachtboulevards noch vor Augen haben, die Bepflanzung als Mißgriff und Verkennung der ursprünglichen städtebaulichen Konzeption erscheint – was ja auch stimmt, nur fielen leider auch viele der prächtigen Bauten dem Krieg zum Opfer –, mildert das Grün andererseits die bombastische Glas- und Stahlarchitektur der nach dem Krieg entstandenen Konsumtempel. Nicht zu unterschätzen ist jedenfalls die wirtschaftliche Bedeutung dieses Treffpunktes zum Flanieren, die Zeil ist eine der bedeutendsten und umsatzstärksten Einkaufsstraßen der gesamten Bundesrepublik. Ebenfalls Fußgängerzone (seit 1975/76) ist die *Große Bockenheimer Straße*, besser bekannt als *Freßgass*, wobei dieser sprechende Name bereits das Angebot der Geschäfte andeutet.

Gleich zwei prächtige antikisierende Bauten jenseits der Hauptwache künden davon, daß sich Kunst und Kommerz schon immer trefflich verbinden ließen, die **Alte Oper** und die Börse. Nach Plänen des Schinkel-Schülers Richard Lucae 1872–80 erbaut, brannte das Opernhaus im Krieg aus, wobei allerdings die Außenmauern und deren üppiger dekorativer Zierat weitgehend erhalten blieben, »Deutschlands schönste Ruine«, und wurde 1964–81 als Konzert- und Kongreßzentrum wieder aufgebaut. Mit ihrem Motto »DEM WAHREN SCHOENEN GUTEN« und der Pantherquadriga darüber (von Franz

Frankfurts Alte Oper – im gründerzeitlichen Glanz wieder aufgebaut

Krüger 1903 für das ehemalige Schauspielhaus) spiegelt die Oper das noch ungebrochene bürgerliche Selbstbewußtsein der Gründerjahre. Die Fassaden sind dem Stil der italienischen Hochrenaissance nachempfunden und weitgehend aus Savonnièrekalkstein – als Reparationslieferung ein Beitrag des 1870/71 besiegten Frankreich. Messekaufleute gründeten schon 1558 eine ›Burs‹, eine Vereinigung, die die Wechselkurse festlegen sollte. Ein Sitz dieser wichtigen Einrichtung war zeitweise der Römerberg; 1874-79 errichteten dann die Architekten Heinrich Burnitz und Oskar Sommer als Sieger eines Wettbewerbs ihre **Börse** ähnlich als einen Elemente der italienischen Hochrenaissance variierenden Bau mit seiner von Säulen und reichem Figurenschmuck sowie plastischem Zierat akzentuierten Fassade.

Auch am **Hauptbahnhof** hat die Gründerzeit ihre Spuren hinterlassen. Als der damals hypermoderne Verkehrsknotenpunkt nach fünfjähriger Bauzeit 1888 weit draußen vor der Stadt – immerhin rund 600 m – eröffnet wurde, mit ursprünglich gleich drei Bahnsteighallen über 18 Gleisen, setzte seine Architektur neue Maßstäbe. Und die Stadt wuchs buchstäblich auf ihn zu. Rings um den Prachtboulevard *Kaiserstraße* entstanden Hotels wie der noble Frankfurter Hof (Am Kaiserplatz), Geschäfts- und Wohnhäuser in gediegenen Formen, mit Erkern, Balustraden, Balkonen und reichem bauplastischem Schmuck. Trotz der Narben des Krieges und der vielfach unpassenden modernen Gestaltung der Schaufensterfronten haben die Straßenzüge viel ihres behäbigen Charmes bewahrt; jetzt wird er freilich auch von trübem Rotlicht überstrahlt.

Vom Leben einer Minderheit

Folgt man an der Alten Oper der Bockenheimer Landstraße stadtauswärts, dann gelangt man rechter Hand in die Freiherr-vom-Stein-Straße und damit zur einzigen Synagoge Frankfurts, die die Pogromnacht vom 9. auf den 10. November 1938, als Menschen ermordet und mißhandelt, Geschäfte geplündert und Gotteshäuser zerstört wurden, ›nur‹ innen demoliert und danach als Lager verwendet überstanden hat, der Westendsynagoge. Traditionell haben zwei Glaubensgemeinschaften mit ihren Lehren, beide dem alttestamentarischen »Du sollst nicht töten« verpflichtet, das reiche geistige und kulturelle Leben Frankfurts geprägt: Christentum und Judentum, dem die christliche Religion letztlich entstammt; Christus und seine Eltern waren bekanntlich Juden. Die Frankfurter Jüdische Gemeinde nahm im Rahmen der jüdischen Gemeinden des christlichen Abendlandes immer eine herausragende Rolle ein, seit eine ursprünglich etwa 200 Seelen umfassende Gemeinde durch den Talmud-Kommentar des Elieser ben Nathan aus der ersten Hälfte des 12. Jh. in der Stadt nachweisbar ist. Über lange Phasen zeichnete die gemeinsame Geschichte der Christen und Juden etwas aus, was man modern ›friedliche Koexistenz‹ nennen würde. Immer wieder kam es allerdings im Lauf der Jahrhunderte zu Verfolgungen der jüdischen Minderheit durch die christliche Majorität, zu Beleidigungen und Schikanen – etwa wenn christliche Missetäter im Mittelalter nicht nur öffentlich angeprangert wurden, sondern als Strafverschärfung einen ›Judenhut‹ tragen mußten! –, es kam zu wirtschaftlicher und rechtlicher Benachteiligung, zu Enteignungen und Entrechtungen, direkt zu Überfällen und Pogromen großen Stils bis hin zum industriell organisierten Raub- und Massenmord während der Naziherrschaft.

In Frankfurt fand die friedliche Koexistenz zwischen Christen und Juden erstmals 1241 in der frühesten nachweisbaren ›Judenschlacht‹ ein blutiges Ende; eine neu gebildete Gemeinde wurde in der zweiten ›Judenschlacht‹ 1349 ausgelöscht. Im 15. Jh. forderten Papst und Kaiser, die jüdischen Bürger von der christlichen Bevölkerung zu isolieren. So entstand im Osten der Stadt außerhalb der Mauern ein hermetisch durch Tore verriegeltes Ghetto im Bereich des heutigen Börneplatzes und alten Jüdischen Friedhofs, das 1614 von den christlichen Bürgern gestürmt und geplündert wurde. Im frühen Mittelalter waren die Juden ursprünglich freie waffentragende Bürger, ihrer Rechte wurden sie allmählich beraubt. Als den Frankfurtern jüdischen Glaubens nur dieser begrenzte Wohnraum im Ghetto zugebilligt wurde, blieb es nicht aus, daß wegen der Enge die Wohnverhältnisse katastrophal waren. Daß man heute noch in der Fahrgasse ein Stück der staufischen Stadtmauer des 12. Jh. in Frankfurt bewundern kann, ist einer Schikane zu verdanken. Als das übervölkerte Ghetto um die Judengasse 1711 bei einem Feuer niederbrannte und dabei auch die Staufermauer beschädigt wurde – sie war wehrtechnisch und durch die gewachsene Stadt überholt, inzwischen durch die längere gotische Stadtmauer ersetzt und weitgehend gegen Ende des 16. Jh. abgetragen –, verpflichtete man die Juden, die militärisch wertlose Mauer wieder zu erneuern; dieser Rest blieb bis heute erhalten. Man hätte ja den Mitbürgern aus christlicher Nächstenliebe auch helfen können beim Wiederaufbau ihrer Wohnungen ...

Erst Napoleon brachte mit seinen Truppen und der Säkularisation auch den Deutschen jüdischen Glaubens die vollen Menschen- und Bürgerrechte, 1811 wurde das Ghetto geöffnet. Daß die Stadt, als man 1987 überraschend bei Bauarbeiten am **Börneplatz** auf Reste des Ghettos stieß, immerhin auf die Grundmauern von 19 Häusern und zwei rituellen Tauchbädern, nicht in der Lage war, diese bedeutenden Zeugnisse etwa wie im Archäologischen Garten zu konservieren und in der originalen Fundsituation zu erhalten, sondern statt dessen auf die bescheidene Lösung verfiel, nur einen Teil auszustellen, integriert in das neue Gebäude der Stadtwerke, wird späteren Generationen schwerlich vermittelbar sein. Eine überregionale Frankfurter Zeitung berichtete: »Die Mauerreste von fünf Häusern der Judengasse wurden hier im Kellergeschoß des Kundenzentrums der Stadtwerke hin- und her- und auf- und umgeschichtet, bis ihnen jegliche Spur vom Leben ihrer ehemaligen Bewohner ausgetrieben war. Gut 3 000 Menschen lebten zeitweise in der gerade 300 Meter langen Judengasse.« Aussagekräftig ist ja nicht, daß dort steinerne Fundamente im Boden lagen; das war längst bekannt. Interessanter war, wie eng diese Fundamente gemauert waren – und genau diese optisch präsente Dokumentation, die Gelegenheit, Sozialgeschichte sichtbar zu machen, ist jetzt vertan. – Hier wurde 1786 der Schriftsteller und Publizist Ludwig Börne geboren, nach Goethe wohl der literarisch bedeutendste Sohn der Stadt, der seit 1830 bis zu seinem Tod 1837 im Pariser Exil leben mußte und mit seinen witzigen Polemiken die Entwicklung des modernen Feuilletons beeinflußt hat.

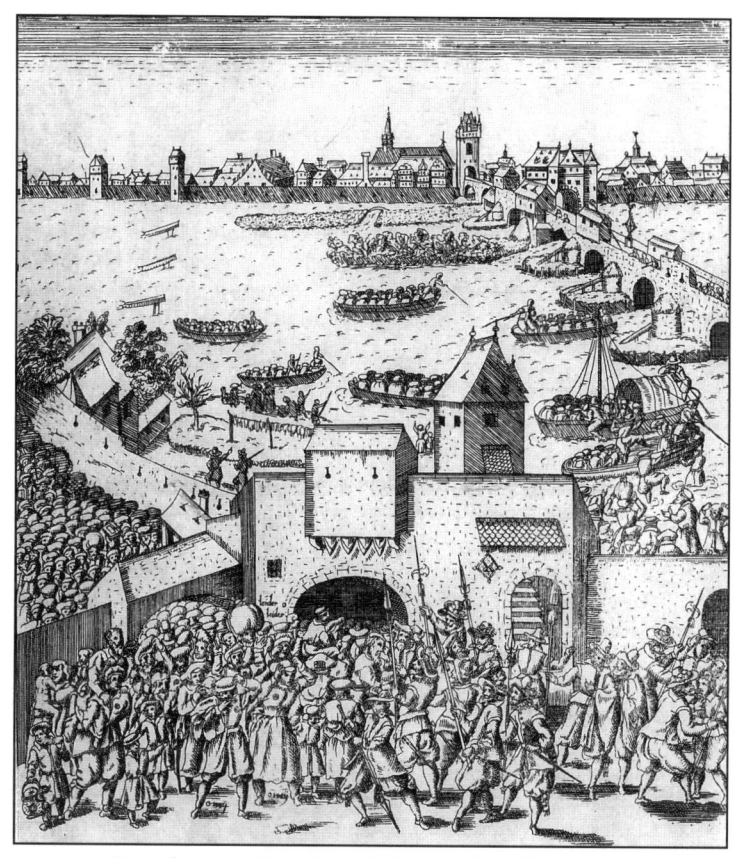

Vertreibung der Frankfurter Juden aus dem Ghetto 1614

Ein Zeugnis der jüdischen Kultur bleibt jedenfalls die **Westendsynagoge.** Sie wurde von Franz Roeckle in verhalten klassizistischen Formen mit Anleihen ägyptisch-assyrischen Stils und Jugendstilelementen entworfen und 1910 eingeweiht. Vor dem Holocaust gab es in Frankfurt neun jüdische Gotteshäuser; die jüdische Gemeinde war mit rund 30 000 Seelen eine der größten Deutschlands und galt traditionell als ein Ort »der Weisen und Schriftgelehrten«, eine »Anhöhe, zu der alle sich wenden«. Als die Amerikaner Frankfurt 1945 befreiten, hatten nur 145 jüdische Bürger in der Stadt überlebt, 670 Überlebende konnten in Theresienstadt gerettet werden. Hunderte hatten ihrem Leben vor der Deportation selbst ein Ende gesetzt. Das wohl bekannteste Schicksal teilt das ›Tagebuch‹ des 1929 in Frankfurt geborenen jüdischen Mädchens Anne Frank mit. Ihre Familie floh 1933 in die Niederlande, wo Anne auch nach der Besetzung durch die deutschen Truppen

Ein Vater des modernen Journalismus: Ludwig Börne

Als Löb Baruch wurde er am 6. 5. 1786 in der Frankfurter Judengasse, dem Ghetto, geboren, der Schriftsteller und Publizist Ludwig Börne. In Berlin, Halle, Heidelberg und Gießen studierte er Medizin und Staatswissenschaft, promovierte und kehrte 1811 in seine Vaterstadt Frankfurt zurück, trat dort eine Stelle als Polizeiaktuar an. Doch zu seinem Schaden wurde nach dem Sieg über Napoleon auch in Frankfurt der ›Code Napoléon‹, die Gesetzgebung der Französischen Revolution mit ihren Geboten der Freiheit und Gleichheit, aufgehoben; als Jude verlor Börne 1815 seine Stellung im öffentlichen Dienst und trat 1818 zur evangelischen Kirche über. In den Jahren 1818 bis 1821 gab er in Frankfurt ›Die Waage – eine Zeitschrift für Bürgerleben, Wissenschaft und Kunst‹ heraus und machte als geistreicher Theaterkritiker auf sich aufmerksam. In Satiren wie ›Der Narr im weißen Schwan‹ oder ›Denkwürdigkeiten der Frankfurter Zensur‹ ironisierte er die Verhältnisse. Ein Symbol der Entwicklung des gesellschaftlichen Lebens in Deutschland schien ihm die gemächliche Fahrt einer Postkutsche: ›Monographie einer deutschen Postschnecke.‹ Von 1822–30 lebte er als Journalist in Paris, Heidelberg, Frankfurt, Berlin und Hamburg. Als er von der Julirevolution 1830 in Paris erfuhr, zog es ihn in die französische Hauptstadt. Ab 1832 veröffentlichte er seine ›Briefe aus Paris‹, neben Heinrich Heines ›Französischen Zuständen‹ sind sie wohl das bedeutendste Zeugnis der Auseinandersetzung deutscher Intellektueller mit den Ergebnissen der französischen Julirevolution. Mit ihrer eigenwilligen Mischung aus lebendiger Milieuschilderung, revolutionärer Propaganda und beißendem Spott trafen sie in Deutschland nicht nur auf Zustimmung. Die Veröffentlichung des dritten Teils war nur noch im Pariser

Ludwig Börne (1786–1837)

Exil möglich, da die deutsche Zensur sie verboten hatte. Allerdings haben Börnes Polemiken durchaus anregend auf das deutsche Feuilleton und den politisch engagierten Journalismus gewirkt. Ludwig Börne starb 1837 in Paris und wurde auf dem Friedhof ›Père-Lachaise‹ beigesetzt.

1940 noch bis 1942 eine Schule besuchen konnte. Als die Lage immer bedrohlicher wurde, versuchte die Familie, gemeinsam mit jüdischen Freunden, sich im Juli 1942 im Hinterhaus des Geschäfts, das Annes Vater im Exil aufgebaut hatte, in der Prinsengracht 263 in Amsterdam, zu verstecken. Hier hielt Anne bis zu ihrer Entdeckung im August 1944 Zwiesprache mit ihrem Tagebuch. Die Familie wurde erst nach Auschwitz deportiert, vor der drohenden Befreiung durch die Alliierten wurde Anne gemeinsam mit anderen Gefangenen in das Konzentrationslager Bergen-Belsen verschleppt und überlebte diese Strapazen nicht. Nur ihr Vater Otto Frank überstand den Holocaust und gab nach 1945 ihr Tagebuch zur Veröffentlichung frei. Das Haus in der Prinsengracht ist heute Gedenkstätte, an Annes Geburtshaus in Frankfurt (Ganghoferstr. 24) erinnert eine Tafel an ihr Schicksal. Außer der Westendsynagoge gibt es heute in der Stadt vier weitere, die jüdische Gemeinde zählt inzwischen wieder rund 6 500 Mitglieder.

Erhalten blieb auch der seit dem Mittelalter bestehende **Jüdische Friedhof** an der Battonnstraße, nahe dem ehemaligen Ghetto. Das **Jüdische Museum** (Untermainkai 14/15) im ehemaligen Rothschildpalais (1820/21 nach der Öffnung des Ghettos von Johann Christian Friedrich Hess erbaut) hilft mit seinen Sammlungen zur Geschichte und Kultur des jüdischen Teils der deutschen Bevölkerung, zum Verständnis und Dialog zwischen den Religionsgemeinschaften beizutragen.

Liebfrauenkirche

Unweit der Hauptwache und Katharinenkirche steht die nach schwerer Kriegszerstörung wiedererrichtete **Liebfrauenkirche.** An dieser Stelle stiftete Wigel von Wanebach, unterstützt von seinem Schwiegersohn Wycker Frosch, an der Staufermauer um 1310 eine Marienkapelle. Sie wurde 1344 zur gotischen Halle erweitert, erhielt 1425, gleichzeitig mit der dreischiffigen Sakristei, wohl von Madern Gerthener die südliche Schaufassade und das reich mit Maßwerk verzierte Dreikönigstympanon aus Terrakotta (in der jetzigen Taufkapelle innen), das in drei Szenen (Verkündigung, Ritt und Anbetung) die Legende der Heiligen Drei Könige erzählt, musizierende Engel tragen den Türsturz. Vor das alte Südportal, das wohl schon im 16. Jh. von den Lädchen verdeckt wurde – in Frankfurt ›Schirn‹ genannt –, baute Friedrich Rumpf 1824 eine klassizistische Vorhalle. Die Pietà aus dem 14. Jh. in der Giebelrundnische dieses Vorbaus wurde erst 1824 hierher versetzt, sie stand ursprünglich an der alten Stadtmauer hinter der Kirche. Wahrscheinlich hat der junge Goethe sie dort gesehen und sich vielleicht von ihr anregen lassen zu der Szene ›Zwinger‹ im Faust: »In

Anne Frank (1929–1945)

der Mauer ein Andachtsbild der Mater dolorosa, Blumenkrüge davor.« Gretchen spricht das Bildnis an: »Ach neige,/ Du Schmerzenreiche,/ Dein Antlitz ab zu meiner Not!« – die Perspektive, der Blick hoch zur Pietà in der Zwingermauer, stimmt jedenfalls mit Gretchens Worten überein. Das Tympanon über dem Hauptportal links davon ziert eine vollplastische Kreuzigungsgruppe aus der zweiten Hälfte des 15. Jh. Etwas abseits der Kirche errichtete man 1453 den *Turm* auf der alten *Staufermauer*, die von ihm bis zur Westfassade erhalten blieb. Das spätgotische Netzgewölbe von 1495 ist seit 1943/44 nur im Chor (1956 wiederhergestellt) erhalten. – Der *Liebfrauenberg* südlich der Kirche diente Ende des 13. Jh. als Pferdemarkt ›Rossebühel‹, später als Ochsenmarkt und im 16. Jh. als ein Messeplatz der Stadt. Den ›Liebfrauenbrunnen‹ mit dem sonnenbekrönten Obelisken, Flußgöttern und Delphinen schufen 1770/71 Johann Andreas Liebhardt und Johann Michael Datzerath.

Anlagen und Befestigungen

Frankfurt besann sich schon früh auf das, was man heute salopp als ›Freizeitwert‹ bezeichnet. Seit dem Beginn des 19. Jh. dienen die ehemaligen Festungswälle als Anlagen, gut 5 km lang und knapp 23 ha groß, von der *Obermainanlage* mit den *Denkmälern Gotthold Ephraim Lessings* (1882) und *Arthur Schopenhauers* (1895) nahe dem klassizistischen Säulenportikus der ehemaligen *Stadtbibliothek* (1825; inzwischen **Kunsthalle Portikus** für wechselnde Ausstellungen und Konzerte), über die *Friedberger*, *Eschenheimer* und *Bockenheimer* bis hin zur *Taunusanlage* mit den *Denkmälern* für *Ludwig van Beethoven* (1951), *Heinrich Heine* (1912/13), *Friedrich Schiller* (1863) und *Johann Wolfgang Goethe* (1844). Als Heinrich Heine erfuhr, daß die Bürger Frankfurts 1819 einen Verein zur Errichtung eines Denkmals für ihren großen Sohn Goethe gegründet hatten, mokierte er sich treffend in einem Gedicht über die nicht ganz uneigennützigen Motive. Heinrich Heine hätte es sich wohl nicht träumen lassen, daß die Frankfurter einst auch ihn denkmalstiftend eingemeinden würden – lange nach seinem Tod, versteht sich.

Max Schmidt, ein Frankfurter Tierarzt, gründete 1857 als einen der ersten in Deutschland den **Zoologischen Garten,** der im Lauf der Jahre umziehen mußte und sich heute im Osten der Stadt befindet. Im **Palmengarten** blühen seit 1869 Exoten und beeindrucken Einheimische wie Touristen, so den französischen Journalisten Viktor Tissot, der etwa 1876 in Paris seine Reiseerlebnisse veröffentlichte. Besonders die künstliche Bergwelt hatte es ihm angetan: »Man durchwandert eine wahrhaftige Alpenlandschaft«, schwärmte er. Und das barocke **Holzhausenschlößchen,** das 1726 nach Plänen von Louis Rémy de la Fosse auf den Fundamenten einer mittelalterlichen Wasserburg entstand, liegt ebenfalls in einem Park, einst weit vor den Toren der Stadt als befestigter Gutshof und später Sommersitz erbaut.

An Hand der **Stadtbefestigungen** läßt sich erkennen, wie Frankfurt langsam wuchs. Von der **staufischen Mauer** aus der zweiten Hälfte des 12. Jh. hat sich in der *Fahrgasse* ein bemerkenswerter Rest mit innenliegenden Bogennischen und Teilen von Brustwehr und Ansätzen des Wehrgangs erhalten, sie reicht immerhin bis in den zweiten Stock der umlie-

*Frankfurt,
Goethedenkmal,
Gallusanlage*

genden Geschäftshäuser. Bis auf diesen Rest wurde die Staufermauer niedergelegt, als die Stadt wuchs und mit der gotischen Befestigung gesichert wurde. Deren bekanntester Teil ist ein Wahrzeichen Frankfurts, der **Eschenheimer Turm** mit seinen beiden feldseitig erhaltenen Fronterkern, durch die Jahrhunderte immer wieder vom Abriß bedroht. Klaus Mengoz begann mit seinem Bau um 1400, Madern Gerthener vollendete ihn 1428 als Rundturm mit vorkragendem Wehrgang, bekrönt von Erkertürmchen und spitzem Helm und meißelte die beiden steinernen Adlerreliefs, innen den Frankfurter und außen den Reichsadler. Den quadratischen viergeschossigen **Rententurm** am Saalhof vollendete Eberhard Friedberger 1456 mit seinen sechseckigen Eckerkerchen und der Turmspitze. Der rechteckige **Kuhhirtenturm** mit seinem Fachwerkobergeschoß steht seit 1490 in *Sachsenhausen;* an der Stelle des abgerissenen *Affentors* entstanden 1810/11 von Johann Friedrich Christian Hess klassizistische *Wachbauten*. Um die Stadt wurde ab 1400 ein Kranz von Wacht- oder Warttürmen angelegt, von denen sich vier erhalten haben, die *Galluswarte* (1414), die *Bockenheimer Warte* (1435), die *Sachsenhäuser Warte* (1471) und die *Friedberger Warte* (1478). Die ehemaligen *Wallanlagen* sicherten die gotische Stadtmauer von außen, von der Feldseite her, wurden erst Ende des 17. Jh. zu bastionären Befestigungswällen der Barockzeit ausgebaut, 1806–18 eingeebnet und in Park- und Gartenanlagen umgewandelt.

FAST EINE HAUPTSTADT: FRANKFURT

›Mainhattan‹ oder ›Bankfurt‹

Türme prägten das Bild der Stadt schon immer, waren es früher die der Kirchen und Tore, so werden sie heute überragt von denen der Banken und Geschäftshäuser, weshalb die Stadt auch gern als ›Chicago am Main‹ bespöttelt wird (Farbabb. 18); liebevoll, versteht sich, die amerikanische Metropole ist schließlich Partnerstadt. Frankfurt ist ein wirtschaftliches Zentrum der Bundesrepublik, man ist stolz darauf und zeigt es in der Hochbauarchitektur, hier ist schließlich auch der Sitz der Deutschen Bundesbank und ihres Zentralbankrats (und seit 1994 auch Standort des Europäischen Währungsinstituts). Als praktische Orientierungshilfe werden viele autofahrende Messebesucher, im dichten Verkehr trotz der Ausschilderung leicht zu Messe-Suchern degradiert, Frankfurts (vorerst) neuesten Giganten erlebt haben, den mit gut 256 m Höhe wirklich stattlichen **Messeturm** des Architekten Helmut Jahn über einem zunächst quadratischen Grundriß, der nach oben in einen Kreis hinüberwächst und schließlich als Spitze in den Himmel weist, eine neuzeitliche Kathedrale der Geschäftswelt – die Messegäste in seiner Umgebung lassen dank ihrer Sprachen aus allen Kontinenten mitunter wirklich an den Turm von Babel denken... Der *Hammering Man* des amerikanischen Künstlers Jonathan Borofsky davor ist dank seiner monumentalen Ausmaße weithin sichtbar, treffsicher hämmert er mit der Rechten im Takt des geschäftigen Messetrubels. Ein bemerkenswertes Zeugnis modernen Bauens ist auch das neue **Torhaus** der Messe, 117 m hoch, als Verwaltungsgebäude und Servicecenter von Oswald M. Ungers entworfen – ein ineinander verschachteltes ›Haus im Haus‹ gewissermaßen. Extravagantes Bauen der Moderne kennt man hier freilich schon länger, etwa das 1920–24 von Peter Behrens erbaute *Verwaltungsgebäude der Farbwerke*

Frankfurt, Stadtpanorama mit Messeturm von Helmut Jahn

Hoechst, dessen Foyer mit den Backsteinstalaktiten an die zeitgleich entstandenen Backsteinstrukturen in Bremens Böttcherstraße (1923–31) des Bernhard Hoetger oder das ›Chilehaus‹ (1922/23) von Fritz Höger in Hamburg erinnert. Deren Dimensionen übertrifft natürlich der **Fernmeldeturm** an der Wilhelm-Epstein-Straße (Ginnheim) mit seinen 331 m Höhe. Dagegen nehmen sich die schon klassischen Hochbauten fast wie Zwerge aus, etwa der **Henningerturm** samt Restaurant und Brauerei-Museum in Sachsenhausen mit einer lichten (Aussichts-) Höhe von immerhin auch schon 120 m (Hainer Weg 60–64). Die Frankfurter haben ihren Sinn für Humor bewahrt, so nennen sie die spiegelverglasten Zwillingsmonolithen der *Deutschen Bank* ›Soll und Haben‹ (jeweils

FAST EINE HAUPTSTADT: FRANKFURT

Metallskulptur ›Hammering Man‹ von Jonathan Borofsky vor dem Messegelände

155 m). Beinahe schneller, als der Chronist festhalten kann, wächst die Stadt, daher ein paar Daten im Stakkato: *Westend-Center* 72 und 94 m hoch; *Uni-Turm* 130 m; *Selmi-Haus* 142 m; *Bank für Gemeinwirtschaft* 148 m; *Dresdner Bank* 166 m ... Doch diese Blickfänge der Gegenwart werden wohl bald schon von der nächsten, größeren Gigantengeneration – im Wortsinn – in den Schatten gestellt sein, das läßt jedenfalls der vieldiskutierte *Campanile* erwarten. Daß die Stadt hoch hinaus will und kann, sieht man an der Skyline.

Man kann in Frankfurt aber auch abheben, ohne Bodenhaftung zu behalten. Rund 10 km südwestlich der Innenstadt liegt der **Rhein-Main-Flughafen** am Frankfurter Kreuz der Autobahnen Köln – München und Hamburg – Basel. Auch als Airport hat Frankfurt eine lange Tradition. Erstmals landete 1909 zur Eröffnung einer Luftschiffahrtsausstellung ein Zeppelin auf dem Rebstockgelände, das im Ersten Weltkrieg der Luftwaffe diente und ab 1926 als Flugplatz Rebstock bis 1936 in Betrieb war. Der Flughafen auf dem jetzigen Gelände wurde 1936 eröffnet und diente dem zivilen Liniendienst über den Atlantik mit Luftschiffen wie der ›Graf Zeppelin‹ oder der ›Hindenburg‹; die Fahrten wurden nach der Katastrophe von Lakehurst (südlich von New York) 1937 eingestellt. Die Wehrmacht übernahm 1939 den Flughafen. Er wurde 1945 wieder aufgebaut, und der zivile Flugverkehr konnte 1946 neu beginnen. Eröffnet wurden die heute benutzten Anlagen 1972 nach einer fünfzehnjährigen Planung und siebenjähriger Bauzeit. Der Terminal hat sich zu einem gigantischen Umschlagplatz für Menschen und Material entwickelt, eigentlich schon einer eigenen Stadt mit allen Einrichtungen zur Wartung der Maschinen und Versorgung der Passagiere, der von rund 80 Linien- und 200 Charterfluggesellschaften angeflogen wird, und bietet eine große Zahl von Arbeitsplätzen. Daß bei allem Verständnis für die Anforderungen der neuzeitlichen Infrastruktur ein moderner Großflughafen bei den betroffenen Anrainern und vor allem bei um den Erhalt der Umwelt besorgten Bürgern nicht unbedingt auf Gegenliebe stößt, mußten die Flughafenplaner erfahren – ähnlich wie in München ihre Kollegen im Erdinger Moos –, als sie die Rhein-Main-Anlage um die zusätzliche Startbahn West erweitern wollten. Im Konflikt zwischen Forderungen der Ökonomie und der Ökologie setzten sich die Vertreter der

Wirtschaftsinteressen durch, die eine weitere Expansion des ökonomischen Biotops ›Bankfurt‹ gefährdet sahen.

›Dribbdebach‹ – jenseits des Mains in Sachsenhausen
Doch glücklicherweise ist noch nicht ganz Frankfurt ein Opfer dieser Gigantomanie in Glas und Stahlbeton geworden, die – wie Kritiker vermuten – feigenblattartig mit neumittelalterlichen Bauten wie der (inzwischen partiell baufälligen) Römerbergostzeile kaschiert werden soll. Es gibt sie noch, die Alt-Frankfurter Fachwerkromantik – wenn auch ›dribbdebach‹, wie Frankfurter im Gegensatz zu ›hibbdebach‹ formulieren –, in *Sachsenhausen*, einem wahren Paradies für Freunde des ›Stöffche‹. Karl der Große, dem man als Lokalheiligem wirklich (fast) alles zutraut, soll dort Familien der von ihm besiegten Sachsen angesiedelt haben, nachdem er deren Heiligtum, die ›Irminsul‹, zerstört hatte. Auch wenn Sachsenhausen damals noch nicht so hübsch wie heute war, hatten diese Neubürger jedenfalls ein entschieden besseres Schicksal als ihre rund 4 500 Stammesgenossen, die 782 am ›Tag von Verden a. d. Aller‹ die Christianisierung mit ihrem Leben bezahlen mußten. Urkundlich 1193 erstmals erwähnt, bezeichnet der ›Stadtfrieden‹ von 1318 Sachsenhausen als Teil Frankfurts und bezog es 1490 mit dem Kuhhirtenturm in die gotische Stadtbefestigung ein. Malerisch muten die Gassen mit ihren Fachwerkhäusern an, die noch vor wenigen Jahrzehnten von ›kleinen Leuten‹ bewohnt wurden.

Auch wenn das ›Ebbelwei-Viertel‹ inzwischen auf die Touristen ausgerichtet ist, ›Frankforderisch‹ spricht man immer noch etwa im *Gemalten Haus* (Schweizer Str. 67). Apropos Apfelwein-Seligkeit: Man kann sich auch von den Stadtwerken mit dem ›rollenden Stimmungslokal‹ – so die Eigenwerbung – ›Ebbelwei-Expreß‹ auf Straßenbahnschienen rund um Sachsenhausen und die alte City kutschieren lassen, Brezeln und das schmackhafte Getränk inklusive; eine ›Sightseeing-Tour‹ ›Frankforder Art‹ gewissermaßen. Und wenn man schon über kultivierten ›Äppelwoi‹- oder ›Ebbelwei‹-Genuß (je intensiver, desto mehr verwischen sich Dialektunterschiede ...) nachdenkt, darf man eine Institution nicht vergessen, die geborene Frankfurter charmant untertrieben als ›Wasserhäuschen‹ bezeichnen, während die offizielle Beschilderung ›Trinkhalle‹ dem Kern der Sache mit entwaffnender Deutlichkeit näher kommt, den Ort nämlich, »wo merr aan hinne die Bind gießt« – nachbarschaftliche Treffs in Sachsenhausen und überall in der Stadt, wo so ziemlich alles Trinkbare verkonsumiert wird, höchst selten allerdings Selterswasser. Früh am Morgen bis spät in die Nacht wird hier über die großen und kleinen Probleme der Welt ›gebabbelt‹ in einer menschlich-gemütlichen Atmosphäre, weit entfernt von der entfremdeten Geschäftigkeit der Finanzmetropole.

Direkt an der 1222 erstmals urkundlich erwähnten **Alten Brücke,** die durch Hochwasser und Eisgang wiederholt zerstört wurde und neu errichtet werden mußte, bereits im 14. Jh. teilweise in Stein gewölbt war und deren mittelalterliche Brückentürme 1765 (Sachsenhäuser Turm, den allerdings der ›Lange Franz‹ des Alten Rathauses vereinfacht kopiert) und 1801 (Frankfurter Turm) abgebrochen wurden, liegt auf der Sachsenhäuser Mainseite die Deutschordenskirche mit dem Deutschordenshaus. Auf eine Spitalstiftung des Kuno von Münzenberg aus dem Ende des 12. Jh. geht die *Deutschordenskommende* zurück; Daniel Kayser errichtete das barocke dreiflüglige **Deutschordenshaus** 1709-15 auf den Fundamenten einer gotischen Anlage, der erzbischöfliche Hofbaumeister Maximilian von Welsch aus Mainz entwarf das reich mit Säulen, Pilastern, Ritterfiguren und Balkon verzierte Hauptportal (1714/15). Das im Krieg zerstörte Gebäude wurde verändert neu erbaut. Mit ihrem Kreuzrippengewölbe hat die **Deutschordenskirche** den gotischen Charakter ihrer Erbauungszeit aus dem 14. Jh. trotz der Kriegsschäden bewahrt. Zwei Seitenkapellen befinden sich an der Südseite, neben dem Chor die ehemalige Sakristei und weiter westlich die Marienkapelle (1510-20) mit spätgotischen Maßwerkfenstern und schönen Sterngewölben. Bei Restaurierungsarbeiten fanden sich Wandmalereien aus dem 14. bis 17. Jh., ebenso erhielten sich einige gute spätgotische Nebenaltäre, zum Teil aus der Münzenbergischen Sammlung, die freilich im vergangenen Jahrhundert ergänzt wurden.

Bergen-Enkheim

Während Sachsenhausen schon im Mittelalter Frankfurt ›zugeschlagen‹ wurde, ist die 1936 aus den Gemeinden *Bergen* und *Enkheim* zusammengewachsene Stadt rund 10 km nordöstlich eine Neuerwerbung: erst 1977 wurde sie eingemeindet. Ursprünglich ein Königsgut, geriet Bergen im 13. Jh. in den Besitz der Hanauer Grafen und wurde von ihnen befestigt; erhalten blieb der *Weiße Turm* von 1472. Barocke Fachwerkbauten prägen die Altstadt rings um das ehemalige **Rathaus** (jetzt *Heimatmuseum*), dessen steinernes Untergeschoß mit gotischer Markt- und Gerichtshalle noch aus dem 14. Jh. stammt; das Fachwerkobergeschoß der Renaissance entstand um 1500. Der eingemauerte ›Fratzenstein‹ (1479) aus dem 1869 abgebrochenen Untertor sollte Gaukler und Landstreicher abhalten, den Ort zu betreten: »Far du Gauch«. Bergen lag an einer alten Handelsstraße von Frankfurt nach Thüringen, die Erbauer der im Kern gotischen und in barockem Stil 1700 erneuerten stattlichen Wasserburg auf den Fundamenten eines römischen Kastells machten ihrem Namen als Schelme von Bergen alle Ehre, indem sie – weniger ehrenhaft – einen üblen Ruf als Raufbolde und Wegelagerer erwarben, bis die Frankfurter dem ein Ende machten, die *Schelmenburg* 1381 eroberten und die Schelme ›Urfehde‹ (= Frieden) schwören ließen. Als spätgotische Halle wurde die ehem. *Nikolauskapelle* im 16. Jh. erbaut. Bereits 1340 wurde die **Berger Warte** als ›Geierswarte‹ erwähnt. Nachdem der Fachwerkturm im Schmalkaldischen Krieg abgebrannt war, wurde er 1557 in Stein erneuert; der Wächter konnte nur mit einer Leiter hineingelangen, erst 1844 baute man die Außentreppe an. Den ›Stadtschreiber‹ bestellt Bergen-Enkheim seit 1972 jeweils für ein Jahr.

☐ Höchst

Mainabwärts liegt rund 10 km unterhalb der Frankfurter City das alte Städtchen Höchst an der Niddamündung, über Jahrhunderte von den Mainzer Bischöfen als Stützpunkt gegen die Freie Reichsstadt ausgebaut und schließlich seit 1928 nach Frankfurt eingemeindet; ein später Triumph der Messestadt. Über den Resten eines römischen Kastells und einer Heeresziegelei entwickelte sich eine Siedlung, die 790 erstmals als ›villa hostato‹ genannt wurde. Unter Karl IV. erhielt Höchst 1355 Stadtrechte, hinzu kamen 1356 auch Zollrechte, die den Mainzer Bischof als Landesherren veranlaßten, sogleich mit der Errichtung einer Zollburg zu beginnen – und damit war der Konflikt mit Frankfurt vorprogrammiert. Friedrich Barbarossa hatte nämlich 1156 die Mainzölle zur Belebung des Handels abgeschafft, sie störten auch die Frankfurter Messe erheblich. Also brannten Frankfurter Truppen die Burg 1396 nieder, womit freilich der Streit nicht aus der Welt war.

Stein des Anstoßes blieb die Zollburg. Das **Schloß** ging aus einer Wasserburg der Mainzer Erzbischöfe hervor, vom Ausbau in der Stauferzeit um 1200 sind Reste von Buckelquadermauern erhalten. Nachdem die Frankfurter die Anlage 1396 zerstört hatten, begann der Mainzer Erzbischof den Wiederaufbau, den er allerdings schon 1408 auf kaiserlichen Befehl hin wieder einstellen mußte. Ende des 16. Jh. instand gesetzt und in ein vierflügliges Renaissanceschloß umgebaut, wurde die Anlage im Dreißigjährigen Krieg 1635 weitgehend zerstört. Überdauert haben der mächtige Eckrundturm und der schlanke runde Bergfried des 14. Jh., der 1681 mit einer Galerie und Steinhaube mit Laterne versehen wurde, sowie der massige rechteckige Wohnbau mit geschweiften Giebeln und der aufwendige Torbau (beide Ende des 16. Jh. in Renaissanceformen mit Anklängen des Barock). Heute sind im Schloß das *Museum für Höchster Geschichte* mit Funden aus vor- und frühgeschichtlicher Zeit sowie das *Firmenmuseum der Farbwerke Hoechst* untergebracht. Der *Schloßplatz* hat sein (weitgehend) barockes Fachwerkensemble bewahren können. Zum Main hin begrenzt ihn der gotische **Zollturm** (um 1355) mit der spätgotischen Zwingeranlage samt **Maintor** (1465) mit Hochwassermarken; vom Fluß aus erkennt man die weiteren Teile der Befestigung wie das aus massiven Sandsteinquadern gefügte Bollwerk **Batterie.** Das **Alte Rathaus** entstand 1594/95 nach dem Stadtbrand 1586 als stattlicher zweigeschossiger Steinbau mit steinkugelbesetzten Stufengiebeln nach Plänen von Oswald Stupanus.

Höchst, Pfarrkirche St. Justinus, Arkadenreihe mit karolingischen Kapitellen im Langhaus

Als älteste Kirche Frankfurts und eine der ältesten noch weitgehend erhaltenen karolingischen Kirchen in Deutschland verdient die **Justinuskirche** besondere Aufmerksamkeit. Durch dendrochronologische Datierung und Urkunden des 9. bis 13. Jh. steht fest, daß die ältesten Teile der

FAST EINE HAUPTSTADT: FRANKFURT, HÖCHST

bestehenden Kirche – eine dreischiffige Basilika mit drei Apsiden vor dem Querhaus – um 850 entstanden, als Gebeine des hl. Justinus von Rom nach Höchst überführt wurden. Von dieser Anlage hat sich im wesentlichen das Mittelschiff mit seinen je sechs Arkaden erhalten, die reichen karolingischen Kapitelle und Kämpfer darüber zeugen von dem Bemühen, antike Bauformen selbständig weiterzuentwickeln; sie gehören zu den berühmtesten Arbeiten deutscher Bauplastik aus dem 9. Jh. Daran baute Steffan von Irlebach bis etwa 1463 den jetzt noch bestehenden hohen Chor mit seinen sieben Maßwerkfenstern, der das äußere Bild bestimmt; das Netzgewölbe mußte bereits 1523 wegen Einsturzgefahr wieder abgetragen werden. Von Meister Steffan stammt auch das Nordportal, ein einfacher Spitzbogen, bekrönt von einer Kreuzblume und flankiert von den hll. Paulus von Theben und Antonius Abbas, die beide in der Darstellung der Gesichter, Bärte und Haare sowie Bekleidung von außerordentlicher Qualität sind. Das spätgotische Taufbecken mit Maßwerkfries entstand 1480, drei romanische Löwenskulpturen (um 1200) tragen es. Original sind die Wangenreliefs (1454) des spätgotischen Chorgestühls. Vom ursprünglichen spätgotischen Hochaltar blieb nur der hl. Antonius (1485), den jetzigen Hochaltar schuf Johann Wiess 1726.

Höchst, Bolongaropalast

Stadtgeschichtlich bedeutsam sind zwei Höchster Palais, die gleichzeitig die wirtschaftliche Entwicklung der Kommune widerspiegeln. Der **Dalberghof**, als Adelshof der Renaissance 1582 direkt an der Stadtmauer errichtet und nach dem Brand 1586 erneuert, dient heute der *Höchster Porzellanmanufaktur* als Firmensitz. Als die Manufaktur 1746 gegründet wurde, gab es deren erst zwei auf dem Kontinent: seit 1711 in Dresden und 1719 in Wien. Der Betrieb in Höchst wurde 1796 eingestellt und nach gut 150 Jahren 1965 wiederaufgenommen. Außer neue Modelle zu kreieren, greift man gern auf Porzellanplastiken nach Vorlagen des 18. Jh. zurück, etwa die von Laurentius Russinger oder Johann Peter Melchior. Den **Bolongaropalast** ließen sich oberhalb der Mündung der Nidda in den Main die Schnupftabakfabrikanten Josef Maria Markus Bolongaro und sein Bruder Jakob Philipp 1772–74 als spätbarocke Dreiflügelanlage mit einer immerhin 117 m langen Straßenfront von 43 Achsen errichten. Der Park fällt zum Niddaufer hin ab, das westliche der *Gartenhäuser*, heute Standesamt, barg einen frühklassizistisch dekorierten Festsaal und die Wohnung für den Erzbischof. Kam er zu Besuch nach Höchst, dann konnte er hier standesgemäß logieren. Die Puttengruppen auf der Terrassenbrüstung stellen Allegorien der Künste, Sphinxe und anderes dar. – Benachbart in der Kranengasse findet sich das dreigeschossige Gebäude der ehemaligen *Tabakfabrik*, ähnlich im Stil, aber einfacher ausgeführt. Nach dem Tod der Brüder Bolongaro aus Stresa am Lago Maggiore und ihres Förderers, des Mainzer Erzbischofs Emmerich Josef, wurde die Tabakfabrikation 1785 eingestellt. Der Palast wurde 1908 als *Rathaus* erworben. Bemerkenswert als Stadtpalais des Mainzer Dienstadels ist auch der **Greiffenclausche Hof** (Wed 13), erbaut um 1590 als stattlicher Steinbau mit polygonalem Treppenturm der Renaissance. Straßennamen wie ›Alt-Höchst‹, ›Nach dem Brand‹ oder schlicht ›Brand‹ erzählen Stadtgeschichte.

Das moderne Höchst repräsentieren die **Farbwerke Hoechst AG**, 1862 als Farbenfabrik gegründet. Das 1924 fertiggestellte *Verwaltungsgebäude* von Peter Behrens zählt mit den imponierenden Backsteinkaskaden seiner Eingangshalle zu den beeindruckenden Beispielen expressionistischer Architektur.

Frankfurts Museen

Eine Kulturlandschaft ganz eigener Art bietet Frankfurt, wie man sie als Ensemble selten findet: das **Museumsufer** am **Schaumainkai**. In einer Reihe gediegener Patriziervillen und moderner Zweck(an)bauten dokumentiert sich hier Stadtgeschichte gepaart mit Sehenswürdigkeiten aller Art, daß es eine wahre Schau-Lust ist. Im Gegensatz zu musealen Großunternehmen wie dem ›Centre Pompidou‹ und dem ›Musée d'Orsay‹ in Paris oder dem ›Deutschen Museum‹ zu München, das unter seinem Dach die verschiedensten Sammlungen von A wie originalen Automobilen bis Z wie Zechenanlage zur Kohleförderung beherbergt, ist die Frankfurter Museumslandschaft historisch aus Einzelsammlungen erwachsen, die auch in sich wieder differenziert wurden.

Die Messe brachte es wohl mit sich, daß es hier immer Dinge aus aller Herren Länder zu bestaunen gab. Mit dem Humanismus der Renaissance kam die Idee auf, sich mit der Sammlung antiker Zeugnisse des eigenen Standorts zu vergewissern und zu repräsentieren. Frankfurt hat – traditionell frei von geistlichen oder weltlichen Fürsten – keine zentrale Adelsresidenz, deren Bestände historisch den

FAST EINE HAUPTSTADT: FRANKFURT

Grundstock eines Museums hätten bilden können, aber es gab immer wieder Bürger, die einzelne Objekte oder ganze Sammlungen zusammentrugen und sie ihrer Stadt vermachten. Angefangen hatte alles, als der Frankfurter Bankier Johann Friedrich Städel 1816 seine Sammlung von 474 Gemälden nebst einer Million Gulden als finanziellem Grundstock in eine Stiftung einbrachte, deren ordnungsgemäße Verwendung der Gelder die Stadt zwar überwachen, in die sie aber ankaufspolitisch nicht hineinregieren durfte, »ohne irgendeine obrigkeitliche Rücksprache«, wie die Stiftungsurkunde ausdrücklich vermerkt. Städel wird gewußt haben, warum er jede Kunstzensur verhindern wollte. Dem **Städelschen Kunstinstitut** wurde 1829 die **Städelschule** für bildende Künste angeschlossen und 1907 dank eines Legats von Ludwig Josef Pfungst eine **Städtische Galerie**, die sich tendenziell um modernere Kunst kümmerte.

Wie Perlen einer Kette liegen die einzelnen Museen am linken Mainufer, angefangen vom **Ikonenmuseum** im *Deutschordenshaus* an der Alten Brücke, über das **Museum für Kunsthandwerk**, das **Museum für Völkerkunde**, das **Deutsche Filmmuseum** und **Deutsche Institut für Filmkunde**, das **Deutsche Architektur-Museum**, das **Bundespostmuseum**, das **Städel** mit der **Städtischen Galerie** und das **Liebighaus-Museum alter Plastik**. Auf dem rechten Mainufer liegen vis-à-vis das **Historische** und das **Jüdische Museum**. Das sind freilich noch nicht alle Frankfurter Sammlungen, denn die Stadtväter scheinen hier, wie anderswo Kunstschätze gehortet werden, sich auf das Sammeln von Museen verlegt zu haben. Also finden sich im engeren Bereich der Innenstadt noch das **Museum für Vor- und Frühgeschichte – Archäologisches Museum** in der ehemaligen *Klosteranlage der Karmeliter,* wo auch das **Stadtarchiv** seinen Platz gefunden hat, zu dessen Schätzen die ›Goldene Bulle‹ Kaiser Karls IV. von 1356 gehört, wenn man so will eine Art ›Grundgesetz‹ des Reiches; die Frankfurter **Paulskirche** mit einer ständigen Ausstellung zu der gescheiterten Befreiungsbewegung 1848 in Deutschland; **Goethehaus** und **-museum** sowieso, aber auch das **Schopenhauer-Archiv der Stadt- und Universitätsbibliothek** – wo man auch die **Manskopfsche Sammlung** mit ihren musikhistorischen Dokumenten aufbewahrt; eine Art Museum der deutschsprachigen Druckwerke seit 1945 ist die vom ›Börsenverein des Buchhandels‹ und der Stadt Frankfurt bereits 1946 gegründete **Deutsche Bibliothek;** das **Heinrich-Hoffmann-Museum** ist dem Schriftsteller, Mitglied der Paulskirchenbewegung, Psychiater und Erfinder des in fast alle Sprachen Europas übersetzten ›Struwwelpeter‹ gewidmet (Schubertstraße 20) und das **Struwwelpeter-Museum** mit seiner Sammlung der Originale Dr. Heinrich Hoffmanns (Hochstraße 45–47); das **Albert-Schweitzer-Archiv und -Museum** (Neue Schlesingergasse 22–24); die **Kunsthalle Schirn,** benannt nach den ehemals vorhandenen Verkaufsbuden ›Schirn‹ rings um den benachbarten *Kaiserdom* (dessen **Dommuseum** nicht zu vergessen!); der

Museum für Moderne Kunst (H. Hollein)

Frankfurter Kunstverein (gegründet bereits 1829, derzeit wechselnde Ausstellungen im *Steinernen Haus,* Markt 44); die **Kommunale Galerie** und das **Fotographie-Forum Frankfurt** im *Leinwandhaus* (Weckmarkt 17) mit ihren Wechselausstellungen vorwiegend einheimischer Künstler; schließlich in der Nähe das **Museum für Moderne Kunst** (Domstraße 10).

Nun sollte man nicht denken, damit wären die musealen Ziele Frankfurts erschöpft. Im Umkreis der City liegen das **Musikinstrumente-Museum** (Eschersheimer Landstraße 29–39 in der *Hochschule für Musik und Darstellende Kunst*); das **Frobenius-Institut** (Liebigstr. 41) sammelt ethnographische Materialien und archiviert afrikanische Märchen und Mythen; das **Frankfurter Brauerei-Museum** im *Henningerturm* (Hainer Weg 60–64) rundet die Apfelweinszene von Sachsenhausen ab; das **Rundfunkmuseum Frankfurt** (als Privatsammlung in der Bornheimer Landstr. 20); das **Museum für Kunst in Steatit** (als private Sammlung von mehr als 5000 Specksteinskulpturen, Hynspergstr. 4); im **Steinhausen-Haus** werden Werke des Frankfurter Malers Wilhelm Steinhausen gezeigt (Wolfsgangstr. 152); das **Naturmuseum Senckenberg** (Senckenberganlage 25) stellt Fauna und Flora dar, zu Lande und unter Wasser; in seinem **Chaplin-Archiv** trug Wilhelm Staudinger über 6000 Objekte zusammen, die sich mit seinem Helden befassen (Klarastr. 5); das **Stadtwerke-Verkehrsmuseum** mit seinen alten Straßenbahnen und anderen öffentlichen Beförderungsmitteln (in der Schwanheimer Rheinlandstraße); die *Sammlung* ehemals fliegender *Oldtimer* des *Rhein-Main-Flughafens* wird leider verkleinert; doch dafür gibt es das **Frankfurter Feldbahnmuseum** (Am Römerhof 15a) bis hin zum **Firmenmuseum der Hoechst AG** (im *Höchster Schloß*); außerdem gibt es eine Reihe von *Heimatmuseen* der Stadtteile und einstigen Städte, so in *Höchst, Nied, Schwanheim* und *Bergen-Enkheim.*

Städelsches Kunstinstitut, ›Goethe in der römischen Campagna‹ *von J. H. W. Tischbein*

Frankfurt dürfte mit diesem Angebot eine der am reichsten mit Museen gesegneten Städte sein – allerdings ist es nicht nur das Angebot an Pretiosen und sonstigen Exponaten, das hier wirklich außergewöhnlich ist, etwa mit den Plastiken des *Liebighauses* von der Statuette eines hohen sumerischen Beamten aus dem 3. Jt. v. Chr. über mittelalterliche Plastik bis hin zum Apoll des Pier Jacopo Bonacolsi aus der Renaissance, oder den Schätzen des *Städel* von Hans Holbein über Tischbeins ›Bildnis Goethes in der römischen Campagna‹ und Werken von Cézanne, Degas und van Gogh bis hin zu Picassos ›Bildnis der Fernande Olivier‹ oder dem in seiner Art wohl einmaligen *Deutschen Filmmuseum* – hier wird der Film als das historisch neue Medium des 20. Jh. durch einen Blick hinter die Kulissen erfahrbar. Dabei bergen die kleinen Privatsammlungen oft Raritäten, wie man sie in finanziell besser gestellten Häusern vermißt, etwa das *Chaplin-Archiv* oder das bis unter die Decke mit Röhrenempfängern bestückte *Rundfunkmuseum.* Fast interessanter noch aber ist die Präsentation, die vielfach neue Wege zu beschreiben und die Aura des Musealen zu überwinden sucht: Das bietet sich an

FAST EINE HAUPTSTADT: FRANKFURT

Deutsches Architekturmuseum (O. M. Ungers)

bei Vorführungen der *Puppenfiguren Heinrich Hoffmanns* oder in der Ausstellung im Atelier *Ulrich Rückriems*, wo man dem Bildhauer beinahe bei der Arbeit zusehen kann.

Auch architektonisch wurden neue Wege erprobt, etwa indem der Architekt *Richard Meier* für das *Museum für Kunsthandwerk* die klassizistische *Metzlersche Villa* mit einem modernen Ergänzungsbau umgab, der in anregendem Kontrast zu dem alten Gebäude steht. Oder wie *Oswald M. Ungers* für das *Architekturmuseum* die paradoxe und fast unlösbare Aufgabe, den Hausbau anschaulich unter Dach zu bringen, angeht, indem er die Exponate in einem ›Haus im Haus‹ präsentiert: eine sprechende Architektur, die nicht nur Rahmen für Objekte ist, sondern selbst schon Aussage. Ausgefallen ist auch die Konzeption der *Kunsthalle Schirn,* deren hypermoderner Glaspalast auf dem Römerberg mit traditionellen Bauten korrespondiert. Das Problem löste die Architektengruppe Bangert, Janssen, Scholz und Schultes, indem der Bau mit Rotunde und Arkadenreihe Formen klassischer Architektursprache aufnimmt und sie sich zeitgemäß anverwandelt. Es scheint kein Zufall zu sein, daß diese Präsentationsformen im *Museum für Vor- und Frühgeschichte* des ehemaligen *Karmeliterklosters* am überzeugendsten ihren Ausdruck gefunden haben, wo die Architektur von *Josef-Paul Kleihues* wirklich unaufdringlich einen adäquaten Rahmen gibt, in der ehemaligen Karmeliterkirche, deren teilweise zerstörtes gotisches Gewölbe durch eine kongeniale Konstruktion der Neuzeit ersetzt ist, wo im profanierten Querhaus Funde der Steinzeit, Fragmente antiker Jupitersäulen und -altäre oder ein rekonstruiertes Mithrasheiligtum ihren Platz gefunden haben und friedlich mit Objekten christlicher Kunst harmonieren.

Rotunde der Kunsthalle Schirn

Die Mündung: Ein Tor zum Rheingau

☐ Flörsheim

Der Main nähert sich seiner Mündung in den Rhein. Als ›Tor zum Rheingau‹ versteht sich denn auch der Weinort Flörsheim mit seinen Teilen Wicker und Bad Weilbach und ist seit dem 13. Jh. ein wichtiger Handelsplatz für Wein. Plausibel also, daß die Flörsheimer ihren Ort schon zu der Zeit mit Mauern und Türmen befestigten. Unweit des *Mainturms* (1447/48) am Ufer haben die Bürger der drei Teilgemeinden ihre bewegte Geschichte zwischen den beiden übermächtigen Nachbarn Mainz und Frankfurt von dem Bildhauer Reiner Uhl auf dem *Mainstein* in eine Sandsteinstele schlagen lassen. Die *Pfarrkirche St. Gallus* entstand 1768 mit dezentem Stuck und drei großen Deckengemälden von Franz Johann Ignaz Heideloff, die Blätter der imponierenden Barockaltäre malte Christian Georg Schütz. Seit dem Mittelalter gab es eine jüdische Gemeinde, deren *Mikwe* in einem Haus der Hauptstraße unlängst aufgefunden wurde. **Wicker** und **Bad Weilbach** – mit seiner Schwefelquelle – bilden mit ihren schön restaurierten Fachwerkbauten Musterbeispiele ländlicher Wein- und Getreidebauernsiedlungen. Vom mittelalterlichen Bering der Weilbacher *Wasserburg* haben sich die Ecktürme und ein vorgelagerter Stumpf eines gotischen Wohnturms erhalten.

☐ Hochheim

Spontan leuchtet der Name Hochheim ein, nähert man sich der ›Wein- und Sektstadt an der Rheingauer Rieslingroute‹ – so das Selbstverständnis – vom Main. Durch das Torhaus an der Kirche, einen Teil der mittelalterlichen Stadtbefestigung und 1746 mit dem Schul- und dann Küsterhaus aus Fachwerk überbaut, gelangt man zur malerisch über Weinbergen gelegenen **Pfarrkirche St. Peter und Paul** inmitten des einst mauerbewehrten Kirchhofs. Als Saalbau 1730–32 errichtet, hat die Kirche ihre einheitlich barocke Ausstattung mit schönen Altären und einer guten Kanzel bewahrt. Die Deckengemälde in Chor und Schiff von Johann Baptist Enderle (Szenen aus dem Leben der Kirchenpatrone, 1775) überstanden den Krieg zum Teil mit Wasserschäden. Auch wenn das Alte Rathaus von 1688 leider 1964 abgerissen wurde, hat sich doch eine ganze Reihe vorzüglicher und gut restaurierter Weingüter und Fachwerkbauten erhalten, zum Teil umfangreiche fränkische Hofanlagen mit schnitzereiverziertem Fachwerk, die einen Rundgang zum *Plan* lohnen, im Mittelalter Marktplätzchen der Stadt, mit seiner Rokokomadonna von 1770. Das *Heimatmuseum* (Mainzer Straße 22/24) dokumentiert die reiche Vergangenheit Hochheims, das schon zur Keltenzeit besiedelt war. Man fand 1932 einen frühkeltischen Bronzespiegel aus der Zeit um 400 v. Chr. in einem Fürstengrab. Als die britische *Königin Viktoria* Mitte des 19. Jh. Hochheim besuchte und dort wohl einen größeren Mundvorrat an Wein erwarb, errichteten die dankbaren Stadtväter ihr in prächtigster englischer Neogotik ein *Denkmal* in den Weinbergen; seit dieser Zeit – davon ist man jedenfalls in Hochheim überzeugt – gilt »a bottle of Hock«, eine Flasche Hochheimer, in Großbritannien als Inbegriff für deutschen Wein schlechthin.

VOR DER MÜNDUNG: RÜSSELSHEIM

☐ Rüsselsheim

Es war einmal ... ein Märchen; und das Schönste daran – es wurde wahr. Als der in Rüsselsheim geborene Schlossergeselle Adam Opel 1862 einen alten Stall mietete, um Nähmaschinen zu produzieren, wie er es auf seiner Wanderschaft in englischen Manufakturen gesehen hatte, hoffte er vielleicht, daß sein Name einmal in der Welt der Mechanik einen guten Klang haben würde; und so kam es. Die Firma produzierte auch Fahr- und Motorräder. Daß der erste Opel-Kraftwagen 1899 das Werk verließ, erlebte der Gründer schon nicht mehr. Opel hatte das kleine Automobilwerk Lutzmann in Dessau aufgekauft und Personal wie Maschinen nach Rüsselsheim geholt. 1924 führte Opel als erster Hersteller hierzulande das Fließband ein und stellte 1928 bereits 44 % aller in Deutschland gefertigten Autos her: günstige Serienkleinwagen für weite Bevölkerungskreise wie den legendären Opel ›Laubfrosch‹ (1924), lange bevor das ›Kraft-durch-Freude‹-Produkt, der ›Käfer‹ von VW, wirklich ausgeliefert wurde. Der amerikanische Konzern General Motors erwarb 1929 den Familienbetrieb. Und die fränkische Siedlung an der linksmainischen Römerstraße, als ›Rucilesheim‹ um 830 erstmals im ›Lorscher Reichsurbar‹ genannt, war jedenfalls aus dem Dämmerschlaf einer hessischen Provinzfestung zu einer modernen Industriestadt erwacht. Bewohnt war der Ort schon seit der Altsteinzeit, Funde aus der Bronze-, Eisen-, Hallstatt- und La-Tène-Zeit zeugen von kontinuierlich folgenden Besiedlungsperioden.

Vor 1399 ließen die Grafen von Katzelnbogen zur Sicherung einer Furt durch den Main ein ›Festes Haus‹ erbauen, eine *Wasserburg*, die in der Folgezeit mehrfach verstärkt wurde. Um 1545 muß sie immerhin mit 58 Geschützen versehen gewesen sein. Im Schmalkaldischen Krieg bestand die Festung denn auch ihre Feuerprobe. Es gelang der katholischen

Fritz von Opel am Steuer seines Wagens mit Pulverraketenantrieb, 1928 konstruiert mit den Ingenieuren M. Valier (Mitte) und Sander (rechts)

Museum der Stadt Rüsselsheim, Abteilung ›Von der Industrialisierung bis 1945‹

Partei nicht, sie einzunehmen; der Protestantische Bund verlor jedoch, und der hessische Landgraf Philipp war einer seiner Anführer, deshalb mußte die unbesiegte Anlage geschleift werden – was freilich den hessischen Landgrafen nicht daran hinderte, die Festung schon 1560 wieder aufbauen zu lassen. Erst im Pfälzischen Erbfolgekrieg wurde sie 1688 von französischen Truppen erobert und gesprengt. Rüsselsheim erhielt zwar 1437 Stadtrechte, ein wirtschaftlicher Aufschwung blieb aber aus. Vielleicht war die ungünstige Lage am Rand von Hessen-Darmstadt der Grund, daß die Stadt nicht prosperierte.

Trotz wiederholter Zerstörungen (zuletzt 1944) haben sich imponierende Reste der **Festung** des 15. und 16. Jh. erhalten: Teile der Umfassungsmauern, der Torbauten und Wälle mit Kasematten. Der Rundbogenfries der Außenmauern hatte nicht nur dekorative Funktion, er sollte das Hochschieben von Sturmleitern an der Wand erschweren. Seit 1979 ist in der Festung das *Museum der Stadt Rüsselsheim* untergebracht, dessen Sammlungen die Entwicklung der Besiedlung des Raums in all ihren Facetten wiederzugeben versuchen: als Sozial-, Kultur- und Technikgeschichte. Daß dabei die Produkte des Hauses Opel nicht fehlen, ebenso wie frühe Zeugnisse der Mechanisierung – etwa eine fußgetriebene Drehbank mit Leitspindel von 1860 – neben einer ganzen Reihe originaler Werkzeuge des bäuerlichen Lebens wie auch der handwerklichen Produktion – etwa einer Wagnerwerkstatt –, leuchtet ein. Für die anschauliche Präsentation des Arbeitslebens und der häuslichen Verhältnisse von der merowingischen bis zur Neuzeit – wie einer bäuerlichen Wohn- und Schlafstube um 1900 – wurde dem Haus der Museumspreis des Europarats verliehen. – Die *Pfarrkirche* wurde 1790–92 anstelle einer Vorgängerin als frühklassizistischer Saal erbaut und nach 1945 verändert wieder hergerichtet. Auch Wolfgang Amadeus Mozart besuchte einst die Stadt; eine Tafel erinnert daran, daß er 1790 im Rokokopalais des Hofrats Tabor an der Mainpromenade zu Gast war.

VOR DER MÜNDUNG: BLICK AUF MAINZ

Die *Pfarrkirche* des benachbarten **Bischofsheim** entstand 1747 nach Plänen von Johann Konrad Lichtenberg mit dem Grundriß eines gleicharmigen Kreuzes. Spätmittelalterlich ist die Anlage der alten *Zehntscheune* (Weisenauer Gasse), sie wurde im 18. Jh. umgebaut und erweitert.

In **Gustavsburg** führt die Straße Auf der Mainspitze noch einmal durch alles, was das Leben dieses Flusses ausmacht und zugleich bedroht: das herrliche Landschaftsschutzgebiet der Flußniederung mit benachbarter Landwirtschaft, Raffinerien, Öltanks und anderen Industrieanlagen. Eine kleine Bootswerft am Main bezeugt die Bedeutung des Verkehrs auf dem Wasser. Direkt mit Mainz auf der linken Rheinseite ist die *Mainspitze* verbunden, Fußgänger dürfen die Eisenbahnbrücke benutzen. An eine Marginalie der jahrtausendelangen und wechselhaften Geschichte dieser Kulturlandschaft erinnert der Name ›Gustavsburg‹. Der schwedische König Gustav Adolf ließ hier 1632 gegenüber Mainz eine stattliche *Festung* errichten, der Volksmund taufte sie ›Pfaffenraub‹ oder ›Priestergeißel‹; nach dem Tod des Schweden bei Lützen noch im selben Jahr nannten seine Landsleute sie ›Gustavsburg‹. Auch nach dem Abzug der schwedischen Truppen blieb die Festung noch gut zwanzig Jahre erhalten, Merian hat sie 1655 als beeindruckende sechseckige bastionäre Wallanlage dokumentiert; übrig blieben schließlich der Name, eine Straße ›Schwedenschanze‹ und unbedeutende Reste der Fortifikationswerke.

Festung Gustavsburg an der Mündung des Mains in den Rhein. Stich von Matthäus Merian, 1646

☐ Blick auf Mainz

Hört man das Glucksen der Mainwellen, sieht dem Lauf des Wassers zu, wie es sich mit dem Rhein vereint, und blickt dabei auf Mainz, auf die Silhouette des großartigen, vieltürmigen Doms, wie sie aufblitzt in der Abendsonne, dann kann man ins Träumen kommen. Die geborene Mainzerin Netty Reiling, später berühmt als Anna Seghers, hat den Dom mit ihrem Roman ›Das siebte Kreuz‹ weltweit bekannt gemacht, Millionen Menschen sahen die Verfilmung mit Spencer Tracy. Man grübelt und fühlt sich an Tucholsky erinnert: »Wir lagen auf der Wiese und baumelten mit der Seele.« Was hat der Zusammenfluß von Rhein und Main nicht alles gesehen? Hier regten sich geistige und kulturelle Impulse gegenseitig an. Auf dem Main kamen Händler aus südlicher und östlicher Richtung, aus Prag, München und Innsbruck. Über den Rhein bestand die Verbindung in die Niederlande – damit der Zugang zur See, und in die norddeutschen Hansestädte wie Bremen und Hamburg. Nachbarn jenseits des Rheins waren die Franzosen, zur Zeit Karls des Großen mit den Deutschen noch friedlich in einem Reich vereint. Doch das Reich brach auseinander, und auch in Mainz wurde Geschichte geschrieben. Die Mainzer Bürger schlugen sich 1077 im Investiturstreit zwischen König Heinrich IV. und dem Papst auf die Seite des Königs und revoltierten gegen ihren Bischof. Erst nachdem der König den Papst militärisch besiegte und Rom 1083 eroberte, kam es 1084 zur Kaiserkrönung Heinrichs IV.; der Machtkampf zwischen Kaiser und Papst endete vorläufig 1085 mit einem Triumph des Kaisers: Heinrich IV. verkündete in Mainz den ›Gottesfrieden‹.

Fast idyllisch mutet die *Maaraue* zwischen Rhein, Main und einem Seitenarm des Mains mit ihren Sportplätzen und Wegen für Spaziergänger an. Als Friedrich Barbarossa 1184 zu Pfingsten eines der wichtigsten Feste feierte, die es für einen den Machterhalt der Dynastie bedenkenden Kaiser geben kann, die Schwertleite, die Ritterwürde seiner beiden Söhne Friedrich von Schwaben und Heinrich VI., seinem Nachfolger, geschah dies in Mainz, allerdings im rechtsrheinischen Mainz-Kastel auf der Maaraue, und zwar aus gutem Grund. Die Mainzer Bürger hatten wieder einmal gegen ihren Bischof aufbegehrt, und Barbarossa, der die Revolte offiziell mißbilligte, feierte das glanzvolle Reichsfest eben in Mainz-Kastel. Als wichtigster Ort des 1254 gegründeten ›Rheinischen Städtebundes‹ erlebte ›Aurea Moguntia‹ – das ›Goldene Mainz‹ – im 13. Jh. eine besondere Blüteperiode. Auch eine der wichtigsten Weichenstellungen für die weitere Geistes-, Kultur- und Sozialgeschichte Europas vollzog sich in **Mainz**. Hier richtete Johannes Gensfleisch zum Gutenberg, der Erfinder des Buchdrucks mit beweglichen Lettern, um 1450 seine Druckereiwerkstatt ein; nicht zuletzt dank dieser Entdeckung konnte die Aufklärung in Druckschriften massenhaft Verbreitung finden und das finstere Mittelalter mit seinem dumpfen Aberglauben wie dem Hexenwahn überwunden werden. Das *Gutenberg-Museum* vis-à-vis dem Dom mit seiner Nachbildung der Gutenbergwerkstatt erinnert an diesen Meilenstein der Entwicklung des Abendlandes.

Eine gemeinsame deutsch-französische Geschichte gab es erst wieder, als Truppen des revolutionären Frankreich die Ideen von Freiheit, Gleichheit und Brüderlichkeit in die von feudaler Willkür gezeichneten deutschen Kleinstaaten trugen. Hier in Mainz wurde

VOR DER MÜNDUNG: BLICK AUF MAINZ

am 18. März 1793 die erste Republik auf deutschem Boden ausgerufen, trat der frei gewählte ›Rheinisch-Deutsche Nationalkonvent‹ zusammen. 128 Deputierte aus Städten und Gemeinden zwischen Bingen und Landau sollten eine demokratische Verfassung erarbeiten; mehr als ein halbes Jahrhundert vor der Nationalversammlung in der Frankfurter Paulskirche am 18. Mai 1848. Doch schon im Juli 1793 gelang es den vereinten Truppen der geistlichen und weltlichen deutschen Fürsten, die französische Armee in Mainz zur Kapitulation zu zwingen und diesen ersten Ansatz einer parlamentarischen Demokratie in Deutschland im Keim zu ersticken. Goethe, der mit seinem Herzog an den Auseinandersetzungen auf seiten der Fürsten teilnahm, berichtet über die Kämpfe und verheerende Zerstörung der Stadt in seiner Schrift ›Belagerung von Mainz‹: »Hier sah man den Zusammenfluß des Main- und Rheinstroms, und also die Main- und Rheinspitze, die Bleiau, das befestigte Kastel, die Schiffbrücke und am linken Ufer sodann die herrliche Stadt; zusammengebrochene Turmspitzen, lückenhafte Dächer, rauchende Stellen untröstlichen Anblicks.«

Jahrhunderte zuvor waren die Römer den Rhein abwärts marschiert und brachten mit ihren Legionen als Besatzung neben allerlei technischem Fortschritt auch den Weinbau an Rhein, Main und Mosel. Eine ganze Reihe römischer Relikte hat sich in Mainz erhalten, Reste eines Aquädukts, einer Jupitersäule und eines römischen Triumphbogens. Und der Name des Vororts **Kastel,** mit der Betonung auf der zweiten Silbe, geht auf das römische Kastell, den rechtsrheinischen Brückenkopf zurück. Apropos Brücke: Man vermutet, daß der römische Rheinübergang, der etwa 30 m oberhalb der heutigen Theodor-Heuss-Brücke Mainz mit dem rechtsrheinischen ›Castellum Mattiacorum‹ verband (die Fundamente von 21 Brückenpfeilern im Fluß und am Ufer konnten festgestellt werden), während der Regierungszeit des Kaisers Vespasian entstand (69–79). Noch aus römischer Zeit stammt übrigens eine Abbildung dieser Brücke aus Holz und Stein. Auf einem spätantiken Bleimedaillon aus Lyon ist ausdrücklich der Flußname ›Renus‹ mit den beiden Orten ›Mogontiacum‹ und ›Castel‹ vermerkt. Eine bemerkenswerte Leistung der antiken Ingenieure, zumal, wenn man bedenkt, daß die wohl im 5. Jh. zerstörte Brücke erst rund 1 000 Jahre später neu errichtet wurde. Ulrich von Hutten, der weitgereiste Humanist und aufklärerische Geist, lebte längere Zeit in Mainz und schätzte schon 1520 das weltoffene Klima dort: »Nirgends hab' ich bessere Luft gefunden, auch liegt die Stadt so über die Maßen lustig am Zusammenfluß zweier großer schiffbarer Flüsse, auf denen man leicht und ohne große Kosten hin und herschiffen kann und dabei immer erfährt, was es überall Neues gibt.«

Erläuterung der Fachbegriffe

Ädikula (lat.: kleines Haus) Nische von geringer Tiefe, die von Säulen, Pfeilern oder Pilastern gerahmt, von Gebälk und Giebel bekrönt wird

Akanthus Mittelmeerische Distelart mit großen, gezackten, an den Rändern eingerollten Blättern; seit der Antike ein in stilisierter Form verbreitetes Dekorationsmuster in Baukunst und Kunstgewerbe

Alabaster Weiche, feinkörnige, durchscheinende Gipsart. Meist künstlerisch verarbeitet zu Gefäßen unterschiedlicher Größe

Allegorie Anschaulich-sinnbildliche figürliche Darstellung eines abstrakten Begriffs (z. B. Liebe, Gerechtigkeit)

Altan Eine bis zum Erdboden unterbaute Plattform (eine Art Balkon) an oberen Stockwerken

Apostelfiguren Die Zwölf Apostel sind durch folgende Attribute gekennzeichnet: Andreas mit X-förmigem Kreuz, Bartholomäus mit einem Messer, Jakobus d. Ä. (Maior) mit Stab und Muschel, Jakobus d. J. (Minor) mit einer Fahne, Johannes mit Kelch und Schlange, Judas Thaddäus mit einer Keule, Matthäus mit Winkelmaß und Beil, Paulus mit einem Schwert, Petrus mit einem Schlüssel, Philippus mit einem Kreuzstab, Simon mit der Säge und Thomas mit Winkel oder Lanze

Apotheose Verklärung, Vergöttlichung. In der Kunst Darstellung einer solchen Erhebung

Apsis Meist halbrunder, mit einer Halbkuppel überdeckter Raum, der sich zu einem Hauptraum hin öffnet; in der christlichen Baukunst überwiegend der östliche Abschluß einer Kirche

Arkade Bogenstellung über Säulen oder Pfeilern

Atlant Steinerne Gebäude- oder Gebälkstütze in Form einer männlichen Figur, benannt nach dem das Himmelsgewölbe stützenden Titan Atlas der griechischen Mythologie; weibl. Gegenstück: Karyatide

Attika Niedriges Geschoß oder brüstungsartige Aufmauerung über dem Hauptgesims eines Gebäudes

Auskragung Vorspringendes Bauteil, z. B. Erker oder Gesims

Baldachin In der Baukunst dachartiger Aufbau über einem Altar, Bischofsstuhl, einer Statue oder einem Grabmal

Balustrade Ein aus kleinen, gedrungenen Stützen (Balustern) gebildetes Geländer an Treppen, Balkonen oder als Dachabschluß

Bandelwerk Ziermotiv des frühen 18. Jh. aus symmetrisch angeordneten Bändern, mitunter motivisch bereichert, vor allem als Decken- und Wandstukkaturen

Basilika Drei- und mehrschiffige Kirche, deren Mittelschiff höher und breiter ist als die Seitenschiffe, so daß der durchfensterte Obergaden für Lichteinfall sorgt. In der römischen Architektur: Markt- und Gerichtshalle, in der christlichen Baukunst früh bevorzugter Kirchentypus

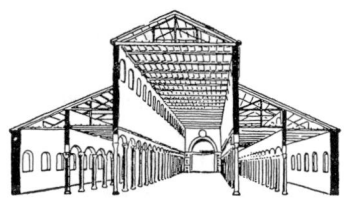

ERLÄUTERUNG DER FACHBEGRIFFE

Basis Ausladender Fuß einer Säule oder eines Pfeilers

Bastion, Bastei Vorspringendes Bauteil einer Festung (Bollwerk)

Beinhaus Meist zweigeschossige Friedhofskapelle zur Aufbewahrung von Gebeinen; auch: Karner, Ossuarium

Belvedere (ital.: schöne Aussicht) Aussichtsplattform auf dem Dach oder im Dachgeschoß eines Wohngebäudes. Meist höher angelegter Aussichtspunkt in Parks bzw. Bezeichnung schön gelegener Gartenpaläste oder Lustschlösser

Bergfried, Belfried (franz.: beffroi) - Hauptturm einer Burg, als Beobachtungsstand und letzte Zufluchtsstätte bei Belagerungen

Blende Einer Mauerfläche vorgelegte, rein dekorative Scheinarchitektur; z. B. Blendarkaden, -bogen, -fenster, -maßwerk

Bogen(formen) Sie sind meist auf den Kreis zurückzuführen bzw. aus zwei oder mehreren Kreisbogenstücken zusammengesetzt. Die in der westlichen Hemisphäre am häufigsten verwendeten Bogenformen sind der halbkreisförmige *Rundbogen;* der *Korbbogen* weist eine ellipsenähnliche Form auf; spitz zulaufende Bogen bezeichnet man als *Spitzbogen;* ist ein Bogen im unteren Teil konkav konturiert, handelt es sich um einen *Kielbogen* (auch Sattelbogen oder Eselsrücken)

Bogenscheitel Höchster Punkt eines Bogens, Platz des Schlußsteins

Boskett Teil des französischen und italienischen Barockgartens, der sich durch streng geometrisch oder ornamental beschnittenes, niedriges Heckenwerk auszeichnet

Bündelpfeiler Pfeiler, der rundherum mit Dreiviertelsäulen (Diensten) verschiedenen Durchmessers besetzt ist, die in die Rippen des Gewölbes oder des Bogens überleiten

Campanile Freistehender Glockenturm italienischer Kirchen

Castrum Standlager römischer Truppen; rechtwinklig angelegt und von einem Wall umgeben

Chor Hochaltarraum einer Kirche, einige Stufen höher liegend als der Gemeinderaum, architektonisch besonders ausgestaltet und oftmals durch einen Lettner, durch Gitter oder Schranken vom Mittelschiff getrennt

Chorgestühl An den Längsseiten des Chores angeordnete, meist reich verzierte Sitzreihen für die Geistlichen

Chorhaupt Am Außenbau hervortretendes Abschlußelement des Chors

Chorschluß Halbrunder, gerader oder vieleckiger Abschluß des Chors

Chorumgang Ein den Chor umlaufender und mit diesem meist durch offene Bogenstellungen verbundener Gang, der in die Seitenschiffe mündet

Chorwinkeltürme Zwischen den Querarmen des Kirchenschiffs und dem Chor eingestellte Türme

Ciborium Baldachin (s. auch Ziborium)

Corps de logis Mittleres Hauptgebäude eines Barockschlosses

Cour d'honneur (franz.: Ehrenhof) Der von drei Flügeln umschlossene Hof eines barocken Schlosses, aber auch einer privaten Stadtvilla

Dachformen Man unterscheidet grob *Flach-* und *Steildächer*. Sonderformen sind u. a. *Zeltdach* (Pyramidendach): zusammengesetzt aus vier gleichen Dreiecken; *Pultdach:* besitzt nur eine schräge Dachfläche; *Sattel-* oder *Giebeldach:* besteht aus zwei schräg gegeneinander gestellten Dachflächen; *Walmdach:* die vertikalen Giebelflächen eines Satteldachs sind durch schräge Dachflächen ersetzt

Dachreiter Schlankes Türmchen auf dem First eines Dachs

Dekagon Zehneck

Dienst Langes, dünnes Viertel-, Halb- oder Dreiviertelsäulchen, das als Teil eines Bündel- oder Wandpfeilers die Rippen des Gewölbes oder der Bögen aufnimmt

Dom Bischofskirche

Domkapitel Geistliche Körperschaft an Bischofskirchen für den feierlichen Chordienst und die Beratung und Unterstützung eines Bischofs

Dreiflügelanlage Grundriß des barocken Schlosses, bestehend aus einem Hauptgebäude (Corps de logis) und zwei kürzeren Seitenflügeln, die hufeisenförmig einen Innenhof (Cour d'honneur) begrenzen

Ekklesia (griech.: Volksversammlung); Volksversammlung im antiken Griechenland; Gemeinschaft der Christen; Personifikation der Kirche und damit des neuen Bundes. In der mittelalterlichen Plastik erscheint Ekklesia aufrecht mit Krone, Kelch und Kreuzesstab

Eklektizismus Übernahme von Stilmitteln vergangener Epochen oder alter Meister

Empore Galerie- oder altarartiger Einbau in einen Innenraum; meist in Kirchen

Enfilade Raumfolge, bei der alle Türen auf derselben Längsachse liegen

Eremitage (franz.: Einsiedelei) Im Barock Schloß in ländlicher Abgeschiedenheit

Erker Ein- oder mehrgeschossiger, geschlossener Anbau an der Fassade oder Ecke eines Hauses, getragen von Auskragungen und Konsolen

Evangelistensymbole Zurückzuführen auf erstmals in der Apokalypse des Johannes erwähnte Wesen, die später als die vier Symbole der Evangelisten gedeutet wurden: Engel (oder Mensch) – Matthäus, Löwe – Markus, Stier – Lukas, Adler – Johannes. In Verschmelzung zur ›Viergestalt‹ als Cherubim

Fachwerk Hausbauweise, bei der ein Stabwerk aus Holz, Stahl oder Stahlbeton hergestellt wird, dessen Gefache/Fächer (lichte Weiten) mit Ziegel- oder Schwemmsteinen oder Lehm ausgefüllt wurden

Faltdach Dachform, bei der rautenförmige Dachflächen nach innen geknickt sind (vergleichbar einem halb aufgespannten Regenschirm)

Fayence Tonware, die nach dem Brennen mit einer Blei- oder Zinnglasur überzogen und noch im feuchten Zustand mit sog. Scharffeuerfarben bemalt wird. Bei einem zweiten Brand verschmilzt dann die Glasur mit den Farben zu einer glänzenden Schicht

Fensterrose In der gotischen Baukunst kreisrundes, durch Maßwerk unterteiltes Fenster

Fiale (griech.: Gefäß) Architektonisches Zierelement der Gotik: spitz zulaufendes Ziertürmchen auf Strebepfeilern oder seitlich von Wimpergen

Flügelaltar Retabel aus einem feststehenden Mittelteil, dem beidseitig je ein oder mehrere bewegliche Flügel angefügt sind

ERLÄUTERUNG DER FACHBEGRIFFE

Fresko Wandmalerei, bei der mit Kalkwasser angerührte Farbe auf den noch feuchten Putz aufgetragen wird; besonders haltbar, weil sich Farben und Verputz unauflöslich miteinander verbinden. Im Gegensatz dazu: Seccomalerei auf trockenem Putz

Fries Waagerechte Mauerstreifen mit ornamentalen oder figürlichen Darstellungen als Schmuck, Gliederung oder Abschluß einer Wand

Galerie Langer, gedeckter, nach einer Seite offener Gang: Laufgang mit offenen Arkaden an einer Fassade; Laufgang über den Seitenschiffen in Kirchen (Empore)

Gaube, Gaupe Aufbau mit senkrechter Fensterfläche auf einer Dachschräge

Gebälk Balken, die zur Decken- oder Dachkonstruktion gehören. In der Architektur der Antike: oberer Teil einer Säulenordnung

Gesims Vorspringendes, meist horizontal verlaufendes bauplastisches Element, das eine Außenwand in einzelne Abschnitte gliedert

Gesprenge Feingliedriger, geschnitzter Aufbau über einem Altarschrein

gesprengter Giebel (Sprenggiebel) Giebel, dessen Mittelteil ausgespart ist

Gewände Schräg geführte, seitliche Mauerfläche (Laibung) einer Fenster- und Portalöffnung; oftmals profiliert und mit Säulen und Skulpturen geschmückt

Gewölbe Gekrümmte Raumdecke

Gewölbeformen *Tonnengewölbe:* Gewölbe mit halbkreisförmigem Querschnitt (einfachste Form); bei der Durchdringung zweier gleich hoher Tonnengewölbe entsteht ein *Kreuzgewölbe;* bilden sich an den Schnittpunkten der Gewölbeflächen eines Kreuzgewölbes Grate, handelt es sich um ein *Kreuzgratgewölbe;* verläuft entlang der Grate eine tragende Skelettkonstruktion, spricht man von einem *Kreuzrippengewölbe*

Giebel Jeweilige Begrenzung der beiden zusammenstoßenden Flächen eines Satteldachs. Es gibt verschiedene Varianten: Er kann dreieckig, segmentbogenförmig, abgetreppt oder in mehrere Winkel gebrochen sein

Gloriole Heiligenschein

Gouachemalerei Malerei mit deckenden Wasserfarben

Grisaille Malerei in mehreren Abtönungen einer einzigen Farbe, meist aus Grautönen, häufig um Stuck oder Skulpturen vorzutäuschen

Groteske Ornamentmotiv aus Rankenwerk bestehend, in das u. a. menschen- oder tierartige Wesen eingearbeitet sein können. Vor allem in der römischen Wandmalerei und in der Renaissance beliebt

Gurtbogen Verstärkungsbogen quer zur Hauptrichtung des Gewölbes (Transversalbogen), der von Pfeiler zu Pfeiler gespannt wird und die Gliederung des Gewölbes in den Jochen betont

Hallenkirche, Hallenkrypta Kirche bzw. Krypta, deren Schiffe gleich oder fast gleich hoch sind

Halsgraben Breiter Graben zwischen der Burg und ihrem Vorfeld

Hochrelief Relief mit plastisch sehr stark herausgearbeiteten Darstellungen

Hohlkehle Konkav gestaltetes bauplastisches Element an Zierleisten, das oft in Verbindung mit weiteren Zierprofilen auftritt

Immaculata (lat.: die unbefleckt Empfangende) Beiname Mariens

Immunität Sonderrechtsstatus weltlicher oder kirchlicher Institutionen (u. a. Befreiung von der ordentlichen Gerichtsbarkeit)

Inkunabel Wiegendruck; die ältesten mit metallenen Einzellettern gedruckten Bücher oder Einblattwerke (etwa 1450–1500)

INRI Aufschrift am Kreuz Christi: Jesus von Nazareth Rex Judaeorum (König der Juden)

Intarsien Einlegearbeiten mit verschiedenfarbigen Materialien; neben Holz auch Elfenbein, Stein, Schildpatt, Perlmutt usw.

ionisch Form der Säulenordnung

Joch Gewölbeabschnitt in Längsrichtung

Kämpfer (Kämpferkapitell) Architekturelement zwischen Kapitell und aufliegendem Bauteil, meist würfelähnlich

Kanneluren, kanneliert Senkrechte konkave Rillen an Säulen- oder Pfeilerschäften

Kapelle Kleine Kirche oder sakraler Raum ohne Pfarrecht. Architektonisch selbständiger Anbau mit Altar in Kirchen

Kapellenkranz Um einen halbrunden oder mehreckigen Chor radial angeordneter Kranz von Kapellen

Kapitell Oberer Abschluß von Säule, Pfeiler oder Pilaster mit ornamentaler, figürlicher oder pflanzlicher Dekoration. *Dorisches Kapitell:* bestehend aus wulstförmigem Kissen (Echinus) und Akabus. *Ionisches Kapitell:* Volutenkapitell; ein beiderseits eingerollter Volutenkörper liegt über einem Wulst mit Eierstab und angeordneten Akanthusblättern; je zwei diagonal gestellte Voluten bilden die Ecken und tragen einen Abakus (konkav eingezogen, eine Blume auf jeder Seitenmitte). *Korinthisches Kapitell:* kelchförmiger Kern, mehrere Reihen von Akanthusblättern mit Eckvoluten

Kapitelsaal Versammlungsraum der Mönche in einem Kloster

Karner Beinhaus

Kartusche Zierrahmen (Rollwerk) für Wappen, Tafeln Inschriften und dergleichen

Kartause (Certosa) Eine von den Kartäusermönchen entwickelte Sonderform des Klosters, bei der jeder Mönch ein eigenes, am Kreuzgang gelegenes Häuschen mit einem kleinen Garten bewohnt

Karyatide Steinerne oder hölzerne Gewölbe- oder Gebälkstütze in weiblicher Gestalt

Kassettendecke Flache oder gewölbte, mit eingetieften runden oder eckigen Feldern gegliederte Raumdecke; die Kassetten sind manchmal vergoldet, aus Reliefs oder pflanzlichen Ornamenten gestaltet

Kaskade Künstlich angelegter, mehrfach abgetreppter Wasserfall

Kastell Befestigtes Schloß. Römische Festung

Kathedrale Vor allem in Frankreich, England und Spanien Bischofssitz einer Stadt

Kegeldach (Kegelhelm) Turmdach mit kreisförmigem Grundriß und rundum aufsteigender Dachfläche

Klausur In Klöstern der allein den Mönchen vorbehaltene Bezirk

Knagge Winkelholz, welches im Fachwerkbau vorkragende Teile stützt

Kolossalordnung Fassadengestaltung durch Säulen oder Pilaster, die über mehrere Geschosse reichen

ERLÄUTERUNG DER FACHBEGRIFFE

Kompositkapitell Die Vereinigung von ionisch-korinthischen Merkmalen (Voluten und Blattwerk)

Konche (lat.: concha = Muschel) Halbrunde Nische mit Halbkuppel

Kragstein Aus der Mauer vorspringender Tragstein, der an der Vorderseite oft ornamental verziert ist

Kranzgesims Abschließendes Gesims eines Bauwerks

Kreuzblume Blumen- oder knospenähnlich gestalteter Aufsatz auf den Fialen, Wimpergen oder Türmen gotischer Kirchen mit kreuzförmig angeordnetem Blattwerk

Kreuzgang Um den rechteckigen Innenhof eines Klosters angelegter überdachter Umgang

Krypta Unterirdisch gelegener Raum unter einer Kirche zur Aufbewahrung von Reliquien; Grabstätte von Heiligen und Märtyrern. Später auch Grablege für geistliche und mitunter weltliche Würdenträger

Kuppel Gewölbe- bzw. Dachtypus, meist in Form einer Halbkugel, die unterschiedlich geartete Grundrisse überwölben kann

Kuppelbasilika Basilika mit bekrönenden Kuppeln über dem Mittelschiff oder meist nur einer über der Vierung

Kurtine Wall zwischen zwei Bastionen einer Festung

Labyrinth Ursprünglich sagenhaftes kretisches Gebäude des König Minos. In den Boden gotischer Kathedralen eingemeißeltes oder aus dunklen und hellen Steinen gelegtes, geometrisches Muster. Irrgärten in Schloßparkanlagen der Renaissance und des Barock

Langhaus (Längsschiff) Bei einer Kirche der langgestreckte Gebäudeteil zwischen Fassade und Chor

Laterne Runder oder vieleckiger durchfensterter Aufbau über einer Decken-, Gewölbe- oder Kuppelöffnung

Lettner Trennwand mit einem oder mehreren Durchgängen zwischen Chor und Mittelschiff einer Kirche – zur Scheidung von Priestern und Laien

Limes Befestigter Grenzwall römischer Gebiete

Lisene Schwach profilierte, vertikale Mauerverstärkungen ohne Basis und Kapitell

Lukarne Dacherker mit verziertem Giebelfenster

Mansarddach, Mansarde Giebeldach von gebrochener Form, wobei der untere Teil steiler ist als der obere; das – zumeist bewohnbare – Dachgeschoß wird Mansarde genannt

Maschikulis Pechnase

Maßwerk Geometrisches Bauornament der Gotik, zunächst nur zur Unterteilung von großen Fenstern, später auch zur dekorativen Gliederung von Wandflächen, Giebeln usw.

Mater dolorosa (lat.: Schmerzensreiche Mutter) Beiname der um ihren Sohn trauernden Maria

Medaillon Kleines gerahmtes Bild bzw. Relief in runder oder ovaler Form

Mezzanin (ital.) Halb- o. Zwischengeschoß

Münster Bezeichnet im strengsten Sinn des Wortes eine Klosterkirche. Meist aber werden große Stadtpfarr- oder Bischofskirchen so genannt, vor allem im süddeutschen Raum

Netzgewölbe Die Rippen eines Gewölbes bilden ein über die Joche hinausgreifendes, zusammenhängendes Netz

Nonnenempore Empore in einer Nonnenklosterkirche, auf der die Nonnen am Gottesdienst teilnahmen

Nothelfer Gruppe von 14 Schutzheiligen der katholischen Kirche, die den Märtyrertod starben. Wer in ihrem Namen in Notlagen um Hilfe bittet, erhält besondere Erhörung. Es sind: Achatius, Ägidius, Barbara, Blasius, Christophorus, Cyriacus, Dionysius, Erasmus, Eustachius, Georg, Katharina von Alexandrien, Margarete, Pantaleon, Vitus

Nymphäum Bei den Römern ein den Nymphen (weibl. Wassergöttern) geweihtes Quellheiligtum. Später in der Baukunst Prachtbrunnen oder Pavillon mit Wasserspielen

Obelisk Freistehender, im Grundriß quadratischer, sich nach oben verjüngender Steinpfeiler mit einem pyramidenförmigen Abschluß

Obergaden Wandabschnitt über den Mittelschiffarkaden einer Basilika, in dem sich die Fenster befinden (auch Licht- o. Fenstergaden)

Oktogon, oktogonal Achteck, achteckig

Orangerie Besonders im Barock: Gewächshaus für exotische und südliche Pflanzen mit großen Südfenstern

Oratorium Privatkapelle in oder an einer Kirche. Gegen den Hauptraum abgeschlossene Empore im Chor für geistliche und weltliche Würdenträger

Orgelprospekt Künstlerisch gestaltete Schauseite einer Orgel

Ossuarium (Ossarium) Beinhaus auf Friedhöfen (Karner). In der Antike Urne bzw. Kästchen zur Aufbewahrung von Gebeinen

Palas Wohn- oder Saalbau der mittelalterlichen Burg. Saalbau einer Pfalz

Pechnase Ausgußöffnungen für heißes Pech oder Öl am Boden von Wehrgängen einer Burg, wodurch man Belagerer abzuwehren suchte

Pfalz Residenz der deutschen Könige und Kaiser im Mittelalter

Pietà Plastische Darstellung Mariens mit dem toten Christus auf ihrem Schoß

Pilaster Der Wand oder einem anderen Bauglied vorgelegter vertikaler Mauerstreifen mit Basis und Kapitell

Portal Architektonisch und künstlerisch besonders reich ausgestalteter Eingang zu einem Gebäude

Portikus Eine von Säulen getragene und meist von einem Dreiecksgiebel überfangene Vorhalle, die der Hauptfront eines Gebäudes vorgelagert ist

Predella Auf der Mensa aufsitzender Sockel eines Retabels oder eines Flügelaltars

Putten (ital.: Putti, Kinder) In der Renaissance Fortführung der got. Kinderengel; Eroten

Quadriga Viergespann (z. B. als Bekrönung eines Triumphbogens)

Querhaus, Querschiff Zwischen Langhaus und Chor eingeschobener Querbau, durch den ein Kirchengrundriß Kreuzform erhält

Refektorium Der Speisesaal eines Klosters

Relief Eine aus einer Fläche herausgearbeitete plastische Form, die jedoch stets mit dem Hintergrund (Reliefgrund) verbunden ist

Reliquiar Meist kostbar gestaltetes Behältnis zum Aufbewahren oder Vorzeigen sterblicher Überreste (Reliquien) eines Heiligen oder eines kirchlichen Würdenträgers

ERLÄUTERUNG DER FACHBEGRIFFE

Retabel Mit Gemälden oder Skulpturen geschmückter Altaraufsatz. Entwickelte sich schließlich zum Polyptychon

Rippe Tragende Konstruktionsteile bei Gewölben, die das Gerüst für die nichttragenden Gewölbekappen bilden

Risalit Ein in ganzer Höhe eines Bauwerks vorkragender Mittelteil, der auch als Eck- und Seitenrisalit zur Auflockerung der Fassade beiträgt

Rocaille Muschelförmiges, asymmetrisches Dekorationsmotiv des Rokoko (um 1730–70)

Rosette Stilisiertes, blütenförmiges rundes Ornament; im gotischen Kirchenbau kreisrundes, mit Maßwerk gefülltes Fenster

Rotunde Rundbau

Rundstab Viertel-, halb- oder dreiviertelkreisförmiges, stabartiges Bauglied an Profilen, Rippen oder Gewänden

Rustika Mauerwerk, das aus grob behauenen Bossenquadern besteht

Saalkirche Kirche ohne Seitenschiffe, also nicht durch Stützen unterteilt

Sakramentshäuschen Architektonisch ausgebildetes Behältnis aus Stein oder Holz, meist auf einem Sockel, zur Aufbewahrung geweihter Hostien an der Nordwand des Chores

Sakristei Neben dem Chor liegender Raum zum Ankleiden des Priesters und zur Aufbewahrung des liturgischen Geräts. Entwickelt aus Diakonikon und Prothesis

Säkularisation Enteignung geistlicher Besitzungen für den weltlichen Gebrauch

Salvator Heiland, Erlöser – Ehrentitel Christi. Darstellungsform: Majestas Domini

Sarkophag (griech.: Fleischfresser) Kasten- oder wannenförmiger Sarg aus Holz, Stein, meist prunkvoll gestaltet

Säulenbasilika Basilika, deren Schiffe durch Säulen voneinander getrennt sind

Säulenordnung Entsprechend Gestalt und Proportionierung unterscheidet man Säulen verschiedener Ordnungen; ihre Formen beziehen sich meist auf die Art ihrer Kapitele:
Dorische Ordnung: Keine Basis, Schaft mit 16–20 Kanneluren, Kapitell bestehend aus Abakus und Echinus, Architrav bestehend aus glatten Balken sowie einem Metopen- und Triglyphen-Fries mit Geison und Sima darüber;
Ionische Ordnung: Säule mit Basis (quadratische Sockelplatte, Hohlkehle und zwei kreisförmige Wülste), Schaft mit bis zu 24 Kanneluren, Kapitell bestehend aus Voluten und Abakus. Der Architrav besteht aus einem abgetreppten Balken, Zierbändern und einem Fries. Den Abschluß bilden auch hier Geison und Sima;
Korinthische Ordnung: Wie die Ionische, allerdings trägt die Säule ein Kapitell aus kreisförmig angeordneten, großen Blättern mit gezahnten Rändern und kleinen Voluten;
Kompositordnung: Säulenordnung mit einem Kapitell, das aus Teilen des ionischen und korinthischen Kapitells zusammengesetzt ist (mitunter auch aus Elementen der persischen und altägyptischen Säule). Variiert übernommene Elemente auch an Gebälk, Fries und Gesims

Schalldeckel Der meist kunstvoll bearbeitete, baldachinartige Überbau einer Kanzel

Schlußstein Oberster, als letzter eingesetzter Stein eines Bogens oder eines Kreuzrippengewölbes; oft mit Ornamenten (Wappen, Köpfen, Tieren usw.) geschmückt

Schmerzensmann Darstellung des leidenden Christus mit Dornenkrone und Wundmalen

Schrein Kunstvoll gearbeiteter, dekorierter Behälter, zum Beispiel zur Aufnahme von Reliquien. Bezeichnung für den feststehenden mittleren Teil eines Flügelaltars

Schwibbogen (Schwebebogen) Dem Strebebogen vergleichbar, nimmt er, meist zwischen zwei Gebäuden oder über engen Gassen gespannt, den Horizontalschub auf und leitet ihn ab

Seccomalerei Wandmalerei, die auf trockenem Putz ausgeführt wird (Gegensatz Fresko)

sepulkral Die Begräbniskultur betreffend

Sepultur In der spätgot. Baukunst Begräbnisareal für Äbte, Prälaten, Domherren; meist Anbauten

Staffelgiebel (Treppen- oder Stufengiebel) - Giebel mit abgetrepptem Profil

Stichkappe Gewölbeteil meist über Fenstern und anderen Maueröffnungen, der senkrecht in das Hauptgewölbe einschneidet

Strebebogen Bogen, der den Strebepfeiler mit der zu stützenden Mauer verbindet und über den der Gewölbeschub abgeleitet wird

Stuck Formbares und schnell härtendes Gemisch aus Gips, Kalk, Sand und Wasser zur Dekoration von Innenräumen, aber auch als Werkstoff für Skulpturen und Reliefs

Stuckmarmor Polierfähiger, bunt eingefärbter Kunstmarmor aus Stuckgips, Kalk, Sand, Pigmenten, Lederleim und Wasser; die italienische Sonderform wird als Scagliola bezeichnet

Stufenportal Portal mit von außen nach innen gestuftem Gewände; bei großer Mauerstärke erscheint so eine relativ kleine Öffnung in der Fassade wesentlich breiter

Tempietto (ital.) Kleiner Rundtempel, auch als Glockentürmchen

Tympanon Bogenfeld über einem mittelalterlichen Portal, meist mit plastischem Schmuck. Giebelfeld eines antiken Tempels

Vesperbild Überwiegend plastische Darstellung der trauernden Maria mit dem toten Christus auf ihrem Schoß. Die deutsche Bezeichnung für Pietà ist auf die Gebetzeit der Vesper zurückzuführen: zu dieser Tageszeit erfolgte am Karfreitag die Kreuzabnahme

Vierung Ort der Durchdringung von Lang- und Querhaus einer Kirche

Vierungskuppel Kuppel über der Vierung

Vierungsturm Turm über der Vierung

Volute Spiral- oder schneckenförmiges Ornament an Kapitellen der ionischen Ordnung; in Renaissance und Barock auch an Giebeln und Konsolen

Wange Seitlicher Abschluß der Bank eines Chorgestühls, einer Treppe usw. Die durch Grate voneinander getrennten, gekrümmten Flächen eines Klostergewölbes

Weicher Stil (Schöner Stil) Stilperiode in der deutschen Kunst – vornehmlich der Plastik – zwischen 1380 und 1430; kennzeichnend sind weiche, fließende Formen und holde, liebliche Gesichtszüge (vor allem Madonnen mit dem Kind)

Welsche Haube Glocken- oder zwiebelförmig geschweiftes Turmdach. Besondere Verbreitung in der Renaissancebaukunst

Wimperg Giebelförmiger Aufbau über gotischen Portalen und Fenstern

Zeughaus (Arsenal) Gebäude, in dem Waffen und sonstiges Kriegsmaterial untergebracht wurde

Ziborium (Ciborium) Auf Säulen ruhender, baldachinartiger Altarüberbau (Baldachin). Tabernakel. Deckelkelch, der die geweihte Hostie enthält

Zwerchhaus Lukarne

Zwiebeldach (-haube) Barocke Umformung der Welschen Haube

Zwinger Bereich zwischen Vor- und Hauptmauer einer Burg oder Stadtbefestigung

Literaturverzeichnis (Auswahl)

Diese Liste kann – schon aus Platzgründen und um sie übersichtlich sowie für den Leser handhabbar zu halten – nur einen Teil der Werke aufführen, denen ich Hinweise für meine Arbeit verdanke. Vielfach werden den Reisenden auch vor Ort zu einzelnen Denkmälern ausführlichere und detailliertere Informationen in Broschüren und Heften angeboten, als sie in einem Kunstreiseführer für einen gesamten Fluß sinnvoll sind, etwa von der ›Bayerischen Verwaltung der staatlichen Schlösser, Gärten und Seen‹ oder des Verlags Schnell & Steiner (in München, resp. München und Zürich). Die Rubriken dieser Liste sind übrigens nicht immer ganz exakt zu trennen und auch als Anhaltspunkt gedacht.

Nachschlagewerke zu Kunst und Geschichte

Architektur der Welt, Romanik, Hg.: Raymond Oursel, Henri Stierlin, Berlin o. J., dito Bände: Gotik, Barock

Bildhandbuch der Kunstdenkmäler, Bayern nördlich der Donau, Hg.: Reinhardt Hootz, München und Berlin 1977

Georg Dehio: Handbuch der Deutschen Kunstdenkmäler. Bayern I: Franken, München 1979; dito Band Hessen

Die deutschen Burgen und Schlösser in Farbe. Burgen, Schlösser, Festungsanlagen, Herrenhäuser und Adelspalais in der Bundesrepublik Deutschland und Berlin (West), Frankfurt 1987

Das Flußgebiet des Mains, bearb. v. Rüdiger Sperber, 1970

Flüsse und Seen in Deutschland (= Der große ADAC Reise- und Freizeitführer), München und Stuttgart 1989

Handbuch der historischen Stätten Deutschlands, Bayern, Hg.: Karl Bosl, Stuttgart 1961, dito Band Hessen

Wilfried Koch: Kleine Stilkunde der Baukunst. Illustriertes Taschenlexikon, München 1991

Kulturreiseführer Deutschland, Band 2: Nordrhein-Westfalen, Hessen, Rheinland-Pfalz, Saarland, Baden-Württemberg, Bayern; Bergisch Gladbach 1992

Literarischer Führer durch die Bundesrepublik Deutschland, Hg.: F. u. G. Oberhauser, Frankfurt 1974

Wilhelm Malter: Oberfranken-Ost. Landschaft. Geschichte. Volkstum. Kultur. Kunst, Heroldsberg 1984, dito Band Oberfranken-West (= Bibliothek Deutsche Landeskunde)

Wilhelm Meister: Südhessen. Landschaft. Geschichte. Kultur. Kunst. Volkstum, Heroldsberg 1981 (= Bibliothek Deutsche Landeskunde)

Rudolf Pörtner: Die Erben Roms. Städte und Stätten des deutschen Früh-Mittelalters, Düsseldorf-Wien 1977

ders.: Mit dem Fahrstuhl in die Römerzeit, Darmstadt 1961

Reclams Kunstführer: Bayern Nord, Franken, Oberpfalz. Kunstdenkmäler und Museen. Von Alexander von Reitzenstein und Herbert Brunner, Stuttgart 1983

Reise in die Geschichte. Schauplätze der Vergangenheit: Bayern, Dortmund 1991; dito Band Hessen.

Das römische Germanien aus der Luft, Hg.: Walter Sölter, Bergisch Gladbach 1981

Karl Treutwein: Unterfranken. Landschaft, Geschichte, Kultur, Kunst, Nürnberg 1967 (= Bibliothek Deutsche Landeskunde)

Antony White, Bruce Robertson: Baustilkunde. Ein Bildlexikon, München 1992

Darstellungen des Mains und seiner Regionen

Björn-Uwe Abels: Frühe Kulturen in Oberfranken von der Steinzeit bis zum Frühmittelalter, Bamberg 1986

Ludwig Bechstein: Aus dem Sagenschatz des Frankenlandes, Hg.: Wolfgang Möhrig, Würzburg 1986

Ludwig Braunfels: Die Mainufer und ihre nähere Umgebung, Würzburg 1847 (Reprint München o. J.)

Werner Dettelbacher: Alte Städteansichten am ganzen Mainlauf. 70 Stadtansichten des 19. Jh., Wuppertal 1979

ders.: Burgen in Franken, Würzburg 1981

ders.: Franken. Eine reiche Kulturlandschaft zwischen Würzburg und Nürnberg, Rothenburg und Bamberg, Köln 1993

Fränkisches Credo. Glauben in Franken seit Kilians Zeiten, Hg.: Domschule Würzburg, Günter Koch, Josef Pretscher, Würzburg 1989

Siegmar Gerndt: Unsere bayerische Heimat. Ein Kulturführer. Die Städte und Landkreise in Altbayern, Franken und Schwaben, München 1978

ders.: Unsere bayerische Landschaft. Ein Naturführer. Naturbild und Naturräume, Geologie, Flora und Fauna, Natur- und Landschaftsschutzgebiete, München 1978

Geschichte am Obermain, Hg.: Colloquium Historicum Wirsbergense, Bamberg 1987

Robert Gradmann: Süddeutschland. Die einzelnen Landschaften, Darmstadt 1977

Friedhelm Häring, Hans-J. Klein: Hessen. Vom Edersee zur Bergstraße, Köln 1989

Joachim Hotz und Isolde Maierhöfer: Aus Frankens Kunst und Geschichte, Oberfranken, Lichtenfels 1970

Gottfried Mälzer: Der Main. Geschichte eines Flusses, Würzburg 1986

Peter Leuschner: Romanische Kirchen in Bayern, Bindlach 1987

F. Menk-Dittmarsch: Der Main von seinem Ursprung bis zur Mündung mit Städten, Ortschaften, Ritterburgen und Sagen, historisch, topographisch, malerisch, Mainz 1843 (Reprint: Frankfurt 1981)

Matthaeus Merian: Die schönsten Städte Bayerns. Aus den Topographien und dem Theatrum Europaeum. Mit einer Einleitung von Horst Mönnich, Hamburg 1964

Rheinfahrt 2. Von Mainz zum Niederrhein, Hg.: Johann Jakob Hässlin, München 1974

Franz Prinz zu Sayn-Wittgenstein: Der Main. Von den Quellen bis zur Mündung, München 1977

ders.: Schlösser in Franken. Residenzen, Burgen und Landsitze, München 1984

Franz Schaub, Jaap Hartrog: An den Ufern des Mains, 1981

Otto Siegner: Franken, München-Pullach o. J.

Karl Treutwein: Von Abtswind bis Zeilitzheim, Geschichtliches, Sehenswertes, Überlieferungen, Volkach 1987

Unterfränkische Geschichte. Band 1. Von der germanischen Landnahme bis zum hohen Mittelalter, Hg.: Peter Kolb und Ernst-Günter Krenig (im Auftrag des Bezirks Unterfranken), Würzburg 1989

Einzelne Städte und Sehenswürdigkeiten

Bamberg. Ein etwas anderer Stadtplan und eine etwas andere Geschichte, Hg.: Vereinigung der Verfolgten des Naziregimes – Bund der Antifaschisten, Kreis Bamberg, Bamberg 1992

Kloster Banz. Text von Hans-Werner Alt, Aufnahmen von Ingeborg Limmer, Königstein/Taunus 1984

Bauen in Frankfurt am Main seit 1900, Hg.: Bund Deutscher Architekten, Frankfurt/M. 1977

Heinrich Bingemer, Wilhelm Fronemann, Rudolph Welcker: Rund um Frankfurt. Ein Heimatbuch ..., Frankfurt 1924 (Reprint Würzburg 1985)

Gerhard Bott: Frankfurt, Frankfurt – München 1953

LITERATURVERZEICHNIS (AUSWAHL)

Briefe über die Galanterien von Frankfurt am Mayn, London 1791 (Repr. Frankfurt 1979)

Dettelbach 1484–1984: 500 Jahre Stadt, Hg.: Stadt Dettelbach 1984

Werner Dettelbacher: Die Alte Mainbrücke zu Würzburg. Geschichte und Geschichten, Würzburg 1972

ders.: Würzburg – ein Gang durch seine Vergangenheit, Würzburg 1984

ders.: Würzburg im Spiegel der Jahrhunderte. Bilddokumente von 1493–1873, Würzburg 1976

Robert Diehl: Frankfurt am Main im Spiegel alter Reisebeschreibungen vom 15. bis zum 19. Jahrhundert, nebst einem Anhang: Lobgedichte auf Frankfurt am Main, Frankfurt 1939 (Reprint: Würzburg 1984)

1200 Jahre Eibelstadt 787–1987. Festschrift und Heimatbuch, Hg.: Stadt Eibelstadt 1987

Frankfurt am Main. Die Geschichte der Stadt, Hg.: Frankfurter Historische Kommission, Sigmaringen 1991

Frankfurter Museumsführer. Museen, Sammlungen und ständige Ausstellungen, Hg.: Hilmar Hoffmann, Frankfurt/M. 1988

Kunst in Frankfurt/Main, Ateliers, Galerien, Museen, Sammlungen ..., Hg.: Babette Peters und Karlheinz Schmid, Köln 1991

Max H. von Freeden: Festung Marienberg, Würzburg 1982

Führer zu vor- und frühgeschichtlichen Denkmälern: Nr. 27: Würzburg, Karlstadt, Iphofen, Schweinfurt, hgg.: vom Römisch-Germanischen Zentralmuseum Mainz, Mainz 1975, dito Band: Nr. 8: Miltenberg, Amorbach, Obernburg, Aschaffenburg, Seligenstadt, und Nr. 11: Mainz

Anita Geigges: Volkach und seine Mainschleife, Luxembourg-Trier 1985

Walter Haas: Der Bamberger Dom, Königstein/Taunus 1973 (= Die Blauen Bücher)

›Hatten zum Wort Verlangen‹ – 450 Jahre Evangelische Kirche in Schweinfurt, Hg.: Evang.-Luth. Pfarramt St. Johannis, Schweinfurt 1992

Herbert Heckmann, Walter Michel: Diese lebhafte sinnliche Welt. Frankfurt mit den Augen Goethes, Frankfurt/M. 1987

Erich Helmendorfer: Schönes Frankfurt, Frankfurt/M. 1987

Erwin Herrmann: Geschichte der Stadt Kulmbach, Kulmbach 1985

Homburg am Main. 1200 Jahre Hohenburg – 880 Jahre Kallmuth-Weinbau – 550 Jahre Stadt Homburg, Hg.: Markt Triefenstein 1981

Erich Hubala, Otto Mayer, Wolf-Christian von der Mülbe: Die Residenz zu Würzburg, Würzburg 1984

Horst Karasek: Der Fedtmilch-Aufstand. Wie die Frankfurter 1612/14 ihrem Rat einheizten, Berlin 1979

Landkreis Kitzingen. Ein Kunst- und Kulturführer, Hg.: Landkreis Kitzingen 1986

Wolfgang Klötzer: Frankfurt – ehemals, gestern und heute. Eine Stadt im Wandel der letzten 50 Jahre, Stuttgart 1979

Ernst Kübert: Karlburg. Uralter fränkischer Siedlungsort, Münnerstadt 1991

Erich Langguth, Hans Wehnert: Wertheim – die 800jährige Main-Tauber-Stadt in Wort und Bild, Horb a. N. 1984

Helmuth Lauf: Bildstöcke, Hausmadonnen und Hausheilige in Freudenberg, Freudenberg 1982

Der Landkreis Lichtenfels in Geschichte und Geschichten. Zusammengestellt von Elisabeth und Konrad Radunz, Lichtenfels 1982

Literatur in Frankfurt, Hg.: Peter Hahn, Frankfurt/M. 1987

P. Dominik Lutz, A. Bornschlegel: Basilika Vierzehnheiligen, Staffelstein 1983

Helmut Mann: Der Deutsche Orden und seine Kirche in Frankfurt-Sachsenhausen, Frankfurt 1990

Heinrich Mayer: Bamberg als Kunststadt, Bamberg 1988

ders.: Die Kunst des Bamberger Umlandes, Bamberg 1977

Helmuth Meißner, Ingeborg Limmer: Fran-

ken: Die Region 5. Bayreuth, Hof, Kulmbach, Wunsiedel, München-Berlin 1989
Heinrich Meyer: Aus dem Leben einer fränkischen Stadt. Kleine Lichtenfelser Ortsgeschichte, Lichtenfels 1964
750 Jahre Stadt Miltenberg 1237–1987. Beiträge zu Geschichte, Wirtschaft und Kultur einer fränkischen Stadt, Hg.: Stadt Miltenberg 1987
Liebe zu Miltenberg, Hg.: Wilhelm Keller und Hermann Emig, Amorbach 1981
Miltenberg damals. Eine alte Stadt in historischen Bildern, Hg.: foto-club miltenberg e.V., Miltenberg 1983
Albert Richard Mohr: Christliche Kunst in Frankfurt am Main. Bilder aus zwölf Jahrhunderten, Frankfurt/M. 1983
Christoph Mohr, Michael Müller: Funktionalität und Moderne. Das Neue Frankfurt und seine Bauten 1925–1933, Köln 1984
Offenbach. Impressionen einer Stadt. Hg.: Wolfgang Arnim Nagel, Hanau 1986
Friedrich Oswald: Amorbach. Ehemalige Benediktinerabtei, München und Zürich 1988
Joachim Peter: Frankfurt. Eine Stadt in 466 Bildern, Frankfurt 1989
Hubert Post: Das fränkische Seligenstadt und seine Geschichte, Seligenstadt 1991
Richard Redelberger: Eibelstadt. Bild einer mainfränkischen Kleinstadt in der Nachbarschaft Würzburgs, Würzburg 1971
Bruno Rottenbach: Würzburg ehemals, gestern und heute, eine Stadt im Wandel der letzten 60 Jahre, Stuttgart 1987
ders.: Würzburg im Jahreslauf, Würzburg 1978
Franz Schaub, Bernd Pattloch: Aschaffenburg. Erlebnis einer Stadt, Aschaffenburg 1985
Landkreis Schweinfurt. Zwischen Steigerwald und Rhön. Bekanntes und Verborgenes, Würzburg 1985
Schweinfurt, Hg.: ARGE Schweinfurtbuch, Schweinfurt 1980

Selig sei die Stadt genannt – Seligenstadt am Main, Hg.: Heimatbund e.V. und Magistrat Seligenstadt, Seligenstadt o.J.
Marcellin P. Spahn: Zur Geschichte der Seligenstädter Juden. Aus Dokumenten und Berichten, Seligenstadt 1986
Staffelstein. Die Geschichte einer fränkischen Stadt, Hg.: Stadt Staffelstein, Staffelstein 1980
Wolf Strache: Der Main. Mit einer Einführung und einer Karte, Stuttgart 1951
Vera Struchholz: Veitshöchheim, Veitshöchheim 1982
Rudolf Vierengel: Miltenberg am Main, Amorbach 1962
Gerhard Wissmann: Kloster Bronnbach. Ein Gang durch die Geschichte der ehemaligen Zisterzienserabtei im Taubertal, Tauberbischofsheim o.J.
Würzburg: Geschichte in Bilddokumenten, Hg.: Alfred Wendehorst, München 1981
15 Jahrhunderte Würzburg. Eine Stadt und ihre Geschichte, Hg.: Heinz Otremba, Würzburg 1979
Zwischen Wald und Main, Der Landkreis Main-Spessart, Hg.: Landkreis Main-Spessart, Würzburg 1984

Biographien und Sachfragen

Der deutsche Bauernkrieg, Hg.: Horst Buszello, Paderborn, München 1984
Leo Bruns: Tilman Riemenschneider, Königstein/Ts. 1988 (= Die Blauen Bücher)
Friedrich Engels: Der deutsche Bauernkrieg, Leipzig 1975
Das Tagebuch der Anne Frank. 12. Juni 1942 – 1. August 1944, Frankfurt/M., Hamburg 1956
Anne Frank. Spur eines Kindes, Ein Bericht von Ernst Schnabel, Frankfurt/M., Hamburg 1958
Frauengestalten in Franken. Eine Sammlung von Lebensbildern. Hg.: Inge Meidinger-Geise, Würzburg 1985

LITERATURVERZEICHNIS (AUSWAHL)

Max H. von Freeden: Tilman Riemenschneider, Hamburg 1976

ders.: Tilman Riemenschneider. Leben und Werk, München – Berlin 1981

Frank Gerhard: Kulinarische Streifzüge durch Franken. Künzelsau 1990, dito Band Hessen

Wilfried Hansmann: Balthasar Neumann. Leben und Werk, Köln 1987

Hexer und Hexen in Miltenberg und der Cent Bürgstadt: ›Man soll sie dehnen, bis die Sonne durch sie scheint‹, Beiträge zur Geschichte der Hexenprozesse am südlichen Untermain, Hg.: Wilhelm Keller, Miltenberg 1989

Kilian – Mönch aus Irland, aller Franken Patron, Katalog, Würzburg 1989

J. B. Kittel, Hans Breider: Das Buch vom Frankenwein, Würzburg 1982

Wendelin Lewecke: Berühmte Frankfurter. 57 Begegnungen mit der Geschichte, Frankfurt/M. 1989

Eugen Ortner: Der Barockbaumeister Balthasar Neumann. Eine Biographie, München 1978

Jörg Ratgebs Wandmalereien im Frankfurter Karmeliterkloster, Hg.: Stadt Frankfurt am Main 1987

Tilman Riemenschneider. Ein Gedenkbuch, Hg.: Justus Bier, Wien 1936

Tilman Riemenschneider – Frühe Werke, Ausstellungskatalog Würzburg 1981

Zum Frühwerk Tilman Riemenschneiders – Eine Dokumentation, Hg.: Hartmut Krohm, Berlin 1982

Winfried Schüler: Der Bayreuther Kreis. Wagnerkult und Kulturreform im Geiste Völkischer Weltanschauung, Münster/Westf. 1971

Lorenz Seelig: Friedrich und Wilhelmine von Bayreuth. Die Kunst am Bayreuther Hof 1732–63, München und Zürich 1982

Reinhard Worscheck, Bernhard Weisensee: Weinland Franken. Eine Begegnung mit Städten, Dörfern und ihrem Wein, Würzburg 1985

Abbildungsnachweis

Farbabbildungen

Fridmar Damm, Köln Umschlaginnenklappe vorn
Wolfgang Fritz, Köln Umschlagrückseite
Elmar Hahn Studios, Veitshöchheim Umschlagvorderseite, Farbabb. 7–10, 14, 15, 17
Rafael Herlich, Walldorf Farbabb. 18
Manfred Mehlig, Lauf Farbabb. 4, 5
Wolf-Christian von der Mülbe, Dachau Farbabb. 11–13
Werner Neumeister, München Farbabb. 1
Werner Otto, Oberhausen Farbabb. 6
Wilkin Spitta, Loham Umschlaginnenklappe hinten, Farbabb. 2
Foto: Gerhardt Wiener Bildarchiv, Frankfurt/M. Farbabb. 19
Heinz Wohner, Dortmund Farbabb. 3, 16

Abbildungen im Text

Archiv für Kunst und Geschichte, Berlin Abb. S. 21 u., 33, 34, 58, 86, 94, 122, 164, 200, 210, 229, 300, 306, 319, 323, 333, 348
Wilfried Bahnmüller, Gelting Abb. S. 60, 69, 91, 107, 109, 110, 112, 113, 156, 158, 160, 180, 290
Bayerische Staatsbibliothek München Abb. S. 281
Bayerische Verwaltung der staatlichen Schlösser, Gärten und Seen, München Abb. S. 39, 50
Deutscher Kunstverlag, München Abb. S. 63, 79, 82, 100, 201, 221, 239 u., 256 u.
Foto Zwicker-Berberich/FZB-Ateliers, Würzburg-Gerchsheim Abb. S. 225, 241
Wolfgang Fritz, Köln Abb. S. 35, 98
Stefan Fröhling/Andreas Reuß, Bamberg Abb. S. 73, 116, 127, 191
Elmar Hahn Studios, Veitshöchheim Abb. S. 197
HB Verlag, Hamburg Abb. S. 326
Heinz Held Abb. S. 37, 44 u., 54, 61, 68, 72, 75, 76, 81, 83, 101, 111, 114, 125, 162, 170, 174, 175, 177, 185, 193, 205, 295
Rafael Herlich, Walldorf Abb. S. 314, 315, 335, 338
Historisches Museum, Frankfurt/M. (Seitz-Gray) Abb. S. 331
Josef Jeiter Abb. S. 18
Michael Jeiter, Morschenich Abb. S. 87, 181, 188, 265, 269, 280, 299, 301, 342
Lutz Kleinhans, Frankfurt/M. Abb. S. 324
Barbara Klemm, Frankfurt/M. Abb. S. 344
Siegfried Konnowski, Hamburg Abb. S. 84, 89, 103, 106, 115, 154, 212
Bernd Kunzelmann, Köln Abb. S. 217
Karin Lucke-Huss, Kempten Abb. S. 261
Matthäus Merian, Topographia Germaniae: Hessen, 1646 Abb. S. 15, 23, 276, 286/87, 297, 304/305, 307, 350
Gernot Messarius, Gütersloh Abb. S. 12, 66
Wolfgang Metternich, Frankfurt Abb. S. 341
Wolf-Christian von der Mülbe, Dachau Abb. S. 102 u. re.
Museum der Stadt Rüsselsheim Abb. S. 349
Werner Neumeister, München Abb. S. 2, 13, 28, 31, 39, 41, 42, 43, 44 o., 46, 48, 51, 53, 55, 57, 64, 65, 78, 102 o., 119, 167, 168, 213, 215, 216, 222, 226, 232, 233, 242, 244/45, 246, 247, 248, 256 o., 312/13, 346 u.
Werner Otto, Oberhausen Abb. S. 294
Erhard Pansegrau, Berlin Abb. S. 320, 328, 336/37, 345
Andreas Rumler, Köln Abb. S. 25 u., 26, 187, 318, 369
Toni Schneiders, Lindau Abb. S. 21 o., 102 u. li., 153, 173, 178, 203, 223, 224, 230, 235, 251, 255, 258, 283
Dr. Wolfgang Schwarze Verlag, Wuppertal Abb. S. 220

ABBILDUNGSNACHWEIS

Stadtarchiv Würzburg   Abb. S. 17
Städtisches Museum, Stadtarchiv Kitzingen   Abb. S. 183
Stadt Schweinfurt, Stadtarchiv/Städtische Sammlungen   Abb. S. 25
Stadtverwaltung, Institut für Stadtgeschichte/ Stadtarchiv Frankfurt   Abb. S. 22
Werner Stuhler, Hergensweiler   Abb. S. 96, 278
Umschau Buchverlag, Frankfurt/M.   Abb. S. 321
Universitätsbibliothek Würzburg, Landeskundliche Abteilung/Sammlung Walter M. Brod   Abb. S. 196, 202, 239, 272, 274
Verlag Waldemar Kramer, Frankfurt/M.   Abb. S. 325
Ingrid Voth-Amslinger, München   Abb. 346 o.
Karten und Pläne: DuMont Buchverlag, Köln

Quellenhinweis

Johann Wolfgang Goethe, Sämtliche Werke, 18 Bände. Band 10: Aus meinem Leben. Dichtung und Wahrheit, dtv, München 1977 (Artemis, 1848) S. 308, Zitat im Kasten

Hölderlin, Werke und Briefe, hrsg. von Friedrich Beißner und Jochen Schmidt, Insel-Verlag, Frankfurt/M. 1969   S. 11, aus der Ode ›Der Main‹ (Bd. 1)

Praktische Reiseinformationen

Vor Reiseantritt 370
Anreise 370
Auskünfte und Quartiernachweis .. 370
Ausprobieren und Kennenlernen:
  Vorschläge für Kurzaufenthalte .. 374

Kurzinformationen von A–Z .. 376
Aussichtspunkte 376
Brauchtum, Feste und kulturelle
  Veranstaltungen 377
Museen, Sammlungen
  und Bauwerke 378
Naturdenkmäler und Gärten 390
Sehenswürdigkeiten
  von besonderem Rang 391
Sport und Freizeit 392
Unterkunft 392
Unterwegs auf dem Wasser, zu Fuß
  und mit dem Rad 392
Zu guter Letzt: Kulinarisches
  vom Main 393
  Fränkische Brautraditionen 393
  In vino veritas 394
  Bier und Wein in der Küche 396
  Küchenspezialitäten der Mainregion 397

PRAKTISCHE REISEINFORMATIONEN

☐ Vor Reiseantritt

Anreise

Seit der Main-Donau-Kanal fertiggestellt ist, ist der *Main* selbst Teil einer Wasserstraße. Für Freizeitkapitäne ist es reizvoll, den Fluß von Mainz aufwärts kennenzulernen oder ihm stromab zu folgen, von Bamberg aus, wo der schiffbare Teil beginnt. Gut an das Streckennetz der *Deutschen Bundesbahn* angebunden sind größere Städte wie Frankfurt, Aschaffenburg, Würzburg, Bamberg und Bayreuth. Für die Reise in kleinere Orte muß man umsteigen oder ist auf *Bus* und *Taxen* angewiesen.

Am einfachsten erreicht man den Main und viele seiner noch nicht ganz so überlaufenen Orte freilich mit dem eigenen *Auto*. Die A 3 kürzt den vielfach gewundenen Lauf ab, vom Wiesbadener Dreieck über Frankfurt, Aschaffenburg, Würzburg und schließlich – auf der gut ausgebauten B 505 – Bamberg bis nach Bayreuth. Für die Strecke zwischen Bamberg und Bayreuth stehen gleich vier Routen zur Wahl, zunächst die B 505, streckenweise wie eine Autobahn ausgebaut und deshalb die zeitsparendste Verbindung, weiter entweder über die A 70 und A 9 nach Bayreuth oder, direkter über Land, auf der B 85 – kaum weniger schnell.

Drei weitere Alternativen: Gäste mit Muße können entweder bei Scheßlitz über die Würgauer Wand durch das romantische Wiesental (B 22) über Hollfeld und das kleine Donndorf (Schloß Fantasie) oder mitten durch das Herz der Fränkischen Schweiz über Gößweinstein (Barockkirche von Balthasar Neumann), Tüchersfeld und Pottenstein nach Bayreuth gelangen. Für den Rest der Strecke ab Pegnitz A 9 oder über Creußen (B 2/85). Als vierte Möglichkeit bliebe die Fahrt den Main entlang auf der B 173 und B 289 über Staffelstein, Banz und Vierzehnheiligen, Lichtenfels, Burg- und Altenkunstadt, Kulmbach (B 85) nach Bayreuth oder Bad Berneck (B 303). Auch diese Strecke ist freilich gut ausgebaut, was übrigens für die meisten Abschnitte auch kleinerer Straßen am Main zutrifft.

Der *Ballungsraum Frankfurt* ist über A 5 und A 45 und die A 67 – großzügig gerechnet – mit der Küste und den Alpen verbunden. Vom Norden aus führt die A 7 bei Schweinfurt und Würzburg an den Mittellauf des Mains, aus südlicher Richtung ist der Fluß hier über A 7, A 81 und von Nürnberg/Erlangen aus über die A 73 zu erreichen. Die A 9 verbindet Bayreuth mit Berlin und Nürnberg. Wenn die Autobahn von Bamberg nach Schweinfurt durchgehend fertiggestellt ist, dann ist dieser fast ideal im Zentrum Deutschlands gelegene Fluß mit all seinen Schönheiten wohl optimal verkehrstechnisch erschlossen.

Für die *Orientierung* reicht ein Reiseatlas wie der von Shell (Mairs Geographischer Verlag, Ostfildern), hilfreich sind aber auch Gebietskarten in größerem Maßstab 1:200 000 wie die Aral-Auto-Reisekarte, die zudem noch Kurzinformationen über die Landschaft und einzelne Orte wie Sehenswürdigkeiten bietet neben den Kontaktadressen für den Fremdenverkehr (Blatt 11: Spessart/Odenwald, Hochtaunus/Bayerische Rhön und Blatt 12: Fränkische Schweiz, Fichtelgebirge/Oberpfälzer Wald)

Auskünfte und Quartiernachweis

Fast jeder Ort den Main entlang hat seinen Verkehrsverein, im Zweifel hilft man im Rathaus gern weiter. Trotzdem sind hier noch ein paar ›Ansprechpartner‹ aufgelistet.

Überregionale Informationsstellen

Landesfremdenverkehrsverband Bayern
Prinzregentenstr. 18
℘ 0 89/22 94 91
80538 München

Fremdenverkehrsverein e. V. Franken
Am Plärrer 14
℘ 09 11/26 42 02-04
90429 Nürnberg

Haus des Frankenweins
Kranenkai 1
℘ 09 31/1 20 93 u. 57 12 41
97070 Würzburg

Tourist Information Fränkisches Weinland
Zeppelinstr. 15
℘ 09 31/8 00 32 62
97074 Würzburg

Tourist Information Haßberge
Rathaus, Obere Sennigstr. 4
℘ 0 95 23/2 68
97437 Haßfurt

Hessischer Fremdenverkehrsverband
Abraham-Lincoln-Straße 38
℘ 06 11/77 88 00
65189 Wiesbaden

Main + Taunus FV-Verband
Kisseleffstraße 7 (Hofhaus)
℘ 0 61 72/17 83 52
61348 Bad Homburg v. d. Höhe

Main-Taunus-Kreis
Am Kreishaus 1-5
℘ 0 61 92/2 01-3 80 oder 2 01-3 81
65719 Hofheim am Taunus

Tourist Information Oberes Maintal – Coburger Land
Kronacher Str. 30
℘ 0 95 71/1 82 08
69215 Lichtenfels

Main-Spessart Informationszentrale für Tourismus
Marktplatz 8
℘ 0 93 53/79 32 34
97753 Karlstadt

Tourist Information Spessart-Main-Odenwald
Bayernstr. 18
℘ 0 60 21/39 42 71
63739 Aschaffenburg

Tourist Information Steigerwald
Rathaus
℘ 0 95 53/2 17
96157 Ebrach

Gebietsgemeinschaft ›Liebliches Taubertal‹
Postfach 12 54
℘ 0 93 41/8 20
97941 Tauberbischofsheim

Fremdenverkehrsbüros einzelner Städte

Fremdenverkehrsamt
Schloßplatz
℘ 0 60 21/39 58 00 oder 39 58 01
63739 Aschaffenburg

Städtische Kurverwaltung
Bahnhofstraße 77
℘ 0 92 73/89 16 u. 89 17
95460 Bad Berneck i. F.

Städtisches Fremdenverkehrsamt
Geyerswörthstr. 3
℘ 09 51/87-11 61
96047 Bamberg

Fremdenverkehrsverein
Luitpoldplatz 9
℘ 09 21/8 85-0
95444 Bayreuth

PRAKTISCHE REISEINFORMATIONEN

Fremdenverkehrsamt
Altes Rathaus
Rathausplatz 1
℡ 09324/3560
97337 Dettelbach

Fremdenverkehrsamt
Rathaus
℡ 09303/216
97246 Eibelstadt

Fremdenverkehrsamt
Kaiserstr. 52
℡ 069/2123-3677
60329 Frankfurt

Tourist-Information im Hauptbahnhof
Gegenüber Gleis 23
℡ 069/2123-8849 oder -8851
Tourist-Information Römerberg
(27)/Ecke Paulsplatz
℡ 069/2123-8708 oder -8709

Stadtverwaltung
Hauptstraße 152
℡ 09375/524
97896 Freudenberg a. Main (Baden)

Gemeindeverwaltung
℡ 09331/2726
97252 Frickenhausen

Verkehrsamt ›Haus des Gastes‹
Hofweg 9
℡ 09351/3830
97737 Gemünden

Städtisches Verkehrsbüro
Am Markt 14
℡ 06181/252400
63450 Hanau

Fremdenverkehrsamt
Postfach 1551
℡ 09521/6880 oder 688227
97437 Haßfurt

Verkehrsbüro
Frankfurter Str. 7
℡ 06146/4091
65239 Hochheim a. Main

Verkehrsamt
Hauptstraße 24
℡ 09353/7902-0 oder -88
97753 Karlstadt

Verkehrsamt
Schrannenstr. 1
℡ 09321/20205 oder 280
oder 28-202
97318 Kitzingen

Verwaltungsgemeinschaft Kitzingen
Kaiserstr. 37
℡ 09321/91660
97318 Kitzingen

Verkehrsamt
Bahnhofstraße 3
℡ 09372/133-11 oder -24
63911 Klingenberg a. Main

Fremdenverkehrsbüro
In der Stadthalle
Postfach 1969
℡ 09221/940216
95311 Kulmbach

Städtisches Verkehrsamt
Rathaus
℡ 09571/7950
96215 Lichtenfels

Stadtinformation
Altes Rathaus
℡ 09352/5002-82
Verkehrsverein
(Zimmervermittlung)
Ing.-Taschner-Str. 5
℡ 09352/5152
97816 Lohr a. Main

Verkehrsverein
Rathaus
☏ 0 93 32/30 57 oder 17 74
97340 Marktbreit

Verkehrsamt
Petzoltstraße 21
☏ 0 93 91/50 04 41
oder 60 07-0
97828 Marktheidenfeld

Tourist Information
Rathaus, Engelplatz 69
☏ 0 93 71/40 01-19
63897 Miltenberg

Gemeinde
Rathaus, Hauptstraße 19
☏ 0 93 81/28 66
97334 Nordheim

Fremdenverkehrsamt
Postfach 11 02 07
☏ 0 60 22/5 00 20
63785 Obernburg a. Main

Fremdenverkehrsbüro
Hauptstraße 39
☏ 0 93 31/58 55 oder 97 49
97199 Ochsenfurt

Verkehrsbüro
Stadthof 17
☏ 0 69/80 65 29 46
63065 Offenbach

Gemeindeverwaltung
Markt Randersacker
Maingasse 9
☏ 09 31/70 82 82
97236 Randersacker

Stadtverwaltung
☏ 0 93 93/4 09
97851 Rothenfels/Unterfranken

Amt für Fremdenverkehrsangelegenheiten
Rathaus, Marktplatz 4
☏ 0 61 42/6 00-8 02
65428 Rüsselsheim

Schweinfurt-Information
Brückenstraße 14
☏ 0 97 21/5 14 97
97421 Schweinfurt

Verkehrsbüro
Einhardhaus am Marktplatz
Aschaffenburger Str. 1–3
☏ 0 61 82/8 71 77
63500 Seligenstadt

Gemeindeverwaltung
Markt Sommerhausen
Hauptstraße 15
☏ 0 93 33/2 16
97286 Sommerhausen

Verwaltungsgemeinschaft
Hauptstraße 132
☏ 0 93 92/71 17 oder 71 18
97909 Stadtprozelten

Städtisches Verkehrsamt
›Alte Darre‹ am Stadtturm
☏ 0 95 73/41 92
96231 Staffelstein

Kultur- und Fremdenverkehrsverein
Gemeinde Sulzfeld
Rathaus,
Marktplatz 3
☏ 0 93 21/54 74 oder 81 66
97320 Sulzfeld

Fremdenverkehrsverein
Weinort Thüngersheim
Untere Hauptstraße 14
☏ 0 93 64/96 30 oder 41 49
97291 Thüngersheim

PRAKTISCHE REISEINFORMATIONEN

Gemeindeverwaltung
Markt Triefenstein
Rathausstraße 2
✆ 0 93 95/80 74
97855 Triefenstein

Fremdenverkehrsamt
Erwin-Vornberger-Platz
✆ 09 31/9 00 96-39
97209 Veitshöchheim

Verkehrsamt
Rathaus
✆ 0 93 81/4 01 12
97332 Volkach

Fremdenverkehrsgesellschaft
Am Spitzen Turm
✆ 0 93 42/10 66
97877 Wertheim

Stadtverwaltung
Postfach 20
✆ 0 93 72/54 57
63939 Wörth a. Main

Fremdenverkehrsamt
Im Würtzburg-Palais
am Congress Centrum
Turmstr. 11, ✆ 09 31/3 73 35
97070 Würzburg

Touristen-Information
Am Bahnhof
✆ 09 31/3 74 36

Touristen-Information
Im Haus zum Falken
✆ 09 31/3 73 98

Fremdenverkehrsbüro
›Grohehäuschen‹
Marktplatz 5
✆ 0 95 24/9 49 77 oder 94 90
97475 Zeil a. Main

Ausprobieren und Kennenlernen: Vorschläge für Kurzaufenthalte

Drei mögliche Motive gibt es für einen kurzen Urlaub ›zum Schnuppern‹ in dieser herrlichen Region: zunächst die Freude an der *Natur*, zweitens an leiblichen Genüssen aus *Küche und Keller* und schließlich Interesse an den *Kunstschätzen*.

Diese Ziele lassen sich in Kurzreisen von zwei bis vier Tagen verbinden. Hier sind einige Anregungen, die man je nach individuellem Zeitbudget gestalten kann. Gerade am Main mit seiner Dichte an Kunstwerken bietet es sich aber auch an, nicht nur eine Stadt oder Region kennenlernen zu wollen, sondern ganz gezielt eine Epoche herauszugreifen oder die Werke eines Künstlers zu besichtigen, um so dessen charakteristische Merkmale kennenzulernen.

Ein Wochenende in einer der größeren Städte

Etwa **Bamberg**: Besichtigung des Dombergs mit Dom, Alter Hofhaltung (Historisches Museum) und Neuer Residenz, Obere Pfarre, Michaelsberg mit Brauereimuseum, Rathaus und Grüner Markt sowie Ausflüge zu den bischöflichen Lustschlössern (Seehof in Memmelsdorf und Weißenstein in Pommersfelden). Und zur Stärkung: die spätgotisch überwölbte ›Dominikanerklause‹ im ›Schlenkerla‹.

Oder **Frankfurt**: Römerberg, Alte Nikolaikirche, Archäologischer Garten, Kaiserdom, Paulskirche, St. Leonhard, Goethehaus, Ratgebzyklus im ehem. Karmeliterkloster und eines oder mehrere der bedeutenden Museen, etwa für ›Moderne Kunst‹ oder das ›Städel‹. Abstecher nach Höchst oder Bergen-Enkheim. Zur Regeneration nach so viel Kultur bietet sich Sachsenhausen an.

Barock und Rokoko am Oberen Main

Bayreuth (Neues Schloß, Opernhaus, Eremitage, Schloß Fantasie in Donndorf), Kulmbach (Rathaus), Nassanger (Dientzenhofergutshof), Banz (Dientzenhofer) und Vierzehnheiligen (Neumann).

Burg- und Festungsbau in Mainfranken

Kulmbach (Plassenburg mit Renaissancehof und Deutschem Zinnfigurenmuseum), Wernstein (Schloß), Kronach (Rosenberg), Coburg (Veste).

Mainfränkische Kultur

Kann man zwischen Volkach, Ochsenfurt, Würzburg und Karlstadt in wenigen Tagen erfahren. **Volkach** (Rathaus, Markt, Schelfenhaus, Pfarrkirche und Maria im Weingarten mit Riemenschneidermadonna), Sommerach, Nordheim, Astheim (Kartause); der Weg nach Prosselsheim führt zur Vogelsburg, einem der schönsten Aussichtspunkte am Main, vom Pkw-Parkplatz (ausgeschildert) aus sieht man bis zur Hallburg (Gaststätte mit vorzüglicher fränkischer Küche), Dettelbach (Maria im Sand), Kitzingen, Sulzfeld, Marktbreit, Frikkenhausen, **Ochsenfurt** (St. Andreas, Riemenschneidernikolaus), Sommerhausen und Randersacker lohnen schon wegen der Stadtbilder einen Besuch; **Würzburg** (Residenz, Dom, Neumünster, Lusamgärtlein mit Grab Walthers von der Vogelweide, Haus zum Falken, Marienkapelle, Mainbrücke, St. Burkard, Käppele, Festung und zur Stärkung: Bürgerspital), Veitshöchheim (Bischöfliches Lustschloß mit Rokokopark), Thüngersheim, Retzbach (Neumannkirche St. Laurentius); **Karlstadt** (St. Andreas mit Riemenschneidernikolaus, Kanzel aus der Werkstatt, Ruine Karlburg) – ein Programm für eine Woche, das sich aber sinnvoll verkürzen läßt.

Auf Riemenschneiders Spuren

Würzburg: Festung Marienberg (Mainfränkisches Museum, umfangreichste Sammlung und Randersackerer Turm: ›Peinliche Befragung‹), St. Burkard (Madonna), Grafeneckart (Rathaus, Amtssitz), Dom (Grabsteine von Scherenberg und Bibra, Apostel; ›Leichhof‹, jetzt Kiliansplatz: Grabmal für Riemenschneider von seinem Sohn Jörg), Neumünster (Madonna und Kopien der Frankenapostel), Marienkapelle (Adam und Eva, Schaumberggrabstein), ›Hof zum Wolfmannszichlein‹ (Wohnhaus), Franziskanerkirche (Pietà); Heidingsfeld (Beweinung), Rimpar (Epitaph des Eberhard v. Grumbach), Maidbronn (Beweinung), Volkach (Rosenkranzmadonna), Biebelried (Kruzifix und Christus Salvator), Eisingen (Kruzifix).

Weitere bedeutende Riemenschneiderwerke am Main sind noch in Bamberg (Kaisergrab), Großostheim (Beweinung), Haßfurt (Johannes und Maria), Karlstadt (Nikolaus) und Ochsenfurt (Nikolaus). Wichtige Werke haben sich auch erhalten in und um Rothenburg ob der Tauber (St. Jakob: Hl.-Blut-Altar, Franziskusaltar), in Aub (kath. Pfarrkirche: Kreuzigungsgruppe), Creglingen (Herrgottskirche: Marienaltar) und Detwang (St. Peter und Paul: Kreuzigungsaltar).

Balthasar Neumann

Schöpfer des heiteren *Würzburger Rokoko*: Residenz mit Schloßkapelle, Schönbornkapelle am Dom, Käppele, Maschikuliturm der Festung, Haus zum Hirschen (gegenüber Grafeneckart), Franziskanergasse 2 (ehem. Wohnhaus), ›handlung hauß‹ (Marktplatz 14–16); Veitshöchheim (Querflügel am bischöflichen Lustschloß), Retzbach (St. Laurentius), Randersacker (Gartenpavillon) und schließlich, auf halbem Weg nach Schweinfurt, die bischöfliche Sommerresidenz Werneck.

Main- und Tauber-Rundfahrt

Wertheim (Burgruine, Markt, Engelsbrunnen, Stiftskirche, Kiliankapelle), Urphar (Wehrkirche), Bronnbach (Abtei), Niklashausen (Gedenkstein für den ›Pfeifer‹ und Sozialreformer Hans Böhm), Tauberbischofsheim (Schloß, Kirche), Walldürn (Barockkirche), Amorbach (Abteikirche von M. v. Welsch; eventuell mit Abstecher nach Erbach) und Miltenberg (Burg, Schnatterloch, Markt, Altes Rathaus, Amtskellerei, Riesen, Schwarzviertel, St. Laurentius), Bürgstadt (St. Martin), Kleinheubach (Schloß), Großheubach (Kloster Engelberg), Klingenberg (Burgruine, Schloß), Stadtprozelten (Ruine Henneburg), Kleinwertheim (Schloß, Kirche).

Zwischen Hanau und Aschaffenburg
Aschaffenburg: Schloß Johannisburg, Stiftskirche, Park und Schloß Schönbusch; Seligenstadt (Einhardbasilika und -haus, Romanisches Haus, Pfalzruine), Großostheim (Riemenschneider in St. Peter und Paul, Backofen in der Hl. Kreuzkapelle und Nöthighof mit Bachgaumuseum). **Hanau:** Goldschmiedehaus, Marienkirche, Frankfurter Tor, Wallonisch-Niederländische Kirche, Schloß Philippsruhe, Wilhelmsbad.

☐ Kurzinformationen von A–Z

Aussichtspunkte

Von vielen Burgruinen oder Kirchtürmen kann man hervorragend in das Maintal oder auf die sie umgebenden Städte schauen. Hier sind daher nur einige besonders lohnende Ziele aufgeführt. Daß der **Ochsenkopf** (1024 m) ein hervorragendes Panorama bietet, wußte schon Goethe zu schätzen; 1923 errichtete man den *Asenturm*. Im *Fichtelgebirge* findet sich eine Reihe weiterer lohnender Aussichtspunkte, mit oder ohne Burgruine. Schwer fiele es, einen Vergleich für den Blick vom Westrondell der **Plassenburg** über Kulmbach zu finden. Das ›Fränkische Dreigestirn‹ **Banz – Vierzehnheiligen – Staffelberg** bietet Perspektiven auf das Tal und bei guter Sicht bis nach **Bamberg** (von Banz aus); die Stadt an Regnitz und Main hat man gleich von drei Positionen aus gut im Blick: von der *Altenburg*, dem *Michaelsberg* und dem Turm des *Schlößchens Geyersworth* im Zentrum. Für Freunde weiter Perspektiven lohnt sich noch der Abstecher nach Scheßlitz und von dort zur Gügel-Kapelle und **Giechburg** – bis zur Altenburg sieht man bei klarem Wetter.

Weit schweift der Blick bei *Gaibach* von der **Konstitutionssäule**. Mitten auf der ›Main-Wein-Schleife‹ bei *Volkach* thront die **Vogelsburg**, von der Straße nach Prosselsheim aus ist der Aussichtspunkt (Parkplatz) ausgeschildert. Oberhalb von **Frickenhausen** entschädigt der herrliche Blick von der *Wallfahrtskapelle St. Valentin* reichlich für die Mühen des Aufstiegs. **Würzburg** kann man gleich mehrfach von oben besehen: vom Turm des *Grafeneckart* aus, von der *Festung* natürlich und dem *Käppele* und nicht zuletzt auch noch vom *Schlößchen Stein* (Restaurant) oberhalb der schon von Goethe geschätzten (Wein-)Lage gleichen Namens. Gut im Blick hat man Karlstadt und seine Bürger von der **Karlburg** aus, diese beherrschende Lage wußten schon die mittelalterlichen Bischöfe zu schätzen. Saale und Sinn fließen in den Main bei **Gemünden** – ein sprechender Name; Auf der *Ruine Scherenberg* kann man sich davon überzeugen. Auch den Blick von **Burg Rothenfels** und der **Homburg** sollte man sich nicht entgehen lassen, ebenso wie den von der **Wertheimer Burg** (Burggaststätte) auf Main und Tauber. Eine der imponierendsten Ruinen des Mains ist die *Henneburg* (Burgschänke) oberhalb von **Stadtprozelten** mit ihren beiden Bergfrieden. Nicht weit vom Main im Spessart lockt der **Mönchberg** ebenfalls mit weiten Perspektiven. Der Blick von **Freudenbergs**

Ruine ist leider etwas zugewachsen, doch dafür gibt es bei den Freilichtspielen um so mehr zu sehen.

Von der *Mildenburg* aus liegt einem **Miltenberg** zu Füßen. Großartig ist bei **Großheubach** der Blick vom *Engelberg* (Klosterschänke) auf das Tal. Speziell die runde Bank um den alten Baum lädt ein zum Meditieren, zweitausend Jahre abendländischer Geschichte hat dieser Ort erlebt. Lange bevor das barocke Schloß Kleinheubach und – fast auf dem Talgrund – die Mildenburg entstanden, gab es das pfälzische Oppidum ›Walehusen‹, das der Mainzer Bischof um 1247 zerstörte. Noch früher lag hier ein römisches Kastell – ein geschichtsträchtiger Ort also, und vielleicht der weiteste Ausblick am Main. **Klingenbergs** Ruine (Burggaststätte) läßt die Anlage der Stadt mit ihren Mauern noch gut erkennen. Hoch über dem Main liegen in **Aschaffenburg** *Schloß Johannisburg* und *Pompejanum*.

Bis zu seiner Mündung in den Rhein fließt der Main durch sanfter Hügel. Doch für alle, die hoch hinauf wollen, hat **Frankfurt** allein vier besonders lohnende Türme anzubieten: den *Fernmeldeturm* (Wilhelm-Eppstein-Straße), den *Hennigerturm* (Hainer Weg), den *Goetheturm* (im Stadtwald) und schließlich, fast versunken in der Silhouette der neuzeitlichen Kathedralen der Geschäftswelt, den *Domturm* (das neue Wahrzeichen, der Messeturm, ist Bürogebäude). Abschließend bietet sich noch einmal ein beeindruckendes Panorama weit über Weinberge und den gewundenen Lauf des Mains von der ehemaligen Wehrmauer von *St. Peter und Paul* in **Hochheim** bis nach Mainz am fernen Horizont bei guter Sicht.

Brauchtum, Feste und kulturelle Veranstaltungen

Den gesamten Main entlang nutzt man dankbar jede Gelegenheit, mit Gästen zu feiern. Traditionell bieten sich dazu die **Weinlese-** und **Winzerfeste** an. Fast das ganze Jahr ist man vom März bis in den November darum bemüht, des Gastes Leib und Seele mit vorzüglichen Speisen und Rebsäften zusammenzuhalten (Auskunft über die Wein- und Winzerfeste in Franken: Frankenwein-Frankenland GmbH, Haus des Frankenweins, Kranenkai 1, 97070 Würzburg, ☏ 09 31/1 20 93 oder in Hochheim 0 61 46/40 91).

Nicht nur lokalen Charakter hat – wie schon der Name verrät – das **Fränkische Weinfest** in *Volkach* an der lieblichen Mainschleife jedes Jahr im August, es gilt manchem als die »umfassendste Weinprobe Frankens«. Doch es muß nicht immer Wein sein: In *Bamberg* feiert man das **Brauereinostalgiefest** jeden ersten Samstag im September im Freien in der Fußgängerzone rund um den ›Gabelmann‹ auf dem Grünen Markt.

Glückliche Ereignisse aus der Stadtchronik können ebenfalls gefeiert werden. Seit **Hanau** im Dreißigjährigen Krieg eine sechswöchige Belagerung durch den kaiserlich-katholischen Offizier Guillaume de Lamboy siegreich überstand, begeht die Stadt traditionell um den 13. Juni herum an einem Wochenende drei Tage lang das *Lamboy-Fest*. Andere Feste haben sich aus Aktivitäten entwickelt, die für das Leben am Wasser typisch sind, wie etwa die *Fischerstechen*: ein feucht-fröhliches Turnier mit Lanzen – allerdings statt zu Pferde in flachen Booten auf dem Fluß. In **Frankfurt** kommt es dazu während des Mainfestes auf dem Römerberg und dem benachbarten Mainkai (Juli/August) oder in **Bamberg** während der ›*Kerwa im Sand*‹ (August), der Sandkirchweih. Apropos Kirchweih: Auch aus **Märkten** und **Messen** haben sich Volksfeste entwickelt, so z. B. in **Frankfurt** die traditionelle *Dippemess*, ursprünglich ein Töpferwarenmarkt im Rahmen der Frühjahrs- und Herbstmesse auf dem Ratswegfestplatz. Und das *Stöffche-Fest* auf dem Römerberg ist die Leistungsschau der Frankfurter Apfelweinwirte, die hier auch am offenen Ausschank und an Ständen mit ihrer Küche glänzen können.

In **Würzburg** lockt das *Kiliani-Fest* (am 8. 7.) alljährlich für immerhin 16 Tage Gäste in die Stadt. Ausgiebig wird es begangen, jeweils mit einem Feuerwerk der Stadt zu Beginn und einem der Schausteller zum krönenden Beschluß, an dessen Aufwand sich dann auch ablesen läßt, ob die Geschäftsleute auf ihre Kosten gekommen sind.

Passend zum Weihnachtsmarkt entwickelt **Bamberg** sich einmal im Jahr zu einer **Krippenstadt**. Zahlreiche Krippen in den Kirchen stellen die Weihnachtsgeschichte nach. Entstanden ist dieser Brauch im 17. Jh., als die Jesuiten der leseunkundigen Bevölkerung auf diese Weise die Geburt Jesu anschaulich vor Augen bringen wollten, eine Armenbibel als Puppentheater. Von kleinen selbst und liebevoll gebastelten Krippen des Vereins der ›Bamberger Krippenfreunde‹ in der *Maternkapelle* (Maternstraße) über die Krippenschau aus anderen Ländern im *Historischen Museum* der Alten Hofhaltung oder der Sammlung Bamberger und Fränkischer Krippen im *Diözesanmuseum* (beide auf dem Domberg) bis hin zur mannshohen Krippe der Interessengemeinschaft Fränkischer Marktkaufleute auf dem *Maxplatz* ist alles vertreten, von den vielen Krippen in Schaufenstern der Bamberger Kunstgewerbe- und Antiquitätenhändler gar nicht zu reden.

Musik- und **Theaterfestspiele** gibt es am Main ebenfalls in reicher Auswahl. Von den *Aschaffenburger Bachtagen* über die *Calderon-Festspiele Bambergs* bis hin zu den *Richard-Wagner-Festspielen* in *Bayreuth* reicht die Palette; im *Würzburg* feiert man gleich doppelt, das *Mozartfest* (Juni) und die *Bachtage* (November/Dezember). An zahlreichen historischen Stätten des Mainlaufs, in Kirchen und Klöstern oder fürstlichen Residenzen wird mehr oder weniger regelmäßig und ausgiebig musiziert, etwa bei den *Seligenstädter Klosterkonzerten* oder der *Klingenberger Kirchenmusikwoche*. Auskunft über die ›Musikszene Untermain‹ und andere Klangereignisse von überregionaler Bedeutung erteilen gern die örtlichen Verkehrsämter. Daneben gibt es eine Reihe von *Freilicht-* oder *Naturbühnen* wie etwa die *Luisenburg-Festspiele* in *Wunsiedel*, in *Trebgast*, in der *Alten Hofhaltung Bambergs* oder in *Freudenberg* – mit unterschiedlichem Programm aus dem internationalen Repertoire oder der lokalen Geschichte für jeden Geschmack.

Museen, Sammlungen, Bauwerke

Man lebt am Main mit der eigenen Geschichte und Kultur, pflegt sie und ist – ohne überheblich zu sein – stolz darauf; das arrogante »mir san mir« ist den Franken fremd. Ausdruck dieser Heimatliebe sind die zahlreichen Museen und Sammlungen, fast in jeder größeren Ortschaft. Häufig in historischen Gebäuden sind hier regionale und lokale Besonderheiten ausgestellt, bei geregelten Öffnungszeiten. Ähnlich kann man eine ganze Reihe von Bauwerken wie Schlösser und Kirchen nur zu bestimmten Stunden besichtigen. Die folgende Aufstellung erfaßt mehr Sehenswürdigkeiten, als im Reiseteil behandelt werden, kann gleichwohl nicht vollständig sein.

Aschaffenburg

Dokumentationszentrum zur Geschichte der Aschaffenburger Juden im ehemaligen Rabbinatshaus
Wolfsthalplatz/Treibgasse 20
☏ 0 60 21/2 90 87
Mi 10–12 und do 16–18 Uhr oder nach Vereinbarung ☏ 0 60 21/2 83 32 (Fr. Gehrig, privat)

Gentilhaus
Grünewaldstr. 20,
☏ 0 60 21/3 04 46

Geöffnet nach Vereinbarung im Sommer. Kunstsammlung des Aschaffenburger Fabrikanten Gentil

Naturwissenschaftliches Museum
Wermbachstr. 15, im Schönborner Hof
✆ 0 60 21/3 04 46
Mo, di, do und fr 9-12 Uhr, sa und so 9-12 und 13-16 Uhr, mi geschlossen
Sammlung zur Zoologie, Botanik, Geologie, Entomologie, Mineralogie aus dem Spessart und Untermaingebiet

Das *Pompejanum* wird renoviert; römische Kunst und Wohnkultur in einer nach pompejanischen Vorbildern errichteten Villa.

Rennsportmuseum Rosso Bianco Collection
Obernauer Str. 125
✆ 0 60 21/2 13 58
April bis Oktober 10-18 Uhr, mo geschlossen, November bis März nur an Sonn- und Feiertagen 10-18 Uhr
Sammlung von über 200 Renn- und Sportwagen von 1906-86

Schloßmuseum im Schloß Johannisburg mit Staatsgalerie der Bayerischen Gemäldesammlungen
Schloßplatz 4
✆ 0 60 21/2 24 17
Mo geschlossen, April bis September 9-12 und 13-17 Uhr, Oktober bis März 10-12 und 13-16 Uhr
Repräsentationsräume, Schloßkirche, Geschichte des Renaissanceschlosses und der Stadt, Kunsthandwerk, Gemälde- und Graphische Sammlung, u. a. Werke von Lucas Cranach d. Ä.

Schloß Schönbusch
Kleine Schönbuschallee 1, im Park Schönbusch
✆ 0 60 21/8 73 08
April bis Sept. außer mo 9-13 und 14-17 Uhr

Klassizistisches Schlößchen mit hübscher Einrichtung, Park (Englischer Garten) durchgehend geöffnet

Stiftsmuseum wegen Umbau geschlossen, wichtige Kunstwerke derzeit im Schloßmuseum zugänglich

Bad Berneck
Stadtmuseum
Marktplatz 44
✆ 0 92 73/61 25
Mai bis Oktober mi 16-18 Uhr und nach Vereinbarung

Bamberg
Diözesanmuseum
Domplatz 5, ✆ 09 51/50 23 25
Täglich außer mo 10-17 Uhr
Mittelalterliche Textilien wie die Kaisermäntel, Domschatz, sakrale Kunst, fränkische Volkskunst

E. T. A. Hoffmann-Haus
Schillerplatz 26
✆ 09 51/2 47 09
Mai bis Oktober di-fr 13-16 Uhr, sa, so, feiertags 10-12 Uhr
Dokumente und Einrichtungsgegenstände des Biedermeier im ›Poetenstübchen‹

Feuerwehrmuseum
Fürstbischöfliches Jagdzeughaus
Siechenstr. /5
✆ 09 51/87 15 85 und 87 16 10
April bis Oktober erster So im Monat 10-12 Uhr und nach Vereinbarung
Feuerbekämpfung in Bamberg im Wandel der Zeit

Fränkisches Brauereimuseum
Michaelsberg 10
✆ 09 51/5 30 16
April bis Oktober do-so 13-16 Uhr und nach Vereinbarung (ab 15 Personen)

PRAKTISCHE REISEINFORMATIONEN

Informationszentrum rund um das ›Volks-, Welt- und Friedensgetränk‹ Bier, inmitten der Region mit den meisten Braustätten der Welt

Gärtner- und Häckermuseum
Mittelstr. 34
✆ 09 51/5 44 62
Mai bis Oktober mi und so 14–17 Uhr, Gruppen nach Vereinbarung
Geschichte und Kultur der Bamberger Ackerbürger

Geyerswörthturm
Schlüssel zu den Geschäftszeiten im Fremdenverkehrsamt (Geyerswörthstr. 3)
Architektonisch interessant und mit Panoramablick über die Stadt

Historisches Museum in der Alten Hofhaltung
Domplatz 7
✆ 09 51/87-11 42 und 11 45
Mai bis Oktober 9–17 Uhr, außer mo, November bis April bei Sonderausstellungen geöffnet

Karl-May-Museum
Hainstr. 11
✆ 09 51/2 22 62
Mi 14–17, do, fr, sa 9–12 und 14–17, so 9–13 Uhr, mo, di geschlossen
Originaleinrichtungsgegenstände aus Karl Mays ›Villa Shatterhand‹ in Radebeul bei Dresden und nordamerikanische Waffen sowie Gebrauchsartikel

Karmeliterkreuzgang
Unterer Kaulberg
Täglich 8.30–11.30, 14–16.30 Uhr

Missionsmuseum Bug
Schloßstr. 30
✆ 09 51/5 62 14
So 14–17 Uhr
Kunsterzeugnisse aus missionierten Gebieten Indiens und Südamerikas, Darstellung der Missionsarbeit

Naturkundemuseum
Fleischstr. 2
✆ 09 51/8 63 12 48 oder 8 63 12 49
April bis September di–so 9–17 Uhr und Oktober bis März di–so 10–16 Uhr
Originale frühklassizistische Museumseinrichtung

Neue Residenz mit Altdeutscher Galerie
Domplatz 8
✆ 09 51/5 63 51
April bis September täglich 9–12 und 13.30–17 Uhr, Oktober bis März täglich 9–12 und 13.30–16 Uhr
Filialgalerie der Bayerischen Staatsgemäldesammlungen mit Werken von Hans Baldung Grien, Lucas Cranach d. Ä. und bischöfliche Prunk- und Repräsentationsräume

Staatsbibliothek in der Neuen Residenz
Domplatz 8
✆ 09 51/5 40 14
Mo-fr 9–17, sa 9–12 Uhr
Kostbare Handschriften und frühe Zeugnisse der Druckkunst sowie ca. 70 000 Blatt Graphik

Banz
Klosterkirche
Mai bis Oktober 9–12, 14–17 Uhr, November bis April 9–12, 14–16 Uhr

Petrefaktensammlung in Schloß Banz
✆ 0 95 73/39 59
März bis Oktober di–so 10–17.30 Uhr
Versteinerungen aus der Region und orientalische Reiseandenken des Herzogs Max in Bayern, wie eine 3000 Jahre alte Mumie

Bayreuth
Altes Schloß im Park der Eremitage
✆ 09 21/9 25 61
April bis September 9–11.30, 13–16.30 Uhr, Oktober bis März 10–11.30, 13–14.30 Uhr, di–so; Zeiten der Wasserspiele der Oberen

und Unteren Grotte sind am Alten Schloß zu finden; Grotte im Alten Schloß im Rahmen der Führung
Sehenswerte Parkanlage mit Grotten- und Ruinenarchitektur, Kaskaden

Archäologisches Museum für Vor- und Frühgeschichte, Sammlung des Historischen Vereins für Oberfranken
Ludwigstraße 21
Im Neuen Schloß, Italienischer Bau
℘ 09 21-6 53 07
Geöffnet nach Anfrage

Museum für bäuerliche Arbeitsgeräte des Bezirks Oberfranken
Adolf-Wächter-Str. 17
℘ 09 21/5 75 15
Mai bis Oktober sa und so 14–17 Uhr und nach Vereinbarung

Brauerei- und Büttnerei-Museum der Brauerei Gebr. Maisel
Kulmbacher Str. 40
℘ 09 21/40 12 34
Führungen mo–do 10 Uhr und nach Vereinbarung

Feuerwehrmuseum
An der Feuerwache 4
℘ 09 21/2 52 99 oder 4 82 99
Mai bis Oktober so 14–17 Uhr

Franz-Liszt-Museum
Wahnfriedstraße 9
℘ 09 21/7 57 28 18
Ganzjährig täglich 9–12, 14–17 Uhr
Erinnerungsstücke zu Leben und Werk in Liszts zeitweiligem Wohn- und Sterbehaus

Deutsches Freimaurermuseum
Im Hofgarten 1
℘ 09 21/6 98 24
Di–fr 10–12, 14–16, sa 10–12 Uhr
Geschichte der Freimaurer

Iwalewa-Haus
Münzgasse 9
℘ 09 21/60 82 56 und 60 82 50
Ganzjährig täglich 14–18 Uhr
Zeitgenössische Kunst und Musik aus Afrika und der Dritten Welt

Jean-Paul-Museum
Wahnfriedstraße 1
℘ 09 21/2 53 51
Juli–September 9–12, 14–17 Uhr täglich, Oktober bis Juni mo–fr 9–12, 14–17, sa und feiertags 10–13 Uhr, so geschl.
Leben und Werk von Jean Paul

Jean-Paul-Zimmer in der Rollwenzelei
Königsallee 84
Dekan i. R. Wilhelm Mädl, privat:
℘ 09 21/9 24 13
Einrichtung des Gastzimmers, in dem Jean Paul häufig einkehrte und schrieb, außerdem private Mineralien- und Fossiliensammlung

Kleines Plakat-Museum
Bernecker Str. 21
℘ 09 21/2 39 75
Nach telefonischer Anmeldung mo–mi 16–19 Uhr und nach Vereinbarung

Markgräfliches Opernhaus
Opernstr. 14
℘ 09 21/6 53 13
April bis September 9–11.30, 13.30–16.30 Uhr, Okt. bis März 10–11.30, 13.30–15 Uhr, di–so
Barockes Theater (1748)

Neues Schloß mit Filialgalerie der Bayerischen Staatsgemäldesammlungen
Ludwigstr. 21
℘ 09 21/6 53 13
April bis September 10–11.30, 13.30–16.30 Uhr, Oktober bis März 10–11.30, 13.30–15 Uhr, di–so
Markgräfliche Wohn- und Repräsentationsräume im Bayreuther Rokoko

PRAKTISCHE REISEINFORMATIONEN

*Richard-Wagner-Museum in der
Villa Wahnfried*
R.-Wagner-Str. 48
☏ 09 21/7 57 28 16
Ganzjährig tägl. 9–17 Uhr
Leben und Werk Richard Wagners, Geschichte der Festspiele und ›Klingendes Museum‹ mit originalen Tondokumenten

Deutsches Schreibmaschinenmuseum
Bernecker Str. 11
☏ 09 21/2 34 45
Öffnung nach Vereinbarung
Historische Schreibmaschinen

Spielzeugmuseum
Brandenburger Str. 36
☏ 09 21/2 06 16
Geöffnet nach Vereinbarung
Puppen und Eisenbahnen, Blechspielzeug

Stadtmuseum
Kanzleistr. 1, ab 1994 in der Alten Lateinschule, Kirchplatz 6
☏ 09 21/2 55 27 und 2 55 28
Außer mo 10–17 Uhr
Stadtgeschichte, Kunst und Handwerk

Burgkunstadt
Schustermuseum
Marktplatz Nr. 1
☏ 0 95 72/47 03
Di–so 10–12, di–fr 14–16 Uhr
Herstellung und Geschichte des Schuhwerks

Bürgstadt
St. Martin
Schlüssel während der Geschäftszeiten in der Gärtnerei Kling nebenan
Prächtige Ausmalung der Wände als ›Armenbibel‹

Creußen
Krügemuseum
In der Torwächterstube im Hinteren Tor
Habergasse 23/ Am Rennsteig 8

☏ 0 92 70/6 07 oder 84 85 (Alfred Merkel, privat)
Di–so 9.30–12, 14–17.30 Uhr und nach Vereinbarung
Rund 150 Creußener Krüge

Eibelstadt
Heimatmuseum im Frühmesserhaus
☏ 0 93 03/2 14 oder 2 16 oder 82 44
Mai bis Oktober so 14–16 Uhr und nach Vereinbarung
Weinkeller mit Büttnerwerkstatt, fränkische Wohnkultur

Eltmann
Heimatmuseum
Brunnenstr. 4
☏ 0 95 22/79 44
15. Mai bis 15. November so 14–16 Uhr und nach Vereinbarung
Flößerei, Handwerk, Weinbau, ortsansässige Kugel- und Rollenlagerherstellung

Fichtelberg
Silbereisenbergwerk Gleißinger Fels
An der Panoramastraße
☏ 0 92 72/8 48 oder 8 45
April bis Oktober tägl. 10–17 Uhr, November bis März sa, so 10–17 Uhr, Gruppen jederzeit nach Anmeldung
Mittelalterlicher Erzabbau im Museumsbergwerk am Ochsenkopfmassiv, die Besucher werden ähnlich Grubenarbeitern ausgerüstet

Frankfurt
In Frankfurt ist die Zahl der öffentlichen und privaten Museen und Sammlungen zu groß, um hier komplett erfaßt werden zu können. Wir beschränken uns deshalb auf eine Auswahl der wichtigsten Häuser. Eine umfassende Liste mit genauen Angaben zum Sammlungsgebiet und den mitunter sehenswerten Bauten bieten der ›Frankfurter Museumsführer. Museen, Sammlungen und ständige Ausstellungen in Frankfurt am Main‹ (hgg. von

Hilmar Hoffmann) oder als Kurzfassung, die Broschüre der Stadt ›Museen in Frankfurt am Main‹.

Bundespostmuseum
Stephanstr. 3
☏ 069/6 06 00
Di–so 10–16 Uhr
Geschichte der Kommunikation von der Antike bis zum modernen internationalen Postnetz

Chaplin-Archiv von Wilhelm Staudinger
Klarastr. 5
☏ 069/52 48 90
Fr 17–19 Uhr
Spezialbibliothek

Deutsches Architekturmuseum
Schaumainkai 43
☏ 069/2 12 88 44
Di–so 10–17, mi 10–20 Uhr
Architektur im Wandel der Zeit

Deutsches Filmmuseum
Schaumainkai 41
☏ 069/2 12 88 30
Di–so 10–17, mi 10–20 Uhr; Bibliothek di, do, fr, 13–17, mi 13–19 Uhr
Filmästhetik, -geschichte, -theorie

Dom-Museum
Domplatz 1
☏ 069/29 07 87
Di–fr 10–17, sa, so, feiertags 11–17 Uhr
Historische Textilien, Goldschmiedearbeiten und sakrale Kunst
Dom und *Domturm* wegen Renovierung voraussichtlich bis 1994 geschlossen

Fernmeldeturm
Wilhelm-Epstein-Straße
April–September 9–22 Uhr
Aussichtsplattform und Caféteria

Frankfurter Brauerei-Museum mit Henningerturm
Hainer Weg 60–64
☏ 069/6 06 34 45
April bis September di–so 10–21, Oktober bis März 10–19 Uhr
Dokumente, Werkzeuge, Gläser, Flaschen etc. zur 900jährigen Brauereitradition in Frankfurt, Turmrestaurant

Frankfurter Kunstverein
Markt 44, Steinernes Haus
Di–so 11–18, mi 11–20 Uhr
Wechselnde Ausstellungen

Goethehaus und -museum
Großer Hirschgraben 23–25
☏ 069/28 28 24 und 29 18 84
April bis September mo–sa 9–18, Oktober bis März mo–sa 9–16, so 10–13 Uhr
Im wiederaufgebauten Wohnhaus der Eltern Erinnerungsgegenstände und zeitgenössisches Mobiliar, im Museum umfangreiche Bibliothek und wechselnde Ausstellungen

Goetheturm
Im Stadtwald
Geöffnet bis Sonnenuntergang

Heimatmuseen Frankfurter Stadtteile
Heimatmuseum Bergen-Enkheim
Marktstraße, altes Rathaus
☏ 061 09/3 23 44
So 15–18, do 20–21.30 Uhr und nach Vereinbarung
Spuren menschlichen Lebens im Ort seit der Vor- und Frühgeschichte im historischen Rathaus mit Gerichtshalle

Heimatmuseum Höchst
Höchster Schloß, Schloßplatz
☏ 069/30 32 49
Tägl. 10–16 Uhr
Ortsgeschichte und Dokumentation der Höchster Porzellanherstellung

PRAKTISCHE REISEINFORMATIONEN

Heimatmuseum Nied
Beunestr. 9a
☏ 0 69/39 45 39
So 10-12 Uhr und nach Vereinbarung
Ortsgeschichte u. a. mit Funden aus der römischen Zentralziegelei an der Nidda

Heimatmuseum Schwanheim
Mauritiusstr. 23
☏ 0 69/35 60 07
So 10-12 Uhr
und nach Vereinbarung
Dokumentation der Ortsgeschichte seit der Steinzeit, der römischen Besatzung und des hier ansässigen Bildhauer- und Vergolderhandwerks im klassizistischen alten Schulhaus (1832)

Heinrich-Hoffmann-Museum
Schubertstr. 20
☏ 0 69/74 79 69
Di-so 10-17 Uhr
Leben und Werk des Frankfurter Arztes und Schriftstellers, nicht zu verwechseln mit dem anderen Haus, das u. a. Hoffmanns bekanntester Figur gewidmet ist.

Struwwelpeter-Museum
Sammlung der Originale Dr. Heinrich Hoffmanns
Hochstraße 45-47
☏ 0 69/28 13 33
Di-so 11-17, mi 11-20 Uhr

Historisches Museum
Saalgasse 19
☏ 0 69/2 12 55 99
Di-so 10-17, mi 10-20 Uhr
Bürgerliches Leben in einer freien Reichsstadt

Jüdisches Museum im Rothschildpalais
Untermainkai 14-15
☏ 0 69/2 12 50 00
Di-so 10-17, mi 10-20 Uhr
Frankfurter Judaica und Geschichten der Juden in Deutschland, sakrale Kunst- und Gebrauchsgegenstände

Kommunale Galerie im Leinwandhaus
Weckmarkt 17
☏ 0 69/2 12 88 47 und 2 12 33 65
Di-so 11-18, mi 11-20 Uhr
Wechselausstellungen

Kunsthalle Schirn
Am Römerberg 6a
☏ 0 69/1 54 51 72
Di-fr 10-21, sa, so, feiertags 10-19 Uhr
Wechselnde Ausstellungen

Liebighaus/Museum alter Plastik
Schaumainkai 71
☏ 0 69/2 12 86 17
Di-so 10-17, mi 10-20 Uhr
Skulpturen aller Kulturkreise einschließlich europäischer Plastik von 2500 v. Chr. bis 1800 n. Chr.

Museum für Kunsthandwerk
Schaumainkai 17
☏ 0 69/2 12 40 37 und
2 12 85 37
Di-so 10-17, mi 10-20 Uhr
Alle Arten europäischen Kunsthandwerks und Abteilungen zur ostasiatischen sowie islamischen Welt

Museum für Moderne Kunst
Domstraße 10
☏ 0 69/2 12 88 19
Di-so 10-17, mi 10-20 Uhr
Repräsentativer Überblick über die zeitgenössische Kunst

Museum für Völkerkunde
Schaumainkai 29
☏ 0 69/2 12 53 91 und
2 12 53 93
Di-so 10-17, mi 10-20 Uhr
Kultur und Besonderheiten anderer Völker

*Museum für Vor- und Frühgeschichte/
Archäologisches Museum*
Karmelitergasse 3, ✆ 0 69/2 12 58 96
Münzgasse 4, ✆ 0 69/2 12 47 61
Di–so 10–17, mi 10–20 Uhr
Vorrömische Zeit, Funde aus der Römerstadt Nida-Heddernheim, Mittelalter und aus Grabungen in Vorderasien – bemerkenswert sind vor allem auch die Fresken Jörg Ratgebs im Kreuzgang und Refektorium des ehemaligen Klosters (1514–22)

Naturmuseum Senckenberg
Senckenberger Anlage 25
✆ 0 69/7 54 21
Mo–fr 9–17, mi 9–20, sa, so, feiertags 9–18 Uhr
Von Anthropologie über Botanik, Geologie bis hin zur Zoologie alles Wissenswerte über Themen der Natur

Paulskirche
Paulsplatz 11
Tägl. 10–17 Uhr
Dauerausstellung zur Nationalversammlung 1848

Rundfunkmuseum Frankfurt
Bornheimer Landstraße 20
✆ 0 69/43 84 53
Mo–fr 14–16 Uhr und nach Vereinbarung
Eine Mediengeschichte vom stromlosen Detektor der frühesten Anfänge über Volksempfänger bis zu den Musikboxen der 50er Jahre, mit frühen Fernsehern und Plattenspielern

Städelsches Kunstinstitut und Städtische Galerie
Schaumainkai 63
✆ 0 69/61 70 92
Di–so 10–17, mi 10–20 Uhr
Bedeutende Gemälde, Skulpturen und Graphiken des 14.–20. Jh., u. a. von Botticelli, Tintoretto, Cranach, Dürer, Holbein d. J., Grünewald, Tischbeins ›Bildnis Goethes in der römischen Campagna‹ bis hin zu van Gogh, Picasso und Zeitgenossen wie Francis Bacon

Stadtwerke-Verkehrsmuseum
Rheinlandstraße – Straßenbahndepot
✆ 0 69/2 13 67 18 oder 2 13 62 09
Sa, so und feiertags 10–18 Uhr
Omnibusse und Straßenbahnen aller Art

Gemünden
Unterfränkisches Verkehrsmuseum
Im Huttenschloß (am Saaleufer)
✆ 0 93 51/80 01 26 oder 80 01 50
Di, mi, fr 10–17, sa, so, feiertags 11–17 Uhr, November bis März bis 16 Uhr
Originale Dampf- und Diesellokomotiven, Mainschiffahrt und Straßenverkehr

Großauheim
Museum für Landwirtschaft, Handwerk und Industrie
Pfortenwingert 4
✆ 0 61 81/2 95–5 10 und -6 29
Do–so 10–12, 14–17 Uhr

Großostheim
Bachgaumuseum im Nöthighof
Marktplatz 1, ✆ 0 60 26/12 26
Mai bis Juli und September, Oktober so 15–17 Uhr und nach Vereinbarung
Vor- und Frühgeschichte, Wohnkultur und Handwerk der Region, sakrale Kunst

Hanau
Deutsches Goldschmiedehaus
Altstädter Markt 6, ✆ 06 81/29 54 30
Di–so 10–12, 14–17 Uhr
Geschichte der Goldschmiedekunst

*Historisches Museum Hanau
Schloß Philippsruhe*
✆ 0 61 81/29 55 10, Di–so 10–18 Uhr
Geschichte der Stadt, Brüder-Grimm-Sammlung, Hanauer Fayencen, Möbel und Repräsentationsräume

PRAKTISCHE REISEINFORMATIONEN

Museum Schloß Steinheim
☏ 0 61 81/64 57 oder 29 55 10
Do-so 10-12, 14-17 Uhr
Vor- und Frühgeschichte der Region

Himmelkron
Stiftskirchenmuseum
Klosterberg 8
☏ 0 92 27/70 71
oder 64 11 u. 93 10 (Gemeinde)
Geöffnet nach Vereinbarung
Im ehemaligen Nonnenchor der Kirche alte Textilien, Bücher, Holz- und Steinplastiken

Hochheim
Otto-Schwabe-Museum
Mainzer Str. 22-24
☏ 0 61 46/90 01 42
So 14-17 Uhr, Gruppen nach Vereinbarung, Franz Luschberger ☏ 0 61 46/98 79

Karlstadt
Heimatmuseum
Hauptstraße 11
☏ 0 93 53/35 36
Mai bis Oktober do 18-20, sa 15-17.30, so 10-12 Uhr
Weinbau, Stadtgeschichte, Wohnkultur
Pfarrkirche St. Andreas
☏ 0 93 53/75 28
Nach Vereinbarung mit dem Pfarramt ist der Tresor der Pfarrkirche zu besichtigen mit sakralen Kunstgegenständen, wie einem hl. Nikolaus von Tilman Riemenschneider

Kitzingen
Deutsches Fastnachtmuseum
Im Falterturm
☏ 0 93 21/2 33 55 oder 56 66
April bis Oktober sa, so und feiertags 14-17 Uhr und Gruppen nach Vereinbarung
Städtisches Museum
Landwehrstraße 23, ☏ 0 93 21/2 02 72
April bis Oktober jeden ersten und dritten sa im Monat und nach Vereinbarung

Kleinheubach
Schloß
☏ 0 93 71/40 11 01
Als Dienststelle der Deutschen Bundespost normalerweise innen nicht zu besichtigen, Auskunft bei Herrn Reiß

Klingenberg
Weinbau- und Heimatmuseum
☏ 0 93 72/1 33 11 oder 22 58
Feiertags 14-17 Uhr und nach Vereinbarung

Kulmbach
Ausstellung des Bundes fränkischer Künstler
Plassenburg
☏ 0 92 21/80 22 98
Mai bis September di-so 10.20-16.40
Wechselnde Ausstellungen

Plassenburg
☏ 0 92 21/41 16
April bis September 10-16.40, Oktober bis März 10-15.30, mo geschl.
Markgrafenzimmer, Waffen, Filialgalerie der Bayerischen Staatsgemäldesammlung

Deutsches Zinnfigurenmuseum
Plassenburg
☏ 0 92 21/80 22 98
Öffnungszeiten wie Plassenburg
Europäische Geschichte in Zinnfigurendioramen, größtes Zinnfigurenmuseum der Welt

Lichtenfels-Klosterlangheim
Heimatmuseum
Abt-Mösinger-Str. 4
☏ 0 95 71/79 51 34 oder 2 51
9-12, 13.30-17 Uhr
Geschichte des Klosters

Lindenhardt
St. Michael mit Grünewald-Altar
10-12, 14-16 Uhr; an der Kirchentür ist angeschlagen, welches Mitglied der Gemeinde den Schlüssel jeweils verwahrt

Lisberg
Burg Lisberg
℘ 0 95 49/2 07
Wochentags nach Vereinbarung
Möbel und Handwerksgerät, romanischer Bergfried mit dem Gerichtsgefängnis, Burgküche

Lohr
Schulmuseum Lohr-Sendelbach
Sendelbacher Str. 21
℘ 0 93 59/3 17 oder 0 93 52/50 02 39
Mi-so 14-16 Uhr, Klassen nach Vereinbarung
Schule und Gesellschaft, vor allem im Kaiserreich und der Nazizeit

Spessart-Museum im Schloß
Schloßplatz 1
℘ 0 93 52/20 61
Di-sa 10-12, 14-16, so und feiertags 10-13 Uhr
Alles über das Leben und ›Räuberwesen‹ im Wald, Arbeit der Glashütten

Mariaburghausen
Ehemalige Klosterkirche
℘ 0 95 21/16 65 oder 6 88 27
Geöffnet nach Vereinbarung mit Herrn Thomas Werb

Marktrodach-Unterrodach
Flößermuseum
Kirchplatz 8
℘ 0 92 61/2 05 11 oder 58 85
Mo-fr 9-11, 14-16, sa, so 14-16 Uhr, Gruppen nach Vereinbarung
Flößerei im Frankenwald, auf Main und Rhein in einem ehem. Flößerhaus

Michelau
Deutsches Korbmuseum
Bismarckstr. 4
℘ 0 95 71/8 80 01
9-12, 13-16.30, außer mo
Geflochtenes aus aller Welt

Memmelsdorf
Schloß Seehof
(auch: Marquardsburg)
℘ 09 51/4 09 50
Zeiten der Öffnung und Führungen standen bei Redaktionsschluß noch nicht fest
Bischöfliche Prunk- und Repräsentationsräume

Miltenberg
Die *Mildenburg* und die *Mainzer Amtskellerei* werden renoviert und sollen für Museumszwecke genutzt werden.

Mönchsondheim
Fränkisches Bauern- und Handwerkermuseum in der Kirchenburg
℘ 0 93 26/12 24
15. März bis 15. November di-sa 13.30-18, so 11-18 Uhr
Sammlung von Arbeitsgeräten aus Handwerk, Weinbau und Landwirtschaft und fränkischer Wohnkultur, Wirtshaus mit Einrichtung von 1700

Neuenmarkt
Deutsches Dampflokomotiv-Museum
Birkenstraße 5
℘ 0 92 27/57 00
Mai bis Oktober di-fr 9-12, 13-17, sa, so, feiertags 10-17, November bis April di-so, feiertags 10-12, 13-16 Uhr
Über 20 Dampflokomotiven und Waggons, Schneepflug, Dampfkran; während der Hauptsaison am Wochenende Kleinbahnbetrieb

Obernburg
Römermuseum
Mainstr. 2
℘ 0 60 22/5 00 20
Mo-fr 8-12, 14-17,
mi 14-18 Uhr
Funde aus dem römischen Kastell Nemaninga

PRAKTISCHE REISEINFORMATIONEN

Ochsenfurt
Heimatmuseum im ›Schlößchen‹
An der Main-Brücke
☏ 0 93 31/58 55
Geöffnet nach Voranmeldung

Trachtenmuseum im Greising-Haus
Spitalgasse Nr. 13
☏ 0 93 31/73 33 oder 58 55
Mai bis Oktober sa, so 15.30–17 Uhr

Offenbach
Deutsches Ledermuseum/Schuhmuseum
Frankfurter Str. 86
☏ 0 69/81 30 21
Tägl. 10–17 Uhr

Klingspor-Museum
Herrnstr. 80
☏ 0 69/80 65-29 54
Mo–fr 10–17, sa, so 10–13, 14–17 Uhr
Buch- und Schriftkunst

Stadtmuseum
Parkstraße 60
☏ 0 69/80 65-26 46
Di 10–17, mi 14–20, do–so 10–17 Uhr
Stadtgeschichte und mehr

Pommersfelden
Schloß Weißenstein mit Gräflich-Schönbornscher Kunstsammlung
☏ 0 95 48/2 03 oder 18 68
Führungen April bis Oktober di–so 9, 10, 11, 11.30, 14, 15, 16, 16.30 Uhr
Treppenhaus, Gemäldegalerie, bischöfliche Prunk- und Repräsentationsräume

Rieneck
Burg Rieneck
Mauerwerkskapelle im Bergfried
Schloßberg 1
☏ 0 93 54/6 47 oder 13 47
Mi 17, sa 11 Uhr und nach Vereinbarung
Kleeblattförmige romanische Kapelle

Rüsselsheim
Museum der Stadt Rüsselsheim
In der Festung
Hauptmann-Scheuermann-Weg 4
☏ 0 61 42/4 26 20
Di–fr 9.30–13, 14.30–17, sa, so 10–13, 14–17 Uhr
Gechichte der Stadt, Festung und ortsansässigen Industrie

Seligenstadt
Ehemalige Benediktinerabtei
☏ 0 61 82/2 26 40
März bis November di–so 10–12, 13–17, Dezember bis Februar di–so 10–12, 13–16 Uhr, Besichtigung nur bei Führungen zur vollen Stunde
Prunkräume des Klosters

Landschaftsmuseum Seligenstadt
Klosterhof 7, ☏ 0 61 82/15 08
Ab Mai 1994 wieder eröffnet
Kulturgeschichte der Region einschließlich Vor- und Frühgeschichte und Römerzeit

Schweinfurt
Städtische Sammlungen mit gleichen Öffnungszeiten: Di–so 10–13 und 14–17 Uhr
☏ 0 97 21/5 12 15

Heimatgeschichte im Alten Gymnasium
Martin-Luther-Platz 12

Galerie in der Alten Reichsvogtei
Obere Straße 11–13

Kulturgeschichte im Gunnar-Wester-Haus
Martin-Luther-Platz 5

Naturkundliche Sammlung im Harmonie-Gebäude
Brückenstraße 39

Staffelstein
Museum der Stadt Staffelstein
Kirchplatz

✆ 0 95 73/41 92 oder 41 47
April bis September di–fr 10–12, di–so 14–16 Uhr
Stadtgeschichte und Erinnerungen an Adam Riese

Veitshöchheim
Schloß
Hofgarten 1
✆ 09 31/9 15 82
April–September di–so 9–12, 13–17 Uhr
Bischöfliche Wohn- und Repräsentationsräume, Rokokopark mit etwa 200 Skulpturen der bischöflichen Hofbildhauer van der Auvera, Tietz, Wagner

Vierzehnheiligen
Klosterkirche
✆ 0 95 71/50 08
Tägl. von 7 Uhr bis Anbruch der Dunkelheit

Volkach
Heimatmuseum im Schelfenhaus
Schelfengasse
✆ 0 93 81/4 01 12
Geöffnet nach vorheriger Vereinbarung
Barockbau mit reicher Innenausstattung und Sammlung zur Stadtgeschichte

Wallfahrtskirche Maria im Weingarten
Mo–sa 9.30–12, 13–18, so, feiertags 11–12, 13–17 Uhr
Riemenschneidermadonna

Weismain
Heimatmuseum
Am Markt 19
✆ 0 95 75/12 24
Geöffnet nach Vereinbarung
Ortsgeschichte, Volkskunst, Kanonen aus dem Dreißigjährigen Krieg

Wertheim
Glasmuseum im Kattenbachschen Haus
Mühlenstraße 24
✆ 0 93 42/68 66
April bis Oktober di–fr 10–12, 14–16, sa, so und feiertags 14–16 Uhr
Glasindustrie wie ›Wanderhütten‹ des Spessarts und Beispiele antiker wie moderner Zier- und Gebrauchsgläser neben technischem Laborglas

Historisches Museum
Rathausgasse
✆ 0 93 42/30 14 10
Di–fr 10–12, 14–16,
sa, so 14–16 Uhr
Stadtgeschichte, Kleider und Trachten aus Franken, fränkische Maler des 17.–20. Jh. und Otto-Modersohn-Kabinett

Spitzer Turm
Am Spitzen Turm
Ausblick vom Turmstübchen: Schlüssel in der benachbarten Fremdenverkehrsgesellschaft

Wonsees
Burg Zwernitz
✆ 0 92 74/3 30
April bis September di–so 9–12, 13.20–16.30 Uhr, mo geschl.

Morgenländischer Bau im Felsengarten Sanspareil
✆ 0 92 74/3 30
April bis September di–so 9–12, 13.20–16.30 Uhr, mo geschl.
Mobiliar des Bayreuther Hofs, Felsengarten mit Ruinentheater

Wörth
Schiffahrts- und Schiffbaumuseum in der St.-Wolfgang-Kirche
Rathausstraße 46
✆ 0 93 72/54 57
Sa, so 14–17 Uhr
Umfassende Sammlung aller Aspekte der Binnenschiffahrt, insbesondere der Arbeitsbedingungen an Bord

PRAKTISCHE REISEINFORMATIONEN

Wunsiedel
Fichtelgebirgsmuseum
Spitalhof
℡ 0 92 32/20 32
Di–sa 9–17, so 10–17 Uhr
Natur, Handwerk, Leben im Fichtelgebirge

Würzburg
Fürstenbau-Museum
Festung Marienberg
℡ 09 31/4 38 38 oder 5 27 43
April bis September di–so 9–12.30, 13–17, Oktober–März 10–12.30, 13–16 Uhr
Stadtgeschichte, Leben der Fürstbischöfe, liturgische Gewänder und sakrale Goldschmiedearbeiten

Mainfränkisches Museum
Festung Marienberg
℡ 09 31/4 30 16
April bis Oktober 10–17, November bis März 10–16 Uhr
Größte zusammenhängende Riemenschneidersammlung, Gemälde und Plastiken bedeutender Künstler, so die Figuren aus dem Schloßpark Veitshöchheim, Weinbau und Kelterhalle, fränkische Wohnkultur

Maschikuliturm
Festung Marienberg
Barocker Turm der Außenwerke von Balthasar Neumann
Geöffnet nach Vereinbarung im Fürstenbau-Museum ℡ 09 31/4 38 38

Historischer Saal der Fischerzunft (gegr. 1010)
Saalgasse 6
℡ 09 31/4 23 38
Jeweils erster und dritter So von Mai bis Oktober 10–12 Uhr
Historische Zunft- und Fischereigeräte

Martin-von-Wagner-Museum
Residenzplatz 2
℡ 09 31/3 12 83 oder 3 12 88

Antikensammlung: di–sa 14–17 Uhr
Gemäldegalerie: di–sa 9.30–12.30 Uhr
Graphische Sammlung: di, do 16–18 Uhr, Anmeldung: ℡ 09 31/3 12 73 oder 3 12 74

Residenz und Filialgalerie der Bayerischen Staatsgemäldesammlung
Residenzplatz
℡ 09 31/5 27 43
April bis September di–so 9–12, 13–17, Oktober bis März di–so 10–16 Uhr
40 bischöfliche Prunk- und Repräsentationsräume, Treppenhaus mit dem größten Fresko der Welt von Tiepolo, Sammlung venezianischer Malerei des 17. und 18. Jh.

Röntgen-Gedächtnisstätte
Röntgenring 8
℡ 09 31/30 41 02
Mo–do 9–16, Fr 9–15 Uhr
Originale und rekonstruierte Geräte, Dokumente und Erinnerungsgegenstände

Städtische Galerie
Hofstr. 3
℡ 09 31/5 45 34 oder 3 73 75
Di–fr 10–17, sa, so, feiertags 10–13 Uhr
Deutsche Malerei, Plastik und Graphik des 19. und 20. Jh.

VKU-Spitäle-Galerie (Vereinigung Kunstschaffender Unterfrankens)
An der Alten Mainbrücke
℡ 09 31/4 41 19 oder 8 36 05
Di–fr 10–13, 14–17, sa, so 10–13 Uhr
Wechselausstellungen

Naturdenkmäler und Gärten

Von den Flußabschnitten einmal abgesehen, an denen Industrieanlagen dominieren, bietet sich der Fluß mit seinen Uferwegen beinahe wie ein friedlicher Landschaftspark dar. Straßen, Häfen, Brücken, Staustufen stören zwar immer wieder die Idylle, sind aber wohl unvermeidlich. Im *Fichtelgebirge* wäre vor allem der Wanderweg nahe Wunsiedel von der Luisenburg durch das Felsenlabyrinth mit den Aussichtspunkten *Burgsteinfelsen* und dem 939 m hohen *Kösseinegipfel* zu nennen.

Parks und Gärten der bischöflichen Lust- und Landschlösser wie in *Memmelsdorf, Veitshöchheim* mit seinem in Europa wohl einmaligen großartigen Figuren- und Puttenprogramm von etwa 200 Steinplastiken, *Werneck* oder auch der herrschaftlichen Repräsentationsbauten wie *Weißenstein* in *Pommersfelden*, der *Würzburger Residenz, Philippsruhe* in *Hanau, Schönbusch* in *Aschaffenburg*, in *Bayreuth* der *Eremitage*, des *Schloßparks* von *Fantasie* in *Donndorf* oder des *Felsengartens Sanspareil* in *Wonsees* lohnen Besuche – nicht nur für Naturfreunde. Und fast jede größere Stadt hat gepflegte Gartenanlagen, nicht selten am Mainufer.

Sehenswürdigkeiten von besonderem Rang

Es fällt schwer, aus der Fülle großartiger Kunstwerke oder Ensembles entlang des Mainlaufs einige besonders bedeutende herauszugreifen. *Bambergs Domberg* etwa, mit seiner Architektur und Bauplastik von der Romanik bis zum Barock, mit dem an bedeutenden Kunstschätzen reichen *Dom* im Mittelpunkt wäre ein Beispiel. Erhaben dokumentiert sich in den Schlössern und Festungen am Mainlauf sowohl fürstliches Repräsentationsdenken als auch feudaler Machtanspruch, etwa in *Schloß Weißenstein* in *Pommersfelden*, der *Plassenburg* oberhalb von *Kulmbach*, der *Würzburger Festung Marienberg* oder *Schloß Johannisburg* in *Aschaffenburg*.

Nicht selten dienten Festungen wie der *Marienberg* über *Würzburg* der Verteidigung der herrschaftlichen Macht gegen die Bevölkerung – und verloren mit der Demokratisierung ihren bedrohlichen Charakter. Heute kann man diese Bauten, wie etwa die *Würzburger Residenz*, als Kunstwerke genießen, immer freilich im Bewußtsein der Anstrengungen und Entbehrungen, mit denen die ›Landeskinder‹ den Prunk ihrer geistlichen und weltlichen Herren zu bezahlen hatten. Besonders reizvoll an der Mainlandschaft sind immer auch die weniger spektakulären Orte, das verwinkelte *Miltenberg* mit seinem ›Schnatterloch‹ etwa oder das romantische *Wertheim* an der Taubermündung – Städte, in denen der Gast verweilen kann, ohne gleich von der monumentalen Wucht großer Kunstwerke von Rang eingeschüchtert zu werden, wie etwa dem Westwerk des *Würzburger Doms*. Gerade in relativ kleinen Städten lassen sich mit etwas Geduld Bauwerke entdecken, die eine ganze Menge über die Mentalität der Bevölkerung aussagen, wie etwa die prächtig ausgemalte *St.-Martins-Kirche* in *Bürgstadt* oder das trutzige *Wehrkirchlein St. Jakob* in *Urphar*. Man muß sich nur die Zeit nehmen, diese Bauten einmal ohne alle Hast auf sich wirken zu lassen. Immer schon lebten hier die Menschen am Fluß, mit ihm und von ihm – die *Brücken* über den Main und seine kleineren Seitenflüsse wären ein eigenes Kapitel einer zu schreibenen Sozial-, Wirtschafts- und Kunstgeschichte, von den kleinen Brückchen und Fußgängerüberwegen wie dem ›*Eisernen Steg*‹ in *Frankfurt* über die prächtig mit Statuen geschmückte *Würzburger Brücke*, das auf einer Brücke (wenn auch nicht über den Main) errichtete *Bamberger Rathaus* bis hin zu den modernen *Autobahnbrücken* in schwindelnder Höhe.

Eine Kulturlandschaft besonderer Art bietet schließlich das *Frankfurter Museumsufer* am *Schaumainkai*, ein wohl einmaliges Angebot, Objekte der verschiedensten Wissensgebiete anschaulich präsentiert zu bekommen. Allein diese Museumsvielfalt wäre schon ein Argument für einen Besuch in der ehemals Freien Reichsstadt.

Sport und Freizeit

Groß ist das Angebot an Freizeitaktivitäten aller Art am Main, Schwimmbäder und Trimmpfade gehören fast zum Standardprogramm der meisten Orte, Minigolf- und Tennisanlagen gibt es genug. Auch der kunstinteressierte Tourist hat sicher Freude daran, zur Abwechslung von dem üppigen Kulturgenuß ein wenig zu entspannen und sich körperlich zu betätigen. Hier wird eine Menge für die Gäste – und natürlich auch für die Einheimischen – getan, die lokalen Fremdenverkehrsämter informieren gern und umfassend über die jeweiligen Möglichkeiten.

Unterkunft

Für jeden Geldbeutel findet hier der Gast eine Möglichkeit, sein müdes Haupt zu betten. Man muß nicht Krösus sein, Jugendherbergen und Campingplätze gibt es reichlich. Die meisten Gäste werden allerdings wohl lieber in einem der traditionsreichen Gasthöfe entlang des Flusses übernachten wollen, deren kultiviertes Ambiente zumeist ganz bewußt das jeweilige Lokalkolorit pflegt. In mittlerer Preislage kann man in den meisten Städten in gepflegten Häusern mit einem angemessenen Frühstück unterkommen. Und in den großen Städten gibt es dann natürlich auch die nobleren Adressen, wie man sie überall findet. Adressenlisten mit dem jeweils aktuellen Unterkunftsangebot senden die Fremdenverkehrsämter auf Anfrage.

Unterwegs auf dem Wasser, zu Fuß und mit dem Rad

Den **Main vom Schiff** aus erkunden zu wollen bietet sich an. Zahlreiche Städte wie Würzburg oder Miltenberg haben Anlegestellen für Dampfer (Informationen vom jeweiligen Verkehrsamt). Die *Main-Spessart-Schiffahrt* tuckert beispielsweise von Gemünden aus gen Lohr, Marktheidenfeld oder Karlstadt. In Miltenberg befindet sich der Liegeplatz der beiden Fahrgastschiffe ›Rosalinde‹ und ›Schorsch‹ (R. Popp, Hauptstraße 234, ✆ 0 93 71/29 86 oder 42 00). Heimathafen der ›Johann Wolfgang von Goethe‹ ist – wie könnte es anders sein? – Frankfurt. Die *FPS*, die *Fränkische Personen-Schiffahrt*, verbindet mit ihren Dampfern Bamberg, Eltmann, Zeil, Haßfurt, Schweinfurt und Volkach und bietet zusätzlich unter dem Motto ›Bayern – zwischen zwei Meeren‹ (der neue Kanal machts möglich!) Flußkreuzfahrten an (Postfach 4 08, 97301 Kitzingen am Main, ✆ 0 93 21/91 81-0).

Man kann den Fluß jedoch auch auf ›Schusters Rappen‹ erkunden, auf **Wandertouren** beispielsweise den Roten Main entlang, oder rings um die Quelle des Weißen Mains am Ochsenkopf im Fichtelgebirge. Oder über den ›Fränkischen Rotweinwanderweg‹ von Bürgstadt bis Großwallstadt (›Wandern ohne Gepäck‹ möglich, Auskunft bei Tourist Information Miltenberg, ✆ 0 93 71/ 40 01-19). Die ›Rheingauer Rieslingroute‹ führt zur Mündung von Flörsheim und Hochheim mainabwärts. In Schweinfurt beginnt der ›Friedrich Rückert Wanderweg‹, der über Haßberge nach Coburg führt. Weite Strecken des Mainlaufs erschließt übrigens auch der Mainuferweg, der Fußgängern und Pedalrittern offensteht.

Immer beliebter werden nämlich **Fahrradtouren** den Fluß entlang. Viele Städte haben Radwege ausgetüftelt und bieten auch ›Radeln ohne Gepäck‹ an, teilweise mit Fahrradverleih, Gepäcktransport oder der Möglichkeit, einen Teil des Weges mit dem Schiff zurückzulegen (Informationen und Buchung beispielsweise in Miltenberg oder Wertheim). Schon der Name macht neugierig: als ›Fahrradspaß in einer neuen Dimension‹ preist die Gebietsgemeinschaft ›Liebliches Taubertal‹ ihren rund 300 km langen ›Main-Tauber-Fränkischen Rad-Achter‹ über Ochsenfurt, Würzburg, Marktheidenfeld, Wertheim, Miltenberg, Amorbach, Bad Mergentheim, Weikersheim und vorbei an Creglingen an.

Zu guter Letzt: Kulinarisches vom Main

Fränkische Brautraditionen

Auf dem Michaelsberg wurde 1979 in den mittelalterlichen Gewölben und Räumen eines ehemaligen Sudhauses des Klosters das *Fränkische Brauereimuseum Bamberg*, eingerichtet. Seit 1122 ist hier das Brauwesen bezeugt, der traditionelle Biersegen der Benediktiner bittet, daß es »dem Menschengeschlechte ein Heilmittel sei«. Die Braukunst hat in Franken eine lange Tradition. Aus der Zeit um 800 v. Chr. stammen Amphoren der früherern Hallstadtzeit, die als Biergefäße gedeutet wurden; man grub sie in Kasendorf bei Kulmbach aus. Lange Zeit war im Mittelalter das Brauen als landesherrlich verliehenes Privileg den Städten vorbehalten, der Landbevölkerung war die Bierherstellung untersagt; man schrieb ihr sogar noch vor, aus welcher mit dem Braurecht ausgezeichneten Stadt sie ihr Bier zu beziehen hatte. Vom 15. Jh. an existierten in kleineren Städten wie Creußen kommunale Brauhäuser, um die Kosten gering zu halten und auch die Produktion zu steuern.

Bekannt ist das *bayrische Reinheitsgebot* von 1516 – immerhin die älteste überregional gültige lebensmittelrechtliche Bestimmung. Doch schon 1489 hatte der Bamberger Fürstbischof Heinrich III. Groß von Trockau verfügt, »beim Einsieden nichts mere denn Hopfen, Malz und Wasser zu nehmen«. Trotz aller Vorsicht konnte es nicht ausbleiben, daß einmal ein Fäßlein schlecht wurde. Und auch dafür hatte der Volksmund ein Stoßgebet parat: »Herr, wir heben die Augen zu Dir/ bei ein jedem Maul voll Bier/ und halt es größte Unglück fern/ loß es Bier net sauer wern.« Wie beliebt das – meisten jedenfalls – reine Getränk war, kann man auch daran erkennen, daß 1818 immerhin 65 (!) Brauereien mit 40 000 hl. Ausstoß vom Durst der nur rund 17 000 Bamberger existieren konnten (und vom Verkauf außerhalb der Stadt natürlich).

Ein besonderer Exportschlager war dabei wohl auch immer das seit Jahrhunderten produzierte *Rauchbier* von Brauereien wie ›Spezial‹ (1536) oder ›Schlenkerla‹ (1678) mit einer Malzschüttung aus über Buchenholzfeuer geräuchertem Rauchmalz. Ungespundetes *Lagerbier* erfreute sich ebenso großer Beliebtheit wie *Pilsner* und *Doppelbock*. Und für besonders hartgesottene Biergenießer gibt es dann – aus dem benachbarten Kulmbach – noch das ›EKU 28‹, das stärkste Bier der Welt, mit einem Stammwürzegehalt von 28 %, was einem Alkoholanteil von 10 % entspricht oder den ›Eisbock Bayrisch G'frorns‹, der – so versichert ›das Kulmbacher Reichelbräu‹ – als Rarität seine Entstehung einem glücklichen Zufall verdanke, mit immerhin noch 24 % Stammwürze. *Bamberg, Bayreuth* und *Kulmbach* bieten denn auch Bierproben oder Bierseminare an, die über Historie und Herstellung des Gerstensafts informieren und vor allem Anschauungsmaterial bieten – nicht nur zum Anschauen.

Prinzipiell unterscheidet man zwischen *untergärigem Bier*, dessen Hefe sich während der 6- bis 10tägigen Gärung bei einer Temperatur von nur 8-10 Grad am Boden absetzt, und *obergärigem Bier*, bei dem die Gärung warm bei 15–20 Grad erfolgt, seine Hefe steigt schon nach 2 bis 4 Tagen an die Oberfläche. Verstärkt haben sich nach dem Zweiten Weltkrieg *Pilsener* durchgesetzt, sehr helle Biere von kräftig-würzigem Geschmack. Vor der Einführung der künstlichen Kühlung überbrückte man die Braupause (23. April bis 29. September) durch die Herstellung des ursprünglich besonders starken und mit viel Hopfen gebrauten ›Märzen‹; welch schreckliche Vorstellung, ausgerechnet während der warmen Jahreszeit auf das erquickende Labsal verzichten zu müssen! *Dunkle Starkbiere* wie die verschiedener Klöster und nach Heiligen benannt, deren Endsilbe ›ator‹ lautet, müssen eine Stammwürze von mindestens 18 % aufweisen. Hefetrübes oder kristallklares *Weiß-* oder *Weizenbier* enthält einen Weizenmalzanteil von 50 bis 80 %; ursprünglich erfuhren sie ihre Reifung nach einer stürmischen Hauptgärung in der Flasche. Inzwischen haben sich regionalen Unterschiede weitgehend angeglichen, von lokalen Besonderheiten wie dem Rauchbier einmal abgesehen.

Interessant ist auch, worin der edle Gerstensaft gelagert wurde. Fässer aus Holz dürften eine Erfindung des waldreichen Nordens sein, der römische Geschichtsschreiber Plinius hielt es im Jahr 77 für berichtenswert, daß die gallischen Kelten Fässer aus Holzdauben benutzten. Bis ins 8. Jh. waren jedoch – neben Tongefäßen – auch lederne Beutel, sogenannte Butten, in Gebrauch, vergleichbar vielleicht Bocksbeuteln (wie dem im Tympanon der ehemaligen Ochsenfurter Spitalkirche abgebildeten), darauf läßt jedenfalls eine Weisung Karls des Großen schließen. Er legte Wert darauf, daß seine Beamten ihm den edlen Saft für seine Pfalzen in eichenen Fässern in Eisen gebunden lieferten, statt in ledernen Butten. Apropos Butten und Bocksbeutel – traditionell standen im Mittelalter Bier und Wein in Franken durchaus als gleichrangig in Konkurrenz, das belegt ein Sprichwort aus jenen Tagen: »Das Bier ist bitter, das saufen die Ritter, den Wein, den sauren, den trinken die Bauern.«

In vino veritas

Ob im Wein Wahrheit ist, wie der Lyriker Alkaios im 7. Jh. v. Chr. behauptete, mag man bezweifeln. Unbestreitbar ist aber, daß das gastliche Mainfranken nicht zuletzt mit und von seiner Weinkultur lebt. Nur hier wird der edle Rebensaft traditionell in ›Bocksbeutel‹ abgefüllt, quasi als Markenzeichen, auch wenn diese bauchige und gedrungene runde Form modernen Abfüll- und Lagerhaltungsmethoden nicht gerade entgegenkommt (und verschiedene europäische Regionen immer wieder versuchen, ebenfalls mit dem Verkauf ihrer Weine in dieser eigenwilligen Flaschenform vom guten Namen der fränkischen Winzer zu profitieren). Ältere Bocksbeutel weisen mitunter einen Henkel an der Seite auf, es waren im Wortsinn ›Feldflaschen‹, die die Winzer zur Arbeit in den Wingert mitnahmen. Schon Goethe hatte da seine ganz besonderen Vorlieben, 1806 bat er brieflich die ihm anvermählte Christiane: »Sende mir noch einige Würzburger, denn kein anderer Wein will mir schmecken, und ich bin verdrießlich, wenn mir mein gewohnter Lieblingstrank abgeht.«

Aus dem Mittelmeerraum brachten die Römer die verfeinerte Rebkultur an den Rhein und später zum Main, in Franken ist der Weinbau seit dem 8. Jh. urkundlich belegt. Über 400 Klöster hatten sich im Mittelalter um Züchtung und Pflege der Reben verdient gemacht, Fürstbischöfe und Domkapitel verfügten über eigene Weingüter, wie auch weltliche Fürsten. So konnte die Familie Castell in mehr als 1000 Jahren ihren Besitz wahren und vergrößern, ihr privates Weingut zählt zu den bedeutendsten in Europa. Seit dem 15. Jh. ist allerdings in Franken der Weinbau deutlich zurückgegangen, damals wurde auf etwa 35 000 ha Wein angebaut. Franken war das größte zusammenhängende Weinbaugebiet Deutschlands. Kriege und Seuchen, vor allem aber auch eine Änderung der Trinkgewohnheiten und die Einfuhr fremder Weine haben zum Rückgang des Weinbaus geführt. In den letzten Jahrzehnten erschwerte die ausländische Konkurrenz den hiesigen Winzern das Geschäft. Außerdem kam hinzu, daß bei Hang- und Steillagen die Möglichkeiten, technisches Gerät einzusetzen, begrenzt sind – und Handarbeit im Familienbetrieb immer mehr unrentabel wird.

Auf rund 4 500 ha Ertragsrebfläche, von denen mehr als die Hälfte nach modernen Gesichtspunkten flurbereinigt ist, bauen fränkische Winzer derzeit ihre Spitzenprodukte an; rund 35 Millionen Liter Weinmost können die etwa 5 500 Weinbauern dank der harten (Knochen-) Arbeit nach der Lese keltern, in Haupt-, Neben- und Zuerwerbsbetrieben. Wesentlich bestimmt – neben Klima und Rebsorte – die Art des Bodens Güte und Gehalt der Weine. Rings um Würzburg und an der ›Main-Wein-Schleife‹ um Volkach oder in dem ›Weinlandkreis Kitzingen‹ gedeihen die Reben überwiegend auf Muschelkalk, der die Sonnenwärme gewissermaßen speichert und – salopp gesagt – an die Reben weitergibt. Dagegen dominiert im westlicheren Maintal um Wertheim, Miltenberg und Klingenberg der Buntsandstein, während bei Aschaffenburg Urgestein und Glimmerschiefer geschmacklich den Ton bestimmen.

Am Mainviereck (von Aschaffenburg bis Lohr) macht sich noch der Einfluß maritimeren Klimas bemerkbar, östlich von Würzburg spürt man im Maindreieck dagegen mehr noch kontinentalere Witterung. Mainfranken gilt wegen seiner geringen Niederschläge als ausgesprochene ›Trockeninsel‹ (durchschnittlich weniger als 550 mm pro Jahr), was aber der Weinqualität keinen Abbruch tut, ganz im Gegenteil! Arbeitsaufwendige Hang- und Steillagen sind ebenfalls der Sonneneinstrahlung und damit der Güte des Weins förderlich. Von den Rebsorten geben die fränkischen Winzer vor allem dem blumig-fruchtigen *Müller-Thurgau* (rund 45% der Anbaufläche) den Vorzug, gefolgt von herzhaftem *Silvaner* (30%) – er galt über Jahrhunderte als ›typischer‹ Frankenwein und wurde 1665 erstmals bezeugt –, während weitere Rebsorten die Palette zwar ergänzen, aber insgesamt nicht ins Gewicht fallen: *Riesling, Kerner, Scheurebe, Ruländer* und andere. Rotweinanbau – wie in Klingenberg und den umliegenden Gemeinden – macht in Franken nur etwa 4% des Angebots aus.

Auch Frankfurt ist für sein ganz eigenes ›Stöffche‹ berühmt – oder wegen eben dieses *Apfelweins* gefürchtet; doch das ist ein weites Feld. Am unteren Mainlauf versteht sich Flörsheim mit seiner Teilgemeinde Wicker wegen seiner zahlreichen Nebenerwerbsbetriebe (etwa 3/4 landwirtschaftlicher Nutzfläche als Äcker, nur rund 1/4 für Rebflächen) als ›Tor zum Rheingau‹, der hier an den Taunushängen beginnt. Das relativ kleine Anbaugebiet mit einer Ertragsfläche von nur rund 2 700 ha ist überwiegend mit Riesling (rund 80%), Müller-Thurgau (rund 7%), Spätburgunder und Silvaner bestockt. Und doch halten manche Experten den Rheingau für das bedeutendste Weißweingebiet der Welt – wegen der idealen Lage der meisten Rebhänge nach Süden, dem Rhein und dem Main zugewandt, hinzu kommt noch, daß die beiden hier recht breiten Ströme einen natürlichen Klimaausgleich bewirken. Als ›Weinstadt‹ präsentiert sich das weiter mainabwärts gelegene *Hochheim* an der ›Rheingauer Rieslingroute‹ durch ein mannshohes eichenes Faß am Ortseingang und macht aber auch dank der Sektkellereien von sich reden. Von der Bedeutung des Weinbaus für Hochheim zeugen nicht zuletzt die stattlichen Weingüter, wie das der Stadt Frankfurt, das bis 1803 im Besitz des Frankfurter Karmeliterklosters war. Bei ›Rheingauer Weinseminaren‹ kann man sich über die edlen Tropfen der hiesigen Winzer informieren.

Für alle Weine vom Main gilt jedenfalls gleichermaßen, daß die hiesigen Winzer Wert darauf legen, ihre guten und besseren Tropfen nach einzelnen Lagen individuell auszubauen und zu pflegen, Eigenarten zu kultivieren und die Weine nicht als Massenartikel mit großräumigen Herkunftsangaben zu vermarkten.

Die Monate Oktober und November sind traditionell der Höhepunkt der *Weinlese* – und auch noch einmal späte Saison für den Fremdenverkehr.

Eine harte Belastungsprobe für Winzerfamilien bedeutet die Lese, denn Handarbeit ist erforderlich, wenn durchschnittlich 300 bis 400 Stunden pro Hektar nur gesunde, reife und einwandfreie Trauben – versteht sich! – geerntet werden. Eine volle Traubenbutte wiegt immerhin rund 40 kg. Nach dem unterschiedlichen Zeitpunkt der Traubenreife vollzieht sich die Lese über mehrere Wochen, in der Reihenfolge Müller-Thurgau – Silvaner – Riesling – Kerner – Scheurebe – Rieslaner und zum Schluß Spätlesen und Eisweine. Doch damit ist die Arbeit nicht vorbei. Im Keller werden die Trauben gekeltert, vergoren und ausgebaut.

Viele Winzer vertrauen längst nicht mehr darauf, alles »so wie die Vorväter« zu machen und haben deshalb qualifizierte Ausbildungen und Abschlüsse, wie den ›Meisterbrief‹. Sitzt man gemütlich bei einem Schoppen zusammen, vergißt man leicht, wieviel harte Arbeit für dieses Vergnügen erforderlich war, und wie preisgünstig, gemessen am Aufwand, die hiesigen Weine immer noch sind. Ein Bocksbeutel aus Franken mit gepflegtem Bukett oder ebenso einer der aparten Rheingauer stellt eben einen ganz anderen Genuß dar als Massenprodukte.

Hier gilt noch das Prinzip Qualität statt Quantität. Ähnlich, wie ein ›Hamburger‹ ja auch anders mundet als ein Hecht oder Zander in Weißwein im Ofen gedünstet – womit wir bei der Frage wären, wozu Bier und Wein auch noch zu gebrauchen wären, außer als Getränk.

Bier und Wein in der Küche

Schon in früheren Jahrhunderten kam man darauf, daß beide Getränke den Speisen eine aparte Würze geben können. Aus Raumgründen hier nur ein paar Stichworte. Außer dem bekannten ›Bierteig‹ – in den sich fast alles wickeln läßt – kann man ›Schweinelendchen in Märzenbiersoß‹ reichen, ›Bierrippchen‹ – im Ofen gebacken – oder gebratene Schweinshaxe mit Biersoße – mit der sich freilich beinahe alles verfeinern läßt, nicht nur die besonders delikaten und in vielfachen Variationen gewürzten fränkischen Würste. ›Bierkaltschale‹ aus überwiegend hellem und etwas dunklem Bier mit Schwarzbrot, Korinthen, Zukker und Zimt nebst geschnittener Zitrone ist – kalt serviert – eine herzhafte Erfrischung an warmen Tagen, die freilich reichlich genossen prächtig ›einheizen‹ kann, während die ›Biersuppe‹ mit Ei, Sahne und gerösteten Weißbrotwürfeln schon eine handfeste Stärkung gibt. ›Karpfen im Biersee‹ – einem Gemüsefond – und ›Bamberger Zwiebeln‹ aus Hackfleisch, belegt mit gebratenem Speck, mit Knoblauch, Muskat wie Majoran abgeschmeckt und zu guter Letzt mit Rauchbier aufgegossen, sind dann schon Delikatessen für gestandene Franken und solche, die es werden wollen.

Daß Franzosen für ein Coq au Vin schwärmen, ist bekannt; Hähnchen schätzt man natürlich auch östlich des Rheins, in manchen Teilen Hessens heißt dieses Geflügel ›Hinkel‹, woraus sich fast zwangsläufig ergibt, daß ein Hähnchen in Wein als ›Woihinkelche‹ bezeichnet wird. Ein feiner Weißweinsud bekommt nicht nur dem ›Mainhecht‹ gut, sondern auch fast allen anderen Fischen, wie dem Kabeljau etwa. Doch auch Braten, wie der einer gerollten Kalbsniere, lassen sich mit Weißwein pikant verfeinern. Nicht nur in Frankfurt versteht man unter ›Kassler‹ gepökelte Rippchen vom Schwein, und nicht nur dort serviert man sie besonders gern mit Sauerkraut – und zwar mit einem, das mit Weißwein angegossen wurde. Schweinekamm geschnetzelt erhält durch Riesling erst den rechte Pfiff, und Geschnetzeltes vom Schwein mit Backobst bevorzugen manche Frankfurter – wie könnte es anders sein? – in ›Stöffche‹. Für die Marinade eines Schinkenbratens bietet sich ein Rotwein geradezu an. Und daß man Wildgerichten wie ›Hirsch in Nußrahm‹ mit Rotwein zusätzlich eine aparte Note geben kann, versteht sich von selbst. An herzhafte Küche nach ›Jägerart‹ erinnert der Schweinekamm, wurde er zuvor in Rotwein eingelegt. Und als leichtere Zwischenmahlzeit empfiehlt sich ein Gerupfter, ein streichfähig angerührter Camembert mit Butter, Zwiebeln, einigen Eßlöffeln Bier und einer Prise Paprika. Nach so viel Delikatem hätte man eigentlich ein leichtes Dessert verdient. ›Dämpfäpfel in Weinschaumsoße‹ oder ›Rheingauer Weinäpfel‹ – gefüllt mit Walnüssen, Sultaninen, Zucker und Zimt – sind ein Gedicht, nicht nur für Philologen.

Küchenspezialitäten der Mainregion

Kulinarische Besonderheiten, die den gesamten Flußlauf entlang beliebt wären, gibt es natürlich nicht. In Frage kommen statt dessen die Köstlichkeiten der fränkischen bis hessischen Küche und deren regionale Besonderheiten, gewürzt mit einer Prise baden-württembergischer Aromen (denn bei Wertheim und Miltenberg streift der Main auch dieses Bundesland) und Rheinland-Pfalz, gegenüber der Mündung in den Main. Die fränkische Küche zeichnet sich durch bodenständig-herzhafte Gerichte aus, die pikant wie liebevoll zubereitet und angerichtet werden, ein Paradies für Schlemmer mit feiner Zunge und gesundem Appetit. Das Auge ißt auch hier natürlich mit, doch kalorienarme Kost oder die in letzter Zeit so beliebten Menü- und Dinner-Angebote, bei denen für Gourmets in endlose Gänge zerdehnt erlesene Kreationen in Kleinstportionen edel dekoriert serviert werden, darf man in typisch fränkischen Gasthöfen nicht erwarten. Tendenziell ist der Franke beinahe ebenso Gourmand wie Gourmet. Man kann hier leben wie Gott in – Franken. Gleiches gilt für den kürzeren Teil des Mains, der durch Hessen fließt. Und die Küche beider Bereiche verbindet ebenso, daß hier ein gewisser Wohlstand herrschte. In zäher Arbeit haben die Menschen den fruchtbaren Böden mit ihren sonnenverwöhnten Hängen die Ernte abgewonnen. Entlang des Mains war ›Schmalhans‹ selten Küchenmeister, zumindest nicht, seitdem mit der Demokratisierung ein Großteil des Besitzes geistlicher und weltlicher Fürsten wie der Klöster aufgehoben wurde. Aus Würzburg stammt übrigens eines der ältesten erhaltenen Kochbücher, schon 1340 erschien es unter dem Titel ›Daz buoch von gouter spize‹. Vielleicht gab es damals schon ›Würzburger Meefischli‹, eine echte Spezialität: kleinste und kleine Weißfische aus dem Main, in mit Zimt vermengtem Mehl gewälzt und goldgelb ausgebacken in siedend heißem Fett. Kenner verspeisen sie komplett, mit Kopf und Schwanz; nur die größeren werden ausgenommen.

Neben trefflichen Broten, nicht selten aus dem Holzofen und mit Kümmel gewürzt, schätzt man in Franken Wecken aller Arten und Formen wie auch Brezeln. Zur Vesper, dem zweiten Frühstück oder Brotzeit, gibt es deftige Würste wie den Preßsack und anderen Aufschnitt vom Metzger dazu, besonders für fränkische ›Häcker‹, die im Weinberg Schwerstarbeit leisten müssen. Apropos Würste: Es gibt sie in fast allen Variationen – vom Rost, gebraten, als ›Blaue Zipfel‹ geköchelt im Sud aus Estragonessig, Zwiebeln, Karotten, Nelken, Lorbeerblättern, Petersilie, Senf, Pfeffer und anderem oder als ›Bauernseufzer mit Kren‹, in Wasser erhitzte geräucherte Bratwürste mit frisch geriebenem Meerrettich. ›Im Schlafrock‹ serviert werden Würste in einem Teigmantel, auch aus pikantem Bierteig.

Als Beilage kommen in Franken Knödel oder Klöße in Frage, auch ›Kniedla‹ genannt –

zahlreiche Sorten wie etwa ›Baumwollne Klöße‹ oder ›Bauernklöß‹ aus rohen oder gekochten Kartoffeln gibt es, ›halbseidene Klöße‹ bestehen aus jeweils zur Hälfte geriebenen rohen und gekochten, wobei diese Masse noch mit hineingedrücktem geröstetem Weißbrot variiert werden kann. Der ›Serviettenkloß‹ besteht im wesentlichen aus Semmeln, das Tuch gab ihm im kochenden Salzwasser den nötigen Halt.

Namen wie Fränkische Brenn-, Brot-, Metzel- oder Hochzeitssuppe klingen schon herzhaft, munden eher noch besser. ›Schwammerl‹ sagt man zwar in Bayern zu Pilzen, doch als Suppe findet man sie ebenfalls in Bayreuth auf der Karte. Die ›Labeklüeßlesupp‹ enthält außer klarer Fleischbrühe wirklich durchgedrehte Leber in ihren Klößchen. Je nach Region kann ›Schnickerli‹ gekochten Pansen in heller oder brauner Röstsoße oder auch Kuheuter bedeuten. Kalbsbries – eine Brustdrüse – wird in Franken in Butter goldgelb gebacken und gern mit Kartoffelsalat genossen. Doch auch die Haxe vom Kalb schätzen die Franken, angebraten mit Lauch, Sellerie, Karotten und Zweibel, Lorbeer, Pfeffer und ein paar Tropfen Essig oder einen gerollten Kalbsnierenbraten. Würzig und preisgünstig ist der ›Würzburger Kärrnersbraten‹, ein herzhafter Schmaus für hungrige Fuhrleute – Rinderrippe, mit gedünsteten Zwiebeln und angebratenen Brötchen gefüllt, im Ofen gebraten. Auch das Kalbsherz oder dessen Lunge (sauer) würde ein Würzburger nicht verschmähen, wie er ebenso ›Schweinszüngle‹ zu Leckerbissen zählt. ›Bamberger Krautbraten‹ gibt sich als Terrine aus hacktem Schwein und Rind, durchmischt mit ganzen Fleisch- oder Bratenstücken, die appetitlich durchsetzt ist von Weißkraut und in dessen äußeren Blättern auf dem Boden der Form wie als Bedeckung gereicht wird.

Schlachtplatten dürfte man in den verschiedensten Variationen überall finden, wo Metzger ihr Handwerk beherrschen. Doch die ›Schweinfurter Schlachtschüssel‹ ist wohl einzig auf der Welt. Genaugenommen bekommt der Gast die Schüssel gar nicht zu Gesicht, nur, was darinnen war. Auf blankgescheuerten Holztischen ohne Teller dampft warmes Sauerkraut als Beigabe, neben Brot, Salz, Pfeffer und Meerrettich. Aus dem großen Kessel serviert man dann Bauch, Backe, Stich und Bug. Der Schweinekamm bildet etwa die Halbzeit, dann folgt die Krönung, das Fleisch von Kopf, Zunge, Herz und Nieren. Kenner schwören auf Ohren, Rüssel, Bries und Augen.

Gemüse wie Spargel und vor allem Küchenkräuter gedeihen bestens im Umkreis von Bamberg – deshalb nannte man ja die nordöstliche (und inzwischen weitgehend bebaute) Neuansiedlung ›Gärtnerstadt‹ –, Volkach und Würzburg, die fränkische Küche profitiert den Lauf den Flusses entlang von ihrem Aroma bis hin zur berühmten ›Grie Soß‹ der Frankfurter, einem furiosen Potpourri aus nicht weniger als zehn verschiedenen Kräutern, hartgekochten Eiern, Öl und Weinessig, das köstlich mundet zu Eiern, kaltem Braten, Ochsenfleisch, Fisch oder Fischterrinen. Frankfurter ›Gestovtes‹ kennt man in Franken auch als eingemachtes Kalbfleisch. Kasseler im Brotteig ist eine hervorragende Grundlage zu einem Abend mit feuchtfröhlicher Stimmung. ›Schnitz und Schnitz‹ gilt als uralte hessische Spezialität: kleingeschnittene Streifen getrockneter Hutzeln (= Birnen), verkocht mit Streifen von Kartoffeln und Speck. ›Handkäs mit Musik‹ kennt man anderenorts als angemachten Harzer oder Mainzer Handkäse. ›Frankfurter Würstchen‹ freilich dürften bundesweit als Synonym für Bockwürstchen schlechthin verstanden werden.

›Bethmännchen‹ sind eine delikate Süßigkeit aus Marzipan, garniert mit drei Mandeln, die erstmals – sagt man – 1840 im Haus dieser Frankfurter Patrizierfamilie gereicht wurden; Marzipan ist auch der Hauptbestandteil der Frankfurter ›Brenten‹, mit Modeln geformten Gebäcks, das aber mit Aachener Printen sonst wenig gemein hat. Der ›Frankfurter Kranz‹ schließlich dürfte als krokantbestreuter Rundkuchen weit über die Mainregion hinaus seine Liebhaber gefunden haben. Hessischer Schaumwein hilft als Punsch aus Äbbelwoi, Eiern und Zucker nicht nur im Winter gegen die Kälte.

Dieser Rundumblick über die Speisekarten des Mainlaufs kann natürlich kein regionales Kochbuch ersetzen. Man bekommt sie jedoch fast überall, orientiert an den örtlichen Besonderheiten, wie etwa das hauseigene Kochbuch des fränkischen Gasthofs ›Stadt Mainz‹ in Würzburg (Semmelstraße 39). Auf die Gefahr hin, ungerecht zu sein in diesem überreich mit vorzüglichen Wirtshäusern gesegneten Land, seien abschließend noch einige dankbar genannt, in denen der Autor gern und oft gesessen hat. Die ›Fränkische Hochzeitssuppe‹ und alles, was man nach diesem Auftakt in der ›Stadt Mainz‹ bestellen kann, ist ein Genuß. In Würzburg sollte man aber auch nicht versäumen, die Küchen des ›Stachel‹ mit seinem schönen Hof (Gressengasse), des Hotels ›Greifenstein‹ (Häfnergasse 1) oder des ›Bürgerspitals zum hl. Geist‹ (Theaterstraße) kennenzulernen. Für mindestens einen Schoppen sollte man auch einmal im ›Maulaffenbäck‹ (Maulhardgasse 9) vorbeischauen – allein die urige Atmosphäre dort ist einen Besuch wert.

Bayreuths Spitalkirche hat man im Sommer bestens im Blick von den Tischen der ›Brauereischänke am Markt‹ (Maxstr. 56), doch drinnen schmeckt die ›Schwammerlsuppe‹ im Winter ebenfalls. Bamberger Rauchbier mundet im ›Schlenkerla‹ (Dominikanerstr. 6) ebenso gut, wie die zünftige Grundlage dafür. Ganz vorzüglich fränkisch kocht man auch im ›Kauzen‹ zu Ochsenfurt (Hauptstraße 37). Und der ›Zehnthof‹ in Nordheim (Hauptstraße 2) ist seit Jahrhunderten eine gute Adresse für den verwöhnten Gaumen, ähnlich wie man sich unweit davon auf der ›Hallburg‹ lukullisch verwöhnen lassen kann. Traditionell stiegen in Miltenbergs ›Riesen‹ (Hauptstr. 99) Fürsten und andere hohe Herren ab – und die waren bekanntlich wählerisch, was das Essen betrifft. Nicht zu verachten ist die fränkische Küche allerdings auch nur wenige Schritte weiter in der Brauerei Keller (Hauptstr. 66) oder im ›Anker‹ (Hauptstr. 31). Auf Frankfurts Römerberg speist man bestens, fast so gut wie in Sachsenhausen in einer der traditionellen Apfelweinstuben, etwa dem ›Gemalten Haus‹ (Schweizer Str. 67).

Dies nur als kleine Auswahl. Am besten lernt man die mainländische Küche vor Ort kennen, in einer der vielen traditionsreichen Gaststuben, die zumeist die Spezialitäten ihrer Region anbieten. Nach gewissenhafter Prüfung einer ganzen Reihe bodenständiger Brau- und Wirtshäuser kann der Autor versichern: Es lohnt sich!

Alle in diesem Buch enthaltenen Angaben wurden vom Autor nach bestem Wissen erstellt und von ihm und dem Verlag mit größtmöglicher Sorgfalt überprüft. Gleichwohl sind – wie wir im Sinne des Produkthaftungsrechts betonen müssen – inhaltliche Fehler nicht vollständig auszuschließen. Daher erfolgen die Angaben ohne jegliche Verpflichtung oder Garantie des Verlags oder des Autors. Beide übernehmen **keinerlei Verantwortung und Haftung** für etwaige inhaltliche Unstimmigkeiten. Wir bitten dafür um Verständnis und werden Korrekturhinweise gern aufgreifen (DuMont Buchverlag, Postfach 10 10 45, 50450 Köln).

RAUM FÜR REISENOTIZEN

Register

Personen

Adalbero, Bischof 228
Agostino, Lazaro 179
Alberada, Markgräfin 82
Albertus Magnus 234
Albini, Rudolf 37, 56
Albrecht Alcibiades von Brandenburg-Kulmbach-Bayreuth, Markgraf 33, 58, 126, 165, 276, 279, 285
Albrecht von Brandenburg, Kardinal, Kurfürst u. Erzbischof von Mainz 29, 290
Albrecht, W. E. 300
Alemannen 282, 292, 306
Allendorf, Johann von 237
Amberg, Josef 223
Amberg, Michael 223
Amigoni, J. 223
Ammon, Andreas 118
Andechs, Grafen von (später Herzöge von Meranien) 76
Andersen, Hans Christian 64
Andrioli, Jeronimo Francesco 70
Anwander, Johann 96
Appiani, Giuseppe 80, 127
Arnulf, Kaiser 177
Aschauer, Daniel 274
Aufseß, Jodocus Bernhard von 114
Auvera, Jaccob van der 154, 215, 227, 236, 237, 254, 268, 279
Auvera, Johann Wolfgang van der 155, 193, 214, 250, 251, 255, 256, 305
Auvera, Lucas van der 219

Babenberg, Grafen von 89
Bach, Engelbert 171
Bach, Georg Christoph 168
Bach, Johann Elias 168
Backmund, Klaus 105
Backoffen, Hans 285, 317
Baldung Grien, Hans 109, 288
Bangert, Architekt 346
Bartholomäus, hl. 314, 317
Bausch, Johann Lorenz 165
Bayern, Herzog Max in 85
Bayern, Herzog Wilhelm in 83
Beatrix von Burgund 208, 247
Becker, Johann Sebastian 217
Becker, Valentin 83
Becker, Volkmar 217
Beethoven, Ludwig van 40
Beheim, Wolf 290
Behrens, Peter 336, 343
Beikner, Valtin 173
Benediktiner 82
Benkert, Peter 98
Beringer, Johann Bartholomäus Adam 194
Bethmann, H. 35
Beundum, Johann von 252
Bez, Sebastian 194
Bibra, Anna von 176
Bibra, Konrad von 163
Bibra, Lorenz von, Fürstbischof 206, 207, 208, 226
Blum, Robert 320
Bockorny, Franz 291
Boffrand, Germain 240, 244

Böhm, Hans (›Pfeiferhans von Niklashausen‹) 94, 253, **274**, 275
Bollandt, Heinrich 49
Bolongaro, Jakob Philipp 343
Bolongaro, Josef Maria Markus 343
Bonacolsi, Pier Jacopo 345
Bonalino, Giovanni 118
Bonifatius, hl. 208, 214
Börne, Ludwig 330, **332**
Borofsky, Jonathan 336
Bossi, Agostino 179
Bossi, Antonio 170, 176, 224, 234, 243, 247, 249, 250, 254, 255
Bossi, Carlo Daldini 51
Bossi, Materno 123, 153, 154, 167, 171, 185, 217, 250, 254, 257
Boßlet, Albert 178
Böttinger, Ignaz Tobias 117
Bourde, Otto de la 82
Brändel, Elias 37
Brandenburg-Ansbach, Markgrafen von 182, 184
Brandenburg-Kulmbach, Markgrafen von 58
Braun, Asmus 96, 105
Breidbach-Bürresheim, Emmerich Joseph von 291
Brenck d. Ä., Georg 189, 191, 194
Brenck, Hans Georg 62
Brenck, Johann 62
Brenno, Giovanni Battista 123
Brentano, Clemens von 12
Brickard, Servatius 112
Brouwer, Adriaen 288

401

REGISTER: PERSONEN

Brückner, Johann Georg 75
Brückwald, Otto 45
Brugger, Friedrich 38
Bruno, Bischof 220, 224
Bruno, Giordano 94
Bry, Johann Theodor de 15
Bücker, Heinrich Gerhard 229
Burkard, Bischof, hl. 208, 214, 217, 228
Burnitz, Heinrich 329
Büttner, Conrad 303
Byss, Johann Rudolf 128, 224, 250

Cadenazzi, Andrea Domenico 47
Cancrin, Ludwig von 302
Castell, Grafen von 174, 177, 207
Cézanne, Paul 345
Chodowiecki, Daniel 64
Christian Ernst, Markgraf 40
Christine, schwed. Königin 204
Clemens II. (Suidger), Papst 91 f., 104
Cotte, Robert de 81, 240
Cranach d. Ä., Lucas 109, 213, 288, 290
Curé, Claude 217

Dahlmann, F. Ch. 300
Dalberg, Karl Theodor Freiherr von 309
Datzerath, Johann Michael 334
Decker, Paul 68
Degas, Edgar 345
Degen, Anna Maria 30
Degen, Johann Nikolaus 30
Degler, Sebastian 88
Dehio, Georg 69, 153, 238
Dell d. Ä., Peter 193, 218, 265

Deppisch, August 27
Dernbach, Peter Philipp von 255
Dettelbacher, Georg 167
Diemmeneck, Gregor 194
Dientzenhofer, Fam. 81, 95, **108**, 123
Dientzenhofer, Bernhard Christoph 108
Dientzenhofer, Georg d. Ä. 108
Dientzenhofer, Georg d. J. 108, 121, 126
Dientzenhofer, Johann 83, 108, 110, 118, 120, 126, 128, 210, 227, 240
Dientzenhofer, Johann Leonhard 38, 40, 60, 74, 83, 107, 108, 110, 111, 115, 121, 154, 175
Dientzenhofer, Justus Heinrich 76, 88, 108, 114, 115, 126
Dientzenhofer, Kilian Ignaz 108
Dietz, Hans 326
Dieussart, Charles Philipp 38
Dimpel, Veit 154
Domitian, Kaiser 282
Dülfer, Martin 41
Dürer, Albrecht 14, 37, 49, 125

Eberhard, Bischof von Bamberg 90
Eberstein, Philipp zu 273
Echter von Mespelbrunn, Bischof Julius 94, 117, 179, 186, 202, 204, **205**, 206, 207, 209, **226**, 234, 252, 257, 260
Eckart, Schultheiß und Burggraf 218
Egloffstein, Bischof 209
Einhard, Baumeister, Diplomat und Biograph **293**, 294, 296

Emmerich Josef, Erzbischof 343
Enderle, Johann Baptist 347
Engelhardt, Daniel 73, 74
Erb, Mathias 291
Ernst August von Hannover, König 300
Erthal, Friedrich Karl von 290, 292
Esterbauer, Balthasar 85, 236, 237
Ewald, H. 300
Ewald, Reinhold 302

Fechenbach, Fürstbischof 209, 211
Fedtmilch, Vincenz 309
Feichtmayr, Franz Xaver 80
Feichtmayr, Johann Michael 80, 216
Ferdinand von Toskana, Großherzog 211, 255
Fesel, Christoph 110
Fichtel, Hofkanzler von 234
Fink, Lorenz 72
Fischer, Caspar 61
Fischer, Johann Friedrich 57, 69
Fischer, Johann Michael 109, 252
Frank, Anne **331 f.**
Frank, Otto 333
Frankenstein, Johann Philipp Anton von 96
Franz II., Kaiser 309, 313
Franziskaner 80
Freeden, Max H. von 257
Friedberger, Eberhard 335
Friedrich, Markgraf von Bayreuth 12, **33**, 38, 39, 41 f., 69
Friedrich I. Barbarossa, Kaiser 21, 208, 247, 293, 305, 306, 313, 317, 341, 351

Friedrich II., der Große
33, 42, 50, 64
Friedrich II., Kaiser   307
Friedrich von der Pfalz,
Kurfürst   66
Friedrich von Hessen,
Landgraf   302
Friedrich von Schwaben
351
Fries, Pankraz   72
Frosch, Wycker   327, 333
Fuchs von Dornheim,
Bischof Johann Georg II.
94, **95**, 118
Fuß, Karl   74

Galli-Bibiena, Carlo   39
Galli-Bibiena, Giuseppe   39
Gärtner, Andreas   233
Gärtner, Friedrich von   289
Gattinger, Marx   221
Gedeler, Elias   32, 37, 48
Geigel, Heinrich Alois   236
Geigel, Johann Philipp
250, 251, 252
Gellana, Frau von Herzog
Gozbert   228
Gemmingen, Ulrich
von   29
Georg von Hessen,
Prinz   296
Georg, Markgraf   33
Gerthener, Madern   307,
314, 317, 325, 326, 333,
335
Gervinus, G. G.   300
Geyer, Fam.   95
Glaser, Johann   66
Glaßer, Joseph Friedrich
30
Gleim, Johann Wilhelm
Ludwig   46
Goertz, Jürgen   119
Goethe, Johann Wolfgang
von   94, 164, 303, **308**,
309, 319, **321**, **322 f.**, 333,
352
Gogh, Vincent van   345

Gollwitzer, Leonhard   87,
97, 115, 121
Gontard, Karl Philipp Christian von   37, 38, 47, 53,
56, 57
Götz, Johann Georg   118
Gozbert, Herzog   228
Grael, Friedrich Jakob   47
Grael, Johann Friedrich   51
Gräf, Johann Matthäus   57,
69
Greiffenclau, Carl Philipp
von   244, 249
Greiffenclau, Johann Philipp
von, Fürstbischof   204,
227, 238, 242
Greiner, Anton   96
Greising, Joseph   154, 162,
192, 194, 210, 227, 234,
235, 236, 251, 252, 263,
264
Grimm, Gebrüder   **300**
Grimm, Jacob Ludwig
Karl   **300**
Grimm, Ludwig Emil   300,
302
Grimm, Wilhelm Karl   **300**
Grimmelshausen, Hans
Jakob Christoffel
von   298
Groe, Wolfgang   189
Groß von Trockau,
Albrecht   30
Grumbach, Eberhard
von   257
Grumbach, Johann von,
Bischof   161
Grumbach, Marquard II.
von   267
Grüner, J. N.   39
Grünewald, Mathias
Gothart Nithart   **28 ff.**,
232, 251, 265, **289**, 293
Grützke, Johannes   320
Günther, Fam.   188
Gustav Adolf, schwed.
König   168, 210, 261,
350

Gutenberg, Johannes Gensfleisch zum   **351**
Guttenberg, Christoph
Ernst von   111

Häfner, Georg   229
Hans von Bingen   326
Hauff, Volker   18
Hausmann, Friedrich
Karl   302
Hausser, Philipp   45
Hegel, Georg Wilhelm
Friedrich   117
Heine, Heinrich   332, 334
Heinrich, Bischof   237
Heinrich, Herzog von
Bayern   89
Heinrich II., dt. König,
Kaiser   32, **90 f.**, 99, 105,
118, 158, 270
Heinrich III., König   91
Heinrich IV., König   351
Heinrich V., Kaiser   73
Heinrich VI., Kaiser   351
Heinrich VII., Kaiser   165
Heinrich von Babenberg,
Graf   89
Heldt, Christofel   173
Hellmuth, Johann
Peter   159, 161
Henle, Johann
Michael   290
Henneberg, Grafen
von   163, 207
Herigoyen, Emanuel Joseph
von   292
Hermann, Christian
Ludwig   301
Herold, Bischof   247
Herrlein, Johann Peter   158,
159, 161
Hess, Christian Georg
319
Hess, Johann Friedrich
Christian   319, 333, 335
Hesse, Hermann   215
Hessen-Kassel, Wilhelm IX.
Erbprinz von   302

REGISTER: PERSONEN

Heßler, Melchior 327
Hetan II., fränk. Herzog 206
Heubner, Heinrich 32
Hezilo (= Heinrich) von Schweinfurt 32
Hildebrandt, Johann Lukas von 128, 169, 224, 240, 243, 244, 250
Hinckh, Clemens 304
Hindemith, Paul 122
Hocheisen, Johann 313
Hoetger, Bernhard 337
Hoffmann, E. T. A. (eigentl. Ernst Theodor Wilhelm) 119, **120 f.**, **122**, 126
Hoffmann, Heinrich **344**, 346
Hoffmann, Johann Georg 57, 59, 60, 69
Hoffmann, Jörg 72
Hofmann, Nikolaus 165
Höger, Fritz 337
Hohenlohe, Albrecht von 260
Hohenlohe, Friedrich von 105
Hohenzollern, Fürstenfamilie 59
Holbein d. Ä., Hans 326, 345
Hölderlin, Friedrich **11**
Hollein, Hans 317
Holzer, Sebastian 71
Hornig, Donatus 166
Hoven, Franz von 312
Huber, Conrad 216
Huber, Nikolaus 175
Huberti, Franz 252
Huch, Ricarda **189**
Hugenotten 33, 54, 302
Humboldt, Alexander von 67
Hus, Jan **31**, 33
Hussiten 67, 93, 194
Hutten, Freiherren von 264

Hutten, Christoph Franz von, Fürstbischof 240
Hutten, Ulrich von 307, 352

Ickelsheimer, Valentin 216
Ida von Schwaben, Herzogin 289
Imkeller, Michael 264, 267
Imma, legendäre Tochter Karls d. G. 295, 296
Ingelheim, Fürstbischof Anselm Franz von 242
Institoris, Heinrich 94
Irlebach, Steffan von 342
Isenburg-Büdingen, Georg zu, Graf 272

Jahn, Helmut 336
Janssen, Architekt 346
Jean Paul (Johann Paul Friedrich Richter) 37, **46**, **47**, 49, 54
Johannes II. von Brunn 260
Joseph II., Kaiser **308**
Juncker, Hans 277, 284, 287, 290
Juncker, Michael 276, 279
Juncker, Valentin 118
Juncker d. Ä., Zacharias 194, 277, 278, 280
Junius, Johannes 95

Kamm, Franz Melchior 86
Kamm, Johann Bernhard 118, 124, 125, 127
Kamptz, von 122
Karl I., der Große **16**, 89, 208, 217, 266, **305**, 308, 313, 314, 317, 339, 351
Karl IV., Kaiser 306, 313, 316, 341, 344
Karl V., Kaiser 62, 93
Karl Alexander, Markgraf 34
Karl August, Herzog 322

Karl II. Eugen von Württemberg, Herzog 39
Karl Martell 260
Katharina zum Wedel 326
Katzelnbogen, Grafen von 348
Katzenberger, Balthasar 254
Kayser, Daniel 340
Keesenbrodt, Hans 187, 188
Keller, Wolf 62
Kelten 259
Kern, Michael 179, 204, 206, 208, 223, 252, 253, 258, 272
Kesten, Hermann 88
Keßler, Andreas 176
Kilian, hl. 208, 217, 221, 223, **228**
Kilian, Johannes 233
Kirchner, Ernst Ludwig 288
Klais, Hans 178
Kleihues, Josef-Paul 346
Kleindienst, Otmar 189
Kleist, Heinrich von 217
Klenze, Leo von 175
Klingspor, Schriftgießerei 303
Knobelsdorff, Georg Wenzeslaus von 53
Köhler, Daniel 233, 234
Kolonat, hl. 208, 217, 221, 223, **228**
Konon, Papst 228
Konrad I. von Querfurt, Bischof von Würzburg 260
Konrad II., Salier-Kaiser 33
Konrad III., König 123
Körner, Jean 301
Korwazik, Josef 313
Krohne, Gottfried Heinrich 74, 79
Kronberg, Johann Schweikard von 286, 287

404

Krüger, Franz 329
Küchel, Johann Jakob Michael 75, 79, 81, 87, 107, 109, 111, 117, 118, 120, 126, 127, 154, 159
Kunigunde, Gemahlin Heinrichs II., Kaiserin, hl. 91, 105, 113, 118, 158
Künneth, Theodor 32

Lamboy, Guillaume de 298
Lauter, Elisabeth von 265
Lechler, Moritz 290
Leibniz, Gottfried Wilhelm von 210
Leipold, Anton 169
Lessing, Gotthold Ephraim 92
Lichtenberg, Johann Konrad 350
Liebenstein, Georg von 290
Liebhardt, Johann Andreas 319, 334
Lippold, Franz 176, 225, 249
Liszt (Wagner), Cosima 35
Liszt, Franz 35, 47
Lobdeburg, Hermann von, Bischof 161, 208
Löwenstein, Anna zu, Gräfin 272
Löwenstein, Ludwig III. zu, Graf 272
Löwenstein, Sophie Friederike von, Reichsgräfin 270
Löwenstein-Wertheim-Freudenberg, Fam. 270
Löwenstein-Wertheim-Rosenberg, Fam. 270
Lucae, Richard 328
Ludwig der Fromme, Kaiser 293
Ludwig I. von Bayern, König 100, 285, 289

Ludwig II. von Bayern, König 35
Ludwig IV., der Bayer, Kaiser 264, 313, 317
Ludwig von Württemberg 43
Luidolf von Schwaben, Herzog 289
Luntz, Andreas 155

Magno, Pietro 210, 221, 223
Mahler, Gustav 164
Malpiero, Luigi 193
Mann, Thomas 212, 275
Marchini, Giovanni Francesco 88, 123, 128
Marcus, Adalbert Friedrich 126
Marschalk von Raueneck, Heinrich 114
Martini, Johann Jeremias 47
Max Joseph I., König 123
Maximilian II., Kaiser 166, 307, 313
Mayer, Martin 96
Mayer, Paulus 120
Mebart, Michael 36, 37, 48
Meckel, Max 313
Megingoz, Bischof 266
Meier, Richard 346
Meister des Gerhard von Schwarzburg 253
Meister des Grabmals des Bischofs von Truhendingen 71
Meister des Hersbrucker Altars 71
Meister Eckart 222
Meister Lienhard 229
Meistermann, Georg 169
Melchior, Johann Peter 343
Melem, Johann von 314
Memling, Hans 293
Mengersdorf, Ernst von 96

Mengoz, Klaus 335
Menzel, Adolph von 64
Merian, Anna Maria Sybilla 15
Merian, Matthäus (d. Ä.) 15, 294, 350
Merian, Matthäus (d. J.) 15
Mettel, Hans 317
Metz, Johann Peter 292
Metzler, von 303
Metzner, Kaspar 121
Meurer, Jörg 215
Meurer, Peter 267
Meyer, A. 47
Meyer, Dietrich 15
Miller, Ferdinand von 123, 251
Modersohn, Otto 271
Momper, Joos de 288
Moritz, Karl Philipp 46
Mosbach, Konrad von 289
Moscherosch, Johann Michael 298
Mösinger, Stephan 79
Mozart, Wolfgang Amadeus 349
Mühlhans, Hans 74
Müller, Andreas 238
Münzenberg, Kuno von 340
Münzenberger, Ernst Franz August 316
Münzmeister, Franz 125
Mutschele, Georg 86
Mutschele, H. 73
Mutschelle, Fam. 124
Mutschelle, Joseph Bonaventura 96, 125
Mutschelle, Franz Martin 125

Napoleon Bonaparte 59, 64, 95, 238, 309, 330, 332
Nathan, Elieser ben 329
Neher, Ludwig F. M. 312
Nepomuk, Johannes von, hl. 217
Nestfell, Johann G. 85

REGISTER: PERSONEN

Neumann, Balthasar 74, 79, **80**, 81, 83, 87, 95, 107, 111, 115, 123, 126, 127, 154, **155**, 156, 169, 171, 176, 178, **186**, 195, 201, 210, 211, 214, 216, 219, 220, 224, 225, 233, 234, 235, 236, **238 ff.**, 253, 254, 255, 259, 264, 268, 279, 304
Neumann, Franz Ignaz Michael 98, 155, 218, 254
Neussel, Schüler von B. Neumann 155
Nickel, Balthasar Heinrich 217, 236, 252
Nickel, Johann Adam 120
Nicolas, franz. Architekt 53
Nißler, Johann Thomas 79
Nürnberg, Burggrafen von 58
Nüssel, Andreas 71

Oegg, Johann Georg 224, 251
Offenbach, Jacques 121, 122
Onghers, Oswald 194, 268
Opel, Adam **348**
Oppenheim, Moritz Daniel 302
Orlamünde, Grafen von 68
Orlamünde, Agnes von, Äbtissin 68
Orlamünde, Otto IV. von 68
Orlamünde, Otto VI. 68
Orlamünde, Otto VII. von 68
Otto I., Bischof, hl. 74, **112 f.**, 114
Otto II., Kaiser 89, 285

Palme, Augustin 80
Parler, Baumeisterfam. 116
Paschalis III., Papst 305
Paul, Bruno 41
Pedrozzi, Jean-Baptiste 38, 43, 51, 57
Petrini, Antonio 118, 126, 176, 183, 210, 235, 236, 238, 251, 252, 255, 278
Pfaff, Jobst 223
›Pfeiferhans von Niklashausen‹ (Hans Böhm) 94, 200, **274**
Pfeufer, Georg 118
Pfister, Albrecht 106
Pfungst, Ludwig Josef 344
Philipp, hess. Landgraf 349
Philipp Reinhard von Hanau, Graf 298, 301
Picasso, Pablo 345
Pippin, König 217
Planer, Wilhelmine 35
Podewils, Geschwister von 49
Porta, Antonio della 68
Potzler, Karl 76
Pommersfelden, Truchsesse von 128
Ptolemäus, Naturforscher 14, 85

Quadri, Bernardo 32, 56, 57, 68

Ramsay, Jacob 298
Rank, Franz 41
Rank, Joseph 41
Räntz, Elias 30, 32, 34, 36, 52, 56, 57, 67, 68
Räntz, Johann David 40, 42, 45, 47, 51, 54, 67
Räntz, Johann Gabriel 34, 37, 39, 67
Räntz, Johann Lorenz 42, 54
Räntz, Lorenz Wilhelm 45

Rappolt, Anna 212
Ratgeb, Jörg **322 ff.**
Rebstock, Truchseß Kuno von 218
Reckenzahn, Hans 254
Reiboldt, Anna Maria 49
Reinhard, Sebastian 123
Rémy de la Fosse, Louis 279, 334
Rentsch, Johann Wolfgang 58
Reuß, Georg Adam 112, 113, 126
Richter, Johann Moritz 38
Ridinger, Georg 285, 286, 291
Riedel, Carl Christian 45, 67
Riedel, Johann Gottlieb 49
Riemenschneider, Jörg 227, 253
Riemenschneider, Tilman 91, 104, 161, 171, **172 f.**, 178, 192, **209**, **211**, **212**, 214, 219, 223, **226**, 227, 229, 232, 251, 253, 257, 262, 265, **284**
Rieneck, Anna Voitin v. 262
Rieneck, Barbara Voitin von 262
Rieneck, Elisabeth v. 265
Rieneck, Gottfried Graf von 253
Rieneck, Jörg Voit v. 262
Rieneck, Ludwig II. v. 263
Rieneck, Ludwig IV. v. 265
Rieneck, Margarete v. 273
Rieneck, Philipp Voit von 262
Rieneck, Thomas II. von 265
Rieneck-Rothenfels, Grafen von 263, 264, 267
Riese, Adam 86
Rischer, Johann Jakob 279
Ritterlein, Wolfgang 267

Rodlein, Hans 235, 272
Roeckle, Franz 331
Röntgen, Wilhelm Conrad 211
Roppelt, Johann Georg 98, 124
Rosenau, Adam Alexander von 71
Rotenhan, Freiherren von 154, 157
Rothschild, Meyer Amschel 308
Rothweil, Julius Ludwig 301
Rottmayr, Michael 128
Rückert, Friedrich **163**, 164, 280
Rückriem, Ulrich 346
Rudolf von Habsburg, König 164
Rumpf, Friedrich 333
Russinger, Laurentius 343

Saint-Pierre, Joseph 37, 38, 39, 40, 42, 47, 53, 59
Salignac de la Mothe Fénélons, François de 56
Salins de Montfort, Nicolas Alexandre **303**
Samhaimer, Jakob 327
Schad, Christian 289
Schade, Adam 48
Schaumberg, Konrad von 232, 233
Schaumberg, Wolf von 77
Scheffel, Viktor von 83
Scheffler, Christoph Thomas 305
Schelf, Johann Georg Adam 174
Scherenberg, Rudolf von, Fürstbischof 181, 202, 209, 226
Scheubel d. Ä., Johann Jakob 118
Scheubel, Johann Joseph 80, 112, 125
Schiestl, Hans 229

Schiller, Friedrich 323
Schinner, Paul 125
Schlehendorn, Hans Georg 60, 62
Schlott, Franz A. 112
Schmidt, Anna 212
Schmidt, Lorenz 182
Schmidt, Max 334
Schnegg, Johann 39
Schnorr, Johann Daniel 326
Scholz, Architekt 346
Schönborn, Grafen von 95, 153, 175, 176, 202, **225**, 238, 304
Schönborn, Friedrich Carl von 79, 155, **169**, 211, 224, 225, 240, 243, 249
Schönborn, Johann Philipp von **210**, 224, 225
Schönborn, Johann Philipp Franz von 207, 210, 224, 225, 238, 240
Schönborn, Lothar Franz von **106 f.**, 111, 117, **128**, 159, 224, 225, 240
Schönemann, Lili 303
Schrinner, Paul 123
Schuh, Franz Peter 49
Schuller, Johann 289
Schultes, Architekt 346
Schumann, Robert 122
Schütz, Christian Georg 347
Schwanhausen, Johann 125
Schwanthaler, Ludwig 47
Schwarzburg, Georg von, Graf 317
Schwarzburg, Gerhard von 161, 208, 209, 219
Schwarzenberg, Fürsten von 176
Schwarzenberg, Johann von 93
Schwarzenberger, Johann Bernhard 327
Schweden 204, 210, 261

Schwenter, Siegmund Andreas 61
Seber, Paul 73
Seghers, Anna (Netty Reiling) 351
Seinsheim, Adam Friedrich Fürstbischof von 156, 211, 255
Seinsheim, Erkinger von 176
Seinsheim, Georg Ludwig von 188
Seinsheim, Konrad von 167
Seinsheim, Martin von 233
Semper, Gottfried 45
Seuffert, Philipp 157
Siegfried zum Paradies 326
Sigismund, Kaiser 194
Sitzmann, Karl **28**
Sommer, Heinrich Philipp 290
Sommer, Oskar 329
Spee von Langenfeld, Friedrich 94, 210
Speth, Peter 253
Spindler, Johann 44
Spitzenberg, Gottfried von 226
Sprenger, Jakob 94
Städel, Johann Friedrich **344**
Stadelmann, Christian 291
Stadion, Fürstbischof Franz Conrad von 96
Staudinger, Wilhelm 345
Stauffenberg, Schenken von 117
Stauffenberg, Marquard Sebastian Schenk von 126
Steidl, Melchior 85, 107
Stein, Carl von 49
Steinhausen, Wilhelm 345
Steren, Johannes von 237
Stöhr, Johann Adam 87

407

REGISTER: PERSONEN / ORTE

Stolberg, Katharina Gräfin 272
Stoß, Andreas 104
Stoß, Veit 104
Straet, Jan van der 191
Suidger, Bischof von Bamberg (später Papst Clemens II.) 91f., 104, 162
Sycher, Hans 190

Teck, Uta von 273
Teufel, Brüder von 237
Thomas, Franz Anton 113
Thüngen, Fürstbischof Konrad von 209, 260
Tiepolo, Domenico 244, 249
Tiepolo, Giovanni Battista 210, 240, 241, 244 ff., 250
Tiepolo, Lorenzo 244
Tietz, Ferdinand 109, 127, 170, 255, 256
Tintoretto, Iacopo 117, 237
Tischbein, Johann Heinrich Wilhelm 345
Tissot, Viktor 334
Totnan, hl. 208, 217, 221, 223, **228**
Tracy, Spencer 351
Trajan, Kaiser 292
Trimberg, Hugo von 92, 125, 230
Trithemius, Abt 229
Tucholsky, Kurt 351

Üblher, Johann Georg 80
Uhl, Reiner 347
Ulrich, Herzog 324
Ungers, Oswald M. 336, 346

Vespasian, Kaiser 352
Viktoria, Königin 347
Villiger, Sebastian 218
Virchow, Rudolf 236

Virnhaber, Ioist 279
Vischer, Fam. 105, 192
Vischer, Caspar 38, 62
Vischer, Hans 290
Vischer, Peter 290
Vogel, Franz Jakob 127
Vogel, Johann Jakob 85, 109, 116, 118, 123, 124
Vogel, Johann Josef 117
Vogel, Mathes 271
Vohburg, Hermann von 82
Voltaire (François Marie Arouet), Schriftsteller und Philosoph 32

Wagner, Adam 49
Wagner (geb. Liszt), Cosima 34, 45
Wagner, Johann Peter 155, 157, 233, 268
Wagner, Pankraz 71, 105
Wagner, Peter 154, 194, 216, 236, 244, 250, 251, 256, 257, 268
Wagner, Richard **34, 35, 40**, 45
Waldburg, Truchseß Georg von 200
Wallenstein, Albrecht 121
Wallonen 298, 302
Walter, Franz Josef 292
Walter, Martin 158
Walther von der Vogelweide **230**, 251
Wanebach, Wigel von 330
Weber, Sebastian 85
Weber, W. 300
Weiden, Ulrich von der 86
Welsch, Maximilian von 79, 128, 224, 240, 243, 279, 295, 340
Wenzel, böhm. König 157, 209, 219, 260
Wermerskirch, Anton 289
Werner, Hans 49, 63

Wertheim, Grafen von 270
Wertheim, Barbara zu 272
Wertheim, Johann I. von, Graf 273
Wertheim, Michael III. zu, Graf 272
Wertheimer, Fam. 188
Wetzhausen-Großlangheim, Truchseß Michael von 253
Widmann, Ulrich 98
Wieshack, Georg 34
Wiess, Johann 342
Wilhelm I. von Preußen (›Kartätschen-Prinz‹) 309
Wilhelmine, Markgräfin von Bayreuth 32, **33**, 38, 39, 45, 56
Willemer, Johann Jacob von 321
Willemer, Marianne von 322
Wimmer, Hans 320
Wolf, Endres 290
Wolf, Gerhard 272
Wolff d. Ä., Jakob 106
Wolfram von Eschenbach 279
Wolfskeel, Otto von 227
›Wolfskeelmeister‹ 227
Würtzburg, Freiherren von 74

Ysenburg, Grafen von 302

Zamels, Burkhard 128, 295
Zeckel, Johannes 233
Zeiller, Martin 15
Zick, Januarius 268
Zick, Johann 244
Zimmer, Heinrich 255
Zobel, Ritter von 270
Zschokke, Heinrich 56
Zwerger, Peter 194

Orte

Altenbanz 85
Altenburg 126
Altenkunstadt 71
- Pfarrkirche 71
Altmühl 13, 16
Amorbach 279
Aschaffenburg 14, 16, 28, 29, **285 ff.**
- Bechtoldsches Haus 291
- Jesuitenkirche 291
- Kirche zum Heiligen Grab 292
- Muttergottespfarrkirche 291
- Pompejanum 289
- Sandkirche 291
- St. Peter und Alexander 289 f.
- Schloß Johannisburg 23, 285, **286 ff.** (Farbabb. 17)
- Schloß Schönbusch 292
- Schönbornscher Hof 292
Astheim, Kartäuserkloster Pons Mariae 176 f.
Augsfeld 161

Bad Berneck 12, **67**
- Dreifaltigkeitskirche 67
- Falkenhaus, Jagdschloß Falkenhaube 67
Bad Weilbach 347
Baden-Württemberg 14
Bamberg 17, 25, **88 ff.**
- Alte Hofhaltung 105 f.
- Altes Rathaus 34, 96 (Umschlagklappe vorn)
- Altenburg 93, 126
- Aufsessianum 114
- Bibrapalais 98
- Böttingerpalais 117 f.
- Brauhaus Schlenkerla (Dominikanerklause) 98
- Bürger- oder Inselstadt 119 f.
- Concordia 118
- Curia Sti. Pauli (Erzbischöfl. Palais) 109
- Dom **99 ff.**
-- Diözesanmuseum 105
- Domberg 98 f.
- Domherrenhöfe 109
- Domplatz 98 f.
- Elisabethenkirche 114
- Gärtner- und Häckermuseum Bamberg 126
- ›Gärtnerstadt‹ 93, 124, 125
- Grüner Markt 121
- Hauptwache 124
- Haus Zum Krebs 117
- Haus Zum Ringvogel 117
- Haus Zum Saal 121
- Hochzeitshaus 120
- E.T.A.-Hoffmann-Haus 121
- Inselstadt 97
- Institut und Kirche der Englischen Fräulein 120
- Jesuitenkirche St. Martin 121
- Jesuitenkolleg (Naturkundemuseum Bamberg) 121
- Kapuzinerstraße 120
- Karmelitenklosterkirche (ehem. St. Theodor) 114 f.
- Katharinenspital 123
- Kirche des Dominikanerklosters 98
- ›Klein-Venedig‹ 98 (Farbabb. 5)
- Langheimer Hof 109
- Ludwig-Donau-Main-Kanal 96, 120, 124
- Marienkapelle 117
- Maternkapelle 114
- Maximiliansbrunnen 123
- Neptunbrunnen 121
- Neue Residenz 106 ff.
- Neuer Ebracher Hof 117
- Neues Rathaus (ehem. Klerikalseminar) 123
- Obere Brücke 97
- Otto-Friedrich-Universität 88
- Palais Rotenhan 120
- Regnitz 120, 125 (Farbabb. 4)
- Sandstadt 92, 97, 98
- Schlachthaus 120
- Schlößchen Geyerswörth 95 f.
- St. Gangolf 92, 124
- St. Getreu 114
- St. Jakob 92, 109 f.
- St. Michael 92, 110 f.
- St. Stephan 92, 118
- Stadtpfarrkirche ›Zu Unserer Lieben Frau‹ (Obere Pfarre) 116 f.
- Stadttheater 120
- Untere Brücke 98
Banz **82 ff.**
- Kirche 83 f.
- Sammlungsbau mit Petrefaktensammlung 85
- Schloß 82
Bayern 14, 38, 90, 95
Bayreuth **32 ff.**
- Altes Rathaus 34
- Altes Schloß 37 f.
- Braunbierhaus 47
- Colmdorf-Schlößchen 49
- Deutsches Freimaurermuseum 45
- Ellrodtsches Palais 47
- Ellrodtstraße 47
- Eremitage **50 ff.**
-- Altes Schloß 51
-- Neues Schloß 53 (Umschlagrückseite)
- Festspielhaus 34, 45
- Franz-Liszt-Museum 47
- Friedrichstraße 47
- Gesandtenpalais 37
- Hofapotheke 37
- Hofgarten 45

409

REGISTER: ORTE

- Jean-Paul-Wohnhaus 36
- Jean-Paul-Museum 45
- Kanzleistraße 47
- Landschloß Fantasie (Donndorf) 54
- Markgrafenbrunnen 40
- Markgräfliche Kanzlei 48
- Markgräfliches Opernhaus 38 ff. (Farbabb. 1)
- Markt 34
- Maximilianstraße 34
- Mohrenapotheke 36
- Mayernsches Palais 47
- Neues Rathaus 38
- Neues Schloß 40 ff.
- Obeliskenbrunnen 49
- Ordenskirche (St. Georgen) 56
- Palais der Regierung von Oberfranken 41
- Palais Künßberg 47
- Postei 47
- Richard-Wagner-Museum 45
- Rollwenzelei 49 f.
- St. Georgen 33, 54 f.
- St. Johannis 33, 54
- Schloßkirche Mariae Himmelfahrt 38
- Seulbitz 33
- Spitalkirche 37
- Stadthalle 47
- Stadtkirche 48 f.
- Storchenhaus 47
- Synagoge 40
- Villa Wahnfried 34, 45
- Waisenhaus 47

Beilngries 17
Bergen-Enkheim s. Frankfurt
Bergtheim 209, 219
Biebelried 258
Bindlach 27, 56
Bischberg 14
Bischofsgrün 12, 67
Bischofsheim 350

Böhmen 108
Bonn-Poppelsdorf 241
Brandholz 67
Breitengüßbach 88
Bronnbach 273
Bruchsal 241
Brühl 241
Burgkunstadt 72 f.
- Fünfwundenkapelle 73
- Rathaus 72
- Stadtpfarrkirche St. Heinrich und Kunigunde 72 f.

Bürgstadt, St. Martin 275 (Farbabb. 16)

Coburg 77
Collenberg 275
Colmar 29
Creglingen 212
Creußen 31 f.
- Brauhaus 32
- Bühler Schloß 32
- Hinteres Tor (Krügemuseum) 32
- Pfarrkirche 32
- Rathaus 32

Dettelbach 179 f.
- Rathaus 181
- Stadtpfarrkirche St. Augustinus 181
- Wallfahrtskirche Maria im Sand 179

Detwang 212
Dimbach 176
Donau 13, 17, 19, 89
Donndorf, Landschloß Fantasie 54

Ebelsbach 154
Ebensfeld 87
Ebneth 73
Ebrach 153 f.
Eibelstadt 194
- Pfarrkirche St. Nikolaus 194
- Rathaus 194

Eisenbach (Obernburg) 283
Eisingen 258
Elsenfeld 283
Eltmann 154
Erfa 275
Escherndorf 178

Faulbach 274
Fichtelberg 66
Fichtelgebirge 11, 12, 16, 65 ff.
Fichtelnaab 65
Fleckl 65
Flörsheim 347
Frankenhammer 67
Frankfurt/Main 15, 29, 89, 305 ff. (Farbabb. 18)
- Alte Brücke 339
- Alte Nikolaikirche 325 f.
- Alte Oper 328 f.
- Anne-Frank-Geburtshaus 333
- Archäologisches Museum 325, 344
- Beethovendenkmal 334
- *Bergen-Enkheim 340*
- Berger Warte 340
- Rathaus 340
- Bockenheimer Anlage 334
- Bockenheimer Warte 335
- Börneplatz 330
- Deutsche Bibliothek 344
- Deutsches Architektur-Museum 346
- Deutsches Filmmuseum 345
- Deutschordenshaus 340
- Deutschordenskirche 340
- Dom St. Bartholomäus (Kaiserdom) 315 ff.
- - Dommuseum 316
- Eiserner Steg 319

410

- Eschenheimer Anlage 334
- Eschenheimer Turm 335
- Fahrgasse 330, 334
- Fernmeldeturm 337
- Frankfurter Kunstverein 314
- Fressgass (Große Bockenheimer Straße) 328
- Friedberger Anlage 334
- Friedberger Warte 335
- Galluswarte 335
- Gemaltes Haus 339
- Gerbermühle (Oberrad) 321
- Ghetto 330
- Goethebibliothek 321
- Goethedenkmal 334
- Goethehaus 321
- Goethemuseum 321
- Hammering Man 336
- Hauptbahnhof 329
- Hauptwache 327
- Haus Wertheim 319
- Heinedenkmal 334
- Heinrich-Hoffmann-Museum 344
- Henningerturm 337
- Historische Eisenbahn Frankfurt 319
- Historisches Museum 318

Höchst 340 ff.
- Altes Rathaus 341
- Batterie 341
- Bolongaropalast 343
- Dalberghof 343
- Greiffenclauscher Hof 343
- Justinuskirche 341 f.
- Maintor 341
- Schloß 341
- Verwaltungsgebäude der Farbwerke Höchst AG 336, 343
- Zollturm 341

- Jüdischer Friedhof 333
- Jüdisches Museum 333
- Kaiserstraße 329
- Kloster der Karmeliter (Museum für Vor- und Frühgeschichte und Archäologisches Museum) 322 ff., 346
- Kuhhirtenturm 335
- Kunsthalle Portikus 334
- Kunsthalle Schirn 314, 346
- Leinwandhaus (Kommunale Galerie) 314
- Lessingdenkmal 334
- Liebfrauenberg 334
- Liebfrauenkirche 333 f.
- Messeturm 336
- Museen 343 ff.
- Museum für Moderne Kunst 317
- Museumsufer 343
- Naturmuseum Senckenberg 345
- Obermainanlage 334
- Osthafen 18
- Palmengarten 334
- Paulskirche 309, 319 f.
- - Mahnmal für die Opfer des Naziterrors 320
- Rhein-Main-Flughafen 338
- Römer 313 (Farbabb. 19)
- Römerberg 309 ff.
- Saalhof (Historisches Museum) 318
- - Rententurm 335
- Sachsenhausen 339 f.
- Sachsenhäuser Warte 335
- Schillerdenkmal 334
- Schopenhauerdenkmal 334
- St. Katharinen 327
- St. Leonhard 326 f.
- Städelsches Kunstinstitut (Städelschule, Städtische Galerie) 344

- Staufische Mauer 330, 334
- Steinernes Haus (Frankfurter Kunstverein) 314
- Steinhausen-Haus 345
- Synagoge 329
- Taunusanlage 334
- Torhaus der Messe 336
- Westendsynagoge 331
- Zeil 327
- Zoologischer Garten 334

Fränkische Alb (Fränkisches Jura) 11, 85
Fränkische Saale 13, 263
Fränkische Schweiz 12
Fränkisches Gäuland 13
Freudenberg 275
Frickenhausen 189
Fröbershammer 66, 67

Gaibach 175 f.
- Konstitutionssäule 175
- Pfarrkirche zur Heiligsten Dreifaltigkeit 176, 225, 240
- Wasserschloß 175
Gemünden 13, 263
Gerolzhofen 177
Gleißinger Fels, Silbereisenbergwerk 66
Goldkronach 67
Goldmühl 67
Gößweinstein 241
Graben (Dorf) 16
Grafenrheinfeld 171
Graue Marter 178
Grenzhammer am Eisenberg 67
Großauheim 296
Großheubach 280
- Wallfahrts- und Klosterkirche ›Engelberg ob dem Main‹ 280
Großostheim 283 ff.
- Kreuzkapelle 285
- Nöthighof (Bachgaumuseum) 284

411

REGISTER: ORTE

- St. Peter und Paul 283 f.
Großwallstadt 283
Gustavsburg 350

Hallburg 177
Hallstadt 13
Hanau 297 ff.
- Altstädter Rathaus (Deutsches Goldschmiedehaus) 299
- Frankfurter Tor 300
- Grimm-Denkmal 301
- Johanniskirche 299
- Kesselstadt 297, 301
- Marienkirche 299
- Neustädter Rathaus 301
- Schloß Philippsruhe (Museum Hanau) 298, 301
- Wallonisch-Niederländische Doppelkirche 298, 301
- Wilhelmsbad 299, 302
Haßberge 12, 13, 154
Haßfurt 13, 159 ff.
- Pfarrkirche 161
- Rathaus 161
- Ritterkapelle St. Maria 159 f.
Haßgau 159
Heidenfeld 171
Hessen 14
Heusenstamm 304 f.
- St. Cäcilia und Barbara 304 f.
Hilpoltstein 17
Himmelkron 12, 68 f.
- Ehem. Zisterzienserklosterkirche 68 f.
Hochheim 347
- Pfarrkirche St. Peter und Paul 347
Höchst s. Frankfurt
Hochstadt 74
Holzkirchen 268 f.
Homburg 268
Hütten 67

Iphofen 186

Karlsgraben 16
Karlstadt 260 ff. (Farbabb. 15)
- Karlsburg 259
- Rathaus 261
- St. Andreas 262
- Spitalkirche 262
Kelheim 17
Kinzig 13, 297
Kitzingen 182 ff.
- Etwashausen 186
- Falterturm (Deutsches Fastnachtmuseum) 186
- Kreuzkapelle 186
- Leidenhof 185
- Mainbrücke 186
- Rathaus 183
- St. Johannes der Täufer 184 f.
- St.-Kilians-Brunnen 183
- Stadtkirche 183 f.
Kleinheubach, Löwensteinsches Schloß 279 f.
Kleinwallstadt 283
Klingenberg (Wipfeld) 171
Klingenberg (bei Wörth) 280
Klosterlangheim 74
Kronach 73 f.
- Festung Rosenberg 74
Kulmbach 12, 58 ff. (Farbabb. 2)
- Amtshof des Klosters Langheim 60
- Bürgerloch 60
- Markgräfliche Kanzlei 61
- Obere Stadt 61
- Plassenburg 58, 62 ff.
- - Deutsches Zinnfigurenmuseum 64 f.
- Rathaus 59 f.
- Roter Turm 60
- St. Nikolai 62
- St. Petri 61 f.
- Spitalkirche 60

- Weißer Turm 60
- Zinsfelderbrunnen 60

Lanzendorf (Himmelkron) 67
Laudenbach (bei Karlstadt) 259
Laudenbach (bei Miltenberg) 280
Lengfurt 268
Lichtenfels 75 ff.
- Kapelle St. Jakob 77
- Kastenhof 77
- Pfarrkirche Zu Unserer Lieben Frau 76 f.
- Rathaus 76
- Spitalkirche 77
- Stadtschloß 77
Lindenhardt 27 f.
- St. Michael 27 f.
- - Lindenhardter Altar 27 f., 29
Lindenhardter Forst 11, 27
Lohr (Fluß) 264
Lohr 263 ff.
- Rathaus 264
- Schloß, Spessartmuseum (Steinbach) 264, 266
- St. Joseph (Steinbach) 263 f.
- St. Michael 264 f.
Ludwig-(Donau-Main-)Kanal 17
Luisenburg, Naturbühne 65

Maidbronn 257
Main 12 f., 19
Main-Donau-Kanal 16, 17 f.
Mainberg, Schloß 163
Mainbernheim 186
›Maindreieck‹ 13
Maineck 70
Mainleus 70
›Mainschleife‹ 171
Mainsondheim 182
Mainstockheim 182

›Mainviereck‹ 13
Mainz 351 f.
- Kastel 352
Maria Limbach, Wallfahrtskirche Mariae Heimsuchung 155 f.
Mariaburghausen, Klosterkirche St. Johannes d. Täufer 162
Markt Einersheim 186
Marktbreit 187 ff. (Farbabb. 6)
- Mainkran 187
- Maintor 187
- Rathaus 187 f.
- Schloß 188
- Schwarzer Turm 188
- Stadtpfarrkirche St. Nikolaus 188 f.
Marktheidenfeld 268
Marktzeuln 74
Memmelsdorf, Schloß Seehof 126
Michelau 75
Miltenberg 275 ff. (Umschlagvorderseite)
- Adelshof (JH) 278
- Alte Kellerei 278
- Alte Rathaus 277
- Brückentor 278
- Franziskanerkirche 278
- Gasthof ›Gülden Kron‹ 276
- Gasthof ›Riesen‹ 278
- Gasthof ›Zum Engel‹ 278
- Hohes Haus 276
- Mainzer Amtskellerei 276
- Marktplatz 276
- Mikwe 278
- Mildenburg 276
- St. Jakobus 277
- St. Laurentius 279
- Synagoge (Brauerei ›Kalt-Loch‹) 279
- Wallhausen 275
Mitwitz 74
Mud 275

Münnerstadt 212
Münsterschwarzach, Klosterkirche 178

Nassanger 74
Neresheim 241
Neudrossenfeld 56 f.
Neuenmarkt, Deutsches Dampflokomotiv-Museum 70
Neustadt am Main, Kloster St. Michael und Gertrud 266
Nidda 13, 306, 340
Niedernberg 283
Niklashausen 274
Nordheim 177

Obereisenheim 171
Obernburg 282
- St.-Anna-Kapelle 282 f.
Obertheres, ehem. Benediktinerabtei St. Stephan und Vitus 162
Ochsenfurt 189 ff. (Farbabb. 8)
- Altes Rathaus 190
- Friedhofskapelle St. Michael 192
- Greising-Haus (Trachtenmuseum) 192
- Neues Rathaus 190 f. (Farbabb. 8)
- Palatium 192
- Schlößchen (Heimatmuseum) 190
- Spitalkirche, heute Kreuzkirche 192
- Stadtpfarrkirche St. Andreas 191 f.
- Tückelhausen, Klosterkirche 193
Ochsenkopf 11, 65
Odenwald 13
Offenbach 302 ff.
- Badetempel 303
- Büsing-Palais (Klingspor-Museum) 303

- Deutsches Ledermuseum 302
- Hugenottenkirche (Französisch-reformierte Kirche) 304
- Isenburgisches Schloß 302 f.
- Neues Rathaus 304
- Stadtkirche 304
Ölschnitz 67

Paschenbach 11
Pfaffendorf 71
Pommersfelden, Schloß Weißenstein 127 f.
Prappach 161
Prichsenstadt 177

Randersacker 195
Rechtenbach 264
Rednitz 13
Redwitz 73
Regensburg 89
Regnitz 13, 14
Retzbach 259
Rezat 16
Rhein 14, 89
Rheingau 347
Rieneck 263
- Burg Rieneck 263
Rimpar 257
- St. Peter und Paul 257
- Schloß (Rathaus) 257
Rodach 13, 73
Roter Main 11, 27, 31, 33, 57, 65
Rothenburg o. d. T. 212
Rothenfels 267
- Burg Rothenfels 267
- Pfarrkirche Mariae Himmelfahrt 267 f.
- Rathaus 267
Röthlein 171
Rumpenheim 302
Rüsselsheim 348 f.
- Festung (Museum der Stadt Rüsselsheim) 349

413

REGISTER: ORTE

Sanspareil, Felsengarten (Markt Wonsees) 56
Schneeberg 66
Schmachtenberg, Burg 157
Schweinfurt 13, 24, **163 ff.**
- Altes Gymnasium (Städtische Sammlungen Schweinfurt) 168
- Heilig-Geist-Kirche 169
- Rathaus 165 f.
- St. Kilian 169
- St. Salvator 169
- Schrotturm 169
- Stadtpfarrkirche St. Johannis 166 f.
Schweinfurter Becken 13
Seehof, Schloß (Memmelsdorf) 126
Seligenstadt 19, 28, **292 ff.**
- Einhardhaus 296
- Einhardsbasilika 295 f.
- Kaiserpfalz 292, 294
- Romanisches Haus 293
Sinn 263
Sommerach 178
Sommerhausen 193 f.
- Frauenkirche 194
- Rathaus 193
- St. Bartholomäus 193 f.
- Schloß 194
- Würzburger Tor (Torturmtheater) 193
Spessart 13
Stadtprozelten 274
- Henneburg 274
Staffelberg 14, 85 f.
Staffelstein 86 f.
- St.-Anna-Kapelle 87
- St. Kilian 87
Steigerwald 12, 13, 154
Stein, Burg (Stadt Gefrees) 67
Steinbach (Lohr) 263 f.
Steinenhausen 57
Steinheim 296 f.
Straubing 19
Strössendorf 71
Sulzbach 283

Sulzfeld 186
- St. Sebastian 186

Tauber 13, 270, 273
Tauberbischofsheim 274
Thüngersheim 258 f.
- St. Michael 258 f.
Thurnau 57
Trebgast 69 f.
Trieb 74
Triefenstein 268
Tückelhausen 193

Unnersdorf 85
Untereisenheim 171 (Farbabb. 7)
Unterhohenried 161
Unterleiterbach 81, 87 f.
›Ur-Main‹ 13
Urphar, St. Jakob 269

Veitshöchheim, Rokokogarten und bischöfliches Sommerschloß 255 ff.
Viersäulenmarter 178
Vierzehnheiligen, Wallfahrtskirche (Umschlagklappe hinten, Farbabb. 3) 77 f.
Vilshofen 19
Vogelsburg 171, 177
Volkach 171 ff.
- Rathaus 174
- Schelfenhaus 174
- Stadtpfarrkirche St. Bartholomäus 174 f.
- Wallfahrtskirche Maria im Weingarten 171 f.

Walldürn 108
Weismain (Fluß) 70
Weismain (Stadt) 70 f.
Weißer Main 11 f., 65
Weißmainquelle 11
Wern 169
Werneck, Schloß 169 ff.
Wernstein, Schloß 70

Wertheim 270 ff.
- Burg 273
- Engelsbrunnen 270
- Haus der vier Gekrönten 271
- Kallenbachsches Haus (Glasmuseum) 273
- Kilianskapelle 273
- Kittsteintor 273
- Kreuzwertheim 270
- Löwenstein-Wertheim-Rosenbergsche Hofhaltung 273
- Marienkapelle 273
- Rathaus 271
- Spitzer Turm 270
- Stiftskirche 272 f.
Wicker 347
Winterhausen 194
Wipfeld 171
Wörth am Main 281 f.
- Schiffahrts- und Schiffbaumuseum 282
Würzburg 17, 19, **195 ff.**
- Alter Kranen 218
- Alte Mainbrücke 217 (Farbabb. 14)
- Alte Zunftstube 215
- Augustinerkirche 234
- Bürgerspital zum Hl. Geist 237
- Chronosbrunnen 251
- Deutschhauskirche 253 f.
- Dietricher Spital 237
- Dom St. Kilian 220 ff.
- Ehehaltenhaus 237
- Festung Marienberg 195, 197 ff. (Farbabb. 14)
- - Echterbastei 204
- - Fürstenbau-Museum 207
- - Marienkirche 206
- - Maschikuliturm 201
- - Neues Zeughaus (Mainfränkisches Museum) 201, 211 ff.
- Fichtelscher Hof 234

- Fischerbrunnen 233
- Frankoniabrunnen 251
- Franziskanerkirche 252 f.
- Frauenzuchthaus, ehem. (JH) 253
- Gasthof ›Zum Rebstock‹ 253
- Gesandtenbau (Residenzgartencafé) 250
- Grafeneckart (Rathaus) 208, 218 f.
- Greiffenclauhof 238
- Haus Marktplatz 14–16 (›handlung hauß‹) 233
- Haus zum Falken 231
- Haus zum Hirschen 219
- Haus Zum schönen Eck 230
- Heidingsfeld 211, 253
- Hexenturm 251
- Hof Conti (Bischöfliches Palais) 227
- Hof Friedberg 234
- Hof Oberfrankfurt 219
- Hof Wolfmannszichlein 219
- Hofgarten 250
- Hofspital zu den 14 Nothelfern (Kunst-Galerie Spitäle) 237
- Huttenschlößchen 253
- Jagdzeughaus 254
- Jesuitenkirche St. Michael 252
- Juliusspital 210, 234 ff.
- Käppele 216
- Karmelitenkirche 251
- Kloster Himmelspforten 254
- Kloster Oberzell 254
- Marienkapelle 231 ff.
- Marktbrunnen 233
- Neubaukirche (Sternwarte der Universität) 252 (Farbabb. 9)
- - Lusamgärtlein 230
- Orangerie 250
- Residenz 210, 238 ff. (Farbabb. 10)
- - Hofkirche 250
- - Kaisersaal 247 ff.
- - Treppenhaus 244 (Farbabb. 11–13)
- Rosenbachischer Hof (Staatliche Hofkellerei) 250
- St. Burkard 214 f.
- St. Gertraud 253
- St. Laurentius 253
- St. Peter 251
- St. Stephan 251
- Stift Haug 236 ff.
- Synagoge 231
- Universität 210
- Vierröhrenbrunnen 219
- Weinhaus Zum Stachel 233
- Zollhaus (Haus des Frankenweins) 218

Zeil 157 ff.
- Jagdschloß von Schönborn 159
- Jörg-Hofmann-Haus 159
- Probstenhof 159
- Rathaus 157
- Rosenbergisches Zehnthaus 159
- St.-Anna-Kapelle 159
- Stadtpfarrkirche St. Michael 157 f.

Zeilitzheim 176

Zwernitz, Burg 56

Bitte beachten Sie auch folgende DuMont Reiseführer:

Hessen
Die Vielfalt von Kunst und Landschaft zwischen Kassel und Darmstadt
Von Friedhelm Häring und Hans-Joachim Klein. 408 Seiten mit 47 farbigen und 144 einfarbigen Abbildungen, 84 Plänen und Zeichnungen, 24 Seiten praktischen Reisehinweisen
(DuMont Kunst-Reiseführer)

Frankfurt am Main
Von Kristiane Müller-Urban. Etwa 250 Seiten mit etwa 80 farbigen Abbildungen, Karten und Plänen, praktischen Reisehinweisen, Klappenkarten (DuMont Reise-Taschenbücher, Band 2075)

Thüringen
Reisen durch eine deutsche Kulturlandschaft
Von Hans Müller. 440 Seiten mit 28 farbigen und 83 einfarbigen Abbildungen sowie 109 Zeichnungen, Karten und Plänen, 27 Seiten praktischen Reisehinweisen
(DuMont Kunst-Reiseführer)

»Richtig wandern«: Thüringer Wald
Rennsteig, Goetheweg und 23 weitere Wanderungen
Von Stefan Etzel. 224 Seiten mit 18 farbigen und 73 einfarbigen Abbildungen, 41 Karten und Plänen, 8 Seiten praktischen Reise- und Wanderhinweisen

Rheinhessen
Entdeckungsreisen im Hügelland zwischen Bingen und Worms, Mainz und Alzey
Von Volker Gallé. 368 Seiten mit 28 farbigen und 73 einfarbigen Abbildungen, 165 Zeichnungen, Karten und Plänen (DuMont Kunst-Reiseführer)

Heidelberg und die Bergstraße mit Darmstadt
Von Gabriele M. Knoll. Etwa 264 Seiten mit etwa 80 farbigen Abbildungen, Karten und Plänen, praktischen Reisehinweisen, Klappenkarten (DuMont Reise-Taschenbücher, Band 2083)
Erscheint April 1994

Franken
Kunst, Geschichte und Landschaft
Eine reiche Kulturlandschaft zwischen Würzburg und Nürnberg, Rothenburg und Bamberg
Von Werner Dettelbacher. 488 Seiten mit 35 farbigen und 207 einfarbigen Abbildungen, 23 Zeichnungen und Karten, 42 Seiten praktischen Reisehinweisen (DuMont Kunst-Reiseführer)

»Richtig wandern«: Franken
Von Karin Lucke. 280 Seiten mit 29 Wanderungen und 4 Radtouren, 19 farbigen und 78 einfarbigen Abbildungen, 36 Zeichnungen, Karten und Plänen, 10 Seiten praktischen Reise- und Wanderhinweisen